DSM-5와 사례 개념화 관점의

# 아들러 정신병리와 심리치료

Len Sperry · Jon Carlson · Jill Duba Sauerheber · Jon Sperry 편저
박예진 · 서보경 · 강향숙 · 김영진 공역

## PSYCHOPATHOLOGY AND PSYCHOTHERAPY

DSM-5 DIAGNOSIS, CASE CONCEPTUALIZATION, AND TREATMENT, 3RD EDITION

학지사

## 역자 서문

　가족, 사회, 환경 체계의 변화와 더불어 사람들의 행동 패턴이 다양화해 감에 따라, 심리치료, 심리상담 및 임상 현장에서 내담자들이 호소하는 문제와 정신병리적 특성도 다변화하고 복잡성이 더해 가고 있다. 이에 따라, 『정신질환의 진단 및 통계 편람(DSM)』도 1952년 처음 출간된 이래로 수차례 개정을 거쳐, 2013년 5월 제5판이 출간되어 현재 사용되고 있다.

　이 책의 저자들은 저명한 아들러리안 학자들로 아들러 심리학 이론의 기본 개념 및 관점을 근간으로 내담자를 충분히 이해하기 위한 통합적 사례 개념화 방법론을 먼저 제시하고, 이를 바탕으로 DSM의 정신병리와 심리치료 간의 연계를 제공하고자 하였다. 1993년 출간된 『정신병리와 심리치료』 초판에서는 DSM-III-R의 기준과, 1996년 출간된 제2판은 DSM-IV의 기준과, 제3판에서는 DSM-5의 기준에 맞추어 아들러 이론에 근간한 정신병리의 이해와 구체적 심리치료 고려사항 등을 제시하고 있다. 그리고 본서는 다음과 같은 측면에서 독자들에게 정신병리와 심리치료에 대한 독특한 가치와 시각을 제공할 것이다.

　첫째, 본서는 아들러리안 관점 및 다양한 이론의 관점을 통합하여, 내담자의 호소문제나 증상에 대한 통합적인 사례 개념화로 시작하고 있다. 또한, 최근에 심리치료 및 임상 현장에서 널리 수용되고 있는 생물심리사회적(biopsychosocial) 관점과 아들러리안 관점을 접목하여, 각 장애에 대한 생물심리사회적-아들러식 사례 개념화를 제시하여 각 장애에 대한 이해를 넓히고 있다.

둘째, 각 장의 구성은 DSM-5의 분류 체계와 동일하게 각 장애군별로 구성되어 있으나, 다만 기분장애나 불안장애로 시작하는 다른 정신병리 관련 책들과는 달리 성격장애로 시작하고 있다는 점이 독특하다. 여기에는 내담자 개인을 적절히 이해하지 않고는 호소문제나 증상을 효과적으로 평가하고, 개념화하고, 치료할 수 없다는 아들러리안들의 철학이 담겨있다.

셋째, DSM의 이전 버전에서 DSM-5로의 변경사항에 대해 아들러리안 관점에서 논의를 제시하고, 이를 바탕으로 아들러리안 관점과 DSM-5를 통합한 정신병리에 대한 이해를 제시하고 있다. 이는 각 장애에 대한 DSM-5을 바탕으로 아들러리안의 관점을 보완하여 제시하려는 시도로, 각 장애에 대해 좀 더 폭넓고 다양한 관점과 이해를 제공하고 있다는 데 의의가 있을 것이다.

넷째, 독자들이 각 장애에 대해 체계적으로 이해할 수 있도록, 각 장애의 개요, DSM-5의 특성, 생물심리사회적–아들러식 개념화, 치료 고려사항, 구체적 사례의 순서로 구성되어 있다. 이러한 구성은 DSM-5에 근거한 각 장애에 대한 이해를 근간으로 내담자에 대한 아들러리안 관점의 이해를 제공하고, 이를 바탕으로 구체적인 심리치료 고려사항을 제공하고자 하였다. 이는 기존의 이론서를 넘어 심리치료나 임상 현장에서 내담자의 치료과정에 유용할 수 있는 구체적 내용을 제공하고 있다는 데 큰 의미가 있을 것이다.

마지막으로, 저자들은 수십 년간의 임상 및 치료 현장에서의 경험을 바탕으로 각 장애에 대해 하나 이상의 구체적 사례를 제시하고 있다. 특히 가족 구도, 초기 회상, 생활양식 신념 등 아들러리안들이 내담자를 이해하기 위해 현장에서 사용하는 구체적인 기법과 방법론을 보여 주고, 이를 심리치료에 접목하는 과정을 보여 주고 있다. 아들러리안 심리치료 및 심리상담에 관심이 있는 독자들에게 이 사례들은 크게 도움이 될 것이다.

그동안 국내에 아들러 이론과 상담 기법을 소개하는 책들은 많이 출간되어 대중이나 전문가 그룹에게 많이 알려져 있으나, 아들러 관점에서 정신병리를 개념화하고 심리치료와 접목하고자 하는 책은 소개된 적이 없어, 본 역서는 심리치료와 임상 현장에서 일하는 분들에게 도움이 될 것으로 기대한다.

역자 일동

## 추천사

아마도 과거 어느 때보다도 오늘날, 실무자들은 자신의 임상 실제에 영향을 미치는 뚜렷한 영역들에서 여러 가지 전문적인 요구를 감당하지 못할 정도로 받을 것이다. 그들의 스트레스 요인 중 일부는 일반 사람들을 보호하고 그들의 안전을 보장하는 데 있어 전문적, 규제적, 법적 이해관계에서 비롯된다. 기량과 면허/자격 유지를 위한 의무적·지속적 교육 요건, HIPA 규정, 고지된 동의 의무, 취약한 사람들에 대한 학대 및 방임에 대한 보고 체계, 그리고 점점 더 엄격한 문서 요구사항은 임상전문가들이 직면하고 있는 좀 더 두드러진 전문적인 요구 중 몇 가지이다. 그러나 이러한 기대들만을 실무자가 직면하는 것은 아니다.

실무자들은 또한 임상 수요의 증가에 직면해 있다. 실무자에게 부과되는 현대의 임상적 요구 중 가장 도전적인 것 중 하나는 DSM-5의 출현과 그 지침을 실무에 통합해야 한다는 것이다. 오랫 동안 기다려 온 진단 범주의 변경과 재구성, 다양한 정신병리에 대한 계속 확장하는 증상 기준으로서 DSM-5는 많은 논란과 비판을 받아왔다(McHugh, 2013; Tavris, 2013; Satel, 2010; Greenberg, 2013; Frances, 2013 등). 따라서 임상전문가에게 그것은 훨씬 더 어려운 일이 되었다. DSM-5와 같은 창작물에 대한 비평은 항상 풍부하겠지만, 해결책은 항상 더 드물 것이다. 그 의견은 『정신병리와 심리치료』의 이 새로운 판의 시기적절함과 임상적 효용을 상기시켜 주는 역할을 한다.

규제, 법률 등 전문적 요구는 사회 표준의 자연적 진화에 따라 항상 진화할 것이다. 마찬가지로, 실무자들은 항상 우리의 개념화가 진화함에 따라 자신의 정신병리에 대한 사고에서 진화할 필요가 있다는 것을 알게 될 것이다. 실무자들은 모든 인간이 그렇듯이 인지적 편안함의 원칙(Kahneman, 2011)을 따르기에, 그러한 진화는 항상 도전적일 것이다. 그런데도 실무자들은 실무에서 대가가 되기를 열망한다. 임상적 변화의 기운이 감도는 일반적인 복잡성과 DSM-5에 기술된 그러한 구체적인 변화를 다루는 데 있어 저자들은 실무자들이 최신 정보를 갖추도록 도움을 주는 거장다운 일을 이 영역에서 했다.

과학 문헌에 발표한 전문 자료의 독자는 누구나 그러한 글의 엄격한 요구를 이해한다. 언어 구사에 대한 인색함, 명확한 의미 전달, 개념화 등이 모두 주어진 요건이다. 하지만 임상 기록에서도 또한 이론, 연구, 실습의 일관성이 요구된다. 이것은 저자들이 뛰어난 영역이다. DSM-5의 "연구"에 대한 지식과 이해와 결합된 저자들의 아들러 이론의 틀은 실무에 대한 매우 현명하고 임상적으로 논리적인 지침을 낳고 있다. 저자들은 DSM-5에 제시된 현대 정신과 의사들의 전문적 합의(예: 불완전함이 있음에도 불구하고)를 취했고, 그것을 아들러리안 참조 틀의 지침과 통합했다. 내 의견으로는, 아들러 이론의 참조 틀은 치료의 미로를 통해 내담자 및 환자와의 춤을 용이하게 하는 실무자들을 위한 지침을 제공하는 능력에 있어, DSM-5의 변화(DSM-5의 한계뿐만 아니라)를 초월한다. 그것은 진정으로 가치 있는 치료 도구, 교육적 경험, 그리고 잘 수행된 철저한 작업이다.

완전히 공개를 하면, 나는 오랫동안 아들러리안 운동에 연관되어 왔고, 나 자신을 신아들러리안으로 여긴다. 그런 입장에서 렌 스페리와 존 칼슨을 동료와 친구로 알게 되어 기뻤다. 전반적으로 심리학, 특히 전문적/과학적 문헌에, 그리고 힘든 영혼들이 더 좋고 평온한 삶을 살 수 있도록 돕는 데 기여한 그들의 무수한 공헌에 대해 나는 최고의 존경과 찬사를 보낸다.

Gerald J. Mozdzierz
Professor, Department of Psychiatry and Behavioral Neurosciences,
Loyola University, Chicago, IL

## 저자 서문

『정신병리와 심리치료(Psychopathology and Psychotherapy)』의 초판은 1993년에
출판되었다. 초판은 DSM-III-R 기준을 아들러 심리학의 역동-행동-인지-체계
관점과 결합하였다. 1996년에 나온 『정신병리와 심리치료』 제2판은 DSM-IV 기준
을 아들러리안 관점과 결합했다. 『정신병리와 심리치료』 제3판은 약 18년 후에 등
장하여, 최근에 발표된 DSM-5와 아들러리안 관점을 결합한 것이다. 『정신병리와
심리치료: 진단, 사례 개념화, 치료』 제3판은 심리치료와 정신병리 사이의 연관성
에 초점을 맞춘 점에서 이상심리학, 정신병리에 관한 대부분 다른 책과 다르다. 좀
더 구체적으로, 진단 평가, 사례 개념화, 치료 선택을 심리치료 실제와 연결한다. 이
러한 연결고리는 정신병리와 심리치료 사이의 관계를 이해하는 데 필수적이다. 이
러한 연결에 대한 지식과 인식은 효과적인 임상 서비스를 제공하는 데 없어서는 안
된다.

DSM-5는 20년 가까이 개발돼 왔기 때문에 진단과 진단 기준 모두에 상당한 변화
가 포함된 것은 그리 놀라운 일이 아니다. 『정신병리와 심리치료: 진단, 사례 개념
화, 치료』 제3판에서 우리의 목표 중 하나는 외래 환자 실제에서 나타나는 가장 일
반적인 진단 상태만을 포함하는 것이었다. 이러한 이유로 DSM-5에서 다수의 덜 일
반적인 진단 상태를 다루지 않았다.

두 번째 목표는 사례 개념화가 점차 효과적인 임상 실제의 필수 요소로 여겨지고

있기에 이 판에서 사례 개념화(이전에는 사례 공식화라고 알려져 있음.)를 강조하는 것이었다. 별도의 장(제2장)에서 통합적 아들러식 사례 개념화 모델을 설명하고 보여 준다.

이 판의 세 번째 목표는 학생과 임상전문가에게 호평을 받았던 이전 두 판의 장점을 바탕으로 하는 것이었다. 우리는 독자들의 피드백을 듣고 그것을 책의 설계에 반영하였다. 독자는 제3장부터 제15장까지 공통의 형식 또는 구조가 사용된다는 점에 주목할 것이다. 이러한 각 장에는 DSM-5 특성과 더불어 다루는 모든 장애에 대한 아들러식 사례 개념화 및 사례 예가 포함되어 있다. 각각의 장마다 적어도 한 사례의 예는 가족 구도 정보와 생활양식의 신념을 포함하는 완전한 사례를 수록하였다.

마지막으로, 칼슨 박사와 나는 질 두바 사우어헤버 박사, 존 스페리 박사와 공동 편집을 하게 되어 기쁘다. 우리의 희망은 아들러리안 관점을 부각시키고, DSM-5와 통합하는 진정한 독자 친화적인 책을 만드는 것이었다. 우리는 이 판이 당신의 임상 지식과 임상 실제 모두를 향상시킬 것이라 믿는다.

Len Sperry, M.D., Ph.D.

Jon Carlson, Psy.D., Ed. D.

Jill Duba Sauerheber, Ph.D.

Jon Sperry, Ph.D.

## 참고문헌

Frances, A. (2013). *Saving Normal: Insiders revolt against out-of-control psychiatric diagnoses, DSM 5, big pharma and the medicalization of ordinary life*. New York: William Morrow.

Greenberg, G. (2013). *The Book of Woe: The DSM and the unmaking of psychiatry*. New York: Blue Rider Press/Penguin Group.

McHugh, P. (2013). 'McHugh derides DSM 5 for failure to progress', Available at: http://psychiatristoblog.blogspot.com/2013/07/wsj-paul-mchugh-derides-dsm5-for.html. *Shrink Rap*, July 13, accessed January 5, 2014.

Kahneman, D. (2011). *Thinking, Fast and Slow*. New York: Farrar, Straus and Giroux.

Satel, S. (2010). The physician's voice is only one of many. *American Journal of Transplantation, 10*(11), p. 2558.

Tavris, C. (2013). How Psychiatry went crazy. *The Wall Street Journal* (Saturday/Sunday, May 18–19), pp. C1–C7.

# 차례

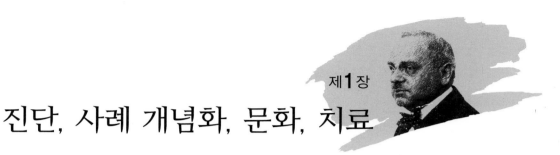

## 제1장

# 진단, 사례 개념화, 문화, 치료

Len Sperry

　31세의 기혼 여성이 우울증과 자신의 어린 아들을 심각하게 해칠지도 모른다는 두려움으로 치료를 받으러 온다. 여러분은 그녀에 대해 무엇을 더 알고 싶은가? 여러분의 진단적 인상(diagnostic impression)과 사례 개념화(case conceptualization)는 무엇인가? 여러분은 어떤 치료를 권하겠는가? 알프레드 아들러(Alfred Adler)는 그의 가장 유명한 사례인 A 부인에 관해 자문했을 때, 비슷한 내담자와 이러한 질문을 다루었다. A 부인 사례는 정신병리(psychopathology)와 심리치료(psychotherapy)에 관한 아들러 심리학(Adlerian[1] Psychology)의 관점에 대한 논의를 시작하는 좋은 방법이다.

　아들러가 상담했던 1931년보다 확실히 정상적 발달 과정과 정신병리에 관해 훨씬 더 많은 것이 알려져 있다. 마찬가지로, 치료 개입이 과거 수십 년 전보다 더 효과적으로 정신병리 과정을 줄이고 심지어 뒤바꿀 수 있다는 희망도 더 크다. 이 장

---

1) 이 책에서 Adlerian은 문맥에 따라 의미를 정확하게 전달하기 위해, 아들러, 아들러식, 아들러리안, 아들러 심리학으로 번역한다. 아들러리안은 알프레드 아들러의 생각과 원칙을 자기 일에 적용하는 사람으로, 의사, 치료자, 상담사, 교사, 간호사, 컨설턴트 또는 다른 어떤 직종에 종사하는 사람도 될 수 있다-역자 주

에는 세 가지 목적이 있다. 첫째, 알프레드 아들러의 정상성(normality)과 정신병리에 관한 기본 관점, 그리고 이를 확장하고 명확하게 하는 몇몇 논평을 설명한다. 둘째, 새로운 『정신질환의 진단 및 통계 편람-제5판(Diagnostic and Statistical Manual of Mental Disorders-Fifth Edition: DSM-5)』[American Psychiatric Association(이하 APA), 2003]의 사용에 있어 몇 가지 기본적인 변경사항의 개요를 설명한다. 다음으로, 비이론적인 DSM-5를 아들러 심리학 이론과 비교하고, 진단적 고려사항들이 어떻게 치료 개입과 연계될 수 있는지를 제시한다. 오늘날 임상 실제에서 문화적 요소의 중요성이 증가하고 있기에, 사례 개념화에서 문화적 요소의 위치가 주목된다. 마지막으로, DSM-5 진단과 아들러식 사례 개념화를 통해 A 부인 사례를 분석한다.

## 알프레드 아들러의 관점

알프레드 아들러는 개인심리학이라고 불리는 심리학 이론과 체계의 창시자였다(Adler, 1956). 아들러는 '개인(individual)'이라는 용어를 선택했는데, 그 라틴어 어원이 '나눌 수 없는(indivisible)'을 의미하듯이, 한 개인이 본질적으로 통합체(unity)임을 언급했다. 아들러는 건강하고 비병리적인 사람의 특징은 용기(courage)와 공동체감(common sense)을 지니고 다양한 인생 과제(life tasks)를 충족하며 살아나갈 수 있는 능력이라고 믿었다. 아들러는 이 특징을 '사회적 관심(social interest)'이라고 불렀다. 아들러는 결코 그러한 개인이 완벽하거나 완전히 자기실현을 했다는 것을 암시하지는 않았다. 실제로 건강한 사람이 사적 논리(private logic)를 사용할 수 있고, 낙담(discouragement)과 열등감(sense of inferiority)을 어느 정도 경험할 수 있으며, 그는 이를 사회적 관심의 범위를 벗어난 방법으로 보상[2]한다. 불완전성과 실패가 인간 상태의 일부라는 것이 일반적인 인식이다. 반면, 병적인 사람은 완벽해야 한다고 믿고, 그리고 나서 자기 생각과 행동이 완벽을 성취하는 유일한 방법이라고 정당화한다. 아들러에게 모든 성격 기능 이상(dysfunction)은 개인적 우월성(superiority)을 성취하는 방법에 관한 잘못된 개념의 결과였다. 대부분의 경우, 그는 이러한 잘못된 개념이 한 사람의 생애 초기에 형성된다고 믿었다(Adler, 1956).

---

2) 아들러 이론에서 보상(compensation) 개념은 '열등감을 극복하고 높은 수준으로 발전하기 위해 노력하는 동기'를 의미한다-역자 주

정신질환을 일으킬 수 있는 취약한 상태를 일컫는 아들러의 용어인 신경증적 성향(neurotic disposition)은 과잉보호나 방치, 또는 두 가지의 혼합으로 특징지어지는 아동기의 경험에서 비롯된다. 이러한 경험에서 어린아이는 자신이 인생 과제(tasks of life)에 숙달하거나 대처할 수 없다는 일련의 심리적 신념, 즉 생활양식(life style)이 되는 자신, 세상 및 삶의 목표에 대한 신념을 발달시킨다. 아이가 가정이나 학교에서 적대적이고, 처벌하고, 박탈하는 환경, 혹은 미묘하게 힘들거나 좌절감을 주는 환경을 인식할 때, 이러한 신념은 혼란에 빠지고 강화된다. 이러한 경험은 아이에게 숙달과 성취를 수반하는 다른 노력을 하도록 격려하기보다는, 낙담과 두려움을 느끼게 한다. 어린아이는 신뢰하고 애정 어린 관계를 경험하기보다는 불신하고 교활하게 성장한다. 이런 지나친 불안정과 불안을 보상하려고 아동은 자기중심적이고 비협조적이 된다.

그렇다면 병적 또는 기능 이상적 생활양식이란 무엇인가? 기능 이상적 생활양식은 융통성이 없는 생활양식이다. 이러한 생활양식에서 문제 해결은 좀 더 과제 지향적이고 사회적으로 유용한 '공동체감'보다는 자기보호적인 '사적 감각(private sense)'을 바탕으로 한다. 일단 이러한 일련의 잘못된 심리적 신념들이 합쳐지고 자기보호적인 대처양식이 확립되면, 이 개인은 다른 방식으로 삶을 보거나 대응하는 데 어려움을 겪는다. 그 결과, 그러한 유형의 개인은 인생 과제에 생산적으로 대처할 수 없고, 자신의 노동에 대한 보상을 진정으로 누릴 수 없고, 더구나 다른 사람과의 관계를 즐길 수도 없다. 이와는 대조적으로, 숙달, 창의성, 애정 어린 즐거운 관계에 관한 아이의 건강한 경험으로 긍정적으로 형성되는 일련의 심리적 신념과 대처양식은 유연한 생활양식을 낳을 것이다.

아들러는 통합된 정신병리 이론을 제시했다. 이 이론에서 개인은 인생 과제를 충족시키지 못한 것에 대한 핑계 역할을 하거나, 공격적이거나 다른 사람들과 거리를 둠으로써 자존감을 보호하려고 독특하게 증상을 '마련한다(arrange)'(Carlson, Watts, & Maniacci, 2006).

아들러는 사회적 관심과 활동 정도(degree of activity)의 차원에 따라 기능 이상 행동을 구별했다. 예를 들어, 신경증 환자는 인생 과제에 '예-그렇지만(Yes-but)'으로 반응한다. 개인은 '예'로 사회적 책임을 인정하고, '그렇지만'으로 책임을 변명하는 증상이 나타난다. 모삭(Mosak, 1984)은 '예-그렇지만'의 반응을 두 가지로 설명했다. "예-그렇지만 나는 아프다."는 정신신경증 환자의 고전적인 반응이다. 그리고 "예-

그렇지만 나는 그것을 무시한다."는 성격신경증(character neurosis)이나 성격장애의 행동화 반응이다. 반면, 정신병 환자는 인생 과제에 '아니요'라고 반응하며, 자신을 일반 세계에서 단절한다. 활동 정도에 대해, 아들러는 우울증, 강박증 같은 신경증 상태에서 활동 정도가 낮고, 불안신경증, 조현병, 알코올 중독에서 더 높다고 언급했다. 가장 높은 수준은 조증과 소시오패스(sociopath)에서였다(Adler, 1964a).

## 아들러 관점에서의 발달

아들러는 낙담, 잘못된 개념 그리고 생활양식 신념의 세 가지 주요 요소가 모든 정신병리에 공통적이라고 믿었다(Carlson, Watts, & Maniacci, 2006). 게다가 그는 사회적 관심의 미발달과 성격 기능 이상은 기본적으로 잘못된 생활 방식의 결과라고 단정했다. 이는 아들러가 사망할 당시의 정상성(nomality)과 이상성(abnormality)에 관한 그의 관점을 나타낸다. 아들러의 경력 초기에 그는 정신병리가 다양한 기관 열등³⁾에서 비롯된다고 믿었음을 주목해야 한다. 이것은 다소 생물학적이고 환원주의적인 입장이었다. 이후 그의 견해는 기능 이상 행동을 열등감과 우월감 사이의 갈등으로 보는 좀 더 정신내적 관점으로 바뀌었다. 그는 '신경증적 성향'을 신경증 발병의 소인(素因, predisposing factor)으로 설명했다. '제멋대로 하는 생활양식(pampered life style)'이란 용어가 결국 이 용어를 대체했다. 훨씬 후에, 아들러는 정신병리는 공공의 이익을 희생시키면서 자기 중요성(self-importance)을 향한 움직임을 나타낸다는 좀 더 사회심리학적인 관점을 발전시켰다. 여러 면에서 아들러 이론의 마지막 버전은 정신병리에 관한 전체론적 관점을 개발하려는 최초의 시도 중 하나를 나타냈다(Adler, 1964b). 비록 그것이 생물학적(기관 열등과 기관 방언) 영역과 사회적 영역에서의 특성을 포함했지만, 주로 정서 발달과 기능 이상에 관한 이론이었으며, 이 이론은 생활양식의 프리즘을 통해 모든 과정을 통합했다. "이것은 특히 폐, 심장, 위, 배설 기관 그리고 생식기의 경우에 해당한다. 이러한 기능의 장해는 개인이 자신의 목표를 달성하려고 취하고 있는 방향을 나타낸다. 기관이 자기 자신의 가장 표현적인 언어로 개인 전체의 의도를 드러내고 있기에, 나는 이러한 장해를 기관 방언

---

3) 기관 열등(organ inferiority): 신체의 결함 부분은 그 결함 부분이나 약점을 보완하려는 개인의 노력을 통해 성격을 형성한다. 아들러는 이를 기관 방언(organ dialect), 기관 용어(organ jargon) 또는 기관 언어(organ language)라고도 했다. 보상 노력이 실패할 경우, 열등 콤플렉스로 이어질 수 있다―역자 주

또는 기관 용어라고 불렸다"(Adler, 1964b, p. 156).

뉴필드(Neufield, 1954)는 초기 심신 상관(心身 相關, psychosomatic)<sup>4)</sup>의 접근법과 개인심리학 같은 생물심리사회적(biopsychosocial)이고 통합적인 접근법을 구별했다. 대부분의 심신 상관 이론은 인간 존재의 모든 생물학적·심리적·사회적 차원에 대한 다면적인 역학관계와 상호 의존성을 충분히 인식하지 못했다. 이러한 모든 다면적 차원을 인식하지 못하면, 뉴필드가 많은 초기 심신 상관의 이론에서 비판했던 것과 같은 편협한 환원주의로 이어진다.

통합 이론을 지지하는 사람들 사이에서 이러한 다면적인 역학, 특히 생화학적이고 신경약물학적 역학을 경시하는 경향이 있었다. 이는 특히 우울장애의 치료에서 사실이다. 우울증은 단일 실체(entity)가 아니라 오히려 스펙트럼장애라는 인식이 확산되고 있다. 이처럼 우울증은 현재 많은 사람에 의해 생물심리사회적 연속체에 걸쳐 있는 별개 질환들의 집단으로 여겨지고 있다. 증상 패턴이 연속체의 한쪽 끝에서는 생화학적 요인들에 의해, 다른 한쪽 끝에서는 심리적 요인에 의해 더 많이 영향을 받는 것으로 보인다(Sperry & Sperry, 2012). 생물심리사회적 관점을 설명하기 위해 도움이 되는 절차는 우울장애가 어떻게 발생하는지를 추론하는 것이다.

최근의 연구결과에 근거하여, 우리는 주요우울 삽화를 겪는 개인은 어떤 면에서 유전적으로 우울증에 걸리기 쉽다고 추론할 수 있다. 예를 들어, 즐거움과 같은 감정을 다루는 뇌 경로와 회로가 외부의 영향에 취약하고, 이를 제대로 완화하지 못한다고 추론할 수 있다. 여기에 자신감과 존중을 약화시키고, 개인이 보호 패턴으로 반응하는 중요한 타인(예: 부모)의 상실이나 분리와 같은 일부 생애 초기의 트라우마가 더해진다. 인생의 나중 시점에 개인이 극심한 심리적 스트레스 요인에 시달리면, 그는 이를 어떤 면에서는 초기에 겪었던 상실이나 분리를 반향(反響)하는 위협으로 해석한다. 기존의 사회 지지 체계, 개인적 대처 전략 또는 보호 방법이 이 스트레스 요인을 무력화하기에 충분하지 않을 때, 이미 손상된 뇌 생화학을 혹사하여 수면 및 섭식의 장해, 정신운동 지연, 활력의 감소, 즐거움을 느끼지 못함, 변비와 두통 같은 신체증상 등의 친숙한 우울증의 생물학적 증상을 유발한다. 이러한 감퇴한 생리적 기능이 자신, 세상, 미래에 대한 개인의 생활양식 신념을 더욱 강화하는 역할을 한다(Sperry, 2010; Sperry & Sperry, 2012).

---

4) 심리적 증상이 신체적 반응으로 나타나는 현상-역자 주

팬크너(Pancner, 1985)는 비슷한 가설을 제시했다. 반면, 이전에 기분저하증 또는 신경성 우울증이라고 불렸던 지속성 우울장애(기분저하증)는 유전적·생물학적 부하가 더 많은 주요우울장애보다 아마도 심리사회적 부하가 더 많이 있을 것이다. 지속성 우울장애와 같은 장애는 생물학적 증상은 거의 없고, 좀 더 기능 이상적인 생활양식 신념과 대처 기술을 가장 자주 보여 준다. 따라서 그러한 장애가 심리사회적 치료법에 잘 반응하는 반면, 주요우울장애는 종종 심리치료와 함께 항우울제 약물 같은 생화학적 치료에 더 잘 반응할 가능성이 크다는 것은 놀라운 일이 아니다. 제멋대로 하는 생활양식이나 신경증적 성향이 인생 과제에서 기능을 방해한다고 가정할 때, 심리치료는 필요한 부가적인 치료일 것이다. 하지만 때때로 상황이 그렇듯이, 인생 과제에서 기능 이상이 거의 또는 전혀 없을 때, 심리치료는 덜 유용할 것 같다.

## 사례 개념화: 진단·임상·문화·치료 개념화

사례 개념화는 개인을 더 잘 이해하고 치료하기 위해 다양한 정보를 간략하고 일관성 있는 방식으로 요약하는 방법이다. 또한 사례 개념화는 진단 개념화, 임상 개념화, 문화 개념화 및 치료 개념화의 4가지 요소로 구성된다(Sperry, 2010; Sperry & Sperry, 2012).

진단 개념화(diagnostic formulation)는 개인이 나타내는 정신질환 증상의 특징과 심각성에 관한 서술적 진술문(descriptive statement)이다. 진단 개념화는 임상전문가가 세 가지 진단 결론에 도달하는 데 도움을 준다. 즉, 환자의 증상이 주로 정신증적인지, 성격적인지 또는 신경증적인지, 그리고 환자의 증상에서 병인이 주로 유기적(有機的, organic)[5]인지 혹은 심인성인지, 또한 환자의 증상이 너무 급성이고 심각해서 즉각적인 개입을 해야 하는지의 진단 결론에 도움을 준다.

간단히 말해서, 진단 개념화는 본질적으로 서술적이고, 현상적이고, 횡단면적이다. 이것은 "무슨 일이 있었는가?"라는 질문에 대답한다. 실제로 진단 개념화는 DSM-5 기준과 질병분류에 따라 명시하는 것에 적합하다.

반면, 임상 개념화(clinical formulation)는 본질적으로 좀 더 이유를 밝히고 종적이

---

5) 장기 관련인지 또는 기질적-역자 주

며, 증상 및 기능 이상적 삶의 패턴의 발달과 유지에 대한 근거를 제시하려고 한다. 임상 개념화는 "왜 그것이 일어났는가?"라는 질문에 대답한다. 인간 행동에 관한 다양한 이론이 존재하는 것처럼, 다양한 유형의 임상 개념화도 존재한다. 즉, 정신분석, 아들러식, 인지적, 행동주의, 생물학적 가족 체계, 생물심리사회적, 혹은 어떤 조합 등이 있다. 이 책에서는 아들러식과 생물심리사회적 사례 개념화의 조합을 강조한다. 다음 장들에서는 이것을 '생물심리사회적-아들러식 개념화'로 표기한다.

문화 개념화(cultural formulation)는 호소문제에 작용하는 문화적 요인과 역동을 체계적으로 검토하고 설명하는 것이다. 이는 "문화가 어떤 역할을 하는가?"라는 질문에 대답한다. 좀 더 구체적으로, 내담자의 문화적 정체성과 문화적 적응 수준을 설명한다. 내담자의 상태에 대한 문화적 설명과 더불어 내담자의 성격과 기능 수준에 미치는 문화적 요인의 영향을 제공한다. 더 나아가, 개인과 치료자 사이의 관계에 영향을 미칠 수 있는 문화적 요소들과, 문화적 개입 또는 문화적으로 민감한 개입이 필요한지를 다룬다.

치료 개념화(treatment formulation)는 진단 개념화, 임상 개념화, 문화 개념화를 뒤따르며, 치료 개입을 주관하는 명확한 청사진 역할을 한다. "무슨 일이 있었는가?" 또는 "왜 그것이 일어났는가?"라는 질문에 답하기보다는, 치료 개념화는 "그것에 대해 무엇을 할 수 있는가, 그리고 어떻게 할 수 있는가?"라는 질문을 다룬다.

가장 유용하고 포괄적인 사례 개념화는 진단·임상·문화·치료 개념화의 네 가지 요소를 모두 포함하는 통합적인 것이다(Sperry & Sperry, 2012; Sperry & Carlson, 2014). 이 책의 다음 장들의 구성 형식은 통합적 개념화를 강조할 것이다. 진단 개념화는 DSM-5의 기준을 강조할 것이다. 임상 개념화는 아들러식 해석과 역동을 강조할 것이며, 치료 개념화는 치료 목표와 방법을 제시할 것이다. 오늘날 DSM-5가 흔히 사례 개념화에 통합되기 때문에, DSM-5와 아들러 역동 간의 연관성은 이 책 전반에 걸쳐 분명히 드러날 것이다. 제2장에서는 아들러식 사례 개념화를 개발하는 방법을 설명하고 보여 준다.

## DSM-5에서의 변화

DSM 진단 체계는 1996년 제2판이 출간된 이후 몇 가지 주요한 변화를 겪었다. 이러한 변화의 대부분은 진단 및 기준을 추가하거나 제거하는 것이었다. 이러한 내용은 다음 장들에서 설명할 것이다. 하지만 DSM-5(APA, 2013)의 구조에도 몇 가지 주요한 변화가 있으며, 이러한 변화를 여기에 간략하게 설명한다.

### 단일 축 진단

DSM-5에서 가장 뚜렷한 변화는 DSM-I 및 DSM-II에서와 같이 단일 축 진단으로 복귀하는 것이다. 다축(5축) 체계가 DSM-III에서 도입되어 DSM-IV-TR까지 계속되었다. 축 I은 임상적 장애와 V 코드[6]를 코딩하기 위한 것이었고, 축 II는 성격장애와 정신지체를 코딩하기 위한 것이었다. 축 III은 임상적 장애를 유발하거나 악화시키는 일반적인 의학적 상태를 코딩하는 것이었으며, 축 IV는 임상적 장애를 유발하거나 악화시키는 스트레스 요인을 명시하기 위한 것이었다. 마지막으로, 축 V는 전반적 기능 평가 척도(Global Assessment of Functioning Scale: GAF)에서 개인의 현재 기능 및 손상 수준을 코딩하기 위한 것이었다(APA, 2013).

이전의 다축 체계의 목적은 임상전문가가 환자에 대한 철저한 설명을 제시하고, 이를 HMO(Health Maintenance Organization)[7]나 보험회사 같은 제3자 지불인은 물론 다른 전문가들에게 체계적인 방법으로 전달하도록 권장하는 것이었다. 하지만 이 다축 접근 방식에 단점이 있었기에, DSM-5는 단축 체계로 복귀했다. 주요 단점 중 하나는 성격장애(축 II)와 관련이 있었다. 비록 이전 DSM 판들의 의도는 아니었지만, 성격장애를 진단하려는 아이디어는 많은 임상전문가에게 문제가 되었다. 이들은 성격장애 진단이 개인에게 낙인을 찍을까 봐 우려했다. 그 결과, 일부 임상전문가들은 축 II 진단이 나타날 때 이를 명시하지 않았다. 이것은 치료자와 제3자 지불자 사이에서 성격장애는 치료할 수 없다는 잘못된 생각으로 인해 복잡해졌다. 결과적으로, 성격장애로 진단받은 일부 개인은 치료를 받는 데 문제에 직면했다. 하지만 오늘날 성격장애 진단 기준을 충족하는 내담자는 더는 다른 장애보다 치료하기가 더 어려운 진단을 받은 것으로 여겨지지 않을 것이기에, 이제 정신건강 치료를 탐색하기가 더 쉽다는 것을 알 수 있다.

다축 체계의 또 다른 단점은 의학적 상태와 V 코드 진단을 명시하는 것과 관련이 있었다. DSM-5에서 의학적 상태는 더는 별도의 축(축 III)에 나열되지 않는다. 이

---

6) 의료 산업에서 주로 청구와 보험 목적으로 사용하는 코드—역자 주
7) 미국에서 보험료를 받고 건강 서비스를 제공하는 의료보험 기구—역자 주

에 따라 의학적 상태가 정신질환과 나란히 나열될 수 있으므로 정신건강 진단에서 더 중요한 역할을 할 것 같다. 또한 이전에 DSM-IV의 축 IV에 열거되었던 심리사회적 및 환경적 스트레스 요인이 이제는 정신질환과 신체적 건강 문제와 함께 열거된다. 실제로 DSM-5는 'V 코드'(ICD-10에서는 Z 코드로 표시)의 수를 증가시켰으며, 이는 때때로 치료의 초점이 되고 종종 다수의 심리사회적·환경적 문제(예: 노숙, 이혼 등)를 반영하는 비장애 상태로 여겨진다. 마지막으로, GAF 점수(축 V)가 없어졌다. DSM-5는 기능과 손상에 대한 거의 신뢰할 수 없는 이 척도 대신에 세계보건기구 장애 평가 목록 2.0(WHODAS 2.0)의 사용을 권장한다.

간단히 말해서, 이전의 5축 체계는 내담자의 진단을 계층적(다축) 관점으로 보여 주었다. 축 I이 처음에 나왔기에, 이것이 치료의 주요 초점이 되어야 하고, 다른 축에 표시된 진단과 정보는 치료 계획에 덜 중요하다는 가정이었다. 이와는 대조적으로 DSM-5가 단축 진단 체계로 복귀함으로써, 말하자면 치료에서 공평한 경쟁의 장이 조성되었다.

### 진단의 보고 및 명시

새로운 DSM-5의 한 가지 목표는 임상전문가에게 좀 더 친화적인 판을 만드는 것이었다. 이에 따라 DSM-5는 이전 판들에는 없던 사례 개념화 및 치료 계획의 가치를 인정하고 있다. 이를 달성하는 한 가지 방법은 진단 보고 방식을 단일 축 형식으로 변경하는 것이다. 여기에는 치료 고려사항들을 반영하는 진단들을 배열하고 명시하는 구체적인 규칙이 포함된다(APA, 2013).

환자가 종종 둘 이상의 진단을 받으므로 순서를 고려하는 것이 중요하다. 현재 임상전문가는 치료 과정을 반영하는 방식으로 진단을 배열하거나 나열할 것으로 예상된다. 이는 진단이 단순히 축별로 '배열'되었던 이전 DSM 판들과는 상당히 다르다. 따라서 증상장애가 항상 가장 먼저 나열되었는데, 왜냐하면 축 I 진단이 나열될 것으로 예상되었던 곳이기 때문이다. 반면, 성격장애는 항상 축 II 진단으로 두 번째로 나열되었다. DSM-5에서 첫 번째 진단을 주된 진단이라고 한다. 입원 환경에서 이 진단이 입원하게 하였고 처음에 배열된다. 외래 환경에서 주된 진단은 내원의 이유이거나 치료의 주요 초점이다. 이차적·삼차적 진단은 임상적 주의가 필요한 순서대로 나열된다. 정신과 입원을 초래하는 자살 시도의 예를 들어 보자. 만약 내담자의 자해 행동이 버림받는 것을 피하려는 미친 듯한 노력이었다고 밝혀지면, 주된 진단은 경계성 성격장애이고, 이차적 진단은 친밀한 동반자와의 관계 고충(V61.10)일 가능성이 크다. 그리고 기분장애와 물질장애 코드가 뒤따른다. 그러나 그가 안정되고 외래 물질남용 치료 프로그램에 의뢰될 때, 그의 주된 진단은 물질장애일 가능성이 크다. 왜냐하면 그것이 치료의 주요 초점일 것이기 때문이다. 이 배열 규칙에 예외가 있다. 정신질환의 진단이 일반적 의학적 상태에 의한 것이라면, ICD 코딩 규칙은 의학적 상태를 그 상태와 관련된 정신질환 진단 전에 나열하도록 요구한다.

진단을 더욱 명확하게 하려고 하위 유형을 사용한다. DSM-5에서 '다음 중 하나를 명시할 것(Specify whether)'의 의미는 상호 배타적인 증상 집단을 나타내며, 이 중에서 임상전문가는 가장 적절한 증상을 선택한다. 예를 들어, 신경성 식욕부진증에는 제한형과 폭식/제거형의 두 가지 하위 유형이 있다. 반면, '명시자(Specifiers)'는 상호 배타적이지 않기에 둘 이상을 사용할 수 있다. 임상전문가는 적용되는 모든 명시자를 확인하여 나열할 것으로 예상된다. 신경성 식욕부진증에는 '부분 관해 상태'와 '완전 관해 상태'의 두 가지 명시자가 있다. 일부 진단은 증상의 심각도를 평가할 기회를 제공할 것이다. 이것은 DSM-5에서 '현재의 심각도를 명시할 것(Specify current severity)'으로 확인된다. 신경증 식욕부진증 진단에는 네 가지 심각도 옵션이 있다. 즉, 경도, 중등도, 고도 및 극도이다(APA, 2013).

DSM-5는 차원 진단을 통해 심각도를 좀 더 유연하게 평가할 수 있게 한다. 어떤 진단은 심각도를 평가할 때 임상전문가에게 더 많은 옵션을 제공한다. 예를 들어, 조현병 진단의 경우 임상전문가는 증상을 리커트식 척도(Likert-like scale)와 같은 5점 척도로 평가하기 위해 '정신병 증상 심각도에 대한 임상의 평정 차원(Clinician-Rated Dimensions of Psychosis Symptim Severity)' 차트(APA, 2013, pp. 743-744)를 사용할 수 있다.

### 심리사회적 · 환경적 고려사항

내담자의 심리사회적 · 환경적 스트레스 요인을 평가하면, 내담자의 호소문제에 대해 좀 더 완전한 견해를 얻을 수 있다. 촉발 요인과 스트레스 요인을 확인하는 것 외에도 임상적으로 유용한 평가는 치료 계획에 도움이 되는 진단 정보를 제공할 수 있다. 이것은 지지 체계, 교육, 직업 이력, 주거, 경제 상황 및 의료 서비스에의 접근 같은 위험 요인과 보호 요인을 포함한다(Sperry & Sperry, 2012). 이전 DSM 판들에서 이러한 요인들은 축 IV에 나열되었지만, 현재는 '임상적 주의의 초점이 될 수 있는 기타의 상태'하에 V 코드(ICD-9 CM과 일치) 또는 Z 코드(ICD-10 CM과 일치)로 표시 될 수 있다(APA, 2013).

### 문화적 고려사항

다양한 문화권에서 온 개인은 각기 다른 방식으로 자신을 표현하기 때문에, 증상 은 문화의 함수로서 달라질 수 있다. DSM-5는 잘못된 진단을 방지하고 치료 계획 을 쉽게 수립하도록 모든 진단의 설명에 '문화와 관련된 진단적 쟁점'을 강조한다. 또한 '문화적 개념화 면접'을 제공한다(APA, 2013). 면접 형식은 내담자의 가치, 증상 의 의미, 설명 모델과 내담자의 문화적 세계관을 형성한 영향 등을 도출하는 데 유 용한 16문항의 질문(아동의 경우 11문항)으로 구성된다. 이로부터 유용한 문화적 개 념화가 개발될 수 있다. 게다가 다양한 문화적 증후군에 대한 정의를 제공한다.

### 생물학적·의학적 고려사항

의학적 상태는 정신질환처럼 보일 수 있다. 예를 들어, 내담자는 슬픔, 피로, 식 욕 부진, 집중력 저하, 수면장애 등의 증상을 보일 수 있다. 이러한 증상들은 주요 우울장애 기준을 충족하므로 이 진단을 내려야 하는가? 이와 같은 증상들은 갑상선 기능 저하증(저활성 갑상선)에 의해 나타날 수 있기에, 반드시 그렇지는 않다. 이 증 상들은 또한 만성 신장 질환에서도 흔하다. 그렇다면, 진단은 무엇인가? 주요우울 장애인가 또는 만성 신장 질환인가? 오늘날 모든 정신건강 전문가가 생물심리사회 적 모델을 채택했다. 이 모델은 정신건강 임상전문가가 환자의 호소문제에 생물학 적·의학적 요인의 영향을 확인하도록 임상 실제에 영향을 미쳤다. 과거의 기록에 대한 검토와 의학적 상태를 확인하기 위한 면담 외에도, 의학적 문제가 환자의 증상 에 기여하거나 악화시킬 수 있다는 우려가 있는 경우, 적절한 생물심리사회적 평가 는 의학적 평가를 위한 의뢰를 포함할 수 있다. 과거에는 축 I 진단에 기여했던 의학 적 상태가 축 III에 기록되었을 것이다. 오늘날에는 DSM-5 진단과 함께 ICD 코드로 보고되고 있다.

## 개인심리학과 DSM-5

병리학이나 질병 모델에 기반을 둔 다른 심리 체계와 달리, 아들러 이론은 성장

모델을 기반으로 한다. 아들러 이론은 주로 정신병리적 증상에 초점을 맞추기보다는 기능 이상이 있는 개인의 낙담 요소를 강조한다(Mosak, 1984). 마찬가지로, 아들러 이론은 소유의 심리학(psychology of possession)이기보다는 사용의 심리학(psychology of use)이므로 증상의 진단적 분류를 강조하지 않는다. 대신에 아들러리안 임상전문가는 기능 이상적 사고, 행동, 증상의 의미, 목적 및 사용을 강조한다. 아들러식 접근법은 행동과 증상을 설명하는 데 중요하다고 여겨지는 심리적 이유나 기제(mechanism)를 강조하기에 정신역동에 초점을 맞추며, 그리고 자신과 세상에 대한 태도와 믿음을 강조하기에 인지에 초점을 둔다. 마지막으로, 아들러식 접근법은 가족 구도, 사회적 상호작용, 심리적 움직임을 강조하기에 체계에 초점을 맞춘다. 간단히 말해, 아들러리안 임상전문가에게 임상 개념화는 정신역동, 인지 및 체계적 역동을 통합한다(Mosak & Maniacci, 1999). 이러한 임상 개념화를 강조하는 것이 아들러리안 임상전문가가 진단 개념화와 DSM 진단을 과소평가하거나 명시하지 못한다는 것을 의미하지는 않는다. 대신에 아들러리안 임상전문가는 보험회사 또는 병원 정책이 요구한다면 공식적인 진단을 내릴 수 있다. 그런데도 개인의 움직임, 생활양식 신념 및 개인의 독특성에 관한 설명은 진단 범주보다 더 유용한 것으로 여겨진다.

　흥미롭게도, 아들러는 분명히 형태 진단인 성격 유형 분류를 싫어하지 않았다. 그는 네 가지 성격 유형을 특징지었는데, 이는 지배형(ruling), 획득형(getting), 회피형(avoiding) 그리고 건강하고 사회적으로 유용한(healthy, socially useful) 사람이다. 처음 세 가지 유형은 낙담하고 사회적 관심이 낮은 사람을 묘사하며, 각 유형은 기능 이상으로 간주될 것이다. 모삭(1959; 1971; 1979; 1984)은 몇 가지 다른 성격 유형을 간략하게 설명했으며, 획득형과 지배형에 관한 심층 분석을 제공했다. 히스테리 신경증이 프로이트(Freud)에게 원형이었던 반면, 아들러는 강박신경증을 모든 신경증의 원형이라고 여겼다. 우유부단함과 의심, 타인에 대한 평가절하, 신과 같이 되고자 하는 노력(god-like striving)[8] 그리고 사소한 것에 대한 집중은 아들러가 일상적으로 언급했던 강박신경증 환자가 개인적 우월성의 목표를 추구할 때 사용하는 자

---

8) 아들러 개념에서 결함 없이 완벽해지고자 하는 욕구는 사회적으로 유용하지 않은 활동, 낙담, 환상으로의 후퇴로 이어질 수 있으며, 신과 같이 지고하게 되기 위해 노력하는 것(striving for godlike supremacy)은 정신질환을 초래할 수 있다-역자 주

기보호 수단(safeguarding methods)이었다. 그는 다양한 신경증적 및 정신증적 개인들이 서로 다른 자기보호 수단을 사용할 수도 있지만, 그런데도 이들의 움직임은 같다고 말했다. 즉, 인생 과제를 회피하거나 거부하는 것이었다.

통합된 정신병리 이론인 아들러식 접근법과 달리, DSM-5는 300개 이상의 정신질환을 포함하는 22개의 별개의 진단 범주를 기술하고 있다(APA, 2013). 각 장애는 동적이기보다는 고유한 일련의 서술적 진단 기준이 있다. DSM-5 진단은 특정 개인의 이력 및 임상 증상으로부터의 사실과 특정 정신질환의 진단 기준이 일치할 때 내려질 수 있다. 간단히 말해서, DSM-5 체계는 정신병리 모델과 소유의 심리학에 기반을 두고 있지만, 아들러식 접근법은 성장 모델과 사용의 심리학에 기반을 두고 있다. 결과적으로, 아들러리안 치료자는 움직임이나 생활양식 주제 같은 개인의 역동을 이해하려고 하는 것만큼, DSM-5 유형의 서술적 진단에 관심이 없을 수 있다. 하지만 이 두 접근법 사이에 차이가 존재하는 것처럼, 몇 가지 중요한 유사점들도 존재한다.

아들러식 접근법이 개인에 관한 통합-생물심리사회적 이해를 추구하는 것처럼, DSM-5는 개인에 관한 생물심리사회적 관점을 고려한다. 명백히 제기되는 질문은 DSM 진단 범주는 어떻게 성격에 관한 아들러식 관점과 상호 관련될 수 있는가이다. 많은 사람이 정신병리 문헌에서 고전이라고 여기는 것에서, 모삭(1968)은 한 세대의 임상전문가들이 중심 주제 또는 기본적 생활양식 신념과 DSM 진단 범주를 상호 연관시키는 데 도움을 주었다. 이러한 중심 주제는 임상 관찰, 심리 검사, 특히 초기 회상을 통해 결정된다. 모삭은 8가지의 가장 공통적인 주제를 열거했다. 즉, 획득자(getter), 통제자(controller), 주도자(driver), 착하고 완벽하고 올바른 자(to be good, perfect, right), 순교자 또는 희생자(martyrs or victims), 변화 반대자(aginners), 감정 회피자(feeling avoiders) 그리고 흥분 추구자(excitement seekers)이다. 그는 또한 이러한 주제들의 조합을 19개의 진단 범주와 상호 연관시켰다. 예를 들어, 전통적으로 우울장애 진단을 받은 사람의 생활양식은 다양한 정도의 획득자, 통제자, 옳아야 하는 사람의 조합일 것 같다(Mosak, 1979). 반사회성 성격의 경우, 주제는 획득자, '변화 반대자', 흥분 추구자의 조합일 것 같다.

## 진단에서 치료까지

임상전문가는 내담자가 가장 적절한 임상치료를 받고 있는지를 어떻게 아는가?

현재의 합의는 내담자의 요구와 기대에 부합하거나 맞춤화된 치료를 선호한다. 맞춤형 치료란 아들러 심리학에서 임상전문가와 내담자 간의 협력이 논리적으로 확장된 것이다. 맞춤형 치료는 종합적인 평가와 통합적 사례 개념화뿐만이 아니라, 치료 기대치와 방법에 관해 협의한 상호 합의에 기초한다.

간단히 말해서, 종합적인 임상 평가는 대개 나타나는 질환, 그 이력, 정신 상태, 사회적·발달적 이력, 건강 상태, 과거 치료력, 상태에 관한 내담자의 설명, 치료에 관한 기대치를 포함한다. 이 마지막 두 항목은 내담자의 개념화를 나타낸다. 또한 아들러리안 임상전문가는 인생 과제, 삶의 주제와 신념에 대한 정보를 관찰하고 끌어낼 것이다. 통합적 임상 개념화는 내담자가 우려하는 사항의 기원과 의미를 제시한다. 왜냐하면, 그것이 통합적인 서술이기에, 생물학적·가족적 소인, 내담자의 대처 기술, 잘못된 생활양식 신념, 대인관계 요인, 직업적 요인 그리고 사회체계 요인 등을 설명한다. DSM-5 진단, 문제 목록, 내담자의 치료 동기 및 치료 능력에 관한 진술, 문화적 요인의 영향, 예후가 사례 개념화를 완성한다.

협의 과정은 임상전문가가 내담자 자신의 사례 개념화를 인정하고, 임상전문가의 사례 개념화와의 유사점 및 차이점을 인정하는 데에서 시작된다. 후속 논의에서 임상전문가는 내담자에게 병에 대해 교육하고, 그 병과 치료 과정에 대한 잘못된 개념을 명확히 할 수 있다. 치료 과정과 결과에 관한 내담자의 기대에 대한 논의는 상호 합의할 수 있는 치료 방향과 협력에 기초한 치료 관계의 협의를 촉진한다. 그런 다음, 치료 선택의 세부 사항을 논의할 수 있다.

### 사례 • A 부인의 사례 재논의

앞서 언급했듯이, 알프레드 아들러의 가장 유명한 사례는 A 부인 사례이다. 다음은 오늘날 진단, 임상, 문화, 치료 개념화와 함께 임상전문가가 기록하는 것과 같은, A 부인 사례의 요약과 사례 개념화이다. 독자는 아들러가 그녀를 치료하지도 않았고, 심지어 인터뷰도 하지 않았다는 점을 주목해야 한다. 대신에 A 부인은 힐다 웨버(Hilda Weber) 박사가 계속 치료하던 환자였다. 1931년 의사들의 전문가 모임에서, 아들러는 웨버 박사가 쓴 사례 연구의 일부분에 대해 논평을 해 달라는 요청을 받았다. 아들러는 자문에서 A 부인의 생활양식 주제를 추론할 수 있었다. 다음은 DSM-5 용어를 사용하여 이 사례를 현대적으로 표현한 것이다. 그녀의 생활양식 주제는 생물심리사회적-아들러식 사례 개념화(임상 개념화) 부분에서 언급된다.

A 부인은 두 자녀를 둔 31세의 기혼 가정주부로, 불쾌감, 청소 강박 행동, 칼 공포증, 자신의 어린 아들을 심각하게 해칠지도 모른다는 두려움을 보이고 있다. 그녀는 이 점진적으로 악화되어 온 증상이 18개월 전 천사들이 관을 둘러싸고 있는 무서운 꿈을 꾼 때에 시작됐다고 설명한다. 하지만 결혼 생활 8년 동안 지속된 것으로 보이는 증상들은 아마도 그녀의 첫 아이가 딸이 아니라 아들이라는 그녀의 엄청난 실망감에서 시작되었을 것이다. 이윽고 그녀는 남편의 인기와 친구들을 질투하게 되었고, 이웃과 지내는 데 어려움을 겪었고, 부부간의 불화가 심해지면서 상황이 변하지 않으면 자신과 자기 아들을 죽이겠다고 위협했다. 약 3년 후 둘째 아들이 태어났을 때 그녀의 허무함은 심하게 상처를 입었다. 얼마 후에 어떤 술 취한 이웃이 칼로 그녀를 죽이겠다고 위협했다. 그 후에 그녀는 두 아이를 데리고 집에서 나와 친정 부모와 함께 살았다. 그녀가 없는 동안, 그녀의 남편은 "신경쇠약"에 걸렸고, 그녀에게 자신을 돌봐 주기 위해 집으로 돌아오라고 간청했다. 그녀는 돌아온 후 강박 사고와 강박 행동으로 인해 치료에 의뢰될 정도로 정상적인 생활을 하지 못하였다. 그녀의 자살 위협 이후 그녀의 남편은 평가를 받으러 그녀를 데려갔고, 그때 그녀는 심신 상관의 상태인 '신경성 위염' 진단을 받았다. 심리치료는 권고되지도 요청되지도 않았다. 이것이 약 4년 전이었다.

그녀는 정신질환에 대한 가족력을 부인하지만, 부계 쪽으로 알코올 중독을 보고하고 있다. 그녀의 아버지는 충동적이고, 신체적으로 학대하며, 폭음하는 건설 노동자로 묘사되었다. 그녀의 어머니는 열심히 일하지만, 소극적이라고 묘사되었다. 아버지가 술을 마시고 "모든 사람의 목을 베겠다."라고 큰 소리로 위협하여 결혼 갈등이 촉발되었다. 그녀는 8남매 중 셋째였고, 4명의 여자아이 뒤로 4명의 남자아이가 뒤를 이었다. A 부인은 어렸을 때의 자신을 명랑하고, 재미있는 일을 좋아하고, 제일 큰 남동생 이외의 모든 사람에게 호감을 받는 아이로 설명했다. 그녀는 남동생을 이기적이고 사려 깊지 못하다고 묘사했다. 그녀는 언니를 이기적이라고 묘사했는데, 왜냐하면 조용하고 내성적이었기 때문이다. 언니는 사소한 일로도 벌을 받았다.

그녀는 어렸을 때 아주 건강했고, 학교에서 잘 지냈으며, 친구가 많았다고 보고한다. 그녀는 졸업하기 전에 고등학교를 떠났는데, 그녀의 여자 친구들 사이에서는 드문 일이 아니었다. 그리고 결혼하기 전까지 특별히 기술이 필요 없는 많은 직업을 가졌다. 그녀는 집에서 살며 일할 때 잘했다. 하지만 일자리가 필요했을 때 그녀는 집을 떠나 살았고, 심각한 피부질환과 갑상선 확대 등 수많은 신체적인 증상이 생겼다. 의사가 그녀에게 집으로 돌아가 살라고 강조한 후, 증상은 가라앉았다. 그 후 그녀는 남성 위주의 직업을 선택하여 다시 일할 수 있었다. 그녀는 질 좋은 유리 제품이나 도자기 같은 물품을 다루는 일을 원하지 않는다고 설명했다. 왜냐하면 그녀는 그러한 물건을 깨는 것이 두려웠기 때문이었다. 어느 날 그녀의 아버지는 그녀가 집에 돌아왔기 때문에 집에 경제적인 부담이 되었다며 삽으로 그녀를 죽이겠다고 위협했다. 그녀는 집에서 뛰쳐나와 근처 교회에 숨었고, 다시는 집으로 돌아가지 않겠다고 맹세했다. 21세 때 그녀는 다소 수동적이고 매달리는 남자와 지냈던 3년간의 약혼을 파혼했다. 그 직후 그녀는 남편을 만났다. 당시 남편은 군대에서 입은 부상에서 회복하는 중이었다. 남편은 반려자로서 그녀가 꿈꾸던 전부였다. 키가 크고, 잘생겼고, 술을 안 마셨다. 결혼과 마찬가지로, 그들은 교제 기간에도 갈등을 겪었다. 그는 그녀를 떠났고, 그녀는 자신이 아이를 가졌다는 것을 알았을 때 그를 뒤쫓았다. "마지못해 급히 치러야 하는" 결혼식이 뒤따랐다. 그녀는 남편이 집안일을 돕거나 자녀를 돌보는 것을 거부한다고 말한다. 반면, 그는 그녀의 치료를 주선하는 데 도움을 주었다.

### 진단 개념화

주된 우려사항은 A 부인이 자기 아이를 해칠 것이라는 그녀의 강박 사고이다. 그러한 생각은 강박장애가 있는 엄마들에게 드물지 않기 때문에, 이 강박 사고는 주로 그녀의 현재 고통을 설명해 주는 것 같다. 아이의 안전이 A 부인의 충동성과 정서적 불안정성(그녀의 경계성 성격장애와 연관된)에 의해 위태로워질 수 있다는 사실이 그녀의 고통스러운 증상들을 악화시키는 역할을 한다. 특히 며칠 전에 갑상선약이 다 떨어졌다고 말한 이래로, 우울한 기분 또한 고통의 한 원인인 것으로 보인다. 그녀의 고통이 일어나는 정황은 그녀의 아이들, 특히 어린 아들과의 관계이다.

다음은 그녀의 DSM-5 진단이다.

- 300.30 통찰력이 부족한 강박장애
- 301.83 경계성 성격장애
- 293.83[F06.31] 경도의 갑상선 기능 저하로 인한 우울장애
- V61.20 부모-자녀 관계 문제

### 임상 개념화

갑상선 기능 저하뿐만 아니라 그녀의 기질(충동성, 정서적 불안정성)이 미치는 영향이 A 부인이 나타내는 우려를 설명하는 데 가장 중요하다. 그것들이 그녀의 현재 스트레스 요인, 심리적 역동, 그녀가 가족과 남편으로부터 겪는 지지 부족을 악화시키는 것으로 보인다.

그녀는 삶을 적대적이고, 불공평하며, 과잉 통제적이라고 여긴다. 그녀는 자신을 굴욕당할 것을 예상하는 피해자로 볼 뿐만 아니라, 다른 대우를 받을 자격이 있다고 믿는다. 그러므로 그녀는 다른 사람이 자신을 돌볼 것을 요구하고, 남편과 가족이 계속해서 돌보는 역할을 하게 하려고 강박 사고, 강박 행동, 자신과 자녀를 해친다는 위협을 이용한다. A 부인은 또한 대인관계를 지배력을 얻고 복종에 저항하는 수단으로 이용하고, 그래서 그녀는 협력을 정복으로 이해할 것 같다. 그러므로 임상전문가는 협력적인 치료 관계로 발전하는 데 어느 정도 시간이 걸릴 것이며, 치료의 협의 단계가 매우 중요하고 경시할 수 없다는 점을 예상할 수 있다. 또한 A 부인이 비교적 통찰력과 심리적 마음 자세를 거의 보여 주지 않았고 다소 양면적이었기에, 치료의 초기 단계는 주로 통찰력과 해석에 초점을 두어서는 안 된다. 간단히 말해서, 임상전문가는 바로 시작부터 그녀의 양면적이고 통제적이고 자격이 있다는 생활양식을 인식하면서, 그녀의 치료 기대에 부응하고 그녀의 참여를 격려함으로써 A 부인의 협력을 얻고자 노력할 것이다.

### 문화 개념화

A 부인은 자신을 다른 문화에 상당히 잘 적응하는 독일계 노동자 계층의 여성으로 여긴다. 그녀는 자신의 문제가 아버지의 손에서 받은 학대로 인한 것이라고 믿고 있으며, 그 학대는 평생 그녀에게 '마음의 상처를 남겼다'. 그녀는 또한 자신이 살인하려는 사고와 충동을 통제할 수 없기에 신에게서 벌을 받고 있다고 믿는다. 일부 문화적 요인들이 제한된 역할을 하는 반면, 성격 요인이 주로 작용하고 있는 것으로 보인다.

### 치료 개념화

치료 초기의 초점은 치료, 임상전문가의 역할 및 자신의 역할에 대한 A 부인의 기대를 끌어내는 것이 될 것이다. 그런 후 상호 합의된 치료 계획을 협의할 것이다. 아마도 치료 계획은 처음에는 증상 감소를 수반할 것이고, 이어서 결혼과 가족 관계의 안정화와 동시에 그녀의 경계성 성격 양상, 특히 충동성과 정서적 불안정성의 영향을 다룰 것이다.

갑상선기능저하증 및 심신 상관의 증상(신경성 위염) 병력 때문에, 의학적 평가를 준비하고, 필요하다면 갑상선 약물치료를 재개할 것이다. 항우울제, 강박치료약물(즉, 아나프라닐)의 복용 또는 증상 감소를 목표로 하는 집중적인 행동치료를 통한 단기 치료 과정이 필요하다. 게다가 A 부인이 자신의 자녀나 자신을 해치지 않도록 하려고 필요한 모든 조치(아동 보호 서비스 기관과의 협의 등)를 취할 것도 권고될 것이다. 그리고 나서 그녀 상태의 만성적인 심각성, 심리사회적 스트레스 요인, 경계성 성격 특징들 때문에, 그녀의 남편이나 자녀들이 참여하는 부가적인 치료 회기가 있는 개인 지지 치료 과정과 집단치료도 고려하라고 명시될 것이다. 증상 감소가 충분히 이루어지고 안정적인 치료 관계가 형성될 때까지 아마도 매주 두 번 30분 회기가 예정될 것이다.

치료의 두 번째 단계에서, 회기는 매주 진행되며, 부모-자녀 관계와 부부관계, 과잉 통제 및 자격이 있음에 대한 그녀의 잘못된 생활양식 신념, 그녀의 신체화 욕구, 행동화 위협, 남성성 추구 등과 같은 장기적 문제 사안에 초점을 맞출 수 있다. 그녀의 성격 특성, 특히 충동성과 정서적 불안정성 때문에, A 부인은 까다로운 환자일 가능성이 높다. 하지만 그녀가 치료에 대한 헌신적 노력을 계속한다면, 상당히 좋은 예후를 받을 만할 것이다.

## 맺는말

이 장은 정상성과 정신병리에 관한 아들러리안 관점에 대한 설명으로 시작했다. 그런 다음 임상 실제에서 DSM-5(APA, 2013)를 사용하는 데 있어 몇 가지 기본적인 변경사항을 제시했다. 다음으로, 비이론적인 모델인 DSM-5를 아들러 심리학 모델과 비교하였다. 아들러리안 관점을 가진 임상전문가가 진단 및 문화적 요소와 치료 고려사항들을 설명하기 위해 DSM-5를 자신의 사례 개념화에 어떻게 통합할 수 있는지를 제시했다. 마지막으로, DSM-5와 아들러 이론과의 관계를 설명하기 위해 A 부인 사례의 사례 개념화를 제시하였다. 이 장의 목적은 다음 장들을 위한 무대를 마련하는 것이다.

## 참고문헌

Adler, A. (1956). In H. H. Ansbacher & R. R. Ansbacher (Eds.), *The Individual Psychology of Alfred Adler*. New York, NY: Harper & Row.

Adler, A. (1964a). *Superiority and Social Interest*. Evanston, IL: Northwestern University Press.

Adler, A. (1964b). In H. H. Ansbacher & R. R. Ansbacher (Eds.), *Problems of Neurosis. A Book of Case Histories*. New York, NY: Harper & Row.

Adler, A. (1969). *The Case of Mrs. A.: The Diagnosis of a Life Style* (2nd edn., with commentary by B. Shulman, M. D.). Chicago, IL: Alfred Adler Institute Publishers.

American Psychiatric Association (2013). *Diagnostic and Statistical Manual of Mental Disorders, Fifth Edition*. Arlington, VA: American Psychiatric Publishing.

Carlson, J., Watts, R., & Maniacci, M. (2006). *Adlerian Therapy: Theory and Practice*. Washington, DC: American Psychological Association.

Dreikurs, R. (1967). The psychological interview in medicine. In R. Dreikurs (Ed.), *Psychodynamics, Psychotherapy and Counseling* (pp. 75-102). Chicago, IL: Alfred Adler Institute.

Mosak, H. (1959). The getting type, a parsimonious social interpretation of the oral character. *Journal of Individual Psychology, 15*(2), pp. 193-198.

Mosak, H. (1968). The interrelatedness of the neuroses through central themes. *Journal of Individual Psychology, 24*(1), pp. 67-70.

Mosak, H. (1971). Lifestyle. In A. Nikelly (Ed.), *Techniques for Behavior Changes: Applications of Adlerian Theory* (pp. 77-81). Springfield, IL: Charles C. Thomas.

Mosak, H. (1973). The controller: A social interpretation of the anal character. In H.H. Mosak (Ed.), *Alfred Adler: His Influence on Psychology Today*. Park Ridge, NJ: Noyes Press, pp. 43-52.

Mosak, H. (1979). Mosak's typology: An update. *Journal of Individual Psychology, 35*(2), pp. 92-95.

Mosak, H. (1984). Adlerian psychology. In R. Corsini and B. Ozaki (Eds.), *Encyclopedia of Psychology*. New York, NY: Wiley-Interscience.

Mosak, H., & Maniacci, M. (1999). *Adlerian Psychology: The Analytic-Behavioral-Cognitive Psychology of Alfred Adler*. Philadelphia, PA: Brunner/Mazel.

Neufield, I. (1954). Holistic medicine versus psychosomatic medicine. *American Journal of*

*Individual Psychology, 10*(3 & 4), pp. 140-168.

Pancner, R. (1985). Impact of current depression research on Adlerian theory and practice. *Individual Psychology, 41*(3), pp. 289-301.

Shulman, B. (1969). Foreword to second edition. In F. G. Crookshank (Ed.), *The Case of Mrs. A*. Chicago, IL: Alfred Adler Institute, p. 9.

Slavik, S., & Carlson, J. (Eds.) (2006). *Readings in the Theory of Individual Psychology*. New Yrok, NY: Routledge.

Sperry, L. (1996). Psychopathology and the diagnostic and treatment process. In L. Sperry & J. Carlson (Eds.), *Psychopathology and Psychotherapy: From DSM-IV Diagnosis to Treatment* (2nd edn.) (pp. 3-18). Washington, DC: Accelerated Development/Taylor & Francis.

Sperry, L. (2010). *Highly Effective Therapy: Developing Essential Clinical Competencies in Counseling and Psychotherapy*. New York, NY: Routledge.

Sperry, L., & Carlson, J. (2014). *How Master Therapists Work*. New York, NY: Routledge.

Sperry, L., Gudeman, J., Blackwell, B., & Faulkner, L. (1992). *Psychiatric Case Formulations*. Washington, DC: American Psychiatric Publishing.

Sperry, L., & Maniacci, M. (1992). An integration of DSM-III-R diagnoses and Adlerian case formulations. *Individual Psychology, 48*, pp. 175-181.

Sperry, L., & Sperry, J. (2012). *Case Conceptualization: Mastering This Competency With Ease and confidence*. New York, NY: Routledge.

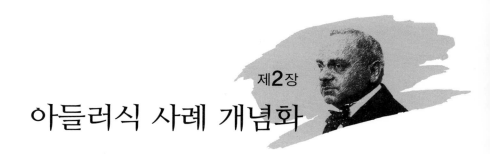

제**2**장

# 아들러식 사례 개념화

Len Sperry

이 책임의 시대에 효과적인 임상 실제에서는 치료자가 사례 개념화를 능숙하게 개발하고 활용할 수 있고, 활용할 것이라고 가정한다. 이전에 사례 공식화(case formulation)[1]라 불렸던 사례 개념화(case conceptualization)는 심리치료에서 가장 중요한 역량이다. 기본적으로 사례 개념화는 내담자가 보여 주는 우려사항을 이해하고 설명하는 방법이며, 치료 과정을 인도하는 전략이다(Sperry, 2005; Sperry & Sperry, 2012). 제1장에서 사례 개념화의 네 가지 구성 요소를 소개하고, 임상 평가를 치료 계획, 개입 및 임상 결과와 연결하는 '가교(架橋)'로 사례 개념화를 설명했다. 이 장에서는 통합적 사례 개념화 모델과 그 전제 및 이점을 설명한다. 그런 다음, 심리치료의 개념화와 계획에 관한 아들러리안의 관점을 설명한다. 한 사례를 통해 논점을 보여 준다.

---

1) case formulation은 사례 공식화 또는 사례 개념화로 번역되고 있으나, 이 책에서는 case conceptualization 과 함께 사례 개념화로 번역하였다-역자 주

# 사례 개념화에 대한 통합적 접근법

사례 개념화라는 용어는 비교적 새롭지만 사례 자료를 설명하는 과정은 그렇지 않으며, 아들러식 설명 모델은 다른 접근법에 영향을 미친 것으로 보인다. 사실 아들러식 심리치료는 다양한 현대의 접근법과 양립할 수 있다(Ansbacher & Ansbacher, 1956). 이러한 접근법에는 분석적 · 행동적 · 인지행동적 · 구성주의적 · 대인관계적 · 체계적 접근법 등이 있다(Mosak & Maniacci, 1999; Carlson, Watts, & Maniacci, 2006). 대부분 이러한 접근법들은 패턴과 자기관(self-view) 및 세계관(world-view)과 같은 자기-타인(self-other) 도식을 강조한다. 이 두 가지는 모두 아들러 이론의 기본 구성 개념이며, 아들러식 사례 개념화에 관한 통합적 접근법의 기초이다(Sperry, 1989). 이것은 사례 개념화에 관한 모든 접근법이 동일하다는 것을 시사하는 것은 아니다. 실제로 모든 접근법에는 고유한 요소뿐만 아니라, 접근법 간에 공통 요소들이 있다. 사례 개념화에 관한 진정한 통합적 접근법은 다양한 접근법의 '공통 요소들'을 포착하는 동시에 각 접근법의 독특하거나 접근법 특유의 요소를 유지한다(Eells, 2007/2010).

## 기본 전제 및 요소

많은 사람의 의견에 따르면, 사례 개념화는 숙달하기 가장 어려운 임상 역량 중 하나이다. 효과적인 사례 개념화를 개발하는 것이 어렵다는 인식이 많은 치료자가 사례 개념화를 개발하지 않거나 사용하지 않는 이유이거나, 혹은 사례 개념화 능력에 대한 자신감이 부족한 이유일 수 있다. 나의 경험으로는 치료자와 대학원생 모두 단 두 시간의 교육으로 이 역량을 쉽고 자신 있게 숙달할 수 있다는 것이다. 교육 접근법은 공통 요소와 독특한 요소에 근거하여 사례 개념화 통합 모델을 배우는 것을 포함하며, 패턴의 요소, 즉 부적응적 패턴(maladaptive pattern)의 요소를 강조한다.

이 통합 모델의 기저에는 두 가지 기본 전제가 있다. 첫 번째 전제는 개인이 자신도 모르게 저절로 계속되는 부적응적 기능 패턴 및 다른 사람과의 관계에서의 부적응적 패턴을 나타낸다는 점이다. 불가피하게, 이러한 패턴은 개인이 호소하는 문제의 기저를 이룬다. 효과적인 치료는 항상 내담자와 치료자가 협력하여 이 패턴을 확인하고, 이를 중단시키고, 좀 더 적응적인 패턴으로 대체하려는 변화 과정을 수반한다. 이러한 변화 과정에서 적어도 두 가지 결과, 즉 웰빙의 증가와 내담자 호소문제의 해결이 일어난다.

두 번째 전제는 패턴 인식과 패턴 변화가 사례 개념화 과정의 핵심이라는 점이다. 패턴은 개인이 생각하고, 느끼고, 행동하고, 대처하고, 자신을 방어하는 예측 가능하고 일관되며 영속 가능한 스타일과 태도이다(Sperry, Brill, Howard, & Grissom, 1996; Sperry, 2006). 패턴 변화에는 ① 부적응적 패턴을 확인하고, ② 부적응적 패턴을 포기하고, 이를 좀 더 적응적인 패턴으로 대체하고, 그리고 ③ 적응적 패턴을 유지하는 세 가지 과정(Beitman & Yue 1999)을 포함한다.

이 장에서 설명하는 통합적 사례 개념화는 〈표 2-1〉과 〈표 2-2〉에서 확인된 17가지 요소로 구성된다. 〈표 2-1〉은 대부분의 사례 개념화 모델에 공통적인 12가지 요소를 열거하고 정의한다. 〈표 2-2〉는 특정 모델 또는 접근법에 독특하고 고유한 5가지 요소를 보여 준다. 예를 들어, 가족 구도 및 생활양식 신념은 아들러식 모델에서 고유한 소인(素因)인 반면, 부적응적 신념과 도식은 인지치료 모델에 고유하다. 종합하면, 이 17가지 요소는 통합적 사례 개념화를 나타낸다(Sperry & Sperry, 2012).

**표 2-1 통합적 사례 개념화의 공통 요소**

| | |
|---|---|
| 호소문제 | 호소문제와 촉발 요인에 대한 특유의 반응 |
| 촉발 요인 | 패턴을 활성화하여 호소문제를 낳는 계기 |
| 부적응적 패턴 | 경직되고 비효과적인 지각·사고·행동 방식 |
| 유지 요인 | 내담자의 패턴을 활성화하여 호소문제를 지속적으로 일으키는 계기 |
| 문화적 정체성 | 특정 민족 집단에의 소속감 |
| 문화: 문화적 적응 및 적응 스트레스 | 지배적 문화에 대한 적응 수준: 심리사회적 어려움을 포함한 문화적 적응에 기인한 스트레스 |
| 문화적 설명 | 고통, 상태 또는 장애의 원인에 관한 믿음 |
| 문화 대 성격 | 문화적 역동과 성격 역동이 영향을 미치는 정도 |
| 치료 패턴 | 융통성 있고 효과적인 지각·사고·행동 방식 |
| 치료 장애물 | 부적응적 패턴에서 예상되는 치료 과정에서의 예측 가능한 어려움 |
| 치료-문화적 | 필요한 경우 문화적 개입과 문화 민감성 치료 또는 문화적 치료 개입의 통합 |
| 치료 예후 | 치료를 받을 경우와 받지 않을 경우의 정신건강 상태의 예상되는 경과, 지속 시간 및 결과에 관한 예측 |

| 표 2-2 | 통합적 사례 개념화의 접근법별 고유 요소 |
|---|---|
| 소인(유발 요인) | 적응 · 부적응 기능에 관한 이론적 설명을 제공하는 요인: 위험 요인, 보호 요인 및 관련 강점을 포함 |
| 치료 목표 | 명시된 단기 · 장기 치료의 결과 |
| 치료 초점 | 적응적 패턴에 맞춘 치료의 방향성을 제공하는 핵심적인 치료 주안점 |
| 치료 전략 | 더 적응적인 패턴을 달성하려는 실행 계획 및 수단 |
| 치료 개입 | 치료 목표와 패턴 변화를 달성하려는 치료 전략과 관련된 구체적인 변화 기법과 전술 |

### 강점/보호 요인

이 통합적 사례 개념화 모델은 강점/보호 요인뿐만 아니라, 결함/위험 요인도 설명한다. 내담자의 강점/보호 요인이 소인에 미치는 영향이 아들러식 사례 개념화에서 특히 중요할 뿐만 아니라, 강점/발달을 결함 및 병리와 함께 설명하고, 이들 간의 균형을 이루려고 시도하는 기타 긍정적 치료 접근법에서도 중요하다. 소인, 패턴, 유지 요인, 촉발 요인, 호소문제와의 관계와 결함/위험 요인 및 강점/보호 요인의 영향이 [그림 2-1]에 나타나 있다.

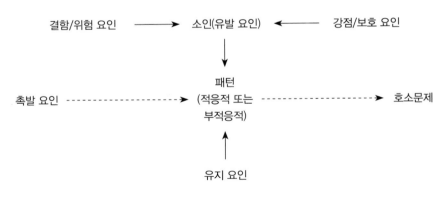

[그림 2-1] 주요 사례 개념화 요소 간의 관계

### 통합적 접근법의 이점

포괄적이면서 비교적 쉽게 배워서 사용할 수 있는 사례 개념화 접근법은 거의 없다(Eells, 2007). 일부 접근법은 완벽해지려는 시도에서 지나치게 상세하고, 어떤 접근법은 간결함을 위해 핵심 요소를 배제한다. 일즈(Eells, 2007)에 따르면, 통합적 접근법의 이점은 대부분의 접근법에 공통적인 핵심 요인들을 포함하는 동시에 특정 접근법에 고유한 요인들을 강조한다는 점이다. 예를 들어, 통합적 접근법은 가족 구도, 생활양식 신념, 격려와 같은 아들러 구성 개념을 강조할 뿐만 아니라, 호소 증상, 촉발 요인, 문화적 요인, 예후 등과 같은 다른 접근법들에서 공통적인 요인 또는 요소를 포함할 것으로 예상된다. 대조적으로, 가족 구도, 생활양식 신념(소인), 치료 목표, 그리고 격려와 '마치 ~인 것처럼 행동하기' 같은 개입만을 포함하는 아들러식 사례 개념화는 전문가가 필수적이라고 생각하는 핵심 요소들을 배제하고 있기에 임상적으로 상당히 제한적일 것이다.

## 사례 개념화에 관한 아들러리안 관점, 평가 및 접근법

### 아들러리안 관점

기본적인 아들러 구성 개념은 생활양식, 소속감, 출생순위, 가족 구도, 사적 논리, 사회적 관심, 생활양식 신념과 기본적 오류 등이다. 아들러리안 관점은 인간의 기본적인 동기가 소속감을 느끼고 사회적 관심을 개발하는 것, 즉 다른 사람의 웰빙에 기꺼이 이바지하려는 마음이라고 가정한다. 가족 구도, 즉 개인이 소속감과 자기가치를 느끼는 가족 역학, 그리고 출생순위, 즉 가족 내에서의 심리적 위치가 발달에 영향을 미친다. 개인은 삶의 사건에 대해 자신의 독특한 주관적 사적 논리에서 도출된 자기 자신의 해석을 만들어 낸다. 이것은 생활양식, 즉 개인의 인식과 행동을 인도하는 인지 지도가 된다. 생활양식은 자신의 인생 이야기를 반영하는 자기관(self-view), 세계관(world-view), 결론과 삶의 전략에 대한 개인적인 신념을 담고 있다. 아들러는 높은 수준의 사회적 관심이 정신 건강과 웰빙을 반영한다고 믿었다. 게다가 일상생활의 문제를 소속감을 느끼지 못하거나, 건강하지 못한 소속 방식의 결과로 이해한다.

정신병리는 개인이 인생 과제, 즉 자신의 책임을 충족시키지 못하고 자존감을 지키기 위해 변명의 역할을 하는 증상을 '마련하는' 방식으로 여겨진다. 정신병리는 낙담을 반영하며, 내담자의 잘못된 생활양식 신념, 즉 사회적 관심에 역행하고 기본적 오류로 요약되는 신념에서 나타난다.

아들러리안 관점은 낙관적이며, 불리한 점, 결함, 병리보다는 자산, 강점, 보호 요인 및 건강에 초점을 맞춘다. 심리치료는 소속감과 사회적 관심을 증대하려는 목적으로 격려에 근거한 학습 과정으로 여겨진다. 치료적 관계는 상호 존중과 평등이 특징이다. 내담자와 전문가는 치료 노력에 있어 협력적 동반자이며, 변화 과정에서 내담자가 적극적인 역할을 맡을 것으로 기대한다.

### 아들러식 평가

아들러식 평가는 관련 아들러리안 요인들을 강조하며, 이 요인들은 진단 평가에 추가 정보를 더하고, 아들러식에 중점을 둔 임상 및 치료 개념화의 개발을 촉진한다. 평가는 현재 상황과 유발 요인(소인) 모두에, 즉 생활양식 분석에 초점을 맞춘다. 이 평가는 내담자의 가족 구도 및 초기 회상을 포함한 초기 발달 경험에 관한 정보 수집을 포함한다. 이 정보는 전문가가 개인의 독특한 생활양식 신념을 도출하는 데 도움이 될 것이다. 아들러는 또한 모든 개인이 성취하려고 노력하는 세 가지의 인생 과제, 즉 사랑, 우정 그리고 일을 제기했다. 평가는 내담자가 이 인생 과제들을 성공적으로 또는 성공적이지 못하게 접근한 정도에 초점을 맞춘다. 내담자의 생활양식을 이해하면 전문가는 내담자가 자신의 기본 신념과 인식이 생활양식과 행동에 어떻게 영향을 미치는지를 더 잘 이해할 수 있게 도와줄 수 있다.

아들러의 세 가지 구성 개념은 평가 및 사례 개념화 과정에 매우 중요하다. 추론은 이 데이터에서 도출되며, 사례 개념화 진술문으로 표현된다. 이 구성 개념들은 다음과 같다.

### 가족 구도

가족 구도는 내담자의 다른 가족 구성원과의 관계, 심리적 출생순위, 가족 가치, 내담자가 가족 내에서 소속감을 느끼는 방법에 관한 정보를 포함한다. 가족 구도를 도출하는 데 도움이 되는 질문은 다음과 같다.

1. 당신의 가정에서 성장하는 게 어땠나요?
2. 당신의 가족에서 가장 나이가 많은(막내, 중간, 외동) 아이인 게 어땠나요?
3. 당신 부모님과의 관계를 설명해 주세요. 당신은 누구와 가장 비슷했나요? 형제자매 중 어머니가 가장 좋아했던 사람은 누구인가요? 아버지가 가장 좋아했던 사람은 누구인가요?
4. 부모님 사이의 관계를 설명해 주세요. 누가 생계를 꾸렸습니까? 누가 큰 결정

을 내렸나요? 부모님은 어떻게 문제를 해결했나요? 갈등은요? 부모님은 공공
연히 애정 표현을 했나요? 누가 엄격했나요? 당신은 다치거나 겁먹었을 때 누
구에게 갔나요?

5. 가족 가치는 무엇이었나요? 당신이 커서 무엇을 할(될) 것으로 기대되었나요?

6. 당신과 형제자매와의 관계를 어떻게 설명하겠습니까? 누가 가장 성적이 좋았
나요? 누가 가장 운동을 잘했나요? 누가 가장 친구들이 많았나요? 누가 가장
문제를 일으켰나요? 그들은 지금 어떻게 지내나요?

## 초기 회상

초기 회상은 내담자의 자기관, 다른 사람들에 관한 관점, 세계관 그리고 다른 사
람 및 인생의 도전을 다루는 전반적인 전략을 결정하는 데 사용되는 투사 기법이다.
초기 회상은 또한 내담자의 사회적 관심의 수준, 인생 과제를 향한 움직임 그리고
생활양식 신념을 반영한다. 초기 회상을 도출하는 방법은 다음과 같다.

1. "9세 이전 당신의 어린 시절을 돌이켜 생각해 보고, 초기 기억을 말해 주세요.
그것은 누군가가 당신에게 일어났다고 말했던 것보다는 당신이 특별히 기억
하는 하나의 경험에 관한 것이어야 합니다. 반복적인 경험이 아니라 단 한 번
의 경험입니다."

2. 만약 내담자가 기억을 확인하는 데 어려움이 있으면, 그에게 기억할 만한 생
일, 등교 첫날, 특정 휴가 등에 관해 물어봄으로써 유도하라.

3. 각 기억에 대해 다음을 물어라. 그때 몇 살이었는지, 기억의 순서를 끌어내고,
어떻게 시작하고 끝났는지, 누가 관여되었는지, 각 사람은 무엇을 하고 있었는
지 또는 말하고 있었는지, 그 순서에서 가장 생생한 순간은 언제였는지, 그때
무엇을 느꼈는지, 그때 무엇을 생각하고 있었는지 등.

## 생활양식 신념

생활양식 신념은 가족 구도, 출생순위, 초기 회상, 과잉 보상에 관한 정보에서 도
출된 내담자의 내면세계에 관한 결론이다. 다른 접근법에서는 이것을 자기-타인
도식이라고 한다. 이는 개인의 기본적인 패턴을 나타낸다.

여기에 개인의 자기-타인 도식을 요약하고, 이러한 신념을 패턴으로 변환하는

공식 진술문이 있다.

1. 나는… (자기관)
2. 삶은… 사람들은… (세계관)
3. 그러므로… (자기관과 세계관을 반영하는 소속감과 의미를 성취하려는 삶의 전략 또는 패턴)

내담자의 '기본적 오류'는 이러한 신념에서 도출되며, 본질적으로 삶의 전략인 내담자의 부적응적 패턴에 반영되어 있다.

### 사례 개념화에 대한 아들러식 접근법

아들러식 통합 사례 개념화 접근법은 공통 요소와 독특한 요소를 모두 강조한다. 사례 개념화에 관한 이 아들러식 접근법의 특징은 내담자의 상황적·장기적 패턴에 관한 관점이다. 개념화는 내담자가 자신이 누구인지, 그리고 어떻게 현재의 자신이 되었는지를 이해하는 데 도움을 준다. 그것은 또한 내담자가 자신의 부적응적 패턴에 반영되어 있는 자기 가족의 역동과 자신의 생활양식 신념에 관한 인식을 높이는 데 도움을 준다. 치료 계획과 실행은 잘못된 생활양식 신념과 기본적 오류를 수정하고, 사회적 관심을 증가시키는 계획을 포함한다. 〈표 2-3〉은 이러한 5가지의 독특하거나 특징적 요소를 확인하고 설명한다.

표 2-3 | 아들러식 사례 개념화의 독특한 요소들

| 유발 요인(소인) | 가족 구도: 특히 출생순위와 가족 환경<br>생활양식 신념: 구체적으로 초기 회상, 자기관 및 세계관 그리고 삶의 전략 |
|---|---|
| 치료 목표 | 사회적 관심과 건설적인 행동의 증가 |
| 치료 초점 | 잘못된 믿음 또는 낙담으로 인해 촉발되거나 악화된 상황의 처리 |
| 치료 전략 | 생활양식 신념의 수정 |
| 치료 개입 | 생활양식 평가, 초기 회상 분석, 격려, 은유·이야기·유머의 사용, '마치 ~인 것처럼' 행동하기, 건설적인 행동, 역설 |

## 아들러식 사례 개념화: 사례

여기서는 아들러식 사례 개념화를 구성하는 과정을 설명한다. 배경 정보에 이어서, 이 모델과 밀접한 관련이 있는 핵심 정보를 확인하는 평가 구문을 제시한다. 그런 다음, 진단, 임상 및 문화 개념화의 9가지 요소와 그 특정 사례에 관한 치료 개념화의 8가지 요소를 표로 요약한다. 마지막으로, 이 정보를 통합하는 기술(narrative)을 사례 개념화 진술문에 제공한다. 첫 번째 단락은 진단 및 임상 개념화를, 두 번째 단락은 문화 개념화를, 그리고 세 번째 단락은 치료 개념화를 제시한다.

### 사례 • 제리

제리는 35세의 아프리카계 미국인 여성으로, 행정 보조원으로 일하고 있다. 그녀는 독신으로 혼자 살며, 3주간의 우울증과 사회적 고립을 겪은 후에 평가 및 치료를 위해 회사의 인사 담당 임원에 의해 의뢰되었다. 그녀가 결근한 것이 의뢰를 촉발하였다. 제리의 증상은 상사가 제리에게 그녀가 승진 대상으로 고려되고 있다고 알려준 직후 시작되었다. 어렸을 때 그녀는 가족 구성원들과 동료들로부터 비판받고 놀림을 받았을 때, 다른 사람들을 고립시키고 피했다고 보고한다. 그녀는 아주 잘 적응하고 있고, 자신의 우울증은 업무 스트레스와 뇌 속의 "화학적인 불균형"의 결과라고 믿고 있다.

### 아들러식 평가

진단 평가 정보 외에도, 아들러식 평가는 다음과 같은 내용을 추가했다. 제리는 현재는 물론 어린 시절에도 또래와 사이좋게 지내는 데 어려움을 겪었다. 제리는 만이이고, 8세 어린 남동생이 있다. 그녀는 심리적으로 '외동'이다. 제리는 남동생이 태어나기 전까지는 아버지가 자기를 가장 좋아했다고 보고한다. 어렸을 때 그녀는 학교에서 또래와 사이좋게 지내는 데 어려움을 겪었고, 종종 비난을 받았다. 그녀는 부모가 자신에게 계속 지지적이지 않았고, 요구가 많았으며, 비판적이었다고 말했다. 주목할 만한 세 가지 가족 가치는 "아이들은 자리에 있어도 되지만 얌전히 있어야 한다." "너의 가치는 네가 삶에서 성취하는 것에 달려 있다." 그리고 "가족의 비밀은 가족 밖으로 나가서는 안 된다."이다. 그녀의 가장 초기의 기억은 어머니가 갓 태

표 2-4 | 아들러식 통합 사례 개념화의 공통 요소와 독특한 요소

|  |  |
|---|---|
| 호소문제 | 사회적 고립과 우울 증상의 증가 |
| 촉발 요인 | 임박한 승진과, 친밀한 직장 동료 집단에서 벗어나 이동하는 것에 관한 그녀의 반응 |
| 부적응적 패턴 | 안전하지 않다고 느낄 때의 단절 |
| 유발 요인(소인) | • 가족 구도: 심리적으로 외동, 요구가 많고 비판적인 부모, 못살게 구는 형제 자매, 가족이 소중하게 생각하는 성취와 비밀 유지, 감정적 거리를 형성하고 사회관계 기술이 발달하지 못함<br>• 생활양식 신념<br>–나는 무능하고, 결함이 있다. (자기관)<br>–삶은 힘들고, 가혹하고, 제멋대로이고, 안전하지 않다. (세계관)<br>–그러므로 관계를 회피하고, 위험하다고 느끼면 철수하라. (삶의 전략)<br>• 보호 요인/강점: 믿을 수 있는 친구 한 명과 자신의 개, 종교적 신념, 그녀가 정신장애와 관련하여 직장 복귀 조정의 자격을 얻게 될 것이라는 기대 |
| 유지 요인 | 그녀의 수줍음, 혼자 살고 있음, 일반화된 사회적 고립에 의해 유지됨 |
| 문화적 정체성 | 제한된 민족적 유대로 갈등을 느끼는 아프리카계 미국인 |
| 문화 적응 및 적응 스트레스 | 다른 문화에 잘 적응, 뚜렷한 문화 적응 스트레스가 없음 |
| 문화적 설명 | 업무 스트레스와 뇌의 화학적 불균형이 낳은 우울 |
| 문화 대 성격 | 성격 역동이 상당히 작용하고 있음 |
| 치료 패턴 | 더 안전하다고 느끼는 동안 가까워지기 |
| 치료 목표 | 우울과 낙담을 줄이기, 사회적 관심의 증진, 관계 기술의 향상 |
| 치료 초점 | 잘못된 믿음 또는 낙담으로 촉발됐거나 악화된 상황 |
| 치료 전략 | 사회적 관심과 건설적인 행동을 함양, 지지, 해석, '만약 ~인 것처럼' 행동하기, 약물치료 |
| 치료 개입 | 초기 회상 분석, 격려, '만약 ~인 것처럼' 행동하기 |
| 치료 장애물 | 전문가를 '시험', 집단치료에 저항할 가능성, 치료자에 지나친 의존, 종결의 어려움 |
| 치료-문화적 | 성(gender)이 문제가 될 수 있으므로 지지적인 여성 전문가 배정 |
| 치료 예후 | 사회적 관계 및 기술이 향상되고 업무에 복귀하면 좋을 것임 |

어난 남동생을 집으로 데리고 온 날, 부모가 이제는 더는 자신을 원하지 않고 추방된 느낌과 관련이 있다. 그녀의 아버지는 그날이 자신의 인생에서 가장 행복한 날이라고 말했고, 제리의 반응은 집에서 뛰쳐나와, 화가 나고, 외롭고, 슬프고, 거부당했다

고 느끼고, 이제는 아무도 자신을 원하지 않는다고 생각하면서 나무 뒤 요새에 숨는 것이었다. 또 다른 기억에서 그녀는 자신이 미술 시간에 그린 것이 끔찍하다는 말을 들었고, 그래서 그녀는 슬프고 상처를 입었다고 느꼈다. 〈표 2-4〉에 아들러식 통합 사례 개념화의 공통 요소와 독특한 요소가 요약되어 있다. 강조된 것은 아들러식 평가(소인)의 결과와 치료 계획(치료 목표, 치료 초점, 치료 전략 및 치료 개입)이다.

### 사례 개념화 진술문

제리의 인생에서 비판적이고 요구가 많은 사람이 있었던 이력을 고려할 때, 그녀의 사회적 고립과 우울 증상이 증가한 것(호소문제)은 임박한 직무 이동과 승진할 것이라는 소식(촉발 요인)에 대한 그녀의 낙담 반응인 것 같다. 그녀는 대부분의 관계를 피하고, 어린 시절 내내 고립되었던 이력(패턴)이 있다. 생활양식 관점에서 볼 때, 그녀의 호소문제를 이해할 수 있다. 다른 사람과 관계를 맺는 그녀의 방식은 그녀가 가족 구성원과 관련된 잠정적이고 회피적인 태도를 반영한다. 그녀는 자신이 비난이나 부당한 요구를 받지 않고도 가족 구성원과 안전하게 연결하는 방법을 모색했다. 그녀는 자신을 한 개인으로서 무능하고 결함이 있다고 여기며, 인생과 다른 사람을 까다롭고, 가혹하고, 독단적이며, 비판적이라고 본다. 따라서 제리는 대부분의 관계를 피하고, 사회적으로 고립되고, 그녀가 신뢰할 수 있다고 여기는 사람들에게 과도하게 공을 들이며 자신의 자리를 찾았다. 이로써 그녀는 비난을 받는 것을 피할 수 있었고, '안전하다는 느낌을' 받을 수 있었다. 관계를 피하고 안전하지 않다고 느낄 때마다 철수하는 그녀의 전략은 효과가 있지만, 그녀가 '안전함'을 느끼기 위해 지불하는 대가는 크다. 그녀는 외롭고, 관계 기술과 경험이 제한적이며, 있음 직하지 않은 가까운 친밀한 관계를 원한다. 치료에 긍정적인 영향을 미칠 수 있는 몇 가지 보호 요인이 확인되었다. 그녀는 동료 직원들과 신뢰하는 관계를 맺고 있고, 아끼는 개가 있다. 그녀는 자살을 반대하는 종교적 신념을 강하게 지니고 있으며, 정신장애(소인) 때문에 직장 복귀 조정(ADA 또는 「미국장애인법」)의 자격을 얻을 것 같다. 게다가 수줍음, 혼자 사는 것 그리고 사회적 고립이라는 그녀의 전략은 그녀의 부적응적 패턴(유지 요인)을 강화하는 역할을 한다.

그녀는 자신이 중산층 아프리카계 미국인이라고 말하지만, 그 공동체와는 관계가 없다(문화적 정체성). 그녀와 부모는 다른 문화에 잘 적응하고, 뚜렷한 문화 적응 스트레스는 없다(문화적 적응). 그녀는 자신의 우울증이 업무 스트레스와 뇌의 '화학적 불균형'의 결과라고 믿고 있다(문화적 설명). 뚜렷하게 작용하는 문화적 요인은 없다. 대신에, 제리의 성격 역동이 현재 임상적 호소문제에 상당히 작용하고 있는 것으로 보인다(문화 대 성격).

제리의 도전 과제는 다른 사람과의 관계에서 좀 더 효과적으로 기능하고 좀 더 안전하게 느끼는 것이다(치료 패턴). 치료의 주요 목표는 낙담과 우울 증상을 감소시키고, 사회적 관심과 사회적 관계를 증진하며, 관계 기술을 향상하는 것이다(치료 목표). 치료의 초점은 잘못된 믿음에 의해 촉발되거나 악화되는 곤란한 상황을 분석하는 것이다(치료 초점). 기본적인 치료 전략은 사회적 관심과 건설적인 행동을 촉진하는 것이다. 양립할 수 있는 치료 전략은 약물치료, 지지 그리고 해석 등이다(치료 전략). 전문가는 치료 과정 전반에 걸쳐 제리에게 자신의 전문가와 참여하고 연결하도록 격려하는 형태로 지지할 것이다. 안전하다고 느끼려고 회피하는 것에 관한 제리의 잘못된 신념을 분석하고 수정함으로써 그녀의 생활양식 신념 또는 기본적 오류에 대해 해석을 사용할 것이다. 제리가 이웃과 이야기하는 것이 좀 더 편해지기를 정말로 원한다고 말할 때, 그녀에게 '마치 편안한 것처럼' 행동하도록 격려할 것이다. 약물치료 평가에 의뢰할 것이며, 필요하다면 약물치료에 관한 관찰을 할 것이다. 업무 복귀는 제리가 좀 더 안전한 환경에서 업무에 복귀할 수 있게 하는 ADA 업무 조정을 주장함으로써 촉진될 수 있다(치료 개입). 치료에서 일부 장애물과 도전 과제를 예상할 수 있다. 그녀의 회피적 성격 패턴으로 볼 때, 양면적인 저항이 있을 것 같다. 그녀는 치료자와 개인적인 문제를 논의하는 데 어려움을 겪을 것이고, 막판에 약속을 변경하거나 취소하거나 늦어서 전문가가 자신을 비난하도록 '시험'하고 도발하며, 미루거나 감정을 회피하고, 그렇지 않으면 전문가의 신뢰성을 시험할 것이라고 예상할 수 있다. 일단 전문가에 대한 신뢰가 생기면, 전문가와 치료에 매달릴 가능성이 크다. 그래서 치료 외의 사회적 지지 체계가 강화되지 않으면 치료를 종결하는 것이 어려울 수 있다. 게다가 그녀의 회피 패턴은 집단 작업에 참여하고 지속하는 것을 어렵게 할 것 같다. 따라서 아마도 수용적이고 비판단적인 집단 전문가와 몇 번 접촉하는 것을 포함하여, 개별 회기는 집단으로 이행하는 역할을 할 수 있다. 이것이 제리의 안전감을 높이고, 집단 상황에서 자기 공개를 덜 어렵게 할 것이다. 전이가 일어나는 것이 또 다른 고려사항이다. 부모 및 동료의 비판과 놀림의 정도를 고려할 때, 전문가가 성급해하고 언어적이거나 비언어적으로 비난하는 어떠한 징후라도 인식하면 이 전이는 활성화될 것으로 예상한다. 마지막으로, 그녀는 신뢰하는 사람에게 집착하는 경향이 있으므로, 좀 더 독립적으로 기능하는 데 더 자신감을 느끼도록 그녀의 능력을 향상하고, 마지막 4~5회기의 회기 간격을 늘리는 것이 종결에 관한 그녀의 양가감정을 줄일 수 있다(치료 장애물). 치료의 진전은 이 시점에서 문화적 또는 심지어 문화적으로 민감한 개입에 의존하지 않은 것처럼 보인다. 하지만 그녀가 아버지와 껄끄러운 관계이고 그 이후 남성들과 제한적인 관계를 고려하면, 성(gender) 역동은 치료 관계에 영향을 미칠 수 있다. 따라서 치료의 초기 단계에 개인치료와 집단치료 모두 여성 전문가가 바람직할 것(치료-문화적)으로 보인다. 제리가 업무 복귀는 물론, 치료의 안과 밖에서 자신감을 키우고 관계 기술과 사회적 접촉을 늘린다고 가정하면, 그녀의 예후는 좋을 것으로 판단된다. 그렇지 않으면, 예후는 조심스럽다(치료 예후).

## 맺는말

오늘날 심리치료사에게 사례 개념화의 역량이 점점 더 기대되고 있다. 이 장에서는 사례 개념화에 관한 아들러식 접근법을 설명하고 제시하였다. 이 접근법은 일반적으로 사용되는 통합 사례 개념화 모델을 기반으로 한다. 이 모델의 독특한 특징은 공통 요소 및 각 접근법 특유의 요소로, 이들을 확인하고 설명하였다. 공통 요소와 특유한 요소 모두를 결합한 포괄적이고 통합적인 접근법의 이점 또한 논의하였다. 그리고 아들러리안 관점의 기본적인 전제, 아들러식 평가 접근법 및 아들러식 사례 개념화의 공통 요소 및 특유한 요소를 논의하였다. 마지막으로, 통합적 접근법을 보여 주는 상세한 사례를 제시하였다. 아마도 이 아들러식 사례 개념화 통합 모델을 사용하면 치료 결과뿐만 아니라 역량 및 자신감도 증가할 것이다.

## 참고문헌

Ansbacher, H. L., & Ansbacher, R. R. (Eds.) (1956). *The Individual Psychology of Alfred Adler.* New York, NY: Harper & Row.

Beitman, B., & Yue, D. (1999). *Learning Psychotherapy.* New York, NY: Norton.

Carlson, J., Watts, R., & Maniacci, M. (2006). *Adlerian Therapy: Theory and Practice.* Washington, DC: American Psychological Association.

Eells, T. (2007). Comparing the methods. Where is the common ground? In T. Eells (Ed.), *Handbook of Psychotherapy Case Formulation* (2nd ed.) (pp. 412-432). New York, NY: Guilford.

Eells, T. (2010). The unfolding case formulation: The interplay of description and inference. *Pragmatic Case Studies in Psychotherapy, 6*(4), pp. 225-254.

Mosak, H., & Maniacci, M. (1999). *A Primer of Adlerian Psychology: The Analytic-Behavioral-Cognitive Psychology of Alfred Adler.* Philadelphia, PA: Brunner/Mazel.

Sperry, L. (1989). Integrative case formulations: What they are and how to write them. *Journal of Individual Psychology, 45*, pp. 500-507.

Sperry, L. (2005). Case conceptualization: A strategy for incorporating individual, couple, and family dynamics in the treatment process. *American Journal of Family Therapy, 33*, pp. 353-364.

Sperry, L. (2006). *Cognitive Behavior Therapy of DSM-IV-TR Personality Disorders* (2nd edn.). New York, NY: Routledge.

Sperry, L. (2010). *Core Competencies in Counseling and Psychotherapy: Becoming a Highly Competent and Effective Therapist.* New York, NY: Routledge.

Sperry, L. (2011). Core competencies and competency-based Adlerian psychotherapy. *Journal of Individual Psychology, 67*, pp. 380-390.

Sperry, L. (2013). Family case conceptualization and medical conditions. *The Family Journal, 21*(2), pp. 74-77.

Sperry, L., Brill, P., Howard, K., & Grissom, G. (1996). *Treatment Outcomes in Psychotherapy and Psychiatric Interventions.* New York, NY: Brunner/Mazel.

Sperry, L., & Sperry, J. (2012). *Case Conceptualization: Mastering This Competency with Ease and Confidence.* New York, NY: Routledge.

## 제3장
# 성격장애

Len Sperry

 

제프리 다머(Jeffrey Dahmer)는 많은 희생자의 인육을 먹은 것으로 악명 높은 성범죄자이자 연쇄 살인범이었다. 그는 1978~1991년 동안 17명의 남성을 살해했으며, 1992년에 15번 연속 종신형에 해당하는 무기징역을 선고받았고,[1] 2년 후 재소자에게 살해당했다. 그의 초기 양육은 6세 때까지 특별한 것이 없었다. 그 후 그는 가벼운 수술을 받았고, 남동생이 태어났고, 그는 점점 더 내성적으로 되었다. 그는 고등학교를 졸업한 후 대학에 입학했지만, 음주와 수업에 출석하지 않아 1학기 후에 중퇴했다. 그 후 육군에 입대했으나 알코올 중독으로 불명예제대했다. 그의 군대 상관이 그를 질책하며 사람이 되기는 글렀다고 말했을 때, 다머는 "기다려 봐. 언젠가 모든 사람이 나를 알게 될 거야."라고 대답한 것으로 알려졌다. 그렇다면, 그의 DSM 진단은 무엇이었을까? 많은 사람은 일종의 정신병이라고 추측했지만, 어떤 사람들은 농담조로 명시되지 않은 섭식장애여야 한다고 주장했다(식인 때문에)! 사실 그것은 사이코패스적 성격이었으며, DSM-5 용어로는 반사회성 성격장애로 분류된다.

---

1) 957년을 선고받음-역자 주

필자는 다머의 재판 중에 정신과 컨설턴트로 일하면서 그를 알게 되었다(Sperry, 2011). 아들러리안 관점에서, 나는 다머가 식인으로 인해 자신을 다른 연쇄 살인범들과 구별하고, "모든 사람"에게 알려질 것이라고 한 진술이 내포한 암시에 특히 깊은 인상을 받았다. 나의 아들러리안 스승인 루돌프 드레이커스(Rudolf Dreikurs) 박사는 사회적으로 유용한 노력에서 이러한 유형의 열등성/우월성(inferiority-superiority) 추구를 가장 최고가 되는 것이 아니라 '가장 최악'이 되는 것으로 언급했다. 오늘날, 그는 가장 지독하고 극악무도한 연쇄 살인범 중 한 명으로 여겨진다.

여러분은 이 책이 왜 거의 모든 정신병리 책처럼 불안장애 또는 기분장애가 아니라, 성격장애로 시작하는지 궁금할 수 있다. 정신 상태를 기술하고 진단하는 데 초점을 맞춘 다른 책들과는 달리, 이 책은 또한 심리치료적 개입을 개념화하고, 계획하고, 실행하는 데에 초점을 맞추고 있다. 성격장애를 이 책에서 가장 먼저 설명하는데, 이는 축적된 임상 및 연구 증거가 문제나 증상을 겪는 개인을 충분히 이해하지 않고는 호소문제나 증상을 효과적으로 평가하거나 개념화하거나 치료할 수 없다는 것을 나타내기 때문이다. 예를 들어, 우울증은 다른 사람과 좀 더 깊은 관계를 맺을 수 있지만 실직이나 관계의 상실을 겪고 있는 사람과 비교할 때, 관계를 두려워하고 회피하는 사람에게서 상당히 다르게 나타날 수 있다. 이것을 말하는 또 다른 방법은 우울증에 대한 단일한 임상 증상은 없으며, 오히려 우울증 증상은 개인의 독특한 성격 역동을 반영한다는 것이다. 진단 평가는 이러한 성격 역동을 확인할 때 효과적이다. 특히 성격장애가 있을 때 그러하다.

이 장은 DSM-5의 성격장애에 관한 범위에 있어 사소한 변화를 기술하는 것으로 시작한다. 다음으로, 성격장애에 관한 아들러식 개념화를 제시한다. 마지막으로, 다음과 같은 성격장애의 진단 기준과 성격 역동을 설명하고 보여 준다. 즉, 회피성 성격장애, 경계성 성격장애, 자기애성 성격장애, 강박성 성격장애, 조현형 성격장애, 반사회성 성격장애, 의존적 성격장애, 연극성 성격장애, 조현성 성격장애 그리고 편집성 성격장애이다. 진단에서 가장 일반적인 장애만 설명하는 이 책의 다른 장과 달리, 이 장은 DSM-5에 명시된 모든 성격장애에 대한 개요를 제공한다. 이 개요는 어쩔 수 없이 간략하다. 이러한 장애와 그 치료에 대한 더 자세한 설명은 『DSM-5 성격장애의 진단 및 치료 핸드북(Handbook of the Diagnosis and Treatment of DSM-5 Personality Disorders)』(Sperry, 2015)에서 볼 수 있다.

## DSM-5에서의 성격장애

DSM-5(APA, 2013)가 성격장애(Personality Disorders)를 어떻게 특징지을지에 대해 큰 변화가 예상되었다. 알려진 대로라면, 초기 징후는 연구적 지지가 제한적이어서 DSM-IV-TR 성격장애 중 적어도 4개가 삭제될 거라는 것이었다. 또한 이 장애들의 진단은 이전 판에서처럼 범주적 초점이기보다는 차원적 초점으로 전환하는 것이었다. 그러나 2013년 5월에 DSM-5가 등장했을 때, DSM-IV-TR에서와 동일한 기준이 유지되었으며, 예상되었던 변경사항들은 '성격장애에 대한 대안적 DSM-5 모델'이라는 제목의 장으로 섹션 III에 나타났다. 이 버전 또는 '대안적 모델'의 어떤 버전이 후속 판(DSM5.1 또는 5.2)에 통합될 수 있을 것으로 보인다. 현재로서는 임상전문가가 진단을 내릴 때 DSM-IV-TR에서와 같은 기준과 범주적 체계를 계속 사용할 것으로 예상된다.

DSM-5에 유지된 것은 성격장애에 대한 초기의 DSM 정의인 "내적 경험과 행동의 지속적인 패턴이 개인이 속한 문화에서 기대되는 바로부터 현저하게 편향되어 있으며, 경직되어 있고 전반적으로 나타난다… 오랜 기간 안정적이며, 고통과 손상을 초래한다."(APA, 2013, p. 645)였다. 이전의 진단 기준이 유지되었지만, 여러 장애에 관한 설명이 갱신되었다. 그러나 한 가지 실질적인 변화가 있다. 달리 명시되지 않은(Not Otherwise Specified: NOS) 성격장애의 진단은 달리 명시된 성격장애(301.89) 및 명시되지 않은 성격장애(301.9)로 대체되었다.

## 성격장애에 대한 아들러식 개념화

### 아들러와 성격 구조

알프레드 아들러는 성격장애 그 자체에 대해 논하지 않았다. 하지만 그는 자신의 임상 경험을 바탕으로 사회적 관심의 유무에 따라 네 가지 다른 성격을 묘사했고, 이를 지배형, 회피형, 획득형 그리고 사회적으로 유용한 형(1935)이라고 불렀다. 또한 그는 활동적에서 비활동적에 이르기까지 성격의 활동 수준을 묘사했다. 공식적으로 명시하지는 않았지만, 아들러는 성격 구조의 2차원(사회적 관심 수준, 활동 수준) 이론을 기본적으로 발전시켰으며, 이는 다른 아들러리안들이 DSM 범주와 일치하는 성격 유형 분류 체계를 개발하는 기초가 되었다.

## DSM 성격장애로의 확장

사회적 관심 및 활동 수준 측면에서 성격 유형에 관한 아들러의 통찰을 결합하면, 네 가지의 성격 유형을 얻을 수 있다. 이에 따라 지배형(높은 활동, 낮은 사회적 관심), 회피형(낮은 활동, 낮은 사회적 관심), 획득형(낮은 활동, 높은 사회적 관심) 그리고 사회적으로 유용한 형(높은 활동, 높은 사회적 관심)이 있다. 모삭(Mosak, 1968/1979)은 이 네 가지 유형을 8가지 유형으로 확장했으며, DSM-II 진단 코드와 연관시켰다. 스페리(Sperry, 1990)는 DSM-III-R에 열거된 성격장애에 관한 이러한 아들러리안 정신역동을 명확하게 설명했다. 나중에, 스페리와 모삭(Sperry & Mosak, 1993, 1996)은 생물심리사회적 틀 내에서 아들러리안 성격 역동을 더 설명하기 위해 협력했다. 이 책은 생물심리사회적-아들러식 사례 개념화라는 그 틀을 지속한다.

스페리(2002/2011)는 이전 유형들을 확장했지만, 유형들을 움직임(movement)과 활동 수준이라는 아들러식 차원에 근거를 두었다. 아들러는 움직임 및 활동 수준을 성격 결정의 요인으로 설명했다(Ansbacher & Ansbacher, 1956). 카렌 호나이(Karen Horney, 1951)는 아들러의 초기 의견을 더욱 확장했다. 호나이는 모든 행동을 사회적 맥락에서 움직임으로 이해할 수 있다고 언급했다. 그녀는 또한 다가가기(toward), 물러서기(away from) 및 대항하기(against)라는 세 가지 유형의 움직임을 설명했다. 아들러는 또한 그가 '주저하는(hesitating)'이라고 부른 움직임 유형을 설명했다. 즉, 오락가락하는 움직임으로 오늘날 보통 양면적(ambivalent)이라고 불린다. 그는 또한 활동 수준이 주로 활동적 또는 수동적이라고 시사했다(Ansbacher & Ansbacher, 1956; Clark & Butler, 2012).

유형 분류 체계는 활동적 또는 수동적이라는 두 가지 활동 유형과 함께, 다가가기, 물러서기, 대항하기 및 양면적이라는 네 가지 유형의 움직임을 근간으로 한다. 이 두 가지 차원을 결합함으로써, 8가지 기본 성격 유형과 파생된 성격장애들을 표현할 수 있다(Sperry, 2011). 그 성격 유형들은 다음과 같다. 즉, 반사회성 성격(대항하기-활동적), 자기애성 성격(대항하기-수동적), 연극성 성격(다가가기-활동적), 의존성 성격(다가가기-수동적), 회피성 성격(물러서기-활동적), 분열성 성격(물러서기-수동적), 수동공격성 성격(양면적-활동적), 강박성 성격(양면적-수동적)이다. 밀론(Millon, 1969; Millon & Everly, 1985)은 경계성, 편집성 및 분열형 성격장애를 다양한 8가지 기본 유형의 병리적 확장으로 여긴다. 따라서 경계성 성격장애는 연극성, 의존성 또는 수동공격성 성격의 심리적으로 와해된(decompensated[2]) 확장을 나타내며, 편집성 성격장애는 반사회성, 자기애성 또는 강박성 성격의 심리적으로 와해된 확장이며, 조현형 성격장애는 조현성 성격장애의 심리적으로 와해된 확장이다. 움직임과 활동 수준이 개인의 성격 유형을 반영한다는 점에 유의하는 것이 중요하다. 마지막으로, 이러한 유형이 습관적으로 부적응적이고 융통성이 없을 때, 즉 무책임, 협력의 결여, 이기심으로 특징지어지는 때에만 성격 유형이 장애로 여겨진다. 덧붙여서, 밀론과 에벌리(Millon & Everly, 1984)는 도구적 행동 패턴(instrumental behavior patterns)과 강화(reinforcement)의 원천을 기반으로 비슷한 유형 분류 체계를 제안한다.

## DSM 성격장애의 임상적 증상

우리는 성격을 사고, 감정, 행동/상호작용의 지속적인 패턴으로 정의하면서 이 장을 시작했다. 기술될 10개의 성격장애에서 각 장애를 임상 증상의 패턴, 사례 개념화 및 치료 고려사항의 측면에서 설명할 것이다.

임상적 증상은 행동 및 대인관계 스타일, 사고 또는 인지적 스타일, 감정적·정서적 스타일 측면에서 장애의 식별 가능한 패턴에 따라 설명할 것이다. 이 부분은 각 장애에 관한 구체적인 DSM-5 진단 기준을 반영한다.

사례 개념화에 대한 부분에서는 성격 유형과 장애가 어떻게 발달하고 유지되는지를 설명한다. 생물심리사회적 틀이 이 부분의 기초를 형성할 것이다. 생물심리사회적 개념화는 행동을 설명하고 예측하기 위해 생물학적·심리적·사회적 데이터를 결합하는 통합적인 노력이다. 생물학적 요인에는 기질(temperament), 유전 및 중추 신경계 기능과 관련된 소인들이 포함될 수 있다. 기질은 생물학적으로 결정된 성격의 부분 집합으로 생각할 수 있다. 각 개인은 독특한 패턴의 반응, 성향(dispositions) 및 민감성을 지니고 세상에 진출한다. 토마스와 체스(Thomas & Chess, 1977/1984)는 유아와 아동의 기질 패턴을 설명했고, 벅스와 루벤스타인(Burks & Rubenstein, 1979)은 이러한 기질 유형을 성인, 특히 심리치료를 받는 성인에게 적용

---

2) decompensation은 의학 용어로는 대상부전으로 쓰이며, 심리학에서 이 용어는 스트레스에 대응하여 방어 기제를 유지할 수 없어 성격장애나 심리적 불균형을 초래하는 것을 말한다. 자기애성 성격장애나 경계성 성격장애로 고통받는 사람은 괴로운 현실을 방어하기 위해 피해망상 속으로 도피할 수 있다. 즉, 심리적 균형이 와해된 상태를 의미한다 — 역자 주

하는 것을 설명했다.

성격 발달에 영향을 미치는 심리적 요인은 인지적·역동적·행동적 용어로 설명될 수 있으며, 사례 개념화의 핵심이다(Sperry & Sperry, 2012). 가족 구도 및 생활양식 신념의 함수로 성격 발달을 보는 아들러리안 관점은 이 부분에서 뚜렷이 드러난다. 특히 생활양식 신념은 초기 회상에서 도출되며, 개인의 자기 자신, 세상 및 삶의 전략에 관한 관점을 나타낸다. 다음 절의 A 부인 사례는 전체적 아들러식 사례 개념화를 보여 준다.

사회적 요인들은 형제자매, 동료, 가족 관계는 물론, 양육 방식, 부모의 금지령의 측면에서 설명될 것이다. 또한 이러한 패턴과 임상적 증상을 강화하고 재확인하는 개인, 개인 체계 및 환경 내의 그러한 요인들도 설명될 것이다.

# 회피성 성격장애

회피성 성격장애(Aviodant Personality Disorder)는 외견상으로 자존감이 낮은 수줍고, 외롭고, 과민한 개인이다. 비록 이들은 대인관계 참여를 간절히 원하지만, 사회적으로 인정받지 못하거나 거절에 대한 민감함으로 인한 공포가 커서 다른 사람과의 개인적인 접촉을 피한다.

## 임상적 증상

회피성 성격장애는 다음과 같은 행동 및 대인관계 스타일, 사고 또는 인지적 스타일, 그리고 감정적·정서적 스타일을 특징으로 한다. 회피성 성격장애의 행동 스타일은 사회적 철수, 수줍음, 불신, 무관심이 특징이다. 이들의 행동과 말은 통제되어 있고, 활동적이지 않으며, 이들은 불안하고 어색해 보인다. 대인관계에서 이들은 거절에 민감하다. 이들은 다른 사람들에게 수용되기를 원하지만, 다른 사람들과 거리를 두고 기꺼이 '마음을 터놓기' 전에 무조건적인 인정이 필요하다. 이들은 자신을 좋아한다고 믿을 수 있는 사람을 결정하기 위해 서서히 다른 사람을 '시험'한다.

## DSM-5 특성

이 성격장애가 있는 개인들은 끊임없이 사회적으로 억제되고, 부적절감을 느끼고, 다른 사람의 부정적 평가에 지나치게 민감한 패턴이 특징이다. 이는 이들이 자신을 사회적으로 부적절하고, 매력이 없고, 다른 사람에 비해 열등하다고 보기 때문이다. 이들은 비판받거나 거절당할 것이 두려워서 친밀한 대인 접촉이 필요한 업무 활동을 지속적으로 피한다. 이들은 자신이 받아들여지고 있다는 확신이 없으면, 다른 사람들과 관계를 맺으려 하지 않을 것이다. 이들은 수치를 당하거나 놀림을 받는 것을 두려워하여 불편해하고 또한 친근한 관계 이내로 제한하여 행동한다. 수치심이나 조롱을 예상하여, 이들은 친밀한 관계에서 불편해하고 주저한다. 마찬가지로, 이들은 새로운 대인관계 상황에서 부적절감과 억제의 감정을 경험한다. 놀랄 것도 없이, 이들은 개인적인 위험을 감수하거나 당황스러움이 드러날 수 있는 활동에 관여하는 것을 거부한다(APA, 2013).

## 생물심리사회적-아들러식 개념화

다음의 생물심리사회적 개념화가 회피성 성격장애가 어떻게 발달했는지를 이해하는 데 도움이 될 수 있다. 생물학적으로 이러한 개인들은 일반적으로 유아기에 과다 흥분(hyperirritable)하고 두려워했으며, 대부분 '더딘(slow to warm)' 기질을 보였을 가능성이 크다(Thomas & Chess, 1977). 또한 이 성격 패턴이 있는 개인들은 아동기에 다양한 성숙 불규칙성을 겪었을 가능성이 크다. 이들의 불규칙성과 과다 흥분성 패턴은 자율 신경계의 낮은 각성에 기인한다(Millon & Everly, 1985).

심리적으로 회피성 성격의 개인들은 일반적으로 자신을 "봐. 나는 부적절하고 거절을 두려워해."라고 본다. 이들은 세상을 "삶은 불공평하다.―사람들은 나를 거부하고 비난한다.―하지만 나는 여전히 누군가가 나를 좋아하기를 원한다."라는 주제의 변형으로 볼 것 같다. 따라서 이들은 "그러므로 경계하고, 확신을 요구하고, 만약 다른 모든 것이 실패한다면, 삶이 어떻게 될 수 있는가에 관해 공상하고 백일몽을 꾸라."라고 결론을 내릴 것 같다. 회피성 성격의 일반적인 방어기제는 환상(fantasy)이다. 따라서 회피성 성격이 연애 소설과 연속극의 주요 소비자라는 것은 놀라운 일이 아니다.

사회적으로 예측 가능한 양육 패턴 및 환경 요인을 회피성 성격장애에서 주목할 수 있다. 회피성 성격은 부모의 거부 또는 놀림을 겪었을 가능성이 크다. 나중에, 형제자매와 동료가 이러한 거부와 놀림의 패턴을 계속할 것이다. 부모의 금지령(injection[3])은 "우리는 너를 받아들이지 않으며, 아마도 어느 누구도 받아들이지 않을 것이다."와 같았을 것이다. 이들은 높은 기준을 가진 부모가 있었을 수 있으며, 이들은 이 기준을 충족시키지 못했거나 충족하지 못할 것이고, 따라서 받아들여지지 않을 것이라고 걱정했을지도 모른다.

이 회피성 패턴은 다음과 같은 개인 및 시스템 요인에 의해 확인되고, 강화되고, 영속된다. 개인적 부적절감과 거절에 대한 공포는 과잉 각성으로 이어지며, 이는 사회적 경험의 제한을 낳는다. 이러한 경험은 파국적 사고를 더하여 과잉 각성과 과민성의 증가로 이어지고, 자기연민, 불안과 우울증을 초래하며, 나아가 회피적 신념과 스타일을 더욱 견고하게 한다.

## 치료 고려사항

치료 목표와 전략 측면에서, 회피성 성격의 치료에 관해 보고된 연구는 거의 없다. 그러나 치료의 목표는 다른 사람들과의 관계에서 개인의 자존감과 자신감을 높이고, 개인을 다른 사람들의 비판에 둔감하게 하는 것이다. 이런 점에서 둔감화 기법은 훨씬 더 유용하고 편리해 보인다. 전하는 바로는, 자기주장 훈련과 수줍음 감소 훈련(shyness training) 의존성 성격 유형에 매우 효과적이다(Turkat & Maisto, 1985). 다른 성격장애와 마찬가지로, 약물치료는 회피성 패턴과 관련된 우울증이나 불안과 같은 증상에 유용할 수 있다.

---

3) 교류분석에서, 금지령(injection)은 부모의 내면에 있는 어린이 자아에서 자녀에게 내리는 부모의 메시지이다. 이 책에서는 injection을 교류분석과 동일하게 금지령으로 번역하였다 – 역자 주

## 사례 • A씨

A씨는 35세의 아프리카계 미국인 여성으로, 행정 보조원으로 일하고 있다. 그녀는 독신으로 혼자 살고 있으며, 3주간의 우울증과 사회적 고립을 겪은 후에 평가 및 치료를 위해 회사의 인사 담당 임원에 의해 의뢰되었다. 그녀가 결근한 것이 의뢰를 촉발하였다. A씨의 증상은 상사가 그녀에게 그녀가 승진 대상으로 고려되고 있다고 말한 직후 시작되었다. A씨는 현재뿐만 아니라, 어린 시절에도 또래와 사이좋게 지내는 데 어려움을 겪고 있다고 보고하고 있다.

### 가족 구도

그녀는 남매 중 맏이이고, 8세 어린 남동생이 있다. 그녀는 실제로 심리적으로 외동이었다. A씨는 남동생이 태어나기 전까지는 아버지가 자기를 가장 좋아했다고 말한다. 어렸을 때 학교에서 또래와 사이좋게 지내는 데 어려움을 겪었고, 종종 비난을 받았다. 일반적으로 그녀는 다른 사람을 고립시키고 피함으로써 반응했다. 그녀는 부모가 자신에게 계속 지지적이지 않았고, 요구가 많았으며, 비판적이었다고 말했다. 주목할 만한 세 가지 가족 가치는 "아이들은 자리에 있어도 되지만, 얌전히 있어야 한다." "너의 가치는 네가 삶에서 성취한 것에 달려 있다." "가족의 비밀은 가족 밖으로 나가서는 안 된다."이다.

### 초기 회상

그녀의 가장 초기 기억은 어머니가 갓 태어난 남동생을 집으로 데리고 온 날, 부모가 이제는 더는 자신을 원하지 않고 추방된 느낌과 관련이 있다. 그녀의 아버지는 그날이 자신의 인생에서 가장 행복한 날이라고 말했고, A씨의 반응은 집에서 뛰쳐나와 화가 나고, 외롭고, 슬프고, 거부당했다고 느끼고, 이제는 아무도 자신을 원하지 않는다고 생각하면서 나무 요새에 숨는 것이었다. 또 다른 기억은 그녀가 미술 시간에 그린 것이 끔찍하다는 말을 들은 것과 관련이 있었다. 그녀의 반응은 슬프고 상처를 입었다고 느꼈고, 그녀가 그림을 그릴 수 없다면 자신에게 뭔가가 잘못된 것이 틀림없다고 결론을 내리는 것이었다.

### 아들러식 사례 개념화

A씨의 인생에서 비판적이고 요구가 많은 사람들이 있었던 이력을 고려할 때, 그녀의 사회적 고립과 우울 증상이 증가한 것은 임박한 직무 이동과 승진할 것이라는 소식에 대한 그녀의 낙담한 반응인 것 같다. 그녀는 대부분의 관계를 피하고, 어린 시절 내내 고립되었던 이력이 있다. 생활양식 관점에서 볼 때, A씨의 호소문제는 이해할 수 있다. 다른 사람들과 관계를 맺는 그녀의 방식은 그녀가 가족 구성원과 관련된 잠정적이고 회피적인 태도를 반영한다. 그녀는 자신이 비난이나 부당한 요구를 받지 않고도 가족 구성원과 안전하게 연결하는 방법을 모색했다. 그녀는 자신을 한 개인으로서 부족하고 결함이 있다고 여기며, 인생과 다른 사람들을 까다롭고, 가혹하고, 독단적이며, 비판적이라고 본다. 따라서 A씨는 대부분의 관계를 피하고, 사회적으로 고립되고, 그녀가 신뢰할 수 있다고 여기는 사람들에게 과도하게 공을 들이며 자신의 자리를 찾았다. 이로써 그녀는 비난을 받는 것을 피할 수 있었고, '안전하다는 느낌'을 받을 수 있었다. 관계를 피하고 안전하지 않다고 느낄 때마다 철수하는 그녀의 전략은 효과가 있지만, 그녀가 '안전함'을 느끼기 위해 지불하는 대가는 크다. 그녀는 외롭고, 관계 기술과 경험이 제한적이며, 있음 직하지 않은 친밀한 관계를 원한다.

### 치료 계획과 실행

치료의 주요 목표는 낙담과 우울 증상을 감소시키고, 사회적 관심과 사회적 관계를 증진하며, 관계 기술을 향상하는 것이다. A씨의 생활양식 신념과 기본적 오류를 처리하는 데 해석이 활용될 것이다. 안전하게 느끼려고 회피하는 그녀의 잘못된 신념들을 수정하는 데 초점을 맞출 것이다. 이웃과 대화를 하는 데 불편함을 느끼기에, 그녀는 '마치 편안한 것처럼' 행동하도록 격려받을 것이다. 약물치료 평가에 의뢰될 것이며, 필요하다면 약물치료에 관한 관찰을 할 것이다.

# 경계성 성격장애

경계성 성격장애(Borderline Personality Disorder)가 있는 사람은 분노, 불안, 강렬하고 불안정한 정서, 이인증 및 해리와 같은 단기 의식 장해의 다양한 조합 등의 복잡한 임상적 모습을 보여 준다. 또한 만성적 외로움, 공허감, 지루함, 변덕스러운 대인관계, 정체성 혼란 그리고 자해 등 충동적 행동 등의 증상을 보인다. 스트레스는 심지어 일과성 정신병을 촉발할 수도 있다. 어떤 사람들은 이 장애를 특정한 성격장애라기보다는 성격 조직의 한 수준으로 개념화한다(APA, 2013).

## 임상적 증상

경계성 성격은 다음과 같은 행동 및 대인관계 스타일, 인지적 스타일 그리고 감정적 스타일을 특정으로 한다. 행동적으로, 경계성은 자살 제스처, 자해 또는 싸움의 도발과 같은 신체적인 자해 행위가 특징이다. 이들의 사회적·직업적 성취는 종종 지능과 능력이 보증하는 것보다 적다. 모든 성격장애 중에서 일주기 리듬의 불규칙성, 특히 수면-각성 주기의 불규칙성이 있을 가능성이 더 크다. 따라서 만성 불면증은 흔한 불만이다.

대인관계에서, 경계성은 자기모순의 불안정성이 특징이다. 즉, 이들은 다른 개인을 이상화하고 그에게 매달리는 것과 그 개인을 평가절하하고 반대하는 것 사이에서 빠르게 변동을 거듭한다. 이들은 거절에 극히 민감하고, 사소한 스트레스 요인에도 유기(遺棄, abandonment) 우울증을 겪는다. 밀론(Millon, 2011)은 분리불안을 이 성격장애의 주요 동기 요인으로 간주했다. 대인관계는 상당히 신속하고 강렬하게 발달하지만, 경계성의 사회적 적응력은 다소 피상적이다. 이들은 혼자라는 것을 극도로 견디지 못하며, 무분별한 성관계나, 늦은 밤 친척이나 최근에 알게 된 지인에게 전화하거나, 모호한 의료 또는 정신병적 불평을 많이 하며 근무 시간 후에 병원 응급실을 방문하는 등 다른 사람과 함께 있으려고 온갖 노력을 다한다.

이들의 인지적 스타일은 융통성이 없고 충동적이라고 묘사된다(Millon, 2011). 이들의 스타일이 융통성이 부족한 것은 경직된 추상화로 특징지어지며, 이는 다른 사람들을 실제 사람으로서가 아니라 '모두 선' 혹은 '모두 악'인 개인의 화신으로 거창하게 이상화하여 인식하는 것으로 쉽게 이어진다. 이들은 과거의 경험에서 유추하여 추론하고, 따라서 논리적으로 추론하고 과거의 실수로부터 배우는 데 어려움을 겪는다. 경계성은 외적 통제 소재를 가지고 있기에, 일이 잘못될 때 대개 다른 사람을 비난한다. 경계성은 자신의 무능함에 대한 책임을 받아들임으로써, 자신이 상황을 바꾸는 데 훨씬 더 무력함을 느낄 것이라고 믿는다. 따라서 이들의 감정은 희망과 절망 사이에서 요동치는데, 이는 외부 상황이 자신의 통제를 훨씬 벗어나 있다고 믿기 때문이다(Shulman, 1982). 또한 이들의 인지적 스타일은 충동성이 특징이며, 다른 사람들에 대한 이상화와 평가절하 사이에서 동요하는 것처럼 이들의 생각은 다음과 같이 한 극단에서 다른 극단으로 바뀐다. "나는 사람들을 좋아한다. 아니, 나는 좋아하지 않는다." "목표가 있는 것이 좋다. 아니, 그렇지 않다." "나는 정신을 차릴 필요가 있다. 아니, 할 수 없다. 희망이 없다." 이러한 경직성과 충동성은 정체성 형성 과정을 복잡하게 만든다. 자아상, 성정체성, 목표, 가치, 직업 선택에 대한 이들의 불확실성은 이러한 충동적이고 융통성 없는 태도를 반영한다.

제럴드 아들러(Gerald Adler, 1985)는 경계성이 연상기억의 발달이 불충분하다고 말했다. 그 결과, 이들은 혼란의 시기에 자신을 구조화하고 진정시킬 수 있는 이미지와 감정 상태를 떠올리는 데 어려움을 겪는다. 이들의 경직성과 충동성은 '분열(splitting)' 경향성에서 더욱 주목된다. 분열은 모순된 특성들을 종합할 능력이 없는 것이므로, 개인은 다른 사람들을 모두 선 또는 모두 악으로 보고, '투사적 동일시(projective identification)'를 활용한다. 즉, 자신의 부정적이거나 위험한 감정을 다른 사람들의 탓으로 돌린다. 나아가 이들의 인지적 스타일은 좌절을 견디지 못하는 것이 특징이다. 마지막으로, 일과성 정신병(micropsychotic) 삽화는 이들이 엄청난 스트레스를 받을 때 주목될 수 있다. 이는 불분명하고 이상한 사고 과정으로, 특히 구조화된 상황보다 구조화되지 않은 상황에 대한 반응에서 주목된다. 그리고 이는 비현실감, 이인증, 격렬한 분노 반응, 약물에 대한 특이한 반응, 그리고 강렬한 단기 편집증적 삽화의 형태를 취할 수 있다. 주의집중의 어려움과 그에 따른 관련 데이터의 손실로 인해, 경계성은 또한 정보 처리 능력이 저하된다.

이 장애가 있는 개인의 감정적 스타일은 정상적 또는 평상 기분에서 불쾌한 기분으로 현저하게 바뀌는 것이 특징이다. 게다가 부적절하고 격렬한 화와 분노가 쉽게 촉발될 수 있다. 또 다른 극단에는 허무함, 깊은 '공허함' 또는 권태가 있다.

## DSM-5 특성

이 성격장애가 있는 개인은 관계, 정서적 반응, 정체성에서의 불안정성 그리고 충동성의 끊임없는 패턴이 특징이다. 이들은 실제이든 상상이든, 버림받지 않기 위해 미친 듯이 노력한다. 이들의 대인관계는 격렬하고 불안정하며 과대 이상화와 과소평가의 극단 사이를 오락가락한다. 이들은 만성적 정체성 문제와 불안정한 자기감

(sense of self)을 지니고 있다. 이들의 충동성은 무모한 운전이나 약물 사용, 폭식 또는 고위험성 성관계와 같은 자신을 손상하는 행동을 초래할 수 있다. 이들은 반복적인 자살 위협, 제스처, 행동화 또는 자해 행동을 보인다. 이들은 현저한 기분의 반응성, 만성적 공허감, 감정 폭발, 그리고 화를 조절하는 데 어려움을 보일 수 있다. 또한 일시적인 스트레스와 연관된 피해적 사고 혹은 심한 해리 삽화를 겪을 수도 있다(APA, 2013).

## 생물심리사회적-아들러식 개념화

다음의 생물심리사회적 개념화가 경계성 성격의 패턴이 어떻게 발달했는지를 이해하는 데 도움이 될 수 있다. 생물학적으로 경계성을 세 가지 주요 하위 유형으로 이해할 수 있다. 즉, 경계성-의존형, 경계성-연극형, 경계성-수동공격형이다. 경계성-의존형 유형의 기질적 스타일은 수동적-유아적(passive-infantile) 패턴이다(Millon, 2011). 밀론은 낮은 자율 신경계 반응성과 과잉보호 양육 방식이 제한적인 대인관계 기술과 남에게 매달리는 관계 스타일을 촉진한다는 가설을 세웠다. 반면, 연극형 하위 유형은 과민 반응의 유아적 패턴이 있을 가능성이 더 크다. 따라서 자율 신경계의 반응성이 높고 부모의 자극과 성취에 대한 기대가 증가하기에, 경계성-연극형 패턴이 나타날 가능성이 크다. 마지막으로, 수동공격형 경계성의 기질적 스타일은 토마스와 체스(1977)가 언급한 '까다로운 아이(difficult child)' 유형이었을 가능성이 크다. 이러한 패턴과 부모의 비일관성은 경계성 수동공격형 성격의 정서적 과민성을 나타낸다.

심리적으로, 경계성은 자기 자신, 다른 사람들, 세상, 삶의 목적을 다음과 같은 주제로 보는 경향이 있다. 이들은 자신을 "나는 내가 누구인지, 어디로 가고 있는지 모른다."라는 주제의 변형으로 본다. 간단히 말하면, 이들의 정체성 문제는 성(gender), 직업(career), 충성심 그리고 가치를 수반하는 반면, 이들의 자존감은 자아 정체성에 관한 각각의 생각이나 감정에 따라 오락가락한다. 경계성은 세상을 "사람들은 대단하다. 아니, 그렇지 않다." "목표를 갖는 것은 좋다. 아니, 그렇지 않다." 또는 "삶이 내 뜻대로 되지 않으면, 나는 그것을 견딜 수 없다."라는 주제의 변형으로 보는 경향이 있다. 따라서 이들은 "그러므로, 모든 옵션을 열어 두어라. 어떤 것에도 전념하지 마라. 공격을 받을 때 역할을 바꾸고 사고와 감정을 자주 바꿔라."일 것 같다. 경계성 성격장애가 있는 개인들이 사용하는 가장 일반적인 방어기제는 퇴행, 분열(splitting)과 투사적 동일시이다.

사회적으로, 예측 가능한 양육 패턴 및 환경 요인을 경계성 성격장애에서 주목할 수 있다. 양육 방식은 하위 유형에 따라 다르다. 예를 들어, 의존형 하위 유형에서 과잉보호가 양육의 특징인 반면, 연극형 하위 유형에서는 요구가 많은 양육 방식이 더 눈에 띄고, 수동공격형 하위 유형에서는 일관성이 없는 양육 방식이 더 주목된다. 그러나 경계성 성격은 덜 심각한 의존성, 연극성 또는 수동공격성 성격장애의 증후군적 정교화(syndromal elaboration) 및 악화(Millon, 2011)이기에, 이 장애들의 경계성 하위 유형들에 있는 원가족이 훨씬 더 기능 이상일 가능성이 크고, 아동이 다양한 자기패배적인 대처 전략을 배웠을 가능성이 커진다. 부모의 금지령은 "네가 자라서 나를 떠나면, 나(부모)에게 나쁜 일이 생길 것이다."였을 것 같다.

이 경계성 패턴은 다음과 같은 개인 및 시스템 요인에 의해 확인되고, 강화되고, 영속한다. 정체성 혼미, 충동적 동요 및 자기패배적 대처 전략은 공격적인 행동화로 이어진다. 이는 더 많은 혼란을 초래하고, 약간의 안도감을 얻기 위해 이인화, 불쾌감의 증가 및 자해를 경험하는 것으로 이어진다. 이것은 행동 및 대인관계 패턴을 강화할 뿐만 아니라 자신과 세상에 대한 믿음을 더욱 재확인하는 것으로 이어진다.

## 치료 고려사항

경계성 성격장애는 공공 부문과 민간 실무 모두에서 가장 흔히 볼 수 있는 축 II 증상 중 하나가 되고 있다. 이것은 치료하기 가장 어렵고 좌절감을 주는 상태에 속할 수 있다. 임상 경험에 따르면, 개인의 전체적인 기능 수준과 하위 유형을 평가하는 것이 중요하다. 기능성이 더 높은 경계성 의존형 성격은 기능성이 더 낮은 경계성-수동공격형 성격보다 심리치료에 협력할 확률이 더 높다. 기능성이 더 높은 경계성은 아마도 과도한 퇴행과 행동화 없이 통찰 지향의 심리치료에 참여할 수 있다. 마스터슨(Masterson, 1976)은 치료자는 경계성에게 전통적인 해석 방법을 사용하기보다는 자신의 행동과 그 결과를 살펴보도록 요청하는 대립적 진술(confrontational statement)을 활용해야 한다고 제안했다.

기능성이 더 낮은 환자의 경우, 치료 목표가 훨씬 더 제한적일 수 있다. 여기서 치료의 초점은 일상의 안정적인 기능을 증가시키는 데 있을 것이다. 치료 전략 및 방법은 경계성 하위 유형들의 치료를 위해 다양하다. 전략은 2년 이상 지속되는 장기 심리치료에서부터 위기가 발생할 때를 제외하고는 격주 또는 심지어 월간으로 회기가 진행되는 단기 형식에 이르기까지 다양하다. 과제 중심의 집단치료는 그 자체로 주요한 치료일 뿐만 아니라, 유용한 부가 치료인 것으로 밝혀졌다(Linehan, 1987).

경계성에 대한 집단치료의 근거는 치료자와 환자 사이에 형성되고 행동화를 많이 유발하는 역할을 하는 강렬한 대인관계가 집단 형식에서 효과적으로 줄어든다는 것이다. 개별적 또는 집단 형식으로 보든, 치료자는 치료의 한계와 목표를 명료하게 표현하는 것이 현명하다. 기능성이 더 낮은 경계성과 연극형 및 수동공격형 하위 유형에게 특히 유용한 절차는 서면 치료 계약을 채택하는 것이다. 항우울제는 종종 경계성 환자에게 사용되며, 특히 불면증, 우울증 또는 불안장애와 같은 표적 증상을 목표로 한다. 저용량 신경 이완제도 종종 활용된다.

### 사례 • B씨

　B씨는 29세의 실업자인 남성으로, 이틀간 계속 자살 제스처를 취한 끝에 지역 정신건강센터의 치료자에 의해 병원 응급실에 의뢰되었다. 그는 고등학교 3학년 때까지는 적절하게 기능하는 것처럼 보였으며, 그때 초월명상에 몰두하게 되었다. 그는 대학교 첫 학기 동안 집중하는 데 상당한 어려움을 겪었고, 대부분의 에너지를 영적인 지도자를 찾는 데 쏟아붓는 것 같았다. 때로는 엄청난 불안과 공허감이 그를 휩쓸었으며, 피를 흘릴 정도로 가볍게 손목을 그으면 이것들이 갑자기 사라지는 것을 알게 되었다. 그는 현재의 치료자와 18개월 동안 치료를 받아 왔고, 환자로서 점점 더 적대적이고 요구가 많아지는 반면, 초기에는 치료자의 공감과 직관적 감각에 상당히 사로잡혔었다. 최근에 그의 삶은 매주 2회의 치료 회기에 집중하는 것 같았다. B씨의 가장 최근의 자살 제스처는 치료자가 다른 주에 있는 새로운 직장으로 옮겨 가려고 한다고 공개한 후 발생했다.

# 자기애성 성격장애

자기애성 성격(Narcissistic Personality)은 종종 증상이 없고 잘 기능하지만, 끊임없는 숭배에의 요구와 습관적인 비현실적 자기 기대감으로 인해 만성적으로 불만족스러워한다. 자기애성인 사람은 충동적이고 불안하며, 과대성과 '특별함'에 대한 사고가 있고, 다른 사람에게 빠르게 불만족스러워지며, 피상적이고 착취적인 대인관계를 유지한다. 스트레스를 받고 욕구가 충족되지 않을 때, 자기애성인 사람은 우울해지거나, 신체증상이 발생하거나, 단기 정신병적 삽화가 나타나거나, 극도의 분노를 나타낼 수 있다.

## 임상적 증상

자기애성 성격은 다음과 같은 행동 및 대인관계 스타일, 인지적 스타일, 정서적 스타일을 특징으로 한다. 행동적으로, 자기애성인 개인은 자만심이 강하고, 자랑하고, 속물적으로 보인다. 이들은 자신감이 있고 자기중심적인 것처럼 보이며, 대화를 지배하고, 숭배를 구하고, 젠체하며 과시적인 방식으로 행동하는 경향이 있다. 이들은 또한 참을성이 없고, 오만하며, 민감하거나 과민하다. 대인관계에서 이들은 착취적이고 자신과 자신의 욕구를 채우기 위해 다른 사람들을 이용한다. 이들의 행동은 사회적으로 넌덕스럽고, 유쾌하고, 사랑스럽다. 하지만 이들은 다른 사람들에게 진정으로 공감하며 반응할 수 없다. 스트레스를 받을 때, 이들은 경멸적이고, 착취적이며, 일반적으로 자신의 행동에 무책임할 수 있다.

이들의 사고방식은 인지적 과대성과 과장 중 하나이다. 이들은 사실과 문제보다는 이미지와 주제에 초점을 맞추는 경향이 있다. 실제로, 이들은 사실을 제멋대로 고치고, 왜곡하고, 심지어 자신 및 자신과 관련된 프로젝트에 대한 자기 자신의 환상을 보존하기 위해 발뺌하고 자기기만에 빠진다. 이들의 인지적 스타일은 또한 경직성이 특징이다. 게다가 이들은 과장된 자기 중요성의 느낌을 지니고 있으며, 권력과 부, 능력에 관한 비현실적인 목표를 설정한다. 이들은 이 모든 것을 특별한 자격이 있는 것 같은 느낌과 과장된 자기 중요성의 느낌으로 정당화한다.

이들의 감정이나 정서적 스타일은 자신감과 태연함의 분위기로 특징지어지는데,

이는 이들의 자기애적 확신이 흔들릴 때를 제외하고는 대부분의 상황에서 나타난다. 그리고 이들은 비판에 대해 분노로 반응할 것 같다. 다른 사람들에 대한 이들의 감정은 과잉 이상화와 평가절하 사이에서 변화하며 오락가락한다. 마지막으로, 이들이 공감을 보여 주지 못하는 것은 최소한의 정서적 유대나 헌신만을 보이는 이들의 피상적인 관계에 반영된다.

## DSM-5 특성

자기애성 성격장애(Narcissistic Personality Disorder)가 있는 개인은 자기중심성과 과대성의 끊임없는 패턴이 특징이다. 좀 더 구체적으로, 이들은 자기 자신의 능력과 성취에 대해 과장되게 느낀다. 이들은 관심, 긍정, 칭찬을 지속적으로 필요로 할 수 있다. 일반적으로 이들은 독특하거나 특별해서, 동일한 지위의 사람과만 어울려야 한다고 믿는다. 이들은 성공과 권력을 얻는 것에 관한 지속적인 환상을 품고 있을 가능성이 크다. 이들은 개인적 이득을 위해 다른 사람들을 이용할 수 있다. 특별한 자격이 있는 것 같은 느낌과 특별 대우에 대한 기대가 일반적이다. 이들은 속물적이거나 오만하다는 인상을 줄 수 있다. 이들은 다른 사람들에게 공감을 보여 줄 수 없는 것처럼 보인다. 게다가 이들은 부러워하거나, 다른 사람들이 자신을 부러워한다고 생각할 수 있다(APA, 2013).

## 생물심리사회적-아들러식 개념화

다음의 생물심리사회적 개념화는 자기애성 성격장애가 어떻게 발달했는지를 이해하는 데 도움이 될 수 있다. 생물학적으로 자기애성 성격은 과민 반응성 기질이 있는 경향이 있다(Millon, 2011). 어린아이였을 때 다른 사람들이 이들을 외모, 재능 또는 '장래성'의 면에서 특별하다고 여겼을 것 같다. 종종 어린아이였을 때, 일찍이 그리고 예외적인 언어 발달을 보였다. 게다가 이들은 대인관계 단서를 예민하게 알아차렸을 것 같다. 심리적으로 자기 자신, 다른 사람들, 세상과 삶의 목적에 대한 자기애성자의 관점은 다음과 같은 주제로 표현될 수 있다. "나는 특별하고 독특하며, 내가 특별한 권리와 특권을 얻었든 아니든 그것들을 누릴 자격이 있다." 이들의 세계관은 "삶은 마음대로 시식할 수 있는 연회 테이블이다. 사람들은 나에게 숭배와 특권을 주어야 한다."라는 주제의 변형으로 본다. 이들의 목표는 "그러므로 나는 이 특별함을 기대하고 요구할 것이다."이다. 자기애성 성격이 일반적으로 사용하는 방어기제는 합리화와 투사적 동일시이다.

사회적으로 예측 가능한 양육 방식과 환경 요인을 자기애성 성격에서 주목할 수 있다. 부모의 마음대로 하게 함(indulgence)과 과대평가가 자기애성 성격을 특징짓는다. 부모의 금지령은 "커서 나를 위해 멋진 사람이 되어야 해."일 것 같다. 이들은 종종 외동이고, 게다가 어린 시절에 조기 상실을 겪었을 수도 있다. 이들은 어려서부터 부모로부터 착취적이고 교활한 행동을 배웠다. 이 자기애성 패턴은 특정 개인 및 시스템 요인에 의해 확인되고 강화되며 영속한다. 특별함의 환상, 다른 사람들의 관점에 대한 경멸, 특별한 자격이 있는 것 같은 느낌은 사회적 관심과 책임감의 미숙한 발달로 이어진다. 이것은 결국 자기몰두를 증가시키고 자기애적 신념을 견고하게 한다.

## 치료 고려사항

치료 목표의 측면에서 치료가 단기적이고 위기 지향적인지, 아니면 장기적이고 성격 재구조화에 초점을 맞추어야 하는지에 대한 결정이 내려져야 한다. 위기 지향적 심리치료는 대개 자기애적 상처 또는 손상과 관련된 불안, 우울증, 신체증상과 같은 증상 완화에 초점을 맞춘다. 이 상처는 다른 사람들이 자기애성자의 특별한 자격이 있는 느낌 및 특별함에 반응하지 않을 때 발생한다. 공감적 미러링(empathic mirroring)이나 반영(reflection), 위로(soothing)가 선택되는 치료법이다(Kohut, 1971). 장기 치료의 목표는 성격의 재구조화를 수반한다. 이러한 목표에는 공감의 증대, 분노와 인지 왜곡의 감소, 상실을 애도하는 개인 능력의 증가 등이 있다. 치료 방법과 전략에는 공감적 미러링(Kohut, 1971), 분노 관리, 인지 재구조화, 공감 훈련, 해석 등이 있다. 부부간의 문제가 관련될 때, 부부치료는 유용한 치료 양식으로 밝혀졌다(Feldman, 1982). 약물치료 관리는 우울증, 불안 등과 같은 치료 가능한 증상을 겨냥한다(Reid, 1989). 임상전문가들은 치료를 받으러 오는 자기애성 성격의 대다수가 자기애적 상처를 진정시키는 데만 관심이 있으며, 그런 다음 치료를 떠난다는 점에 주목했다.

사례 • N씨

N씨는 32세의 남성으로 6년 된 아내가 그를 떠나겠다고 위협하고, 그의 고용주가 그에게 콘도미니엄 프로젝트의 영업 임원직을 사임하라는 압력을 가하자 치료를 받으러 왔다. 분명히 N씨의 부인은 남편에게 "당신은 나를 사랑하는 것보다 백배나 더 자신을 사랑한다."라고 말했다. N씨는 자신의 직업상 언제나 가장 멋지게 보여야 하고, 자신이 "키 크고, 가무잡잡하고, 잘생기고, 섹시하며, 여자가 남자에게서 원할 수 있는 모든 것"이기에 600달러짜리 정장을 사야 한다고 말하며, 이를 일축했다. N씨는 고객에게 공포 전술, 과장된 주장 또는 기타 압박 판매 기법을 사용했다는 것을 부인했다. "물론, 나는 조금 공격적이지만, 당신은 겁쟁이가 되어 '백만장자 클럽'에 들어가지 못한다." 그는 고용주가 "나 없이는 완전히 망할 것"이고, 자신은 그런 사소한 이유로 해고되기엔 너무 중요하다고 덧붙였다.

# 강박성 성격장애

강박성 성격장애(Obsessive-Compulsive Personality Disorder)인 개인은 억제되고, 완고하고, 완벽주의적이고, 단정적이고, 지나치게 양심적이며, 경직되고, 만성적으로 불안한 것으로 묘사된다. 특징적으로 이들은 친밀감을 피하고 삶에서 거의 즐거움을 느끼지 못하는 사람들이다. 이들은 성공할 수 있지만 동시에 우유부단하고 까다롭다. 종종 이들은 차갑고 내성적인 것으로 인식된다. 축 I의 강박장애와는 달리, 의례적(ritualistic) 강박 사고와 강박 행동은 이 성격장애의 특징이 아니다.

## 임상적 증상

강박성 성격장애를 다음과 같은 행동 및 대인관계 스타일, 인지적 스타일, 감정적 스타일로 인식할 수 있다. 행동적으로, 이 장애는 완벽주의가 특징이다. 이 장애가 있는 개인은 일중독자일 가능성이 크다. 이들은 신뢰성과 더불어 완고하고 소유욕이 강한 경향이 있다. 수동공격성 장애가 있는 개인처럼 이들은 우유부단하고 꾸물

거릴 수 있다. 대인관계에서, 이들은 사회적 지위와 신분을 정교하게 의식하고, 그에 따라 자신의 행동을 수정한다. 즉, 이들은 윗사람에게 공손하고 아부하는 경향이 있고, 아랫사람과 동료에게는 거만하고 독재적인 경향이 있다. 이들은 다른 사람들이 자신의 주장에 어떻게 반응하는지에 대한 인식이나 자각 없이, 다른 사람들이 자신의 방식대로 하라고 끈덕지게 고집할 수 있다. 기껏해야 이들은 자신이 옹호하는 조직과 이상에 정중하고 충실하다.

이들의 사고방식은 제한적이고 규칙에 기반을 둔 것으로 특징지을 수 있다. 이들은 우선순위와 균형감을 설정하는 데 어려움이 있다. 이들은 '세부적인' 사람들이며 종종 더 큰 목표를 잊어버린다. 다시 말해서, 이들은 "나무 때문에 숲을 볼 수 없다." 이들의 우유부단함과 의심은 의사 결정을 어렵게 한다. 이들의 정신적 경직성은 남의 영향을 받기 쉽지 않으며 상상력이 부족한 스타일과 일치하며, 이는 제한적인 공상적 삶을 살고 있음을 시사한다. 수동공격성 개인처럼, 강박성은 자기주장과 반항, 즐겁게 해 주기와 복종 사이에서 갈등을 겪는다.

이들의 감정적 스타일은 엄숙하고 재미가 없는 것이 특징이다. 이들은 따뜻함과 부드러움과 같은 친밀한 감정을 표현하는 데 어려움을 겪는다. 이들은 분노, 좌절, 과민성을 꽤 자유롭게 표현할 수 있지만, "좀 더 부드러운" 감정을 피하는 경향이 있다. 이 엄숙하고 감정 회피성 태도는 격식적이고 경직된 관계 행동으로 나타난다.

## DSM-5 특성

이 성격장애가 있는 개인은 융통성, 개방성 · 효율성 대신 완벽주의, 질서정연함, 통제의 끊임없는 패턴이 특징이다. 이들은 세부사항, 규칙 및 일정에 지나치게 몰두한다. 이들의 완벽주의는 지나치게 엄격한 기준으로 인해 일을 완성하는 데 방해가 된다. 이들은 여가 활동과 친구 관계를 마다하고, 일과 생산성에 지나치게 전념한다. 가치, 도덕 또는 윤리의 문제에 관한 한, 이러한 개인은 융통성이 없고, 세심하고, 지나치게 양심적이다. 종종 이들은 감상적 가치가 없는 낡거나 쓸모없는 물건을 버리지 못한다. 이들은 자기 생각대로 될 수 없으면, 일을 위임하지 않거나 다른 사람들과 일하지 않을 것이다. 놀랄 것도 없이, 이들은 경직되고 고집이 세다. 마지막으로, 이들은 돈에 구두쇠이고 미래의 재앙에 대비해 돈을 비축한다(APA, 2013).

## 생물심리사회적-아들러식 개념화

다음과 같은 생물심리사회적 개념화가 강박성 성격장애가 어떻게 발달했는지를 이해하는 데 도움이 될 수 있다. 생물학적으로, 이러한 개인들은 유아였을 때 무쾌감 기질을 보였을 가능성이 크다(Millon, 2011). 흥미롭게도 맏이는 다른 형제자매보다 강박적인 스타일을 발달시키는 경향이 더 크다(Toman, 1961).

심리적으로 이들은 자기 자신, 다른 사람들, 세상과 삶의 목적을 다음과 같은 주제의 관점에서 본다. 이들은 자신을 "무언가가 잘못되면 나에게 책임이 있다. 그래서 나는 믿을 수 있고, 유능하고, 정의로워야 한다."라는 주제의 변형으로 보는 경향이 있다. 이들의 세계관은 "인생은 예측할 수 없고 너무 많은 것을 기대한다."라는 주제의 변형이다. 따라서 이들은 "그러므로 항상 통제하고, 옳고, 적절해야 한다."라고 결론을 내릴 것 같다. 사회적으로 예측 가능한 양육 방식 및 환경 조절 패턴이 이 성격에서 주목된다. 이들이 경험한 양육 방식은 일관성이 있고 지나치게 통제된 것이 특징일 수 있다. 어렸을 때 이들은 자신의 행동에 대해 지나치게 책임을 지고, 이들이 순종적이지 않거나, 성취 지향적이지 않거나, '훌륭하지' 않으면, 죄책감과 무가치감을 느끼도록 훈련받았다. 이들이 가장 많이 노출되었을 것 같은 부모의 금지령은 "너는 가치 있는 사람이 되려면 해야 하고 더 나아져야 한다."이다. 이러한 강박적인 패턴은 다음과 같은 개인 및 시스템 요인에 의해 확인되고, 강화되고, 영속한다. 지나치게 높은 기대와 가혹하게 경직된 행동 및 신념은 자기비판적 경향과 함께, 엄격한 규칙 기반 행동 및 사회적 · 직업적 · 도덕적으로 수용할 수 없는 것을 회피하는 것으로 이어진다. 결국, 이것은 한층 더 이 성격의 가혹하게 경직된 행동과 신념을 재확인한다.

## 치료 고려사항

강박장애(Obsessive-Compulsive Disorder: OCD)는 오랜 치료 전통이 있는데, 프로이트의 '쥐 인간(Rat Man)' 사례와 아들러의 'A 부인 사례'로 거슬러 올라간다. 강박장애는 증상장애인 반면, 강박성 성격장애는 성격장애라는 점에 주목하라. '쥐 인간'은 증상장애 및 성격장애를 모두 보여 주었기 때문에, 이 사례에 대한 프로이트의 설명과 치료법을 읽은 많은 사람은 두 장애가 같은 장애이고, 동일하게 치료된다고 잘못 추정했다. 이들은 같은 상태는 아니지만, 약 3분의 1의 사례에서 두 장애가 모두 있는 것으로 나타났다(Jenike, Baer, & Minichiello, 1990). 두 장애가 함께 있을 때, 강박장애만 있는 경우보다 치료가 훨씬 더 어려운 것으로 나타났다.

치료의 목표에는 사고와 감정 사이에서 좀 더 합리적인 균형을 얻을 수 있도록 인지적 제약의 감소, 감정 표현의 증가 등이 있다. 강박성 성격장애에 대한 치료 전략은 대개 장기적이고 통찰 지향의 치료이다. 항우울제와 행동치료로 비교적 짧은 기간에 강박 사고와 강박 행동을 개선할 수 있는 강박장애와는 달리, 강박성 성격장애는 단기 치료 결과에 적합하지 않다. 그러나 살즈만(Salzman, 1968)과 터캣과 마이스토(Turkat & Maisto, 1985)는 효과가 있는 것으로 입증된 역동 및 인지행동 개입을 제시했다. 이 장애에는 대개 약물치료가 필요하지 않지만, 우울증이나 불안 같은 치료 가능한 증상에 효과적일 수 있다.

#### 사례 • O씨

O씨는 37세의 기업 임원인 남성으로, 자신의 "온 세상이 끝나가고 있다."라는 이유로 심리치료 과정을 시작하기를 원했다. 그는 지난 2년 동안 더 악화된 결혼 생활에 관해 오랜 불만의 이력을 들려주었다. 그는 아내가 시간과 애정을 더 많이 요구하는 것에 관해 설명했으며, 그는 이것이 그녀의 약점이라고 믿었다. 10년 동안 함께한 파트너가 그들의 회계 법인을 다른 도시로 확장하기를 원했을 때, 그의 직업 생활도 갈등을 겪었다. O씨는 이 제안이 위험투성이라고 믿었고, 자신의 사업 지분을 파트너에게 매각할 지경에 이르렀다. 그는 자신의 결혼 생활과 사업에 대해 몇 가지 결정을 내려야 한다는 것을 알았지만, 그렇게 할 수 없는 자신을 발견했다. 그는 치료가 이러한 결정에 도움이 되기를 바랐다. 그는 보수적인 스리피스(상의, 조끼, 바지가 한 세트인) 회색 정장을 단정하게 입고 왔다. 그의 자세는 경직되어 있었고, 그는 제한된 정서로 형식적이고 통제된 어조로 말했다. 그의 사고는 세세한 것에 집착하는 것이 특징이었고, 다소 정황적이었다.

독자는 강박장애에 대한 자세한 설명과 개념화를 위해 아들러(1969)의 가장 유명한 A 부인 사례를 참조할 수 있다. 마침 A 부인은 또한 경계성 성격장애의 특성도 나타냈다.

# 조현형 성격장애

조현형 성격장애(Schizotypal Personality Disorder)는 조현성 성격장애와 유사한 특징이 있는 것 외에도, 기이한 행동과 괴이한 사고 내용이 특징이다. 조현형은 이상한 정신 내적 경험을 묘사하고, 이상하고 특이한 방식으로 생각하며, 관계를 맺기 어렵다. 하지만 이러한 양상 중 어느 것도 정신병적 정도에 도달하지 않는다. 조현병이 조현형의 가족 구성원 중에서 발생 빈도가 높기에 조현형 성격은 조현병 스펙트럼장애 중 하나라고 제안되었다.

## 임상적 증상

조현형 성격장애는 일반적으로 다음과 같은 행동 및 대인관계 스타일, 인지적 스타일, 감정적 스타일로 인식된다. 행동적으로 조현형은 기이하고, 엉뚱하고, 기괴한 기능의 방식으로 알려져 있다. 이들의 말은 앞뒤가 맞지 않으면서 두드러지게 이상하다. 직업적으로, 이들은 짧은 기간 후에 직장을 그만두거나 해고되는 등 부적절하다. 일반적으로 이들은 이 직장에서 저 직장으로, 이 도시에서 저 도시로 이동하는 유랑자가 된다. 이들은 지속적인 책임을 회피하는 경향이 있고, 그 과정에서 사회적 적절성에 대한 감각을 잃는다.

대인관계에서 이들은 친구가 거의 없는 외톨이이다. 이들이 혼자 있는 것을 추구하고 사회적으로 고립되는 것은 극심한 사회적 불안의 결과일 수 있으며, 이는 우려로 표현될 수 있다. 만약 결혼하면, 이들의 피상적이고 주변적인 관계 스타일은 종종 짧은 시간 안에 별거와 이혼으로 이어진다.

조현형의 인지적 스타일은 산만하고 반추적인 것으로 묘사되고, 인지적 오류(cognitive slippage)로 특징지어진다. 미신, 텔레파시, 기괴한 환상이 나타나는 것이 특징이다. 이들은 모호한 관계 사고, 반복적인 이인성 환각, 그리고 관계망상이나 청각적·시각적 환각의 경험 없이 비현실적 경험을 묘사할 수 있다.

이들의 정서적 스타일은 냉정하고, 냉담하고, 제한된 정서로 감정을 드러내지 않는 것으로 묘사된다. 이들은 아마도 일반적으로 의심하고 불신하는 성격이기에 유머가 없는 개인일 수 있고, 대화에 참여하기가 어려울 수 있다. 또한 이들은 실제 또는 상상의 모욕에 과민하다.

## DSM-5 특성

이 성격장애가 있는 개인은 지각적 왜곡과 괴이한 행동뿐만 아니라, 관계에 관한 상당한 불편함과 제한된 능력을 지닌 사회적·대인관계적 결함의 반복적 패턴이 특징이다. 이들은 자신의 행동에 영향을 미치고 자신의 하위 문화와 일치하지 않는 특이한 믿음과 사고뿐만 아니라 관계 사고를 경험한다. 이들은 또한 신체적 착각과 이상한 생각이나 말 같은 이상한 지각을 경험한다. 이러한 개인들은 의심스러워하거나 편집성 사고를 하기 쉽다. 이들은 부적절하거나 제한된 감정, 이상하고 괴이하거나 기이한 행동을 보인다. 거의 예외 없이, 1차 친족을 제외하고 친한 친구나 측근이 없다. 이들이 다른 사람들과 함께 있을 때 과도한 사회적 불안을 겪는데, 이는 친숙함에 의해 감소하지 않으며 의심 및 공포와 관련이 있다(APA, 2013).

## 생물심리사회적-아들러식 개념화

다음의 생물심리사회적 개념화가 조현형 성격장애가 어떻게 발달했는지를 이해하는 데 도움이 될 수 있다.

밀론(2011)은 이 성격장애를 조현성 성격장애 또는 회피성 성격장애의 증후군 확장 또는 악화로 설명한다. 따라서, 유용한 절차는 이 두 가지 하위 유형 모두의 생물학적 및 기질적 특성을 설명하는 것이다. 조현형 성격의 조현성 하위 유형은 수동적-유아적 패턴을 특징으로 하며, 이는 아마도 낮은 자율 신경계 반응성과 유아기 자극의 결핍을 초래한 부모의 무관심에 기인할 것이다. 반면, 회피성 하위 유형은 두려워하는 유아 기질 패턴(Millon, 1981)을 특징으로 한다. 이것은 아마도 형제자매와 또래의 경시로 더욱 강화되는 부모의 비판 및 경시와 결합되어, 아동의 높은 자율 신경계 반응성에서 비롯되었을 것이다. 조현형 성격의 두 하위 유형 모두는 안구 추적 운동에 손상이 있는 것으로 알려져 있으며, 이는 조현병이 있는 개인과 공유하는 특징이다.

심리적으로 조현형은 자기 자신, 다른 사람들, 세상, 삶의 목적을 다음의 주제로 본다. 이들은 자신을 "나는 다른 사람과는 다른 사고방식을 가지고 있다."라는 주제의 변형으로 보는 경향이 있다. 이들은 흔히 무욕(無欲)을 경험한다. 즉, 이들은 무관심, 소원해짐, 나머지 삶과 단절되거나 분리되는 느낌을 경험한다. 이들의 세계관은 "인생은 기이하고 이상하며, 다른 사람들은 특별한 마술적 의도가 있다."라는 주제의 변형이다. 따라서 이들은 다음과 같이 결론을 내릴 것 같다. "그러므로 다른 사람들의 이러한 특별한 마술적 의도를 궁금해하면서 주의를 기울여라." 이들이 활용하는 가장 일반적인 방어기제는 취소(undoing)이며, 이는 기이하고 괴이한 믿음과 행동으로 "사악한" 행위와 생각을 무력화하려는 노력이다.

사회적으로 예측 가능한 양육 방식 및 환경 요인 패턴을 조현형 성격장애에서 주목할 수 있다. 앞에서 조현성 하위 유형의 냉담한 무관심으로 알려진 양육 패턴 또는 회피성 하위 유형의 비난적이고 경멸적인 양육 방식과 가족 환경이 주목된다. 그리고 두 경우 모두 원가족에서의 기능 수준이 조현형 성격장애 또는 회피성 성격장애에서 언급될 것이다. 부모의 분열된 의사소통은 조현형 성격장애의 두 하위 유형 모두에서 공통적인 특징이다. 부모의 금지령은 "너는 괴짜이다."였을 가능성이 크다.

## 치료 고려사항

조현형 성격장애가 있는 개인은 심리치료적 관계에 참여하고 유지하는 것이 매우 어렵다는 것을 알게 된다. 일반적으로 이들은 약물치료를 받고 있고, 부가적인 심리치료로 의뢰될 수 있다. 따라서 치료의 초점은 '치료'보다는 '관리'에 있다. 그러므로 성격의 재구조화를 시도하는 대신, 조현형 성격의 현실적인 치료 목표는 비록 사회의 주변에 있을지라도 개인이 좀 더 일관되게 기능할 수 있는 능력을 높이는 것이다. 구체적으로, 성공적인 관리는 아마도 심리교육 또는 사회적 기술 훈련과 지지적 정신치료 방법을 통합할 것이다. 리드(Reid, 1989)는 이러한 환자들이 장기간 치료를 계속 받을 수 있다면, 이들은 질병을 줄이고 좀 더 일관되게 기능할 수 있는 자신의 능력을 향상시킬 수 있다고 언급했다. 그는 동질 집단이 때때로 개별 치료에 유용한 부가 치료가 될 수 있다고 보고한다. 약물치료 면에서, 저용량 신경 이완제는 심지어 정신병적 양상이 없는 경우에도 조현형 성격에 유용한 것으로 밝혀졌다. 그러나 약물 준수는 특히 조현형 성격장애에서 문제라는 점에 유의해야 한다.

### 사례 • B씨

46세의 미혼 여성인 B씨는 관심사, 친구나 활동이 없고 이웃 사람들이 그녀를 '별난 사람'으로 여겼기에 어머니가 지역 보건소에 의뢰했다. B씨의 아버지는 최근에 은퇴했고, 연금이 한정적이어서 부모는 생계를 꾸려 나가는 데 어려움이 있었다. 왜냐하면, B씨가 10년 동안 일했던 조립라인 일에서 해고된 후 8년 동안 부모와 함께 살아왔기 때문이다. 그녀는 혼자 있는 것을 선호하지만, 이것이 자신에게 문제라고 기꺼이 인정했다. 그녀는 부모가 사망한 후 자신에게 일어날 수 있는 일 때문에 어머니가 자신을 걱정한다고 믿었다. B씨는 유일한 자녀였고, 평균 점수로 고등학교를 졸업했지만, 학교 다닐 동안 과외 활동에 참여해 본 적이 없었다. 그녀는 데이트해 본 적이 없었고, 여자 친구가 한 명 있는데 지난 4년 동안 전혀 대화를 나누지 않았다고 말했다. 부모에게 돌아와 함께 산 이래로, 그녀는 자기 방에 머물며, 점성술에 관한 책에 몰두하고 자신의 점성술 예보를 도표로 그렸다. 검사에서, 그녀는 적당히 헝클어진 머리와 옷을 입고, 자신이 말한 나이보다 더 들어 보이며, 경계하는 다소 비협조적인 여성이었다. 그녀의 말은 단조롭고 신중했고, 검사자와 눈 맞춤이 좋지 않았다. 그녀의 생각은 모호하고 옆길로 샜으며, 자신의 운명이 '별'에 있다는 믿음을 표현했다. 그녀는 구체적인 망상이나 지각적 이상을 부인했다. B씨의 정서는 치료자가 비판적이라고 생각했을 때 한 번 화를 낸 경우 외에는 제한적이었다.

# 반사회성 성격장애

반사회적 행동은 아동기 또는 초기 청소년기에 시작되는 경향이 있으며, 공격성, 싸움, 과잉행동, 좋지 못한 또래 관계, 무책임, 거짓말, 절도, 무단결석, 학교 성적 부진, 가출 행동, 부적절한 성행위, 약물 및 알코올 남용 등이 특징이다. 성인으로서 공격성, 자멸적인 충동, 쾌락주의, 문란함, 신뢰할 수 없음, 지속적인 약물 및 알코올 남용이 있을 수 있다. 범죄에도 연루될 수 있다. 이러한 개인들은 직장에서 실패하고, 직장을 자주 바꾸며, 군대에서 불명예제대를 하는 경향이 있고, 학대하는 부모이자 무관심한 배우자이며, 친밀한 관계를 유지하는 데 어려움을 겪으며,

유죄 판결을 받고 교도소에서 시간을 보낼 수 있다. 반사회성 성격장애(Antisocial Personality Disorder)가 있는 사람은 자주 불안하고 우울하며, 전환 증상과 인위적 증상을 모두 보인다. 반사회적 행동은 종종 청소년기 후반과 20대 초반에 최고조에 달하며 30대 후반에 줄어든다. 이것은 주로 남성에게 내리는 진단이며 유병률은 남성과 여성이 약 4:1이다.

### 사이코패스, 소시오패스, 반사회성 성격장애

사이코패스(정신병질자), 소시오패스(사회병질자) 및 반사회성 성격은 범죄 행위에 관여할 수 있다. 이러한 이유로 일부 임상전문가는 사이코패스와 소시오패스라는 용어를 혼용하여 사용한다. 연구결과에 따르면, 행동과 병인(病因)에서 주목할 만한 차이가 있기에 다른 사람들은 사이코패스와 소시오패스를 구별하는 것을 선호한다(Hare, 1993; Walsh & Wu, 2008). 예를 들어, 헤어(Hare, 1993)는 사이코패스에서 소시오패스와 구별되는 특정 결손을 밝힌다. 여기에는 대인관계 결손(즉, 과대감, 오만함, 기만성)과 정서적 결손(즉, 죄책감과 공감의 부족)이 포함된다. 특히 사이코패스는 전반적인 공감 부족이 특징이다. 이와는 대조적으로, 소시오패스는 감정적으로 다른 사람들에게 애착을 가질 수 있으며, 자신이 애착을 느끼는 개인에게 자신이 상처를 줄 때 기분이 나쁠 수 있다. 그러나 소시오패스는 사회에 대한 공감과 애착이 부족할 수 있고, 낯선 사람에게 해를 입히거나 법을 어기는 데 죄책감을 느끼지 않을 것 같다. 그래서 사이코패스와 소시오패스 모두 극악무도한 범죄를 저지를 수는 있지만, 사이코패스는 가족이나 '친구'(낯선 사람은 물론)를 상대로 범죄를 저지르고, 양심의 가책을 거의 또는 전혀 느끼지 않는다. 병인의 측면에서, 연구에 따르면 사이코패스는 선천적이고 유전적인 현상에 더 가까운 반면, 소시오패스는 빈곤, 폭력에 대한 노출, 허용적 또는 무관심한 양육과 같은 환경적 요인의 결과에 더 가까운 것임을 시사한다(Stout, 2005).

현재, 반사회성 성격장애는 사이코패스와 소시오패스 모두에게 적용될 수 있는 법적 명칭이자 DSM 진단이다(Walsh & Wu, 2008).

## 임상적 증상

반사회성 성격장애는 다음과 같은 행동 및 대인관계 스타일, 인지적 스타일, 감정적 스타일로 인식될 수 있다. 반사회적 성격의 행동 스타일은 직무 수행 부진, 반복적인 물질남용, 무책임한 양육, 지속적인 거짓말, 비행, 무단결석 및 타인의 권리 침해 등이 특징이다. 반사회성 성격장애가 있는 개인들은 또한 충동적인 분노, 적대감, 교활함으로 유명하다. 이들은 자주 위험 추구 및 흥분 추구 행동을 하는 강압적인 사람들이다. 이들의 대인관계 스타일은 적대적이고 호전적인 것이 특징이다. 이들은 매우 경쟁적이고 다른 사람을 불신하고, 따라서 자신이 진 것을 인정하지 못하는 사람인 경향이 있다. 이들의 관계는 때로는 계산적일 뿐 아니라 '겉만 번드르르'한 것처럼 보일 수 있다. 이 DSM-5 진단의 특색은 여전히 '범죄자' 진단 범주의 일부를 유지하고 있다. 하지만 이러한 기준은 또한 야심 차고, 정력적이고, 성공적이라고 묘사될 수 있는 성공한 사업가, 정치인 및 다른 전문직 종사자의 행동을 특징지을 수도 있다.

반사회성 성격의 인지적 스타일은 외부 지향적일 뿐만 아니라 충동적이고 인지적으로 융통성이 없는 것으로 묘사된다. 이들은 권위, 규칙 및 사회적 기대를 경멸하기에 자신의 행동을 쉽게 합리화한다. 이들의 감정이나 정서적 스타일은 지속적인 정서적 유대나 헌신을 수반하지 않는 얕고 피상적인 관계가 특징이다. 따뜻함과 친밀감 같은 '더 부드러운' 감정을 나약함의 표시로 여기기에 이러한 감정들을 피한다. 죄책감을 경험해 본 적이 거의 없다. 이들은 지루함, 우울증 또는 좌절감을 참을 수 없고, 이후에는 감각 추구자가 된다. 이들은 다른 사람들의 아픔과 고통에 대해 냉담하고, 자신의 일탈 행동에 관해 죄책감이나 수치심을 거의 보이지 않는다.

## DSM-5 특성

이 성격장애가 있는 개인은 끊임없이 다른 사람들의 권리를 무시하고 침해하는 패턴이 특징이다. 이들은 법과 사회적 규범을 경시하고 무시하며, 자주 체포의 사유가 되는 행동을 한다. 이러한 개인들은 거짓말을 하고, 기만적이며, 쾌락이나 개인적 이익을 위해 다른 사람들을 이용할 것이다. 이들은 충동적이고 미리 계획을 세우지 못한다. 이들은 또한 화를 잘 내고 공격적이어서 몸싸움이나 폭행을 일으킨다. 이들이 자신의 안전뿐만 아니라 다른 사람들의 안전을 무시하는 것은 놀라운 일이 아니다. 이들의 무책임함은 일관된 업무 행동에 관여하지 못하고 재정적 의무를 이행하지 못함으로써 드러난다. 더욱이 이들이 양심의 가책이 결여된 것은 다른 사람에게 상처를 주거나, 학대하거나, 다른 사람들의 것을 훔치는 것을 개의치 않는 것에서 나타난다(APA, 2013).

## 생물심리사회적-아들러식 개념화

다음의 생물심리사회적 개념화가 반사회적인 성격이 어떻게 발달했는지를 이해하는 데 도움이 될 수 있다. 생물학적으로 반사회성 성격은 '까다로운 아이' 기질을 나타냈다(Thomas & Chess, 1977). 따라서, 이들의 패턴은 예측할 수 없었고, 이들은 상황에서 철수하는 경향이 있었고, 매우 격렬함을 보였으며, 상당히 우울하고 불만스러운 기분을 보였다. 밀론(2011)은 이 성질이 나쁜 유아적 패턴은 변연계 자극의 낮은 임계점과 중추 신경계 억제 중추에서의 감소에 부분적으로 기인하는 것으로 설명했다. 이들의 신체 유형은 내배협형(endomorphic, 호리호리한)과 중배협형(mesomorphic, 근육질)인 경향이 있다(Millon, 2011).

심리적으로 이러한 개인들은 자기 자신, 다른 사람들 그리고 세상에 대한 독특한 관점을 지니고 있다. 이들은 자신을 "나는 교활하고 내가 원하는 것을 무엇이든 얻을 자격이 있다."라는 주제의 변형으로 보는 경향이 있다. 즉, 이들은 자신을 강하고, 경쟁력이 있으며, 활기차고, 강인하다고 본다. 이들의 인생관과 세계관은 "인생은 기만적이고 적대적이며, 규칙은 나의 욕구를 충족시키지 못하게 한다."라는 주제의 변형이다. 이들의 삶의 목표가 "그러므로 나의 욕구가 최우선이기 때문에, 나는 이 규칙들을 악용하거나 어길 것이다. 나는 다른 사람들이 나를 통제하거나 비하하려는 노력을 방어할 것이다."라는 주제의 변형인 것은 놀랄 일이 아니다. 행동화와 합리화는 반사회성 성격이 일반적으로 사용하는 방어기제이다.

사회적으로 예측 가능한 양육 방식과 환경적 요인을 반사회성 성격장애에서 주목할 수 있다. 일반적으로 양육 방식은 적대감과 결함이 있는 양육 모델이 특징이다. 혹은 부모는 자녀가 부모의 높은 기준에 따라 살 수 없거나 거부할 정도로 좋은 모델을 제공했을 수도 있다. 부모의 금지령은 "목적이 수단을 정당화한다."라는 것이다. 따라서 보복적 행동을 본받고 강화한다. 가족 구조는 와해되고 이탈되는 경향이 있다. 반사회적 패턴은 다음과 같은 개인 및 시스템 요인에 의해 확인되고, 강화되며, 영속한다. 강력해질 필요성과 학대받고 굴욕당하는 것에 대한 공포는 '더 부드러운' 감정을 부인하고 비협조적인 태도로 이어진다. 이것은 다른 사람들을 화나게 하는 경향과 더불어 반사회적 신념과 행동을 한층 더 강화한다.

## 치료 고려사항

치료 목표 측면에서, 이러한 개인들은 일반적으로 치료를 받는 데 관심이 없거나, 법원, 고용주 또는 기타 기관에 의해 강제되는 경우 치료에 저항한다. 개별 치료는 그 자체로 이러한 개인들에게 현저하게 효과적이지 않다는 것이 입증되었다. 그러나 특별 거주 치료 프로그램은 어느 정도 가능성을 보여 주었다(Reid, 1989). 반사회성 성격이 심리치료에 참여할 수 있다면, 우울증 양상을 보이면서 뚜렷한 진전의 징후가 나타난다.

### 사례 • A씨

A씨는 24세의 히스패닉계 남성으로, 저녁 늦게 두통을 호소하며 지역사회 병원의 응급실에 왔다. 통증에 대한 그의 묘사는 모호하고 모순적이었다. 한때 그는 통증이 3일 동안 있었다고 하고, 또 어떤 때에는 '수년'이라고 말했다. 그는 그 고통이 폭력적인 행동으로 이어졌고, 그가 공군에 있을 때 두통 삽화가 있는 동안 한 위생병을 어떻게 잔인하게 폭행했는지를 설명했다. 그는 폭행, 절도, 마약 거래로 오랫동안 구속된 이력을 말했다. 신경 및 정신 상태검사는 약간의 가벼운 흥분을 제외하고는 정상 범위 내에 있었다. 그는 진통제 다르본(Darvon)만이 자신의 두통을 완화할 것이라고 주장했다. 그는 즉시 진료를 받지 않으면 "정말로 안 좋은 일이 일어날 수 있다."라고 말하면서, 추가 진단 검사나 후속 진료 예약에 저항했다.

# 의존성 성격장애

의존성 성격장애(Dependent Personality Disorder)는 의존적이고 복종적인 행동의 광범위한 패턴이 특징이다. 이 장애가 있는 사람은 한 명 이상의 사람에게 비정상적으로 의존하는 지나치게 수동적이고 불안정하며 고립된 개인이다. 처음에는 허용될 수 있지만, 이 의존적 행동은 통제적이 되고, 적대적으로 보일 수 있으며, 심지어 수동공격적 패턴과 뒤섞일 수도 있다. 이 장애는 여성에게서 더 흔하다(여성 대 남성 2:1). 여성의 경우 의존적 스타일은 종종 복종의 형태를 띠는 반면, 남성의 경우는 남편이나 상사가 자신이 성취할 수 없는 중요한 과제를 수행하는 데 아내나 비서에게 의존하는 경우와 같이 독재적일 가능성이 더 크다. 어느 경우든 이 장애는 의존적인 관계가 위협을 받을 때 불안과 우울증으로 이어질 가능성이 크다.

## 임상적 증상

의존성 성격장애의 임상적 증상을 행동 및 대인관계 스타일, 사고 스타일, 감정적 스타일의 측면에서 설명할 수 있다. 의존성 성격의 행동 및 대인관계 스타일은 온순함, 수동성, 비주장성이 특징이다. 대인관계에서 이들은 남의 기분을 맞추고, 자기희생적이고, 매달리고, 끊임없이 다른 사람들의 확신을 요구하는 경향이 있다. 이들이 다른 사람들을 따르고 의존하는 것은 다른 사람들이 이들의 삶의 중요한 부분에 관해 책임을 져야 한다는 미묘한 요구로 이어진다.

의존성 성격의 사고 또는 인지적 스타일은 피암시성(suggestibility)이 특징이다. 이들은 삶에 대해 쉽게 극단적으로 낙천적인 태도를 보인다. 게다가 이들은 어려움을 최소화하는 경향이 있고, 순진함 때문에 쉽게 설득될 수 있고 쉽게 이용당할 수 있다. 간단히 말해서, 이 사고 스타일은 무비판적이고 지각력이 없다.

이들의 감정이나 정서적 스타일은 불안과 걱정이 특징이다. 이들은 자신감이 부족하기에 혼자 있는 것에 상당히 불편해한다. 이들은 버림받는 것과 다른 사람들의 비난에 대한 공포에 사로잡히는 경향이 있다. 이들의 기분은 우울하거나 슬픈 특성이 있을 뿐만 아니라, 불안이나 두려움 중 하나인 경향이 있다.

## DSM-5 특성

이 성격장애가 있는 개인은 분리 공포 때문에 지나치게 끊임없이 돌봄을 받으려는 욕구와, 다른 사람들에게 매달리는 것이 특징이다. 이들은 결정을 내릴 때 끊임없이 다른 사람들의 조언과 확신을 구한다. 무엇보다도, 이들은 다른 사람들이 자신의 삶의 가장 중요한 부분에 대해 책임지기를 원한다. 놀랄 것도 없이, 이들은 다른 사람의 지지와 칭찬을 잃을까 봐 두려워서 다른 사람과의 의견 불일치를 거의 표현하지 않는다. 자신의 판단력과 능력에 대한 자신감이 부족하기에, 이들은 계획을 시작하고 스스로 일을 하는 데 어려움을 겪는다. 이러한 개인들은 심지어 다른 사람들로부터 지지와 돌봄을 받기 위해 힘겹고 불쾌한 행동까지 할 것이다. 자신을 돌볼 수 없다는 비현실적인 공포 때문에, 이들은 혼자 있을 때 무력감이나 불편함을 느낀다. 친밀한 관계가 끝나려고 할 때, 이들은 즉시 또 다른 돌봐 주고 지지해 줄 관계를 찾는다. 마지막으로, 이들은 자신을 돌보기 위해 혼자 남겨지는 것에 대한 공포에 사로잡히게 된다(APA, 2013).

## 생물심리사회적-아들러식 개념화

다음의 생물심리사회적 개념화가 의존성 성격장애가 어떻게 발달했는지를 이해하는 데 도움이 될 수 있다. 생물학적으로 이러한 개인들은 에너지 수준이 낮은 것이 특징이다. 이들의 기질은 멜랑콜리한(melancholic) 것으로 묘사된다. 유아와 어린아이일 때 이들은 두려워하거나, 슬프거나 또는 철수하는 것이 특징이었다. 신체유형 면에서 이들은 좀 더 내배엽형의 체형인 경향이 있다(Millon, 2011).

심리적으로 의존성 성격은 자기 자신에 대한 관점, 세계관 및 삶의 목표 측면에서 이해되고 인식될 수 있다. 이러한 개인의 자신에 대한 관점은 "나는 착하지만 부족하다(또는 연약하다)."라는 주제의 변형인 경향이 있다. 이들의 자신에 대한 관점은 자기를 내세우지 않고, 부적절하며, 자기회의적이다. 이들의 세계관은 "다른 사람들은 나를 돌보기 위해 여기에 있다. 왜냐하면 나 혼자 힘으로 할 수 없기 때문이다."라는 주제의 변형이다. 이들의 삶의 목표는 "그러므로 어떤 대가를 치르더라도, 다른 사람들에게 매달리고 의지하라."라는 주제의 변형이 특징이다.

이 성격장애의 사회적 특징을 부모, 가족 및 환경 요인의 측면에서 설명할 수 있다. 의존성 성격은 부모의 과잉보호가 두드러진 가정에서 양육되는 가능성이 가장 크다. 그것은 마치 아동에 대한 부모의 금지령이 "나는 네가 어떤 일을 제대로(잘) 하는 것을 믿을 수 없다."라는 것과 같다. 의존성 성격은 어렸을 때 애지중지하게 키워졌고 지나치게 보호받았을 가능성이 크다. 형제자매 및 또래와의 접촉은, 특히 사춘기 이전과 청소년기 시기에 매력적이지 않거나, 어색하거나, 경쟁이 부적절하다는 감정을 불러일으킬 수 있다. 이것들은 개인에게 엄청나게 충격적인 영향을 줄 수 있으며, 나아가 개인의 자기 비하와 의구심을 더욱 확인시켜 줄 수 있다. 이 성격은 여러 요인, 즉 자기회의감, 경쟁 활동의 회피, 그리고 특히 의존성 성격의 자기희생적이고 온순한 우정의 대가로 의존성인 사람을 기꺼이 돌보고 결정을 대신해 주고자 하는 자립적인 개인의 이용 가능성으로 인해 강화되고 저절로 계속된다.

## 치료 고려사항

이 성격장애에 대한 감별 진단에는 연극성 성격장애와 회피성 성격장애 등이 있다. 의존성 성격장애와 연관된 흔한 진단에는 불안장애, 특히 단순 공포증과 사회공포증, 그리고 광장공포증이 있거나 없는 공황장애 등이 있다. 다른 일반적인 DSM-5 장애들로는 건강염려증, 전환장애 및 신체화 장애 등이 있다. 지지적인 사람이나 관계의 상실 경험은 지속성 우울장애와 주요우울증 삽화 등의 여러 정서 장애로 이어질 수 있다. 마지막으로, 의존성 성격은 '아픈 역할'을 맡는 데 평생 훈련을 받을 수 있기에, 특히 허위성장애에 걸리기 쉽다.

일반적으로 의존성 성격에 대한 심리치료의 장기적인 목표는 개인의 독립심과 상호 의존적으로 기능하는 능력을 높이는 것이다. 평소에는 치료자는 좀 더 적당한 목표에 만족할 필요가 있을 수 있다. 즉, 개인이 '더 건강한' 의존성 성격이 되도록 돕는 것이다. 치료 전략은 일반적으로 개인의 부적절성에 관한 신념이나 역기능적 믿음에 도전하고, 자기주장을 높이는 방법을 학습하는 것 등이다. 자립심을 높이기 위해 다양한 방법을 사용할 수 있다. 이 중에는 의존적인 사람에게 의사 결정을 하고, 혼자 있고, 자신의 웰빙에 책임을 지는 지시와 기회를 제공하는 것이 있다.

### 사례 • D씨

D씨는 34세의 미혼 백인 여성으로, 2년간 부분적으로 공황발작을 치료받은 이력이 있다. 그녀의 공황 증상은 약 3년 전에 시작되었고, 그녀가 자기 아파트 주변에서 일하는 동안 과호흡, 심계항진, 어지러움, 공포감 등으로 나타났다. 그녀는 심장마비가 일어났다고 생각했기에 구급차를 불러 지역 병원의 응급실로 실려 갔다. 심장마비는 배제되었고, 불안 증상 치료를 위해 그녀는 1차 진료 의사에게 의뢰되었다. 그 후

몇 달 동안 그녀는 발륨(Valium)으로 치료받았고, 의사는 그녀가 심리치료를 받아야한다고 주장했다. 그러나 그녀는 첫 증상이 발생한 후 19개월이 지나도록 심리치료에 대한 권고를 따르지 않았고, 추가 공황발작에 대한 예기불안으로 점점 집에 틀어박혀 있고 광장공포증이 심해졌다. 이 기간에 그녀는 더 침울해지고, 과민해지고, 지치고, 울먹이게 되었고, 이른 아침에 깨는 것뿐만 아니라 초기 불면증으로 어려움을 겪었다. D씨는 남매 중 동생이다. 그녀의 오빠는 성공한 변호사로 묘사되었다. 그녀의 부모는 모두 살아 있고, 공황발작이 시작된 이래로 그녀는 부모의 집으로 들어갔다. 그녀는 부모를 모두 자상하고 염려해 주며, "저의 가장 친한 친구"라고 묘사했다. D씨는 대학을 졸업하고 교육학 석사 학위를 취득했다. 그 후, 첫 증상이 나타나기 전까지 그녀는 초등학교 교사로 4년간 일했다. 그 이후로 그녀는 직장에서 무기한 휴직을 했다. 그녀는 어릴 때 자주 아팠고, 여러 가지 사소한 질병으로 이 의사에서 저 의사로 어머니가 그녀를 데리고 다녔다. 그녀는 학교에서 좋은 학생이었고 친구도 몇 명 있었지만, 방과 후에 집으로 돌아와 청소 등 집안일을 하며 어머니를 돕는 것을 더 좋아했다.

다음과 같은 초기 회상이 보고되었다. 그녀는 여섯 살 때 혼자서 학교에 가는 첫날을 기억한다. "나는 자랑스러웠다. 엄마는 내가 혼자 걸어서 학교에 갈 수 있다고 말했다. 그러나 내가 모퉁이를 돌았을 때, 나는 엄마가 나를 따라오는 것을 곁눈으로 보았다." 그녀는 어깨너머로 엄마가 나무 뒤에 있는 것을 보았고, 당황하고 화가 났으며, 동시에 엄마가 거기에 있어서 안도감을 느낀 기억을 상기한다. 그녀는 '왜 엄마는 내가 이것을 혼자 하도록 내버려 둘 수 없는 거지?'라고 생각했던 것을 기억한다.

그녀는 네 살 때 첫 번째 강아지를 얻은 것을 기억한다. "콜리와 셰퍼드의 혼혈이었다. 작은 플러피는 스스로 진입로를 따라 내려갈 수 없었다. 내가 강아지를 데리고 산책을 하려고 하자 강아지는 다리가 그냥 주저앉고 헐떡거리기 시작했다. 그래서 플러피는 모든 사람에게 의존하게 되었다. 나는 강아지를 들어올려야만 했고, 나는 '강아지가 너무 피곤해서 혼자서는 그것을 할 수 없다'."라고 말했다. 그녀는 허리를 구부리고 강아지를 들어올리며, '얘는 너무 피곤해.'라고 생각하고, 강아지에 대한 사랑과 강아지로부터 사랑과 감사를 느꼈던 것을 회상한다.

그녀는 다섯 살 때 어머니가 그녀에게 모퉁이 가게에 가서 우표를 사 오라고 요청했던 것을 기억한다. "어머니는 길 건너는 방법, 계산대에서 거스름돈을 받는 방법, 돈을 우표 기계에 넣는 방법에 대해 가르쳐 주었다. 그러나 내가 우표 기계로 갔을 때, 동전 투입구가 너무 높아서 손이 닿지 않았다." D씨는 기계 앞에 서서 작동해 보려고 했지만, 동전 투입구에 닿을 수는 없어서 당혹스럽고 불안해하며 누군가 자신을 보고 도와주려고 하지 않을까 했던 것을 기억한다.

D씨의 현재 증상, 초기 어린 시절 및 가족력 그리고 초기 회상은 모두 의존성 성격장애의 임상적 증상과 역동을 암시한다. D씨는 부모에게 지나치게 의존했을 뿐만 아니라, 공황 증상으로 처방받은 발륨에 상당히 의존하게 되었다. D씨의 사례는 공황, 광장공포증 및 우울증 양상이 있는 많은 개인의 전형이다. 즉, 의존성 성격장애는 공황 및 광장공포증을 보이는 개인에게서 가장 흔한 성격장애이다.

# 연극성 성격장애

연극성 성격은 처음에는 매력적이고, 호감이 가고, 활기가 넘치며, 유혹적으로 보일 수 있지만 시간이 지나면서 정서적으로 불안정하고, 미성숙하고, 자기중심적인 것으로 보일 가능성이 크다. 이 성격 유형과 장애는 여성에게서 우세하며 옷차림과 태도에서 여성스러움의 캐리커처(caricature)를 보여 준다.

## 임상적 증상

연극성 성격장애(Histrionic Personality Disorder)의 임상적 증상은 다음과 같은 행동 및 대인관계 스타일, 사고 스타일, 감정적 스타일이 특징이다. 행동 스타일은 매력적이고, 극적이고, 표현이 풍부한 반면, 까다롭고, 제멋대로 하고, 사려 깊지 못한 것이 특징이다. 지속적으로 주의를 끌려고 함, 기분의 불안정성, 변덕스러움, 피상성은 이들의 행동을 더욱 특징짓는다. 대인관계에서 이러한 개인들은 주의를 끌려고 하고 조종하려는 것이 두드러지며, 태도에서 과시적이고, 추파를 던지는 경향이 있다.

이 성격의 사고나 인지적 스타일은 분석적이고, 정밀하고, 장(field) 독립적이기보다는 충동적이고, 극적인 것이 특징이다. 간략히 말해서, 이들의 경향은 비분석적이고, 모호하며, 장 의존적이다. 이들은 남의 영향을 받기 쉽고, 육감과 직관에 크게 의존한다. 이들은 자신의 숨겨진 의존성에 대한 자각과 기타 자기인식을 회피하고,

다른 사람의 인정의 필요성에 관해서 '남의 기준을 따르는' 경향이 있다. 그러므로 이들은 자신의 내적 자기를 자신의 '공공' 또는 외적 자기로부터 쉽게 분리할 수 있다. 이들의 감정적 또는 정서적 스타일은 비이성적인 감정 폭발과 짜증 등의 과장된 감정적 표현과 흥분성을 특징으로 한다. 이들은 사랑받고 있다는 확신을 끊임없이 찾고 있지만, 피상적인 따뜻함과 매력만으로만 반응하고, 대개 감정적으로 피상적이다. 마지막으로, 이들은 극도로 거절에 민감하다.

## DSM-5 특성

이 성격장애가 있는 개인들은 주의 끌기 및 정서성의 끊임없는 패턴이 특징이다. 이들은 자신이 관심의 중심이 될 수 없는 상황에서 불편해하는 경향이 있다. 이들의 감정적 반응은 피상적이고 빠르게 변하는 경향이 있다. 일반적으로 이들은 옷 입는 방식으로 자신에게 관심을 끈다. 이들의 말하는 방식은 세밀한 부분이 거의 없이 전반적인 인상을 보여 주는 경향이 있다. 이러한 개인은 다른 사람들이나 상황에 의해 쉽게 영향을 받는다. 이들은 관계를 실제보다 더 친밀하다고 인식할 가능성이 크다. 이들은 종종 자극적이고 부적절한 유혹적인 성행위를 한다. 게다가 이들은 극적이고, 지나치게 과장하여 자신의 감정을 표현한다(APA, 2013).

## 생물심리사회적-아들러식 개념화

다음의 생물심리사회적 개념화가 연극성 성격장애가 어떻게 발달하는지를 이해하는 데 도움이 될 수 있다. 생물학적·기질적으로 연극성 성격장애는 의존성 성격장애와 상당히 다른 것으로 보인다. 의존성 성격과는 달리, 연극성 성격은 높은 에너지 수준과 정서적 및 자율적 반응성이 특징이다. 밀론과 에벌리(1985)는 연극성인 성인은 유아기와 초기 아동기에 높은 정도의 정서적 능력과 반응성을 보이는 경향이 있다고 언급했다. 그 후 이들의 기질은 과민 반응을 하고 만족을 위해 외부지향적인 것으로 특징지을 수 있다.

심리적으로 연극성 성격장애는 자기 자신, 세계관 및 삶의 목표에 대해 다음과 같은 특징적인 관점을 지니고 있다. 연극성의 자기 관점은 "나는 민감하고, 모든 사람이 나를 존경하고 인정해야 한다."라는 주제의 변형일 것이다. 세계관은 "인생은 나를 불안하게 한다. 그래서 나는 특별한 돌봄과 배려를 받을 자격이 있다."라는 것의 변형일 것이다. 삶의 목표는 "따라서 청중의 인기에 영합하고, 즐겁고 재미있게 놀아라."라는 주제의 변형이다.

생물학적 · 심리적 요인 외에도 양육 방식 및 금지령, 가족 및 환경 요인 같은 사회적 요인이 연극성 성격의 발달에 영향을 미친다. 연극성 성격에 대한 부모의 금지령은 "네가 ~를 하면, 너에게 관심을 기울일 것이다."라는 상호 주의를 수반한다. 최소한의 또는 일관성 없는 훈육을 수반하는 양육 방식은 연극성 패턴을 보장하고 강화하는 데 도움이 된다. 연극성인 아동은 적어도 한 명의 조종하는 데 능하거나 혹은 연극성인 부모와 함께 자랄 가능성이 크고, 이 부모는 아동의 연극성 그리고 관심을 끄는 행동을 강화한다. 마지막으로, 연극성 성격장애는 다음과 같은 일련의 자기 및 체계 유지 요인을 보일 가능성이 크다. 실제 자기 또는 내적 자기의 부정, 겉모습에 집착, 피상적인 매력과 대인관계의 모습을 촉발하는 흥분과 관심 끌기의 욕구, 그리고 외부 인정의 필요성 등이다. 결국, 이것은 공공 자기로부터 실제 자기 또는 내적 자기의 분리 및 부정을 더욱 강화하며, 그 순환은 계속된다.

## 치료 고려사항

연극성 성격장애의 감별 진단에는 자기애성 성격장애와 의존성 성격장애 등이 있다. 또한 연극성 성격장애의 심리적으로 와해된(decompensated) 버전인 연극형─경계성 장애와, 밀론(2011)에 따르면 연극형─반사회성 성격장애가 포함된다. 관련 진단에는 지속성 우울장애, 사회불안장애 및 강박장애 등이 있다. 게다가 주요우울장애와 양극성장애는 심리적으로 와해된 연극성 성격장애에서 흔하다.

연극성 성격장애의 치료는 임상전문가에게 상당한 도전을 제시할 수 있다. 이 논의의 목적을 위해 우리는 치료 목표, 치료 한계 및 약물치료에 대한 몇 가지 일반적 고려사항으로 우리 자신을 제한할 것이다. 일반적인 치료 목표는 온화함을 힘과 통합하도록 돕고, 감정 표현을 완화하고, 따뜻함, 진실성 및 공감을 격려하는 것 등이다. 연극성 성격이 자살 제스처의 가능성과 함께 극적이고, 충동적이고, 유혹적이고, 조종하는 것으로 보일 수 있기에, 임상전문가는 치료 과정 초기에 전문적 경계와 개인적 책임에 관한 한계 문제를 논의할 필요가 있다. 일부 연극성 성격, 특히 '히스테리성 불쾌감(Hysteroid Dysphoria)'과 다소 비슷한 점이 있는 사람은 특정 항우울제, 특히 파네이트(Parnate)와 나딜(Nardil)에 반응한다(Liebowitz & Klein, 1979). 그렇지 않으면, 동시에 급성 정신병 또는 주요우울 삽화가 없으면, 심리치료가 주요 치료 방식이다.

사례 • H 양

H 양은 19세의 여대생으로, 대학 건강 서비스센터에 '남자 친구 문제'로 심리 상담을 신청했다. 실제로, 그녀는 대학 건강 서비스센터에 오기 전날 약한 신경안정제를 치명적이지 않게 과다 복용했다. 그녀는 전날 오후에 남자 친구가 떠난 후 '인생은 살 가치가 없다.'라는 이유로 자살하려고 과다 복용했다고 말했다. 그녀는 화장하고 매니큐어를 칠한, 매력적이고 옷을 잘 차려입은 여성으로, 캠퍼스의 대부분 여학생이 입는 캐주얼한 패션과는 극명하게 대조되었다. 초기 면접 동안 그녀는 따뜻하고 매력적이었으며, 눈 맞춤을 잘 유지했지만 약간은 유혹적이었다. 면접 동안 두 시점에서 그녀는 감정적으로 불안정했으며, 미소 짓는 기쁨에서 눈물 어린 슬픔으로 바뀌었다. 그녀의 남자 친구가 평가 회기에 그녀와 동행하여 치료자에게 이야기하기를 요청했다. 그는 자신이 그녀를 떠난 이유는 그녀가 자신이 충족시켜 줄 수 없는 요구를 하고, 자신이 "감정적으로 또는 성적으로 그녀를 만족시킬 수 없었기 때문이다."라고 말했다. 또한 그는 "그녀를 매일 밤 데리고 나가 파티를 할 여유가 없다."라고 언급했다.

## 조현성 성격장애

조현성 성격장애(Schizoid Personality Disorder)가 있는 개인은 대인관계에 대한 욕구나 능력이 거의 없고 그로부터 거의 즐거움을 얻지 못하는 은둔적인 개인인 경향이 있다. 하지만 혼자 두면 이들은 잘 할 수 있다. 예를 들어, 이들은 훌륭한 야간 경비원 및 보안 요원이 된다. 이들은 감정적 범위가 거의 없고, 지나치게 공상에 잠기며, 그리고 유머가 없고 냉담해 보인다. 연구 증거는 조현성 성격이 조현병 패턴을 발생시킬 위험을 증가시킨다는 믿음을 확인해 주지 않는다(Grinspoon, 1982).

## 임상적 증상

조현성 성격장애는 다음과 같은 행동 및 대인관계 스타일, 사고 또는 인지적 스타일, 감정적 또는 정서적 스타일이 특징이다. 조현성의 행동 패턴은 무기력하고, 부주의하며, 때로는 기이하다고 묘사될 수 있다. 이들은 느리고 단조로운 말투를 보이며, 일반적으로 행동과 말 모두에서 자발적이지 않다. 대인관계에서, 이들은 사회적으로 가까이 어울리지 않고 혼자 있는 것에 만족하는 것처럼 보인다. 이러한 개인들은 혼자 하는 일에 종사하는 것을 선호하고, 내성적이고 은둔적이며, 다른 사람들의 감정과 행동에 거의 반응하지 않는다. 이들은 사회적 배경 속으로 사라지는 경향이 있고, 다른 사람에게 '냉담한 사람'으로 보인다. 이들은 집단 활동이나 팀 활동에 관여하지 않는다. 간단히 말해서, 이들은 사회적 상황에서 서툴고 어색해 보인다.

이들의 사고방식은 인지적으로 산만한 것이 특징이다. 즉, 이들의 사고와 의사소통은 내부 또는 외부의 집중을 방해하는 것에 의해 쉽게 탈선할 수 있다. 이는 임상면접에서 이 환자들이 자기 생각을 정리하는 데 어려움을 겪거나, 멍하거나, 특정 사람이 선호하는 신발과 같은 무관한 것으로 산만해질 때 주목된다(Millon, 2011). 이들은 자기성찰 능력이 거의 없고, 대인관계의 중요한 측면을 명확하게 표현하는 능력도 거의 없는 것으로 보인다. 이들의 목표는 모호하고 우유부단해 보인다.

이들의 감정적 스타일은 유머가 없고, 차갑고, 냉담하고, 감정을 드러내지 않는 것이 특징이다. 이들은 칭찬과 비판에 무관심해 보이고, 자발성이 결여되어 있다. 놀랄 것도 없이, 다른 사람들과 라포와 공감하는 능력은 형편없다. 간단히 말해서, 이들은 정서적 반응의 범위가 제한적이다.

## DSM-5 특성

이 성격장애가 있는 개인은 다른 사람들로부터 유리되고 제한된 감정적 표현의 끊임없는 패턴이 특징이다. 이들은 가족 관계를 포함하여 친밀한 관계를 바라지 않고 즐기지도 않는다. 1차 친족을 제외하고는 가까운 또는 절친한 친구가 있을 것 같지 않다. 이러한 개인들은 일반적으로 혼자서 하는 활동을 선택하고, 성적 관계에 대한 관심이 거의 없다. 놀랄 것도 없이, 이들은 다른 사람의 비판 등 피드백에 무관심한 것처럼 보인다. 이들은 대부분의 활동에서 즐거움을 거의 느끼지 못한다. 대신, 이들은 감정적 냉담, 유리, 단조로운 정동을 보인다(APA, 2013).

## 생물심리사회적-아들러식 개념화

다음의 생물심리사회적 개념화는 조현성 성격이 어떻게 발달하는지를 이해하는데 도움이 될 수 있다. 생물학적으로, 조현성 성격은 수동적이고 무쾌감적인 유아적 패턴과 기질을 지녔을 것 같다. 밀론(2011)은 이 패턴이 부분적으로 도파민으로 활성화되는 시냅스 후부의 변연계 및 전두엽 수용체 활동의 증가에서 비롯된다고 말했다. 체질적으로, 조현성은 외배협형(ectomorphic, 연약하고 섬세한) 체형(Sheldon, Dupertius, & McDermott, 1954)이 특징일 것 같다.

심리적으로 조현성은 자기 자신, 다른 사람들, 세상 그리고 삶의 목적을 다음 주제의 측면에서 본다. 이들은 자신을 "나는 삶의 부적응자이다. 그래서 나는 아무도 필요 없다. 나는 모든 것에 무관심하다."라는 주제의 변형으로 본다. 조현성 성격은 세상과 다른 사람들을 "삶은 어려운 곳이며, 사람과 관계하는 것은 해로울 수 있다."라는 주제의 변형으로 본다. 따라서 이들은 "그러므로 아무것도 믿지 말고 다른 사람들과 거리를 두라. 그러면 다치지 않을 것이다."라고 결론을 내릴 가능성이 크다. 알렉산드라 아들러(Alexandra Adler, 1956)는 이러한 생활양식 역동을 더 자세히 설명한다. 이들이 사용하는 가장 일반적인 방어기제는 주지화이다.

사회적으로 예측 가능한 양육 방식과 환경적 요인 패턴이 조현성에서 주목할 수 있다. 양육 방식은 보통 무관심과 결핍화(impoverishment)가 특징이다. 부모의 금지령은 마치 "너는 부적응자이다." 또는 "너는 누구니? 너는 무엇을 원하니?"인 것과 같다. 이들의 가족 패턴은 파편화된 의사소통과 경직되고 감정을 드러내지 않는 반응성이 특징이다. 이러한 상태로 인해 조현성은 극도로 사회화가 부족하고, 대인관계와 대처 기술이 거의 발달하지 않는다. 이러한 조현성 패턴은 다음과 같은 개인 및 시스템 요인에 의해 확인되고 강화되며 영속한다. 즉, 자신을 부적응자로 믿고, 사회 활동을 피하는 것 등이다. 이에 더하여 사회적 무감각은 사회적 고립을 강화하고 조현성 스타일을 더욱 견고하게 한다.

## 치료 고려사항

조현성 성격장애의 감별 진단에 포함되는 것은 회피성 성격장애, 조현형 성격장애 및 의존성 성격장애이다. 조현성 성격장애와 연관된 가장 흔한 증상장애는 이인증, 양극성장애 및 단극성장애, 강박장애, 건강염려증, 조현양상장애, 혼란형 및 긴장형 조현병이다.

조현성 성격은 심리적 와해가 있지 않으면 자진해서 치료를 받는 경우가 거의 없다. 하지만 가족 구성원 같은 누군가가 치료를 요구하면 이를 받아들일 수도 있다. 치료 목표는 성격 재구조화보다는 증상 완화에 초점을 맞추고 있다. 치료 전략에는 일관되고 지지적인 치료적 상호작용을 제공할 뿐만 아니라, 위기 및 지지적 접근방법 등이 있다. 약물치료, 특히 신경 이완제는 정신병적 심리적 와해가 주목되지 않는 한 조현성 성격에 도움이 되는 것으로 보이지 않는다(Reid, 1989).

### 사례 • S 군

S 군은 19세의 대학 신입생으로, 소집단 연구 프로젝트 과정 요건에 참여하는 대신 개별 과제를 주선하기 위해 심리학 입문 과정 프로그램 책임자를 만났다. S 군은 과정 책임자에게 매일 편도 2시간씩 통학하기 때문에, "연구 프로젝트에 참여할 수 없을 것"이라며, 그는 "심리학에 정말로 관심이 없고, 단지 필수이기에 과정을 수강하고 있다."라고 말했다. 추가 질문을 했을 때, S 군은 캠퍼스에서 살 수 있는 재력이 있음에도 불구하고, 집에서 통학하며 어머니와 사는 것을 선호한다고 밝혔다. 그는 친한 친구도 없고 사회적 접촉도 없다고 인정했고, 혼자 있는 것을 선호했다. 그는 평균 'B' 학점으로 고등학교를 졸업했지만, 전자 동아리를 제외하고는 데이트하거나 과외활동에 참여하지 않았다. 그는 컴퓨터공학을 전공하였고, '해킹'이 그의 유일한 취미였다. S 군의 정서는 다소 단조로웠고, 유머 감각이 없는 것처럼 보였고, 과정 책임자가 유머로 접촉하려는 시도에 반응하지 않았다. 사고장애나 지각장애의 징후는 없었다. 과정 책임자는 그 학생을 위한 개별 프로젝트를 준비했다.

# 편집성 성격장애

편집성 성격은 근거 없는 의심, 과민성, 질투, 친밀감에 대한 공포를 보이는 냉담하고 정서적으로 냉정한 개인들이다. 또한 이들은 과대(誇大)하고, 경직되고, 논쟁적이고, 소송을 일삼을 수 있다. 비판에 대한 과민성과 다른 사람들에게 책임을 떠넘기는 경향으로 인해 이들은 고립된 삶을 사는 경향이 있고, 종종 다른 사람들에게 미움을 받는다. 밀론(2011)은 편집성 성격장애(Paranoid Personality Disorder)를 자기애성 성격장애, 반사회성 성격장애 또는 강박성 성격장애의 병적 증후군의 연속으로 생각했다. 그 결과, 편집성 성격의 임상적 증상은 이 세 가지 각각의 전조(前兆)의 특성을 띤다.

## 임상적 증상

편집성 성격장애는 다음의 대인관계 스타일, 인지적 스타일 및 감정적 스타일이 특징이다. 행동적으로, 편집성인 개인들은 외부 영향에 저항한다. 이들은 환경에서 감지되는 위협에 대해 끊임없이 동원되기 때문에 만성적으로 긴장하는 경향이 있다. 이들의 행동은 또한 조심성, 방어적임, 논쟁적임 및 소송을 좋아함을 특징으로 한다. 대인관계에서 이들은 의심이 많고, 비밀스럽고, 고립적인 경향이 있다. 이들은 천성적으로 친밀감을 회피하는 사람이며, 다른 사람의 돌봄 제안을 거부한다.

이들의 인지적 스타일은 불신하는 선입견(preconception)이 특징이다. 이들은 객관적으로 데이터에 초점을 맞추기보다는 마주치는 모든 상황을 세심하게 살피고 자신의 선입견을 확인하기 위해 '단서' 또는 '증거'를 찾으려고 환경을 살핀다. 따라서 이들의 인식은 정확할 수 있지만, 이들의 판단은 종종 그렇지 않다. 편집증 성격의 편견은 인식된 데이터를 이들의 선입견에 맞게 만든다. 따라서 자신의 선입견에 맞지 않는 증거를 무시하는 경향이 있다. 스트레스를 받으면 이들의 생각은 음모적이거나 심지어 망상적인 특징을 띨 수 있다. 이들의 과잉 각성(hypervigilance)과 이들의 믿음을 확인하기 위한 증거를 찾을 필요성이 이들에게 다소 권위적이고 불신하는 인생관을 갖게 한다.

편집성 성격의 정서적 스타일은 냉담하고, 냉정하며, 감정을 드러내지 않고, 유머가 없는 것이 특징이다. 게다가 이들은 깊은 애정, 따뜻함, 다정다감함이 부족하다. 이들은 실제 혹은 상상의 모욕에 과민하고, 속임수와 배신이라고 믿는 것에 대해 뒤이은 분노를 느끼기에, 친구가 거의 없는 경향이 있다. 이들이 어느 정도 깊이 느끼고 표현하는 두 가지 감정은 분노와 강렬한 질투심이다.

## DSM-5 특성

이 성격장애가 있는 개인은 불신과 의심의 끊임없는 패턴이 특징이며, 다른 사람들의 동기를 해로운 것으로 해석한다. 충분한 근거도 없이, 다른 사람들이 자신을 착취하거나, 해를 끼치거나, 기만하고 있다고 의심한다. 이들은 친구와 동료들의 충정에 대한 근거 없는 의심에 사로잡혀 있다. 근거 없는 두려움 때문에 이들은 다른 사람에게 비밀을 털어놓기를 꺼린다. 이들은 온화한 말과 상황을 위협적이거나 위험한 것으로서 다르게 해석할 가능성이 크다. 놀랄 것도 없이, 이들은 경멸, 모욕, 상처 줌을 용서하지 않는다. 이러한 개인은 자신의 성격이나 평판이 공격받고 있다고 믿을 때, 화를 내며 반응을 하거나 반격을 가하기 쉽다. 이들은 자신의 배우자나 성적 파트너가 바람을 피운다고 정당한 이유 없이 계속 의심할 가능성이 크다(APA, 2013).

## 생물심리사회적-아들러식 개념화

다음의 생물심리사회적 개념화는 편집성 성격장애가 어떻게 발달했는지 이해하는 데 도움이 될 수 있다. 생물학적으로, 변연계 자극에 대한 낮은 임계점 및 억제 중추의 결핍이 편집성 성격의 행동에 영향을 미치는 것 같다. 근본적인 기질은 편집증장애의 하위 유형으로 가장 잘 이해할 수 있다. 세 가지 하위 유형의 각각을 근본적 기질과 상관관계가 있는 부모 및 환경 요인의 측면에서 간략하게 설명한다. 자기애성 유형에서 과잉 반응 기질과 조숙함, 부모의 지나친 중시와 마음대로 하게 함(관용), 그리고 개인의 과대감과 자만심이 아마도 사회적 관심의 결여와 제한된 대인관계 기술을 초래할 것이다. 편집증 성격의 반사회적 유형은 과잉 반응 기질을 지니고 있을 가능성이 크다. 가혹한 부모의 대우뿐만 아니라 이것은 아마도 이런 유형의 충동적·쾌락주의적·공격적인 스타일에 이바지할 것이다. 강박 유형에서 근본적인 기질은 무쾌감이었을 수 있다. 부모의 경직성과 과도한 통제뿐만 아니라, 이것은 이러한 유형의 발달을 대체로 설명한다. 마지막으로, 덜 흔한 이형(異形)은 편집성 수동공격형 유형이다. 이러한 개인들은 유아 때 대개 '까다로운 아이' 기질을 보였으며, 나중의 기질은 정서적 과민성을 특징으로 한다. 부모의 비일관성과 더불어 이것은 아마도 이 유형 발달을 대부분 설명할 것이다(Millon, 2011).

심리적으로, 편집성 개인들은 자기 자신, 다른 사람들, 세상 그리고 삶의 목적을 다음과 같은 주제의 측면에서 본다. 이들은 자신을 "나는 특별하고 다르다. 내가 다른 사람보다 뛰어나기에, 나는 혼자이고 아무도 나를 좋아하지 않는다."라는 주제의 변형으로 보는 경향이 있다. 삶과 세상을 "삶은 불공평하고, 예측할 수 없고, 힘들다. 당신이 가장 기대하지 않을 때, 몰래 다가와서 당신을 해칠 수 있고, 해칠 것이다."라는 주제의 변형으로 바라본다. 따라서 이들은 "그러므로 조심하고, 반격하고, 아무도 믿지 말고, 다른 사람을 비난함으로써 실패에서 자신을 변명하라."라고 결론을 내릴 가능성이 크다. 편집증장애와 관련된 가장 일반적인 방어기제는 투사이다.

사회적으로, 예측 가능한 양육 방식 및 환경적 요인의 패턴을 편집성 성격장애에서 주목할 수 있다. 모든 하위 유형에서 부모의 금지령은 "너는 다르다. 실수하지 마라."인 것 같다. 편집성 성격장애가 있는 개인들은 자녀에게 특수교육을 받게 하는 완벽주의적 부모가 있는 경향이 있다. 이것은 장애의 하위 유형들에 대해 표현된 부모 스타일과 부모의 비판과 더불어 사회적 고립의 태도와 과잉 각성 행동을 야기한다. 특별하다는 것과 조롱받는 것 사이의 명백한 모순을 이해하기 위해, 아동은 자신이 특별하고 아무도 자신을 좋아하지 않는 이유가 자신이 다른 사람들보다 뛰어나기 때문이라고 창의적으로 결론을 내린다. 이 설명은 이들의 불안을 줄이고 어느 정도 자기감과 소속감을 개발할 수 있도록 하는 목적에 알맞다.

이 편집성 패턴은 다음과 같은 개인 및 시스템 요소에 의해 확인되고 강화되며 영속한다. 특별함의 느낌, 경직성, 악의를 다른 사람들의 탓으로 돌리기, 다른 사람들을 비난하기, 그리고 다른 사람들의 동기를 잘못 해석하는 것이 사회적 소외와 고립으로 이어지고, 이는 개인의 박해적 입장을 더욱 확인시켜 준다.

## 치료 고려사항

편집성 성격장애의 감별 진단에 포함되는 성격장애는 반사회성 성격장애, 자기애성 성격장애, 강박성 성격장애 및 수동-공격성 성격장애이다. 편집성 성격장애와 관련된 가장 흔한 증상장애는 범불안장애, 공황장애 및 망상장애이다. 만약 양극성장애가 있는 경우, 과민한 조증 증상이 나타날 가능성이 있다. 조현증적 반응으로 심리적 와해의 가능성이 있다. 조현병의 편집형 및 긴장형 하위 유형이 가장 일반적으로 알려져 있다.

　최근까지 편집성 성격장애의 치료 예후는 조심스러운 것으로 여겨졌다. 오늘날 현실의 인식과 해석에 관한 온화함을 높이고 신뢰하는 행동을 증가시킨다는 이러한 치료의 목표를 달성하는 데 낙관론이 더 많이 팽배하다. 터캣과 마이스토(1985)가 설명한 사회 기술 훈련 개입은 주의, 처리, 반응 방출 및 피드백의 내부 프로세스를 인식과 사고에 대한 병리적 방식에서 비병리적 방식으로 바꾸는 데 초점을 맞추고 있다. 본질적으로 개인들은 부적절한 단서에 대한 지각적 정밀 조사와 처리를 줄이고, 좀 더 적절한 단서를 처리하는 방법을 배운다. 그리고 단서를 처리하기 위해 특이한 논리와 잘못된 해석을 사용하기보다는, 이들은 더 일반적인 논리와 단서에 대한 더 선의의 해석을 사용하는 법을 배운다. 그렇게 함으로써 이들은 사회적으로 더 적절한 방식으로 반응할 수 있고, 비판을 포함한 피드백을 건설적으로 해석할 가능성이 더 크다. 이 사회 기술 개입 접근법은 긍정적인 치료 결과를 얻기 위해 통찰지향치료와 결합될 수 있다. 약물치료, 특히 저용량 신경안정제는 통제의 상실에 따른 이차적 불안을 줄이는 데 유용한 것으로 밝혀졌다(Reid, 1989).

### 사례 • P씨

　P씨는 59세의 남성으로 치료 가능한 정신질환을 배제하기 위해 그의 변호사에 의해 정신 감정에 의뢰되었다. P씨는 지난 2년 반 동안 5건의 소송을 제기했다. 그의 변호사는 각 소송의 타당성이 의심스럽다고 믿었다. P씨는 감정을 드러내지 않고, 매우 통제된 남성으로 묘사되었으며, 현재 "자신의 소비자 권리를 박탈하려고 음모를 꾸미는" 지역 남성복 매장을 고소하고 있었다. 그는 점장이 자신에 대해 지속적으로 나쁜 신용 보고서를 발행했다고 주장한다. 상담하던 정신과 의사는 유사한 다른 우려의 예들을 끌어냈다. P씨는 2년 전에 자신의 쓰레기통 한 개가 사라진 이후, 오랫동안 길 건너 이웃들을 불신하고 그들의 활동을 자주 감시해 왔다. P씨는 상사와 사이가

좋지 않아 1년 전에 회계 직업에서 조기 퇴직했는데, 그는 상사가 자신의 회계 업무와 서류 작업을 흠잡고 있다고 믿었다. P씨는 자신은 결점이 없다고 주장한다. 검사에서 P씨의 정신 상태는 제한적인 정서, 질문에 대한 응답에서의 약간의 망설임과 신중함을 제외하고는 특별한 것이 없다.

## 맺는말

임상전문가들과 학생들은 DSM-5의 성격장애 섹션의 변화에 놀랄 가능성이 크다. 종합하면, 이러한 변화는 임상전문가가 단순히 정신질환을 진단하고 치료하기보다는 정신질환이 있는 사람을 평가하고 진단하고 치료하도록 권장한다. 이것은 이전 DSM 판들에서 급진적 변화이다. 아들러리안 관점 및 사례 개념화를 성격 기능과 특성에 관한 DSM-5의 초점과 통합하면, 임상전문가와 환자/내담자가 더 나은 임상 결과를 달성할 가능성을 높일 수 있다.

## 참고문헌

Adler, A. (1935). The fundamental views of Individual Psychology. *International Journal of Individual Psychology, 1*(1), pp. 5-8.

Adler, A. (1956). In H. H. Ansbacher and R. R. Ansbacher (Eds.), *The Individual Psychology of Alfred Adler.* New York, NY: Harper & Row.

Adler, Alexandra. (1956). Problems in psychotherapy. *American Journal of Individual Psychology, 12*, pp. 12-24.

Adler, Alfred. (1964). *Superiority and Social Interest: A Collection of Later Writings* (H. L. & R. R. Ansbacher) (Eds.). Evanston, IL: Northwestern University Press.

Adler, G. (1985). *Borderline Psychopathology and Its Treatment.* New York, NY: Jason Aronson.

American Psychiatric Association (2013). *Diagnostic and Statistical Manual of Mental Disorders, Fifth Edition.* Arlington, VA: American Psychiatric Publishing.

Burks, J., & Rubenstein, M. (1979). *Temperament Styles in Adult Interaction: Applications to Psychotherapy.* New York, NY: Brunner/Mazel.

Clark, A., & Butler, C. (2012). Degree of activity: Relationship to early recollections and safeguarding tendencies. *Journal of Individual Psychology, 68*, pp. 136-147.

Feldman, L. (1982). Dysfunctional marital conflict: An integrative interpersonal–intrapsychic model. *Journal of Marital and Family Therapy, 8*, pp. 417-428.

Grinspoon, L. (Ed.) (1982). The schizophrenic disorders. In *Psychiatric Update, Vol. I.* (pp. 822-855). Washington, DC: American Psychiatric Publishing.

Hare, R. D. (1993). *Without Conscience: The Disturbing World of Psychopaths Among Us.* New York, NY: Pocket Books.

Hopwood, C. J., Malone, C., Ansell, E. B., Sanislow, C. A., Grilo, C. M., McGlashan, T. H., Pinto, A., Markowitz, J. C., Shea, M. T., Skodol, A. E., Gunderson, J. G., Zanarini, M. C., & Morey, L. C. (2011). Personality assessment in DSM-V: Empirical support for rating severity, style, and traits. *Journal of Personality Disorders, 25*, pp. 305-320.

Horney, K. (1951). *Neurosis and Human Growth.* London: Routledge & Kegan Paul.

Jenike, M., Baer, L., & Minichiello, W. (1990). *Obsessive Compulsive Disorders: Theory and Management* (2nd edn). Chicago, IL: Yearbook Medical.

Kohut, H. (1971). *The Analysis of the Self.* New York, NY: International Universities Press.

Liebowitz, M., & Klein, D. (1979). Hysteroid dysphoria. *Psychiatric Clinics of North American, 2*, pp. 555-575.

Linehan, M. (1987). Dialectical behavior therapy: A cognitive behavioral approach to parasuicide. *Journal of Personality Disorders, 1*, pp. 328-333.

Masterson, J. (1976). *Psychotherapy of the Borderline Adult: A Developmental Approach.* New York, NY: Brunner/Mazel.

Millon, T. (1969). *Modern Psychopathology: A Biosocial Approach to Maladaptive Learning and Functioning.* Philadelphia, PA: Saunders.

Millon, T. (2011). *Disorders of Personality: Introducing a DSM/ICD Spectrum From Normal To Abnormal.* New York, NY: John Wiley & Sons.

Millon, T., & Everly, G. (1985). *Personality and Its Disorders: A Biosocial Learning Approach.* New York, NY: John Wiley & Sons.

Morey, L. C., Hopwood, C. J., Markowitz, J. C., Gunderson, J. G., Grilo, C. M., McGlashan, T. H., Shea, M. T., Yen, S., Sanislow, C. A., Ansell, E. B., & Skodol, A. E. (2012). Comparison of alternative models for personality disorders, II: 6-, 8- and 10-year follow-up. *Psychological Medicine, 42*, pp. 1705-1713.

Mosak, H. (1968). The interrelatedness of the neurosis through central themes. *Journal of Individual Psychology, 24*, pp. 67-70.

Mosak, H. (1979). Mosak's typology: An update. *Journal of Individual Psychology, 35*, pp. 92–95.

Oldham, J. (2005). Personality disorders: Recent history and future directions. In J. Oldham, A. Skodol, & D. Bender (Eds.), *The American Psychiatric Publishing Textbook of Personality Disorders* (pp. 3–16). Washington, DC: American Psychiatric Publishing.

PDM Task Force (2006). *Psychodynamic Diagnostic Manual.* Silver Spring, MD: Alliance of Psychoanalytic Organizations.

Reid, W. (1989). *The Treatment of Psychiatric Disorders: Revised for the DSM-III-R.* New York, NY: Brunner/Mazel.

Salzman, L. (1968). *The Obsessive Personality: Origins, Dynamics, and Therapy.* New York, NY: Science House.

Sheldon, W., Dupertius, C., & McDermott, E. (1954). *Atlas of Men: A Guide for Somatotyping the Adult Male at All Ages.* New York, NY: Harper & Row.

Shulman, B. (1982). An Adlerian interpretation of the borderline personality. *Modern Psychoanalysis, 7*(2), pp. 137–153.

Sperry, L. (1990). Personality disorders: Biopsychosocial descriptions and dynamics. *Individual Psychology, 48*(2), pp. 193–202.

Sperry, L. (2002). DSM-IV: Making it more clinician-friendly. *Journal of Individual Psychology, 58*, pp. 434–481.

Sperry, L. (2011). Duped, drugged, and eaten: Working with the Jeffrey Dahmers of the world. In J. Kottler & J. Carlson, (Eds.), *Duped: Lies and Deceit in Psychotherapy* (pp. 47–56). New York, NY: Routledge.

Sperry, L. (2011). Personality disorders: A quick and reliable method for screening and diagnosing Axis II disorders through observation and interview. In H. Rosenthal (Ed.), *Favorite Counseling and Therapy Techniques* (pp. 291–298). New York, NY: Routledge.

Sperry, L. (2015). *Handbook of the Diagnosis and Treatment of DSM-5 Personality Disorders* (3rd edn.). New York, NY: Routledge.

Sperry, L., & Mosak, H. (1993). Personality Disorders. In L. Sperry & J. Carlson (Eds.), *Psychopathology and Psychotherapy: From diagnosis to Treatment* (pp. 299–367). Munice, IN: Accelerated Development.

Sperry, L., & Mosak, H. (1996). Personality Disorders. In L. Sperry & J. Carlson (Eds.), *Psychopathology and Psychotherapy: From DSM-IV Diagnosis to Treatment (2nd edn) (pp. 279-335). Washington, DC: Accelerated Development/Taylor & Francis.

Sperry, L., & Sperry, J. (2012). Case Conceptualization. New York, NY: Routledge.

Stout, M. (2005). The Sociopath Next Door: The Ruthless Versus the Rest of US. New York, NY: Broadway Books.

Thomas, A., & Chess, S. (1977). Temperament and Development. New York, NY: Brunner/Mazel.

Thomas, A., & Chess, S. (1984). Origins and Evolution of Behavior Disorders. New York, NY: Brunner/Mazel.

Toman, W. (1961). Family Constellation: Theory and Practice of a Psychological Game. New York, NY: Springer.

Turkat, I., & Maisto, S. (1985). Personality disorders: Application of the experimental method to the formulation and modification of personality disorders. In D. H. Barlow (Ed.), Clinical Handbook of Psychological Disorders (pp. 187-202). New York, NY: Guilford.

Walsh, A., & Wu, H. H. (2008). Differentiating antisocial personality disorder, psychopathy, and sociopathy: Evolutionary, genetic, neurological, and sociological considerations. Criminal Justice Studies, 2, pp. 135-152.

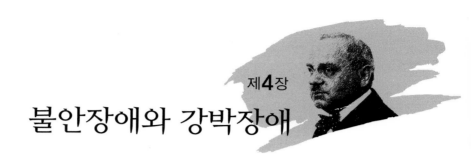

제**4**장

# 불안장애와 강박장애

Jill Duba Sauerheber · James Robert Bitter

 

 

 

불안장애와 관련된 기본적인 정서 상태는 공포이다. 공포는 생존 감정이며, 진화적 발달과 밀접하게 연관되어 있으며, 개인의 보호와 안전을 위해 뇌에 생래적(生來的)으로 새겨진다(Millon, 1990; Rasmussen, 2010). 실제로 위험하거나 위험하다고 인식되는 상황에서 측면 편도체의 뉴런에 신호를 보내고 이를 활성화하는 다섯 가지 감각 중 하나 이상을 통해 공포는 자극된다. 어린 시절 여러 해에 걸쳐 공포를 활성화하는 경험에 대한 우리의 학습된 반응은 측면 편도체에 저장되고, 쉽게 즉각적으로 편도체의 중심핵에 흘러가고, 여기서 뇌 신경계는 얼어붙음(freezing), 도피(fleeing) 또는 투쟁(fighting)의 방어를 활성화한다. 심장이 뛰기 시작하고, 호흡이 짧아지고, 아드레날린이 흐르고, 몸이 행동에 돌입하거나 얼어붙는다.

진화적인 관점에서 볼 때, 공포는 비록 그 행동이 즉각 얼어붙고 있더라도 자기자신을 방어하기 위해 행동해야 하는 적응적 감정이다(Rasmussen, 2010). 개인은 실제 위험이라고 여겨지는 것과 안전과 생존에 대한 위협을 인지하고, 개인적 방어가 활성화된다. 이러한 개인적 방어는 학습된 반응인 경향이 있지만, 또한 거의 즉각적인 평가도 수반한다. 나의 안전, 아마도 내 주변 사람의 안전, 그리고 나와 우리의 미래를 보장하기 위해 할 수 있는 최선의 것은 무엇인가?

벡과 에머리(Beck & Emery, 1985)는 공포의 경험을 위협적 상황에 대한 인지적 평가로 재명명함으로써 공포와 불안을 구별한다. 그리고 불안은 이 평가에 대한 정서적 반응이다. 확실히 이러한 구별은 인지행동적 관점에서 불안을 대상으로 작업하는 사람에게 큰 가치가 있으며, 사적 논리에 초점을 맞추는 아들러리안 치료자는 확실히 이 정의 내에서 작업할 수 있다. 그러나 라스무센(Rasmussen, 2010), 라스무센과 도버(Rasmussen & Dover, 2007)도 공포가 실제로 존재한다는 위협에 대한 정서적 적응을 잃지 않고 공포와 불안을 구별한다. 그들의 모델에서 공포는 강렬한 감정이고, "위험이 있다."라는 실제 선언이며, 그리고 탈출, 회피 및 다른 보호 반응으로 다루어져야 하는 안전 또는 생존에 대한 위협이다. 불안은 여전히 공포이지만, 기본적인 특징은 위험을 예상하여 개인이 경계 태세를 취하여 방심하지 않게 하는 것이다. DSM-5(APA, 2013)는 이 후자의 관점을 채택하고, 공포가 관련 사건이나 상황에 비례하지 않고 합리적인 시간을 넘어 지속할 때 불안이 존재한다고 덧붙인다.

이러한 의미에서, 불안은 개인이 살고 있는 문화의 상식을 벗어난 믿음과 신념의 핵심 세트인 개인의 '사적 논리(private logic)' 영역에 속한다. 한 사람이 야구 방망이로 다른 사람을 때린다고 하자. 통증(pain)은 실제 타격에서 비롯되는 것이다. 고통(suffering)은 사건과 통증에 대해 개인이 구성하는 이야기이다. 마찬가지로, 공포는 실제로 위험에 빠져 있거나, 개인의 안전에 대한 위험이나 즉각적인 위협을 인지한 결과이다. 불안은 그런 공포 경험에서 발전하는 이야기이다.

이 장에서는 전반적으로 불안과 강박 및 관련 장애를 정의하고, 이러한 이해를 아들러리안 관점과 연결할 것이다. 우리는 DSM-5에 나타나는 순서대로 분리불안장애, 선택적 함구증, 특정공포증, 사회불안장애, 공황장애, 광장공포증과 범불안장애에 관해 구체적으로 설명할 것이다. 강박장애, 신체이형장애, 발모광, 피부뜯기장애(유사한 역동이기에 묶어서)와 수집광에 관해서도 유사하게 설명할 것이다.

DSM-5에 추가된 불안 및 강박장애와 관련된 정의와 과정은 앞선 논의와 유사한 방식으로 공포와 불안을 구별한다. 공포는 개인의 안전 의식에 관한 위협이나 공격에 대한 정서적 반응이다. 불안은 예상하여 생기고, 우려나 상황에 비해 지나치며, 발달적으로 적절한 기간을 넘어 지속한다. 불안은 거의 항상 공포와 걱정을 줄이려는 일종의 회피 행동으로 이어진다. 불안으로 고통받는 사람은 비관적이고, 피하려고 하는 위험을 과대평가하는 경향이 있다. 공황은 급성 생리적 공포 반응이 특징인 특정 유형의 공포 반응으로, 심장 박동의 상승, 발한, 몸이 후들거림, 숨 가쁨, 멍한 느낌뿐만 아니라, 현실이 아닌 것 같은 느낌 또는 이인증, 스스로 통제할 수 없거나 미칠 것 같은 또는 죽을 것 같은 공포 등이 나타난다. 공황발작은 부호화된(coded) 장애가 아니다. 그러나 개인이 공황발작을 반복하고, 재발을 두려워하거나, 공황발작을 피하려고 삶의 활동을 상당히 조정하기 시작하면, 그 개인은 부호화된 진단인 공황장애 기준을 충족할 수 있다. 스페리(Sperry, 1996)는 공황발작이 30대 동안 그리고 "스트레스가 많은 삶의 사건이 있고 난 뒤 6개월 이내에 발생한다. 공황장애가 있는 개인은 문제 해결 능력이 떨어지는 경향이 있다."(p. 166)라고 언급한다. 불안장애는 남성보다 여성에서 더 많이 진단되며, 무력감과 미래에 대한 자신감 및 희망의 상실과 밀접한 상관관계가 있다. 공황과 불안의 경험이 더 일반화되고 압도적일수록, 치료 예후는 더 나빠진다.

　강박 사고는 반복적인 생각이나 충동, 때로는 심상이며, 이는 시간이 지나면서 지속되고, 원치 않는 것이고 개인의 삶을 침해한다. 이는 망상과 구별된다. 왜냐하면 개인은 생각이 현실적인지 검증할 수 있고 불합리한 것으로 인식할 수 있기 때문이다. 강박 사고는 개인에게 불안을 초래하고, 일반적으로 걱정이나 공포를 줄이려는 노력으로 이어진다. 강박 행동은 강박 사고에 대응하여 개인이 하도록 내몰린 느낌이 드는 반복적 행동이나 정신적 과정이다. 강박 행동은 개인이 걱정이나 불안을 통제하려고 시도하는 한 방법이다. 성공적일 때, 강박 행동 과정은 불안을 유발하는 강박 사고의 인식, 교정 활동에의 참여, 그리고 일시적인 불안의 감소를 포함한다. 예를 들어, 세균에 의해 침해당하고 있다는 생각에 불안이 높아지는 사람은 불안을 통제하거나 줄이려고 규칙적인 일정에 따라 강박적으로 씻을 수 있다. 강박 사고와 강박 행동으로 고통받는 사람은 중산층과 상류층인 경향이 있으며, 범불안장애가 있는 사람보다 더 똑똑한 경향이 있다(Sperry, 1996).

　불안장애와 강박장애에서 통제의 문제를 무시할 수 없다. 이것은 이러한 장애들의 거의 모든 측면의 중심이다. 이러한 통제 문제는 두 가지 형태로 존재하는데, 즉 통제 불능의 상태 또는 통제를 되찾으려는 시도이다. 공포 반응이 투쟁, 도피(도망 또는 회피) 또는 얼어붙음으로 이어지든 상관없이, 우리가 여기에서 다루고 있는 장애들을 통제 기능으로 더 자세히 설명할 수 있다.

　[그림 4-1]에서 불안장애와 강박장애는 통제 기능으로 나뉜다. 두려움, 공포 및 불안은 개인을 경계하게 하고, 방어 및 보호 자세를 활성화하는 역할을 한다는 것을 명심하면, 분리불안장애는 공포와 투쟁하는 방법으로 사용될 수 있거나(애착 대

상 인물이 자신과 함께 있어야만 한다는 단정적인 입장), 혹은 도망과 회피하는 기능(예: 안전한 사람이나 장소로 급히 돌아가기)으로 사용될 수 있다. 선택적 함구증(Selective Mutism)은 '선택적 함묵증(Elective Mutism)'(DSM-III-R)이라고 불렸으며, 어느 설명에서나 개인이나 아동이 안전하다고 느껴지지 않는 사람과, 또는 장소(종종 학교)에서 의사소통하지 않으려는 투쟁 결정이다. 도피장애는 공포 상황을 피할 수 있는 구체적 방법이 없는 통제 불능 상황의 압도적인 감정이 특징이다. 얼어붙음장애(공황 및 공포증과 관련된)는 대개 두려워하는 자극을 갑작스럽게 직면하거나 예상할 때 사람들을 그 자리에 갑자기 멈추게 한다.

강박장애와 유사하게 특정공포증도 불안과 투쟁하거나 불안을 통제하는 방법의 역할을 할 수 있다. '통제 불능' 장애들과 달리 특정공포증이 있는 사람은 무엇을 두려워하는지를 확인했고, 두려워하는 자극에서 거리를 두거나 피할 수 있는 한 개인은 괜찮다. 그래도 불안을 훤히 알고 통제하기 위해, 공포증이 있는 사람은 때때로 공포에 맞서거나, 혹은 적어도 공포를 정신적으로 재검토하고 숙고해야 한다. 비슷한 기능이 나머지 강박장애의 핵심이다. 공포, 공황, 불안은 개인이 특정한 행동을 통해 지속적으로 다루고 통제할 수 있는 것, 즉 신체의 일부, 상황 또는 과정에 있다.

감정:

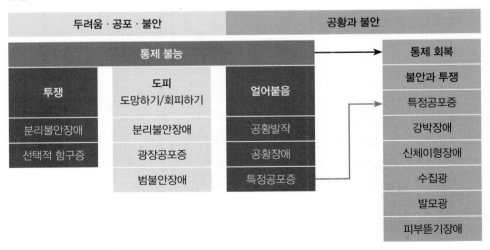

[그림 4-1] 통제 과정과 불안장애 및 강박장애에서의 그 사용

## 아들러식 개념화

아들러(1927/1959)는 모든 사람이 다루어야 할 세 가지 인생 과제, 즉 사회적 과제, 일 또는 직업적 과제, 친밀감의 과제를 확인했다. 사회적 과제는 우리가 모두 인간 공동체와 연결되어 있고, 생존과 성장을 위해 협력할 방법을 찾아야만 하기 때문이다. 일이나 직업적 과제는 우리가 모두 지구상에 있는 시간에 할 일을 결정해야 하고, 공헌에서 의미를 찾아야 하기 때문이다. 친밀감의 과제는 우리가 생물학적으로 번식하게 되어 있고, 동성과는 물론 다른 성별과도 잘 지내는 법을 배워야 하기 때문이다. 이 과제들은 보편적이며, 개인이 사는 시대 또는 개인이 속한 문화, 성별과 관계없이 인류에 도전한다. 우리가 모두 인간의 상태와 연결되어 있고 인간 체계의 일부분이기 때문에 과제들은 존재한다. 우리는 사회적으로 내재되어(embedded) 있으며, 이러한 과제들은 사회적 해답을 요구한다. 일반적으로 이러한 과제들을 협력적이고 용기 있게 다루는 사람은 이러한 인간의 요구에서 후퇴하는 사람보다 더 잘한다. 용기와 협동심으로 행동하는 사람들은 아들러리안이 '공동체 감정(community feeling)'(Ansbacher, 1992)이라고 부르는 것을 발전시키고, 다른 사람들의 복지에 관심을 가지고 그들과 어울리는 경향이 있다(Sweeney, 2009). 이들은 정신 건강을 보장하는 그런 방식으로 산다.

그러한 사회적 관심의 반대는 자기몰입(self-absorption)이다. 이는 방어적 입장에서 삶의 요구와 다른 사람들에 대한 공헌을 외면하는 것이다. 걱정과 불안은 개인이 내면으로 들어가는 방식이다. 아들러(1964a; Ansbacher & Ansbacher, 1956에서 인용)는 불안은 인생에서 필요한 과제에 직면할 때 용기의 부족에서 비롯되는 실패감, 열등감 또는 자존감의 저하로부터 개인을 보호하는 자기보호 기제라고 언급했다. 이러한 의미에서, 불안은 도전에 직면하여 후퇴할 구실을 제공한다. 삶은 위험하다고 인식되고, "나는 두렵다."라는 선언은 개인을 효과적으로 행동하지 못하게 한다. 아들러리안에게 불안은 문제 자체가 아니라, 삶의 문제에 대한 잘못된 해결책이다. 불안은 삶에서 낙담을 반영한다. 사람들은 말 그대로 겁을 집어먹어서 완전하고 용기 있게 살지 못한다.

모삭(Mosak, 1968)은 불안한 사람의 사적 논리를 구성하는 경향이 있는 중심 주제를 확인했다. 이 주제들은 다음과 같은 신념을 포함한다.

- 개인은 통제하고 있어야 한다. 그렇지 않으면 모든 것을 잃을 수 있다.
- 개인은 마치 지나치게 야심 찬 행동에 내몰린 것처럼 매사를 훤히 알아야 한다.
- 개인은 행동하기 위해서는 훌륭하거나, 완벽하거나, 옳아야만 한다. 그렇지 않으면 실패와 존중의 상실이 임박한다.

모삭은 또한 공포증이 있는 사람도 반대할 무언가가 필요하다고 언급한다. 개인은 공포증을 자극하는 것에 반대할 뿐만 아니라, 합의적 확인(consensual validation)이 공포가 과도하다고 시사하는 모든 사람에게도 반대한다. 그래도 공포증이 있는 개인은 잠재적 위험이 무엇인지를 누구보다도 잘 알고 있으며, 그 위험에 맞서는 입장을 취한다. 개인은 공포를 일으키는 대상, 장소 또는 사람을 제거하기 위해 죽는 것 외에는 어떤 일이라도 기꺼이 할 것이다.

통제하거나 통제받는 것을 피하려는 욕구 외에도, 강박장애 및 관련 장애가 있는 사람들은 또한 휘둘리는(driven) 감정 회피자이다. 감정은 산란하고, 이들 안에 있는 에너지는 미리 계획되지 않은 즉흥적인 방식으로 사람을 행동하도록 몰고 갈 수 있다. 불안을 통제하는 강박적 활동은 알려져 있고 예측할 수 있다. 강박적 활동은 공포를 줄이고, 성취감을 주고, 개인을 합리적인 삶의 접근 방식에 집중시킨다. 강박적인 사람은 사회적 실재감(social presence)이 부족하고, 지적 노력이나 구체적인 활동에서만 편안함을 느낄 수 있다.

체계적으로 불안장애와 강박장애는 항상 다른 사람 앞에서 일어난다. 따라서 고통받는 사람은 결코 개인만이 아니다. 배우자, 자녀, 확대 가족, 동료, 직장 동료, 친구는 개인이 표현하는 불안에 영향을 받는다. 불안의 개인적·사회적 목표나 목적은 광범위한 상호작용 동기가 된다. 불안의 목적은 동정심을 구하는 것만큼 단순할 수도 있고, 다른 사람을 불안해하는 사람을 위해 봉사하게 하려는 욕구만큼 복잡할 수도 있다. 불안은 자신이 원하는 것을 얻기 위한 요구로 작용할 수도 있고, 다른 사람의 움직임과 활동을 통제하는 데 사용될 수도 있다. 지나치게 걱정하는 부모가 있는 가정에서 걱정을 없애려고 할 수 있는 것을 뭐든지 다 하는 아이 한 명과 잘못된 행동으로 걱정을 유발하는 아이가 또 한 명이 있는 경우가 드물지 않다(Bitter, 2009/2013).

라스무센(Rasmussen, 2010)은 모든 사람이 행복을 추구하고, 정말로 행복을 느끼려고 한다는 전제에서 출발한다. 그는 이러한 원하는 끝점을 'Z-요인'이라고 부른다. 따라서 모든 사건과 활동은 행복에 도달할 수 있을 확률에 따라 개인에 의해 평가된다. 나는 친구들과 영화를 보러 간다. 나는 우리가 재미있게 영화를 보고, 영화를 본 후 대화를 즐기기를 기대한다. 밤은 기대한 대로 된다. 어때! 행복이 나와 경험을 입증한다. 하지만 영화를 보러 가는 것에 대한 예상이 나의 웰빙(안녕감), 자존감에 위험하다고 평가된다면 어떻게 될까? 아무도 나와 같이 가고 싶어 하지 않거나, 영화가 별로 좋지 않을 거라거나, 또는 할 말도 없고 내 생각에 신경 쓰는 사람이 아무도 없는 군중 속에 갇히게 될 것이라고 예상한다면 어떻게 될까? 그럴 경우, 나는 밖으로 나가서 사회적 재앙을 무릅쓰지 못하게 하려고 강렬한 불안 감정을 불러일으킬 수 있다. 이 상황에서 불안은 행복, 즉 Z-요인과 무슨 관련이 있는가? 불안은 좋지 않을 수도 있지만, 완전한 사회적 실패나, 굴욕이나, 가치 없는 것으로 드러나는 것보다 낫다. 더 나은 것이 항상 좋은 것은 아니다. 항상 행복으로 끝나는 것은 아니지만, 더 나은 것이 때로는 충분히 좋은 것이다. 때로는 그것은 기대할 수 있는 가장 최고의 것이다.

아들러리안은 성격의 통일성(unity)을 믿는다. 사람들은 생존과 안전을 보장하고, 기대되는 성공 감각인 더 나아지는 느낌(felt plus)[1]을 향한 개인적 움직임을 조직하고, 개인에게 독특한 생활양식을 지지하는 목표를 위해 노력한다. 이러한 의미에서 아들러리안은 개인의 사회적 맥락과 문화에서 개인의 존재 방식과 움직임에 관한 연구인 전체론(holism)을 믿는다. 그들은 또한 정신과 신체를 하나의 통일체로 접근하며, 인간의 각 측면은 다른 부분과 순환적 관계(recursive relationship)로 기능한다. 사례의 생물심리사회적 개념화에 대한 아들러리안 접근 방식을 정의하는 것은 이 전체론적 모델이다(Sperry & Sperry, 2012).

생물학적으로 DSM-5는 다양한 불안장애와 강박 및 관련 장애에서 유전적 요인을 다루는 경향이 있으며, 그 외는 거의 없다. 정신은 종종 개인과 별개의 실체로

---

[1] felt plus와 felt minus는 열등감과 그 보상에 대한 아들러 용어이다. felt minus는 불완전함, 아래에 있음, 다른 사람들보다 못한 위치에 있음, 또는 삶이 필요로 하거나 허용하는 것보다 못함 등의 보편적으로 경험하는 열등감을 묘사한다. 아들러의 felt plus는 좀 더 정확하게 가상적(허구적) plus, 즉 성숙, 숙달, 완성, 성취 또는 완벽함에 관한 주관적으로 구성된 (따라서 가상적인) 이미지로 이해된다. 개인은 felt minus 상황에서 가상적 plus의 이상적 성격을 향해 나아가기 위해 분투하며 이를 얻으려 한다. minus에서 plus로의 자극(추동)은 절대 끝나지 않는다. 아래에서 위로의 욕구(충동)는 멈추지 않는다. 인간의 삶 자체가 이 위대한 행동의 노선에 따라, 아래에서 위로, 마이너스에서 플러스로, 패배에서 승리로 나아간다(www.adlerpedia.com)-역자 주

취급되며, 따라서 가장 일반적인 정신치료는 향(向)정신제이다. 미국 국립보건원(National Institutes of Health, 2010)의 「불안장애치료(Treating Anxiety Disorders)」는 치료에서 가장 많이 사용되는 약물에는 항우울제, 특히 선택적 세로토닌 재흡수 억제제(SSRI)와, 알프라졸람(Xanax), 클로나제팜(Klonopin), 디아제팜(Valium) 및 로라제팜(Ativan)과 같은 중추 신경계의 활동을 느리게 하는 벤조디아제핀 같은 항불안제와, 아테놀올(Tenormin)과 프로프라놀롤 히드로콜로라이드(Inderal)를 포함한 베타 차단제 등이 있다고 언급한다.

현재 아들러리안 공동체는 향정신성 약물의 부정적이고 종종 위험한 영향에 초점을 맞추고 있다(Breggin, 2008 참조). 정신-신체 전체론과 많은 아들러리안 치료자가 정신과 의사가 아니라는 사실 둘 다에 대한 믿음 때문에, 아들러식 치료는 불안장애에 대한 생물학적 기여 및 개입에서 좀 더 광범위한 접근법을 포함할 가능성이 크다. 아들러리안은 아니지만, 마크 하이먼(Mark Hyman, 2008)은 그의 책, 『울트라마인드 솔루션(The Ultramind solution)』에서 건강관리(wellness)의 7가지 핵심 요소를 확인했다. 그 핵심 요소들은 영양 섭취, 호르몬 균형, 염증 제거, 소화 치료, 해독 강화, 신진대사 증진 그리고 마음의 안정이다. 사적 논리와 비효율적인 중심 주제(심리적)를 교정하고 개인의 목표와 목적(사회적)을 다루는 데 치료 초점을 맞추는 것과 함께, 아들러식 치료는 '생활양식 평가'로 시작하고(Eckstein & Kern, 2002; Powers & Griffith, 1987/2012; Shulman & Mosak, 1988), 불안한 사람을 육체적 건강, 심리적 강인성, 사회적 유대감을 지닌 좀 더 완전한 삶을 살도록 재정향(reorient)하려고 한다(Carlson, Watts, & Maniacci, 2006: Sweeney, 2009).

다음에서는 각 불안장애를 설명하고, 이 장의 끝부분에 강박 및 관련 장애들을 설명한다. 불안장애는 분리불안장애를 시작으로 DSM-5에 나타나는 순서대로 선택적 함구증, 특정공포증, 사회불안장애, 공황장애(그리고 공황발작), 광장공포증 그리고 범불안장애가 그 뒤를 잇는다.

# 분리불안장애

## 임상적 증상

분리불안장애(Separation Anxiety Disorder: SAD)는 아주 어린아이(12~18개월)에게
는 정상이지만, 아동이 취학 전 연령에 이르면 문제가 될 수 있다. 집을 떠나거나 주
요 애착 대상 인물에게서 분리되는 것에 대한 공포는 종종 심각한 상실로 인식된 후
에 아동기나 청소년기에 시작된다. 비록 있다가 없어지다 하지만, 이것은 직업적 ·
사회적 그리고 기타 삶의 기능 영역에서 손상을 초래할 수 있고, 성인기를 지나도
남아 있을 수 있다. 분리불안장애가 있는 개인은 자신이 안전감을 둔 사람 또는 상
황으로부터 분리될 것을 예상할 때 극심한 고통을 겪는다. 이들은 광장공포증이 있
는 사람이 아니다. 이들은 안전한 애착 대상 인물과 함께 집을 떠날 수 있지만, 스스
로 집을 떠나는 것에 상당히 저항할 수 있다. 이들은 애착 대상 인물을 요구할 수 있
고, 애착 대상을 가까이 두려고 발작이나 성질을 부릴 수 있고, 구토나 두통, 질병
또는 악몽을 사용할 수 있다.

분리불안장애가 있는 개인은 종종 다른 사람과 함께 있는 것에 저항하고, 낯선 사
람에 대해 걱정하며, 그리고 학교에 가는 것을 피하려고(여학생이 남학생보다 더 많이
그런다.) 한다. 분리불안이 성인기까지 지속될 때, 일반적으로 개인이 안전하기 위
해서 가까이 있어야 한다고 믿는 특정한 개인(부모 또는 배우자)을 목표로 한다.

## DSM-5 특성

분리불안장애는 어떤 상실 경험(애완동물, 개인)의 결과일 수 있으며, 유아 및 걸
음마를 배우는 아이에게는 정상적일 수 있지만, 아동이 취학 전 연령에 이르면 문제
가 된다. 분리불안이 있는 아동 · 청소년은 자신과 가까운 사람의 상실, 자신이나 다
른 사람에게 임박한 위험, 질병이나 부상을 걱정한다. 이들은 종종 악몽을 꾸고, 자
신의 삶에서 중요한 성인과 함께 자거나 가까이 지내야 할 필요성을 느낀다. 아동
기 · 청소년기에 언제든지 이 장애가 발병할 수 있으며, 12세 미만의 아동들에게서
가장 많이 진단되는 불안장애이다. 이 장애는 아동 · 청소년에서는 적어도 4주, 성

인에서는 6개월 동안 지속되어야 한다.

## 생물심리사회적-아들러식 개념화

DSM-5(APA, 2013)는 이 장애가 유전적일 수 있다고 시사한다. 아동기·청소년기에 발병하면, 유병률은 어린 아동(인구의 약 4%)에게서 더 높게 나타나고, 나이가 들수록 줄어드는 경향이 있다. 아동을 안쓰럽게 여기거나 요구에 굴복하는 부모는 아동이 지각한 안전감을 유지하기 위한 하나의 방법으로 불안을 강화하는 경향이 있다. 여자아이는 남자아이보다 학교 가는 것을 피하려고 좀 더 이 장애를 이용할 것이다. 남자아이는 혼자 집을 떠나라는 요구를 느낄 때, 혼자 남겨질 때, 혹은 다른 사람들과 독립적으로 행동할 것으로 예상될 때 불안을 느끼는 경향이 있다.

분리불안은 관계상의 공포이며, 따라서 애착 대상 인물에게 함께 있고 아동이나 개인을 안전하게 지키는 데 관여할 것을 모두 요구한다. 이 공포가 전적으로 장점이 없는 것은 아니다. 가족의 죽음, 여행 또는 이사로 인해 중요한 가족 구성원의 상실, 혹은 애완동물의 상실은 젊은 사람에게 취약성을 촉발할 수 있다. 아동이 아주 어릴 때는 무엇이 안전하고 무엇이 안전하지 않은지 모를 수 있으므로, 자신이 생존할 수 있게 해 주는 사람과 긴밀한 유대를 형성하는 것은 자연스러운 일이다. 일부 부모도 역시 삶이 위험하다는 듯이 접근하며, 그들의 태도와 상호작용 패턴은 아동에게 비슷한 공포를 강화할 수 있다. 실제로, 애지중지함과 과잉보호는 분리불안에 대한 부모의 일반적인 반응이다.

그러나 아동·청소년이 나이가 들면서, 아들러리안은 장애의 요구/통제 측면에 초점을 맞추는 경향이 있다. 나이와 상관없이 불안이 그 개인에게 무엇을 피하도록 도움을 주는가? 그 개인은 누구를 자신을 위해 봉사하게 하는가? 어떤 상호작용 순차 패턴이 단순히 그 개인과 애착 대상 인물 모두가 공유할 수 있는 공포를 강화할 뿐인가? 분리불안으로, 아동은 다른 사람을 통제하려고 통제 불능 상태가 된다. 나이가 들수록 통제 불능 상태가 되는 방법이 더 정교해질 수 있지만, 여전히 그 목적은 다른 사람이 자신의 안전을 책임지도록 하는 것이다.

## 치료 고려사항

분리불안장애는 관계적 장애로, 따라서 성공적인 치료는 거의 항상 가족 개입을 수반한다. 어린 아동이 집이나 가족과 떨어지는 것에 대해 불안감을 보이기 시작할 때, 부모는 삶이 괜찮을 것이라는 믿음을 형성하는 차분하고 낙관적인 삶의 방향을 채택하는 것이 중요하다. 그러나 분리불안이 있는 아동은 아동과 분리되는 것에 대해 우려하거나 걱정하는 부모가 있는 경우가 너무 많다. 분리불안이 있는 부모가 자신의 불안을 유발하는 상황을 파악하도록 돕는 것이 첫 번째 단계이다. 분리를 견디는 아동의 능력은 두려워하는 사건에 노출되면서, 시간이 지남에 따라 점차 증가해야 한다. 아동이 15분 동안 친구나 보모와 함께 남겨지는 것으로 시작하여, 몇 주에 걸쳐 천천히 증가시킨다. 울거나 소리를 지르는 것을 부모가 대단하다고 생각하지 않게 돕는다. 아동이 평온할 때는 유능하고 능력이 있다고 느끼도록 격려하고, 아동에게 자신의 감정을 인정하고 차분하게 안심시킴으로써 회복을 촉진하는 성인과 자신의 감정을 상의하도록 지도한다.

### 사례 • 제이미

제이미는 4세 여아이다. 어머니에 따르면, 어린 시절 대부분 수줍음이 많고, 소심하며, 조용했다. 그녀는 다른 아이들과 함께 밖에 나가거나 놀이 약속에 가는 것을 좋아하지 않는다. 다른 아이들이 그녀의 집에 초대되면, 제이미는 '엄마 옷에 붙어' 있고, 다른 아이와 말하거나 놀기를 거부한다. 이 손님들은 거의 다시 오지 않는다. 어머니가 제이미를 유치원에 등록했을 때, 그녀는 울면서 침실 바닥에 몸을 던져서, 어머니가 자신에게 옷을 입히거나 자기 방을 떠나는 것을 거부했다. 어머니가 그녀에게서 멀어지려 하자, 어머니가 안아 주러 올 때까지 울며 소리를 질렀다. 어머니가 안는 순간 그녀는 바로 진정되었다. 어머니는 여전히 제이미를 유치원에 데리고 갔고, 어머니가 안심시켜도 그녀는 내내 울었다. 유치원에서 교사가 그녀를 집에 데려가라고 어머니에게 전화할 때까지 2시간 넘게 울었다. 밤에 제이미는 '기억할 수 없는' 악몽을 자주 꾸지만, 이는 어머니와 함께 자야 할 정도로 그녀의 마음을 어지럽힌다. 친구의 생일 파티에 초대받자, 그녀는 심한 복통이 생겼다. 이는 파티가 끝나자 곧 가라앉았다. 아들러리안이 이 불안의 목적이 무엇이냐고 물을 때, 그 답을 사람들이 그녀에게 어떻게 하는지에서 찾을 수 있다. 불안 때문에 제이미는 대부분은 아니지만 많은 시간 자기 마음대로 한다. 그녀는 종종 어머니를 자신을 위해 봉사하게 하고, 다른 사람의 요구를 물리친다. 애착 대상 인물이 애지중지하고 과잉보호를 함으로써 삶이 무섭다는 생각은 강화된다.

# 선택적 함구증

## 임상적 증상

선택적 함구증(Selective Mutism)은 주로 어린아이들이 사용하는 드문 전술로, 이들은 완고하지만 강력한 태도를 취함으로써 자신이 두려워하는 사람이나 상황을 통제하려고 한다. 아동은 단순히 자신에게 현저한 고통을 촉발하는 특정한 사람이나 특정한 상황에서 말하는 것을 거부한다. 이 장애는 초기 아동기에 집에서 발병할 수 있지만, 대개는 학교와 같이 힘든 상황에 처할 때까지는 진단되지 않는다. 말하기를 거부하는 것이 직업, 사회 활동 또는 다른 삶의 영역에서 손상을 초래할 수 있는 것은 이러한 힘든 상황에서이다. 선택적 함구증은 아동의 언어에 신경학적 문제가 있거나 다른 언어를 사용하는 지역에서 이주를 온 경우는 진단되지 않는다.

## DSM-5 특성

선택적 함구증은 불안을 다루기 위한 전술에서 가장 연구된 덜 된 것 중 하나이다. 유병률도 병인도 알려져 있지 않다. 이 방법을 사용하는 아동은 미묘하게 수용언어에 어려움이 있을 수 있지만, 있을 수 있는 이러한 연관성이나 인과관계에 관한 결정적인 연구는 없다. 선택적 함구증이 있는 아동은 일반적으로 5세 이전에 발병한다. 어떤 아동은 나이가 들면서 전술(장애)의 사용을 그만둘 수도 있지만, 시간이 지남에 따른 장애의 정상적인 경과에 대해서는 실제로 알려진 것이 아무것도 없다. 이 장애는 최소 1개월 이상 일어나야 하며, 모든 것이 학교 환경에서 있어야 하는 것은 아니다.

## 생물심리사회적-아들러식 개념화

선택적 함구증은 사회불안장애와 몇 가지 특성을 공유하지만, 어느 하나가 다른 하나를 야기하지는 않는다. 그러한 아동은 말을 시작하지도 않고 다른 사람에게 말로 반응하지도 않을 뿐만 아니라, 지나친 수줍음, 사회적으로 당황하는 것에 대한 공포, 매달림, 짜증, 혹은 기타 가벼운 형태의 저항을 보일 수 있다. 선택적 함구증을 사용하는 아동의 부모는 다른 불안장애가 있거나 불안이 없는 아동의 부모보다 종종 과잉보호하고 더 통제적이다. 또한 희귀성으로 인해 이 장애가 있는 대부분의 아동은 다른 불안장애, 보통 사회불안장애로 진단된다.

선택적 함구증은 아마도 불안을 통제하려는 노력으로 대개 아동이 의도적으로 선택하는 것이지만, 아동이 원하지 않는 것을 요구하는 다른 사람을 통제하려고 더 자주 선택된다. 드레이커스(Dreikurs, 1950)의 유형 분류를 사용하면, 아동은 특정 상황에서 일부 성인과 소극적인 권력 투쟁을 벌이고 있다. 아동은 자신이 자기 삶의 주인임을 증명하려고 하고, 아동이 말하고 싶지 않다면 아무도 아동을 말하게 할 수 없다. 이러한 행동에 직면한 부모와 교사는 일반적으로 아동을 통제하려는 시도뿐만 아니라, 달래기, 요구하기 및 논쟁하기 등 잘못된 상호작용(Bitter, 2009)을 할 것이다. 이러한 잘못된 상호작용은 아동에게 그저 권력 투쟁이 효과가 있고, 지속되어야 한다는 점을 강화할 뿐이다.

## 치료 고려사항

선택적 함구증은 어린 아동에게서 발생하는 경향이 있기에, 선호되는 치료는 가족 치료이다. 부모는 이 장애를 말을 할 수 없는 것보다는 아동의 잘못된 대처 기제로 다룰 필요가 있다. 부모가 권력 투쟁을 우회하고, 침착하고, 지지적이고, 격려하는 사람이 되도록 돕는 것이 필수적인 단계이다. 아동을 대변하거나 아동에게 말하라고 요구하는 것도 효과가 없을 것이다. 대신, 부모와 교사는 한번 질문을 한 다음, 자연적 또는 논리적인 결과가 일어날 수 있도록 함으로써 아동을 도울 수 있다. 예를 들어, 아동이 아이스크림을 좋아한다면, 아동이 말을 하지 않는 상황에서 아이스크림을 먹고 싶은지 물어보는 것은 아동이 말을 하거나 기회를 놓치는 것이 불가피하다. 또는 교사가 아동에게 부모가 선물을 남겼고, 명확한 목소리로 요청하면 선물을 가질 수 있다고 말할 수 있다. 다시 말하면, 이러한 개입은 성인이 차분하고, 친절하며, 일반적으로 지지적일 때만 효과가 있다.

드문 상황으로, 아동이 말하지 않는 환경이 단순히 지지적이지 않은 경우에는 환경을 바꾸거나 다른 학급이나 다른 학교를 찾는 것이 유용할 수 있다. 그러나 조기에 행동을 다루는 것이 중요하다. 왜냐하면 아동기 후기나 청소년기에 접어들면 그냥 말을 하지 않는 것에 익숙해질 수 있고, 고집스러운 조용함이 생활양식이 될 수 있기 때문이다. 즉, 선택적 함구증은 사회불안장애 또는 우울증으로 발전한다.

### 사례 • 제레미

제레미는 2학년이다. 전하는 바로는, 그는 비록 제한적으로나마 1학년 교사와 이야기를 나눴지만, 학년 초부터 학교에서 한마디도 하지 않았다. 그는 집과 교회에서 또는 가족과 함께 동네에 나갈 때는 말을 하지만, 학교에서는 말을 하지 않는다. 그의 교사는 '주기적으로 그에게 부탁하는 것'에서부터 교실 앞에 자신과 함께 앉자고 요청하는 것까지 모든 것을 다 했다. 교사는 그에게 집으로 가져갈 훈육 쪽지를 주었고, 그는 학교 상담사를 만나고 왔지만, 상담사와도 말을 하지 않을 것이다. 그는 학교에서 공부를 좀 하고, 모든 숙제를 다 하지만 제출하지는 않을 것이다. 교사는 그의 책상과 가방을 뒤져서 숙제를 찾아보고, 그것을 제출하지 않은 것에 대해 그를 꾸짖는다. 그는 자기 할아버지에게 선생님을 좋아하지 않는다고 말했다. 제레미는 교회에서 노아의 방주에 관한 어린이 연극을 하고 있었고, 대사가 한 줄이었는데 그는 규칙적으로 연습했고 리허설에서 대사를 잘 전달했다. 일요일 오후 공연 시간이 되었을 때, 제레미는 옷을 입고 준비가 되어 있었다. 무대에서 그는 자기 교실의 한 아이가 청중 속으로 들어오는 것을 알아챘다. 제레미는 자리에 앉아서 연극에 참여하기를 거부했고, 집에 올 때까지 다시 말을 하지 않았다. 제레미의 선택적 함구증은 권력 투쟁 전술이며, 아마도 자신의 교사를 목표로 했을 것이지만, 어쩌면 학교 전체를 목표로 했을지도 모른다. 그는 그 전술이 효과가 있기에 사용한다. 그의 저항은 가족과 학교 교직원들에게 좌절감을 주지만, 그는 그것으로 인해 전혀 괴로워하는 것 같지 않다. 그런데도 그에게 왜 이렇게 하느냐고 물으면, 그는 겁에 질려서라고 말할 것이다. 아들러리안은 그것이 권력 투쟁이라는 것을 안다. 왜냐하면 그의 삶에서 어른들은 화가 나고,

도전을 받고, 종종 패배감을 느낀다고 보고하기 때문이다. 그의 고집스러움은 관심을 끌려는 노력 이상이다. 이것은 '누가 누구를 통제하느냐'라는 싸움에서 이기려는 의도이다.

## 특정공포증과 사회불안장애

### 임상적 증상

특정공포증(Specific Phobia)과 사회불안장애(Social Anxiety Disorder)의 유사한 특성을 고려해 볼 때, 우리는 이들을 함께 논의하고 그 차이점을 명확히 함으로써 마무리할 것이다. 이 장애들로 진단받은 사람은 사회적·직업적 그리고 기타 삶의 기능 영역에서 손상을 일으키며, 심각한 고통을 초래하는 공포와 불안을 겪는다. 이러한 장애는 어린 사람에게 흔하다(특정공포증의 평균 연령은 7~11세, 사회불안장애는 약 13세).

특정공포증 또는 사회불안장애가 있는 개인들은 어떤 대상이나 상황(사회불안장애의 경우는 사회적 상황)에 대해 극심한 공포를 느낀다. 이들의 공포와 불안의 정도는 상황의 위험이나 실제와 일치하지 않는다. 불안이 너무 극심해서, 이들은 그 상황을 피하려고 상당한 삶의 변화를 일으킬 수도 있다(이전, 공식 석상에서 말하는 것이 요구되기에 고소득 지위로의 승진을 거절, 직장이나 학교 가기를 거부). 사회불안장애가 있는 사람들은 다른 사람들이 자신을 어떻게 인식하고 생각하는지에 대해 걱정한다. 이들은 어리석고, 바보스럽고, 형편없거나, 협박적이고, 위협적인 같은 부정적인 방식으로 인상을 주는 것에 대해 매우 걱정한다. 사회불안장애가 있는 사람들―어떤 경우에는 특정공포증이 있는 사람들―은 공포를 유발하는 상황을 피하거나 관여해야 하는 공포에 기울이는 주의의 양으로 인해 '내향적인 사람' 또는 자기몰입적(self-absorbed)이라고 인식될 수 있다.

### DSM-5 특성

특정공포증과 사회불안장애로 진단받은 사람은 어떤 대상이나 상황에 대한 불안이나 공포를 느낀다. 이러한 장애가 있는 아동은 짜증을 내거나, 울부짖거나, 매달리는 등 수많은 투쟁 또는 도피 행동으로 자신의 공포를 표현할 수 있다. 사회불안장애의 경우, 아동은 단지 중요한 성인과의 관계에서뿐만 아니라 또래와도 그것을 경험해야 한다. 두 경우 모두 여러 가지 비용으로 공포를 피하고, 지속적이며, 최소 6개월 이상 지속되며, 실제 위험이나 위협에 비례하지 않는다. 특정공포증은 두려워하는 자극(즉, 동물, 자연환경, 혈관 주사 부상, 상황 또는 기타)에 따라 부호화된다. 공포증은 저개발국보다 선진국에서 더 많이 발생하고, 여성은 남성보다 공포증 경험을 보고할 가능성이 2배 더 크다.

## 생물심리사회적-아들러식 개념화

생물학적으로 이 장애는 근원이 유전적일 수 있다. 즉, 이 장애가 있는 사람들은 비슷한 상태로 고생하는 친척이 있을 수 있다. 또한 사람들은 행동 억제를 하는 경향이 있을 수 있으며, 사회불안장애가 있는 사람들의 경우에는 부정적 평가를 두려워한 이력이 있을 수 있다. 마지막으로, 이 장애가 있는 사람들은 불안감을 주는 사건을 겪은 이력이 있을 수 있고, 어린 시절에 학대나 혹사를 받았을 수 있다.

아들러(1964b)는 "개인들은 성취하기 어려운 완벽이란 이상과 자신을 끊임없이 비교하며, 언제나 열등감에 사로잡히고 자극받는다."(pp. 35-36)라고 언급했다. 이러한 장애가 있는 사람들은 자신의 불완전성(혹은 다리 건너기, 거미와 마주하기, 다른 사람들과 관계하는 용기의 부족)이 너무 강해서, 그냥 자신의 공포를 극복하거나 직면할 수 없다고 믿는다. 또한 이러한 개인들은 협력에 대한 능력이나 욕구가 제한되어 있다. 공포증이나 사회불안장애가 있는 사람들은 삶의 특정 측면을 포기하고, 어려운 상황에서 자신을 지탱하고 지지하도록 도울 수 있는 신뢰를 삶과 관계에서 잃는다. 아들러(1927)와 드레이커스(1997)가 '질문(The Question)'이라고 부른 것, 즉 "당신이 이러한 불안을 느끼지 않는다면 삶이 어떻게 달라지겠는가?"라고 묻는 것이 공포증이나 사회적 상황에 대한 공포의 목적을 발견하는 가장 확실한 방법이다. 개인이 하고 있을 것이라고 말하는 것이 정확히 그가 피하고 싶은 것이다. 한 걸음 더 나아가서 어떻게 이 공포증이 개인이 자신의 가장 난처한 약점 중 하나로부터 숨거나 이를 피할 수 있게 하는가? 즉, 개인이 이 정도의 공포를 지정된 자극에 쓴다면, 삶의 특정 영역에서 느껴진 주요 열등감을 다룰 용기를 얻을 필요가 없다. 그리고 마지막으로, 불안을 어떤 대상, 사건 또는 상황에 집중시킴으로써, 개인은 삶 자체에 대해 느끼는 더 크고 더 일반적인 불안을 무시하거나 피한다.

이와는 대조적으로, 사회불안장애가 있는 사람들은 자신이 피하고 있는 인생 과제를 분명히 말했다. 특정공포증과 달리, 사회불안장애는 개인을 다른 사람들에게서 후퇴하게 한다. 평가를 받거나, 비판을 받거나, 실수를 하거나, 자신을 당황하게 하는 것에 대한 공포는 그 개인을 다른 사람들에게서 후퇴하게 한다. 다시 말해, 만약 개인이 다른 사람으로 하여금 자신이 사회적 상황을 헤쳐 나아가도록 돕게 할 수 있다면, 종종 나가서 다른 사람과 관계를 맺을 수 있지만, 다른 누군가가 자신을 돌봐야 한다는 요구가 항상 있다.

## 치료 고려사항

사회불안의 목적은 개인의 열등감에 초점을 맞추는 것을 피하는 것이므로, 치료는 생활양식 평가를 포함한 삶의 이력에서 시작해야 한다. 탐색 결과는 내담자가 자기비하로 경험했던 결코 긍정적이지 않은 사건을 끌어낼 것이다. 치료의 목표는 또한 원가족에 대한 통찰의 향상, 초기 사회 체계에서의 경험, 그리고 불안이 어떻게 실제 고통을 피하는 데 도움이 되는지를 포함할 것이다. 추가적인 치료 목표는 사회적 관심과 자존감의 향상을 포함할 것이다. 탐색 결과는 내담자가 피하기 시작하도록 촉발했던 영역과 사건을 시사할 것이다.

### 사례 • 호세

호세는 50세의 남성으로, 딸의 결혼식 날 아침에 아파서 하마터면 결혼식에 참석하지 못할 뻔한 뒤 아내와 함께 치료를 받으러 왔다. 그의 아내는 "행사 전에 야단법석을 떨거나 신체적으로 아프지 않고서는, 호세와 함께 사교생활을 조금도 할 수 없다는 것에 진절머리가 난다."라고 말했다. 호세는 작년에 두 차례 가족 모임, 딸 결혼식과 크리스마스 직장 파티와 같은 행사에 항상 참석해 왔다고 말했지만, "가기 전에 심하게 아프다."라고 느꼈고, "행사가 극도로 두렵다."라고 말했다. 그는 보통 행사 당일에 공포를 느끼곤 했는데, 이로 인해 그는 "정신을 차리지" 못하거나, 어떤 일에 집중할 수 없곤 했다. 그는 메스꺼움을 느끼곤 했고, "누워서 자야"만 했다. 행사를 마치기 위해 호세는 이부프로펜 피엠(Ibuprofen PM)을 복용했는데, 이는 그를 어느 정도 편하게 하는 것 같다. 호세는 "사회적 상황을 싫어하고", "잘못된 말을 하거나 어리석은 행동을 하는 것"에 대해 매우 우려하고 있다고 언급했다. 또한 그는 최근에 "욕실에서 오도 가도 못하는" 느낌이 들고, 공중 화장실에서 다른 사람들이 있을 때 소변을 볼 수 없다고 언급했다. 호세의 사회불안장애의 목표는 다른 사람과 관계를 해야 할 사건을 피하는 것이라고 쉽게 연상할 수 있다. 하지만 현재 호세는 이러한 이 행사들에 가고 있다. 그는 자기 투약을 하고 있지만, 가라고 스스로 밀어붙이고 있다. 그렇다면 그의 불안의 목적은 무엇인가? 가장 가능성이 큰 것은 그가 자신의 배우자를 계속 그에게 묶어 두고, 그들이 외출했을 때 그녀가 자신을 돌보고 걱정하게 하려고 불안을 사용하는 것이다. 이는 또한 좀 더 제한적인 존재로 발전할 수도 있는데, 즉 마침내 그가 그냥 이러한 행사에 전혀 가지 않을 것이라고 말하는 것이다. 그것은 마치 그가 철수하는 경우를 만들고 있는 것과 거의 같다. 이 모든 것은 사회적 상황에서 용기 부족, 즉 그가 삶에 완전히 참여할 가치가 없다는 공포를 반영한다.

## 공황발작과 공황장애

### 임상적 증상

특정공포증은 삶에 대한 조심스럽고 주저하는 접근 방식을 나타낸다. 반면, 공황발작(panic attacks)은 사람을 제자리에 얼어붙게 하고, 어떤 움직임도 멈추게 하며, 종종 개인을 움직이지 못하게 한다. 공황발작은 그 자체로 부호화된 장애가 아니다. 그것은 단지 예측할 수 없이 급증하고 몇 분 안에 최고조에 이르는 극심한 공포에 대한 설명일 뿐이다. 공황발작은 심계항진, 몸이 떨리거나 후들거림, 숨이 가쁘거나 혹은 질식할 것 같은 경험, 감각이 둔해지거나 따끔거리는 느낌, 통제력을 상실하고 미쳐 가고 죽을 것 같은 공포 등 네 가지 이상의 생리적·심리적 경험을 포함한다. 이러한 발작은 사춘기 이전 아동에게는 거의 발생하지 않는다. 여성이 남성보다 더 자주 이러한 발작을 겪는다. 그런 발작의 위험은 나이가 들면서 줄어든다.

예상하지 못한 공황발작이 반복되고, 개인이 그러한 발작의 가능성을 두려워하거나 극심한 공포를 피하려고 행동에 현저하게 쓸모없는 변화를 일으키기 시작하면, 공황발작은 공황장애(Panic Disorder)의 수준으로 올라간다.

## DSM-5 특성

공황장애로 진단받은 개인은 적어도 네 가지의 생리적·심리적 경험을 포함하는 공황발작을 반복한다. 앞서 이미 열거한 상태 외에도, 개인은 발한, 질식할 것 같은 느낌, 흉통 또는 가슴 불편함(때때로 심장마비와 혼동됨), 메스꺼움, 어지러움, 춥거나 화끈거리는 느낌을 겪을 수도 있다. 일부 문화권에서는 또한 이명, 목의 통증, 두통, 비명을 지르거나 우는 증상도 인정하지만, DSM-5(APA, 2013)는 이러한 증상을 장애의 부호화 관점에서 중요한 증상으로 인정하지 않는다. 반복적으로 발생하는 공황발작 외에도, 이 장애는 개인이 추가 발작이나 그 결과에 대한 지속적인 공포(최소 1개월)를 느끼기 시작하거나, 미래의 발작을 피하기 위한 시도로 부적응적 과정에 관여하게 한다.

## 생물심리사회적-아들러식 개념화

생물학적으로 공황발작은 실제로 위험한 자극에 직면했을 때 일어날 수 있는 것과 같은 공포 반응을 뇌와 신체에서 다시 재현한다. 차이점은 공황발작이 아무 이유 없이 갑자기 나타난 것처럼 보인다는 것이다. 신체는 우리의 진화 발달의 일부로 발달한 것과 동일한 보호 모드로 들어간다. 특정 의학적 상태(예: 천식 또는 심장질환)에 대한 민감성은 공황발작을 자극할 수 있다. 공황장애 또는 심지어 지난 12개월 이내의 공황발작도 자살 위험을 나타내는 지표가 될 수 있다.

공황발작이 일순간에 모든 것을 정지시키고, 사람과 삶을 제자리에 얼어붙게 하는 것처럼, 공황장애가 있는 사람은 삶의 다른 측면에서 얼어붙기 시작한다. 다른 모든 불안과 마찬가지로 공황은 사회적 관계에서 일어나고, 대개 도움을 요청한다. 개인은 삶을 감당할 만큼 강하다고 느끼지 않기에, 다른 사람에게 자신을 돌봐 달라고 요구하며 그 사람에게로 피신한다(Adler, 1932). 이런 의미에서 공황은 반응이 아니라 오히려 시작이다. 어린 시절로 돌아가는 것처럼 느껴야 할 때, 개인은 일시적으로 얼어붙다가 더 강하고 더 잘 돌봐 줄 수 있는 사람에게로 피신한다. 그러한 공포는 종(種)의 개별적인 약함에 깊게 뿌리박고 있고 너무 자주 애지중지하거나 혹은 가혹한 어린 시절 환경에서 양육되기에, 개인은 자신의 상황을 직면하고 극복하는 방법을 찾을 수 있을 때까지 두려워하는 경험이 자신을 후퇴하게 한다는 것을 깨닫기 시작한다.

## 치료 고려사항

공황발작은 장애는 아니지만, 미래에 일어날 공황발작에 대한 공포의 증가와 결부된 장기간에 걸친 많은 공황발작은 장애이다. 이 장애의 효과는 삶의 요구에서 후퇴를 조율하는 것, 즉 사실상 삶이 계속되는 동안 개인을 제자리에 얼어붙게 하는 것이다. 발작이 조기에 발견되면, 도와주는 가족이나 친구에게 발작이 일어날 때 자신을 진정시키는 데 도움을 주도록 요청할 수 있다. 경험(예: 의도적 과호흡, 심박동수를 높이기 위해 달리기, 현기증을 유발하는 회전하기)을 모의실험한 다음, 개인이 다시 진정되기 위해 무엇을 하는지에 주의를 기울임으로써 증상을 치료에서 다룰 수 있다. 극심한 공황발작의 경우, 단기간에 사용되는 선택적 세로토닌 재흡수 억제제가 증상을 완화하는 데 효과적인 것으로 나타났다. 그러나 치료의 주된 초점은 내담자가 의도하는 삶을 완전히 살기 위해 경험의 동결을 해제하고 전략을 개발하는 데 있어야 한다.

### 사례 • 토미

토미는 61세의 남성으로, 워싱턴 1번가의 모퉁이에 있는, 원래는 아버지의 가게였던 곳에서 약사로 35년간 일한 후에 최근 은퇴하기로 결정했다. 토미는 외아들이었고, 그는 대학 때까지 항상 특별 가정교사와 그의 확대 가족 내의 지원팀이 그를 도왔다. 그는 12세 때 자기 삶에 대해 비관적으로 느끼기 시작했고, 수학 점수 향상을 위해 처음으로 여름학교를 가야만 했다. 그는 시험에 대한 불안감을 느끼기 시작했지만, '특별한' 도움을 받아 겨우 통과할 수 있었다. 아버지는 그가 학교에 다니지 않을 때, 그를 약국에서 일하게 했다. 그래서 그는 고등학교 수학을 통과하는 것보다 약학 대학원 학위를 받기가 실제로 더 쉬웠다. 26세에 그는 약사가 되어 아버지와 나란히 일했다. 27세의 나이에 그는 바로 그 가게에서 한 젊은 여성을 만났고, 그녀와 불꽃 튀는 연애를 했고, 그녀의 제안에 따라 첫 데이트 한 달 후에 결혼했다. 그녀는 곧 임신하여 집에 머물며 가족을 부양했고, 곧 세 아이를 낳았다. 토미는 일주일에 6일 일했고, 일할 때 가장 행복했다. 집에서 그는 시키는 대로 했고, 자녀들과 거의 시간을 보내지 않았으며, 자녀들은 모두 성장하여 그들의 삶을 영위했다.

　토미가 은퇴한 날, 그의 아내는 이혼할 것이고, 모든 것을 자신이 가져갈 것이고, 토미는 여름 별장으로 이사 가야만 하고, 자신이 34년간 산 집을 가질 것이라고 선언했다. 토미는 시키는 대로 했다. 그는 오두막의 벽이 자신에게 점점 다가오는 것을 느끼기 시작했다. 그는 숨을 쉴 수 없었다. 그는 담배를 끊기로 결심했고, 이틀 동안 갑자기 담배를 끊었다. 둘째 날, 그는 쇼핑몰에 갔다가 거기서 공황발작을 일으켰다. 그는 무릎을 꿇고, 아무것도 없는데 질식하기 시작했다. 그는 땀을 뻘뻘 흘렸고 가슴이 두근거렸다. 그는 죽을 것 같은 공포를 느꼈다.

　그 후 6주 동안 토미는 주기적으로 공황발작을 일으켰다. 공황발작은 거의 아무 데서나 일어났다. 쇼핑몰에서, 오두막에서, 운전 중에, 골프를 치는 동안 일어났다. 그는 하루하루를 버티지 못할까 봐 두려워하기 시작했다. 그는 밤낮을 가리지 않고 친구들에게 전화를 걸어 도움을 청했다. 그의 친구들은 그의 전화를 피하기 시작했고, 어떤 경우에는 전화를 차단하기도 했다. 확실히 토미의 삶은 엉망진창이 되었다. 그는 어렸을 때 완전히 응석받이로 돌봄을 받았으며, 결코 고생하며 살아갈 필요가 없었다. 그의 일과 결혼은 그의 삶에서 믿을 수 있고 안정적인 정착처였다. 이제, 그는 길을 잃었다. 그는 어찌할 바를 모르고, 자기 자신을 돌볼 준비가 되어 있지 않다는 것을 알고 있다. 그래서 그는 도움을 요청한다. 그는 거의 도움을 요구한다. 그는 결국 공황 상태에 빠져 있다.

## 광장공포증

### 임상적 증상

　광장공포증(Agoraphobia)은 군중 속으로 나가는 것, 열린 공간 또는 인지된 밀폐된 공간, 혹은 다양한 형태의 교통수단에 대한 극심한 공포이다. 이것은 일반적으로 안전하다고 여겨지는 자기 집이나 집의 어떤 장소로 후퇴하는 것을 포함한다. 사회불안장애와 유사한 점이 있을 수 있지만, 사회불안장애가 있는 사람은 보통 필요한 일을 완수하기 위해 억지로 세상으로 나갈 수 있지만, 광장공포증이 있는 사람들은 집을 떠나는 것이 힘들다는 것을 알게 된다.

광장공포증이 있는 사람은 삶이 위험하고 야외에서는 탈출할 수 없거나 도움을 받을 수 없다고 믿기 때문에, 안전지대에서 벗어나는 것을 피한다. 어떤 경우, 특히 노인의 경우에 외출에 대한 공포는 낙상이나 실금과 같은 무력감이나 굴욕감을 주는 증상과 연관될 수 있다. 노인의 경우조차도 공포는 상황이나 경험에 비추어 분명히 과도하다고 보여야 한다.

## DSM-5 특성

광장공포증으로 진단받은 개인들은 대중교통, 시장, 상점, 극장, 줄을 서 있는 것, 단순히 집을 떠나 있는 것을 포함하여 적어도 두 가지 상황에서 현저한 공포를 보여야 한다. 이러한 상황을 피하는 것은 그 상황에서 벗어날 수 없다고 느끼거나 공황상태에 빠지면 도와줄 사람이 없을 것이라고 믿는 결과이다. 광장공포증을 진단받으려면 이러한 상황은 개인에게 항상 공포를 불러일으켜야 하며, 피할 수 없는 경우에는 극심한 불안이나 동반자의 도움으로만 견딜 수 있다. 광장공포증은 우려되는 상황에 비례하지 않아야 하며, 공포는 적어도 6개월 동안 지속해야 한다. 광장공포증은 종종 공황발작이나 공황장애와 동반이환한다.

## 생물심리사회적-아들러식 개념화

생물학적으로 광장공포증은 유전될 가능성이 가장 큰 공포증으로 여겨진다. 공황발작은 사회 및 임상 표본의 30~50%에서 광장공포증에 선행하는 경향이 있다. 이 장애의 초기 발병은 청소년기 후기 또는 성인기 초기에 일어나는 경향이 있다. 그러나 40세 이후에 재발할 수 있다. 완전 관해는 드물다. 개인의 안전감(sense of safety)을 위협하는 어떤 심각한 삶의 사건도 광장공포증을 촉발할 수 있다. 가족 내에서의 죽음, 별거, 모든 종류의 학대, 외상을 경험하는 것은 광장공포 반응을 유발할 수 있는 몇 가지 스트레스 요인 중 일부이다. 다른 불안장애와 마찬가지로, 광장공포증이 있는 사람은 여러 상황에서 수년에 걸쳐 '두려워하는' 경험을 하면서, 불안에 민감하게 반응하는 경향이 있다.

광장공포증은 완전한 도피 상태에 있고, 삶의 요구로부터 후퇴한 사람을 위한 대처 과정이다. 결국 삶이 잘 풀릴 것이라는 보장은 아무에게도 없지만, 아들러리안은 우리가 '마치' 삶이 잘 풀릴 것처럼 행동할 때 삶을 더 완전하게 산다는 것을 알고 있다. 이러한 낙관주의는 영화 〈가장 이국적인 메리골드 호텔(The Best Exotic Marigold Hotel)〉(Madden, 2012)의 등장인물이 "인생은 항상 결국에 잘 풀린다. 인생이 잘 풀리지 않으면, 가장 확실히 그것은 끝이 아니다."라고 말할 때 표현된다. 대조적으로, 광장공포증이 있는 사람은 인생이 잘 풀릴 가능성은 없다고 믿는다. 머피의 법칙을 특별하게 각색하면, 광장공포증이 있는 사람은 잘못될 수 있는 것은 이미 잘못되었고, 끊임없이 계속 잘못될 것이라고 믿는다. 어떤 의미에서 광장공포증이 있는 사람은 사회적 자살을 하고, 집으로 철수하며, 삶에서 후퇴하고, 몸이 따라잡기를 조바심을 내며 기다린다.

다른 불안장애들은 종종 개인을 특별한 취약성 상태에 빠뜨리는 특정한 인생 과제 또는 요구를 피하려고 사용된다. 하지만 광장공포증의 경우, 개인은 모든 인생 과제를 직면하고 실패하는 것을 피함으로써, 사회적·직업적 관계 및 친밀한 관계에서 거의 확실한 손상을 초래한다. 그래도 불안은 집이나 안전지대에 있을 때는 사라지기에 보편적이거나 개인의 통제를 벗어난 것은 아니다.

## 치료 고려사항

광장공포증의 치료는 느리게 발달하는 용기를 포함한다. 그 사람의 과거 무언가가 그에게 삶 자체가 안전하지 않다고 확신시켰다. 치료 목표는 이러한 흔히 영구적인 확신을 뒤집는 것이 아니라, 그것을 관리하고 앞으로 나아가는 법을 배우는 것이다. 용기란 공포가 없는 삶을 사는 것이 아니라, 공포에도 불구하고 앞으로 나아가는 것이다. 극심한 광장공포증은 때때로 공황처럼 보일 수 있으며, 그리고 또한 선택적 세로토닌 재흡수 억제제는 단기간에 집중적으로 사용될 때 반(反)공황 특성 때문에 효과적일 수 있다. 지지 집단, 전화 지원 또는 스마트폰을 통해 접속되는 온라인 도움말처럼 절친한 사람의 (가족 또는 친구의) 지원을 받아 세상으로 나아가는 것도 도움이 될 수 있다. 용기는 실행과 함께 오므로, 체계적 둔감화와 관련된 실행과 함께 세상으로 나아가는 실질적인 단계를 밟으면서, 행동적 용기로 시작하는 것이 종종 바람직하다. 개인이 공황 상태에서 행동적 경험에서 달아나 광장공포증을 강화하는 것이 아니라, 평온해질 때까지 공포를 유발하는 상황에 머물러 있는 것이 중요하다.

그러나 행동적 용기는 단지 실행의 첫 단계일 뿐이다. 그것은 개인의 삶에서 일어났던 일에 직시하고 개인의 생활양식과 관련된 잘못된 관념과 방향을 다시 생각하는 용기를 위한 토대를 마련한다. 생활양식 평가와 초기 회상은 개인의 삶의 이러한 측면을 드러내는 열쇠이다(Powers & Griffith, 2012).

### 사례 • 메리

메리는 모든 위험을 끊임없이 강조하고 강화하는 엄격한 가톨릭 가정에서 자랐다. 메리는 다섯 아이 중 막내였고 유일한 딸이었다. 그녀의 아버지는 대부분 집을 비웠고, 알코올 중독과 격렬한 감정 폭발에 시달렸다. 메리는 어머니의 "어여쁜 어린 딸"이었다. 메리는 유치원부터 가톨릭 학교에 보내졌고, 가톨릭 여자 고등학교에 입학했다. 처녀성은 집과 학교에서 강조되었으며, 남자아이는 위험하고 동시에 보호적인 것으로 묘사되었다. 메리는 데이트를 하지 않았다. 집 밖을 나갈 때는 항상 그녀가 아주 좋아하는 어머니 또는 오빠를 동행했다. 메리는 아버지의 사망 보험금을 받아 사립 여자대학에 다녔다. 그녀가 3학년을 마친 직후, 그녀의 오빠가 전쟁에서 전사했다. 오빠가 죽은 직후, 메리는 공개 강좌에서 한 소년을 만났다. 그는 그녀에게 죽은 오빠를 너무 많이 떠올리게 했다. 대학을 졸업할 때, 그녀는 "그가 고집을 부렸기 때문에" 그와 결혼했다. 몇 년 후, 그녀는 종종 사람들에게 카르멜회(Carmelite) 수녀가 되고 싶다는 열망을 따랐어야 했다고 말하곤 했다.

결혼 초기에 메리는 공황발작을 일으키기 시작했는데, 특히 남편과 성관계를 해야만 할 때 일어났다. 그녀는 혼자서 상담사를 찾아갔지만, 공황발작은 계속되었고 남편은 상담을 계속하는 것이 소용이 없다고 보았다. 성에 대한 공포로 인해 그녀는 집에서 자신만의 침실을 요구했고, 그녀와 남편은 거의 같은 방에서 자지 않았다. 남편은 점점 더 일과 알코올에 몰두했다. 메리는 점점 집 밖을 덜 나갔고, 20대 후반이 되자 그녀는 극심한 공포를 느끼지 않고는 밖에 나갈 수 없었다. 그녀와 함께 있고 그녀를 돌보러 온 사람은 어머니였다. 이 경우 메리는 친밀함, 사회적 관계 및 일 등 모든 것에서 후퇴하고 있다. 그녀는 또한 막내이자 유일한 딸이라는 자신의 위치를 주장하며 어머니가 자기를 돌보도록 했다. 카르멜회 수녀가 돼야 했었다는 그녀의 믿음조차도 삶과 성인기에서 후퇴하고, 단지 감당할 수 있는 일과 기도만 하고, 남의 보살핌을 받고자 하는 욕구를 반영한다.

## 범불안장애

### 임상적 증상

범불안장애(Generalized Anxiety Disorder)는 개인이 직업적·사회적 그리고 기타 삶의 기능 영역에서 손상뿐만 아니라, 일시적일 수 있지만 현저한 고통을 야기하는 불안을 겪을 때 진단된다. 범불안장애가 있는 개인들은 '잔걱정을 많이 하는 사람', 비관주의자, 때로는 불평하는 사람으로 특징지어진다. 이들은 또한 과민하고, 불평이 많고, 화를 잘 내는 것처럼 보일 수 있다. 이들은 가족이나 친구의 웰빙을 지나치게 걱정하고 우려할 수 있으며, 특히 삶의 상황이 힘겨울 때 그러하다. 이들은 또한 일상적인 일, 삶에서의 우연한 일, 사소한 일(예: 빨래 개기, 전자 메일 읽기)에 대해 과도한 불안을 겪을 수 있다. 이런 개인들은 안절부절못하고, 불안하며, 불안정해 보인다. 게다가 이들의 기질과 지나친 걱정은 다른 사람들에게 부정적인 반응을 일으킬 수 있다.

범불안장애가 있는 사람은 종종 멍하고 부주의하며, 일을 끝까지 완수하기 어렵다. 이들은 쉽게 진이 빠지고 피로해지거나 근육 긴장과 같은 신체증상을 겪을 가능성이 있다. 피곤함에도 불구하고, 이들은 효과적이고 보충하는 잠을 자기 어렵고, 잠들거나 잠을 유지하려고 발버둥칠 수 있다.

### DSM-5 특성

범불안장애로 진단된 개인들은 조절하거나 줄이기 어려운 극단적이고 부적절한 걱정과 불안이 특징이다. 이들은 미래의 사건과, 다른 사람들이 자신의 성과를 어떻게 인식할지에 대해 긴장할 수 있다. 이러한 개인들은 쉽게 기진맥진하고 지칠 수 있지만, 불면증과 불만족스러운 수면과 씨름할 수 있다. 이들은 불안, 과민함, 일에 집중하거나 초점을 맞추는 데 어려움을 겪을 것 같다. 게다가 근육 긴장이 흔하다. 이러한 인지적·정서적·신체적 증상은 물질이나 다른 의학적 상태의 영향으로 인한 것이나 관련된 것이 아니며, 그 증상은 다른 정신질환으로 특징지어질 수도 없다.

## 생물심리사회적-아들러식 개념화

DSM-5(APA, 2013)는 이 장애가 근원적으로 유전적일 수 있으며, 병인(病因)의 3분의 1까지 차지할 수 있다고 시사한다. 그러나 장애에 대한 민감성에는 위험 회피(harm avoidance), 비관적 정서 및 행동 보류와 같은 기질적 요인도 포함될 수 있다. 여성이 남성보다 이 장애로 더 많이 진단받으며, 선진국에 거주하고 유럽계인 사람이 비백인 문화권 및 저개발국 사람보다 이 진단을 받을 가능성이 더 크다.

이들은 자신의 미래(즉, 죽음을 피할 수 없음.)에 관해 끊임없이 두려워하고 부정적이다. 또한 이들은 다른 사람들이나 사건에 대한 통제력이 제한적이라는 것을 인식함으로써 마찬가지로 불안하게 된다. 그러나 아들러의 관점에서 보면, 개인은 '상황에서의 행위자'이며 단순히 '힘의 집합체'에 노출되는 것이 아니다(Dreikurs, 1955, p. 56). 심리적으로 범불안장애가 있는 개인은 다음과 같이 표현될 수 있는 자기 자신, 다른 사람들, 세상과 삶의 목적에 관한 관점을 지니고 있다. "그래, 그렇지만 나는 아프다." 즉, 불안의 증상은 의도적이고 유용하다. 불안은 다른 사람의 비판과 피드백 및 개인의 자기비판으로부터 자존감을 보호한다(Adler, 1964a; Carlson et al., 2006)는 점에서 유용하다. 만약 이들이 계속 불안하고 걱정한다면, 이는 인생 과제의 어떤 영역에서든 위험을 감수하는 것을 어렵게 한다(Sperry, 1987).

범불안장애가 있는 사람은 어린 시절부터 패턴을 지녀 왔다. 이러한 아동이 과잉 보호받는 것은 드문 일이 아니다. 청년으로서도 패배, 비판 및 책임을 다루는 것은 어렵다. 이들은 부모에게 자신이 특정 과제를 수행할 능력(예: 학교에 다니거나, 집안일 맡기)이 없다고 설득하며, 자기 생각대로 하기(또는 패배를 수용하고 다루는 것을 그만두기) 위해 불안 유형의 증상을 사용할 수 있다. 부모가 애지중지하는 것은 아동이 자신의 활동에서 성공하지 못하거나, 위험을 감수할 만큼 강하지도 않을 것이라는 점을 추가로 강화한다. 이러한 태도의 결과는 아동이 그리고 나중에 성인으로서 다른 가족 구성원들과 종종 얽히게 된다는 것이다.

## 치료 고려사항

내담자와 관계를 구축하기 시작하면서 상담자는 내담자의 고통에 휩싸이지 않고, 따라서 내담자를 지나치게 받아 주고 내담자와 협력하여 변명하는 함정에 빠지지 않는 것을 염두에 두고 싶을 것이다. 이는 진행에 대한 분위기와 기대를 설정할 뿐만 아니라, 만약 매우 공감적으로 하면 비판과 피드백을 안전한 장소에서 경험할 수 있는 모델을 만들기 시작하며, 그리고 증상 감소에 필요하다. 치료 목적은 편안함을 느끼는 기간 더 늘리기, 기분(즉, 행복, 만족감) 증가, 스트레스 요인과 불안에 대처하는 능력의 향상, 인지된 거절과 미지의 것에 대한 내성의 증가, 주의력과 집중력의 향상 등이다. 또 다른 치료 목표는 인생의 도전에 참여하는 것에 대한 보호 장치를 만드는 데 자신의 증상이 얼마나 자신에게 유용한지에 대한 인식과 통찰력을 증가시키는 것이다. 치료 전략은 스트레스 및 이완 관리, 대안적 설명 제공 및 유용한 신념으로 대체(Carlson et al., 2006) 같은 대응 전술, 자기위로에 관한 교육, 해석 등이다. 상담자는 또한 내담자가 자신의 생활양식과 초기 기억, 가족 구도, 자원 및 강점, 기본적 오류를 연결하도록 돕는다(Carlson et al., 2006). 이러한 통찰력은 내담자가 인생 과제에 자신을 재정향하도록 돕기 위한 것이다.

### 사례 • 밥

밥은 46세의 남성으로, "자신의 삶을 힘들게" 하는 극심한 피로와 다른 신체적 증상을 겪기 시작한 후 치료를 받으러 왔다. 그는 너무 피곤하다고 느껴서 하루 8시간 서서 일해야 하는 직업을 계속할 수 없었다. 밥은 또한 아내와 긴장을 겪기 시작했는데, 특히 밥이 아내와 뭔가를 함께하는 것을 점점 더 꺼렸기 때문이었다. 밥은 "기분이 나빴지만" "지금 인생에서 어떤 것도 즐기기"가 어렵다고 말했다. 밥은 십대일 때조차도 항상 "작은 일에 대해" 걱정했지만, "사소한 일들에 관한 불안이 자신의 삶을 침범하고 있었다."라고 설명했다. 그는 언제 세차를 할지, 16세의 딸이 운전면허를 취득했기에 사고를 당하지나 않을지, 20년 안에 은퇴할 수 있을지 또는 언제 은퇴할지 등을 자신이 걱정하고 있다는 것을 알게 되었다. 밥은 또한 "적절한 휴식"을 취하려고 저녁 8시까지 잠자리에 들려고 하고, 처방전 없이 구입할 수 있는 약을 복용한다고 말했다. "당신이 이런 불안을 느끼지 않는다면, 당신의 삶에서 무엇이 달라질까요?"라는 질문(Dreikurs, 1997)을 했을 때, 밥은 자기 일에서 출세할 수 있고, 다른 사람들과 일하고 싶은 마음이 더 들며, "오, 잠을 더 잘 수도 있을 것"이라고 생각한다고 대답했다. 아들러식 초기 평가는 밥이 직장에서 발생할 수 있는 실패 또는 발전의 부족으로부터 자신을 보호하고, 자신이 참여할 용기가 부족한 가족 및 사회적 상호작용을 피하고, 자신과 삶에서의 자신감 부족을 강화하려고 불안을 이용하고 있다는 것을 보여 준다. 그의 사적 논리는 자신의 삶에 대해 아무런 통제력이 없으며, 따라서 자신에 대한 통제력이 없으며, 삶이 곧 심각하게 통제 불능 상태가 될 수 있기에 이 비관적인 가능성에 거의 전적으로 초점을 맞출 필요가 있다고 주장한다.

## 강박 및 관련 장애

강박 및 관련 장애(Obsessive-Compulsive and Related Disorders)는 모두 사람들이 행하도록 내몰린 느낌이 드는 반복적이고 지속적인 사고, 정신적 행위 혹은 행동을 수반한다. 일반적으로 이 장애들은 반복적인 생각과 행동에 집중한 후 이를 다루고 통제할 수 있음으로써 일반적인 불안과 싸우려는 시도이다.

## 강박장애

### 임상적 증상

강박 사고는 개인이 무시할 수 없고 어느 정도의 불안이나 고통을 초래하는 원치 않는, 반복적이고, 지속적인 사고, 심상 또는 충동이다. 대개 강박 사고는 개인이 반드시 해야 한다고 느끼는 강박적인 정신적 과정이나 행동과 연관된다. 대부분 강박 행동은 신체 기능이나 신체 경험과 관련이 있다. 먼지나 세균에 관한 강박 사고가 있는 사람은 한 시간에 여러 번 씻도록 내몰린 느낌이 들 수 있다. 생각과 행동 모두에 대한 정확성이 있기에, 강박 행동은 비교적 규칙적인 일정에 따라 발생하는

경향이 있다. 개인은 15분마다 손과 팔을 씻거나, 방에 들어올 때마다 다시 정리할
수 있다.

## DSM-5 특성

강박장애로 진단받은 개인은 강박 사고나 강박 행동 혹은 둘 다를 겪어야 한다.
또한 개인은 종종 강박 행동을 함으로써 강박 사고를 무시하거나 불안을 줄이려고
시도해야 한다. 그러나 강박 행동은 고통을 다루거나 예방하려고 현실적으로 고안
된 것이 아니거나, 명백히 과도한 것이다. 진단은 강박 사고와 강박 행동이 하루에
1시간 이상 시간을 소모하게 만들고, 사회적 · 직업적 또는 다른 형태의 기능에 심
각한 고통이나 손상을 초래해야 한다. 아동기에 이 장애가 발병한 약 30% 남성은
또한 틱장애의 기준을 충족할 것이다. 강박장애로 진단받은 사람의 약 절반이 장애
가 있는 동안 언젠가는 자살 사고를 느낄 것이다.

## 생물심리사회적-아들러식 개념화

강박장애가 있는 사람은 강박장애가 있는 직계 성인 가족 구성원이 있을 가능성
이 두 배 이상 높았고, 유전적 특징이 아마도 어느 정도 가족 간의 유대에 영향을 미
쳤을 것이다. 초기 아동기의 성적 · 신체적 학대 혹은 외상은 강박장애의 발병 위험
을 증가시킨다. 심리적으로 강박 사고와 강박 행동은 항상 부정성(negativity)과 질
서의 필요성을 반영한다. 통제의 문제는 개인의 삶에서 가장 중요하다. 강박 과정
의 실행은 다른 사람들이 매일 관여하는 관계와 업무로부터 주의를 다른 데로 돌리
는 것이다. 남성은 조기(아동기 · 청소년기)에 발병 가능성이 크고, 틱장애와 동반이
환할 가능성이 더 크며, 매사에 부적절한 생각을 품거나 대칭을 추구할 가능성이 더
크다. 여성은 신체 이미지나 청소 과정에 더 집중하는 경향이 있다.

강박장애가 있는 사람은 불안을 두 가지 방법 중 하나로 이용한다. 그것은 삶에서
필요한 과제, 특히 일, 친밀감, 가족 관계와 관련된 과제에 참여하는 것을 피하거나
벗어나는 구실이 될 수 있다. 그리고 그것은 완벽의 필요성과 완벽을 추구하는 개인
의 필요성을 주장하는 데 이바지하는 사회적 관계 및 가족 관계에서 특권적 또는 강
력한 지위에 대한 가정일 수 있다.

불안정한 사람을 우정, 가족 및 일 등 더 중요한 인생 과제에서 다른 데로 관심을 돌리게 하는 것은 이 강박 사고 또는 강박 행동의 발달이다. 이러한 좀 더 다루기 쉬운 과정에 참여함으로써, 개인은 덜 의미 있는 과제로 바쁘게 지내며, 좀 더 협력적이고 생명을 유지하는 노력에서 후퇴한다. 강박장애가 있는 사람들은 이러한 강박 사고와 강박 행동에 그것들이 의례적이고 종종 완벽한 방식으로 행해져야만 한다는 중대성과 중요성을 부여한다. 게다가 이들은 과제를 적절하게 수행할 수 있는 유일한 사람들이며, 그 때문에 자신과 자신의 노력을 다른 사람들의 일상 활동과 요구 이상으로 높인다.

## 치료 고려사항

치료에서 첫 번째 고려사항은 강박 사고 또는 강박 행동이 누군가에게, 내담자에게, 또는 내담자가 상호작용해야 하는 사람에게 방해가 되는지의 여부이다. 드문 경우지만 아무도 사고나 행동으로 특별히 방해받지 않으면 실제로 해야 할 것은 없다. 그러한 경우에는 대개 강박 행동은 불안을 다스리는 데 효과적이다.

강박 행동이 불안을 통제하지 못하거나, 사고나 행동이 실제로 내담자나 내담자와 관련된 사람을 방해할 때, 치료가 정당화되고, 일반적으로 불안을 유발하는 자극에 대해 둔감화가 진행되고, 이어서 강박장애가 내담자로 하여금 피할 수 있게 한 인생 과제들을 다룬다. 강박 사고나 강박 행동과 관련된 극심한 불안의 경우, 선택적 세로토닌 재흡수 억제제가 때로는 상당히 높은 용량으로 사용되어 왔다.

행동주의 치료자는 치료의 첫 단계를 '노출 및 반응 방지(Exposure and Response Prevention)' 치료라고 부른다. 이는 강박적 반응에 관여하지 않고 낮은 수준의 불안 자극에 노출하는 것이다. 개인이 세균에 의해 감염됐다고 느끼고 손 씻기 반응이 생겼다고 하자. 치료는 상대적으로 낮은 수준의 노출(다른 사람이 만졌던 문고리나 책)과 그 개인이 다시 평온함을 느낄 때까지 손 씻지 않는 것을 지지하는 것으로 시작할 수 있다. 다음에 제시한 잭의 사례에서, 집에 들어가서 어떤 부분이 제자리에 있지 않은지 확인하지 않고 아내와 자녀에게 인사하는 것을 지지하는 것일 수 있다. 결국 모든 강박의식은 아들러가 삶의 모든 것의 중심이라고 믿었던 사회적, 직업적 또는 친밀감 과제에서 후퇴하도록 고안된 것이다. 다시 말하면, 생활양식 평가와 초기 회상에 대한 해석과 이해는 이 발견 과정에 크게 도움이 된다(Powers & Griffith, 2012).

## 사례 • 잭

잭은 45세 남성으로 컬럼비아 대학교에 다니며 저널리즘을 전공했다. 그는 여러 신문사에서 일한 후, 시 방송국 뉴스 부서에 입사했다. 거기서 몇 년 동안 주말 앵커이자 아침 뉴스 및 연예 프로그램의 남성 진행자였다. 잭은 출연자나 시청자 모두를 편안하게 해 주는, TV 출연에 아주 걸맞은 잘생긴 남자였다. 잭이 자신이 강박장애일지도 모른다고 믿기 시작한 것은 최근에 강박장애에 대한 책을 쓴 정신과 의사와 아침 인터뷰를 하는 도중에서였다. 잭은 실제로 방송에서 그렇게 말했고, 이로 인해 방송국 경영진은 그가 강박적 행동이라고 믿는 것을 보여 주자고 카메라 팀을 그의 집에 데려갈 것을 제안하게 되었다.

잭은 결혼했고, 아내와 십대 딸이 둘 있었다. 그들은 큰 전망창과 아름다운 나무 마루가 있는 도시의 다소 호화로운 이 층 아파트에 살았다. 크기가 다양한 22개의 동양 양탄자가 바닥을 덮고 있었고, 이 양탄자들은 모두 각 끝에 술을 엮었다. 아파트에 들어서자마자, 잭은 각 술의 가닥이 완벽하게 똑바른지 확인하지 않으면 안 된다고 느꼈다. 그는 일부 술을 똑바르게 하려고 작은 양탄자를 뒤집는 과정을 거쳤지만, 모든 경우에 각 양탄자의 각 측면에 있는 술을 빗으려고 자신이 구입하거나 만든 7개의 빗 중 하나를 사용하곤 했다. 양탄자에서 양탄자로 이동하는 동안, 그는 또한 벽난로 선반에 있는 작은 조각상을 바로 잡고, 의자와 테이블을 제자리로 옮기거나 종이와 우편물을 정돈된 더미에 놓곤 했다. 그 과정은 그가 집에 올 때마다 2시간이 걸렸다. 그는 특히 두 십대 딸들에게 그러한 질서를 기대하는 것이 불합리하다는 것을 알았지만, 그가 자신의 '의식'을 하지 않으면 그의 불안은 압도적일 것이다.

카메라 팀은 딸의 방을 얼핏 보았고, 짐작할 수 있듯이 두 방은 모두 엉망진창 또는 잭이 '재앙'이라고 묘사한 것 같은 상태였다. 딸들이 나갔을 때, 그는 가끔 '소녀들의 방'에 몰래 들어가서 구석구석 다 청소하고 모든 것을 올바른 위치에 놓곤 했다. 청소는 보통 온종일 계속되지 않았고, 딸들은 그것에 대해 전혀 언급하지 않았다. 잭이 집을 정돈하고 있을 때 아무도 더는 그를 귀찮게 하지 않았다. 그의 아내가 가끔 그를 맞이하곤 했지만, 그마저도 그가 정돈하는 과정을 시작하면서 무시되는 것 같았다. 잭은 뉴욕시의 TV 방송에서 가장 매력적인 인물 중 한 명으로 여겨졌지만, 집에서는 배우자나 딸들과 거의 상호작용하지 않았다. 딸들은 아버지가 가족의 실제 생활에 참여하도록 하는 것을 오래전에 포기했다. 분명한 것은 잭이 가정생활에서 후퇴하고 있다는 것이다. 질서에 대한 그의 강박 사고와 집에 오면 모든 것을 바로 잡고 싶은 강박 행동은 그가 책임감 있는 배우자 또는 부모가 될 필요가 없도록 그의 시간을 차지하고 채웠다. 그는 가족과의 관계 및 다른 사람들의 활동에 대한 강박 행동을 높인다. 만약 가족이 그냥 모든 양탄자를 제거한다면, 잭은 자신을 더욱 무력하게 하는 불안 발작에 빠져들 것이다. 아들러(1932/1970)가 '강박성 신경증(compulsion neurosis)' 이라고 부른 것이 해결되지 않으면, 그것은 백업(backup) 계획이다.

## 신체이형장애, 발모광, 피부뜯기장애

### 임상적 증상

신체이형장애(Body Dysmorphic Disorder)로 진단받은 사람들은 자신이 인식한 상태가 다른 사람들의 합의에 의해 검증되지 않았음에도 불구하고 자신에게 문제가 있는 것으로 보이는 신체 일부에 초점을 맞춘다. 예를 들어, 완벽하게 건강하고 머리숱이 꽉 찬 사람이 아무도 감지할 수 없는데도, 대머리가 되어 가고 있다고 믿을 수 있다. 발모광(Trichotillomania)은 털을 반복적으로 잡아당기는 것이 실제로 탈모를 일으키는 털뽑기장애이다. 털 뽑는 행위를 줄이거나 없애려는 반복적인 시도는 아무런 효과가 없다. 피부뜯기(Excoriation)는 반복적인 뜯기가 피부 병변으로 이어지는 피부뜯기장애이다. 다시 말하면, 장애를 줄이거나 없애려는 반복적인 시도는 실패한다. 이러한 각각의 경우에, 집착의 정도는 일시적일 수 있지만 직업적·사회적 및 기타 삶의 영역에서 현저한 고통이나 장애를 초래한다.

후자의 두 장애는 중독 과정과 공통점이 많은 것처럼 보일 수 있지만, 이 세 가지 장애를 실제로 함께 묶어 주는 요소는 주로 여성이 이 장애를 사용한다는 것이다. 남성이 신체이형장애가 있을 때, 집착은 성기 또는 근육 이형증(異形症)에 집중하는 경향이 있다. 여성의 집착은 외모에 기반한 광범위한 관심사를 포함하며, 그중 많은 것이 서구 문화에서 고조되고 있으며, 미용 시술이 모색되고 쉽게 이용될 수 있다. 발모광과 피부뜯기장애는 거의 전적으로 여성의 장애이며, 보수적으로 각각 90%와 75%의 비율로 추정된다. 이 후자의 장애들도 신체적 통증과 고통을 수반하며, 반드시 신체이형장애와 관련이 있는 것은 아니다. 이 장애들과 관련된 개인적인 부적절감과 열등감을 고려할 때, 이러한 자기비하와 자해 행위를 뒷받침하는 성별 및 문화적 명령(cultural mendate)을 보지 않기는 어렵다. 실제로, 서구 문화에서 이 장애들은 거의 틀림없이 사회에 존재하는 성차별의 결과이고 반영이다.

이 세 가지 장애는 모두 개인 신체의 특정한 구체적인 측면에 관심을 두고 집중한다. 이러한 의미에서 불안도 또한 특정 영역에 위치하며, 개인의 몸 중 한 부분의 교정에 초점을 맞추어 다루어지고, 종종 통제된다. 이러한 통제하려는 노력이 실패할 수밖에 없는 운명일지라도, 걷잡을 수 없는 불안을 안고 사는 것보다 여전히 낫다. 이 장애들과 관련된 근본적인 과정은 비슷하기에, 이 절의 나머지 부분은 신체이형장애에 초점을 맞출 것이다.

신체이형장애로 진단받은 사람들은 자신의 외모를 부끄러워하며, 종종 외모에 두어야 하는 집중의 양에 대해 당황한다. 또한 이들이 자신을 인식하는 것처럼 다른 사람들이 자신을 인식한다고 믿고, 이러한 자신이 인식한 결함에 관해 다른 사람들이 자신을 조롱하고 있다고 믿는다. 다른 사람들이 자신이 인식한 결함을 알아차리고 있다고 믿을 뿐만 아니라 이들이 겪는 수치심으로 인해, 이들은 내향적이고 조용하고 내성적인 것처럼 보일 수 있다. 이들은 수치심, 낮은 자존감 그리고 관련된 사회적 불안으로 인해 가깝고 친밀한 우정을 맺지 못할 가능성이 크다. 이들은 또한 다른 사람들의 표정을 부정확하고 부정적으로 해석할 수도 있으며, 특히 사회적 단서가 모호한 상황에서 그러하다. 반면, 이와 같은 사람들은 자신의 외모나 인식한 결함에 대한 확신을 얻으려는 노력으로 다른 사람들과 연결될 수 있다. 비록 이러한 행동에 관여하는 것이 안도감을 주지 못하고 일반적으로 자기평가에서 단지 불안감과 혐오감만 증가시키지만, 시간 소모적이고 저항하기 어려운 반복적인 행동 및 정신적 행위를 하는 것은 규범적(normative)이다. 그러한 행동에는 과도한 몸치장과 운동, 위장(예: 인식한 결함을 감추기 위해 과도한 화장 및 옷 착용), 피부뜯기 등이 포함될 수 있다. 이들은 미용 제품을 충동 구매할 수 있고, 무엇을 입을지에 집착할 수 있다. 이 장애가 있는 사람이 인식한 결함을 감추려고 미용 조치(또는 과도한 태닝)를 하는 것은 드문 일이 아니다. 이러한 행동 중 일부는 혈관 파열, 흑색종 및 기타 피부 감염 등 실제 신체적 손상을 초래할 수 있다.

이 장애들의 초점은 항상 신체의 특정 부위, 대개 얼굴, 피부 또는 털에 있다. 그러나 경멸은 신체의 어느 부분 혹은 인식한 비대칭감에 초점을 맞출 수 있다. 이 장애가 있는 사람은 완벽주의적이고 우울한 경향이 있다. 성형 수술을 받으려는 사람은 대개 결국은 똑같거나 더 나쁘게 느끼게 된다.

## DSM-5 특성

신체이형장애로 진단받은 개인은, 비록 이러한 결함을 다른 사람들이 인식하지 못하거나 경미하게 보더라도, 자신의 신체적 외모에서 인식한 결함과 결점에 관한 집착과 우려가 특징이다. 일부 개인들은 특히 체격이나 근육량이 부족한 것에 관심이 있다. 이들은 또한 자신의 외모에 관한 우려에 대응하여 반복적인 패턴을 개발하고 이에 관여해 왔다. 이러한 반복적 행동에는 거울 보고 확인하기, 극도로 불필요한 치장, 운동 또는 피부뜯기 등이 포함될 수 있다. 또한 개인들은 다른 사람들에게 자신의 외모에 관해 승인을 구하는 행동을 할 것이다. 자신의 외모를 다른 사람들의 외모와 비교하는 정신적 행위가 흔하다. 이러한 반복적 행동 및 정신적 행위는 사회적 · 직업적 그리고 기타 기능 영역에 영향을 미칠 만큼 충분한 고통을 초래한다.

외모에 대한 집착은 섭식장애로 진단받은 사람의 체중이나 체지방에 대한 우려와 관련이 되거나 그 탓으로 돌릴 수 없다. 신체이형장애가 있는 사람은 통찰의 수준에서 다를 수 있다. 또한 이 장애로 진단받은 사람은 집행 기능 및 시각 처리에 문제가 있을 수 있다.

## 생물심리사회적-아들러식 개념화

생물학적으로 이 장애는 근원적으로 유전적일 수 있으며, 강박장애로 진단받은 일차 친족이 있는 사람에게서 유병률이 더 높다. 게다가 이 장애는 종종 아동기 학대 및 방임과 관련이 있고, 횡(橫)문화적이고(cross-cultural), 평생에 걸쳐 겪을 수 있다.

신체이형장애가 있는 사람들은 집행 기능 또는 시각 처리의 결함으로 고통을 받을 수 있지만, 이들이 도출한 근본적인 결론은 자신이 결함이 있거나 장애가 있다는 것이다. 더욱이 이들이 결함을 발견하고 확인했기에, 그것은 이들의 삶을 지배하는 초점 사안이 될 수 있다. 인지적으로 이 장애는 외모가 중요하고 완벽함이 필요하다는 신념과 연결되어 있다. 게다가 이 불완전한 개인 외모는 이들이 누구인지, 다른 사람들이 이들을 어떻게 보는지, 그리고 삶을 다루기 위해 이들이 무엇을 해야 하는지를 규정한다. "나는 결함이 있고 독특하다. 나는 계속 노력할 것이지만, 다른 사람들 가운데에서 결코 가치 있는 자리를 찾을 수 없을 것 같다." 이들의 세계관은 "세상과 다른 사람들은 안전하지 않다. 나는 여전히 어울리고 싶지만, 사람들은 나를 역겹게 여긴다. 나는 나 자신이 역겹다고 생각한다."와 같을 수 있다. 이 장애는 일반적인 불안을 통제하려는 전술이다. 즉, 불안이 명명되고 정의되고, 불안을 감당할 수 있는 수준으로 유지하기 위해 의식과 과정이 개발된다. 예상되는 다른 사람들의 비판조차도 통제된다. "나는 내가 못생겼고 완전히 비열하다는 것을 알고 있다. 그것에 집중함으로써, 나는 다른 사람들의 비난을 피하려고 비판을 관리하고 나 자신을 평가한다."

신체이형장애에 대해 주목할 수 있는 예측 가능한 사회적 · 환경적 요인이 있다. 부모의 방임과 학대는 흔하다. 아동은 다양한 인생 과제들을 준비하고 다룰 기회가 제한된 환경에서 자랐을 수 있다. 이들은 가족, 학교 또는 그 밖의 사회 환경 내에서 결코 '적응하지' 못했을지 모른다(Croake & Myers, 1985). 아동은 부모의 기대와 관련하여 반복적인 회피 패턴을 개발했을 수 있다. 아동은 부모가 포기하도록 하는 데 전문가가 되었을 수 있다. 그 결과로 부모는 아동과 낙담하는 관계를 발달시켰을 수 있다. "나는 어떻게 해야 할지 모르겠다. 나는 너에 대한 희망과 믿음을 표현하려 노력했지만, 아무 소용이 없다. 나는 매우 피곤하다. 나도 너를 포기하는 것 같다." 외모에 초점을 맞춘 이 장애에서 낮은 자존감, 제한된 사회적 관심과 개인적 책임은 아동을 자기몰입으로 향하게 한다.

## 치료 고려사항

내담자가 실제로 관찰할 수 있는 신체적 기형이 있는지와 상관없이, 아들러리안은 개인이 결함 영역에 대한 자신의 태도를 재정향하도록 도와주려고 할 것이다(실제로 존재하든 그렇지 않든 간에). 상담자는 미러링(mirroring), 반영(reflecting), 위로(soothing) 등으로 내담자와 관계를 맺을 것이다. 내담자가 겪는 극심한 고통과 어쩌면 수년간의 자기증오와 혐오감을 고려하고 정중하게 경청한다. 치료의 목표는 완벽해야 한다는 개인의 관점을 재구성하는 것 등이다. 다른 목표들에는 자기만족의 증가(또는 자신이 만족하는 자기 영역에 초점을 맞추는 것), 인지 왜곡의 감소, 다른 사람들이 내담자에 관해 좋아하는 것에 대한 인식을 높이기, 인식한 '완벽한' 신체의 상실뿐만 아니라 자신의 어린 시절에 대해 슬퍼하는 능력의 향상, 자기위로 능력의 향상 등이 있다. 내담자의 통찰 수준을 고려할 때, 한 가지 치료 방법은 내담자가 자신의 생활양식과 초기 기억, 가족 구도, 자원 및 강점 그리고 기본적 오류를 연결하도록 돕는 것이다(Carlson et al., 2006). 그러한 통찰은 내담자가 인생 과제에 자신을 재정향하도록 돕기 위한 것이다. 또한 대처 전략과 자기위로 기술을 가르칠 수 있고, 내담자에게 자원봉사 활동(즉, 양로원이나 동물 보호소에서 자원봉사)에 참여하도록 격려하는 것과 같은 과제를 줄 수 있다.

### 사례 • 세이디

세이디는 24세의 여성으로, 어머니가 그녀에게 직장을 구하거나 인생에서 뭔가를 하지 않으면 집에서 쫓아내겠다고 협박을 한 후 치료를 받게 되었다. 분명히 세이디는 온라인으로 구직 지원을 했지만, 채용된 후에도 첫날 지각해서 해고되거나 출근하지 않았다. 세이디의 어머니는 또한 그녀가 "그녀 나이의 다른 아이들처럼 사회생활"을 하지 않았고, "이기적으로 자신에게만 집중"하는 것 같았기에 걱정하고 있다. 세이디는 "나는 너무 못생겼다고 느끼고, 로비에 있는 다른 사람들이 나를 보는 것을 원하지 않기 때문에 치료에 오는 것조차 힘들다."라고 고백한다. 한번은, 그날 갈 곳이 없었는데도 불구하고, 세이디는 상담에 갈 준비를 하는 데 2시간이 걸렸다고 언급한다. 그녀는 허벅지의 크기, 가늘고 지저분한 머리카락, 여드름에 대해 수년간 자기혐오를 느꼈다고 보고한다. [내담자는 사이즈 6(S 사이즈)으로 추정되며, 매력적으로 옷을 입고, 멋지게 손질된 헤어스타일을 하고, '건강하게 태닝'한 듯이 보인다.] 매니큐어, 페이셜 스크럽, 왁싱 및 가장 비싼 미용 제품에 어린 시절 저축의 대부분을 지출했음에도 불구하고, 세이디는 심지어 길거리의 가장 평범한 여자애처럼 "잘 생겼다."라고 결코 느끼지 않는다. 그녀는 포기할 준비가 되어 있었지만, 정말로 "더 나아지고" 싶다고 자신에게 말했다. 자신의 외모에 대한 세이디의 불안과 그녀가 인식한 결함을 바로잡는 데 소모하는 시간은 일, 친구, 가족이 제시한 과제를 피하는 데 도움이 된다. 그녀는 너무 바빠서 참여할 수 없다고 함으로써 이러한 영역에서 실패하는 것에서 자신을 보호한다. 이러한 과제들은 또한 그녀가 한 개인으로서 자신을 어떻게 보고, 삶에서 그녀의 가치가 어떻게 측정되는지와 크게 관련이 있기에, 결국 낮은 자존감, 실제 관계의 부족으로 끝나게 된다. 그녀의 불안은 핑계가 되고, 다른 사람들의 삶에 이바지하지 못하는 이유가 되고, 그렇게 함으로써 다른 사람들에게는 아무런 가치가 없게 된다.

───

# 수집광

## 임상적 증상

수집광(Hoarding Disorder)은 모든 것을 저장하거나 특정 물품을 과도하게 보관하려는 강박 행동이다. 수집광은 소지품을 처분하거나 소지품과 헤어지는 것과 관련된 심각한 걱정과 고통으로 인한 불안장애이다. 목표는 종종 자신과 다른 사람들을 위한 안전한 환경을 유지하는 데 필요하다고 여겨지는 품목을 저장하는 것이다. 수집광은 단순히 자신이 가지고 있는 어떤 것과도 헤어지기를 꺼리는 것일 수도 있고, 혹은 종종 사용 가능한 공간이 거의 없거나 전혀 없음에도 불필요한 물품을 과도하게 획득하는 것과 결합될 수도 있다. 수집의 결과는 항상 자신과 다른 가족의 생활 공간을 제한하는 상당한 양의 잡동사니이다. 비어 있거나 붐비지 않는 공간은 여전히 추가 물품으로 채워질 영역이거나 제3자(대개 가족 구성원)가 계속 '치우고' 있는 영역이다. 수집광인 개인들은 일시적일 수 있지만, 직업적·사회적 및 기타 삶의 기능 영역에서 고통과 손상을 일으키는 상당한 정도의 집착을 경험한다. 수집광이 있는 개인들은 공공장소에서 '정상적'인 것처럼 보일 수 있다. 즉, 수집광은 일상적인 대인관계에서 쉽게 감지되지 않는다. 하지만 가족과 친구들이 수집을 알고 있을 때, 고통은 개인뿐만 아니라 그의 가까운 관계 모두를 특징짓는다. 이것은 특히 자신의 장애에 대한 통찰이 제한적인 개인들에게 해당된다. 수집광이 있는 개인들은 의사 결정을 내리는 데 망설임을 경험한다. 이들은 종종 완벽주의적이고, 자신의 삶을 꾸려 나가고 계획을 다 완수하는 데 어려움을 겪는다. 이들은 꾸물거리고 쉽게 산만해진다. 이들은 자신이 수집했거나 구입하는 물품이 본질적인 가치가 있으며, 사용될 수 있다고 확신한다. 이들은 또한 감정적으로 이 물품과 연결되어 있다고 느낄 수도 있고, 물품이 낭비되는 것을 원하지 않는다고 주장할 것이다. 이러한 애착과 신념은 개인들이 소지품과 헤어지는 것을 어렵게 한다. 이들은 집 안의 공간에 상관없이 계속해서 저장하고 구입한다. 이들은 잡동사니가 만들어 낼 수 있는 위험하거나 심지어 비위생적인 생활환경을 알지 못할 수도 있다.

## DSM-5 특성

수집광으로 진단받은 개인들은 물품을 보관하고 저장하려는 지속적이고 강한 욕구를 지니고 있다. 물품의 가치나 필요성 혹은 생활 영역의 여유 공간의 여부와 상관없이, 물품을 버려야 할 필요성에 직면할 때 괴로워한다. 수집광이 있는 사람들의 80~90%가 과도하게 습득한다. 일부 연구는 이 장애가 남성에게 더 많이 발생한다고 시사하지만, 임상 표본은 대부분 여성이며, 여성이 과도한 습득에 관여할 가능성이 남성보다 더 크다. 두 성별 모두에서, 비록 수집광이 꽤 어렸을 때 시작되었을지 모르지만, 이 장애는 노인에게서 더 자주 나타난다. 개인과 가족 구성원에게 심각한 고통을 초래하는 잡동사니는 상당한 수준에 도달하는 데 시간이 걸린다. 젊을수록 가족/배우자는 종종 개인을 도우려고 환경을 정화하려고 노력한다.

## 생물심리사회적-아들러식 개념화

생물학적으로 이 장애는 약간의 유전적 소인이 있을 수 있으며, 또한 가족의 영향이 있다는 증거도 있다. 수집하는 사람들의 50%는 수집하는 친척이 있다. 심리적으로 수집하는 개인들은 필요한 물품이 없거나 원하는 물품을 빼앗길까 봐 걱정한다. 이들은 어떤 것이 버려지는 순간 그것을 되찾는 것이 필수적일 것이고, 물론 그 후에는 너무 늦을 것이라고 믿는다. 가족과 친구들은 잡동사니를 치움으로써 개인을 도우려 할 수도 있지만, 이것은 단지 그 사람의 고통을 증가시킬 뿐이고 종종 '필요한' 물품을 되찾거나 재구매로 이어진다.

심리적으로, 수집하는 사람들은 인생 과제인 우정, 직업/천직, 다른 사람들과의 친밀감에 참여하는 것에 대해 불안해하고 두려워한다. 즉, 이들은 일반적으로 자신이 인생 과제에서 성공적으로 이바지하기에 충분하지 않다고 믿는다. 게다가 이들의 세계관은 "세상은 안전하지 않다."라는 입장이다. 이 세계관의 근원은 다양할 수 있다. 개인들은 방치되거나 학대받았을 수도 있고, 혹은 자신이 결코 충분히 가져본 적이 없다고 믿거나 느끼면서 자랐을 수도 있다. 하지만 수집의 궁극적인 목표는 어떤 인생 과제에서든 실패나 갈등으로부터 자신을 보호하는 것이다. 수집하는 사람들은 사회적 상호작용보다 물품을 수집하고 물품과 시간을 보내는 데 더 많은 시간을 보냄으로써 이 목표를 달성한다. 다른 사람들로부터의 이러한 격리는 종종 친밀감과 협력을 불가능하게 하고, 이는 다시 이들이 가장 두려워하는 것인 실패에서 이들을 보호한다. 수집하고 저장하는 행위는 본질적으로 불안을 저지하는 방법이지만, 또한 이것은 종종 개인들이 자신이 잘한다고 믿는 것으로도 여겨진다.

## 치료 고려사항

수집의 목적이 보호 장치이기에, 상담자는 고통과 보호되고 있는 극심한 불안 등 복잡한 이력을 고려해야 한다. 내담자에 대한 공감과 긍정적인 사회적 존중은 필수적이다(Carlson et al., 2006). 치료의 목표는 내담자의 가족이나 원가족에 대한 통찰을 높이고, 사회적 관심을 격려하고, 자존감을 높이고, 증상이 어떻게 의도적인지를 다루는 것 등이다. 치료 방법과 전략에는 스트레스 및 이완 관리, 생활양식 평가와 이들이 증상을 이용하는 방법 간을 연결하기, 대안적 설명을 제공하고 유용한 신념으로 대체하기와 같은 대응 전술(Carlson et al., 2006), 자기위로에 관한 교육, 해석 등이 있다. 가족 구성원이 관련되거나 내담자와 함께 살 때, 그들을 상담에 초대하는 것도 도움이 될 수 있다.

사례 • 맨디

맨디는 57세의 여성으로, 결혼 생활에서 불화를 겪은 후 치료를 받으러 왔다. 분명히 남편은 그녀에게 "돈을 벌고 집안을 돌보는 것을 게을리한 것에 대해 화가 났다."라고 말했다. 맨디는 자신이 맡은 부분의 책임을 다하지 못하고 있다는 데 동의했지만, 그녀는 "항상 지쳐서, 아침에 겨우 일어나 온종일 TV를 보고 나서 밤에 잠자리에 들 수밖에 없다."라고 주장했다. 몇 회기 후, 맨디는 치료자에게 자신들이 "또 다른 문제"가 있다고 말했다. 그녀는 자신이 "수집광"이라고 설명했다. 더 나아가, 그녀는 집안 청소가 그녀에게 극도로 벅차다고 설명했다. 집 안의 잡동사니로 인해 욕실과 침실 두 개는 더는 접근할 수 없었다. 더 나아가 그녀는 침실에서 거실의 소파까지 가는 좁은 길이 있다고 설명했다. 맨디는 이에 대해 뭔가 조치를 취하고 싶었지만, 그중 많은 것이 그녀에게 "감상적"이었기에 "너무 피곤해서 무엇을 없애야 할지 생각할 수 없었다."라고 말했다. 이 경우 맨디는 집착 그 이상이었다. 실제로 그녀는 우정, 남편과의 관계, 그리고 자신의 삶과 다른 사람의 웰빙에 뭔가 기여하고 있다고 느끼도록 도와주는 어떤 종류의 직업도 피할 정도로 물품에 완전히 몰두해 있다. 그녀의 불안은 참여하지 않는 것에 대한 구실이며, 그녀가 수집에 집중하는 것은 그야말로 자신과 다른 사람들 사이에 물리적 벽을 쌓는 데 도움이 된다.

## 불안장애와 강박장애의 치료: 기타 논의

### 도피 성향의 성인을 위한 치료 옵션

청소년과 성인의 분리불안, 사회불안, 광장공포증 및 범불안장애는 모두 도피의 형태이다. 주된 목표는 개인이 약점이나 불안을 느끼는 문제나 과제, 그리고 실패하거나 적합하지 않을 것이라는 예상을 피하는 것이다. 회피의 목표는 일반적으로 사회적 관계, 직업 또는 일, 배우자 또는 가족 구성원과의 친밀감(Adler, 1927/1959)이라는 세 가지 인생 과제 중 하나를 목표로 한다. 이러한 불안의 목적을 발견하기 위해 아들러리안이 사용하는 평가 절차에는 질문(The Question)(Adler, 1927)과 드레이커스(Dreikurs, 1997)가 '객관적인 조사'라고 부른 것 혹은 생활양식 평가(Powers & Griffith, 1987/2012; Shulman & Mosak, 1988)의 두 가지가 있다. '질문'은 다음과 같이 표현될 것이다. "만약 당신이 이 불안을 느끼지 않았다면, 당신은 무엇을 하고 있었을까요? 당신의 인생은 어떻게 달라졌을까요?" 그 개인의 대답은 종종 그가 가장 피하고 싶은 세 가지 인생 과제 중 하나를 직접 가리킬 것이다. 마찬가지로, 개인의 원가족, 발달 및 대처 과정, 초기 회상에 대한 탐색은 모두 증상의 목적과 목표에 대한 단서로 이어진다. 이는 두려워하는 상황을 피하는 것이라기보다는 개인적 실패감을 피하는 것이다. 그러나 이해는 끝이 아니라 시작점이다. 이해와 함께 변화는 선택사항이 된다. 옵션(options)이 가능해진다. 격려는 내담자가 불안과의 관계를 바꾸도록 권유하는 것에서 시작된다. 이때까지 불안은 삶을 지배했고, 개인이 할 수 있는 것과 할 수 없는 것을 지시해 왔다. 그것은 전능했다.

또 다른 보호 기제는 사람들이 겁을 먹고 일을 하지 못하게 하는 것이다. 이들은 단순히 이런 것들을 하지 않기로 결정할 수 있었지만, 그러면 자신의 콤플렉스를 마주하고 인정해야 할 수도 있다. 불안을 하나의 기제로 삼아, 이들은 너무 두려워서 시도할 수 없다고 주장한다(Carlson, watts, & Maniacci, 2006, p. 61).

용기는 공포가 사라지게 하는 것이 아니다. 용기는 공포가 자신의 삶을 지배하지 못하게 하는 결정이다. 공포와 용기가 공존하도록 하는 결정이다. 상담자는 심지어 내담자에게 수년간 보호를 제공한 것에 관해 공포에 감사할 뿐만 아니라, 앞으로 나아갈 자신의 결심을 말하도록 요청할 수 있다. 내담자에게 필요한 내부 · 외부 자원은 무엇인가? 좀 더 용기 있는 삶을 향한 발걸음은 어떤 모습일까? 사회적 관심이 어떻게 관련될 것인가?

공황발작, 공황장애 및 많은 특정공포증은 사람들을 그 자리에 멈추게 하고, 제자리에 얼어붙게 하고, 움직임을 허용하지 않기 위해 고안된다. 사실, 공황은 종종 자신의 생명이 위험에 처해 있는 것처럼 느낀다. 첫 번째 단계는 보통 내담자가 진정하도록 돕고, 공포의 과부하를 줄이는 것이다. 칼슨, 와츠와 마니아치(Carlson, Watts, & Maniacci, 2006)는 공황과 높은 수준의 불안을 줄이는 것을 돕는 두 가지 개입, 즉 악마를 명명하기(Naming the Demon)와 인계받기(Taking Over)를 제안한다. 악마를 명명하기는 '당신이 어떤 것을 명명할 수 있다면 당신은 그것을 통제하기 시작한다.'는 생각에서 비롯된다. "나에게 무슨 일이 일어나고 있는가?"에 대한 대답이다. "나는 당신이 겁먹은 것을 알지만, 당신이 겪고 있는 것은 공황이라고 한다. 그것은 곧 멈출 것이다. 나를 믿어라"(p. 148). 누군가가 실제 무슨 일이 일어나고 있는지를 알고 침착하게 있을 때, 비상사태는 빠르게 지나간다. 악마를 명명하기는 악마에게서 힘을 빼앗는다.

사람들은 얼어붙으면, 종종 길을 잃고, 무엇을 해야 할지 혹은 어디로 가야 할지 확신하지 못한다. 이런 순간에는 길을 잃지 않은 누군가가 인계받는 것이 도움이 된다. "좋아, 여기에 우리가 할 일이 있다. 첫째, 우리는 ~할 것이다"(p. 149). 상담자가 제안하는 것은 구체적이고 즉시 실행될 수 있어야 한다. "첫째, 우리는 그냥 정상적으로 호흡할 것이다." "첫째, 우리는 자세를 바로 할 것이다." "첫째, 나는 당신이 단지 나를 바라보고, 내가 미소 짓는 것과 우리가 괜찮다는 것을 보기를 원한다." 언제 인계받는 것을 중단하고 고삐를 다시 개인에게 돌려줘야 하는지 아는 것도 또한 중요하지만, 사회적 관심이 개입을 안내하고 있는 한 상담자는 어떤 식으로든 개인을 자신을 해치는 방향으로 보내지는 않을 것이다.

특정공포증, 강박장애, 신체이형장애, 수집광, 발모광 또는 피부뜯기장애와 같은 전술은 개인의 시간을 보낼 일련의 대안적인 관심사나 활동을 만들어 불안을 통제하기 위해 고안된다. 그것들 모두는 사회적 관심에 상반되는 자기몰입의 수준을 나타낸다. 이러한 전술에 함축되어 있는 것은 사람들이 개인의 공포와 통제 과정을 심각하게 받아들이거나, 또는 개인이 뒤따를 것이 확실한 불안 속에서 모든 것을 잃어버릴 것이라는 위협이다. 다시 말하면, 개인이 불안을 통제하려고 사용하는 과정은 개인을 너무 바쁘게 만들어 일상생활의 사회적 · 직업적 과제를 다루지 못하게 한다. 바쁘거나, 특정한 공포에 사로잡히거나 집중하는 동안, 개인은 가족과 일의 요구를 피한다. 다시 말하면, '질문'을 묻거나 생활양식 평가를 실시하는 것이 회피와 불안의 이면에 있는 목표를 확인하는 가장 빠른 방법이다.

## 맺는말

불안장애와 강박 및 관련 장애는 항상 개인이 실패하거나, 약하고 무능한 것으로 노출되거나, 다른 사람들 앞에서 체면을 잃는 것을 두려워하는 사람, 활동 혹은 사건을 피하는 것에 관한 것이다. 어떤 의미에서는 불안은 경기장에서 사람을 제거하지만, 또 다른 의미에서는 그 사람을 전투로 부른다. 불안한 사람은 포기하지 않았고, 패배를 인정하지 않았다. 이들은 삶이 여전히 자신을 위해 잘 풀리기를 원한다. 아무리 느리더라도 재참여의 가능성이 나타나는 것은 이 희망, 이 욕구에서이다. 대안적 신념, 평가 및 참여를 탐색할 수 있는 것은 안전한 치료 관계 내에서이다.

## 참고문헌

Adler, A. (1927). *The Practice and Theory of Individual Psychology*. New York, NY: Harcourt, Brace.

Adler, A. (1932). *What Life Should Mean to Your*. London: George Allen & Unwin.

Adler, A. (1959). *Understanding Human Nature* (B. Wolfe, Trans.). New York, NY: Premier Books. (Original work published 1927.)

Adler, A. (1964a). *Problems of Neurosis*. New York, NY: Harper & Row.

Adler, A. (1964b). *Social Interest: Adler's Key To the Meaning Of Life*. Boston, MA: Oneworld Publications.

Adler, A. (1970). Compulsion neurosis. In H. L. Ansbacher & R. R. Ansbacher (Eds.),

*Superiority and Social Interest: Alfred Adler: A Collection of Later Writings* (pp. 112–138). Evanston, IL: Northwestern University Press. (Original work published 1931.)

American Psychiatric Association (2000). *Diagnostic and Statistical Manual of Mental Disorders, Fourth Edition (Text Revision)*. Washington, DC: American Psychiatric Publishing.

American Psychiatric Association (2013). *Diagnostic and Statistical Manual of Mental Disorders, Fifth Edition*. Arlington, VA: American Psychiatric Publishing.

Ansbacher, H. L. (1992). Alfred Adler's concepts of community feeling and social interest and the relevance of community feeling for old age. *Individual Psychology, 48*, pp. 402–412.

Ansbacher, H. L., & Ansbacer, R. R. (Eds.) (1956). *The Individual Psychology of Alfred Adler*. New York, NY: Basic Books.

Beck, A. T., & Emery, G. (1985). *Anxiety Disorders and Phobias*. New York, NY: Basic Books.

Bitter, J. R. (2009). The mistaken notions of adults with children. *Journal of Individual Psychology, 65*(4), pp. 135–155.

Bitter, J. R. (2013). *Theory and Practice of Family Therapy and Counseling* (2nd edn.). Belmont, CA: Brooks/Cole-Cengage.

Breggin, P. R. (2008). *Medication Madness: A Psychiatrist Exposes the Dangers of Mood-Altering Medications*. New York, NY: St. Martin's Press.

Carlson, J., Watts, R. E., & Maniacci, M. (2006). *Adlerian Therapy: Theory and Practice*. Washington, DC: American Psychological Association.

Croake, J. W., & Myers, K. M. (1985). Goal diagnosis in psychiatric consultation. *Individual Psychology, 41*(4), pp. 496–509.

Dreikurs, R. (1948). The socio-psychological dynamics of physical disability. In R. Dreikurs (Ed.), *Psychodynamics, Psychotherapy, and Counseling: Collected Papers of Rudolf Dreikurs* (pp. 171–192). Chicago, IL: Alfred Adler Institute.

Dreikurs, R. (1950). The immdeiate purpose of children's misbehavior, its recognition and correction. *Internationale Zeitschrift für Individual-Psychologie, 19*, pp. 70–87.

Dreikurs, R. (1953). *Fundamentals of Adlerian Psychology*. Chicago, IL: Alfred Adler Institute.

Dreikurs, R. (1955). Minor psychotherapy: A practice psychology for physicians. In R. Dreikurs (Ed.), *Psychodynamics, Psychotherapy, and Counseling: Collected Papers of*

*Rudolf Dreikurs* (pp. 49-64). Chicago, IL: Alfred Adler Institute.

Dreikurs, R. (1997). Holistic medicine. *Individual Psychology, 53*, pp. 127-205.

Eckstein, D., & Kern, R. (2002). *Psychological Fingerprints: Lifestyle Assessment and Interventions* (5th edn.). Dubuque, IA: Kendall Hunt.

Hyman, M. (2008). *The UltraMind solution: Fix Your Broken Brain by Healing Your Body First.* New York, NY: Scribner.

Kottman, T. (2002). *Partners in Play: An Adlerian Approach to Play Therapy* (2nd edn.). Alexandria, VA: American Counseling Association.

Kottman, T. (2010). *Play Therapy: Basics and Beyond* (2en edn.). Alexandria, VA: American Counseling Association.

Madden, J. (Director) (2012). *The Best Exotic Marigold Hotel.* United Kindgom: Participant Media.

Millon, T. (1990). *Toward a New Personology: An Evolutionary Model.* New York, NY: John Wiley & Sons.

Mosak, H. H. (1968). The interrelatedness of the neuroses through central themes. *Journal of Individual Psychology, 24*, pp. 67-70.

National Institutes of Health (2010). Treating anxiety disorders. NIH medline plus, 5(3), p. 15. Retrieved from http://www.nlm.nih.gov/medlineplus/magazine/issues/fall10/articles/fall10pg15.html.

Powers, R. L., & Griffith, J. (1987). *Understanding Lifestyle: The Psycho-Clarity Process.* Chicago, IL: Americas Institute of Adlerian Studies.

Powers, R. L., & Griffith, J. (2012). *The Key to Psychotherapy: Understanding the Self-Created Individual.* Port Townsend, WA: Adlerian Psychology Associates.

Rasmussen, P. R. (2010). *The Quest to Feel Good.* New York, NY: Routledge.

Rasmussen, P. R., & Dover, G. J. (2007). The purposefulness of anxiety and depression: Adlerian and evolutionary views. *Journal of Individual Psychology, 62*(4), pp. 366-396.

Shulman, B. H., & Mosak, H. H. (1988). *Manual for Lifestyle Assessment.* Muncie, IN: Accelerated Development.

Sperry, L. (1987). Common psychiatric presentations in clinical practice: *DSM-III* and dynamic formulations. *Individual Psychology, 43*(2), pp. 133-143.

Sperry, L. (1996). Anxiety disorders I. In L. Sperry & J. Carlson (Eds.), *Psychopathology and Psychotherapy: From DSM-IV Diagnosis to Treatment* (pp. 163-178). Washington, DC: Accelerated Development.

Sperry, L., & Sperry, J. (2012). *Case Conceptualization: Mastering This Competency With Ease and Confidence.* New York, NY: Routledge.

Sweeney, T. J. (2009). *Adlerian Counseling and Psychotherapy: A Practitioner's Approach* (5th edn.). New York, NY: Routledge.

제5장

# 우울장애와 양극성장애

Paul R. Rasmussen · Dinko Aleksandrof

미국정신의학회(American Psychiatric Association)가 발간한 『정신질환의 진단 및 통계 편람(DSM)』은 진단 및 연구를 위한 공식 명칭을 제공하는 것으로 간주된다. 1952년에 첫선을 보인 이후 많은 변화를 겪었으며, 여러 다른 판(板)을 보였다. 가장 최근에 미국정신의학회는 정신질환에 대한 진단 기준을 더욱 개선함으로써 임상 실무와 실증적 연구를 진전시키는 것을 목적으로 한 최신판인 DSM-5(APA, 2013)를 출시했다.

심리학 이론으로 진화하는 동안 개인심리학(individual psychology) 학파는 DSM 의 명명 체계를 개인심리학의 개념적 틀에 통합하는 방안을 모색해 왔다. 문헌에 게재된 수많은 저술 이외에도, 『개인심리학 저널(Journal of Individual Psychology)』 은 2002년 DSM과 개인심리학 사이의 연관성에 관한 특별 호를 발간했다. 마니아치(Maniacci, 2002)가 언급한 것처럼 DSM 체계의 5가지 축은 개인심리학이 지지하는 생물심리사회적 · 전체론적 관점과 대체로 유사하다.

이 장에서는 우울장애와 양극성장애에 관한 DSM-5에서의 변경사항에 대한 개요를 제공할 것이다. 또한 아들러리안 이론가가 우울증, 조증 및 관련 상태를 개념화하는 방법을 소개할 것이다. 그렇게 함으로써 이 장은 DSM 명명 체계를 개인심리학 이론, 특히 개인심리학의 정신병리에 대한 이해와 통합하는 방법을 제공할 것이다. 이 장에서 다루는 장애는 일시적 및 재발성 주요우울장애, 파괴적 기분조절부전장애, 지속성 우울장애(기분저하증), 제I형 양극성장애, 제II형 양극성장애와 순환성장애이다.

## 아들러리안 관점

여러 가지 요인들이 '생활에서의 문제'의 표현과 DSM 기반의 임상적 상태의 원인이 되며, 이들은 다를 수도 있고 다르지 않을 수도 있다. 어떤 상태는 의학적 개입이 필요한 신체적 병리를 암시하며 좀 더 의학적이지만, 삶의 문제를 적절하게 극복하지 못한 결과로 심리적/정서적 문제가 더 자주 나타난다. 이 모델은 '소유의 심리학(psychology of possession)' 관점보다는 '사용의 심리학(psychology of use)' 관점을 강조한다. 이러한 관점에서 증상들이 개인에게 유용하기 때문에 나타나는 것으로 이해된다. 증상들이 최적으로 유용하지는 않을 수도 있지만, 즉각적인 문제를 해결하거나 극복하는 데 도움을 준다. 소유의 심리학 관점은 증상이 본질적으로 삶의 방향과 무관한 신체적 과정의 결과로 나타난다고 여긴다. 생리(生理)가 단일한 병인(病因)의 문제일 수 있지만, 대부분 상태는 비록 생리가 관여되어야 하지만 단순히 생리적 과정의 결과로 나타나는 것이 아니라, 개인이 문제에 대처할 수 있도록 돕는 수단으로서 나타난다고 생각된다. 완벽한 신체적 균형이 없다는 사실과 심리적 과정에 대응하여 생리가 변한다는 사실은 개인이 삶에서 지향하는 것을 다룰 때 '사용'의 관점을 뒷받침한다. '대처 기술(coping skills)'의 개념은 심리학에서 흔히 언급되며, 이것은 기본적으로 여기서 언급되고 있는 것이다. 그러나 우려하는 것은 단순한 대처 그 이상이다. 당면한 도전을 효과적으로 '극복'할 수 없을 때 문제가 나타나는데, 이는 도전이 압도적이거나, 좀 더 자주 극복할 준비가 불충분하기에 발생한다. 따라서 단순히 대처의 문제가 아니라, 극복하느냐 극복하지 못하느냐의 문제이다.

증상은 즉각적인 요구에 대한 즉각적인 해결책이나 적응을 나타낸다. 증상은 도전에 대응하여 행위(행동)를 실행하게 만드는 감정(정서)을 포함한다. 우리가 이러한 적응을 병리적이라고 부르는 것은 다음과 같은 사실에서 비롯된다. 증상은 다음과 같다. ① 종종 고통스럽고 괴로움을 준다. ② 도전을 극복하는 데 최적으로 효과적이지는 않다. ③ 종종 한 사람의 삶의 질을 악화하는 데 이바지한다. 이러한 결과를 종합하면 DSM의 일반적 진단 기준을 충족한다. 특히 이러한 최적으로 비효과적인 적응은 사회적·직업적·가족적 책임에 대한 요구(즉, '공동체감', '심리적 안내선')를 충족시키는 능력의 붕괴에 이바지한다. 많은 사람이 이것이 DSM 장애를 진단하는 데 있어 중요한 요소임을 잊고 있다. 이것은 단지 증상의 존재만이 아니라, 증상과 관련된 삶의 혼란이다.

실제로 삶의 상황을 고려할 때 어떤 개인은 다른 사람보다 축 IV 문제에 더 많이 직면하고, 삶의 요구에 더 쉽게 압도되며, 그러한 요구를 극복하는 데 선택의 폭이 더 적다. 이것이 조직으로서 사회가 그러한 요구에 대응하고 해결책과 기회를 창출해야 하는 시점이다. 그러나 공동체의 전반적인 복지에 이바지하고 사회적 관심이 필요한 당면 과제에 최적으로 적응하는 것은 개인의 책임이다.

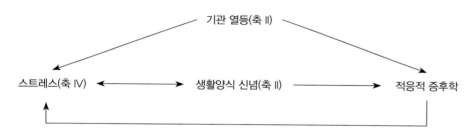

• 스트레스: 대처해야 할 사건/상황(즉, 극복할 도전)
• 생활양식 신념: 삶을 어떻게 살아가야 하는지/어떻게 살아가면 안 되는지에 대한 믿음을 의미하며 사적 논리를 포함함
• 기관 열등: 적응하고 노력하는 과정에 영향을 미치는 신체적 요인

[그림 5-1] 사용의 심리학 모델

주목할 만한 것은 심리적 장애의 증상들은 일반적으로 느껴진 감정과 실행된 행동이라는 사실이다. 증상은 직접적으로 인지되지 않는다. 인지(cognition)는 흔히 삶에 대해 개인이 가지고 있는 가정으로, 외부의 요구 및 사건과 잘 맞지 않고, 따라서 감정적으로 강요된 행동을 하게 하는 상황을 조성한다. DSM을 자세히 살펴보면, 축 I 상태와 기준은 거의 전적으로 감정과 행동이지만, 축 II 기준은 일반적으로 태도, 신념과 기타 형태의 인지임을 알 수 있다.

새로운 DSM-5에 대한 비판이 많지만, 가장 유감스러운 변화 중 한 가지는 개인을 임상장애에 대한 논의에서 제외했다는 것일 수 있다. DSM-5에 성격장애가 계속 포함되어 있지만, 임상 상태를 설명하는 데 도움을 주는 성격장애의 역할은 최소화된 것으로 보인다. 이는 정말 불행한 일이다. 그러나 대부분의 임상전문가가 자신의 개념화에 축 II를 사용하지 않고 주로 축 I에 초점을 맞추었다는 것은 사실이다. 5축 증상이 빠진 것은 유용하지 않아서가 아니라, 사용되지 않았기 때문이다 (Grohol, 2013). 그것이 사용되지 않았던 것은 대부분의 임상전문가가 성격의 장애 측면에서만 생각했고, 밀론(Millon, 1990/1999)이 전달하려고 노력한 것처럼 개인을 임상적 상태에 다소 취약하게 만드는 성격 유형으로 생각하지 않았기 때문이다. 윌리엄 오슬러 경(Sr. William Osler)이 주장했듯이, 상태를 이해하기 위해서는 의사는 그 사람을 이해해야 한다. 새로운 DSM 접근법에서는 그렇지 않을지 모르지만, 이 진술의 진실은 오슬러가 제시했던 1932년과 마찬가지로 지금도 여전히 중요하다 (Arney & Bergen, 1984).

개인심리학 모델에서 중요한 것은 낙담(discouragement)의 역할이다. 외견상 단순한 이 용어는 종종 임상 결과를 낳는 인간 경험의 상황을 설명하기 때문에 중요하다. 도전의 극복과 인정의 확보라는 목표를 고려할 때 개인은 때로는 격려를 받고, 희망에 차고, 심지어 열광하고, 그리고 다른 때에는 낙담하고… 부담감과 도전을 극복할 수 있는 능력에 대해 낙담하고, 야망을 성취할 수 있는 능력[즉, 열등한 느낌(felt minus)을 해결하고, 더 나아지는 느낌(felt plus)을 만들어 내려는]에 대해 낙담한다고 가정하는 것이 합리적이다. 낙담의 본질은 서로 다른 시기에 공포, 불안, 분노, 자기 경멸, 죄책감, 혹은 우울의 기간으로, 그리고 다른 임상적 · 준임상적 상태의 형태로 개인의 삶에 나타날 것이다. 현대의 많은 정신건강 전문가, 특히 좀 더 의학적으로 지향하는 전문가는 다음의 진술에 동의하지 않을 것이지만, 아들러 지향적인 치료자와 이론가는 이것을 주지의 사실로 받아들일 것이다. 내담자는 장애가 있어서가 아니라, 낙담했기에 우리를 보러 온다. 낙담의 본질은 증상의 특성에서 볼 수 있다(Rasmussen, 2010). 예를 들어, 개인이 완전히 낙담(discouraged)한다고 하기 전에 부담을 극복해야 한다는 것에 대해 불만을 느끼고 표현할 수 있으며, 이는 좌절감(frustration)을 반영한다. 개인이 도전이나 위협의 존재나 본질을 파악하려고 애쓰는 것일 수 있으며, 이것은 불안을 필요로 할 것이다. 개인은 자신이 공정하거나 합리적이라고 생각하지 않는 부담을 극복하기 위해 적극적으로 싸우고 있을 수 있으며, 이것은 분노를 필요로 할 것이다. 만약 개인이 무엇을 해야 할지 모르지만 무언가를 해야만 한다는 것을 안다면, 그 느낌은 즉각적으로는 공황이고, 심오하고 장기적일 때는 극심한 고통이다. 개인은 부담에 직면할 필요성을 회피하기를 바라는 것일 수도 있고, 이는 다른 더 긴급한 문제를 필요로 할 것이다. 그것은 대인관계 위기(예: 가족 갈등), 직장 위기(예: 상사와의 문제) 또는 건강 위기(예: 신체증상, 불면증 등)로 경험될 수 있는 위기를 필요로 할 것이다. 스트레스에 직면하면 개인은 어쩔 수 없이 행동해야 하고, 다른 행동은 다른 감정 상태를 필요로 한다. 우리의 행동에 활력을 불어넣으려고 상황의 요구와 인지된 선택 사항들을 고려하여, 우리가 필요한 감정을 우리는 느낀다. 이는 그러한 위기가 실제가 아니라는 것을 암시하는 것은 아니다. 그것들은 매우 실제이고 생활양식과 완전히 독립적일 수 있다. 그러나 아무리 극단적이어도 위기의 장점은 다른 문제들을 무시할 필요성을 만들어 내고, 위기가 없으면 하기 어려울 수도 있는 결정을 할 수 있게 한다는 점이다. 예를 들어, 관계 파트너에게 관계에 싫증이 나서 새롭게 나아갈 준비가 되어 있다고 말하기는 어려울 수 있다. 그러나 위기 앞에서 관계는 더 쉽게 끝날 수 있다. 실제로 많은 관계 파트너는 자신의 파트너가 종종 어떤 고통의 상태에서 문제에 대해 자신과 정면으로 부딪칠 때, 미묘하게 관계를 훼손하고 그 관계를 끝낼 것이다.

삶의 도전에 대처하는 데 도움을 주기 위해 구현된 적응 기제로 우울증, 조증 또는 기타 다른 상태의 출현을 설명하는 우리의 능력은 그것이 '실제'가 아니라고 시사하는 것이 아니라는 점을 지적하는 것이 중요하다. 확실히 모든 심리적 과정은 신체적 과정이 필요하므로, 심리적 상태와 생리적 상태를 구별하는 것은 거의 부적절하다. 임상적 질환으로 고통받는 사람이 인식하지 못할 수도 있는 것은 자신의 생명 활동이 자신의 삶을 관리하는 것을 도우려고 단순히 상황에 반응하고 있다는 것이다. 명백한 신체적 이상에도 불구하고, 개인은 플러스 상태를 만들고 마이너스 상태를 최소화한다는 목표로 시간과 상황을 통해 움직이는 전체적인 개인으로 남는다.

많은 사람에게 심리적 설명은 종종 '장애'가 조작된 결과이거나 취약함의 표시라는 것을 암시하는 역할을 한다. 예를 들어, 우울증에 빠진 사람들은 종종 그러한 설명을 거부할 것이다. 왜냐하면, 이들이 자신을 상황이나 나쁜 생명 작용의 희생자로 여기는 것을 선호할 때, 그것은 이들이 우울증에 책임이 있다는 것을 시사하기 때문이다. 이들이 이해하지 못할 수 있는 것은 자신의 생명 작용이 자기 삶의 상황을 관리하는 데 도움을 주기 위해 환경에 어떻게 반응하고 있느냐이다. 의료전문가는 이러한 설명을 거부할 수 있다. 왜냐하면 그것은 그들의 치료가 잘못되었고 어쩌면 불필요하다는 것을 의미할 수 있기 때문이다. 그러나 약물치료를 포함하여 이러한 적응적이고 유용한 기제에 대한 이해를 고려할 때, 다양한 치료법이 도움이 될 수 있다. 실제로, 파괴적인 행동을 자아내는 감정을 억제하기 위해 약물을 도입하는 것이 필요할지도 모른다. 그러나 우리는 이러한 치료가 그 상태에 대한 우리의 이해를 제한하지 않기를 바라야 한다. 예를 들어, 우리는 우울증을 유전적으로 매개된 화학적 불균형으로 단순히 설명하고, 그 균형을 회복하는 데 도움이 되도록 고안된 다른 화학 물질로 치료해야 한다고 설명할 수 있다. 이것이 사실일 수도 있지만, 대부분 기분장애 사례에서 우리는 이러한 설명이 부적절하고 잠재적으로 위험하다고 주장할 것이다. 예를 들어, 의학적 설명이 어떤 개인이 삶의 경험에 대한 통제력이나 영향력을 갖고 있지 않다는 것을 암시한다면, 실제로 둘 다 가질 수 있을 때 개인은 그 영향력을 주장하는 것을 멈출 수 있다. 게다가 만약 그 상태가 의학적으로만 치료될 수 있는 것으로 설명된다면, 그 의학적 치료가 개인이 추구하는 삶의 만족과 기쁨을 제공하지 않을 때 낙담의 깊이가 커지고 희망도 꺾일 수 있다. 또한 '불균형' 화학 물질이 절망적인 상황에서 후퇴하는 것일 수 있는 개인의 현재 요구를 충족시키는 것과 관련이 있기에 매우 '균형 상태'일 수도 있다. 어떤 상태가 유전적이라는 것은 반박할 수 없다. 인간의 상태에서 유전으로 매개되지 않는 것이 무엇인가? 고통의 상태에 적응하는 것이 우리의 유전에는 없는가? 물론 그것은 유전적이며, 유전적이 아닐 수 있는 방법이 없지만, 단순히 '유전적'이라고 말하는 것만으로는 충분하지 않다. 확실히 우울증 및 기타 상태를 생활양식이 지향하는 것에 의해 중재된 환경적 요구에 대한 적응적ㆍ의도적 반응으로 설명할 수 있는 우리의 능력은 상태의 불편함을 완화하는 것을 돕고, 이어서 열등한 느낌 상태를 해결하려고 실행된 역생산적 반응들을 제한하는 생명 작용의 역할이나 약물의 잠재적인 유용성을 절대 부정하지 않는다. 또한 그것이 평등한 경기장이고, 기질적ㆍ유전적ㆍ기타 신체적 요인이 관련되지 않거나(기관 열등을 고려하라), 모든 사람에게 동일하다고 암시하는 것은 아니다. 그것은 평등한 경기장이 아니며[크로닝어 등(Cloninger et al., 1993), 그리고 토머스와 체스(Thomas & Chess, 1977)의 기질에 대한 설명을 고려하라], 여러 가지 이유로 어떤 사람은 다른 사람보다 이러한 상태에 더 취약하다. 실제로 신체적 외모, 지능, 에너지 수준, 창의성, 인내 및 기타 특성의 차이가 생활양식 속성의 발달과 표현에 영향을 미치며, 따라서 개인을 우울증이나 조증으로 이끄는 경로는 무한하다. 이러한 복잡성을 감안할 때, 예를 들어 많은 사람은 우울증을 단지 자신이 알지 못하는 신체적 장애로 보는 것을 선호하며, 이는 현재 자신들이 가장 최근의 희생자인 나쁜 가족 유산을 나타낸다. 이것이 정확할 수도 있지만, 설명에는 더 많은 것이 있다. 정신건강 문제와 씨름하는 친척이 있다고 해서 불가피성이 생기는 것이 아니며, 왜 비슷한 고통과 씨름하는지 설명하지도 않는다. 인간은 비록 독특한 조합이지만 모두 유사한 유전자를 가지고 있으며, 인간의 방식으로만 반응할 수 있다(예: "우리는 날개를 퍼덕거리며 골칫거리에서 날아갈 수 없다."). 유전적 소인과 필요한 신체적 과정을 이해하는 것은 도움이 되고 유용하다. 그러나 개인심리학의 관점에서 우리는 개인의 신념, 목표, 사적 논리, 시간과 상황을 통한 움직임을 고려해야 한다.

## 기분장애와 DSM-5

DSM-IV-TR에서 DSM-5로 가면서 몇 가지 요인이 변경되었다. 기분장애 범주에서 가장 많이 논의된 주제 중 하나는 사별(bereavement) 배제의 삭제이다. DSM-IV-TR에 따르면, 사별로 증상을 설명할 수 있으면 주요우울 삽화(MDE) 진단을 받지 않았다(APA, 2000). 그러나 연구자들은 이 사별 배제에 대한 실증적 증거가 많지 않다고 주장한다(Zisook et al., 2012). 좀 더 구체적으로, 개정에 참여한 사람들은 사랑하는 사람의 사망에 따른 우울증의 임상 증후가 다른 부정적인 삶의 사건으로 인해 유발된 우울증과 크게 다르지 않다고 주장한다. '정상적인 슬픔(normal grief)'을 겪는 사람은 적응 기능의 수준을 유지한다고 여겨지는 반면, 다른 사람들은 그 기능에 상당한 타협을 경험한다. 시어(Shear, 2009), 그리고 램, 파이즈와 지숙(Lamb, Pies, & Zisook, 2010)은 슬픔(grief)이 우울장애와 비슷한 감정을 나타내지만, 특징상 다르다고 주장한다. 예를 들어, 슬픔은 고인에 관한 생각이나 고인을 상기시키는 것과 관련된 슬픔의 '격통(pangs)'[1]을 포함하며, 이는 주요우울 삽화의 지속적이고 만연한 슬픔과는 다르다. 게다가 슬픔은 종종 긍정적인 감정과 유머를 동반하는데, 이는 주요우울 삽화의 특징이 아니다. 슬픔은 또한 주요우울 삽화에서 보이는 자기비판적 또는 비관적인 반추보다는 오히려 고인에 관한 생각과 기억에 몰두하는 것을 포함한다. 또한 사별 배제는 우울증에 대한 ICD 증상의 일부가 아니며, DSM-I 및 DSM-II의 일부도 아니다. 그런데도 DSM-5 기분장애 작업집단(Workgroup)은 새로운 판에서 사별 배제 조항을 삭제하기로 했다. 일반적이고 우리의 논의와 관련된 것은 상

[1] 갑자기 격렬하게 일어나는 육체적·정신적 고통과 아픔-역자 주

실(loss)과 관련된 슬픔(sadness)인데, 사별의 경우는 사랑하는 사람이고, 사별이 아닌 우울증은 희망의 상실이고 뒤이어 삶의 의무로부터 후퇴하는 것이다.

기분장애에 대한 또 다른 변화는 DSM-IV-TR에는 존재하지 않았던 파괴적 기분조절부전장애(Disruptive Mood Dysregulation Disorder: DMDD)가 추가된 것이다. 이것은 화, 분노, 적대감 및 과민성의 극심하고 만성적인 표현으로, 언어적·신체적으로 표현된다(APA, 2013). 이 상태는 기분장애가 표현될 수 있는 다양한 방식을 반영하며, DSM에 나타난 여러 임상 상태들의 순수한 형태가 없다는 사실을 강조한다. 이 사실은 정신병리에 관한 개인심리학의 개념화와 일치한다.

불안이 기분장애와 가장 동반이환(comorbid)하는 상태라는 증거가 경험적 문헌에 많이 있다. DSM-IV-TR에는 기분장애에 대한 불안 명시자(Specifier)가 없으므로, 임상전문가는 환자가 우울장애와 더불어 임상 수준의 불안을 겪고 있음을 나타내기 위해 축 I의 두 번째 진단을 추가하도록 강요받는다. 그러나 문제는 불안장애가 독자적인 구체적 기준이 있으며, 기분장애와 동반 발생하는 불안이 있는 환자가 불안장애 기준을 완전히 충족시키지 못하는 경우가 종종 있다. 결과적으로, 임상전문가는 축 I에 대한 두 번째 진단으로 달리 명시되지 않은(NOS) 불안 진단을 부여한다. DSM-5에 제안된 한 가지 해결책은 NOS 불안의 과도한 사용을 방지하기 위해 기분장애에 불안 임상 척도를 추가하는 것이었다.

마찬가지로, 지난 수십 년 동안 임상적으로 유의미한 수준의 우울과 불안을 보이지만, 기분장애나 불안장애에 대한 완전한 기준을 충족하지 못하는 환자에 대한 보고가 많이 있었다. 종종 이들은 NOS 또는 적응장애로 분류되곤 했다. 그러나 DSM-5 기분장애 작업집단은 혼재성 불안우울장애(Mixed Anxiety Depressive Disorder)를 공식적이고 별도 진단으로 포함할 것을 제안했다. 이 상태에 관해 제안된 기준은 최소 2주간의 불안과 우울 증상이 동반되는 것을 요구한다. 이러한 제안된 변경사항들이 받아들여졌고, DSM-5는 우울장애와 양극성 및 관련 장애에 대한 명시자로 '불안증동반(Anxiety Distress)'을 포함하고 있다.

일반적인 DSM-5 변경사항의 일부로, 기분장애 작업집단은 그 장애들에 심각도 차원을 추가하라는 요청을 받았다. 지금까지, 기분장애 작업집단은 임상전문가가 주요우울장애와 양극성장애의 심각도를 결정하는 데 도움이 될 두 가지 척도를 제안했다. 첫 번째 척도는 우울 증상을 평가하는 환자 건강 설문지(Patient Health Questionnaire: PHQ-9; Kroenke, Spitzer, & Williams, 2001)이다. 그들이 권고한 또 다른 척도는 양극성장애의 심각도에 사용되는 전반적 임상 인상 척도(Clinical Global Impression Scale: CGI; Busner & Turgum, 2007)이다.

DSM 조직 위원회(Task Force)가 추가적으로 검토했던 또 다른 상태는 멜랑콜리아(Melancholia)였다. 경험적 문헌에서 연구자들은 멜랑콜리아가 DSM-5에서 뚜렷한 기분장애가 되어야 하는지, 아니면 명시자로 남아 있어야 하는지에 관해 의견이 다른 것 같았다. 전자의 견해를 지지하는 사람들은 멜랑콜리아가 별도의 상태로서 다른 기분장애보다 예후와 치료에 대한 예측 타당성이 더 뛰어나며, 좀 더 동질적인 범주를 나타내므로, 이는 연구에 더 좋다고 믿는다. 이와는 대조적으로, 후자의 견해를 지지하는 사람들은 멜랑콜리아가 다른 기분장애와 명시자들에 비해 더 뛰어난 예측 타당성이 있다는 주장을 뒷받침하는 연구가 충분하지 않다고 주장하며 동의하지 않았다. 예를 들어, 코르티솔 과다분비증(Hypercortisolemia)은 멜랑콜리아에만 특정되지 않고 다른 상태에서도 나타난다. 이 증거는 멜랑콜리아가 더 동질적인 증상들의 군집을 나타낸다는 주장에 반한다. 이 문제가 해결되지 않았기 때문에, 멜랑콜리아는 별도의 정신장애가 아니라 DSM-5의 명시자로 남아 있다.

# 주요우울장애

## 임상적 증상

우울증 그 자체는 인식된 상실과 절망에 대한 정상적인 정서적 반응이다. 주요우울장애(Major Depressive Disorder)를 나타내는 임상적 우울증의 경우에, 우울증의 경험은 좀 더 심각하고 좀 더 만성적이며, 정상적인 삶의 요구를 충족하는 개인의 능력에 크게 지장을 준다. 많은 임상전문가에게 임상적 우울증은 의학적 개입이 필요한 의학적 질병으로 여겨진다. 다른 정신건강 전문가에게 이것은 생리의 역할과 의료 제공자의 역할을 과장하는 것일 수 있다. 그러나 우울증은 다른 임상질환과 마찬가지로 중요한 신체적 과정을 포함하고 있고, 다양한 약의 도입으로 긍정적인 영향을 받을 수 있다. 신체적 과정이 경험과는 관계없이 발생하는 유전적으로 매개된 신체적 차이, 또는 경험과 관련하여 나타나는 적응된 신체적 변화(예: 학습 과정), 또는 즉각적 도전을 충족하는 데 필요한 반응적인 신체적 과정을 나타내는지에 대한 논란이 일고 있다. 물론 어떤 감정 상태의 경험도 필요한 신체적 매개자를 필요로 하며, 우울증의 경우에 개인은 시상하부 뇌하수체 축의 변화로 매개되는 중요한 신경화학 물질의 기능적 감소를 경험한다(Grisel, Rasmussen, & Sperry, 2006). 최근 몇 년간 가장 주목할 만한 것은 노르에피네프린과 세라토닌의 역할이다. 더 최근에는 우울증에서 도파민의 중요성이 고려되었다.

## DSM-5 특성

우울증의 증상에는 슬픔, 공허함, 절망감, 일반적으로 즐기는 활동에서의 흥미나 즐거움의 상실, 식욕의 변화와 관련된 체중 감소나 증가, 야간 불면증과 주간의 과다수면 등이 있다. 다른 증상으로는 정신운동 지연 기간에 산재하는 정신운동 초조, 피로 또는 활력의 상실, 무가치감 또는 죄책감, 집중력 문제 또는 우유부단함, 자살 사고를 포함한 죽음에 관한 생각 등이 있다. 우울증은 여러 가지 다른 감정과 섞여 있고, 각각은 개인이 유용하고 적응적인 행동을 하게 만드는 역할을 한다. 중요한 것은 증상이 고통스럽고, 삶의 중요한 영역에서 기능하는 개인의 능력을 손상한다는 것이다. 그 상태가 '장애'가 되는 것은 이것 때문이다.

## 생물심리사회적-아들러식 개념화

아들러리안 관점에서 볼 때, 우울증은 절망적인 상황으로 인식되는 상황에서 후퇴(retreat)하는 것을 의미한다(Rasmussen, 2010). 사실, 감정으로서의 우울증은 압도적이라고 인식되는 상황에서 철수(withdrawal)하게 만든다. 절망감이 우울증의 주요한 특징이라는 것이 이 입장을 뒷받침한다. 이러한 후퇴는 종종 불안과 어쩌면 분노, 즉 정황적 도전을 극복하려는 노력을 하게 하는 감정의 시기의 뒤에 일어난다. 그 감정들에 의해 하게 된 노력이 효과가 없음이 드러나면, 개인은 희망을 포기하고 철수할 수 있다. 철수가 절망적인 상황에 대한 유용한 반응일 수 있지만, 많은 우울증의 경우에 관련 해결책을 이용할 수 있으므로 궁극적으로 불필요하다. 또한 우울증에 빠지면(후퇴를 허용하는 것) 부담스러운 사회적·개인적 기대와 책임에서 어느 정도 즉시 벗어나게 되는 동시에, 생활양식 신념이나 행동 습관에서 조정할 필요가 없다. 이런 정황에서는 정말 고통스럽고 종종 심신을 약화시키는 우울증은 신념을 바꾸고 더 큰 사회적 관심으로 행동해야 하는 의무에 대한 보호 장치 역할을 한다. 슬라빅과 크로욱(Slavik & Croake, 2001)이 시사한 것처럼 사람들은 자신의 증상을 포기하고 싶은 반면, 자신의 목표를 바꾸거나 자신을 열등한 존재로 받아들이고 싶지 않다.

자신의 야심과 기대(즉, 가상의 목표)가 이루어지지 않는다고 상황에 대한 개인적인 해석이 나올 때, 우울증과 다양한 수준의 후퇴가 뒤따른다. 이 개념화에서 개인의 객관적인 현실이 상당히 긍정적일 수 있다는 점을 이해하는 것이 중요하다. 하지만 만약 그 현실이 개인의 더 기본적인 생활양식 욕구와 상충한다면, 우울증이 가능하고 아마도 발생할 개연성이 있다. 개인심리학의 관점에서 그러한 기본적인 욕구는 종종 무의식적이고, 이는 그것이 불분명한 목표임을 시사한다. 예를 들어, 어떤 사람이 열심히 일하고 책임감이 있고, 다른 사람들과 잘 지내고, 다른 사람들에게 도움이 되고, 현재의 친교(親交)에 만족한다고 말할 수 있다. 좀 더 깊고 불분명한 처리 수준에서 그 사람은 일과 다른 책임을 회피하는 것을 선호할 수 있고, 다른 사람들을 일반적으로 참을 수 없다고 생각할 수 있고, 성적 욕구에 굴복하고 이를 추구하기를 원할 수 있다. 이것은 부담을 피하고 즐거움을 얻고자 하는 욕망 등 기본적인 유아적 지향성이 삶에서 지속한다는 것(Rasmussen, 2012; Adler, 1959)과 기본적인 인생 과제를 수용하고 충족하는 데 실패했다는 것을 모두 나타낸다.

물론 이것은 생물학적 과정이 필요하며, 주로 시상하부 뇌하수체 축의 활동을 포함한다(Grisel, Rasmussen, & Sperry, 2006). 이 상황에서 스트레스는 인생 과제의 책임을 회피하고 좀 더 자기경계적인(self-bounded) 활동을 추구하는 사적 욕구와 유아적 욕구 사이의 불일치로 인해 발생한다. 우울증의 경우 스트레스를 절망적인 후퇴를 통해 관리한다. 이는 개인에게 부담스러운 책임을 어느 정도 경감시켜 주고, 두 번째로 다른 사람들에게서 동정심과 아마도 편의를 받게 한다. 관련된 생리적 과정을 고려할 때, 증상은 정말로 매우 실제이고 종종 매우 고통스럽다. 증상은 종종 자발적인 신체적 과정이 아니다. 이러한 신체적 과정은 개인의 마이너스 상태에 대한 적응적이고 의도적인 반응을 나타낸다.

삶의 환경이 끊임없이 변하고, 고통을 극복하고자 하는 욕구가 변함이 없기에, 우리는 모순되는 것처럼 보이는 증상들을 볼 것을 예상해야 한다. 어떤 증상은 사회적 후퇴와 절망감을 나타내지만, 또 다른 증상은 구조를 요청하거나, 다른 사람에게 따를 것을 촉구하거나, 자신을 더 큰 노력을 하도록 만들기 위한 미묘하고 노골적인 노력을 나타낸다. 슬픔이나 실망의 이러한 미묘한 표현은 다른 사람들에게 동정심과 관련 행동을 촉발한다는 점에 주목하는 것이 중요하다. 즉, 그것은 도움을 끌어낸다. 최상의 상황에서 스트레스에 대한 개인의 반응(즉, 감정에 의해 활성화되는 행동)은 가장 최적으로 효과적인 방식으로 도전을 극복하는 데 도움이 된다. '최적'은 반응이, ① 문제를 해결하고 어쩌면 문제를 제거하고, ② 문제가 다시 발생할 확률을 불필요하게 증가시키지 않거나, ③ 개인이 그 후 씨름해야만 하는 다른 문제를 만들어 내지 않는 것을 의미한다. 좀 더 자주 개인은 단지 순간적으로 안도감을 주는 반응을 하며, 따라서 이는 즉각적으로 적응적이거나 유용한 것으로 드러난다. 또는 그 문제의 재발과 종종 다른 문제의 발생을 보증하는 방식으로 반응한다. 개인심리학 관점에서 이러한 차선의 반응은 사회적 관심이 없고, 이어서 다른 사람들의 복지를 이용한다. 예를 들어, 분노는 다른 사람이 따르도록 촉진할 수 있지만 관계 문제를 일으킨다. 실제로 인간은 상황을 더 좋게 하는 데 집중하는 경향이 있고, 자신의 최적의 이익에 따라 행동하지 않는다(Rasmussen, 2010). 사실 더 나은 것은 항상 더 좋지만, 더 나은 상태가 좋은 상태에 상당히 못 미칠 수도 있다. 실제로, 상황은 더 나아질 수 있고, 여전히 꽤 나쁜 상태일 수 있다. 우울증의 경우, 철수는 이길 수 없는 싸움에서 사람을 벗어나게 하는 역할을 하며, 그래서 그 사람의 기분이 나아지는 데 도움이 된다. 하지만 싸움이 계속되기에 진정한 플러스(plus)는 종종 선택할 수 있는 것이 아니다.

## 치료 고려사항

일시적 우울증의 치료는 종종 다소 간단할 수 있다. 확실히 약물치료는 고통스러운 감정을 중재하며 생리적 과정을 저지하는 것을 돕기 위해 사용될 수 있다. 이것은 치료자와 환자가 고통스러운 감정에 의해 덜 산만해지고 생활양식에 집중하게 함으로써 심리치료 과정에 도움을 줄 수 있다. 현재 우울증 치료에 사용되는 여러 가지 약이 있다. 세라토닌에 작용하는 것[SSRI, 예: 플루옥세틴(fluoxetine), 파록세틴(paroxetine), 설트랄린(sertraline), 시탈로프람(citalopram)과 에스시탈로프람(escitalopram) 등], 세라토닌과 노르에피네프린에 작용하는 것[SNRI, 예: 둘록세틴(duloxetine)과 벤라팍신(venlafaxine) 등], 세라토닌과 도파민에 작용하는 것[NDRI, 예: 부프로피온(bupropion) 등], 미르타자핀(mirtazapine), 트라닐시프로민(tranylcypromine)과 페넬진(phenelzine) 같은 좀 더 오래된 약 등이다. 많은 환자에

게 약물치료로 인한 정서적 완화만으로 충분하며, 치료가 필요하다는 인식을 최소
화한다. 다른 사람들에게는 완화는 종종 오래가지 않는다. 잦은 약물 변경이 필요
하며, 의원성(醫原性)[2] 영향에 대처해야 할 필요성을 거의 피할 수 없게 된다. 모든
개인은 고통스러운 감정적 증상을 덜 필요하도록 성장하고 발전할 수 있지만, 일부
사람은 의학적 해결책을 계속 유지하기를 선호할 수 있으며, 이는 치료에 대한 개입
과 관련하여 각 개인의 선택이다.

　일시적 우울증을 겪는 사람에게 심리치료는 문제로 인해 야기되는 스트레스에 대
한 개인의 저항력을 강화하는 데 도움을 줄 수 있다. 대부분 일시적 우울증의 경우,
개인은 대부분 문제를 잘 관리할 만큼 포용적인 생활양식으로 기능하거나, 생활양
식의 취약성이 표현되지는 않지만 현재는 절망적인 시기를 맞고 있는 환경 내에 있
다. 어느 상태에서든 개인은 문제에까지 미칠 수 있거나, 우울 증상 및 취약성을 감
소시킬 정도로 충분히 사적 논리의 가정을 변경할 수 있는 기술을 보유하고 있을 가
능성이 크다. 치료는 언제나 삶을 어떻게 살아야 하는지에 대한 신념의 조정과 사회
적 관심과 공통된 인생 과제에 따라 행동하겠다는 재약속을 포함할 것이다.

　현재의 문제를 처리하려고 개인의 생활양식 자산을 종종 확장할 수 있는 일시적
우울증의 치료와는 달리, 반복성 우울증의 치료는 생활양식 신념과 발달된 잘못된
믿음에 대한 좀 더 광범위한 평가가 필요할 수 있다. 약물이 다른 임상 상태의 정서
적 측면을 치료하는 데 사용될 수 있는 것처럼, 약물은 반복성 우울증을 치료하는
데 사용될 수 있다(앞서 제시한 우울증 약 목록을 참조). 그러나 약물이 필요하고 계속
필요할 것 같다는 가정은 극단적일 수 있다.

　생활양식 신념과 시간과 상황을 통한 움직임의 방식은 바뀔 수 있고, 따라서 심신
을 약화시키는 우울증에 대한 취약성도 바뀔 수 있다. 그러나 반복성 우울증의 경
우, 치료자는 개인을 반복적으로 절망적인 상태로 남겨 두는 신념과 잘못된 믿음을
밝히고 변경하기 위해 환자와 협력해야만 할 것이다. 일부 우울증이 있는 개인에게
포괄적인 생활양식 분석은 절망감이란 인식을 유발하는 환자의 극단적인 믿음과
신념을 밝혀내는 데 도움이 될 수 있다. 삶에 대한 불분명한 규칙과 기대에 대한 이
러한 이해로, 개인은 우울증이 덜 필요하고 덜 발생할 가능성이 있는 방식으로 자기
삶의 방향을 바꿀 준비가 된다.

---

2) 의사에게 원인이 있는-역자 주

**사례 • 미셸**

미셸은 43세이고 수년간 우울증으로 고생해 왔다. 미셸을 아는 사람들은 그녀를 정말 행운아로 여긴다. 그녀는 매력적으로 보이고, 이상적인 결혼 생활을 하는 것 같다. 그녀는 두 명의 자녀가 있는데, 다른 사람의 말에 따르면 아이들은 순종적이고 유능해 보인다. 재정적으로 그녀는 부유하고, 그녀와 남편 모두 성공한 전문직 종사자이다. 그녀가 우울증으로 고생하는 것을 아는 사람들은 그 이유를 이해할 수 없으며, 그녀의 우울증은 생화학적 불균형을 일으키는 불행한 유전적 상태를 반영하는 것으로 추정되며, 어느 정도 이것은 사실일 수 있다. 그녀는 여러 가지 약을 시도해 본 오랜 이력이 있으며, 이 약들은 모두 일정 기간 효과가 있었지만 결국에는 효과가 없어졌다.

미셸에 대한 개인심리학의 개념화는 그녀의 어린 시절의 경험 및 초기 회상을 고려하여 접근한 불분명한 생활양식 신념을 고려했다. 우선, 미셸은 매우 "전통적인" 가정에서 자란 외동이다. 그녀의 아버지는 사업가로 일했고, 어머니는 집에 남아 자녀를 키웠다. 더 많은 아이를 가지려는 시도가 있었지만 성공하지 못했다. 그 결과, 어머니는 미셸에게 많은 투자를 했고, 이는 다른 아이들을 집으로 데려왔더라면 덜 했을지도 모른다. 그녀의 어머니는 사랑스럽고 자상하지만, 분노와 우울증의 경향이 있는 것으로 묘사되었다(이는 자신이 희망하는 대로 되지 않았던 그녀의 삶에 기인한다). 그녀의 아버지도 마찬가지로 사랑스럽고 자상한 사람으로 여겨졌고, 미셸에게 선물과 특별한 기회를 주는 경향이 있었다. 여러 면에서 미셸은 부모에 의해 애지중지하게 키워졌지만, 또한 어머니가 우울 삽화를 겪을 때 때때로 어머니에게서 버림받는 느낌이 들었다. 미셸은 자신의 우울증을 어머니로부터 받은 유전적 "선물"이었다고 설명한다. 그녀의 아버지는 몇 년 전에 돌아가셨고, 어머니는 아직 살아계시고 근처에 산다. 그들은 가깝게 지내고, 매일 이야기를 나누며 일주일에 여러 번 만난다.

미셸은 변호사이며 자신은 일을 즐긴다고 보고하지만, 은퇴하여 열대 섬에서 계속 휴식 상태로 살 수 있기를 꿈꾼다고 인정한다. 한동안 그녀의 우울증은 전일제(full-time) 근무를 못하게 했다. 미셸의 초기 회상은 그녀가 관심의 중심이 되어 부모와 조부모에게서 선물과 칭찬을 받는 것과 관련이 있다. 한 기억에서 그녀의 생일이고 그녀는 가장 좋아하는 의자에 앉아 있고, 가족들이 생일 축하 노래를 부르고 있고, 그들은 노래를 부른 후에 각자 그녀에게 줄 선물을 들고 있다. 기억에서 생생한 것은 "행복한 미소로 나를 바라보는 모든 사람"이다. 그 기억과 연관된 감정은 "절대적 기쁨!"이다. 이것은 다른 사람들의 투자와 관용을 원하지만, 그 관용을 위해 존재하는 것 외에는 어떤 것도 하지 않는 개인을 암시한다.

미셸의 현재 생활환경은 그녀의 더 기본적인 욕구와 충돌한다. 그녀는 좋은 어머니, 좋은 배우자, 좋은 친구, 훌륭한 전문가가 되고 싶지만(그리고 대학 때는 좋은 학생이 되고 싶었다), 이것들은 공동체감의 목표들이며, 이것들은 그녀가 가치 있게 여겨야 한다고 알고 있는 목표를 암시한다(왜냐하면 그것들은 훌륭한 가치라고 흔히 간주되기 때문이다). 하지만 그녀의 노력과 상관없이 주변 사람이 다 받아 주고 상당히 특별하게 느끼도록 만든 아이로서 계속 "특별한" 채로 남으려는 부담감은 아주 힘든 것으로 드러났으며, 그녀는 우울증으로 나타난 반복적인 낙담감과 싸우고 있다.

사실은 다른 사람들이 그녀를 특별한 사람으로 대하지 않는 한, 미셸은 자신이 소중하고 중요하다고 느끼지 않는다는 것이다. 어린 시절에는 특별함을 느끼는 것을 쉽게 얻을 수 있었지만, 성인 생활에서는 성취하는 것이 훨씬 더 어려웠다. 그녀는 인생에서 다른 사람에게서 무조건적인 미소를 받기보다는 많은 멋진 일을 할 수 있지만, 그녀가 인식하는 것은 요구와 기대의 표현이다. 그녀의 우울증은 그녀에게 다른 사람의 요구와 기대에 절망적인 무관심의 태도를 보이게 한다. 자신이 원하는 특별함을 그녀가 느끼는 유일한 시간은 그녀가 뭔가 중요한 것을 성취할 때 또는 그녀의 아이들 중 한 명이 성취할 때뿐이라는 것이 사실이었다. 그녀는 삶의 대부분을 다른 사람을 기쁘게 하려고 노력하며 보낸다. 미셸은 또한 자신의 "암흑기" 동안 다른 사람들이 자신이 힘들어하는 것을 돕고자 할 때 어떤 특별함을 느낀다는 것을 알고 있다. 그녀는 또한 우울증이 장악하고 자신이 해야 한다고 알고 있는 일에 대한 투자를 포기할 때, 자신이 느끼는 안도감을 인식한다. 그러나 안도감이 죄책감과 자기비난으로 더럽혀진 것을 인정한다.

약물이 미셸에게 도움이 되었지만, 그녀의 기본적 생활양식이 지향하는 것이 현실의 요구와 상충되기 때문에 지향하는 것에 변화가 없이 우울한 후퇴 시기는 거의 불가피하다. 미셸은 자신의 가상의 목표를 더 잘 수용할 수 있는 환경을 찾을 수 있지만 성인으로서 이는 가능성이 크지 않으며, 자신과 가까운 사람들과의 관계를 포기할 의향이 없다. 미셸에게 과제는 기쁨과 만족이 그녀가 받는 칭찬과 편의에 의해서가 아니라 그녀가 하는 공헌에 의해 생기는 그런 방식으로 삶의 방향을 바꾸는 것이다. 확실히 미셸은 자신이 받아들이는 요구와 기대에 주의를 기울여야 할 것이다. 그녀는 여러 해 동안 인정을 끌어내기 위해 과제를 맡았고, 그 후 과도한 책임에 부담을 느낀다. 미셸이 바라는 것은 가치 있고 중요하다고 느끼는 것이다. 이것이 다른 사람의 반응을 조종하는 그녀의 능력에 달린 정도가 문제가 있는 것으로 드러난다.

## 파괴적 기분조절부전장애

### 임상적 증상

파괴적 기분조절부전장애(Disruptive Mood Dysregulation Disorder: DMDD)에서, 우리는 본질적으로 우울증과 싸워 물리치거나 적어도 인식된 부담을 극복하기 위해 싸우는 젊은이(7~18세)를 본다. 불안은 개인이 극복해야 할 부담에 대한 인식을 나타내지만 개인이 표현한 좌절감, 과민성, 분노는 자신이 원하는 상태, 즉 언제나 안도감을 주고, 하고 싶은 대로 하고, 인정을 받는 상태에 장애물로 인식되는 것에 영향을 미치려는 노력을 나타낸다(Rasmussen, 2010; Rasmussen & Dover, 2006). 우리는 이러한 분노 발작을 성질을 부리는 짜증이라고 언급할 수도 있지만, 철이 들지 않은 아주 어린아이를 위해 이 용어를 남겨 둔 것처럼 보인다. 중요한 것은 정상적 발달 순서에서 효과적이라고—이 맥락에서 최적의 결과보다는 즉각적인 결과와 관련하여 효과적이라고—입증되었을 수 있는 전략을 포기하도록 요구하는 것이 아무것도 없다는 점이다. 분노 발작은 몇 가지 목적이 있다. ① 다른 사람에게 자신의 욕구를 따르도록 강요하는 것(예: "좋아! 네가 진정하기만 하면!"이라고 말하는 몹시 화가 난 부모), ② 추후의 행동을 정당화할 수 있는 피해 의식을 만드는 것(예: "나는 부모님을 미워해! 부모님은 불공평해. 내가 그들에게 보여 줄 거야."라고 중얼거리며 화가 나서 뛰쳐나가는 아동), ③ 이와 관련하여 강력한 복수(예: 램프를 차기, 벽을 발로 차기 등) 등이다(Dreikurs & Soltz, 1964). 분노가 원하는 결과를 낳지 못할 때, 그러면 개인은 철수를 포함한 우울한 상태로 후퇴할 수 있다. 파괴적 기분조절부전장애의 경우, 아동은 아직 반응 전략으로 분노를 버리지 않았다. 파괴적 기분조절부전장애로 진단받은 아동이 불안이나 단극성 우울증을 겪을 위험이 더 크다는 것은 불안, 분노, 우울증 간의 관계를 분명히 보여 준다(APA, 2013).

## DSM-5 특성

파괴적 기분조절부전장애의 주요 특징은 만성적 과민성으로, 이는 재발성 좌절과 분노 발작의 원인이 된다. 파괴적 기분조절부전장애로 진단받은 어린 아동은 일주일에 여러 번 분노를 표현하는 복수의 삽화를 겪는다. 증상들은 적어도 1년 동안 지속되어 왔으며, 과민성과 분노는 가정, 학교, 또래 집단 같은 적어도 두 군데 이상의 환경에서 표현되었고, 이러한 환경에서 상당한 기능적 붕괴를 일으킨다.

파괴적 기분조절부전장애는 주로 DSM-IV에서 양극성장애(현재는 성인에게 진단)로 진단되었던 아동 집단의 행동을 설명하기 위한 수단으로 DSM-5에 포함되었다. 이 증상이 있는 아동은 양극성장애보다 단극성 우울증이나 불안장애를 일으킬 가능성이 더 크다고 생각되기에 우울장애 부분에 포함된다(APA, 2013).

## 생물심리사회적-아들러식 개념화

개인심리학 관점에서 이 상태는 다른 감정들이 자아내는 의도적인 행동을 나타낸다. 각각의 아동은 부담을 극복하고, 인정, 즐거움과 중요성의 감정을 끌어내려고 노력하고 있다. 때때로, 그 부담은 삶에서 피할 수 없는 일반적인 부담이다. 다른 때에는 그 부담은 흔하고 거의 틀림없이 합리적이지만, 그것을 직면하고 책임감 있는 방법으로 극복하려는 의지는 존재하지 않는다. 이는 할 수 없기 때문이 아니라, 초기 아동기에 그러한 의무를 다할 준비가 되어 있지 않았기 때문이다. 단순한 사실은 정서 조절을 포함한 정신건강은 사회적으로 책임감이 있는 방식으로 기꺼이 부담감을 직면하고 기쁨과 인정을 추구하려는 의지가 필요하다는 것이다. 이것은 반드시 어린 아동에게 자연스러운 성향은 아니며, 많은 아동이 부담감, 실망감, 실패의 감정을 피하려고 대단히 노력한다. 파괴적 기분조절부전장애로 진단받은 아동의 경우, 아동기 행동의 잔재가 지속하여 현재의 어려움의 원인이 되고 있다.

## 치료 고려사항

개인심리학은 특히 파괴적 기분조절부전장애의 치료에 아주 적합하다. 이 장애가 파괴적인 아동을 다루는 사람에게는 도전적일 수 있지만, 논리적인 결과와 함께 격려와 인내를 도입하는 것이 중요하다. 파괴가 더는 유용한 목적에 도움이 되지 않고, 아동이 가족 내에서 자리를 잡고 인정받는 느낌을 끌어내는 다른 방법을 배우면, 파괴는 불필요한 것으로 입증될 것이다. 단순히 개별 아동을 다루는 것으로 충분하지 않고, 파괴적 행동을 촉진하는 가족의 역동적 패턴을 다루어야 할 것 같으며, 바라건대 새로운 연구결과가 이를 보여 줄 것이다.

### 사례 • 빌리

빌리는 14세이고 최근에 파괴적 기분조절부전장애 진단을 받았다. 빌리는 좋은 행동의 모델인 형이 있다. 그 후 부모는 빌리의 행동이 유전으로 매개된 신체적 장애를 나타낸다고 믿는 경향이 있다. 첫 아이가 품행이 바르다는 사실은 그들에게 자신들의 양육 방식이 적절하고 효과적이라는 증거이다. 그들이 인식하지 못하는 것은 빌리가 그의 형과는 다른 사람으로 자신을 확립할 필요가 있다는 점이다. 종종 가족 내에 두 아이가 있을 때, 둘째 아이는 첫째 아이와 정반대가 될 것이다. 만약 한 아이가 완벽하게 '좋은' 아이라면, 두 번째 아이는 확실히 완벽하게 '나쁜' 아이가 될 수 있다. 빌리가 평생 감정적이었지만, 극단적인 반응을 사용하여 가족 내에서 자신의 위치를 관리할 수 있었다. 게다가 빌리는 자신의 '완벽한' 형이 할 수 있는 것을 자신이 할 수 없다는 것에 대해 종종 엄청난 낙담감을 느낀다. 이러한 낙담감은 불안, 과민성, 성질을 부리는 짜증으로 표현되는데, 이는 종종 피해 의식을 지속시키고 그가 인식하는 책임을 어느 정도 경감하게 해 주는 데 이바지한다. 이 책임을 그의 형은 쉽게 이행하지만, 그는 압도적이라고 인식한다.

# 지속성 우울장애(기분저하증)

## 임상적 증상

지속성 우울장애[Persistent Depressive Disorder, 기분저하증(Dysthymia)]는 더 만성적(2년 이상)이고 우울증이 덜 심한 상태를 나타낸다. 실제로 이 상태에서는 우울한 후퇴는 생활양식이고, 단순히 생활양식에 의해 매개된 후퇴가 아니다. 지속적으로 우울한 사람은 주의를 끌지 않는 입장을 받아들였다. 삶에서 성공하려면 노력, 희생, 협력, 용기가 필요하다. 이러한 자질이 없다면 개인은 빠르게 삶의 요구에 압도되고, 그 위기는 다른 증상으로 나타난다. 어떤 사람에게는 삶에서 안전한 상태는 최소한의 약속, 기대 및 갈등이다. 실제로, 어떤 사람이 큰 성취를 꿈꿀 수도 있지만, 기대를 충족하려는 노력이나 필요한 기술이 부족할 수도 있으며, 고통스러운 결과(예: 수치심, 당혹감, 죄책감, 불안 등)의 위험을 감수하기보다는 자신에게 불필요한 관심을 받지 않거나 부담스러운 기대를 고려하지 않고 단순히 삶을 살아가는 것이 더 낫다. 만약 목표가 사회적 조롱, 당혹감 또는 기대로부터의 안전이라면, 만성적 분리 또는 후퇴가 필요하고 가치가 있을 수 있다.

## DSM-5 특성

지속성 우울장애의 주요 특징은 만성 우울증이며, 개인은 우울 기분이 없는 날보다 있는 날이 더 많고, 적어도 2년 동안 지속된다(APA, 2013, p. 168). 이 기간에, 개인은 건강한 식단을 유지하기 위해 고군분투하며, 수면 부족, 기력의 저하, 자존감 저하, 집중력 감소, 만성적 절망감에 시달린다.

## 생물심리사회적-아들러식 개념화

지속성 우울장애가 있는 개인의 생활양식은 삶에 대한 실망감에 일반적으로 굴복하거나 삶의 요구, 기대, 실망에서 기본적으로 이탈하는 것을 반영한다. 이러한 굴복은 너무 비현실적인 기대("가치가 있으려면 나는 항상 사교적이고 인기가 있어야 하나, 나는 그렇지 않다. 또는 나는 나 자신에게 원하지 않는 관심을 끄는 어떤 것도 해서는 안 된다.")의 결과나, 압도당했다고 느끼는 도전에 직면하고 있는("나는 다른 사람이 매우 쉽게 충족하는 것으로 보이는 기대 수준에서 결코 기능할 수 없다. 인생은 너무 벅차다.") 결과로 나타난다.

모삭과 마니아치(2006)는 '두 마리 토끼를 동시에 쫓는 것'과 관련된 갈등으로 지속성 우울장애 상태의 딜레마를 논의했다. 어느 한 토끼를 잡기보다는, 개인은 무엇을 할지 결정하는 위치에 서 있다. 지속성 우울장애가 있는 환자의 경우, 한 토끼는 옳은 일을 하고, 의무를 다하고, 책임을 지려는 욕구일 수 있는 반면, 다른 토끼는 도덕과 다른 사람에 대한 의무를 배제하고 사리사욕을 추구하는 욕구이다. 어느 한쪽을 선택하기보다, 두 마리를 모두 잃는 것을 어느 정도 슬퍼하면서, 개인은 아무것도 하지 않고 가운데 서 있다. 따라서 개인은 갈등을 느끼고, 상대적 갈등 상태에 머물러 있음으로써 이상을 희생하거나 자신이 회피하기를 원하는 위치에 있을 필요가 없다.

## 치료 고려사항

지속성 우울장애의 치료는 환자가 다른 야망보다 어느 한 가지 야망을 추구하기로 결정하는 것을 필요로 할 것이다. 이것은 한 선택을 포기해야 하기에 종종 슬픔과 실망의 시기와, 아마도 이전에 습득한 적이 없었던 기술의 개발이 필요할 것이다. 다음의 L 부인 사례에서 도전은 자신의 이상보다 낮은 어머니인 자신을 받아들이고, 동시에 자신이 될 수 있는 최고의 어머니가 되는 기술을 개발하는 것이다. 따라서 L 부인은 자신의 이상을 희생하는 동시에 지금까지 숙달하지 못한 양육 기술을 개발해야 할 것이다. 지속성 우울의 만성적인 특성을 고려할 때, 환자는 좀 더 철저한 생활양식 평가와 분석에 참여함으로써 이익을 얻을 수 있다. 예를 들어, 발달경험을 고려할 때 자신의 생활양식이 어떻게 생겨났는지를 더 잘 이해하게 됨으로써 L 부인은 스스로 만들어 낸 이상화된 버전의 모성애를 버릴 수 있는 좀 더 나은 위치에 있을 수 있다.

### 사례 • L 부인

L 부인은 중년 여성으로 지속성 우울장애에 시달리면서, 상당히 다루기 힘든 아이로 드러나고 있는 입양한 딸을 키우고 있다. 몇 년 전에 입양을 권유했던 그녀의 남편은 충분히 좋은 사람이지만 양육 과정에는 그다지 관여하지 않는다. 다소 양면적인 어머니임을 인정한 L 부인은 자신이 딸의 삶에 좀 더 관여해야 한다는 것을 알고 있다. 그녀는 수년간 좋은 어머니가 되기 위해서는 부모-교사 협회, 걸스카우트, 청소년 스포츠 등에 참여해야 한다고 믿어 왔다(즉, "좋은 어머니는 자녀의 삶에 적극적으로 관여한다."). 그러나 그녀는 큰 집단과 조직에 참여하는 것이 항상 불쾌하고 불

안을 유발하는 점을 느끼고, 그것들을 피하려는 경향이 있었다. 우리는 모색과 마미 아치의 은유를 사용하여, 두 마리의 토끼에 초점을 맞추고 있는 여성을 본다. 한편으로, 그녀는 특정한 유형의 어머니가 되어야 한다고 느끼지만, 다른 한편으로는 사회적 부담감과 의무에서 자유롭고 싶은 욕구를 느낀다. 대신에 그녀가 한 일은 어느 쪽도 아니지만, ① 어머니로서의 실패, ② 자신의 기본적인 성향에 충실하지 못하고, 자신이 피하고 싶은 일을 할 의무를 자신에게 지우는 것에 대해 끊임없이 자신을 크게 책망한다. 그리고 최종 결과는 삶의 의무와 개인적인 꿈과 야망으로부터의 슬픈 이탈이다. L 부인의 과제는 자신의 가상 목표를 바꾸거나 공동체감 목표에 대한 약속을 바꾸는 것이다. 모든 사람이 자녀의 삶의 모든 면에 관여하는 완벽한 어머니라는 기대에 부응할 수 있는 것은 아니고, 이것이 심지어 자녀의 삶에 가장 나은 방법이 아닐 수도 있지만, L 부인은 딸의 삶에 관여하는 것을 늘려야 할 필요성도 있을 수 있다. 이것은 새로운 기술을 배우거나 좀 더 관여하고자 하는 그녀의 능력을 방해했던 불안을 다루는 것을 배워야 한다. 하지만 그녀는 자신의 양육 방식이 일반적인 접근법이 아니라는 것을 받아들여야 한다. 중요한 것은 자신의 딸이 삶이 제시하는 도전에 직면하도록 그녀가 격려하는 것이다.

# 양극성장애

누슬록과 프랭크(Nusslock & Frank, 2011)는 주요우울장애를 앓고 있는 사람들의 40~50%가 평생 경조증 증상(즉, 역치 아래의 양극성)을 보인다고 보고한다. 이 증상들이 반드시 주요우울장애와 동시에 발생하는 것은 아니기에, 혼재성 삽화에 관한 DSM-IV-TR 기준을 충족하지 않는다. 또한 이러한 개인들은 더 일반적인 손상이 있다고 보고되며, 시간이 지남에 따라 제I형 양극성장애 진단으로 전환될 가능성이 더 크다. 또한 이들은 더 심각한 질병의 진행 과정을 겪고, 동반이환 질환의 비율이 더 높은 경향이 있으며, 우울 삽화를 더 많이 겪는다. 결과적으로, DSM-IV-TR 진단 기준을 이들의 상태를 더 잘 설명하기 위해 변경해야 했다.

DSM-5에서 중요한 변경사항 중 하나는 파괴적 기분조절부전장애의 추가한 것이다. DSM-IV-TR 기준에서 종종 양극성장애(Bipolar Disorder)로 진단되었던 많은 어린 아동이 표현하는 행동 패턴을 설명하려고 이 상태가 추가되었다. 그러나 불안,

과민성, 분노와 우울증과의 연관성 때문에 이 장애는 우울장애로 분류된다.

# 제I형 양극성장애

## 임상적 증상

전형적인 양극성 환자는 조중 기간을 겪고, 이어서 보통 절망적인 우울증을 겪는 사람이다. 조중 시기 동안, 개인은 행복감 그리고 아마도 기쁨으로 묘사될 수 있는 상당한 열정을 보인다. 이 조중 기간에 개인은 전형적으로 희망참, 자신감과 자존감의 증가 또는 종종 과대감까지 경험한다. 개인은 종종 충동적으로 행동하고 선택한 행동의 결과를 고려하지 않는다. 사고는 확장되고 창의성과 산만함이 특징이다. 그 열정은 불면증, 평소보다 말이 많아지거나 끊기 어려울 정도로 계속 말을 함, 사회적 참여의 증가, 그리고 조중 기간이 아닐 때는 하지 않을 극단적인 선택에 기여한다. 조중인 개인에게는 불행하게도, 그 결과는 열정이 있는 기간 동안 신중하게 고려되지 않고, 조중 기간에 이루어진 선택은 절망감의 기간을 강화하는 데 기여한다.

## DSM-5 특성

DSM에 기술된 전형적인 조중 삽화는 "비정상적이고 지속적으로 들뜨거나, 의기양양하거나, 과민한 기분, 그리고 목적 지향적 활동과 에너지의 증가가 적어도 1주일간 하루 중 대부분 지속되는 기간"(p. 124)을 포함한다. 조중 자체에는 고양된 자존감과 과대감, 수면에 대한 욕구 감소, 평소보다 말이 많아짐, 사고의 비약이나 사고가 질주하듯 빠른 속도로 꼬리는 무는 것, 주의산만, 목적 지향적 활동의 증가, 고통스러운 결과를 초래할 가능성이 있는 활동에의 참여가 포함된다. 이러한 증상들은 도전을 극복하고 가치 있고 흥분된 감정을 일으키려고 노력하는 개인의 정서적 · 행동적 전략을 나타낸다. 이러한 반응들이 종종 낙담의 기간에 즉각적인 해결책을 창출한다는 점이 그 표현을 강화한다. 그것들이 다른 문제를 초래한다는 점이 이들을 혼란스럽게 만든다.

## 생물심리사회적-아들러식 개념화

양극성 우울증은 그 이름이 암시하듯이 차원의 두 극을 의미한다. 한쪽 끝에서 개인은 삶이 제시하는 무수한 도전을 극복할 수 없는 자신의 무능함에 몹시 낙담하고, 그 후 절망의 상태로 후퇴한다. 이것은 피할 수 없는 삶의 도전과 부담을 포함할 수도 있지만, 양극성 진단을 받은 개인의 경우 종종 자신의 생활양식과 그 연속체의 반대편 끝에 있는 동안 행한 선택의 결과인 부담을 포함한다. 그 반대편 끝에서 개인은 열정을 경험한다. 이 열정은 높은 에너지와, 도전이나 잠재적 결과를 충분히 고려하지 않고 추구하는 특정 목표에 강박적으로 초점을 맞추는 것을 포함한다. 페벤과 슐만(Peven & Shulman, 1983)은 자신들의 연구에 근거하여, 양극성장애에서 자신에 대한 높은 성취 기대감과 가족의 기대가 일반적이라는 것을 밝혔다. '낙담'이라는 단어가 '우울증'이라는 개념의 최소화로 보일 수 있듯이, '열정'이라는 용어는 많은 사람이 '조증'이라고 여기는 것을 포착하지 못할 수도 있다. 그러나 억제되지 않은 열정, 높은 활력, 집중적인 관심을 가진 사람이 긍정적인 결과를 낳는다면, 이 높은 활동 기간은 종종 조증으로 묘사되지도 진단되지도 않는다는 점을 지적하는 것이 중요하다. '우울증'이라는 용어가 좀 더 심각한 형태의 낙담을 위해 남겨진 것처럼, '조증'은 대인관계 갈등과 절망 및 무망감이란 궁극적인 상태 등의 부정적인 결과를 초래하는 열정과 집중을 보이는 그러한 삽화들을 위해 남겨진 것처럼 보인다. 그 차이는 상태의 질이나 증상의 양이나 강도, 개인의 생리적 민감성에 있을 수 있거나, 구체적으로는 설명을 하는 개인이 사용하는 서술적 참조 틀에 있을 수 있다. 그러나 확실히 사람마다 기질, 인지의 복잡성, 생물학적 민감성이 다르며, 이러한 차이는 개인의 생활양식이 지향하는 바에 영향을 미칠 것이다.

페벤과 슐만(1983)은 17가지 양극성장애 사례에 대한 상세한 임상 데이터를 보고했다. 이 귀중한 연구는 개인심리학 문헌에 중요한 공헌으로 남아 있다. 그들은 양극성이 있는 개인은 자존감이 낮고, 실패에 대해 자신을 비난하고(내적 통제 소재), 종종 맏이이거나 외동이고, 세상을 극단적으로(양자택일의 인지 스타일) 보고, 세상을 자신의 감정으로 경험하고, 흥분을 추구하는 사람이고, 높은 성취를 추구하는 사람이지만 높은 성취를 우선시하는 가족의 가치에 분개한다고 결론을 내렸다. 문헌에 대한 역사적 고찰에서 페벤(1996)은 "① 양극성은 강한 친화적 경향이 있고, ② 양극성은 높은 성취 동기가 있고, ③ 양극성은 자신과 삶의 문제를 쉬운 방식으로 해결할 수 있는 자신의 능력에 믿음이 거의 없는 것 같고, ④ 양극성의 태도와 에너지는 한 극단에서 다른 극단으로 옮겨 간다."(p. 93)라고 덧붙였다.

발달의 특성과 그에 따른 생활양식 신념, 사적 논리 그리고 학습된 경향은 우울증이나 조증으로 묘사되는 상태에 다소 취약하게 만드는 방식으로 기본적 기질에 영향을 미칠 것이다. 그렇다면 의문은 조증이나 양극성 우울증으로 묘사되는 것에 더 취약하게 만드는 생활양식 요인이 무엇이냐는 것이다. 이것은 여러 가지 요인이 결합하여 상태를 표현하는 것으로 이어지기 때문에 단순하거나 쉬운 설명이 아니다. 공통적인 것은 시간과 상황을 통해 움직임의 상태에 있는 불완전한 개인으로서, 인정과 기쁨의 기회를 찾으려고 노력하고 피할 수 없는 삶의 도전에 직면할 의무가 있다는 점이다. 종종 이것은 간단하다. 그러나 개인 간의 고유한 차이점과 도전과 해결책을 고안해 낼 수 있는 복잡성을 고려하면, 이것은 더 복잡해질 수 있다.

어떤 경우에는 개인의 상황에 대한 인식과 해석이 너무 난해하고 기괴해져서 합리성에 대한 일반적 개념을 위반한다. 그러한 경우, 움직임과 보상은 아마도 조현정동장애 또는 조현병을 특징짓는 망상적이거나 정신병적인 것처럼 보일 수 있다. 편견 없는 합리성은 인간의 본질적인 특성이 아니며, 모든 개인은 망상적 사고 등 어느 정도 불합리성의 경향이 있다는 점에 유의하는 것이 중요하다. 경계가 존재하는 경우, 일반적인 형태의 불합리성과 신경병리학에서의 착각에 빠진 믿음 또는 정신병적 사고를 구분하는 것은 불가능하지는 않더라도 확인하기 어렵다. 경우에 따라서는 신경계의 구조가 너무 엉망이어서 이성적인 사고가 불가능할 수도 있다. 다른 많은 경우에, 신경계는 제대로 기능하지만, 개인의 생활양식은 기이한 사고와 변덕스러운 행동이 일어나는 그런 것이다. 많은 사람은 제I형 양극성 환자의 경우 그 선을 넘었고, 우리는 신경학적 상태를 다루고 있다고 주장할 수 있다. 이것은 사실일 수도 있지만, 개인심리학 입장은 비록 독특한 생리로 인해 제약되기는 하지만, 심지어 그때에도 개인의 목표 주도적인 움직임과 노력은 여전히 남아 있다고 주장한다. 이전 DSM 모델에서 이것은 전체 생활양식의 일부인 축 III의 요소를 포함한다.

모든 개인은 주기적으로 열등감에 시달린다. 이러한 감정은 개인이 자신을 자신의 이상보다 못하다고 인식할 때 나타난다. 이러한 이상은 위대한 성취의 업적이나 단순히 다른 사람 앞에서 열등감을 느끼지 않으려는 욕구를 포함할 수 있다. 이러한 이상은 개인의 가상 목표를 구성한다. 실제로 개인이 상당히 우월할 수 있지만, 개인적 기준이 너무 높아서 자신의 기준에 불충분하다고 반복적으로 느끼게 되어 열등감을 느끼는 시기에 직면할 수 있다. 다른 사람들의 경우는 무능감이 지배적일 수 있고, 외부 사건에 대한 그들의 인식은 거의 지속적으로 그들이 인식한 무능감을 상기시킨다. 아들러는 첫 번째를 삶에서 불가피한 열등감에 취약한 것으로 묘사할 것이다. 두 번째는 '열등 콤플렉스(inferiority complex)'에 직면하는 것으로 묘사할 것이며, 이는 그러한 인식과 관련된 감정이 만성적임을 설명하는 데 사용되는 오래된 용어이다(Adler, 1959). 이 논의에서 중요한 것은 만성적으로 자존감이 낮고 일반적인 무능감이 있는 개인은 자기 경멸의 감정에 시달린다. 경멸은 어떤 형태의 조롱으로 개인이 자신과 연관된 대상이나 사람을 심리적으로 거부하게 만드는 느낌이다(Rasmussen, 2010). 그 근원이 개인의 외부에 있는 것일 때, 경멸은 적극적인 무관심의 표시, 험담, 또는 아마도 잘 알려진 경멸의 상징을 통해 종종 표현된다. 즉, 그러한 감정의 근원을 향해 가운뎃손가락을 뻗는 것같이 표현된다. 그러한 경멸의 근원이 자기 자신이라고 인식될 때 개인은 비통의 감정, 즉 개인의 움직임과 노력의 근본적인 목표인 안도감과 인정을 모두 구하기 위해 삶에서 변화해야 한다는 강한 욕구를 반영하는 감정에 시달릴 것 같다.

매우 비통한 자기 경멸은 자살 제스처 시도와 자살을 하게 만들 가능성이 큰 감정이다. 실제로 가장 순수한 형태의 우울증은 우울 상태에서는 후퇴하고 비활동적인 결과로 자살을 예방할 가능성이 크다. 우울증이 불충분하고 개인이 고뇌에 시달릴 때 자살은 상당한 위험이 된다. 자살이 양극성의 우울 단계보다 조증 단계와 더 관련이 있다는 점이 이러한 설명을 뒷받침한다(Schneidman, 1998). 자살하기 전에 개인은 어느 정도 인정의 느낌 및 삶을 정의하게 된 고통과 불행에 대한 해결책을 제공하는 결과를 추구함으로써 그러한 자기경멸을 다룰 것이다. 자기경멸적이고 고통스러운 감정이 높은 수준의 절박함을 야기하고, 우리가 '희망에 찬 열정(hopeful enthusiasm)'이라고 부를 수 있는 것을 자아내는 것은 이 절박함이지만, 행동의 위험한 특성 때문에 조증(mania)이란 용어가 더 적합하다. 이러한 상태가 개인을 다양한 조건에 취약하게 만들 수도 있지만, 개인심리학 관점에서 중요한 요인은 이러한 강렬한 감정에 직면하여 개인이 행하는 것이다. 어떤 사람은 성취해야 한다고 느낀 부담감에서 어느 정도 보호하는 안도감을 주는 데 도움을 주는 신체적 증상으로 초점을 돌릴 수 있다. 또 다른 사람에게는 그러한 감정은 비통을 완화하고 가치 있는 감정을 생성하기 위해 일어나는 극단적이고 종종 충동적인 행동을 자아낸다. 조증 시기 동안 개인은 종종 희망적 · 낙관적이며, 흥청망청 쇼핑, 성적 유혹 또는 강제, 충동적인 여행, 또는 위험을 감수하는 모험 참여 등 긍정적인 결과와 연관된 활동에 참여한다. 어떤 경우에는 현재 직장을 그만두고 완전한 경력 변경을 추구하는 것을 포함할 수도 있다. 실제로, 조증 자체는 종종 개인에게 긍정적인 경험이다(예: Gruber, 2011). 따라서 이는 인간 상태의 우월성/인정 추구를 나타낸다. 고통은 청구서 납부 기한이 다가올 때, 임신 테스트가 양성일 때, 연애가 스토킹으로 이어질 때, 여행이 갚을 수 없는 빚으로 이어질 때, 기타 필요한 활동이 무시될 때 나타난다. 어떤 경우에는 자기경멸은 다른 사람들이 자신의 이상이나 야망을 따름으로써 자기만족이 나타날 수 있는 상황으로 개인을 이끌 수 있다. 예를 들어, 다른 사람이 불평 없이 자신의 기준을 수용하도록 요구하는 개인은 그것을 준수하도록 촉구하려고 극단적인 행동을 해야만 할 수 있다. 이러한 경우에, 조증은 다른 사람의 선택과 행동에 영향을 주려고 의도된 과민성, 분노, 비판 그리고 여타의 조작을 통해 표현될 수 있다. 확실히 많은 양극성장애 사례는 분노와 격노의 반복적 패턴 때문에 진단된다. 그러나 파괴성 기분조절부전장애의 추가가 더 적절할 수 있다. 각각의 상황에서 우리는 개인이 직면한 도전을 극복하려 노력하고, 결과를 검증하려고 추구하고, 사회적 관심 없이 행동하는 것을 본다.

이 설명은 생명 활동의 역할을 배제하지 않는다. 생명 활동은 반드시 관여되어야 하고, 기질은 의심의 여지없이 양극성장애가 나타나기 위한 정서적 기반과 취약성을 설정한다. 불가피한 질문은 생명 활동이 상황적 사건에 대한 확신과 반응을 통제하는지, 아니면 정신이 만들어 내는 것을 생명 활동이 단지 허용하는지의 여부이다. 아마도 생명 활동은 다양한 요인들에 의해 생성된 기분 상태의 영향을 거쳐 순환을 시작하고, 그러면 정신은 기분에 대한 이기적인 합리화를 찾고, 조증 삽화가 되는 것을 촉진한다. 어느 한 조건이라도 해당한다면 필요한 중재 요인으로 심리적 영향을 시사할 것이다.

양극성장애는 축 I 상태이지만, 축 II 상태인 것처럼 종종 논의되는 점은 주목할 만하다. 실제로 그 상태는 개인이 항상 씨름하는 만성적 상태로 종종 개념화된다. 대부분의 축 I 상태는 변화하는 상황에 따라 오고 갈 수 있는 장애로 간주되어, 반드시 만성적인 것은 아니다. 만성적인 상태는 일반적으로 축 II에 존재하는 것들이지만 이것은 DSM-5에서 폐기되었다. 그럼에도 불구하고 '조증' 또는 '양극성'이라고 분류될 감정과 행동의 경향이 있게 만드는 성격이나 생활양식 특성이 있을 수 있다. 그러면 만성적일 수 있는 것은 경계성 스타일이나 편집성 스타일을 나타낼 수 있는 성격 속성이다(Rassmussen, 2005; Millon, 1999 참조). 즉, 조증 성향과 관련된 것으로 입증된 두 개의 축 II의 성격 스타일이다. 따라서 양극성장애는 만성질환이 아니다. 만성적인 것은 양극성장애의 특징적인 증상에 취약하게 만드는 성격이나 생활양식 속성이다.

## 치료 고려사항

현재 제I형 양극성장애(Bipolar I Disorder)는 리튬(Lithobid), 밸프로산(Depakene), 다발프로엑스(Depakote), 카바마제핀(Tegretal) 및 라모티진(Lamictal) 등 다양한 기분 안정제를 사용하여 가장 일반적으로 치료되고 있다. 어떤 경우에는 치료에 리스페리돈(Risperdal), 올란자핀(zyprexa) 및 아리피프라졸(Abilify)과 같은 항정신병 약물이 포함된다. 일반적으로 기분 안정제나 항정신병 약물로 충분하지만 어떤 경우에는 항우울제가 포함되고, 항우울제가 일부 환자에게는 조증 삽화를 초래할 수 있으므로 주의해야 한다(Baldessarini et al., 2013). 이러한 치료들은 조증을 활성화하고 행동을 철수시키는 중요한 요인으로 기분의 중요성을 전제로 한다. 그러나 감정은 단순히 무작위로 일어난 것이 아니라 기질적 소인, 피로 및 에너지 수준, 신진대사 과정 및 인지 과정 등 다양한 중재원(mediating sources)에서 나타나는 과정이다. 약물치료는 기분 상태를 조절하는 데 도움이 될 수 있지만, 조증이나 우울증의 근간이 되는 생활양식 습관, 자기경멸 또는 신념을 반드시 바꾸지는 않을 것이다.

개인심리학의 관점에서 볼 때, 포괄적 생활양식 분석은 종종 개인이 불분명한 신념이나 조증을 촉발하는 신념을 이해하는 것을 돕는 데 가치가 있다. 자기 자신과 다른 사람 사이에서의 자신의 위치에 대한 잘못된 믿음은 개인이 성장과 발전을 위해 일관되고 관리된 노력을 하면서 자신의 현재 위치에서 어느 정도 만족감을 느낄 수 있도록 바뀌어야 할 것이다. 조증 삽화를 미리 방지하기 위해 낙담과 자기경멸 앞에서 일어날 것 같은 새로운 조증 삽화를 개인이 파악하도록 도움을 주는 것이 특히 유용하다. 불행하게도, 조증은 종종 바람직한 활동으로 보이는 것에서 자기 마음대로 하는 것을 포함하기에 이것은 어려울 수 있다. 그러나 환자가 조증을 방지하는 활동에서 환자가 인정을 받도록 치료자가 도울 수 있다면, 이것은 더 쉽게 달성될 수 있다.

### 사례 • 마사

마사의 사례(Peven, 1996)는 이 장에서 확인된 양극성장애의 몇 가지 역학을 보여 준다. 마사는 30세의 결혼한 백인 여성으로, 조증 삽화로 입원한 직후 개인 심리치료를 받았다. 그녀에게는 4세 된 아들이 있었다. 촉발 사건에는 남편이 중소기업의 부사장 직을 수락했을 때 시카고로 이사하는 것도 포함된다. 다음은 아들러 사례 개념화이다.

#### 가족 구도

마사는 여동생 한 명을 둔 맏딸이다. 마사는 사람을 즐겁게 하고 다른 사람에게 긍정적으로 보이려고 세상에서 가장 "좋은" 소녀가 되고자 노력했다. 그녀의 가족은 기분장애와 양극성장애의 생물학적 소인이 있다. 그녀의 어머니는 양극성장애로 고생했고, 정신과 치료와 심리치료에서 일관성이 없었다.

#### 초기 회상

그녀의 초기 회상은 다음의 주제를 담고 있다. "나는 삶이 아름답고, 모두가 행복하고 즐거운 시간을 보내고, 삶이 순조롭게 진행되기를 원한다. 삶이 불쾌해지면, 나는 고통을 겪고, 무엇을 해야 할지 모르겠다"(Peven, 1996, p. 105). 그녀의 기억 중 하나는 그네에 대한 것이다. 이 해석은 양극성장애에 시달리는 사람의 극단적이고 오르락내리락하는 기분 변화를 묘사하고 있다. 페벤(1996)은 그네 기억은 종종 양극성 내담자에게 나타나고 기억의 주제 내용은 양극성의 생활양식 신념에 대한 강한 은유임을 확인했다.

#### 생활양식 신념

마사는 기분이 고조되었을 때 자신이 행복하고 성공적이라고 보지만, 스트레스가 많고 힘든 상황에서는 불행하고 대처할 수 없다고 여긴다. 그녀는 자신의 선량함으로 다른 사람을 기쁘게 하고 감명을 주고자 하는 기대로, 세상은 아름답지만 힘들다고 여긴다. 특히 스트레스가 많은 상황에서 그녀의 삶의 전략은 다른 사람을 기쁘게 하려고 최선을 다하는 것이지만, 상황이 그녀가 원하는 대로 되지 않을 때 감정적 흥분이 증가하고 이는 그녀의 순환적 기분을 촉발한다.

# 제II형 양극성장애

## 임상적 증상

　제I형 양극성장애와 제II형 양극성장애(Bipolar II Disorder)의 주요 차이점은 조증의 정도이다. 제I형 양극성장애에서 조증이 더 극심하며, 믿음이 더 비이성적이고, 감정이 더 강렬하고, 행동이 더 위험하다는 것을 시사한다. 또한 제II형 양극성장애는 제I형 양극성을 시사하는 정신병적 양상을 배제한다. 어떤 증거는 제I형 양극성장애가 있는 사람은 자신을 극단적인 믿음, 기대와 이어서 좀 더 극단적인 반응을 하기 쉽게 만드는 인지적 특성이 있다는 것을 시사한다. 마찬가지로, 제I형 양극성으로 진단된 사람은 자신을 극단적인 상태에 취약하게 만드는 엄청난 창의성을 특징으로 한다고 증거가 말해 준다(Jamison, 1993). 대부분의 정신건강 전문가는 제I형 양극성장애로 진단된 사람은 조증에 취약하게 만드는 신경생물학적 특성에 시달리고 있다는 것을 알고 있다. 그러나 이러한 독특한 특성에도 불구하고 제I형 양극성장애 진단을 받은 사람은 여전히 도전을 극복하고 삶에서 어떤 즐거움과 인정을 구하려고 노력하며, 시간과 상황을 거쳐 움직이는 개인들이다. 그것은 이들의 창의성과 통찰력이 잠재적인 인정을 얻을 기회를 더 많이 제공하지만, 또한 자기경멸과 더 극적인 위기를 만들어 내는 이유를 더 많이 제공한다는 것일지도 모른다.

　제II형 양극성장애는 경조증이 특징이며, 이는 극단적인 조증 기간이 더 짧다. 몇 가지 요인들이 제I형 양극성 환자의 극심한 반응에 기여할 수 있는 반면, 제II형 양극성장애로 진단된 사람은 조증 기간에 덜 극심하다. 제II형 양극성 환자는 자기 행동의 잠재적 결과에 대해 더 잘 알고 있으며, 이것이 조증을 억제한다. 아마도 이들의 야망이 지나치게 높지 않거나 자기경멸이 극단적이지 않다. 아마도 이들의 인생 과제에 대한 헌신과 사회적 관심이 자신의 반응이 갖는 함의를 숙고하도록 촉구하고, 이는 조증을 제한하는 역할을 한다. 대인관계 실패와 실망과 관련된 예상되는 수치심과 죄책감, 결과에 관한 공포는 모두 조증 에너지를 지연시키는 역할을 할 수 있다. 그러한 제한이 일어날지 아닐지는 여러 생활양식 신념의 함수이다. 어떤 사람에게는 그러한 생활양식 특성이 발달하지 않았을 수도 있고, 따라서 조증 삽화를 지연시키지 않을 것이다. 중요해야 하고 어떤 대가를 치르더라도 실패를 피해야 한다는 욕구와 관련된 신념이 있는 사람에게는 조증 삽화를 예방하고 아마도 우울증으로 후퇴하는 것을 억제할 수 있는 것이 거의 없다. 비록 열정과 실망의 기간이 모든 사람에게 불가피하지만, 관계 증진, 책임감 충족, 다른 사람과의 친밀감의 발전 (즉, 사회적 관심) 등의 신념이 있는 사람에게는 조증과 우울증 둘 다 발생할 가능성이 작을 것이다. 확실히 조증의 발현에 이바지할 특성과 조증을 제한할 특성이 있다. 대부분의 개인에게는 조증을 열광의 시기로 제한하고, 그 사이에 실망의 기간이 있는 생활양식 태도가 있다.

## DSM-5 특성

제II형 양극성장애 진단을 위해, 환자는 적어도 1회의 주요우울 삽화와 적어도 1회의 경조증 삽화를 보인다. 감별 진단을 위해 중요한 것은 제II형 양극성은 완전한 조증 삽화는 없었으며, 개인은 정신병적 양상을 나타내지 않는다는 것이다. 실제로 제II형 양극성 환자의 경우, 경조증 자체가 일상 기능의 문제에 크게 기여하지 않을 수 있다. 더 심각한 붕괴는 우울 증상에서 나타난다.

## 생물심리사회적-아들러식 개념화

이 장애는 제I형 양극성장애의 이형(異形)이므로 앞의 제I형 양극성장애에 대한 아들러 개념화를 참조하라. 다른 양극성장애와 마찬가지로, 이 장애에는 명백한 생물학적 취약성이 있다. 그러나 이 장애에는 또한 심리사회적 취약성도 있을 수 있으며, 개인의 생활양식 신념에 대한 조사에서 그것을 추론할 수 있다.

## 치료 고려사항

비록 임상전문가가 조증보다 우울증 양상에 더 주의를 기울이겠지만, 제II형 양극성장애의 치료는 제I형 양극성장애와 매우 비슷하다. 심리치료도 제I형 양극성장애와 매우 비슷하지만, 다시 한번 아마도 우울증 및 경조증을 촉발하는 요인들에 관한 우려에 더 많이 관심을 집중할 것이다.

체이스는 27세의 남성으로, 관계와 고용을 유지하기 위해 매우 애를 써 왔다. 그는 수년 전에 매우 밝고 창의적이지만, 다소 규율이 없고 부주의한 것으로 인식되었다. 그는 자신의 기본적인 능력으로 고등학교를 마칠 수 있었지만, 대학에서 고전하여 결국 중퇴했고, 다양한 직업과 활동을 추구했다. 그는 재정적으로 가족에게 의지해 왔고, 이는 반복되는 갈등을 야기했다. 27세에 그의 가족은 마침내 그를 지원하는 것을 그만두기로 결정했다. 그가 스키 별장의 파티 중 난간에서 뛰어내리겠다고 위협했던 삽화가 있고 난 뒤, 치료를 받게 되었다.

체이스는 북동부의 안정된 가정 출신이며, 대학을 다닌 후 로스쿨이나 의과대학에 진학할 것이라는 기대가 있다. 체이스의 세 형제자매는 모두 나이가 더 많고, 전문가들이다. 체이스는 가족 내에서 창의적인 사람으로 여겨진다. 체이스는 성취의 욕구를 절실히 느끼지만, 그 책임감에 부담을 느낀다(Peven & Shulman, 1983). 그는 학교나 직장에 전념하기 위해 애쓰는 기간을 거치지만, 그는 일에 "본격적으로 달려들어" 완수하는 것이 어렵다는 것을 알게 된다. 그는 감정적 위기를 겪은 후에 학교나 일을 그만두는 것을 지속한다. 체이스에게 그가 가치가 있으려면 반드시 성취해야 한다는 믿음은 고뇌로 느껴지고, 그 고뇌에 대한 그의 반응은 일반적으로 성취할 필요성에서 벗어나 관심을 없애는 극단적인 반응을 포함한다.

# 순환성장애

## 임상적 증상

순환성장애(Cyclothymia)는 제I형 및 제II형 양극성장애와 매우 유사한 상태일 수 있다. 그러나 여러 가지 이유로 단순히 자신의 감정을 잘 조절하지 못하지만, 조증 또는 경조중 기간을 겪지 않는 개인을 특징지을 수 있다. 변연계의 무작위 활동이 혼란스러운 감정 반응을 일으킬 수 있지만, 우리는 정서적 반응성(emotional reactivity)의 변화는 바람직하여 타당하거나, 바람직하지 않아서 억지스러운 것으로 보이는 정황적 사건에 대한 반응에서 발생한다고 주장할 것이다. 중요한 것은 감정 표현이 인간에게 종간(種間) 의사소통의 첫 번째 수단이라는 점이다. 언어적 의사소통은 어린아이가 다른 사람과 상호작용하는 것을 배운 후 몇 년이 지나면 발달하고, 자신에 대한 언어적 이해도 비슷하게 신념을 형성하기 시작한 후 몇 년이 지나면 발달한다. 어린아이의 부모들은 종종 자녀가 감정적 의사소통을 사용하는 것을 제한하려는 희망으로 자녀에게 말을 사용하기 시작하라고 간곡히 부탁한다. 게다가 많은 부모는 아동에게 실망과 불행의 기간을 참도록 가르치는 등 정서적 반응을 관리하는 방법을 가르치려고 적극적인 노력을 한다. 다른 부모들은 단순히 아동의 고통을 줄이기 위해 반응하는 경향이 더 많을 수 있어서, 따라서 그 아동을 도전에서 구출하고, 불행할 때 그 고통을 알리고 구조를 끌어내도록 가르칠 수 있다. 아동이 극단적인 정서적 반응이 다른 사람에게 부적절하고 바람직하지 않은 나이가 되면, 전문가가 아닌 사람은 그 아동을 기분 변화가 심하고, 과잉행동하고, 버릇없고, 아주 불쾌하다고 묘사할 수 있다. 전문가는 그 상태를 순환성장애나, 만약 행동이 공격행위를 포함한다면 파괴적 기분조절부전장애라고 부를 수 있다. 이러한 개인에게 부족할 수 있는 것은 단순히 감정 통제를 넘어서, 자기 자신을 넘어 생각하고 다른 사람에게 미치는 영향을 고려하고, 인생 과제에 대한 의무를 충족하려는 주도권을 쥐고자 하는 의지이다.

중요한 관심사는 감정을 잘 조절하지 못하는 것을 장애라고 불러야 하느냐이다. 이러한 무능함이 개인에게 문제를 일으키기 때문에, 그것은 장애로 여겨진다. 개인이 통제할 수 없는 의학적 질환(암 같은)이 있는 것을 나타내기 위해 우리가 '장애(disorder)'라는 용어를 사용하면, 우리는 너무 협소하게 생각하고 있는지도 모른다. 그러나 단순히 의학적 질환이 아니라고 말하는 것이 그것이 개인의 잘못이거나 의도적인 상태라는 것을 말하는 것은 아니다. 많은 경우에 개인이 상당히 기능적 중요성을 지닌 기술을 개발하지 않았다는 것일 수 있다. 비즈니스 기술은 기능적으로 중요하지만, 우리는 개발된 비즈니스 기술이 없는 사람을 장애라고 부르지 않는다. 우리가 이 미숙련자를 장애라고 부르지 않는 이유는 우리가 모든 사람이 잘 발달된 비즈니스 기술을 지닐 거라고 기대하지 않기 때문이다. 하지만 우리는 사람들이 자신의 감정을 통제하기를 기대한다. 마찬가지로 우리는 학생이 앉아서 주의를 기울이고, 교사가 말하는 대로 하기를 기대한다. 만약 그렇게 하지 않으면, 우리는 이들을 장애(예: ADHD)라고 부르는 경향이 있다. 양극성 환자들(그리고 단극성 환자들)의 경우 감정을 조절하는 데 있어서의 어려움은 이들이 일상적으로 기능하는 능력에 큰 영향을 미치므로 DSM의 장애 개념을 사용하여 이들의 문제는 분명히 장애로 여겨진다. 약물치료가 도움이 된다는 것이 입증되었다. 약물이 도움이 된다는 것이 순전히 의학적 장애라는 견해를 입증하지는 않는다. 약물은 일반적으로 장애가 있든 없든, 사람에게 영향을 미칠 것이다. 양극성 환자에게 가장 큰 도전은 대부분 사람은 할 수 있는 감정 조절을 좀 더 잘하도록 배우는 것이다. 불행하게도 부정적 감정의 유용성은 간결한 부분 강화 일정으로 강화되므로 소멸시키기 어렵다. 또한 조증 행동과 관련된 신념과 태도(즉, 스키마)가 인지 일관성 과정을 통해 유지된다. 그래서 사람들은 자신의 감정을 더 잘 조절하고 제어하는 것을 배울 수 있지만, 그것은 종종 쉽지 않다.

## DSM-5 특성

순환성장애의 중요한 요인은 "서로 구분되는 다수의 경조증 증상 기간과 우울증 증상 기간을 포함하는 만성적이고 변동이 있는 기분장애"(APA, 2013, p. 140)이다. 경조증과 우울증은 제I형 양극성장애나 제II형 양극성장애 진단으로 보증하기에는 충분하지 않지만, 효율적으로 기능하는 능력을 방해하기에는 충분하다.

## 생물심리사회적-아들러식 개념화

개인심리학의 관점에서 볼 때, 순환성장애는 감정을 잘 조절하지 못하고 그러한 조절 곤란 때문에 삶에서 장애가 있는(handicapped) 사람을 나타낸다. 중요한 것은 왜 개인이 감정을 잘 조절하지 못하는가이다. 여러 면에서 기분 변동은 정상적인 삶의 패턴이며, 순환성장애에서 우리가 보는 것은 정상적 변동과 극적으로 다르지 않을 수 있다. 중요한 것은 개인이 어떻게 기분 변동을 해석하고 어떻게 반응하는지이다. 어떠한 불쾌한 느낌도 문제를 나타내며 '정상적'인 것이 행복하다고 믿게 된 사람에게는, 정상적인 변동이 상당히 고통스러울 수 있다. 그 대신에 만약 긍정적인 활동으로 불쾌한 감정에 대응하는 법을 배웠거나, 혹은 기분 변동을 받아들이고, 가끔 발생하는 감정 폭풍을 '잘 참고 견딜' 필요성을 받아들인다면, 그 혼란은 '장애'의 심각성에 도달할 가능성이 작다. 물론 장애 상태의 경우 가장 중요한 것은 변동이 일상생활 영역에서 효율적으로 기능할 수 있는 개인의 능력을 방해하기에 충분하다는 점이다.

감정의 적응적 특성을 고려할 때(Rasmussen, 2010), 사람들은 도전을 극복하고 개인의 목표를 달성하는 데 필요한 행동에 활력을 불어넣는 데 필요한 감정을 경험한다. 순환성장애의 경우, 정상적인 기분 변화에 대한 개인의 반응은 개인이 혐오감을 느끼는 삶의 부담에 대한 보호 장치가 될 수 있다. 감정을 일으키는 문제에 대한 해결책보다는 감정에 주의를 집중함으로써, 개인은 인생 과제에 대한 책임을 회피할 수 있다. 또한 감정이 사람 간의 의사소통의 목적에 알맞기에, 개인은 다른 사람이 따르도록 촉구하려고 감정 표현에 의존할 수 있다. 실제로 아동은 감정의 표현으로 환경에 영향을 주는 것을 배운다. 많은 아동은 감정에 덜 의존하게 되고, 언어적 의사소통을 더 많이 하게 된다. 또 다른 아동은 계속 감정에 의존하고, 그 후에 감정적 반응이 개인 생활양식의 일부가 된다.

## 치료 고려사항

많은 부양자가 개인이 감정을 더 잘 조절하는 것을 개발하도록 도우려고 개인을 치료자에게 의뢰하는 것을 선호할 수 있지만, 약물은 개인이 감정을 관리하는 것을 돕는 데 사용될 수 있다. 개인심리학은 특히 이러한 개인을 돕는 데 적합하다. 도전은 개인이 삶의 많은 도전을 관리하고 원하는 결과에 대한 장애물을 극복하기 위해 어떻게 감정에 의존하게 되었는지를 이해하도록 돕는 것이다. 생활양식 분석을 통해 생활양식 패턴을 고려하면 이러한 패턴을 드러낼 수 있으며, 그 후 개인은 생활양식 재정향(reorientation)에 도움을 받을 수 있다. 라스무센(Rasmussen, 2006)이 제시한 감정 재정향 전략이 이 사람들에게 이로움을 입증할 수 있다.

### 사례 • 레너드

레너드는 19세이고, 순환성장애 진단을 받았다. 그는 세 아이 중 중간으로 형과 여동생을 두었다. 그의 형은 현재 아버지와 함께 가족 부동산 사업을 하는, 가정교육이 아주 잘된 사람이다. 여동생은 고등학교를 마치려 하고 있고, 또래 사이에서 매우 인기가 있다. 그녀는 현재 그들 모두가 다녔던 고등학교에서 수석 치어리더를 맡고 있다. 레너드는 대학에서 2학년 1학기를 다니며, 학기를 마치기 위해 고군분투하고 있다. 그는 기능을 높이 발휘하는 기간을 거치는 것으로 관찰되지만, 그 후 단지 낙담과 과민성이 증가하는 기간, 물질남용의 기간, 종종 사회적·학업적 철수 기간이 뒤따른다. 레너드가 더 어렸다면, 그는 파괴적 기분조절부전장애 진단을 받을 수 있다. 하지만 그는 극단적 기분 삽화를 나타내지는 않는다. 좌절과 낙담에 직면하여 레너드는 고조된 불안과 동요를 표출하고, 그러고 나서는 약물이나 다른 물질 사용이나 사회적 철수와 고립으로 특징지어지는 우울증 상태로 후퇴할 가능성이 더 크다.

## 맺는말

인간의 경험은 끊임없이 변화하는 삶의 상황에 적응하고 재적응하는 과정이다. 이 적응에서, 개인은 우월한 지위와 열등함의 극복을 나타내는 결과를 검증하는 기회를 모색한다. 개인이 어떻게 계속 플러스 상태를 도출하고 마이너스 상태를 극복하느냐는 개인의 고유한 특성이 어떻게 경험과 개인의 창조적인 잠재력에 의해 형성되는가에 달려 있다. 발달하는 생활양식과 관계없이 각 개인은 자신을 위해 인정받고 보람 있는 존재를 창조하기 위해 애쓰는 한편, 자신이 성과를 인정받으려고 추구한 결과와 일반적인 삶의 사건 결과로 나타나는 도전에 맞서고 있다. 인생에서 성공하려면 자신을 지탱하고, 다른 사람과 잘 지내며, 성적·심리적 친밀감에 대한 욕구를 관리해야 하는 책임을 받아들여야 한다. 이 모든 것은 현재와 미래의 더 넓은 공동체에 관한 관심으로 이루어져야 한다. 인생 과제를 충족시킬 수 없거나 이를 꺼리고 사회적 관심을 가지고 행동할 수 없거나 마지못해서 하는 한, 정서적 고통은 거의 불가피하다.

우울증의 경우, 우리는 여러모로 확실히 극복할 수 있거나 자신이 추구하는 인정을 얻을 수 있을 것이라는 희망을 포기한 개인을 본다. 종종, 그 기대는 비현실적이고 그 결과는 낙담이다. 이는 종종 다양한 형태의 우울증으로 나타난다. 조증의 경우, 우리는 일관되고 신뢰할 수 있는 형태의 인정을 얻으려고 분투하는 개인을 보며, 이들은 고통과 부담을 극복하거나 인정을 얻으려고 극단적·충동적 행동을 취하는 경향이 있다. 불행하게도, 조증은 종종 개인을 절망하고, 낙담하고, 우울하게 만드는 결과를 낳는다.

개인심리학은 개인이 시민 공동체의 일원으로서 세상의 현실과 삶의 필요성에 자신을 재정향하도록 돕는 치료를 제공한다. 모든 사람은 성장 잠재력이 있다. 개인심리학은 믿음, 희망, 격려의 자세를 유지하고, 개인심리학 치료자의 격려적인 지원을 통해 개인은 삶이 제시하는 도전을 극복할 수 있는 더 나은 방법을 찾을 수 있으며, 인생 과제의 이행과 사회적 관심에 대한 더 큰 헌신을 통해 더 신뢰할 수 있는 인정의 기회를 얻을 수 있다.

## 참고문헌

Adler, A. (1938/1998). *Social Interest: Adler's Key to the Meaning of Life.* (Initially published as *Social Interest: A Challenge to Mankind*). Boston, MA: Oneworld.

Adler, A. (1959). In H. L. Ansbacher & R. R. Ansbacher (Eds.), *The Individual Psychology of Alfred Adler.* New York, NY: Basic Books.

American Psychiatric Association (2004). *The Diagnostic and Statistical Manual of Mental Disorders, Fourth Edition (Text Revision).* Washington, DC: American Psychiatric Publishing.

American Psychiatric Association (2013). *The Diagnostic and Statistical Manual of Mental Disorders, Fifth Edition.* Arlington, VA: American Psychiatric Publishing.

Arney, W. R., & Bergen, B. J. (1984). *Medicine and the Management of Living: Taming the Last Great Beast.* Chicago, IL: University of Chicago Press.

Baldessarini, R. J., Faedda, G. L., Offidani, E., Vázquez, G. H., Marangoni, C., Serra, G., & Tondo, L. (2013). Antidepressant-associated mood-switching and transition from unipolar major depression to bipolar disorder: A review. *Journal of Affective Disorders, 148*(1), pp. 129-135.

Busner, L., & Turgum, S. D. (2007). The Clinical Global Impression scale. *Psychiatry, 4*(7), pp. 28-37.

Cloninger, C. R., Svrakic, D. M., & Przybecl, T. R. (1993). A psychobiological model of temperament and character. *Archives of General Psychiatry, 50*(12), pp. 975-990.

Dreikurs, R., & Soltz, V. (1964). *Children: The Challenge.* New York, NY: Hawthorne Books, Inc.

First, M. B. (2011). DSM-5 proposals for mood disorders: A cost-benefit analysis. *Current Opinion in Psychiatry, 24,* pp. 1-9.

Ghaemi, S. N., Vohringer, P. A., & Vergne, D. E. (2012). The varieties of depressive experience: Diagnosing mood disorders. *Psychiatric Clinics of North America, 35*, pp. 73-86.

Grisel, J., Rasmussen, P. R., & Sperry, L. (2006). Anxiety and depression: Physiological and pharmacological considerations. *Journal of Individual Psychology, 62*(4), pp. 397-416.

Grohol, J. (2013). DSM-5 Changes: Personality Disorders (Axis II). *Psych Central.* Retrieved on November 27, 2013, from http://pro.psychcentral.com/2013/dsm-5-changes-personality-disorders-axis-ii/005008.html.

Gruber, J. (2011). Can feeling too good be bad? Positive Emotion Persistence (PEP) in Bipolar Disorder. *Current Directions in Psychology Science, 20*(4), pp. 217-221.

Jamison, K. R. (1993). *Touched With Fire: Manic-Depressive Illness and the Artistic Temperament.* New York, NY: Free Press.

Kocsis, J. H. (2010). Melancholia as a distinct mood disorder? Recommendations for DSM-5. *American Journal of Psychiatry, 167*, p. 1534.

Kroewke, K., Spitzer, P. L., & Williams, J. B. (2001). Patient health questionnaire (PHQ-9). *Journal of General Internal Medicine, 16*(9), pp. 606-613.

Lamb K., Pies R., & Zisook, S. (2010). The Bereavement Exclusion for the diagnosis of major depression: To be or not to be? *Psychiatry (Edgmont), 7*, pp. 19-25.

Maniacci, M. P. (2002). The *DSM* and Individual Psychology: A general comparison. *Journal of International Psychology, 58*, pp. 356-362.

Millon, T. (1990). *Toward a New Personality: An Evolutionary Model.* New York, NY: John Wiley & Sons.

Millon, T. (1999). *Personality-Guided Therapy.* New York, NY: John Wiley & Sons.

Mosak, H. H., & Maniacci, M. P. (2006). Of cookie jars and candy bars: Dysthymia in light of Individual Psychology. *Journal of Individual Psychology, 62*(4), pp. 357-365.

Nusslock, R., & Frnak, E. (2011). Subthreshold bipolarity: Diagnostic issues and challenges. *Bipolar Disorders, 13*, pp. 587-603.

Parker, G., Fink, M., Shorter, E., Taylor, M. A., Akiskal, H., Berrios, G., Bolwig, T., Brown, W. A., Carroll, B., Healy, D., Klein, D. F., Koukopoulos, A., Michels, R., Paris, J., Rubin, R. T., Spitzer, R., & Swartz, C. (2010). Issues for DSM-5: Whither melancholia? The case for its classification as a distinct mood disorder. *American Journal of Psychiatry, 167*, pp. 745-747.

Peven, D. (1996). Anxiety disorders I. In L. Sperry & J. Carlson (Eds.), *Psychopathology and Psychotherapy: From DSM-IV Diagnosis to Treatment*. Washington, DC: Accelerated Development, pp. 77-114.

Peven, D., & Shulman, B. (1983). The psychodynamics of bipolar affective disorder: Some empirical findings and their implication for cognitive therapy. *Individual Psychology, 39*, pp. 2-26.

Rasmussen, P. R. (2005). *Personality-Guided Cognitive-Behavioral Therapy*. Washington DC: American Psychological Association.

Rasmussen, P. R. (2006). Pareto's Principle applied to life and therapy. *Journal of Individual Psychology, 62*(4), pp. 455-459.

Rasmussen, P. R. (2010). *The Quest to Feel Good*. New York, NY: Routledge.

Rasmussen, P. R. (2012). The infantile philosophy, private logic, and the task of maturity. In P. Prina, K. John, A. Millar, & C. Shelly (Eds.), *UK Adlerian Yearbook 2012* (pp. 151-167). London: Adlerian Society UK & Institute for Individual Psychology.

Rasmussen, P. R., & Dover, G. J. (2006). The purposefulness of anxiety and depression: Adlerian and evolutionary views. *Journal of Individual Psychology, 62*(4), pp. 366-396.

Schneidman, E. S. (1998). *The suicidal Mind*. Oxford: Oxford University Press.

Shear, M. K. (2009). Grief and depression: Treatment decisions for bereaved children and adults. *American Journal of Psychiatry, 166*(7), pp. 746-748.

Slavik, S., & Croake, J. (2001). Feelings and spirituality: A holistic perspective. *Journal of Individual Psychology, 57*(4), pp. 354-362.

Thomas, A., & Chess, S. (1977). *Temperament and Development*. New York: Brunner/Mazel.

Wilson, T. D. (2002). *Strangers to Ourselves: Discovering the Adaptive Unconscious*. Cambridge, MA: Belknap Harvard.

Zisook, S., Corruble, E., Duan, N., Iglewicz, A., Karam, E. G., Lanuoette, N., Lebowtiz, B., Pies, R., Reynolds, C., Seay, K., Shear, M. K., Simon, N., Young, I. T. (2012). The bereavement exclusion and DSM-5. *Depression and Anxiety, 29*, pp. 425-443.

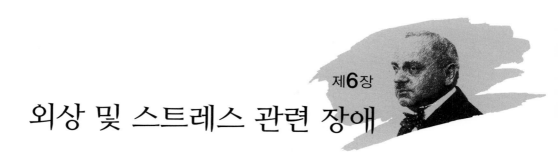

# 외상 및 스트레스 관련 장애

Bret A. Moore · John F. Newbauer

외상 및 스트레스 관련 장애에 대한 우리의 이해는 빠른 속도로 증가하고 있다. 관련 장애들에 대한 원인, 경과, 유병률 그리고 개입에 초점을 맞춘 연구 기금이 사상 최고치를 기록하고 있다. 결과적으로 정신의학과 심리학 분야에 변화가 있었다. 예를 들면, 스트레스성 사건으로 인한 외상 및 스트레스 기반의 심리적 붕괴의 복잡성은 더욱 분명해졌다. 이전의 질병분류 체계 내에 딱 들어맞는 증상은 거의 없다. 실제로 개인 간에 나타나는 증상의 변동성이 매우 커서 외상 기반 장애에 속하지 않는다고 한때 믿었던 증상들이 이에 속할 수 있을 뿐만 아니라, 외상성 및 스트레스성 경험에 노출되어 증상들이 발생할 개연성이 있다고 인정되고 있다. 이는 최근 이라크와 아프가니스탄 전쟁에 복무했던 군 장병들의 분노, 과민성, 공격성, 우울 증상들의 유병률을 볼 때 가장 명확하다. 일반적으로 전통적인 불안이나 공포 기반 네트워크와 연관이 없는 이러한 증상들이 만연하고 두드러진다(APA, 2013). 다행히도 미국정신의학회는 최소한 외상 및 스트레스 기반 장애들의 복잡성과 서로 다른 종류의 장애 간에 증상들의 엄청난 중복을 인정했다. 이러한 이해로 인해 학회의 대표 출판물인『정신질환의 진단 및 통계 편람』의 가장 최근 개정판인 제5판(DSM-5)에 새로운 범주인 외상 및 스트레스 관련 장애를 추가하게 되었다.

DSM-IV-TR과는 대조적으로, 외상 및 스트레스 관련 장애에 대한 DSM-5의 본질적인 의미를 규정하는 주요 특징은 진단 기준의 일부로 외상성 또는 스트레스성 사건에 대한 노출 목록이 열거되어 있다는 점이다. 앞서 이미 논의한 두 번째 특징은 증상들의 이질성과 그 발현이다. 이 장은 DSM-IV-TR에서 이 새로운 범주로 장애들이 이동하는 것을 포함하여, 외상 및 스트레스 관련 장애 범주의 추가 및 기존 장애를 기반으로 한 이 새로운 분류 체계에 새로운 장애(예: 반응성 애착장애)의 배치를 설명하는 것으로 시작한다. 이어서, 이 장에서는 외상 및 스트레스 관련 장애에 관한 아들러식 개념화를 소개한다. 마지막으로, 다음의 외상 및 스트레스 관련 장애 각각에 관한 진단 기준, 임상 증상, 아들러식 개념화 및 치료 고려사항을 설명한다. 즉, 반응성 애착장애, 탈억제성 사회적 유대감 장애, 외상 후 스트레스 장애, 급성 스트레스 장애 그리고 적응장애이다. 비록 다른 두 가지의 진단이 외상 및 스트레스 관련 장애 집단에 포함되어 있지만(달리 명시된 외상 및 스트레스 관련 장애, 명시되지 않은 외상 및 스트레스 관련 장애), 그 두 장애는 비교적 특이하지 않고 앞서 열거한 다섯 가지의 장애와 중복되기 때문에 자세히 논의하지는 않을 것이다.

## DSM-5에서의 외상 및 스트레스 관련 장애

### DSM-IV-TR 대비 DSM-5의 정의

DSM-5에서 외상 및 스트레스 관련 장애 범주를 신설하게 된 변화는 거의 틀림없이 좀 더 중요한 변화 중 일부이다. DSM-IV-TR에는 외상 및 스트레스 관련 장애 범주가 없었다. 현재 이 새로운 집단을 구성하는 장애들은 DSM-IV-TR에서 여러 진단 범주에 걸쳐 흩어져 있었다. 예를 들어, 외상 후 스트레스 장애와 급성 스트레스 장애는 DSM-IV-TR에서 불안장애 범주에 속했다. 불안장애에서 외상 후 스트레스 장애와 급성 스트레스 장애를 제거한 이유는 두 가지였다. ① 새로운 불안장애 집단은 과도한 공포와 불안이 행동 장해를 초래하는 장애들을 나타낸다(APA, 2013, p. 189), ② 외상 후 스트레스 장애와 급성 스트레스 장애는 과도한 공포와 불안 요소들이 있지만 더 복합적이고, 우울증과 충동 조절과 같은 다른 장애들과 상당히 중복된다(APA, 2013, p. 265). 반응성 애착장애는 DSM-IV-TR에서 원래 '유아기, 소아기 또는 청소년기의 기타 장애' 범주에 속했다. 외상 및 스트레스 관련 장애 집단에 있는 반응성 애착장애의 새로운 집은 사회적 방치라는 특정 스트레스 요인과 그것의 행동

장해와의 관계가 새로운 DSM-5 범주의 의도와 일치한다는 생각에 근거한다. 관련된 탈억제성 사회적 유대감 장애(DSED)는 반응성 애착장애와 탈억제성 사회적 유대감 장애가 공통의 병인을 공유하지만, 증상의 표현은 다르다는 것을 단지 인정한 것에 불과하다. 반응성 애착장애는 주로 내면화 장애로 간주되는 반면, 탈억제성 사회적 유대감 장애는 파괴적 장애 및 주의력 장애와 다르지 않게 상당한 외현화 행동을 나타낸다(APA, 2013, p. 265). 적응장애는 심리사회적 스트레스의 일부 형태와 병인을 공유하기에 외상 및 스트레스 관련 장애 범주로 이동하였다. 하위 유형(예: 우울, 불안, 품행 장해, 혼재)은 DSM-IV-TR과 DSM-5 간에 동일하게 유지된다.

## 외상 및 스트레스 관련 장애에 대한 아들러식 개념화

### 아들러와 외상, 스트레스, 기능 이상

아들러는 외상에 낯설지 않았다. 네 살이었던 어느 날 아침, 그는 침대에서 깼을 때 형이 바로 자기 옆에 누워 죽어 있는 것을 발견했다(Bottome, 1957). 그는 또한 폐렴을 앓았던 초기 기억을 다음과 같이 보고하였다.

갑자기 호출을 받고 온 의사가 아버지에게 내가 살 희망이 없으므로 나를 돌보느라 고생해 봐야 아무 소용이 없다고 말했다. 무서운 공포가 즉시 나를 덮쳤고, 며칠 후 건강해졌을 때 나는 반드시 의사가 되기로 결심했다. 그래서 나는 죽음의 위험에 대해 더 잘 방어하고 죽음과 싸우기 위해 내 의사의 무기를 능가하는 것을 가지기로 했다(Bottome, 1957, pp. 32-33).

아들러는 젊은 의사로 제1차 세계대전 당시 오스트리아 군대에서 복무했고, 전쟁이 끝난 후에는 외상과 위험한 경험에 자주 노출되는 노동자 계급의 사람들을 치료했다. 그는 1918년에 전쟁 신경증(war neurosis)을 기술한 논문을 썼다. 전쟁 신경증은 국가 및 민간 건강 보험회사들에게 엄청난 영향을 미쳤기에, 종전 후에 독일과 오스트리아에서 열띤 논쟁의 주제였다. 아들러는 신경증 발병에서의 외상과 외상의 역할에 관하여 여러 번 언급했다. 그는 이것을 '충격(shock)'이라고 언급했는데, 이는 전쟁이나 테러 행위에서 경험하는 것보다 덜 위협적인 상황을 포함하는 것으로 보인다.

어떤 경험도 성공이나 실패의 원인이 아니다. 우리는 경험의 충격, 소위 외상으로 고통받는 것이 아니라, 경험으로 우리의 목적에 맞는 것을 만들어 낸다 … 의미는 상황에 의해 결정되는 것이 아니라, 우리가 상황에 부여하는 의미에 의해 우리 자신을 결정한다(Ansbacher & Ansbacher, 1956, p. 208).

DSM-5의 외상 및 스트레스 관련 장애에 관한 새로운 장은 사람이 외상성 사건에 반응하는 다면적이고 독창적인 방법에 대한 인식을 보여 준다.

아들러는 그의 저술에서 개인의 독특한 생활양식을 규정할 때 개인의 독창적 작업에 분명히 중점을 두었다. 이러한 충격들이 삶에서 일찍 일어날수록, 생활양식의 발달에 중요한 역할을 할 가능성이 더 크다. "아동의 행동을 좌우하는 것은 자신의 경험이 아니라, 아동이 자신의 경험에서 도출하는 결론이다"(Ansbacher & Ansbacher, 1956, p. 209).

아들러 관점에서 사람은 경험한 모든 것을 자신이 이해한 방식으로 해석하고, 그것을 자신의 삶의 방식 혹은 생활양식에 통합한다. 개인의 생활양식은 우리가 누구인지, 다른 사람들은 어떤지, 그리고 세상이 어떤지를 상기시켜 주는 세상에 대한 생물심리사회적 지도(map)이다. 우리는 어린 시절에 언어, 관습 혹은 일을 하는 일상적인 방식에 대한 지식이 없이 세상으로 나아갈 때, 이러한 노력에 가장 적극적이다. 외국 땅에서 언어를 모르고 관습에도 낯선 한 관광객을 생각해 보라. 대부분의 사람은 이 새로운 세계 경험에 적응하려고 다른 사람이 어떻게 행동하는지에 세심한 주의를 기울이고, 얼굴의 단서를 관찰하고, 들리는 언어에서 어떤 익숙한 소리를 듣는다고 말한다. 우리는 무엇이 적절하고 적절하지 않은지 이해하려고 노력하면서, 우리의 환경에 더 주의를 기울이고 더 집중하는 것을 느낄 수 있다.

다른 한편으로는 집에서, 우리 자신이 속한 문화에서, 우리 언어를 말하는 사람들 사이에서, 우리는 훨씬 더 편안해서 모든 움직임과 얼굴에 나타나는 단서에 훨씬 덜 주의를 기울일지도 모른다. 여러모로 이것은 아기와 걸음마를 배우는 유아가 성장과 발달을 하고, 언어를 배우고, 주변 사람에게 어떻게 반응하는지를 배우고, 다양한 얼굴과 행동 단서의 의미를 배우고, 부모가 안고 먹일 때 부모의 몸에서 공포, 기쁨 그리고 흥분을 느끼고, 이 모든 경험을 자신에게 의미가 통하는 방식으로 조합하면서 해야 하는 과제이다.

이 모든 경험에서 아동은 자기 자신, 다른 사람들, 세상 그리고 완벽함, 우월성 혹은 권력을 얻기 위해 무엇을 해야 하는지에 대한 개념을 형성한다. 아들러는 완벽함을 위한 이러한 노력을 선천적이라고 본다.

> 우리 모두는 어려움을 극복하기를 소망한다. 우리는 모두 강하고, 우월하고, 완벽하다고 느낄 수 있는 성취를 함으로써 목적을 달성하기 위해 노력한다… 그러나 우리가 그것에 어떤 이름을 부여하든지 간에, 우리는 항상 인간에게서 이 위대한 활동 라인(line of activity), 즉 열등한 지위에서 우월한 지위로, 패배에서 승리로, 아래에서 위로 올라가기 위한 투쟁을 발견하게 될 것이다. 그것은 아주 어린 시절에 시작해서 우리 삶의 끝까지 지속된다(Ansbacher & Ansbacher, p. 104).

생활양식이 활발하게 발달하는 아동기에 외상이나 극심한 방치를 겪는 것은 생활양식이 보통 잘 확립되었다고 여겨지는 더 늦은 나이에 외상을 경험하는 것과는 다른 영향을 미칠 수 있다.

### DSM 외상 및 스트레스 관련 장애의 확장

외상과 스트레스 요인에 대한 아들러의 견해는 단순하지 않다. 아들러는 '공동체 감정(community feeling)' 혹은 '사회적 관심(social interest)'으로도 번역되는 공동체 감(Gemeinschaftsgefühl)이 '유용한(useful)' 생활양식을 위해 필요하다고 믿었다. 이 번역 중에서 가장 정확한 것은 공동체 감정이다. 이는 개인이 자신의 한 부분인 인간 공동체와 우주에 소속되어 있다고 인식하고, 자신의 행동으로 형성되는 공동체의 생활 방식에 대한 책임을 이해하는 것을 포괄한다(Griffith & Powers, 2007, p. 11). 공동체 감정은 인간이 지닌 선천적인 잠재력이지만, 언어와 말이 훈련되는 것과 같은 방식으로 발달해야 한다. 아들러에게 공동체 감정은 성공적인 적응에 대한 지표로 간주되었다. 공동체 감정이 더 발달할수록 개인의 열등감, 소외감과 고립감은 더 줄어든다(Griffith & Powers, 2007).

결과적으로, 개인의 공동체 감정의 감각이 더 발달할수록 외상성 상황을 더 잘 처리할 수 있다. 외상성 사건은 개인이 직면해야 하는 또 하나의 삶의 도전일 수도 있지만, 어떤 외상성 사건은 오래 지속되고 너무 강렬해서 자기 자신, 다른 사람들 그리고 세상을 바라보는 관점에 극적인 변화를 초래한다. 그 결과 공동체 감정이 감소하고 소외감과 열등감, 고립감이 증가하게 된다. 외상에 대한 전형적인 반응들이 있지만 외상과 외상의 결과로 발생할 수 있는 증상들을 사용하는 방법은 개인마다 서로 다르다. 아들러는 소유의 심리학이 아니라 사용의 심리학을 말했다. 이 견해에 따르면, 개인이 이러한 것들을 사용하는 것만큼 사람에게 일어나는 것이나 경험했던 것은 중요하지 않다. 이러한 이유로 외상이 개인에게 영향을 미치는 한 가지 방법에 대해 말하는 것은 어렵다. 자신의 생활양식 목표들을 추구하는 개인이 외상성 사건과 그에 따른 증상과 행동 패턴을 어떻게 독창적으로 사용할 것인지에 대해 말하는 것이 더 정확하다.

일란 스트라우치(Ilan Strauch)는 "바꾸어 말하면, 외상성 반응은 극단적 상황에 대한 생활양식 반응인가? 아니면 외상성 반응은 개인의 현상학적 장(場)에서 변화를 일으키고, 개인이 삶을 인식하는 렌즈를 효과적으로 변화시킬 수 있는 어떤 것인가?"(Strauch, 2001)라고 묻는다. 급성 및 만성적 방치의 상태 혹은 심리적 완전한 상태(psychological integrity)를 위협하는 상황뿐만 아니라, 실제적이거나 위협적인 죽음 혹은 신체적 완전한 상태(physical integrity)에 대한 심각한 부상 등의 외상 경험은 자기 자신, 다른 사람들 그리고 세상을 바라보는 관점과, 또한 우월성과 만족스러운 수준의 공동체 감정이라는 가상의 목표(fictional goal)를 달성하는 능력에 주요한 변화를 가져온다. 자신에 대한 긍정적 존중의 느낌, 유능감, 인간 공동체에 대한 소속감은 종종 외상 경험에 노출되어 심하게 손상된다. 특히 외상 경험들이 너무 압도적이어서 유능감과 인간 공동체에 대한 소속감을 파괴할 때, 혹은 다른 사람들이나 세상을 바라보는 개인의 관점을 산산조각 낼 때 심하게 손상된다.

자기 자신, 다른 사람들 혹은 세상에 대한 자신의 감각이 산산조각 났을 때, 지금 위협받고 있는 자존감을 보호하려고 다양한 증상이 발생할 수 있다. 증상들은 불안과 우울에서부터 분노와 절망, 생활양식에서의 주요한 변화 그리고 심지어 정신증적 삽화까지 발전할 수 있다. 이러한 장애들을 DSM-5에서 자체 범주로 구성하는 것은 매우 적절해 보인다. 왜냐하면 이 장애들은 모두 사회적 관심 발달의 붕괴로부터 비롯할 수 있는 광범위한 증상들과 장애들을 대표하기 때문이다. 그 붕괴가 삶의 첫 형성기에 사회적 관심에 대한 적절한 격려의 부족에서 온 것이든, 그들의 개인적 정체성, 가치, 소속에 대한 감각을 산산조각 낸 경험에 직면했던 사람에서 온 것이든 상관이 없다.

# 반응성 애착장애

## 임상적 증상

반응성 애착장애(Reactive Attachment Disorder: RAD)가 있는 아동이 보여 주는 가장 두드러지고 분명한 행동은 양육자, 다른 성인, 또래를 피하고 그들로부터 철수하는 것이다. 고통을 받을 때, 반응성 애착장애가 있는 아동은 편안하게 해 주거나 달래려는 것을 거부하는 경향이 있다. 실제로 이런 아동은 혼자 남겨졌을 때 더 침착해지는 경향이 있고, 자기진정/자기위로의 행동을 하는 것을 종종 본다. 반응성 애착장애가 있는 어린 아동은 어쩌다 웃고, 안아 줬을 때나 들어 올렸을 때 화답하지 않는다. 그리고 일반적으로 숨바꼭질과 같은 전형적인 아동기 놀이에 관심이 없다. 더 나이가 든 아동은 사회적 활동을 피하고 고립적이 된다. 그리고 좌절했을 때 성인이나 또래에게 공격 행동을 할 수도 있다.

반응성 애착장애가 있는 아동의 정서적 스타일은 긍정적 정서가 감소된 경향이 있다. 앞서 언급하였듯이 이들은 일반적으로 웃지 않는다. 이들의 감정은 슬픔, 불안, 과민, 일반적 고통 사이에서 왔다 갔다 할 수 있다. 그래서 종합적인 정신과적 평가의 일환으로, 기분, 불안 그리고 정신병적 장애를 배제하는 것이 중요하다.

대인관계에서 반응성 애착장애가 있는 아동은 친구가 거의 없는 경향이 있다. 이것은 선택한 것이기도 하지만, 사회적 상호작용과 감정적 상호작용에 관심이 없는 태도를 반영한 결과이기도 하다. 이것은 또래와 성인에게도 해당한다. 실제로 후자와 관련하여 아동과 그 양육자는 각각 서로의 행동을 무관심과 회피로 해석하는 부정적 고리에 사로잡혀 있을 수 있으며, 이는 더욱 큰 무관심과 회피로 이어질 수 있다.

## DSM-5 특성

반응성 애착장애가 있는 아동은 성인 양육자와의 상호작용에서 정서적 거리와 일반적 억제라는 지속적인 패턴을 보인다. 특히 아동은 고통을 받을 때 양육자에게서 안락과 지지를 찾는 것에 저항할 뿐만 아니라, 안락과 지지가 제공되었을 때 적절히 반응하는 것에 저항한다. 이러한 억제와 정서적 반응성의 결여는 아동의 환경

내에서, 즉 확장된 양육자 구조(예: 교사, 친척 등) 내와 또래 내에서 모두 다른 사람에게까지 확장된다. 반응성 애착장애가 있는 아동은 적절한 사회적 애착을 형성할수 있다고 여겨진다. 하지만 중대한 사회적 방치와 양육자로부터 발달적으로 적절한 안락, 애정 그리고 자극을 받는 기회가 부족하기에 이러한 능력은 완전히 실현되지 못한다. 반응성 애착장애의 진단은 아동이 최소 9개월이 안 되고, 증상이 5세 이전에 나타나지 않았으면 내려지지 않는다(APA, 2013, p. 266).

## 생물심리사회적-아들러식 개념화

아들러는 어머니와 유아, 그리고 나중에는 아동과 가족 간의 유익한 상호 관계의중요성을 자주 강조했다. 아동의 생활양식 발달에 부모와 교사의 격려는 사회적 관심의 발달에 가장 중요했다(Ansbacher & Ansbacher, 1956). '의기소침한(방치된) 아이들'에 관한 글에서, 아들러는 아동이 어떻게 경험을 독특한 방식으로 자신의 생활양식에 통합시키는지를 강조했다. 종종 아동이 삶의 도전에 압도된 부모에 의해 비하되고 굴욕감을 느끼고, 나아가 교사와 사회에 의해 대체로 비하됨을 느끼면, 이들은 일반적으로 부적합한 수단과 유치한 해석을 바탕으로 자기 자신, 다른 사람들 그리고 세상에 대한 관점을 발전시킨다. 이런 결론들은 종종 우유부단하고, 비관적이고, 희망과 자신감이 부족하다. 나중에 인생 과제(직업, 우정, 사랑)를 수행하는 데 필요한 용기 있는 태도를 얻으려면 많은 시간과 에너지가 필요하다(Adler, 1925/1973). 아동일 때 격려받지 못하면, 개인은 양육자에 대한 애착과 삶에서 불가피한 스트레스 요인을 다루는 데 필요한 자원을 거의 개발하지 않는다. 그 대신에 사회적 관심보다는 고립과 철수 쪽으로 태도를 발전시킨다.

철수와 회피는 방치되고 무시되는 초기 아동기 경험에 대한 논리적인 반응처럼 보인다. 반응성 애착장애의 필수불가결한 조건은 주 양육자에 대한 정상적 애착 형성의 실패로 추정된다. 이는 생후 6개월에서 3세 사이에 학대, 극도의 방치, 양육자와의 갑작스러운 분리, 혹은 아동의 상호작용 시도에 대한 양육자의 반복적인 반응 부족과 관련이 있을 수 있다. 소속되어 있지 않거나, 탐탁지 않다거나 혹은 수용되지않는다는 믿고 느끼는 것은 이러한 감정과 믿음에 근거한 행동 패턴으로 이어진다.

적대적인 혹은 애지중지하는 가족 환경에서 아동은 자기 자신에게 혹은 다른 사람들에게 확신을 느끼지 못한다. 그리고 소속감 부족으로 이어진다. 일단 아동이 소속되어 있지 않다고 느끼면, 그 후 행동은 공동체에 기여하기보다는 자기보호를 하는 방향으로 가고, 그 악순환은 계속된다… 소속감을 더 많이 느끼지 못할수록 행동은 더 불안해질 것 같다. 그리고 결국 이것은 다른 사람에게서 믿을 만한 지원을 훨씬 더 적게 받게 한다(Ferguson, 2010a, p. 4).

또한 이러한 패턴에 기여하는 근본적인 요인들도 있을 수 있지만, 지금까지는 유아와 최초 양육자 간에 애착과 유대가 확립되지 않았고, 아동에게 사회적 관심에 대한 추가 훈련이 지속되지 않는다는 것을 제외하고는 어떤 것도 결정되지 않았다.

## 치료 고려사항

반응성 애착장애의 치료는 주로 심리사회적 개입으로 구성되어 있다. 무엇보다도 아동이 안전하고, 안심되고, 지지적인 환경에 있는 것이 중요하다. 만약 아동이 방치된 환경에 있다면 적절한 주, 부족 또는 연방 기관에 의뢰해야 한다. 또한 생물학적 부모나 양부모, 친척, 기타 부모 대리인과 함께이든지 간에, 전문가는 아동이 양육자와 안전한 애착을 발달시키도록 도우려는 목표로 일하는 것이 중요하다. 이것은 양육 수업 또는 개별 심리치료를 통해 양육자와 직접 이루어질 수 있다.

반응성 애착장애가 있는 아동과의 심리치료에 대한 근거 기반의 연구들은 한정되어 있다. 그러나 놀이치료와 가족치료 모두를 개별적으로(O'Connor, Spagnola, & Byrne, 2012), 또한 두 개의 조합(Weir, 2011)으로 지지하는 증거들이 있다. 반응성 애착장애의 치료에서 약물 사용에 관한 연구는 더욱 한정되어 있다. 실제로 약물을 사용할 때는 전형적으로 동시 발생하는 장애(예: 우울증) 혹은 개별적인 반응성 애착장애 증상(예: 공격성)을 치료하는 목적을 위해서이다.

### 사례 • 토마스

토마스는 9세 때 평가를 받으러 왔다. 한 나이 많은 부부가 그의 11세 형과 함께 그를 입양했다. 두 아이는 애착에서 이상 신호를 보였다. 토마스는 루마니아인 부모의 아들이었고, 그들 부모의 반복되는 수감, 술에 취함, 약물남용 때문에 그와 그의 형이 부모의 보살핌을 받지 못했다는 이력에서 이상 신호가 나타났다. 토마스가 고아원에 갔을 당시 3세였으며, 6세에 입양되었다.

평가 당시 그는 약 1년 동안 새로운 양부모와 살고 있었다. 그의 새 부모는 그의 고립적인 행동 그리고 공격적이고 폭력적인 폭발 때문에 그를 데리고 왔다. 그들은 매우 잘 교육받은 사람들이었고 그가 애착 문제가 있을 것 같다고 인식하고 있었다. 그러나 그 문제들이 그렇게 심각할 거라고는 예상하지 못했다. 두 형제가 서로 헤어지면 상황이 더 나빠질 거라고 느꼈기 때문에, 부부는 두 아이를 함께 두기 위해서 둘 다 입양하기로 의식적으로 결정했다. 두 형제는 서로 연결되어 있다고 느끼는 것처럼 보였다. 형도 애착 문제가 있었지만 반응성 애착장애보다는 탈억제성 사회적 유대감 장애 기준을 충족하는 것으로 보였다.

토마스가 평가를 받으러 온 직후, 그의 형은 가정과 이웃에서 폭력이 심해져서 법원의 명령으로 집을 떠나 주거 치료 센터에 들어가게 되었다. 토마스와 그의 가족을 위한 치료에서 중점을 둔 것은 양육과, 부모가 아이들과 계속 관계하도록 부모를 교육하고 격려하는 것이었다. 그리고 그들이 아이들과 관련하여 일관되고 격려하는 스타일을 발전시키도록 돕는 것이었다. 두 부모 모두 무엇을 행해야 하는지에 대한 확고한 생각을 지니고 있었고 독재적인 가정에서 자랐기 때문에, 이는 어려운 도전이었다. 하지만 결과적으로 공동 부부 상담과 합동 가족치료를 통해서 그들은 더 건강한 방식으로 함께 작업할 수 있었다.

토마스는 위협받는다고 느꼈을 때 감정 폭발을 거의 조절할 수 없는 것처럼 보였다. 이런 종류의 감정 폭발이 사람을 그에게서 멀어지게 하고 혼자가 되게 한다는 것을 배운 오랜 역사가 있었지만, 그가 화가 났을 때에도 그의 환경에서 다른 사람에게 좀 더 관대해지도록 그를 돕는 것이 중요했다. 초기의 가족 개입은 토마스가 화가 났을 때, 계속해서 그를 불편한 상황으로 강제로 내몰기보다는 그가 방으로 가거나 마당에 나가는 것을 허락하도록 그들을 가르치는 데 도움이 되었다. 이것은 어려운 과제였다. 왜냐하면 토마스를 편하게 해 주려는 노력이 그에게는 위협으로 인식된다는 것을 그들이 깨닫지 못하면서, 그를 편안하게 해 주고 통제하기를 원했기 때문이다. 그런 다음 그의 고립적 행동의 부분적인 목표가 다른 사람들로부터 안전하게 머무는 것이므로, 부모는 짧은 시간 후에 밖에 나가서 그를 찾고, 가까이 있지만 편안한 거리에서 그의 곁에 머물도록 격려를 받았다.

상호 존중과 믿음의 감정, 그리고 자기 자신, 다른 사람들 그리고 세상에 대한 토마스의 관점에 대한 이해는 토마스에게 자신의 이야기를 치료사에게 얘기하도록 요청하여 토마스가 어디에서 왔는지, 고아원 시절에 무엇을 기억하는지, 자신의 부모에 대해(많지는 않지만) 무엇을 기억하고 있는지를 알게 됨으로써 발전되었다. 그의 삶과 그가 커지는 좌절감을 다루는 방법에 관한 친근하고 존중적인 토론을 통해서, 우리는 어떻게 그가 자신의 새로운 상황을 영구적인 것이 아니라 일시적인 것으로 보는지와, 그가 원했던 것을 얻기 위해 모든 가능한 것과 만났던 사람을 이용하려는 그의 의도에 대한 상호 이해를 발전시킬 수 있었다. 이 시점에서 어떤 종류의 사회적 관심도 크게 결여되어 있지만, 이것은 매우 논리적(사적 논리) 관점이었다. 퍼거슨(Ferguson)은 "'사적 논리'는 사회적 관심에 역행하는 사건에 대해 우리가 무의식적 혹은 암묵적으로 생각하는 방식이다."(Ferguson, 2010b)라고 기술했다.

치료사에게 신뢰감이 발달하기 시작한 후에야, 치료사는 토마스와 그의 부모에게 이완 기술을 가르칠 수 있었고, 토마스가 자신의 분노와 같은 감정을 깊은 근육 이완과 깊은 호흡 기술로 조절하는 방법을 배우도록 도울 수 있었다. 화가 났을 때, 깊은 근육 이완에서 깊은 호흡으로 이동하는 것은 그가 도전적인 상황에서 더 적절한 방식으로 반응하도록 도왔다.

토마스가 좀 더 좌절감을 인내할 수 있을 때 그의 사적 논리에 대한 작업이 시작되었다. 그는 아무도 자신을 돌봐 주지 않고, 아무도 자신의 욕구를 충족시켜 주지 않는다고 믿으며 자랐다. 그는 자기 생의 처음 몇 년간에 근거하여, 이러한 것들을 믿을 만한 충분한 이유가 있었다. 치료사는 이러한 믿음에 도전했고, 그의 양부모가 그를 좋아하고, 그의 욕구를 충족시키고, 그가 무언가를 요청했을 때 반응했다는 점을 지적했다.

토마스가 집으로 돌아왔을 때, 치료사는 부모에게 토마스 및 그의 형과 재미있는 무언가를 하라고 격려했다. 또한 아이들에게 스스로 할 수 있는 집안일을 할당하기보다는 집안일을 함께하도록 격려했다. 이러한 방식으로 그들이 하나의 단위, 한 가족이라는 사실과 그들 모두가 서로에게 책임이 있다는 사실을 보여 주고 있었다.

토마스는 만일 자신이 행동화(acting out)한다면 사람들은 자신을 혼자 내버려 둘 것이라는 믿음이 또한 있었다. 부모에게는 그에게 약간의 공간을 주면서도, 목표가 소속감을 발달시키는 것이기에 그를 혼자 있게 두지 않을 것을 촉구했다. 부모의 긍정적인 양육과 많은 격려 그리고 그의 사적 논리에 대한 도전을 통해 토마스는 그의 새로운 가족과 더 친밀한 관계를 발전시킬 수 있었다.

토마스가 서서히 새로운 가족에게서 소속감을 발전시켜 가면서, 그는 또한 서서히 다른 사람들의 욕구를 고려하기 시작했다. 그는 자신을 위해 무언가를 얻으려는 분명한 설계 없이도 가정에서, 심지어 학교에서도 도우려고 하기 시작했다. 그는 세상에서 혼자라는 느낌에 의해 계속 도전받고 있지만 부모의 도움으로 소속감을 느끼고, 이어서 다른 사람에게 기여하며 발전하고 있다.

## 탈억제성 사회적 유대감 장애

### 임상적 증상

본질적으로 몇 가지 차이가 있지만, 탈억제성 사회적 유대감 장애(Disinhibited Social Engagement Disorder: DSED)는 반응성 애착장애의 억제된 특성의 정반대로 간주될 수 있다. 실제로 탈억제성 사회적 유대감 장애는 DSM-IV-TR에서 반응성 애착장애의 하위 유형으로 간주되었다. 탈억제성 사회적 유대감 장애가 있는 아동이 보여 주는 가장 두드러지고 분명한 행동은 낯선 사람과의 무분별한 상호작용이다. 이러한 아동에게는 낯선 사람에 대한 불안이나 불신이 거의 없다. 이는 종종 문화적으로 부적절한 신체 접촉이나 애정 표현으로 나타난다. 어린 아동의 행동은 '관심 끌기'로 양육자에 의해 묵살될 수 있다. 좀 더 나이가 든 아동은 감정 표현과 관련하여 솔직하지 못하고 '거짓'으로 보일 수 있다. 이것은 상호작용이 과도하고 부적절한 특성의 결과이다. 탈억제성 사회적 유대감 장애는 주로 외현화 행동들로 구성되어 있기에, 종종 주의력결핍 과잉행동장애(ADHD)와 혼동된다. 행동은 충동적 · 파괴적으로 보일 수 있다(APA, 2013, p. 269).

탈억제성 사회적 유대감 장애가 있는 아동의 정서적 스타일은 과도한 정서인 경향이 있다. 낯선 사람 주위에는 일반적인 행복이 있지만, 양육자에게는 마찬가지일 수도 아닐 수도 있다. 탈억제성 사회적 유대감 장애가 있는 아동은 낯선 사람의 눈에는 들러붙는 것처럼 보일 수 있다. 만약 낯선 사람이 이들의 감정을 거부하는 듯이 보이면, 이들은 또한 감정적으로 민감하고 불안해 보일 수도 있다.

대인관계에서 탈억제성 사회적 유대감 장애가 있는 아동은 대인관계 경계가 좋지 않은 것으로 여겨지는 경향이 있다. 이것은 종종 낯선 사람을 불편하게 하고, 심지어 아동의 행동을 의심하게 만든다. 아동이 양육자의 근접을 일반적으로 인식하지 못하기에 그 행동은 또한 양육자에게 고통을 준다. 이로 인해 낯선 사람에 의해 일어날 수 있는 폭행 혹은 유괴의 가능성에 대한 우려를 불러일으킨다.

## DSM-5 특성

탈억제성 사회적 유대감 장애가 있는 아동은 낯선 성인에게 관심을 구하고 그들과 접촉하는 행동 패턴을 보인다. 이들에게는 낯선 사람과의 주목할 만하고 우려되는 친밀함이 있는데, 이는 부적절한 언어적·신체적 상호작용으로 증명된다. 어떤 경우에는 탈억제성 사회적 유대감 장애가 있는 아동이 낯선 사람과 함께 싸돌아다닐 수도 있다. 이는 양육자에게는 극심한 고통을 초래하지만, 아동에게는 그렇지 않다. 마찬가지로, 아동은 낯선 상황에서 양육자에게 자신의 위치를 알리는 것을 게을리할 수 있다. 탈억제성 사회적 유대감 장애의 병인은 반응성 애착장애와 같다. 현저한 사회적 방치, 주 양육자의 반복적인 교체, 그리고 양육자와 발달적으로 적절한 연결을 형성할 기회가 제한된 것이 문제의 근원에 있다고 생각된다. 탈억제성 사회적 유대감 장애는 아동이 9개월 이하면 진단되지 않는다(APA, 2013, p. 268).

## 생물심리사회적-아들러식 개념화

반응성 애착장애가 있는 아동과는 달리, 연구에서 탈억제성 사회적 유대감 장애가 있는 아동은 자신의 행동에 대한 근본적인 혹은 생물학적인 근거가 있을 수 있다는 약간의 보고가 있다. 찰스 지나(Charles Zeanah)와 메리 글리슨(Mary Gleason)은 2010년 미국정신의학회의 논문에서 탈억제성 사회적 유대감 장애가 있는 아동에게서 발견된 것과 비슷한 무분별한 사회적 행동이 병원(病原, pathogenic) 치료 병력이 없는 것으로 알려진 경우에도 윌리엄스 증후군(Williams Syndrome)과 태아기 알코올 증후군(Fetal Alcohol Syndrome)으로 진단된 아동에게 있다고 지적하였다. 그러나 현재 이 장애의 특정한 측면에 대해 알려진 생물학적 치료법이 없다.

반응성 애착장애가 있는 아동이 자기 자신을 보호하려는 방법으로 고립적 증상을 발달시킨 반면, 탈억제성 사회적 유대감 장애가 있는 아동은 대안적인 접근법을 발달시켰다. 이것은 다른 전략에 해당할 수 있는데, 이는 개인이 보호 수단으로 혹은 아마도 잠재적으로 위협적인 존재 또는 보호자로 보일 수 있는 (아마도 두 사람을 구별할 수 없는) 누군가의 승인을 얻으려고 외관상으로 친근하고 회유하는 태도를 사용하는 아동의 방법으로 다른 사람과 관계를 맺으려고 하는 것이다. 이들은 다른 사람에게서 보호받기를 원하지만, 다른 사람의 웰빙에는 관심이 거의 없다. 아들러는 개인의 생활양식 발달 측면으로 움직임에 대해 말한다. "제멋대로 굴고, 난폭하고, 고집스럽고, 도벽이 있고, 다투기 좋아하는 아동은 수줍어하고, 말을 잘 안 하고, 무서워하는 아동 및 다른 사람에게 의존하는 아동보다 분명히 활동의 정도가 더 크다"(Ansbacher & Ansbacher, 1956, p. 165). 이것은 마치 그가 탈억제성 사회적 유대감 장애가 있는 아동을 묘사하는 것처럼 들린다. 제1차 세계대전 이후에 빈의 거리를 배회하는 수많은 고아를 고려하면, 탈억제성 사회적 유대감 장애와 반응성 애착장애가 있는 아동이 많이 있었을 가능성이 크다. 밀론(1990)은 또한 성격 발달에서 움직임의 중요성과, 더 능동적인 사람에 비해 수동적인 사람이 발달시키는 다른 유형들도 논하고 있다.

아동은 격려가 거의 없고 사회적 관심을 거의 보이지 않는 병원성(病原性) 초기 가족 환경에서 안전을 찾는 데 더 능동적 접근법으로 반응할 수 있다. 이들은 믿음이 부족하고 자신의 욕구를 돌보거나 자신을 보호하는 데 부모 혹은 초기 양육자에게 의존할 수 없다는 것을 배웠기에, 친절한 스타일과 호감이 가는 태도로 자신을 보호해 줄 수 있는 다른 사람을 찾는다. 하지만 이들을 오랫동안 관찰하면 이들이 다른 사람을 다치게 하거나 실망하게 할 때, 회한이나 죄책감, 후회가 거의 없거나 전혀 없다는 것을 알 수 있다. 이는 이들 삶의 초기 몇 년 동안 기르지 않은 사회적 관심의 부족 때문이다. 이들에게는 공감과 소속감에 대한 경험과 훈련이 부족하기에, 다른 사람을 존경받을 만한 사람으로서보다는 물건으로 대하는 경향이 있다.

## 치료 고려사항

반응성 애착장애와 유사하게 탈억제성 사회적 유대감 장애의 치료도 주로 심리사회적 개입으로 구성된다. 아동과 주 양육자 간에 안전감과 안심의 느낌을 확립하는 것이 무엇보다도 중요하다. 일단 신뢰와 밀착이 형성되면, 아동으로서는 낯선 사람에게서 안락을 구하는 욕구는 더 적을 것이다. 양육과 발달적으로 적절한 애착과 관련된 심리교육 외에도, 양육자는 자신의 아동이 대인관계 경계를 설정하는 것을 돕는 방법을 배워야 한다. 지지적이고 해결 중심 상담은 탈억제성 사회적 유대감 장애가 있는 아동을 돌보는 것과 관련된 스트레스와 부정적인 감정을 다루는 것을 도와줄 수 있다.

반응성 애착장애와 마찬가지로, 탈억제성 사회적 유대감 장애 아동의 심리치료에 관한 근거 기반 연구는 제한적으로 존재한다. 탈억제성 사회적 유대감 장애는 반응성 애착장애의 하위 유형으로 여겨졌기에, 실제로 새로운 실체로서 탈억제성 사회적 유대감 장애에 관한 유용한 연구는 없다. 유용한 증거는 주요 심리치료 개입들로 놀이치료와 가족치료를 이용하는 것을 지지한다(O'Connor, Spagnola, & Byrne, 2012). 효과적인 치료 방식으로 약물치료를 지지하는 유용한 유의미한 증거는 없다.

### 사례 • 마이크

마이크가 체포되어 소년원에 이송되었을 때 12세였다. 그의 부모는 놀이터와 이웃에게뿐만 아니라 집과 학교에서도 나타나는 그의 공격적 행동을 매우 걱정하였다. 그는 학교에서 특수교육 대상 아이로 꼬리표가 붙었고, 그의 공격적 행동, 복도를 배회하는 것과 명백한 ADHD로 인해 개별화 교육 계획이 있었다. 마이크는 6세 때 입양되었다. 그의 입양 전 이력은 열 군데의 위탁가정에 맡겨진 것을 포함하였는데, 그중 다섯 가정에 그가 태어나고 첫 3년 동안 맡겨졌다. 비록 초기 이동 중 한 번은 그 집에 사는 십대 중 한 명이 다른 입양된 몇 명의 아이를 상대로 성적 학대를 한 것에 연루된 후, 입양 가족이 맡겨진 아동을 돌보는 것이 적합하지 않다고 여겨졌기 때문이었지만, 대부분의 이동은 양부모와 집에서 같이 사는 수양 형제자매들을 향한 공격적 행동 때문이었다. 마이크가 성적 학대를 받았다는 증거는 없었다.

마이크의 부모는 좋은 부모가 되기를 간절히 바랐지만, 그들은 다른 방식으로 그것을 해 나가고 있었다. 아버지는 많은 규칙과 제한을 지닌 매우 권위적인 사람이었고, 어머니는 마이크를 좀 더 애지중지했고 그의 행동을 변명해 주었다. 마이크가 입양된 지 2년 후에 그들은 자신들의 딸을 낳았다. 마이크는 여동생에게 잔인했고, 마이크가 여동생, 부모 혹은 다른 사람에게 얼마나 상처 주는지에 대해 전혀 상관하지 않는 것 같다고 부모가 깨달으면서, 집안에 큰 긴장 상태가 조성되었다. 결과적으로 그들은 마이크의 사례가 처리되고 치료 계획이 수립되는 동안, 그를 몇 주간 단기 소년원에 머물도록 하는 데 조금도 주저하지 않았다.

구금된 동안 마이크의 행동은 적절했지만, 다른 사람의 안녕에 대해서는 거의 관심을 보이지 않았다. 그의 행동은 수감자나 직원 등 다른 사람에게 매우 정중하고 외관상으로는 그들의 우정과 관심을 구하고, 그 이후 같은 사람들에게 반항하는 것처럼 매우 다양했다. 대부분의 직원은 그가 교활하다고 느꼈고, 그가 종종 집단에서 소란을 일으키는 사람이라는 것을 깨달았다.

마이크가 구금된 동안 부모는 양육 집단에 참여했고, 그들의 갈등에 대해 다른 집단 구성원들과 직면했다. 그들은 하나의 팀으로 함께 작업하는 방법과, 그 과정에서 확실한 한계가 있지만 많은 격려로 훈육하는 긍정적 접근법을 사용하는 방법을 배웠다. 집단은 또한 그들이 마이크와 비교하여 그들의 딸을 어떻게 대했는지에 대해서도 그들에게 도전했다.

상담사들은 사적 논리, 다른 사람에 의한 소외감과 배신감에 대해 마이크와 작업했다. 마이크는 두 달간 구금 후에 풀려났고, 그와 가족은 가정 기반(home-based) 가족치료사에게 의뢰되었다. 개인 및 가족 작업은 필요에 따라 종종 매주 여러 회기를 진행하며, 같은 치료사에 의해 지속되었다. 가정 기반 치료사는 마이크와 그의 가족이 도움이 필요할 때, 가끔 예정된 회기에, 또한 아무런 예고 없이 문제가 터졌을 때는 늦은 밤과 같이 예정되지 않은 시간에도 그들과 작업할 수 있었다. 치료사는 마이크의 교사와 학교 개별화 교육 프로그램 팀을 만날 수 있었으며, 학교에서 마이크와 작업하도록 그들에게 통찰을 제공할 수 있었다.

결국 치료사의 격려로 마이크는 집단치료에 참여하게 되었다. 거기서 그는 자신의 교활한 행동과 학교에서의 행동화에 관해 종종 직면하였다. 집단은 그가 아무도 의지할 사람이 없다는 믿음에 도전하도록 도왔다. 부모에게는 매우 놀랍게도, 그는 자기 반에서 다른 소년과 상호적인 우정처럼 보이는 것을 형성하기 시작했다.

그의 가정 기반 가족치료사의 지속적인 격려와 친절한 직면, 부모의 행동 변화, 집단에서 그의 작업으로, 마이크는 다른 사람들이 자신을 돌본다는 것을 보기 시작했다. 집단은 그가 소속되어 있고 다른 사람들과 많은 공통점이 있다는 것을 마이크가 보는 데 매우 도움이 되었다. 그의 행동 폭발은 줄었고, 가족과의 관계는 또래와 교사들과의 관계처럼 향상되었다.

# 외상 후 스트레스 장애

## 임상적 증상

행동적으로 외상 후 스트레스 장애(Post-Traumatic Stress Disorder: PTSD)로 고통을 받는 개인은 회피적으로 보인다. 특히 외상성 사건과 연관된 사람이 그렇다. 예를 들어, '전쟁 이야기'를 하는 것이 개인에게 커다란 고통을 초래하기에, 지역 참전용사 집단을 피하는 전투 참전용사가 그 예이다. PTSD가 있는 사람은 종종 과잉 각성한다(hypervigilant)(예: 가장 가까운 출구가 어디에 있는지 알아 두는 것, 그 지역에 낯선 사람을 예민하게 인식하는 것 등). 이들은 화나서 폭발하기 쉬운데, 이는 언어적으로나 신체적으로 혹은 둘 다 나타날 수 있다. 이들은 아마도 놀랐을 때 쉽게 화들짝 놀랄 수 있고, 잠들고 숙면하는 데 어려움이 있을 수 있고, 사회적 상황에서 불편함을 느낄 수 있으며, 이는 공황발작과 사회적 고립으로 이어질 수 있다.

PTSD가 있는 많은 개인의 정서적 스타일은 불쾌하거나 우울한 기분 중 하나이다. 어떤 사람에게는 지나친 수치심과 죄책감뿐만 아니라, 행복하고 인생을 즐길 수 있는 능력이 없는 것이 두드러지고 불안감을 준다. 분노와 공격성은 PTSD의 현저한 특징이다(Jakupcak et al., 2007). PTSD가 있는 개인이 겉보기에 온화한 사건이나 거의 화낼 이유가 없는 사건에 격분하는 것은 드문 일이 아니다. 가장 사랑하는 사람으로부터의 감정적 분리와 철수는 또한 PTSD의 결정적 특징이다. 배우자, 자녀 혹은 다른 사랑하는 사람에 대한 사랑하는 느낌이 없는 것이 흔하다. 당연하게도 이것은 친한 관계 안에서 엄청난 걱정과 혼란을 낳으며, 개인에게 죄책감, 수치심, 분노, 우울의 증가로 이어진다.

대인관계적으로 앞서 언급한 것처럼, PTSD로 고통받는 개인은 사랑하는 사람으로부터 신체적으로나 감정적으로 분리되어 있다. 대인관계 갈등은 흔하며 이혼과 헤어짐은 종종 관계 불화의 결과이다. 외상 사건을 상기시키는 것에 관한 의도적인 회피와 관련하여 사건과 관련된 사람들을 피하는 것, 또는 사회적 활동으로부터의 철수로 인해 새로운 친구를 만들지 않음으로써 사회관계망이 축소될 것이다.

## DSM-5 특성

베트남 전쟁 이후 정치적 · 사회적 압력의 결과로(Keane, 2009), PTSD의 정식 진단은 1980년에 출간된 DSM-III에 포함되었다(APA, 1980). 수십 년 동안 이 장애의 진단 기준에 미미하지만 중대한 변화가 있었다. 거의 틀림없이 PTSD 명명에 대한 가장 최근의 변화는 PTSD 역사상 가장 광범위하다. 역설적이게도, 이러한 변화들은 부분적으로 상당히 전쟁으로부터 얻어진 교훈 때문이다(Moore, 2013).

PTSD는 DSM-IV-TR의 불안장애 범주에서 DSM-5의 외상과 스트레스 관련 장애 범주로 이동했다. DSM-5 신판에 반영된 주요한 변화들은, ① 외상 관련 증상이 간접적으로 발생할 수 있다는 것을 인정한 것(예: 불안감을 주는 물질에 대한 설명을 반복적으로 듣기), ② 외상성 사건에 '두려움, 무력감, 공포감'으로 반응하기, ③ 잠재적 촉진 요인으로서 성폭행에 대한 분명한 언급, ④ 장애와 흔히 연관된 불쾌감/기분 증상의 확장과 재범주화 등이다.

일반적으로 PTSD 진단 기준의 가장 최신 버전은 죽음이나 심각한 부상을 초래할 수 있는 혐오스러운 사건에의 직간접적인 노출에 계속 초점을 맞추고 있다. 증상들은 재경험, 회피, 부정적 기분, 각성 등 네 가지 범주 중 하나로 나타날 수 있다. 재경험 증상은 악몽, 침습적 사고, 플래시백, 그리고 원래의 외상성 사건과 관련된 생각이나 경험에 직면했을 때의 일반적인 심리적 · 생리적 고통 등이다. 회피 증상은 사건을 외부적 · 내부적으로 떠올리는 것을 피하는 시도 등이다. 부정적 기분 증상군은 외상의 일부를 떠올릴 수 없는 것, 왜곡된 인지, 활동에 대한 흥미 감소, 감정적 분리, 끊임없는 부정적인 감정, 그리고 행복이나 즐거움을 경험할 수 없는 것 등이다. 각성 증상군은 과민한 행동과 분노 폭발, 무모함, 과도한 경계, 그리고 주의와 집중 문제 등이다. 고조된 각성은 또한 과장된 놀람 반응과 수면 문제 등이다. 성인의 기준과 비슷한 PTSD로 의심되는 6세 이하 아동에 대한 기준이 있다. 하지만 약간의 특별한 기준들(예: 부모 또는 양육자가 외상성 사건에 노출되었다는 것을 알게 됨.)이 포함되어 있다(APA, 2013, pp. 272-273).

## 생물심리사회적-아들러식 개념화

스트레스 요인에 대한 장기적인 노출, 특히 전투, 강간 또는 생명을 위협하는 사건에서 경험하는 것과 같은 강렬한 스트레스 요인은 뇌간, 시상하부, 변연계 그리고 신피질에 영향을 미친다. 삶의 가장 기본적 영역들인 수면, 활동, 외부 세계에서의 위험 감지, 일상 업무 수행, 음식섭취, 생식 주기, 그리고 자녀를 돌보는 가장 기본적 형태 등이 이 체계들에 의해 제어된다(Van der Kolk, 1996, p. 215). 이 체계들 간의 상호 연결은 극히 복잡하다. 그리고 그것들을 분리하거나, 발생하는 여러 가지 혼란을 체계 중 단지 하나의 체계 탓으로 돌리는 것은 불가능하다. 왜냐하면 이 체계들은 서로 협력하여 작용하기 때문이다. 다양한 접근 방법들이 심각한 외상, 특히 장기간에 걸쳐 겪는 심각한 외상에서 발생하는 혼란을 다루는 데 필요할 수 있다. 약물치료는 근본적으로 오작동하고 있는 시스템을 조절하는 데 필요할 수 있다. 개인의 적응 시스템에서의 변화들 때문에 때때로 약물치료는 필요하다(Freeman, Lundt, Swanton, & Moore, 2009).

> 너무 끔찍해서, 아마도 가장 강하고 정신적으로 건강한 개인들도 외상으로 경험할 것 같은 사건들이 있다. 또한 생활양식과 사건의 심각성 간에 상호작용이 있을 것 같다. PTSD는 쉬운 해결책이 없는 문제(혹은 위협)가 있다는 새롭게 떠오른 인식을 나타낼 수 있다. 그래서 PTSD는 (다양한 심리적 취약성이 있는) 개인이 인생 과제에 생산적으로 관여함에 있어 외상성 경험에의 집착과 낙담(또는 뒤따르는 낙담)이란 최종 결과를 갖는 (다양한 강도의) 외상성 사건에서 비롯되는 것으로 볼 수 있다(Hjertaas, 2013, p. 188).

심각한 방치와 사회적 관심에 대한 인식을 기르지 못한 실패가 처음 두 가지 형태의 외상 관련 장애(반응성 애착장애와 탈억제성 사회적 유대감 장애)의 초점인 반면, 극심한 외상은 PTSD와 급성 스트레스 장애(ASD)의 초점이다. 극심한 외상은 아동기에 일어날 수 있거나, 혹은 성인이 된 후에도 일어날 수 있다. 외상은 강간, 근친상간, 무장 강도, 살인 또는 폭행과 같은 아주 개인적이고 바로 가까이에서 일어나는 행동의 결과일 수 있다. 또한 지진, 토네이도, 허리케인, 폭격에서 일어나는 것처럼 인적 활동이 아닐 수도 있다. 폭력의 근접성과는 상관없이 개인은 상황을 인지하고 사건에 의미를 부여한다(통각, apperception). 게다가 개인은 그것에 반응한다. 어떤 점에서는 개인은 자기 자신, 다른 사람들 그리고 삶에 대한 전반적인 이해, 그리고 자신의 특정한 가상적 목표의 관점에서 그 상황을 이해하려고 노력한다. 때때로 이것은 가능하지 않으며, 그 결과는 자기 자신, 다른 사람들, 삶 그리고 자신의 가상적 목표였던 것에 대한 인식이 산산조각 나는 것이다.

PTSD는 4개의 다른 과정, 즉 재경험, 회피, 부정적 기분 그리고 각성에서의 장해와 관련이 있다. 아들러리안은 이것들을 하는 역할 또는 그 개인에게 맞는 목적의 측면에서 보았다. 침습적 사고, 플래시백, 악몽 그리고 끔찍한 경험을 상기시키는 다른 것의 형태로의 재경험은 개인에게 삶은 위험하고, 위협을 맞서기에는 취약하고 부적절하다는 것을 상기시키는 목적에 맞는 것처럼 보인다(O'Connell & Hooker, 1996). 이것들은 또한 경계를 게을리하지 말고, 잠재적 위험을 끊임없이 조심하라고 상기시키는 하나의 방법일 수 있다.

회피는 사건 동안이나 사건 무렵 경험한 수치심, 죄책감, 무력감을 상기시키는 어떤 것에서 떨어져 있으려는 시도이다. 회피는 극도로 불편한 감정을 대해야 하는 것에서 개인을 보호한다. 그러나 회피의 결과로, 개인은 사건에 관한 토론에 선뜻 참여하지 않으며, 이는 치료를 더 어렵게 만든다. 왜냐하면 만약 그 사건에 대해 다르게 이해하려면 사건의 특정 측면을 논의하는 것이 필요하기 때문이다.

외상 부분을 떠올리지 못함, 왜곡된 인지, 활동에 대한 흥미 감소, 감정적 분리, 끊임없는 부정적 감정, 그리고 행복이나 즐거움을 느끼지 못함 등 부정적 기분 증상들은 개인이 겪는 극심한 낙담을 반영한다. 사적 논리와 낙담의 결과인 왜곡된 인지와 이 군집에 있는 다른 증상들이 입증하듯이 사적 논리가 지배하기 시작한다.

과민한 행동과 분노 폭발, 무모함, 과도한 경계 그리고 주의와 집중 문제 등의 각성 증상군은 극심한 외상의 생물학적 요소뿐만 아니라, 사적 논리와 낙담의 지속적인 상호작용, 그리고 지나친 죄책감 혹은 수치심의 결과일 수 있는 개인의 소속감이 산산조각 난 결과로서, 자신의 소외감과 자기경계가 증가한 것을 반영한다. 지속적인 각성 상태는 개인이 더 이상의 외상을 경계하고 조심하려는 노력을 나타낸다.

PTSD 증상은 너무 강렬해서 개인은 인생 과제(일, 사회적 관계, 사랑의 과제)를 충족할 수 없거나 이행할 가치가 없다고 느낀다. 따라서 더 심각한 경우에는 이러한 모든 과제가 방해를 받고, 반면에 회복이 진행 중이거나 조금 덜 심각한 경우에는 인생 과제 중 한두 개만이 방해를 받는다. 인생 과제 중에서 사랑 과제가 계속 가장 어렵고 도전적이며, 가장 방해를 받을 가능성이 크다.

심각한 외상 경험은 보통 사적 논리의 다섯 가지 영역 혹은 주제, 즉 안전, 신뢰, 힘, 자아 존중 그리고 친밀감에 영향을 미친다. 다섯 가지 영역은 각 영역에서 자기 자신뿐만 아니라 다른 사람에 대한 개인의 인식과 관련이 있다. 예를 들어, 다른 사람이 자기 부근에 있는 것이 안전한지 또는 이곳이 안전한 장소인지를 계속해서 질문함으로써 안전은 다른 사람과 연관이 있다. 상황이 안전한지, 혹은 특정 사람과 함께 있는 것이나 특정 장소에 있는 것이 안전한지를 내가 결정할 수 있는지를 자주 질문함으로써 안전은 자기개념과 연관이 있다. 개인의 사적 논리는 다른 사람으로부터의 소외와 사회적 관심이 감소함으로써 자기초점적이 되고, 삶의 모든 주요 측면에 의문을 제기한다.

산산조각이 난 자아의식과 사회적 관심 및 공동체감을 되찾을 가능성을 회복하기 위해서는 엄청난 격려가 필요하다. 상황에서 공포의 힘은 최소화되지 않으며, 결과적인 사적 논리는 부적절감, 죄책감, 수치심 그리고 굴욕감을 계속해서 강화한다.

## 치료 고려사항

PTSD 치료는 심리치료, 약물치료 혹은 이 두 가지의 통합으로 구성된다. 심리치료적 접근법과 관련하여, 특히 군인과 퇴역군인에게 가장 중요하다고 여겨지는 몇 가지 치료법이 있다. 이 치료법들은 모두 인지 및 행동에 초점이 맞춰져 있다. 여기에는 장기간 노출(Prolonged Exposure: PE), 인지처리치료(Cognitive Processing Therapy: CPT), 안구운동 민감 손실 및 재처리 요법(Eye Movement Desensitization and Reprocessing: EMDR) 그리고 스트레스 접종 훈련(Stress Inoculation Training: SIT)이 있다. 네 가지 방법은 모두 치료에서의 사용을 지지하는 유의미한 임상 연구가 있으며, 그중에서도 장기간 노출과 인지처리치료는 활용할 수 있는 가장 탄탄한 문헌이 있다(Powers et al., 2010; Williams, Galovski, Kattar, & Resick, 2011; Chard, 2005). 과학적인 증거가 적은 다른 일반 치료법으로는 수용 전념 치료와 다양한 정신역동 지향의 심리치료가 있다. PTSD의 심리치료에서 현재 추진하고 있는 것은 자세하고 검증된 매뉴얼화된 치료 프로토콜(예: 인지처리치료, 장기간 노출)을 준수하는 것이다. 앞서 언급한 것과 같은 외상 중심의 치료에서 주목할 만한 우려는 치료가 환자에게 불편하여, 이로 인해 환자가 치료를 중단할 수 있다는 것이다.

약물치료는 PTSD 치료의 일반적이고 상대적으로 효과적인 측면이다. 위약효과를 넘어서 유의미한 이득을 나타내는 많은 무작위 통제 실험이 있다(Stein, Ipser, & Seedat, 2006). 플루옥세틴과 시탈로프람과 같은 세로토닌 재흡수 억제제와 벤라팍신과 데스벤라팍신과 같은 세로토닌-노르에피네프린 재흡수 억제제는 가장 중요한 치료제가 되었다(Benedek, Friedman, Zatzik, & Ursano, 2009). 비정형적인 항정신제(예: 리스페리돈, 쿠에티아핀), 아드레날린 작용제(프라조신, 프로프라놀롤), 그리고 벤조디아제핀(클로나제팜, 알프라졸람) 등 다른 약물들도 보통 사용된다(후자 치료제들은 비록 PTSD에 사용이 금지되었지만). 약리학적 개입에 대해 주목할 만한 우려는 약물 부작용이 환자에게 상당할 수 있으며, 이것이 치료법을 준수하는 것을 약화시킬 수 있다.

아들러식 심리치료는 사적 논리에 도전하고, 자기 자신, 다른 사람들 그리고 세상에 대한 긍정적 관점을 발달시키는 것에 초점이 맞춰져 있다는 점에서 아마도 인지처리치료와 가장 밀접한 관련이 있을 것이다. 재향군인 관리 웹페이지에 기술된 것과 같이 인지처리치료는 아들러식 심리치료와 매우 유사한 것처럼 들린다.

> 인지처리치료는 이러한 고통스러운 생각들을 처리하고 이 사건들을 이해하는 새로운 방법을 제시함으로써 당신을 돕는다. 이 치료에서 배운 기술들을 사용하여 당신은 외상성 사건에서 회복하는 것이 왜 당신에게 어려웠는지를 배울 수 있다. 인지처리치료는 외상을 겪은 것이 어떻게 당신이 세상, 자기 자신 그리고 다른 사람들을 보는 방식을 변화시켰는지 알도록 돕는다. 우리가 생각하고 사물을 바라보는 방식은 우리가 느끼고 행동하는 방식에 직접적으로 영향을 미친다.
>
> (National Center for PTSD, Veterans Administration, 2009/2013. 7. 26. 개정)

### 사례 • 제이슨

제이슨은 16세 백인 남성으로 우울증과 공격 행동으로 정신병원에 입원했다. 입원할 당시 그는 입양가정에서 살고 있었다. 제이슨은 8세 때, 어머니의 마약중독으로 보살핌이 부족하고 안전한 환경을 제공받을 수 없어서 어머니 집에서 떠나게 되었다. 그의 아버지는 그가 기억하는 한 그와 연관된 적이 없었다. 제이슨에게는 이번이 세 번째 위탁가정이었고, 몇 명의 다른 십대 소년과 같이 사는 가정이었다. 제이슨은 병원에 입원하기 약 8개월 전에 그 집에서 도망쳤었다. 약 한 달 후 경찰이 그를 큰 도시 지역에서 발견하면서, 그는 위탁가정으로 돌아갔다. 위탁가정은 그를 기꺼이 다시 받아 주었고, 그도 그 집으로 기꺼이 돌아갔다. 그는 위탁가정에 무언가 잘못된 것이 있다는 것을 부정했고, 집을 나가려는 결정은 세상을 보고자 하는 욕망에서 그 농장을 떠났다고 말했다(위탁가정은 시골 지역에 있었다). 그의 학교 한 십대 남자 청소년이 처음에 그와 동행했으나, 다른 십대 청소년은 도망간 지 며칠이 지난 후에 집으로 돌아가기로 했다.

집으로 돌아간 후에 제이슨의 행동은 떠나기 전과 달랐다. 처음에 단지 조용했고 다른 위탁 형제들과 떨어져서 지냈다. 몇 달 동안 그는 계속 낙담해 있었고 매우 과민해졌다. 그는 동료들에게 즉각적으로 싸움을 걸었다. 그는 악몽과 잠들기 어려움으로 나타났듯이, 수면에 어려움을 겪었다. 그는 일어난 사소한 일들에 대해 기분이 상해하고, 이는 이전 행동과는 매우 다른 것이었다. 제이슨은 집을 나갔을 때 어디에 있었고 무엇을 했는지에 대해 위탁 부모나 수양 형제들에게 말하고 싶어 하지 않았다. 그가 말한 것은 큰 도시에 있었다는 것과 기대한 것과는 달랐다는 것이 전부였다. 그는 집에서 방이나 농장 밖에서 혼자 많은 시간을 보냈다. 활기가 부족한 것처럼 보였고 그가 예전에 했던 일을 하는 것을 즐기는 것처럼 보이지 않았다. 학교에서 그의 교사들은 그가 집중하는 데 어려움이 있고, 쉽게 화를 내는 것처럼 보였다고 보고했다. 그는 자주 싸웠고, 여러 번 학교에서 정학을 당했다. 입원은 집안일에 대해 말다툼을 하던 중에 그가 양아버지를 때린 후에 일어났다.

병동에서 제이슨은 공격적이었고 많은 시간을 다른 환자들과 떨어져서 보냈다. 그가 다른 사람들 주변에 있을 때 그는 싸움을 찾고 있는 것처럼 보였다. 다른 환자들이나 병원 직원들에게 공격적인 행동으로 인해 거의 매일 격리실에 보내졌다. 그의 신뢰를 얻을 수 있었던 정신건강 전문가 중 한 명이 심리학자에게 그를 만나 줄 것을 요청했다. 그 정신건강 전문가는 그의 혼란은 부분적으로 성적 행위와 관련 있을지도 모른다고 생각했다고 말했다. 그리고 그는 제이슨의 성질이 폭발하는 동안 그에게 정말 화가 난 후, 그리고 제이슨이 흐느껴 울기 시작하고 몸을 둥그렇게 웅크리는 것을 직면했을 때 이 사실을 알게 되었다고 말했다. 제이슨이 너무 엉망이어서 자위조차도 더는 할 수 없다고 말한 것은 바로 그 시점이었다. 제이슨을 처음 그의 병실에서 만났고, 정신건강 전문가는 심리학자를 그에게 소개했고 상담 회기에 참석했다.

제이슨은 매우 초조해하고 불안해했다. 마음 편히 얘기하라고 격려하는 정신건강 전문가의 존재에 안심하는 듯했다. 제이슨은 자신의 현재 상황과 어떻게 병원에 오게 되었는지에 대해 몇 가지 질문을 받았다. 그는 자신의 현재 행동을 이해하지 못하며,

자신이 행동하고 있는 방식을 좋아하지 않는다고 말했다. 그는 자신의 새로운 행동이 언제 시작했는지에 대해 얘기했고, 그 시기는 그가 가출해서 집으로 돌아왔을 때였음을 내비쳤다. 제이슨은 그가 가출했을 때 무슨 일이 있었느냐는 질문을 받았는데, 그는 기대했던 것보다 크게 달랐다고 말했다. 그의 친구가 집으로 돌아가기로 한 후에, 그는 결국 길거리에서 살고 골목에서 잠을 자는 처지에 이르렀다고 말했다. 그는 필요한 물건을 가끔 훔쳤고, 음식을 구하려고 여기저기서 몇 가지 이상한 일을 했다. 몇 주 후에 결국 그는 도시의 험난한 지역에 이르렀다고 말했다. 그는 시 주위의 길을 정말 몰랐고, 자신이 어디에 있는지 몰랐다. 제이슨은 나쁜 일이 일어났던 곳은 이 지역이었고, 그것에 관해 얘기하고 싶지 않다고 말했다.

심리학자는 잠시 주제를 바꾸어 그의 가정 상황과 초기 성장기에 대해 더 물었다. 결국 심리학자는 제이슨의 현재 상황, 그가 안전한 곳에 있다는 것, 그리고 그가 말하려는 게 무엇이든지 간에 자신들을 기분 상하게 하거나, 자신들이 그를 하찮게 보지 않을 거라는 사실에 초점을 맞추었다. 심리학자와 정신건강 전문가는 몇 가지 방법으로 이것을 강조했다. 이 시점에서 심리학자는 감정 억제 연습에 초점을 맞추는 것이 중요하다고 결정했고, 제이슨을 몇 가지 점진적 근육 이완 연습을 하도록 이끌었다. 그는 진정하는 듯이 보였고 이완할 수 있었다. 그에게 안전한 장소의 이미지를 떠올리도록 요청했다. 그는 다른 사람들에게서 멀리 떨어져 있는 농장의 한 장소를 골랐다. 그 장소에 있다는 것이 그에게 어떤 것과 같은지에 집중하라고 요청했다. 그가 무엇을 보았는지, 무슨 냄새를 맡았는지, 무엇을 들었는지, 그 땅 위에 앉아 있는 것이 어떤 느낌인지? 그 회기는 제이슨에게 그날 늦게 잠들기 전에 이 연습을 혼자서 최소 두어 번 이상하도록 요청하면서 끝났다. 그는 다음날 그들이 다시 올 거라는 말을 들었다.

두 번째 방문에서 제이슨은 실제로 그 연습을 한 번 했고, 그날 밤 자러 갈 때 안전한 장소에 대한 이미지를 사용했다고 말했다. 심리학자는 자신들이 언제든지 중단하고 그의 안전한 장소로 다시 돌아갈 수 있다는 생각으로, 제이슨에게 무슨 일이 있었는지를 그들에게 말하도록 격려했다. 그러자 제이슨은 18, 19세쯤 되어 보이는 더 나이 많은 10대 두어 명이 어떻게 그에게 다가와서 그들에게 구강 성교를 해 달라고 요청했는지를 이야기했다. 그는 거절했고, 거절했을 때 그들은 자신들의 친구들을 불렀고, 그에게 강제로 구강과 항문 성교를 한 약 6명의 더 나이 든 남성들에게 윤간을 당했다고 말했다. 끝난 후, 그들 중 몇 명이 그에게 오줌을 쌌고, 골목길에 누워 있는 그를 비웃으며 떠났다.

제이슨은 일어났던 일과 그 이후 이 일이 그에게 어떤 영향을 미쳤는지에 대한 그의 감정과 생각을 표현하도록 요청받았다. 그는 자신을 그 상황에 몰아넣은 것에 대해 자책감을 표시했다. 그의 마음속에서 그것은 그의 잘못이었다. 과거에 양부모가 그를 위해 거기에 있었을 때, 우선 자신이 도망친 것에 대해 그는 자책했다. 그는 자신이 그렇게 모멸적인 방식으로 강간당하고 능욕당한 것에 굴욕감과 수치심을 느꼈지만, 자신이 나쁜 사람이기에 그럴 만하다고 알고 있었다. 그는 그들과 싸워 물리치고 중단시킬 수 있어야만 했다고 믿기에, 자신이 나약하고 무력하다고 느꼈다. 그는 지금 아프리카계 미국인을 싫어하는데, 그의 가해자들이 모두 아프리카계 미국인이었기 때문이다. 그는 가능한 한 긴장을 풀면서, 멈추고 이미지화 작업을 하도록 여러 번 요청받았다. 그는 약간의 코칭을 받아 이것을 할 수 있었다.

제이슨에게 가장 어려운 것 중 하나는, 사건이 끝나갈 무렵 그들이 그를 비웃고 놀렸다는 것이었다. 이것에 대해 분명히 말하라고 요청하자, 그는 자신이 강간을 당하는 동안 오르가슴을 느꼈기에 그들이 비웃었고, 그들이 이는 그가 그것을 즐겼다는 것을 의미한다고 말했다고 했다. 그는 강간당하는 동안 오르가슴을 느꼈고, 이때 쾌감을 느꼈다고 인정했지만, 항문 성교를 즐겼다는 것을 부인하며 울기 시작했다. 그는 자신이 동성애자임에 틀림이 없고, 자신이 생각했던 것보다 덜 남성적이었다는 것을 생각하기 시작했었다고 말했다. 심리학자는 그와 이것을 논의했고, 전립선 기능과 그것이 어떻게 작용하는지에 대해 놓치고 있는 것처럼 보이는 기초적인 성교육 정보를 주었다. 전립선을 마사지하면 남성에게 오르가슴을 불러일으킬 수 있고, 그것은 그가 동성애자인지 이성애자인지와 아무런 상관이 없다는 것에 대해 그는 전혀 모르고 있었다. 그리고 나서 제이슨은 이완 연습을 다시 할 것을 요청받았고, 그는 진정할 수 있었다. 제이슨과 함께 이 일을 계속 작업하려고 다음 날 약속을 잡았다.

다음 날 아침 제이슨이 보였고, 밤새 잠을 정말 잘 잤다고 말했다. 이 회기의 초점은 자기 자신, 다른 사람들 그리고 세상에 대한 믿음에 관한 것이었다. 그에게 이와 같은 어떤 종류의 외상성 경험은 희생자의 안전감, 신뢰, 힘, 자존감 그리고 친밀감 능력에 보통 영향을 미친다고 알려 주었다. 그 다섯 가지 주제를 설명하고 논의했다. 그리고 그는 친밀감의 능력 등 자신의 경험 결과로 변화된 것처럼 보이는 다섯 가지 영역의 모든 측면을 확인할 수 있었다. 친밀감 능력은 앞에서 그가 엉망이 되어서 자위조차 할 수 없다고 말하도록 이끈 것이었다. 그는 종종 충동을 느꼈고 강간당하기 전에는 그렇게 할 수 있었다고 말했다. 그러나 지금은 성적으로 흥분하면 그는 강간을 생각하기 시작하고, 결국 화를 내고 자기만족에 집중할 수 없는 것으로 끝나곤 했다. 그는 이것이 성행위를 강요당한 사람들에게 흔한 경험이라는 것을 알게 되면서 안도하는 것 같았다.

이것이 제이슨에 대한 집중치료였다, 제이슨이 심리학자와 정신건강 전문가에게 강간을 공개한 후, 예상할 수 있듯이 그는 공격적인 삽화를 갖는 것을 멈추었다. 그는 2주간 더 병원에 있었지만 부적절한 폭언으로 단지 한 번 격리되었다. 그것은 더는 매일 일어나지 않았다. 그는 위탁가정과 학교로 돌아갔고, 병원에서 시작한 작업을 계속하기 위해 외래 환자 치료사가 그를 만났다. 그의 우울증은 줄어들었고 수면은 나아졌다. 그는 행동에 사소한 문제가 있었지만 병원으로는 돌아가지 않았다.

# 급성 스트레스 장애

## 임상적 증상

행동적으로 급성 스트레스 장애(Acute Stress Disorder: ASD)가 있는 개인은 PTSD로 고통받는 개인과 비슷하게 보인다. 이들은 외상성 사건과 관련된 침습적이고 충격적인 기억에 직면하고, 외상성 사건을 상기시키는 것들을 피하고, 무수한 각성 증상(과잉 각성, 불면증)을 겪는다. 한 가지 눈에 띄게 다른 점은 급성 스트레스 장애가 있는 개인이 해리 증상들을 겪는 정도이다. 이것은 특히 노출 직후에 그렇다. 앞서 언급하였듯이, 이것은 아마도 이인화, 비현실감 또는 인식 부족을 포함할 수 있다.

PTSD가 있는 많은 개인의 정서 스타일은 불쾌감, 우울 혹은 불안한 기분이다. 급성 스트레스 장애는 전통적으로 불안장애로 여겨져 왔지만, 연구와 임상 경험으로 우울 또는 불쾌한 기분은 많은 개인에게 불안한 기분만큼 흔하다는 것을 인정하게 되었다. 앞서 언급하였듯이, 이는 최신 버전 DSM의 업데이트된 진단 기준과 분류에 반영되어 있다.

대인관계적으로 급성 스트레스 장애가 있는 개인들은 철수하고, 회피적이고, 감정적으로 단절된 것으로 보일 수 있다. 이는 이들의 삶에서 낯선 사람과 사랑하는 사람들 모두에게 해당한다. 정확한 원인은 불분명하지만 부정적 기분의 증가, 긍정적 감정의 감소, 그리고 외상성 사건 후에 동요의 증가가 원인 제공 요인인 것으로 보인다. 다시 말해서, 외상성 사건 이후에 다른 사람들과 관계하려는 욕구가 감소하

고 다른 사람들이 자신의 고통을 덜어 줄 수 없다는 것이 양방향적인 감정적 단절로
이어질 가능성이 있다.

## DSM-5 특성

급성 스트레스 장애는 1994년 정신의학 명명에 추가되어 PTSD의 전조로 언급되
었다. 급성 스트레스 장애는 작지만 중요한 몇 개의 차이점을 제외하고는 사실상
PTSD와 같은 증상을 공유한다. 급성 스트레스 장애는 PTSD와 두 가지 중요한 측면
에서 다르다. 첫째, 급성 스트레스 장애는 시간이 제한되어 있다. 진단 기준을 충족
하고 이 진단을 받기 위해서, 증상들은 적어도 3일 동안 나타나야만 하고 30일 이상
이 되면 안 된다. 3일 미만이라면 급성 스트레스 반응(또는 군에서의 전투 스트레스 반
응)으로 간주되며, 일반적으로 사실상 일시적인 것으로 고려된다. 30일 이상 지속
되는 외상 기반의 증상들은 PTSD 진단을 받는다. 둘째, 급성 스트레스 장애는 상당
한 해리 유형의 증상이 있는 것이 특징이다. 보편적인 것은 아니지만, 많은 사람이
이인화(자신과 단절된 느낌)와 비현실감(멍한 상태에 있는 것 또는 시간이 느려지거나 멈
추는 것처럼 느낌) 같은 달라진 현실 감각을 겪는다. 이는 몇 시간에서 며칠까지 지속
될 수 있다.

이미 언급했듯이 급성 스트레스 장애의 진단 기준은 PTSD와 비슷하다. 실제적
인 또는 위협적인 죽음, 심각한 부상 또는 성폭력에 노출된 후에, 침습적 증상(예: 악
몽, 플래시백), 회피 증상(예: 외상성 사건을 상기시키는 것을 피하기), 각성 증상(예: 수면
문제, 과도하게 깜짝 놀람) 그리고 기분 증상(예: 슬픔, 긍정적 감정의 감소)이 나타난다.
일반적인 과정은 증상들이 급속히 호전되어 기능 손상을 적게 초래하거나, 증상들
이 지속하여 상당한 사회적·직업적 손상을 야기해 PTSD를 초래하는 것이다(APA,
2013, p. 280-281).

## 생물심리사회적-아들러식 개념화

PTSD에서와 같이 급성 스트레스 장애는 극도로 위협적인 상황에 노출되는 것과
관련이 있기에, 급성 스트레스 장애에도 생물학적 요소가 있을 수 있다. 외상성 상
황은 PTSD에서처럼 강렬하고 장기간일 수 있다. 감별 진단은 오로지 외상 사건 이

후의 기간(3~30일)에 기반을 두기 때문에 급성 스트레스 장애는 아들러리안 관점에서 PTSD와 아주 유사하다.

## 치료 고려사항

급성 스트레스 장애 치료는 주로 인지 및 행동 전략으로 구성된다. 좀 더 일반적이고 효과적인 전략 중 한 가지는 노출(exposure)이다. 연구들은 노출치료가 급성 스트레스 장애가 있거나 PTSD가 시작하기 전 사람들에게, 후속 PTSD 증상을 감소시키는 데 효과적이라는 것을 보여 주었다(Bryant et al., 2008; Cigrang, Peterson, & Schobitz, 2005). 인지 재구조화, 심리교육, 재발 방지 등과 같은 다른 인지 및 행동 전략들 또한 이로운 것으로 나타났다. 논란이 있는 것으로 여겨지지만, 계속해서 사용되는 한 가지 접근법은 심리적 경험 보고(psychological debriefings)의 사용이다. 기껏해야 잠재적인 외상성 사건에 관한 집단 지향적 토론을 적용하는 것에 대한 문헌은 혼재되어 있다. 어떤 연구는 심리적 경험 보고가 통제집단들과 비교했을 때 실제로 더 나쁜 결과를 보였다(Nickerson & Bryant, 2013의 논평 참조). 약물 개입은 일반적으로 외상의 급성 단계 동안에 사용됨에도 불구하고, 이 접근의 효과성을 지지하는 증거는 거의 없다. 실제로, 일부 약물의 사용(벤조디아제핀)은 후속 PTSD의 유병률을 증가시키는 것으로 나타났다(Gelpin, Bonne, Peri, & Brandes, 1996).

### 사례 • 헤일리 경찰관

헤일리 경찰관은 한 여자가 차 안에서 산 채로 불에 타는 것을 목격한 사건 후에, 그의 상관이 그를 치료에 의뢰했다. 그에게 나타나는 증상은 수면 문제, 우울한 정서, 그리고 침습적 사고, 이미지, 소리, 냄새를 통하여 그 사건을 재경험하는 것이었다. 그는 자신이 점점 더 과민해졌고, 그 결과 아내와 가족에게 분노를 폭발할 것이 두려워서 그들에게서 떨어져 더 많은 시간을 혼자서 보내고 있다고 말했다. 그는 또한 친구와 동료들로부터 고립되고 있었다.

그 사건은 어느 날 밤 그가 사고 현장에 출동해 달라는 요청을 받았을 때 일어났다. 그와 다른 경찰관이 현장에 와서, 한 여자가 두 아이와 함께 차에 갇혀 있는 것을 발견했다. 한 아이는 안전벨트를 풀어서 차에서 빠져나올 수 있었고, 다른 아이는 뒷좌석의 카시트에 있었다. 여자의 발이 끼어서, 그녀는 차에서 자유롭게 빠져나올 수 없었다. 경찰관들은 그녀의 발을 빼낼 수 있을 레커차를 불렀지만, 그 사이에 휘발유 냄새는 점점 더 강해졌다. 결국 차에 불이 났고, 그녀는 여전히 앞 좌석에 갇혀 있었다. 헤일리 경찰관은 그녀에게 아이들이 안전하다고 확인시켜 주었고, 그녀를 차에서 빼내려고 안전벨트를 잘랐다. 불길이 순식간에 일었고, 곧 그녀는 화염에 완전히 휩싸였다. 그리고 헤일리 경찰관은 그저 옆에 서서 그녀가 죽는 것을 지켜볼 수밖에 없었다. 그는 그녀의 비명 소리를 들었고, 그녀의 몸이 고통으로 몸부림치는 것을 보았다.

그 여자가 죽어 가는 이미지는 헤일리 경찰관에게 다음 몇 주 동안 침습적 사고가 되었다. 또한 주위에 아무것도 없을 때도 그는 휘발유 냄새를 맡을 수 있었고, 그녀의 비명 소리도 그 사건을 재경험하는 일부였다. 그는 큰 어려움 없이는 잠을 이룰 수 없었고 악몽으로 깨어나곤 했다. 그는 수면제와 항우울제를 처방받았는데, 그것은 도움이 되는 것 같았지만 다음 날 무기력함을 느끼게 했다.

치료는 그의 반응을 다소 정상화하려는 시도로, 외상, 결정적인 사건, 이러한 사건들에 사람들이 반응하는 전형적인 방식에 대한 정보를 제공하는 것에 초점을 두었다. 그는 악몽과 그 사건에 대한 침습적 사고는 시간이 지나면서 빈도와 강도가 줄어들기 시작할 것이라는 말을 들었다.

헤일리 경찰관은 자연발생적 이완(autogenic relxation) 접근을 사용하는 이완법을 소개받았다. 그는 이완 상태에 도달하는 것을 도와주는 몇 개의 이미지에 집중할 수 있는 것 같았고, 이것을 하루에 몇 번씩, 적어도 아침에 한 번, 저녁에 한 번 그리고 가능하면 더 자주 연습하도록 격려받았다. 그가 도움되는 방식으로 자신의 감정을 억제할 수 있는 능력을 보여 줄 수 있었을 때, 사건은 일어났었고 이제 끝났기에 그 사건에 대한 자신의 경험과 사건에 관한 생각과 감정을 공유하도록 격려받았다. 사건 동안에 그의 생각은 그가 실제로 했던 것(그녀의 두 아이를 불에서 구해 낸 것)보다 그가 할 수 없었던 것에 초점이 맞추어져 있었다. 사건 후에 그의 생각은 자신이 온 길을 되돌아가서, 자신이 했던 오류를 찾는 데 초점을 맞추었다. 그가 어떤 것도 확인할 수 없다는 사실에도 불구하고, 그는 자신이 할 수 있었던 모든 것을 하지 않았음이 틀림없고, 그렇지 않았다면 그녀가 살아 있을 것이라고 알고 있었다. 그가 그녀에게 안전하게 구해 낼 거라고 하고 모든 것이 잘될 것이라고 말했지만, 그녀에게 좋은 결과로 돌아오지 않았기에 그의 감정은 부적절함과 죄책감이었으며 이 감정들은 매우 강렬했다. 그는 그녀에게 거짓말을 한 자신을 비난했고, 그녀를 구해 낼 수 없었다는 것에 죄책감을 느꼈으며 수치스러워했다.

그의 강렬한 감정들은 만약 자신이 단지 올바른 것을 했다면 그녀가 살아 있을 것이라는 사적 논리에 근거를 두었다. 그는 이 생각을 탐색하고, 그가 아마도 인간적으로 가능한 모든 것을 했지만 그녀는 여전히 죽었을 가능성을 고려하게 되었다. 유쾌한 생각은 아니지만, 이것을 좀 더 받아들일 수 있었고, 결국 그는 이것이 어쩌면 사실일 수도 있다고 보기 시작했다. 그는 자신의 죄책감이 잘못된 것이고, 아마도 일어나는 모든 상황을 자신이 처리할 수 있어야 한다는 사적 논리 때문이라고 보기 시작했다.

그는 현장에 대응했던 다른 경찰관과 얘기하도록 격려받았고, 결국 그렇게 할 수 있었다. 그들은 비슷한 우려를 공유했지만, 그 상황에서 자신들이 할 수 있는 모든 것을 했다는 결론에 도달했다. 헤일리 경찰관은 밤에 잠들기 전에 계속해서 이완 기법을 연습했고, 자신을 진정시키는 자기 자신의 음악 몇 곡을 거기에 추가했다. 그는 이 방법이 그에게 약만큼이나 도움이 되고, 다음 날 무기력증을 유발하지 않았다고 보고했다.

---

# 적응장애

## 임상적 증상

적응장애(Adjustment Disorders: AD)가 있는 사람은 자신이 겪고 있는 두드러진 증상과 일치하게 보여 준다. 다시 말해서, 불안 증상이 더 많은 사람은 불안하게 보일 것이고, 우울 증상이 두드러진 사람은 우울한 사람처럼 보일 것이다. 그리고 어떤 사람은 혼재성 감정 특성을 보여 줄 것이고, 좀 더 복잡한 증상을 보일 것이다. 종종 이는 정확한 진단을 내리는 데 더 큰 도전을 초래한다. 아동·청소년이 적응장애로 진단될 때, 대개 품행장애 명시자가 있다. 이는 주로 아동·청소년은 심리사회적 스트레스 요인 직후에 외현화 행동(행동화)을 더 많이 하지만, 성인은 내면화 행동(기분 장해)을 더 많이 하는 경향이 있기 때문이다.

## DSM-5 특성

본질적으로 적응장애는 어떤 형태의 심리사회적 스트레스 요인들을 겪은 직후에 감정적 · 행동적 증상의 발달이 특징이다. 여기에는 직장에서의 해고, 관계가 깨지는 것, 사랑하는 사람의 건강 악화 그리고 수많은 다른 것들이 포함될 수 있다. 적응장애 진단과 관련하여 가장 핵심 요소는 다음과 같다. ① 고통의 수준이 스트레스 요인에 대해 '일반적' 혹은 '정상적'이라고 여겨지는 것보다 과도하거나 불균형해야 한다. ② 생활 기능에서 중요한 손상이 발생해야만 한다. ③ 증상이 정상적인 사별 때문이 아니어야 한다. ④ 증상이 스트레스 요인이 제거된 후 6개월 이상 지속하지 않는다. 전반적으로 적응장애 범주는 사실상 DSM-IV부터 DSM-5까지 바뀌지 않고 남았다. 예를 들어, 명시자가 이 진단에 적용될 수 있다(예: 불안 및 우울 기분 함께 동반, 품행 장해 동반, 정서와 품행 장해 함께 동반), 그리고 이 장애는 주요우울과 불안장애 등으로 더 잘 설명되어서는 안 된다(APA, 2013, pp. 286-287).

## 생물심리사회적-아들러식 개념화

적응장애는 아들러리안 전문가에게 외상의 좀 더 가벼운 형태, 혹은 아들러가 언급한 것처럼 '충격(shock)'을 의미한다. 원인이 되는 생물학적 요인이 있을 가능성이 매우 작지만, 분명히 마음, 몸 그리고 사회의 상호작용을 유념해야 할 필요가 있다. 불안 또는 우울에서처럼 어떤 증상들은 주로 생물학적(예: 배탈, 매스꺼움, 두통)인 것처럼 보일 수 있다. 그리고 사회적 상황이 변하고 개인이 사적 논리를 포기하기 시작할 때, 그 증상은 완화될 것이다.

우리에게 충격을 주고 우리를 화나게 하는 어떤 것이 문제의 원인으로 보일 수 있지만, 문제의 원인은 우리에게 일어난 것에 대해 우리가 이해한 것일 가능성이 더 크다. 이는 이미 이 장에서 앞서 언급하였으므로 여기에서는 반복하지 않을 것이다.

## 치료 고려사항

적응장애는 심리사회적 개입에 가장 자주 반응한다. 인지적 · 행동적 · 정신역동적 · 지지적 · 대인관계적 치료가 일반적으로 선택되는 치료이다. 호소 증상, 기능에 대한 영향, 그리고 개인의 선호에 따라 약물치료가 사용될 수 있다. 여기에는 항우울제 혹은 항불안제, 수면제가 포함될 수 있다. 하지만 정의상 적응장애는 본질적으로 일시적이며, 장기간의 약물치료는 더 심각한 상태를 나타낼 것이다. 많은 경우에 내적 자원과 가족 및 친구로부터의 지지가 회복을 촉진하기에 충분하다. 이것이 삶의 스트레스 요인과 관련된 정서적·행동적 증상들의 과병리화 (overpathologizing)를 피하는 것이 중요한 이유이다.

### 사례 • 셸리

셸리는 16세이고 어머니가 치료에 데리고 왔다. 셸리의 어머니는 그녀의 최근 행동을 매우 걱정했다. 그녀는 점점 더 우울해졌고, 가족에게서 철수했다. 그녀는 현재 친구가 없고, 새로운 우정을 맺는 데 관심이 없어 보였다. 그녀는 학업에서 어려움을 겪고 있었다. 한때 그녀는 A와 B 학점을 받은 학생이었지만, 지금 그녀는 세 과목에서 낙제했고 다른 두 과목은 간신히 통과했다.

셸리의 증상은 두 개의 주(state) 정도 떨어진 중소 도시에 있는 이전의 집에서 새로운 집으로 이사한 이후에 시작되었다. 그녀는 이사할 시기에 고등학교 2학년이었고, 집을 떠나고 싶어 하지 않았다. 그녀는 그 도시에서 성장했고 이전의 9개 학년 내내 대부분 같은 또래 친구들과 함께 학교에 다녔다. 그녀는 고등학교를 마치고 그들과 함께 졸업하기를 고대하고 있었다. 이사는 그녀의 아버지가 다른 근무지로 옮기면서 촉발되었다. 그녀의 10세와 7세 동생들은 이사로 영향을 받지 않는 것처럼 보였고, 새로운 친구를 사귀고 학교에서 잘 지내고 있었다.

셸리는 예전 학교와 예전 사회적 관계망 속에서 자신의 자리를 찾았었다. 그녀는 자신이 누구인지, 자신에게 기대되는 것이 무엇인지 알았다. 새로운 학교에서 그녀는 알려지지 않았고, 새로운 학교에서 일을 처리하는 방식에 적응하는 데 어려운 시간을 보냈다. 많은 청소년이 초기 적응 문제가 있을 수 있지만, 셸리는 자신이 아무도 모를 뿐만 아니라 다른 학생들을 만나는 것조차 신경 쓰지 않는다는 것을 알았다. 물론 그녀는 인사 등 우아한 일을 거쳤지만, 그녀는 이 사람들을 알고 싶어 하지 않았다. 왜냐하면 그들은 그녀가 평생 알고 지냈고 자신의 인생에서 원했던 친구가 아니었기 때문이었다.

치료사는 셸리와 함께 부모를 향한 그녀의 분노에 대해 작업했다. 이는 수동 공격적 반응의 형태를 취하는 것처럼 보였다. 그 반응에서 그녀는 이사 자체를 받아들이기를 거부함으로써 이사하는 것이 얼마나 끔찍한지를 그들에게 보여 주곤 했다. 그녀의 마음속에서 사적 논리는 그들이 그녀를 이 새로운 지역으로 이사하게 한 것은 공평하지 않다고 말하고 있었다. 그리고 공평하지 않았기 때문에 그녀는 잘 지내려고 노력을 하지 않을 것이고, 확실히 새로운 환경에서 행복하지 않을 것이라고 말하고 있다. 사실상, 그녀는 적응하기보다는 차라리 고통받고 싶었고, 실제로 그렇게 했다. 그녀의 사적 논리는 그녀의 삶에서 불공평했던 모든 것에 초점을 맞추었고, 그녀는 그 어떤 것도 공평하지 않을 것이라는 기대를 하게 되었다.

셸리는 마침내 이사에 대한 그녀의 분노를 의논할 수 있었다. 그녀는 부모에게 자신의 화와 분노를 실제로 표현할 수 있다고 느끼지 않았다고 말했다, 왜냐하면 그녀는 그들의 감정을 상하게 하고 싶지 않았기 때문이다. 그녀는 아버지가 이 회사에서 좋은 일자리를 갖고 그의 일을 즐긴다는 것을 알았다. 그녀는 어머니도 이사에 대해 행복해하지 않았지만, 혼자 간직하고 아무에게도 표현하지 않았다는 것을 감지했다. 한 회기는 부모에 대한 그녀의 감정을 의논하려는 목적으로 그녀 및 부모와 함께 진행되었다. 결과적으로, 그녀의 부모는 그녀의 우울증이 최근의 이사에서 비롯되었다는 것을 좀 더 인식하게 되었고, 봄방학 동안 그들이 살았던 예전 도시를 방문하고 몇몇 지인과의 관계를 다시 회복하려고 준비했다. 이것이 셸리에게 약간의 희망을 주는 듯이 보였다. 그녀는 이사하는 것이 불공평하다는 생각을 포기하기 시작했고, 그것은 단지 일어난 일이라는 것과 예전 도시에서의 관계를 유지할 수 있을 뿐만 아니라 새로운 친구들도 사귈 수 있다고 인식하기 시작했다. 치료사의 지지와 부모의 더 큰 이해로, 그녀의 우울증은 줄어들기 시작했고 그녀의 성적은 다시 한번 향상하기 시작했다.

## 맺는말

처음에 임상전문가와 학생은 외상 및 스트레스 관련 장애의 범주가 DSM-5에 추가되었다는 사실에 놀랄 수 있다. 게다가 외상 후 스트레스 장애, 급성 스트레스 장애, 탈억제성 사회적 유대감 장애, 반응성 애착장애 및 적응장애가 각각의 이전 질병 분류 집단에서 제거된 것이 부적절하게 보일 수도 있다. 그러나 나타나는 중상이 개인들 간에 매우 가변적이라는 이해의 변화는 이 장애들을 더 넓은 범주, 즉 그들의 증상이 주로 스트레스 또는 외상성 원인으로 규정되는 범주로 옮기는 것과 들어맞는다. 실제로 아들러의 가르침과 일맥상통하게 이 변화는 환원주의자 렌즈를 통해 장애를 보는 것에서 훨씬 더 멀어졌고, 지금은 개별성, 의미 형성, 환경에 대한 반응이라는 안경을 통해서 장애를 본다.

## 참고문헌

Adler, A. (1973). *The Practice and Theory of Individual Psychology* (P. Radin, Trans.). Totowa, NJ: Littlefield, Adams & Co. (Original work published 1925.)

American Psychiatric Association (1980). *Diagnostic and Statistical Manual of Mental Disorders, Third Edition.* Washington, DC: American Psychiatric Publishing.

American Psychiatric Association (2000). *Diagnostic and Statistical Manual of Mental Disorders, Fourth Edition (Text Revision).* Washington, DC: American Psychiatric Publishing.

American Psychiatric Association (2013). *Diagnostic and Statistical Manual of Mental Disorders, Fifth Edition.* Arlington, VA: American Psychiatric Publishing.

Ansbacher, H. L., & Ansbacher, R. R. (Eds.) (1956). *The Individual Psychology of Alfred Adler.* New York, NY: Harper Torchbooks.

Benedek, D. M., Friedman, M. J., Zatzick, D., & Ursano, R. J. (2009). Practice guideline for the treatment of patients with acute stress disorder and posttraumatic stress disorder. *Psychiatry Online.* www.psychiatryonline.com/content.aspx?aid=156498 Accessed August 12, 2013.

Bottome, P. (1939). *Alfred Adler: A Biography.* New York, NY: G. P. Putnam & Sons.

Bryant, R. A., Mastrodomenico, J., Felmingham, K. L., Hopwood, S., Kenny, L., Kandris, E., & ... Creamer, M. (2008). Treatment of acute stress disorder: A randomized controlled trial. *Archives of General Psychiatry, 65*(6), pp. 659–667.

Chard, K. M. (2005). An evaluation of cognitive processing therapy for the treatment of posttraumatic stress disorder related to childhood sexual abuse. *Journal of Consulting and Clinical Psychology, 73*(5), pp. 965–971.

Cigrang, J. A., Peterson, A. L., & Schobitz, R. P. (2005). Three American troops in Iraq: Evaluation of a brief exposure therapy treatment for the secondary prevention of combat-related PTSD. *Pragmatic Case Studies in Psychotherapy, 1*(2), pp. 1–25.

Ferguson, E. D. (2010a). Adler's innovative contributions regarding the need to belong. *Journal of Individual Psychology, 66*(1), pp. 1-7.

Ferguson, E. D. (2010b). Mutual respect relates to need to belong and to contribute. Paper presented at NASAP Convention in Minneapolis, MN on June 11, 2010.

Freeman, S. M., Lundt, L., Swanton, E. J., & Moore, B. A. (2009). Myths and realities of pharmacotherapy in the military. In S. M. Freeman, B. A. Moore, & A. Freeman (Eds.), *Living and Surviving in Harm's Way*. New York, NJ: Taylor & Francis, pp. 329-348.

Gelpin, E., Bonne, O., Peri, T., & Brandes, D. (1996). Treatment of recent trauma survivors with benzodiazepines: A prospective study. *Journal of Clinical Psychiatry, 57*, pp. 390-394.

Griffith, J., & Powers, R. L. (2007). *The Lexicon of Adlerian Psychology: 106 Terms Associated with the Individual Psychology of Alfred Adler* (2nd edn.). Port Townsend, WA: Adlerian Psychology Associates.

Hjertaas, T. (2013). Toward an Adlerian Perspective on Trauma. *Journal of Individual Psychology, 69*(3), pp. 186-200.

Jakupcak, M., Conybeare, D., Phelps, L., Hunt, S., Holmes, H. A., Felker, B., & … Mcfall, M. E. (2007). Anger, hostility, and aggression among Iraq and Afghanistan war veterans reporting PTSD and subthreshold PTSD. *Journal of Traumatic Stress, 20*(6), pp. 945-954.

Keane, T. (2009). Improving models, methods, and measures: Contributions of CITRM to the field of psychological trauma. *Journal of Traumatic Stress, 22*(6), pp. 632-633.

McCann, I., Sakheim, D., & Abrahamson, D. (1988). Trauma and victimization: A model of psychological adaptation. *The Counseling Psychologist, 16*, pp. 531-594.

Millon, T. (1990). *Toward a New Personology: An Evolutionary Model*. Hoboken, NJ: John Wiley & Sons.

Moore, B. A. (2013). PTSD: Past, present, and future. *CNS Spectrums, 18*(2), pp. 71-72.

Nickerson, A., & Bryant, R. A. (2013). Acute stress disorder. In S. M. Stahl & B. A. Moore (Eds.), *Anxiety Disorders: A Guide for Integrating Psychopharmacology and Psychotherapy*. New York, NY: Routledge, pp. 155-175.

O'Connell, W. E., & Hooker, E. (1996). Anxiety Disorders II. In L. Sperry & J. Carlson (Eds.), *Psychopathology and Psychotherapy* (2nd edn.) (pp. 179-220). Philadelphia, PA: Accelerated Development.

O'Connor, T. G., Spagnola, M., & Byrne, J. (2012). Reactive attachment disorder and severe attachment disturbances. In P. Sturmey & M. Hersen (Eds.), *Handbook of Evidence-Based Practice in Clinical Psychology, Vol 1: Child and Adolescent Disorders* (pp. 433-453). Hoboken, NJ: John Wiley & Sons.

Powers, M. B., Halpern, J. M., Ferenschak, M. P., Gillihan, S. J., & Foa, E. B. (2010). A meta-analytic review of prolonged exposure for posttraumatic stress disorder. *Clinical Psychology Review, 30*(6), pp. 635-641.

Stein, D. J., Ipser, J. C., & Seedat, S. (2006). Pharmacotherapy for post-traumatic stress disorder (PTSD). *Cochran Database Systemic Reviews, 1*, CD002795.

Strauch, I. (2001). An Adlerian reconceptualization of traumatic reactions. *Journal of Individual Psychology, 57*(1), pp. 246-258.

U.S. Department of Veterans Affairs, National Center for PTSD (2013). Cognitive Processing Therapy. www.ptsd.va.gov/public/pages/cognitive_processing_therapy.asp Accessed August 12, 2013.

Van der Kolk, B. A., McFarlane, A. C., & Welseath, L. (1996). *Traumatic Stress: The Effects of Overwhelming Experience on Mind, Body, and Society.* New York, NY: Guilford Press.

Weir, K. N. (2011). Playing for keeps: Integrating family and play therapy to treat reactive attachment disorder. In A. A. Drewes, S. C. Bratton, & C. E. Schaefer (Eds.), *Integrative Play Therapy* (pp. 243-264). Hoboken, NJ: John Wiley & Sons.

Williams, A., Galovski, T., Kattar, K., & Resick, P. (2011). Cognitive processing therapy. In B. A. Moore and W. E. Penk, *Treating PTSD in Military Personnel: A Clinical Handbook* (pp. 59-73). New York, NY: Guilford Press.

Zeanah, C. H., & Gleason, M. M. (2010). *Reactive Attachment Disorder: A Review for DSM-V.* Department of Psychiatry and Behavioral Sciences, Tulane University School of Medicine, 2010. http://www.nrvcs.org/nrvattachmentresources/documents/APA%20DSM-5%20Reactive%20Attachment%20Disorder%20Review%5b1%5d.pdf. Accessed August 22, 2013.

Mary Frances Schneider

급식 및 섭식 장애(Feeding and Eating Disorders)는 신체적 건강을 위협하고 사회적·정서적 수행을 방해하는 방식으로 먹는 행동을 제한하거나 왜곡하는 행위와 관련된다. 정신건강 전문가는 이식증, 되새김장애 그리고 회피적/제한적 음식섭취장애에 대해 알 필요가 있지만, 가장 큰 관심을 끄는 섭식장애는 신경성 식욕부진증(거식증), 신경성 폭식증 및 폭식장애이다. 이 장은 신경성 식욕부진증(거식증), 신경성 폭식증, 회피적/제한적 음식섭취장애, 폭식장애를 다룬다. 다른 두 장애인 이식증과 되새김장애는 간략하게 다룬다. 이 장에서 선택된 사례연구에서 팀치료의 가치를 강조하고 각 장애와 연관된 특정 도전들을 명확히 설명하면서 섭식장애의 전형적인 임상 증상을 제시한다. 아들러식 사례연구 분석은 가족 구도(family constellation), 초기 회상(early recollections) 그리고 전문가가 내담자의 움직임 라인을 예측하는 데 도움을 주도록 설계된 아들러식 사례 개념화를 고려한다. 각각의 사례연구는 동반장애 문제 그리고 섭식장애와 그 저변에 깔려 있는 동반 상태 모두를 동시에 혹은 최소한 그것의 존재를 의식적으로 인식하고 치료할 필요성을 보여 준다.

## 섭식장애와 DSM-5: DSM-IV-TR에서 DSM-5로의 정의 변화

DSM-5에 제시된 가장 전면적인 변화는 폭식장애가 섭식장애로 독자적인 범주로 분류되었다는 것이다. DSM-IV에서 폭식은 달리 명시되지 않은(NOS) 섭식장애 아래에서 과도하게 사용되는 범주였다.

신경성 식욕부진증에서의 변화는 진단 기준 A에서 '거부'라는 단어의 삭제, 진단 기준 D에서 무월경의 삭제(남성은 생리 주기를 경험하지 않는다, 경구 피임약은 여성의 주기를 제거할 수 있다, 폐경 후 여성은 거식증에 걸릴 수 있다, 그리고 일부 여성 거식증 환자는 생리 주기를 경험한다.) 등이다. 마지막으로, 신경성 폭식증과 관련하여 DSM-5는 폭식과 제거(보상 행동)의 빈도를 일주일에 2회에서 일주일에 1회로 줄였다.

미국의학협회(American Medical Association)가 비만을 질병으로 지정한 반면, 비만은 DSM-5에 섭식장애의 주요 범주로 포함되지 않는다. 비만은 분명히 많은 의학적 문제와 치료에 극심한 도전을 초래하는 의학적 장애이지만(King, 2013; Ogden et al., 2012; Swinburn et al., 2011; Weir, 2012), 비만은 광범위한 정신건강장애들과 연관될 수 있다.

## 섭식장애에 대한 아들러식 개념화

아들러식 평가 도구들, 즉 생활양식 평가와 초기 회상 요약은 근본적으로 내담자의 배경 이야기를 취합하고, 핵심 가족 가치 및 문화적 가치를 확인하고, 내담자의 움직임 라인을 강조할 뿐만 아니라, 자기 자신, 다른 사람들, 윤리 그리고 이상(ideals)에 대한 내담자의 신념에 관한 정보를 제공한다(Manaster & Corsini, 2009).

이 장에서 선택된 사례연구들에서 제시되는 문제는 급식 혹은 섭식 문제이지만, 각각의 사례에서 섭식장애는 실제로 잘못된 대처 전략에 가깝다는 것을 보여 준다. 내담자는 이 잘못된 전략, 혹은 모삭(Mosak, 1979)이 '여흥(sideshow)'이라고 부르는 것을 실제 삶 혹은 더 진정한 인생 과제 도전들, 즉 감정적인 자기조절 배우기, 성장에 대한 두려움 직면하기, 개인적 독립에 대한 책임감 받아들이기, 작업 기술 기르기, 재능 발전시키기, 영성/삶의 의미에 대한 감각을 발달시키기, 그리고 관계 문제를 다루기와 같은 도전들에 대처하는 것에서 인지적 초점을 다른 곳으로 돌리려고 개발하여 사용한다. 게다가 섭식장애는 종종 건강, 성공 그리고 웰빙의 상징으로서 완벽함과 날씬함 같은 믿음을 과대평가하는 특정한 가족 체계와 더 큰 하위 문화/문화에서 사는 것에 대한 자기보호 반응이다.

## 섭식장애, 동반장애, 유병률

섭식장애는 보통 근본적인 정신건강 문제를 동반한다. 그중에서 불안장애와 기분장애가 사례 중 40~70%로 가장 많이 나타난다. 강박장애는 신경성 식욕부진증에서 가장 많이 나타난다(Jordan et al., 2008). 섭식장애와 물질남용의 동반을 보여 주는 연구가 많이 있다(Courbasson, Nishikawa, & Dixon, 2012). 가달라와 피란(Gadalla & Piran, 2007)은 여성과 물질남용에 대한 연구의 메타분석에서 치료 개념화의 초기 단계에서 동반 발생을 인식하고 계획하는 것이 중요하다는 점에 주목했다.

성격장애 연구는 C군 특성과의 동반성(21~97%)에 관한 광범위한 결과들을 보여 준다. 양극성장애와 B군 성격장애 특성은 신경성 폭식장애에서 가장 흔하다(Bulik, 2003).

멜러와 앤더슨(Mehler & Anderson, 2010)은 개요를 제공한다. 섭식장애는 서구 문화에서, 그리고 서구 문화와 개발도상국의 사회적·경제적으로 더 높은 계층에서 더 많이 나타난다. 여성, 남성 동성애자, 청소년 그리고 20대 초반인 사람들에게서 더 많다. 섭식장애는 50~70%의 유전 가능성이 있는 것으로 보인다(쌍둥이 연구). 그리고 댄서, 모델, 배우, 보디빌더 그리고 레슬러와 같은 외모 수요가 있는 집단에게 영향을 미치는 경향이 있다.

여성 섭식장애는 십대 초반에 시작하여 초기 성인기까지 지속된다(Lewinsohn, Striegel-Moor, & Seeley, 2000). 남성의 섭식장애 발생률이 증가함에 따라 진단 인식의 필요성이 강조된다(Dalgliesh & Nutt, 2013).

존슨, 코헨, 카센과 브룩(Johnson, Cohen, Kasen, & Brook, 2002)은 섭식장애의 발달과 지속성에서 아동기의 역경, 까다로운 아동기 기질, 부모의 정신병리 등의 역할을 강조한다. 아버지의 낮은 애정, 부족한 돌봄 및 공감뿐만 아니라 아버지의 강한 통제, 불친절함, 과잉보호, 유혹도 지속적인 섭식장애의 발달과 연관이 있었다.

『절대 되돌아가지 마: 영원히 체중 감량 전투에서 이기기(Never Goin' Back: Winning the Weight-Loss Battle for Good)』(Roker & Morton, 2013)와 『집착: 미국의 음식 중독―그리고 나 자신(Obsessed: America's Food Addiction-And My Own)』

(Brzezinski & Smith, 2013)과 같은 인기 있는 책은 섭식장애와의 롤러코스터 투쟁에 관한 매우 대중적인 예를 제공하고, 현재 연구의 한 영역인 섭식장애와 중독 간의 유사성을 강조한다(Terence, 2010).

## 일반적 치료 고려사항

섭식장애 치료는 팀 접근이 필요하다. 섭식장애 영역에서 심리학이나 상담에 관심 있는 사람은 섭식장애의 성공적 치료로 명성이 있는 병원, 치료 센터 및 실습 기관에서 현장 실습과 인턴 경험을 계획해야 한다. 팀 기반 실행 접근법 외에도, 대부분 섭식장애 치료 프로그램은 입원 치료와 외래 치료 간에 유연성을 제공한다. 아들러리안 심리치료를 훈련받은 개인치료사는 섭식장애 치료를 위해 인지행동치료(Cognitive Behavioral Therapy: CBT)와 변증법적 행동치료(Dialectical Behavioral Therapy: DBT) 모두에서 치료 방침을 공식화할 때 아들러식 도구가 매우 도움이 된다는 것을 알게 될 것이다.

팀치료는 전형적으로 의사(일반의, 소아과 의사, 산부인과 의사), 섭식장애 치료 전문 정신과 의사, 등록된 영양사, 사회복지사, 그리고 가족치료, 집단 및 개인 치료에 대해 훈련을 받은 치료사가 참여한다. 팀 구성원은 치료, 정의된 역할, 명확한 목표, 상담 질문, 치료 모델을 통해 사례를 순조롭게 진행하기 위해 협력한다.

폭식장애 치료에서 효과적이었던 치료 모델은 인지행동치료, 대인관계치료(Interpersonal Therapy: IPT) 그리고 행동적 체중 감량치료(Behavioral Weight Loss Therapy: BWL) 등이었다. 연구는 병리적 기저선이 더 높은 내담자가 변증법적 행동치료에 가장 잘 반응한다는 것을 보여 준다. 변증법적 행동치료는 폭식장애와 신경성 폭식증의 더 저항적인 사례의 치료에서 더 나은 장기적 결과를 보여 주었다(Safer, Telch, & Chen, 2009).

라자로 등(Lazaro et al., 2011)은 섭식장애 외래 치료에 참여한 청소년의 집단치료 효과를 연구하였다. 연구결과는 자존감과 사회적 기술 발달에 있어서 집단치료의 유용성뿐만 아니라 치료에서 가족치료의 가치를 지지한다.

# 신경성 식욕부진증

## 임상적 증상

신경성 식욕부진증(Anorexia Nervosa)은 개인(청소년 또는 성인)의 체중이 현재 나이와 키에 비하여 정상 또는 기대되는 것보다 훨씬 낮은 체중을 보일 때 진단된다. 개인은 자기 이미지에 집착하고 체중 감소의 심각성에 대하여 부정하고 있는 것으로 보인다. 개인은 실제로 적당한 체질량이 부족함에도 불구하고, 몸에 대하여 왜곡된 지각('허벅지 비만', '복부 비만')을 보인다. 신경성 식욕부진증에서 극심한 체중 감소는 체중 증가에 대한 두려움 때문이다. 그 두려움은 음식섭취 제한형 그리고/또는 는 폭식/제거형의 하위 유형(subtype) 패턴으로 나타난다. 체질량지수(BMI)는 경도에서 극도 범위까지 장애의 심각성을 나타내기 위해 사용된다. 신경성 식욕부진증에는 두 가지의 하위 유형 패턴이 있다. 이 하위 유형들은 어떤 특정한 사례에서 병행될 수 있다. 하위 유형들은 음식 제한 패턴과 제거가 뒤따르는 폭식 패턴이 있다.

## DSM-5 특성

신경성 식욕부진증(APA, 2013)은 체중이 정상 수준보다 매우 덜 나가고, 체중 증가에 대한 극심한 두려움이 있으며, 음식을 제한하고, 체중에 집착 혹은 현재의 저체중을 부정할 때 진단된다. 신경성 식욕부진증은 제한형이나 폭식/제거형일 수 있다. 경도, 중등도, 고도 및 극도의 심각도는 체중으로 평가한다.

## 생물심리사회적-아들러식 개념화

아들러리안 관점에서 어떤 사례를 개념화할 때, 사례의 생물학적 · 사회학적 · 심리학적 · 목적론적 측면은 치료의 초점을 필요로 한다. 신경성 식욕부진증에서 생물학적 문제는 상당하다. 첫째, 이 질병은 건강에 상당한 피해를 끼친다. 필요한 생물학적 돌봄 수준을 결정하기 위하여 의학적 · 치과적 검사 모두가 필요하다. 게다가 연구는, 특히 신경성 식욕부진증이 길어질 때 종종 상당한 신경학적 영향이 있다는 것을 보여 준다.

이 질병의 사회적 측면은 가족 구도와 가족 구도에서 거식증의 역할을 고려하는 것이다. 이러한 사회적 맥락 안에서 거식증 환자는 완벽주의 혹은 아이로 남으려는 욕망과 같은 일련의 심리적 신념 체계와 가상의 목표들을 발전시킨다. 이 가상의 목표들은 친밀감, 일, 우정, 영성 그리고 여가 시간 활용의 영역에서 건전한 인생 과제의 발달을 무시하면서, 거의 전적으로, 극도의 음식 제한/신체 집착에 초점을 맞춘 여흥 드라마(sideshow drama)로 개인을 끌어당긴다.

## 치료 고려사항

내담자가 극도로 낮은 체질량지수를 보일 때, 임상적 고려사항은 의학적 · 치과적 · 심리적 검사가 필요하다는 것을 나타낸다. 반굶주림 상태에서 보낸 시간은 골밀도 문제, 무월경 그리고 위장애를 초래한다. 섭식과 운동에 관한 강박적 행동뿐만 아니라 우울증과 사회적 참여 문제도 흔하다. 신경성 식욕부진증을 치료할 때 고려해야 할 주의사항들이 있다. 신경성 식욕부진증이 있는 내담자의 자살률에 대한 메타분석에서 일반 인구와 비교했을 때 신경성 식욕부진증 환자들이 더 높은 자살률을 보였다(Pompili et al., 2004).

신경성 식욕부진증의 신체적 영향이 잘 입증되어 있는 동안, 연구는 이 장애의 신경학적 · 인지적 영향으로 방향을 돌렸다. 메타분석은 신경성 식욕부진증 내담자의 장기치료에서 알츠하이머와 유사한 뇌 변화 및 패턴을 보여 준다(Titova, Hjorth, Schiöth, & Brooks, 2013).

신경성 식욕부진증은 10:1 비율로 여성에게 더 흔하다. 상위 사회경제적 국가에서 더 흔하고(미국, 호주, 일본), 저소득 및 중간소득 국가에서는 더 낮다. 미국에서 유병률은 라틴계와 아프리카계 미국인에게서 더 낮다. 이 장애는 종종 청소년기와 초기 성인기에 나타난다. 이 장애는 날씬함을 중시하는 직업 환경에서 더 자주 발견된다. 성격 변수 측면에서 거식증 내담자는 종종 강박적 행동 패턴을 보인다. 특히 이 장애의 의학적 부작용치료를 위해 입원이 필요할 때, 이 장애는 만성적일 수 있다. 자살과 우울증 검사가 필요하다.

## 사례 • 다나

　이브는 가족치료사 건너편에 앉아, 커피 잔 위 모서리 주변을 완벽하게 매니큐어를 바른 손가락으로 문지르고 있다. 그녀의 남편 톰은 그녀의 오른쪽에 앉아 있다. 이브의 딸 다나(24세)는 어머니의 왼쪽에 앉아서 눈을 내리깔고 있다. 이 가족치료 회기에서 다나와 그녀의 부모는 다나의 신경성 식욕부진증과 싸운 8년 동안의 전쟁에 대한 배경 이야기를 담은 가족사를 다시 들여다보고 있다. 이는 섭식장애의 세대 간 이야기로, 신경성 식욕부진증에 사로잡힌 청소년 혹은 젊은 성인과 싸우는 가족에게 공통된 유산을 제공한다.

　다나의 체중은 154파운드(약 70kg, BMI 26)에서 90.2파운드(약 41kg, BMI 14.7)로 떨어졌다. 키는 5피트 5인치(약 168cm)였다. 다나는 옷을 겹겹이 껴입어 자신의 신체 변화를 숨겨 왔었다. 입원할 당시, 다나는 하루에 600칼로리를 먹고 있었고, 채식주의자라고 주장했다. 그리고 하루에 5~10마일(약 8~16km)을 달리고 있었다. 그녀의 생리 주기는 1년 이상 멈추었다. 그녀의 피부는 건조했고, 손톱은 갈라졌다. 입원할 당시, 그녀의 사고 80%는 음식에 관한 것이었고, 나머지는 마리화나에 관한 것이었다. 물질남용을 치료한 후에도 "그녀의 음식과 마리화나에 대한 중독적인 생각은 가라앉지 않았다".

　병원에서 다나는 특별히 섭식장애를 위해 설계된 변증법적 행동치료라 불리는 치료 프로그램을 시작했다. 계획은 입원 치료를 시작하는 것이었고, 초기 체중 목표를 달성하면 외래 치료로 옮기는 것이었다. 치료 프로그램은 개인, 집단 및 가족 회기를 포함했다. 2개월 이내에 다나는 목표 체중 126파운드(약 57kg)를 달성했다.

　이 회기에서 가족은 다나가 입원 치료를 마치고 외래 치료로 가는 것을 축하한다. 이 치료 계획은 다나의 네 번째 입원 후에 세워진 것이다. 첫 번째 입원은 물질남용 때문이었다. 두 번째에서 네 번째 입원은 신경성 식욕부진증과 관련이 있었다. 두 달간 입원하는 동안 다나가 개인적인 책임을 말한 것은 이번이 처음이었다. "이번에 나는 실제로 내 생각에 다가가도록 도와주는 도구들을 배우고 있다. 나는 힘이 있다고 느낀다."

　다나의 팀 구성원은 정신과 의사, 간호사, 심리학자, 영양사 그리고 사회복지사 등이다. 개인 및 가족치료는 심리학자의 초점이었으며, 반면에 집단치료는 사회복지사가 진행했다. 변증법적 행동치료로 전체적인 실행을 훈련하였다. 이 사례연구 요약은 아들러리안으로 훈련받고 변증법적 행동치료 교육을 받은 팀 심리학자의 관점에서 나온 것이다. 그는 다나의 개인치료와 가족치료 구성 요소들을 지지하면서 두 모델을 통합하여 사용하고 있다.

다나는 가족치료, 개인치료 그리고 집단치료—특히 가족치료—가 자신뿐만 아니라 모든 가족 구성원에게 힘을 주었다고 느꼈다. "우리는 모두 나의 양극성장애와 경계성 행동에 따른 문제에 대해 배우고 있다. 이제 우리는 이러한 것들에 맞설 수 있다." 다나는 어머니가 "초조해하는 것"을 멈추고, "어두운 메시지에 말대꾸하려는" 다나의 노력을 지지해 줄 수 있다고 느낀다. 치료에서 그녀의 아버지가 "도구와 지지로 가득 찬 가방"이라고 부른 것을 모든 가족 구성원에게 공급하면서, 그녀의 가족은 치료가 다나에게 개인적 책임을 지도록 격려해 준 정도에 박수를 보내고 있다.

다나의 치료 목표는 자신의 정신건강 문제를 이해하고 "목소리와 감정에 말대답하는" 방법을 배우는 것이다. 그녀는 플로리다의 대학으로 돌아가기 전에 "안정되기를" 원한다.

## 가족 구도

생활양식 검사를 통해 섭식장애의 세대 간 패턴을 이해할 수 있었다. 다나는 자신의 어린 시절과 가족 역사를 살펴보면서, 그녀의 성찰에는 가족을 지도하는 규칙, 사회적으로 성공한 가족이 되기 위한 문화 정책, 전형적인 성 역할뿐만 아니라, 자신의 초기 가족생활에서 존재했던 영적 · 심리적 대처 도구의 부족에 대한 통찰이 담겨 있다.

그녀는 어머니를 "비버에게 맡겨라(Leave it to Beaver)[1] 또는 보통 사람들(Ordinary People)[2]에서의 어머니"의 작은 버전으로 본다. "나의 어머니는 흠잡을 데가 없다. 완벽하다, 나는 그녀를 숭배했다. 나는 이것이 여자가 되는 길이라고 생각했다." 이상한 것은 하버드 졸업생인 어머니가 학위로 "아무것도 하지 않았다."는 것이었다. 반면, 마찬가지로 하버드 졸업생인 아버지는 성공적인 사업가였다.

다나의 어머니가 자주 말하는 목표는 "그녀의 남편을 행복하게 만드는 것"이었다.

---

1) 1957~1963년 미국에서 방영된 호기심 많고 순진한 소년 비버와 가정 · 학교 및 주변에서의 모험에 관한 시트콤—역자 주
2) 1980년 미국 드라마 영화—역자 주

그녀는 이것을 가정주부로서－"완벽한 베티 크로커"3) 식사 요리하기, 티끌 하나 없이 집을 유지하기, 그리고 자신을 "매력적으로" 유지하기 위한 운동 수업과 미용 상담－뛰어나게 해냈다. 아버지는 다나의 대부분 학교 친구들의 사회경제적 수준 이상의 부를 가족에게 제공했다. "우리는 가장 좋은 집, 가장 좋은 차, 가장 좋은 옷, 최상의 휴가를 누렸다. 나의 부모님은 '최상의 친구들'이 있었다." 이 지위로 인해 다나는 종종 사회적으로 고립감을 느꼈다.

다나의 어머니는 가족의 요리사였지만, 다나는 어머니가 앉아서 식사하는 것을 전혀 기억하지 못한다. "엄마는 음식을 썰고, 깍둑썰고, 음료를 따르고, 음식을 차려 주고, 음식을 담아 주었다. 엄마는 그중 어떤 것도 전혀 먹지 않는 것 같았다." 다나는 자신의 섭식 행동, 어머니의 섭식 행동 그리고 외할머니의 섭식 문제 간에 유사점을 그릴 수 있었다. 삼대의 여성 모두에게 섭식장애가 있었다.

아동기에 학습장애로 진단받았던 다나는 자신이 알코올과 물질남용으로 도피했던, 충동적으로 의사결정하는 사람이었다고 생각한다. 다나는 알코올, 마리화나, 그리고 통증 때문에 복용했던 약의 효과를 좋아한다고 인정한다.

다나는 남매 중에 둘째이다. 다나의 오빠인 마이크(28세)는 이브와 톰을 완벽하게 닮은 "판박이"이다. 그는 부모에게 한순간도 걱정을 끼치지 않은 청년이다. 초등학교와 중고등학교에서 "완벽한" 학생이었던 마이크는 사립 기숙학교를 다녔고, 하버드를 졸업했고, 노스웨스턴에서 석사 과정을 밟고 있다. 그는 "순한 아이였고 완벽한 청소년"이었다. 이 가족에서 그는 완벽함의 지도 규칙을 따랐다.

마이크가 완벽했던 반면, 그녀는 자신이 "다루기 힘든 아이"였고 종종 가족의 삶에 "혼란"을 가져왔다고 믿었다. 다나는 마이크가 "나의 밝은 점(spot)이라고 느낀다. 내가 완벽하지 않더라도 그가 나를 사랑한다는 것을 나는 알았다." 확실히 다나는 완벽함, 높은 성과, 높은 교육 기준, 그리고 섭식장애를 얻을 때 초기 개인 지도를 형성했던 여성 지도 규칙이라는 가족 가치와 싸우고 있다.

### 초기 회상

다나의 초기 회상은 섭식장애에 대한 메시지가 가미되어 있다. 다나는 어머니가 음식을 자신의 접시에 밀어 넣었던 것과, 어머니가 가족을 위해 음식을 차릴 때, 즉 '물

---

3) 미국 General Mills사의 인스턴트 식품, 요리 잘하는 여자를 비유함－역자 주

건을 가지러 부엌으로 급히 돌아갈' 때, 어머니가 먹는 것에서 집중하지 못했던 것을 생생하게 기억한다. 다나는 이 기억에서 어머니가 자기 접시 위에 있는 것을 한 입이라도 먹는지를 보려고 어머니를 지켜보았다. 그녀는 어머니가 뭔가를 먹는 것을 본 적이 없다.

다나는 부엌에서 어머니를 우연히 만났고, 어머니가 고기 한 조각을 씹고 있다는 것을 알았던 기억이 있었다. 씹은 후에 어머니는 신중하게 종이 냅킨에 씹었던 고깃덩어리를 뱉었다. 다나는 매우 가냘픈 어머니가 자신이 먹는 것에 제한적이었다고 확신한다. 다나가 이 기억을 가족치료에서 다시 말했을 때, 어머니는 부정하지 않았다. 어머니는 섭식장애가 있었던 자기 어머니에 대해서 말하기 시작했다. 다나는 자신이 몸집이 작았고, "원하는 것을 뭐든 먹을 수는 없다"는 것을 이해하게 된 기억을 회상했다. 그녀는 거울 앞에 서서 어머니가 다나의 "배의 볼록한 부분"을 가리키고 있었던 것을 기억한다. "볼록한 부분"을 빼기로 해서, 그녀는 매일 자신의 몸을 살피기 시작했다.

다나는 아주 어린아이였을 때 폭식했던 것을 회상했다. 그녀는 갓 구워진 레몬 머랭 파이를 우연히 발견했고 그 파이를 마구 먹어 치웠으나, 어머니에게는 그것을 먹었다는 것에 대해 거짓말을 했다. 다나는 이 기억들을 되돌아보면서 자신의 섭식 행동을 인지하고 있다고 말한다. 다나는 여전히 "날씬하게 유지하기"를 원하며, 신경성 식욕부진증에서 계속 회복하면서, 그것이 무엇을 의미하는지를 걱정한다.

### 아들러식 사례 개념화

가족 구도, 가족사 그리고 가족 가치에 관한 논의와 조사에 초점을 맞추는 가족치료는 다나와 부모에게 엄청난 통찰을 제공했다. 회기에 마이크를 포함한 것은 추가적인 대인관계 자원과 지지를 더하는 것이었다.

이브, 톰 그리고 다나는 다나에 대한 이브의 상호 의존성뿐만 아니라, 톰이 가족에게서 철수하고 과도하게 일함으로써 이러한 걱정과 강박 사고의 분위기에서 벗어나려는 경향을 깨달았다. 이브는 자신의 강박적인 성격과 걱정하는 것을 인정했다. 이브는 중독자 가족 모임(Al-Anon)으로 돌아가자고 제안했다. 다나는 부모가 중독자 가족 모임에 참석했을 때 더 도움이 되었다고 느낀다.

다나는 "삶에서 처음으로 자신의 기분을 다스리는 것을 돕는 도구들을 배우고 있다"고 느낀다. "나는 마약이나 알코올 사용을 통해 도피하기보다는 나의 감정과 관련이 있다."라고 느낀다. 변증법적 행동치료 기술들(Linehan, 1993a; Linehan, 1993b)이 핵심 도구였다.

다나의 양극성과 경계성 문제는 대처 기술의 내면화를 통해 가장 잘 해결된다. 변증법적 행동치료가 제공하는 도구 외에도, 아들러리안 치료자는 다나의 회복에서 긍정적인 움직임을 개념화하는 것을 지원하기 위해 이러한 장애들에 대한 아들러식 치료법을 연구할 것이다(Schulman, 1982; Sperry, 1990; Sperry & Mosak, 1996).

### 치료 고려사항

다나와 그녀의 가족은 다나의 현재 통찰 수준, 책임, 기능, 그리고 신경성 식욕부진증의 회복에 대해 새로운 종류의 낙관론을 표현하지만, 이 질병은 지속적이어서 치료상 경계심이 필요하다. 섭식장애에 대한 변증법적 행동치료는 아들러식 개념화와 결합하여 현재 성공적이며, 다나는 더 책임감 있고 힘이 있다고 느끼게 되었다. 부모가 중독자 가족 모임에 참석하도록 지원하는 것은 그들의 연민 어린 분리를 격려할 것이다.

# 신경성 폭식증

## 임상적 증상

신경성 폭식증(Bulimia Nervosa: BN)은 심각하고 잠재적으로 생명을 위협하는 섭식장애이다. 신경성 폭식증이 있는 개인은 음식을 폭식한 다음 제거하여, 과잉 칼로리를 없애려고 한다. 유병률은 여성 대 남성이 약 10:1이며, 젊은 성인에게서 가장 높게 나타난다(APA, 2013).

## DSM-5 특성

신경성 폭식증(APA, 2013)은 폭식하는 패턴으로, 체중 증가를 피하기 위해 제거나 보상 방법이 뒤따른다. 그리고 신경성 식욕부진증에서 관행으로 일어나는 패턴은 아니다. 제거 그리고/또는 보상은 종종 구토, 하제 사용, 다이어트 그리고/또는 단식을 포함한다. 이 장애에서 개인은 외모, 몸매와 몸무게에 대한 생각에 사로잡혀 있다. 이 장애는 폭식과 제거의 삽화 빈도와 기간에 따라 경도(매주 폭식/제거 삽화가 1~3회)에서 극도(매주 14회 이상의 삽화)까지 다양하다.

## 생물심리사회적-아들러식 개념화

신경성 폭식증을 보이는 환자는 종종 생물학적 문제를 나타낼 것이다. 구토와 하제의 사용은 건강을 해치기 때문에 의학적 · 치과적 검사가 필요하다. 심리사회적 관점에서 신경성 폭식증이 있는 내담자는 종종 사회적 수용을 구하기 위한 노력으로 이 장애를 시작한다. 가족 구도와 초기 회상은 인정받기 위해 주의를 끌고 다른 사람에게 의존하는 패턴을 종종 보여 준다. 외적인 미의 문제와 '멋있어 보인다'는 사회적 가치에 대한 집착은 신경성 폭식증 환자들 사이에서 흔한 주제이다. 음식이 풍부하고 고칼로리 패스트푸드를 쉽게 접할 수 있는 사회에서 체중을 조절하는 노력 중에서 제거는 종종 체중을 관리하려고 처음에 쓰는 단기 전략이다. 모든 장애에서와 같이 이러한 여흥(sideshow) 전략은 내담자의 삶에서 주요 쇼(main show)가 되며, 종종 다른 중요한 인생 과제를 등한시하게 한다.

## 치료 고려사항

폭식하는 동안 개인은 통제력 부족―폭식을 멈출 수 없는 것―을 보고하고, 폭식 경험을 종종 중독으로 명명한다. 엄청난 양의 음식이 폭식하는 동안 소비될 수 있다. 그 경험은 밤이나 혼자 있을 때 일어나기에 종종 숨겨진다. 제거는 폭식 삽화에 이어서 자발적인 구토를 수반하는 경향이 있다. 내담자는 구토, 이뇨제 사용, 운동에 능숙해 진다.

신경성 폭식증이 있는 개인은 정상 체중이고, 폭식과 제거의 삽화 사이에 '저칼로리' 혹은 '조심스러운 제한적' 식사가인 경향이 있다. 생리 주기, 하제 의존, 식도 합병증, 치아질환과 심장질환 관련 문제들이 있을 수 있다. 신경성 폭식증은 여성에게서 더 흔하며, 청소년기부터 시작하여 초기 성인기까지 패턴을 유지한다. 매주 폭식 삽화의 수와 기간에 따라 이 장애에는 경도, 중등도, 고도, 극도의 심각도 등급이 부여된다.

신경성 폭식증이 있는 내담자는 체중 걱정에 대한 지나친 관념에 초점을 맞추며, 우울, 불안 그리고/또는 사회불안 증상을 보이는 경향이 있다. 이 장애는 서구 국가에서 더 만연하며 남성에게도 증가하고 있다. 자살 평가가 신경성 폭식증에 필요하다. 항우울제와 피임약은 약의 흡수 문제로 인해 신경성 폭식증의 활성 단계에는 금지된다. 다른 정신질환, 양극성장애, 기분장애의 동반이환은 신경성 폭식증에 흔히 있는 일이다. 알코올 그리고/또는 자극제의 물질남용은 이 장애를 보이는 개인의 약 1/3에서 만연되어 있다. 치과 의사와 치위생사는 종종 구토로 인한 손상을 가장 먼저 보는 사람이기에 신경성 폭식장애를 확인하는 데 중요한 역할을 한다(Mehler & Andersen, 2010). 신경성 폭식증을, 예를 들어 스포츠 선수, 배우, 모델처럼 신체 퍼포먼스 측면을 포함하는 사회적 환경이나 직업군에서 흔히 발견할 수 있다.

### 사례 • 코티

코티는 20세로 대학 2학년생이다. 코티는 댄스 팀의 일원으로, 동료 댄서인 에이미가 코티를 치료에 의뢰했다. 에이미는 현재 섭식장애로 치료를 받고 있다. 코티는 에이미와 댄스 코치가 대학 운동선수의 섭식장애 문제에 대한 "전도사"였기 때문에 치료를 받게 되었다.

코티는 에이미의 "동료가 내린 진단"이 마음에 와닿았다. 코티는 자신의 폭식과 구토를 에이미가 관찰한 것을 부인하지 않았다. 오히려 코티는 댄스계에서 자신이 하는 것들이 "정상"이라고 방어하며, "다른 선택의 여지가 없었다."라고 피력하였다. 에이미의 회복 성공, 기분의 고양, 사회적 성취, 보디빌딩 프로그램, 댄스 활력을 관찰한 후, 코티는 치료를 받기로 결정했다. 코티는 "에이미의 성공을 뒤따르기"로 했다고 말했다.

코티는 주 약 8회의 폭식과 제거 삽화를 했다. 이는 고등학생 때 주 4회 삽화에서 증가한 것이었다. 코티의 신경성 폭식증 문제의 심각도 수준은 코티가 섭식장애 치료를 위해 대학병원의 외래 병동에 가야 한다는 치료 팀의 결정으로 이어졌다. 현재는 외래 치료가 필요한 것으로 보이지만, 코티의 증상이 더 심해진다면 입원 치료를 선택할 수 있다. 팀은 코티가 자해 사고와 의존성 성격장애 프로파일을 동반하는 우울을 겪고 있다고 결정했다. 치과적 · 의학적 검사 결과는 코티가 구토, 심각한 빈혈로 치아질환을 보였지만, 위장장애는 없는 것으로 나타났다. 약 흡수 문제로 산부인과 의사는 코티가 피임약을 먹지 않도록 했으며, 정신과 의사는 항우울제를 처방하지 않았다. 코티는 이 결과들에 충격을 받았다. 코티의 치료 목표는 신경성 폭식증 중단하기, 에이미의 회복처럼 회복하기, 그리고 그녀 자신의 직업 목표를 명확히 하기 등이었다.

### 가족 구도

코티는 삼남매 중 막내이다. 두 명의 오빠는 25세의 쌍둥이이다. 둘 다 대학을 졸업했고, 한 명은 로스쿨을 다녔고, 다른 한 명은 경제학 석사 학위를 받았다. 두 오빠들은 성공한 컴퓨터 소프트웨어 가족 사업에 이미 합류했다. 코티는 아버지를 "성미가 급하고" 기대가 높은 권위주의자로 보았다. "집보다 군대에서나 더 잘 먹히는 명령을 주변 사람에게 했다." 집안 분위기는 긴장되어 있었고, "아버지가 근처에 있을 때는 모든 사람이 매우 조심스럽게 행동했다". 코티는 어머니를 매우 종교적이고 친절하며, 대학을 마치지 못한 것을 항상 후회하는, 다른 사람을 즐겁게 하는 사람으로 보았다. 어머니는 주부, 유능한 제빵사였고, 항상 학교 활동에 참여했으며, 코티의 가장 큰 지지자였다. 어머니는 예술을 사랑했고, 두 살 때 코티를 댄스 학원에 등록시켰다. 코티는 "아주 좋은 학생은 아니었고, 확실히 오빠들 같은 스타는 아니었다".

### 초기 회상

코티가 가장 좋아하는 두 개의 초기 회상은 "가족 지하실에 숨기"와 관련이 있다. 이 장소는 코티가 "항상" 춤추던 곳이었다. 코티의 기억 중 하나에서 코티의 어머니가 그녀에게 아름다운 발레복을 주었고, 그녀는 공주처럼 느꼈다. 그녀가 가장 좋아하는 또 다른 초기 회상에서 그녀는 "최고의 깜짝 생일 선물"을 받았다. 그녀의 어머니는 지하실에 무대를 만들기 위해 일꾼을 고용했다. 코티는 자기 친구들과 같이 그 무대에서 쇼를 창작했다. 코티의 초기 회상 중 하나는 그녀의 아버지와 관련이 있다. 이 기억에서 아버지는 시끄러운 음악에 화가 나서 그녀의 대형 휴대용 카세트 라디오를 박살냈다. 코티는 누군가를 기쁘게 하는 어머니 스타일을 본받는 반면, 남자를 무서워하는 경향이 있음을 깨달았다.

### 아들러식 사례 개념화

코티는 활동이 적고 사회적 관심이 낮은, 회피형 프로파일을 보여 준다(Sperry &

Mosak, 1996). 그녀의 오빠들로 인해 낙담하고 뒤처진 코티는 춤에서 만족을 찾았다. 코티는 갈등을 피하고, 다른 사람을 기쁘게 하고, 그리고 자기 자신의 열망을 멀리하며 어머니의 지도를 따랐다. 춤조차도 직업 선택이라기보다는 환상의 배출구로 보인다. 코티는 남자를 두려워하고 데이트를 피해 왔다. 주기적으로 그녀는 자신이 동성애자인지 궁금했지만, "이 시점에서 그런 생각을 탐색할 준비가 되어 있지 않았다". 코티가 초기 아동기 분야를 전공하는 것을 현재 고려하고 있지만 그 직업을 좋아할지는 알 수 없다. 코티는 아버지의 사업에 합류하고 싶지 않다. 그리고 그녀는 만약에 대학을 졸업하면 사업을 같이 하도록 압력을 받을지도 모른다고 느낀다.

그녀의 아버지가 "치료의 가치를 보지 못했지만", 코티의 부모는 치료 계획의 평가 단계에 참석했다. 코티의 어머니는 코티의 신체·정신 건강에 관여하며 걱정했다. 코티는 치료 팀의 구성원들을 좋아했고, 대학 생활의 자유를 즐겼고, 대학에 남기를 원했다.

### 치료 고려사항

코티는 외래 치료 프로그램에서 치료를 시작했고, 우울증과 자살 사고 진단을 받았다. 코티는 거의 강박적 사고로 억압되었고, 수업을 피하고, 동료 학생들과 어울리지 않았다. 코티는 춤과 춤 리허설에서 위안을 찾았다. 여기서 코티는 강박적 사고에서 벗어나는 순간을 경험했다. 댄스 팀 코치는 코티가 댄스 지도사항을 크게 노래하게 함으로써 도왔다. 이것은 침습적인 섭식장애 사고를 더 줄어들게 했다.

집단치료에서 코티는 사회적 기술과 자기주장 기술을 발전시키기 시작했다. 개인치료는 한 주에 2회로 늘었다. 코티는 대학 과정의 부담을 줄였고, 초기 아동기 프로그램을 방문하기 시작하여 이 학문의 전공이 실행 가능한지를 조사하기 위해 노력했다. 코티는 에이미와 에이미의 여학생 클럽 회원들이 섭식장애에 관하여 캠퍼스 연설을 하는 데 동반했다. 코티가 자신의 삶에서 당면한 도전에 대해 사회적 관심을 보임에 따라, 역설적이게도 이 활동은 침습적 사고를 줄여 주었다. 코티는 신경성 폭식증으로부터 회복하기 위한 긴 여행을 하고 있다는 현실을 직면하기 시작하고 있다. 그녀는 현재 치료받고 있으며, 걸음마 단계지만 자기 자신의 진전을 측정할 수 있다.

# 회피적/제한적 음식섭취장애

## 임상적 증상

회피적/제한적 음식섭취장애(Avoidant/Restrictive Food-Intake Disorder)는 DSM-5에서 새로운 진단이다. 이 진단은 전통적인 섭식장애 진단 준거에 맞지 않는 증상들을 포함하지만, 임상적으로 섭식 및 음식과의 중요한 투쟁을 포함한다. DSM-5는 회피적/제한적 음식섭취장애에 대한 유병률 자료를 보고하지 않았다. 이 장애는 일반적으로 유아기나 아동기에 발생하지만, 성인기까지 이어질 수 있다.

## DSM-5 특성

회피적/제한적 음식섭취장애(APA, 2013)는 일일 영양 요구량을 충족하기에 충분한 것으로 권장되는 수준 미만으로 음식 소비를 제한하는 것과 관련이 있다. 이 음식 제한은 체중 감소, 에너지 수준 저하 그리고 불충분한 영양으로 인한 건강 문제를 초래한다. 이 회피적/제한적 패턴은 매우 극심해서 장내 공급 또는 구강 영양 보충제를 주는 입원 치료가 필요할 수 있다. 이 패턴은 심리적·사회적 기능을 손상시킬 수 있다. 이 장애는 단식을 수반하는 문화적·종교적 관습의 결과가 아니며, 전쟁이나 시민 소요로 인한 기근이나 식량 제한의 결과도 아니라는 점에 유의하는 것이 중요하다. 이것은 아마도 설명할 수 있는 다른 의학적 장애 혹은 치료, 예를 들어 화학치료로 인한 식욕 상실에 기인할 수 있다. 제한이 보통 해당 의학적 상태와 관련된 범위를 벗어날 때에만 진단된다. 음식 제한은 신경성 식욕부진증이나 신경성 폭식증의 일부로 발생할 수 있다. 그렇다면, 이 장애들이 주(主) 진단이 된다.

## 생물심리사회적-아들러식 개념화

음식섭취를 제한하도록 설계된 사고와 행동 패턴은 정상적인 사회적 기능을 방해하고, 모삭(1979)이 '여흥'이라고 적절하게 부른 것을 형성한다. 모든 섭식장애에서 음식과의 관계는 내담자의 삶에서 주목을 받는다. 이는 내담자가 일, 친밀감, 사회적 관계, 영성 그리고 여가 관심과 같은 진정한 인생 과제에 쏟을 수 있는 에너지와 초점을 제한한다.

## 치료 고려사항

섭식장애의 모든 치료에서와 마찬가지로 팀 접근 방식은 더 나은 결과를 촉진한다. 다른 가능한 건강 문제를 배제하고 음식 제한과 관련될 수 있는 건강 문제(빈혈, 영양 문제, 심장과 발열 문제)를 확인하기 위해 내담자가 신체검사를 받도록 하는 것이 중요하다.

제한적 식습관이 있는 내담자는 불안이나 우울에 초점을 둔 치료를 받을 수 있다. 이들은 일이나 친밀감과 같은 인생 과제의 영역에서 어려움을 겪을 수 있으며, 섭식장애를 실행하는 것이 상당한 양의 시간과 에너지를 소모하고 있다는 점을 완전히 알지는 못할 수 있다. 식습관과 섭식 문제에 대한 질문을 접수 면접에 포함하면, 이 문제가 치료에서 다루어질 수 있는 여지가 열린다.

### 사례 • 에이미

19세의 에이미는 백인이며, 대학교 1학년이다. 에이미는 1학년 첫 달 동안 극심한 사회적 불안을 겪어서 치료를 찾았다. 에이미는 우울하고 대학 생활에 적응하는 데 있어 심각한 문제를 말했다. "대학 중퇴자"가 된다는 생각에 당황하여, 에이미는 치료사를 찾아가기로 결심했다.

불안하고 판단적이며 화를 내면서 에이미는 대학 생활의 모든 면에서 분노를 표현했다. 에이미는 외동딸로 누구와도 방을 공유한 적이 없었고, "대학이 방이라고 부르는 이 벽장"은 너무 작았다. 대학은 "형편없는 음식들로 큰 실망이었다". 많은 여학생이 고등학교 친구들과 같이 대학에 왔기 때문에 에이미는 기숙사에서 그들과 어울리지 않는 것에 대해 우려를 표명했다. 에이미는 여학생 사교클럽의 입찰을 위해 쇼핑하는 것뿐만 아니라, 댄스 팀을 준비하고 오디션을 보는 것을 걱정했다. 춤 오디션 준비는 매일 몇 시간씩 연습해야 했고, 댄스 팀에서 자리를 확보하는 것은 여학생 사교클럽을 찾는 것보다 훨씬 더 중요했다. "경쟁은 치열하다—최고 중의 최고만이 해낼 것이다."

춤 연습에 "사로잡혀서", 에이미는 여학생 사교클럽의 옵션을 알아내는 데 뒤쳐졌다. 에이미는 자신을 운동선수이자 열심히 일하는 사람으로 보았다. 고등학교에서 그녀는 "똑똑하고 인기가 있었다—매우 성공적이었다". 이 상태를 유지하기 위한 그녀의 도구는 춤, 에어로빅과 엄격한 다이어트였다.

치료 목표를 질문했을 때, 에이미는 학교를 그만두고 집에 가고 싶지 않았다. "나는 중도에 포기하지 않습니다." 그녀는 "이 모든 오디션의 압박을 이겨 낼 수 있는" 지지가 필요했다. 그녀는 자신의 삶에서 불안감을 줄이고, "고등학교 시절로 돌아가고 싶었다".

두 번째 회기에서 치료사는 에이미가 섭식장애에 시달리고 있다는 가설을 세우기 시작했다. 이 깨달음은 기숙사 생활에 대해 에이미가 불평한 결과였다. 기숙사에서 최악의 일은 에이미가 음식으로 겪는 문제였다. 기숙사 음식 때문에 "신입생 시절 체중 증가"가 그녀의 운명이 될 것을 두려워하여, 에이미는 음식섭취를 통제하고 싶었다. 에이미는 기숙사의 음식이 그녀의 몸을 망치고, 춤 오디션을 망치고, 그녀의 여학생 클럽 선택을 제한할 것이라고 느꼈다.

음식 문제에 대한 탐색은 에이미의 제한적 식습관에 대한 긴 대화로 이어졌다. 에이미는 거식증과 폭식증에 대해 잘 알고 있었다. "여전히 폭식하고 있는" 고등학교 친구 두 명과 거식증으로 입원했던 친구가 한 명 있었다. 그녀는 음식이 "대부분의 소녀들에게 그리고 댄스 팀의 모든 소녀에게 문제"인 반면, 자신의 좋은 몸매를 유지하는 건강한 방법을 찾았다고 느꼈다. 에이미는 "춤 연기자는 영화 배우와 모델과 같다—날씬한 것이 유행이다."라고 느꼈다. 저체중과 여전히 건강한 생활양식을 성취할 수 있다고 느꼈던 유일한 방법은 매우 엄격한 다이어트를 통해서였다.

### 가족 구도

에이미는 운동을 중시하는 중상류층 가정의 외동이다. 그녀의 가족에게 에이미는 "모든 사람이 좋아하는 사람"이었다. 에이미는 생활양식 조사 과정을 즐겼다. 그녀는 부모, 조부모, 가족생활에 대해 얘기하는 것을 좋아했다. 그녀는 자신의 "매혹적인 삶"에 감사를 표현했다. 에이미는 존경을 담아 아버지에 대해 얘기했다. 그는 달리기 선수, 그녀의 축구 및 농구 코치이자, 헌신적인 아버지였다. 주말마다 가족 시간은 게임, 소풍, 수영과 파티로 채워졌다.

에이미의 어머니도 운동선수였다. 대학에서 체육교육을 전공했고 열정적인 테니스 선수이고 지역 공원에서 운동 강사였다. 에이미의 어머니는 약 8년간 체중 감량 회사에서 일했다. 그녀의 어머니는 "좋은 식습관"을 만드는 방법과 섭식장애로 고통받는 사람들의 고통을 이해하는 방법을 배운 것은 그 몇 년 동안이었다고 말했다. 에이미는 어머니가 다소 제한적인 다이어트 계획—선호 음식 세트와 세심한 체중 모니터링—을 또한 실천했다고 느꼈다.

고등학교에서 에이미는 운동 능력, 특히 춤 실력을 인정받았다. 그녀의 춤 기술은 에이미에게 매우 중요한 사회적 위상을 가져왔다. "나는 예쁘고 날씬했다. 그리고 댄스 팀을 책임졌다." 에이미는 즉시 부모의 운동 활동과 자신의 댄스 열정을 연결시켰다. 에이미는 이미 운동, 성과 그리고 열심히 하기라는 가족의 가치대로 살고 있는 것처럼 보였다.

### 초기 회상

에이미의 초기 회상은 공연 이야기로 가득 차 있었다. 그녀는 부모와 조부모 앞에서 춤 공연하는 것—"헌신적인 관중"에게 공연하기—을 좋아했다. 에이미는 이웃 사교 집단에서 우두머리였다. 항상 "인기 있고 흥미로운 아이디어로 가득 차 있었다". 그녀는 친구들로 작은 공연 집단을 조직했다. 그들은 "우리 동네 밴드임"을 즐기면서, 노래를 부르고 춤을 추고 악기를 연주하곤 했다. 다섯 살 때 그녀는 이웃 아이들의 견학 여행을 주도했는데, 사탕가게에서 돈을 쓰려고 여섯 블록을 걸었다. 가게 주인은 안전을 걱정하여, 에이미의 부모에게 전화를 걸었다. 그녀의 친구들은 모험을 좋아했으나, 그녀의 부모는 벌로 그녀를 밖에 나가 놀지 못하게 했다. "벌이요? 나는 내 방에 내 TV가 있었어요!"

### 아들러식 사례 개념화

에이미는 사회불안과 대학 생활 적응의 어려움에 관한 문제를 호소하며 치료를 찾았다. 아들러리안 관점에서 에이미는 높은 활동 수준과 낮은 사회적 관심을 가진, 지배 유형을 보인다(Sperry, 1990; Sperry & Mosak, 1996). 그녀의 생활양식 정보에서 우리는 에이미가 다른 사람뿐만 아니라 자신을 위해서도 리더십을 많이 제공하면서 활동적인 삶을 산다는 것을 본다. 그녀는 공연을 사랑하고 자신의 공연에 대한 노력을 인정받기를 기대한다. 그녀의 매력적인 리더십 스타일은 가족과 친구들을 폭넓은 청중으로 끌어들인다. 그녀는 자신의 성취로 사교계에서 평가받는 데 익숙하다.

에이미는 자신의 목표를 달성하기 위해 기꺼이 열심히 노력한다. 그녀의 스타일은 강박 행동 측면들을 보여 줄지 모르지만, 그녀는 자신의 목표를 추구하는 데 매우 적극적이다. 그녀는 일과 사회 영역에서 높은 기대를 걸고 있다. 대학 댄스 경력에서 잘하려는 동기가 분명하며, 여학생 클럽의 생활에서 자리 잡기를 열망한다. 그녀는 리드하기를 좋아하고, 기꺼이 열심히 일하고, 자신의 당면한 목표에 대한 비전을 가지고 있다.

### 치료 고려사항

에이미의 허락하에 그녀의 치료사는 대학 병원의 섭식장애 프로그램에 자문을 요청했다. 그 팀은 에이미가 이미 치료에 반응하고 있다고 느꼈고, 병원 치료 센터의 검사는 에이미의 섭식 패턴이 제한적이고 다이어트 콜라에 중독되었다는 사실을 뒷받침했다. 팀은 치과 및 의료 검사를 권고했다. 에이미는 철저한 신체검사를 받았고, 에이미의 불규칙한 생리 주기에 대한 걱정에 답하기 위해 산부인과 의사를 만났다. 에이미는 섭식장애 팀을 자신의 댄스 코치에게 소개했다. 캠퍼스에서의 섭식장애 문제에 관하여 코치의 훈련 철학과 병원 치료 센터의 입장 간에 즉각적인 결합이 이루어졌다.

건강 검진은 저체중, 빈혈 그리고 지나치게 제한적인 다이어트가 있음을 뒷받침했다. 영양사는 기숙사 환경 내에서의 영양 섭취 계획에 관해 논의하면서, 에이미, 치료사 그리고 에이미의 코치와 상담했다. 대학의 지원을 받는 코치는 젊은 운동선수들이 섭식장애를 일으키지 않고 건강한 체중 수준을 유지하도록 도우려는 움직임의 일환이었다. 코치는 에이미가 5~8파운드의 체중을 늘리고 좋은 영양과 체력 훈련으로 근력을 기를 것을 권고했다. 코치의 체력 훈련 철학은 지방 밀도 치수를 줄이면서, 근력을 늘리는 것을 목표로 했다. 이 프로그램을 통해 에이미는 근력을 기르고, 체력을 키웠으며, 수인치의 지방을 줄였고, (근육) 6파운드를 늘렸다.

에이미는 여학생 사교클럽에 가입했고, 댄스 팀의 자격을 얻었고, "다시 사회적 성공"을 느끼기 시작했다. 5개월간의 성공적인 치료 후, 에이미는 젊은 여성 및 남성 운동선수들이 섭식장애를 피하거나 대처하도록 돕는 이러한 공유된 비전에서 봉사와 리더십 기회를 보았다. 에이미와 그녀가 속한 여학생 사교클럽의 회원 집단은 섭식장애의 위험뿐만 아니라 회복의 길에 대해 학생들을 교육하는 미션으로 "무슨 고민이 있나요?" 프로젝트를 시작했다. 에이미는 댄스 팀에서 열심히 하는 것을 즐겼다. 그리고 그녀는 춤 솜씨와 개인적 솔직함으로 동료들 사이에서 존경을 받았다. 여학생

클럽 생활에서 "나는 나누는 방법과 진정한 여성이 되는 법을 배웠다. 나는 내가 리더가 되는 것이라고 생각했던 것이 오히려 독재자가 되는 것에 가까웠을지 모른다는 것을 알게 되었다. '무슨 고민이 있나요?' 프로젝트를 진행하면서 나는 큰 만족감을 느꼈다. 우리는 변화를 가져오고 있다고 확신한다".

# 폭식장애

## 임상적 증상

폭식장애(Binge-Eating Disorder: BED)는 많은 양의 음식을 섭취하고 체중 증가를 피하거나 대처하기 위한 보상 행동과 연관되어 있지 않은 것이 특징인 만성질환이다. 이는 주로 젊은 성인 여성에게서 나타난다. 유병률은 여성 대 남성의 비율이 약 10:1이며, 젊은 성인들 사이에서 가장 높게 나타난다(APA, 2013).

## DSM-5 특성

폭식장애(APA, 2013)는 상대적으로 짧은 시간(2시간 이하)에 과도한 양의 음식을 섭취하고, 최소한 3개월 동안 일주일에 한 번 이상 이러한 폭식 행동을 할 때 발생한다. 폭식은 개인이 육체적으로 불편할 정도로 어마어마한 양의 음식을 종종 빠른 속도로 섭취하는 고립된 먹는 기간이다.

추수감사절의 저녁식사와 같은 행사에서 한두 명의 친척이 폭식하는 것을 목격하는 것은 흔한 경험일 수 있지만, 폭식장애는 이런 종류의 폭식을 일주일에 1회에서 14회 이상까지 하는 것과 관련이 있다. 개인들은 폭식을 배고픔과는 무관한 '개인적 통제에서 벗어난' 경험으로 체험한다. 폭식하는 것은 종종 섭취하는 음식의 양에 대한 당혹스러움 때문에 고립된 상태에서 발생하고, 대개 강렬한 죄책감을 동반한다. 폭식장애는 폭식이 제거 없이 발생하고, 신경성 폭식증이나 신경성 식욕부진증과 같은 섭식장애의 진행 중인 요소가 아니면 진단된다. 폭식장애의 심각도는 경도(주 1~3회의 삽화)에서 극도(주 14회 이상의 삽화)까지 다양하다.

## 생물심리사회적-아들러식 개념화

폭식의 생물학적 문제는 상당하다. 개인은 폭식 삽화 동안에 어마어마한 양의 음식을 섭취하고(알코올 폭음처럼) 식이요법을 통해 보상할 수 있다. 내담자는 종종 유행하는 다이어트들을 전전하며 삶의 롤러코스터를 타고, 비만인 내담자는 우회 수술(bypass surgery)을 받으려 한다. 체중을 줄여야 하고 체중 감량을 유지해야 할 필요가 있다는 관념에 사로잡혀 있다. 내담자는 체중 증가와 자기 고립으로 극도로 당황할 수 있다. "충분하지 않다." "더 필요하다." 또는 '포만감'을 느끼고 싶다와 같은 생활양식 주제들이 흔하다. 폭식 삽화는 내담자가 통제력 상실을 경험하는 '유체이탈(out of body)' 혹은 '최면 상태'와 같은 형태로 경험된다. 폭식 생활양식은 사회적 관심이 부족하며, 다른 인생 과제 영역의 발달에 집중하는 데 필요한 시간과 에너지를 모두 감소시킨다. 치료사는 양극성장애 그리고/또는 B군 및 C군 성격장애와 같은 동반하는 다른 정신건강 문제들을 확인하고 고려하기를 원할 것이다.

## 치료 고려사항

모든 폭식이 비만과 관련이 있는 것은 아니지만, 폭식을 하는 사람은 종종 과체중이거나 비만이다. 비만은 신체가 필요한 것보다 더 많은 칼로리를 섭취한 결과이며, 반드시 폭식 삽화에 관여하기 때문은 아니다. 비만인 사람은 고혈압, 뇌졸중, 심장병, 수면 무호흡증, 제2형 당뇨병, 대장암, 유방암과 같은 훨씬 더 많은 의학적 문제로 고통받는다(Center for Disease Control and Prevention, 2013).

폭식장애는 여성에게서 더 많이 나타나지만, 남성에게는 다른 섭식장애보다 더 자주 발생한다(Spitzer et al., 1993). 폭식장애는 인종에 관계없이 존재하고, 식량 공급이 풍부한 산업화된 국가에 더 많이 퍼져 있다. 폭식장애는 체중 감량 치료를 받으려는 사람에게 자주 발생한다(Brody, Walsh, & Devlin, 1994). 내담자는 종종 이 장애의 심리적ㆍ정신의학적 요소들에 대한 인식이 부족하다. 폭식은 비만 수술을 받으려는 사람의 약 49%에서도 나타난다(Niego, Kofman, Weiss, & Geliebter, 2007). 연구자들은 익명의 과식자 모임(Overeater Anonymous)에 참여하는 사람 중 약 71%가 폭식장애가 있는 것으로 추정한다. 폭식을 하는 개인은 폭식을 조절하는 것을 돕는 다이어트를 종종 찾는다(Spitzer et al., 1993). 이 장애는 보통 청소년기에 시작되며,

집안 내력인 경향이 있다. 폭식은 양극성장애 그리고/또는 성격장애도 같이 진단되면 치료 과정이 더 복잡해진다(Mehler & Andersen, 2010).

폭식장애로 진단된 사람이 임상치료에 오면, 동료 내담자가 달성한 체중 감량의 55%만을 달성한다(Pagoto et al., 2007). 또한 연구는 폭식장애 문제가 없는 내담자보다 폭식장애가 있는 내담자가 비만치료에서 더 안 좋은 결과가 있음을 보여 준다. 이들은 외과적 개입 이후조차도 폭식장애로 계속 고통받아서, 수술 후 더 많은 지원이 필요하다(Busetto et al., 2005).

폭식장애 내담자는 이 장애가 없는 비만인 사람과 비교할 때, 더 많은 고통을 겪고 삶의 질이 떨어졌다고 보고한다. 직장(더 낮은 임금 인상), 공공의 문제(공공 의자에 맞지 않는 것), 성생활의 문제, 그리고 더 낮은 자존감 영역에서 더 많은 문제를 보고한다(Rieger, Wilfley, Stein, Marino, & Crow, 2005). 폭식의 입원 치료 그리고/또는 외래 치료는 양극성 행동, 경계성 성격장애 그리고/또는 다른 B군 문제와 같이 근본적인 성격 문제가 내담자에게 있을 때 종종 적절하다. 변증법적 행동치료에 기반을 둔 입원 혹은 외래 치료 프로그램은 폭식 문제들에 매우 효과적인 것으로 나타났다(Safer, Telch, & Chen, 2009).

### 사례 • 루시 박사

63세의 루시는 독일계 유대인 생리학 교수이다. 루시의 딸이 그녀를 치료에 의뢰했는데, 딸은 최근 발생한 폭식장애와 20kg의 체중 증가에 대한 루시의 걱정을 공유하고 있었다. 루시는 155cm의 작은 여성으로 대학원 졸업 이래로 약 58kg의 체중을 유지해 왔기에, 6개월 만에 20kg이 증가한 것에 대해 매우 괴로워했다. 루시는 "폭식이라는 추한 습관에 빠졌다"고 느꼈다. 루시는 자신의 목표가 "폭식을 멈추고 건강하고 행복한 자신으로 돌아가는 것"이라고 말했다.

루시는 자신의 삶에 대한 '배경 이야기'를 열정적으로 했다. 그녀는 생물학 이학사로 대학을 졸업했고, 아이를 갖기 전에 연구소에서 일했다. 그녀는 내과 의사와 결혼해 직장을 그만두었고, 가족을 돌보기 시작했다. 그녀의 막내 아이가 대학을 졸업했을 때, 루시와 남편은 '1년간 세계여행'을 계획했다. 그녀의 남편은 이 계획했던 은퇴 전에 죽었다. 루시는 몇 년간 "완전히 제정신이 아니었다". 처음에는 연민 어린 친구들과 가족에 둘러싸였으나, 곧 사람들은 "자신들의 삶을 살아가며, 떠나가 버렸다". 그녀의 사회적 관계는 줄어들었다. "커플의 세상이다." 그녀는 여전히 오랜 친구들과 전화를 하고 점심을 먹지만, "그냥 예전 같지가 않다". 루시는 자신의 폭식 문제가 2월 초에 시작했고 여름까지 지속되었다고 말했다. 루시는 먹는 것을 "억제할 수 없다"면 치료사를 찾아갈 것이라고 자신에게 말했다.

루시가 섭식 문제를 조리 있게 펼쳐 놓는 가운데 생활양식 질문의 통합은 쉽게 달성되었다. 현재의 폭식 문제는 루시가 브리지(bridge)[4] 혹은 스크래블(Scrabble)[5] 모임에 참여했던 저녁에 시작되었다. 집으로 돌아오는 길에 루시는 차와 디저트를 먹기 위해 빵집에 들리곤 했다. 그녀는 자신이 "실제로 섭식 문제를 위한 공간을 만들고 있다"고 생각했기 때문에, 두 모임의 어느 누구도 초대하지 않았다. 친구와 함께라면 그녀의 한계인 일인분만 먹을 것이지만, 혼자라면 또 다른 조각의 파이나 아이스크림을 먹는 것이 가능했다. 친구들은 먹을 때 "브레이크와 같은" 것이 될 것이다.

루시는 자신이 먹는 것에 대해 "브레이크를 풀고 있다." 혹은 먹는 것에 "전력을 다하고 있다."라고 감지했다. 그녀는 빵집을 방문한 후에 집에 돌아와서 어마어마한 양의 음식을 먹곤 했다. 이전의 체중 문제에 대한 질문을 받았을 때, 루시는 고등학교와 대학교 시절의 폭식에 대한 고통스러운 이야기를 했다.

### 가족 구도

루시는 네 아이들 중에 가장 어렸으며, 3명의 오빠가 있었다. 루시는 자신이 유일한 딸이고 가족의 "아기(baby)"라는 사실에 기뻤다. 그녀의 두 오빠는 "쌍둥이"로 여덟 살이 더 많았고, 막내 오빠 시몬은 13개월 위였다. "우리는 연년생이었다―시몬은 나의 가장 친한 친구였다." 루시는 자신이 "아버지의 가장 사랑스런 사람"이고, 어머니의 "작은 인형"이었다고 느꼈다. 그녀는 자신이 버릇이 없었고, "부모님 눈에는 자신이 나쁜 짓을 할 리가 없었다."라고 그녀는 믿는다. 가족의 사회적 생활은 오로지 확대 가족인 이모, 삼촌 그리고 사촌들이었다. 루시는 오빠와 오빠 친구들과 함께 있는 것에 의존했다. 그녀는 자신의 친구를 사귀는 데 관심을 갖지 않았다. 그녀는 어머니가 다른 여성들과 관계를 맺는 것에 대한 모델은 전혀 아니었다고 느꼈다. 오빠 시몬

---

4) 카드놀이의 일종―역자 주
5) 철자가 적힌 플라스틱 조각들로 글자 만들기를 하는 보드 게임―역자 주

은 "많은 친구"가 있었다. 그녀는 "자신이 여자애들을 결코 좋아하지 않았다. 나는 오빠들, 오빠들의 친구들 그리고 가족이 있었다. 어머니는 아마도 나의 가장 친한 여자 친구일 거다."라고 느꼈다.

## 초기 회상

루시의 초기 회상들은 그녀가 우연히 사고로 다치고 그녀의 오빠들 중 한 명이 구조한다는 주제를 담고 있었다. 이웃 아이들이 그녀에게 돌을 던져서, 그녀의 이마에 큰 상처가 나서 꿰매기 위해 응급실로 가게 되었다는 주제가 있었다. 이 사건으로 "거친" 또래 아이들에 대한 어머니의 보호 주의사항이 뒤따랐다. 이 기억들 속에서 그녀의 오빠들은 항상 그녀를 돌봐 주었다. 그녀가 작고 잘 협응하지 못하지만, 시몬은 그녀를 하키, 축구, 야구나 스케이트 게임에 포함시켰다. 그녀의 기억에는 오빠들의 친구들이 기타 음악을 부르고, 영화를 보러 가고, 게임을 할 때 함께 했었던 것이 있었다. 루시는 "졸졸 따라다니는 어린 여동생"인 것을 좋아했다. 그녀는 여전히 "시몬, 여동생을 돌봐라."라고 말하는 어머니의 목소리를 들을 수 있다. 루시는 "구조되는 것을 좋아했다. 특히 남성에 의해."라는 생각에 공감했다.

## 아들러식 사례 개념화

루시는 우울하고 고립된 모습을 보였다. 그녀가 낙담할 때, 일시적으로 위로를 해주고 자신의 삶에서 '여흥'의 역할을 하는 오래된 폭식 습관으로 되돌아갔다. 고립에서 벗어나는 대신에 그녀는 오랜 심리적 안내선, 즉 자기 자신의 인생 과제에 대한 행동을 피하기를 따르고 있다. 다른 사람들이 그녀를 구하러 와야 한다는 오래된 기대는 효과가 없다. 루시는 자신의 삶에서 질서와 통제에 대한 욕구를 말하는 강박적 경향을 보인다. 통제불능이 된 이 경험은 그녀를 뿌리부터 흔든다. 치료사는 이 책의 다른 장과, 우울증과 강박성 성격 모두에 초점을 맞춘 다른 자료들에서 아들러식 개념화를 참조하는 것이 중요할 것이다.

루시는 고등학교 마지막 2년 동안 시작되어 대학 시절에 어려움에 빠졌던 폭식 패턴으로 되돌아갔다. "나의 어머니는 대단한 제빵사였다. 나는 단지 배부르지 않는 것 같았다." 대학에서 극심한 폭식은 "주중에 약 세 번 그리고 일요일 밤에 한 번" 일어났다. 그 폭식 패턴에서 그녀는 평범한 저녁식사를 먹고 나서, 많은 양의 디저트를 먹곤 했다. 오빠들이 먹는 것이 "나를 가려 주었다". "나는 아마 18kg 과체중이었다. 어머니는 내가 어떻게 보이든 신경 쓰지 않았다. 어머니 자신도 과체중이었고, 운동을 중요시하지 않았다. 내가 어머니의 빵굽기를 좋아한다고 어머니는 행복해했다.”

그녀는 체중이 문제라는 것을 알았다. 왜냐하면 그녀는 다른 여자아이들과는 달리 오빠 친구들 외에는 남자아이들을 매혹시키지 못했기 때문이다—오빠 친구들은 “단지 친구였다.” 루시는 대학원이 가까워졌을 때 정신을 차리기 시작했다고 느꼈다. 이것은 “두렵지만 나에게는 흥분되는 시간”이었다.

이렇게 정신을 차린 것은 자기 자신의 꿈이 있다는 루시의 깨달음이었다. “나는 프랑스의 대학원에 가고 남자와 데이트하기를 원했기에, 체중 문제를 알아차렸다. 나는 누군가를 만나고 더 나은 사회생활을 하고 싶었다. 나는 오빠 친구들 중 한 명을 좋아했지만, 그는 나와 농담만 했고 이성으로는 나를 좋아하지 않았다.” 루시를 깨운 것은 성적 파트너와 그녀의 원가족 너머의 삶에 대한 욕구였다. “나는 혼자 살고 싶었다. 내 삶에서 로맨스를 갖고 싶었다. 내 체중이 그러한 삶을 사는 데 큰 장애라는 것을 느꼈다.” 그녀는 웨이트 와처스(Weight Watchers)[6]에 가입했고 18킬로그램을 빼서 목표 체중을 달성하였다. “나는 책임을 지기 시작했고, 뭔가가 내 삶에서 흘러가기 시작했다.” 그녀는 아기 역할을 떠나 독립성을 키워 가고 있었다.

루시는 대학원에 지원하기, 멘토 교수 찾기, 프랑스에서 아파트 구하기, 프랑스어 집중 과정 수강하기, 룸메이트 찾기 등의 큰 걸음을 내디뎠다. 그녀가 아기 역할을 떠났을 때, 자기 자신의 삶을 창조하는 것은 두려움과 흥분의 혼합을 유발했다. 그녀는 자신의 삶을 스스로 만들려는 욕구로 “불타고 있었다”. 일단 그녀가 행동을 취하기 시작하자, 인생 과제의 모든 영역에서 변화가 파급되었다. 그녀는 프랑스에서 돌아와, 시몬 친구 중 한 명과 결혼했고, 엄마 역할과 가정생활에 정착했다. 인생은 이 모든 것을 통해서 멋졌고, 폭식 문제는 없었다.

그녀의 생활양식 요약과 초기 회상 주제들은 어떻게 그녀가 인생에서 기능했는지에 대한 그녀 자신의 인식에 깊은 반향을 불러일으켰다. 즉, 가족에게 아기였다는 생각, 유일하고 매우 소중하게 여겨진 소녀, “내가 스스로 할 수 있을지라도 시중받기를 기다리고 보물처럼 대우받기”, “현명하고 인도하는 남성에 의해 수차례 구조되기”, “많은 것이 나에게 상당히 쉽게 오게 하기”—이것들은 내 삶에서 대단한 이야기들이다. 공부하는 것이 “정말 나를 필요로 하는 유일한 것이었고, 나는 공부를 잘했다”. 루

---

6) 미국 뉴욕 소재 체중 다이어트 관련 다국적 기업–역자 주

시는 성장한 자녀들의 독립이 그러했던 것과 마찬가지로, 어떻게 인생 과제 각 영역의 도전들이, 특히 남편을 잃은 것, 그러고 나서 두 오빠의 상실이 외로움과 우울을 그녀의 삶에 가져다주는지 볼 수 있었다. 루시는 '아내 역할', '어머니 역할', '여동생 역할' 혹은 '할머니 역할' 안에 있지 않았다. 그녀는 삶에 의미가 없다고 느꼈다. 폭식이 그녀 안에서 욕구로 자라나기 시작한 것은 바로 이때였다.

### 치료 고려사항

아들러식 치료는 내담자가 생활양식 조사를 구성하는 이야기를 말하면서 시작된다. 평가는 가족 구도, 오빠들과의 관계, 부모가 제시한 심리적 안내선, 사회적 환경 그리고 내담자의 움직임 라인에 대한 실마리를 제공하는 초기 회상 등의 그림을 구성할 많은 이야기를 요청한다. 루시는 자신의 버릇없는 아기 상태와 행동하지 않는 생활양식의 영향을 쉽게 보았다. 그녀가 행동을 취했을 때, 그녀의 삶이 의미 있는 방식으로 펼쳐진다는 것을 알 수 있었다.

루시는 "상실로 인해 멈춰져서" 우울증이 커졌고 폭식이 시작됐다는 것을 알 수 있었다.

그녀는 자신이 돌아가신 어머니의 말로 "무엇을 위해 살아야 하는가?"라고 말하는 것을 발견했다. 그녀 자신의 부정적인 주문과 그녀 어머니의 부정적인 목소리 사이의 연관성을 듣고 루시는 충격을 받았다.

루시는 어머니가 여러 차례 우울 삽화를 경험했고, 매번 자살 시도로 이어졌다고 말했다. 루시는 자신이 자기 어머니로 변해 가고 있을지 모른다는 생각으로 두려웠다. 그녀는 어머니의 여성에 대한 심리적 안내선이 자신에 대한 발견과 봉사보다는 가족에 대한 봉사 영역에 훨씬 더 있다는 것을 알았다. 루시는 어머니가 "개인적 목표나 야망을 실제로 전혀 가지지 않았다."라고 보았다. 치료 처음 몇 주 동안 루시는 "더 가볍게 느끼기" 시작했다. 그녀는 이미 폭식을 멈췄다는 것을 알아차렸다. 그녀는 항우울제를 복용하고 싶지 않았고, "치료만으로 무엇이 일어나는지 보기"를 선호했다.

매주 치료받는 4개월 과정 동안 루시와 그녀의 치료사는 생활양식 평가를 검토했고, 루시 인생의 중심 주제들—'독립'에 대한 그녀의 이야기와 부합하는 생각, 감정, 행동, 그리고 '아기일 때'의 시절과 부합하는 생각, 감정, 행동—을 확인하였다

루시는 자신의 과학적 관심사를 좇아 유전학 과정을 시작했다. 이 명예 강좌에서 성인들은 매주 점심 클럽을 결성했다. 그녀는 그 학급에서 "남자 중 한 명이 자신을

주시하고 있다"는 것을 알아차렸다. 루시는 여성과 우정의 가능성이 있는지 자신의 사회적 환경을 살폈다. 그녀는 그 사람을 영화에 초대함으로써 가능한 모든 우정을 시험해 보았다. 그녀는 온라인으로 데이트하기 시작했고, 교회 합창단에 가입했으며, 기타 수업을 받기 시작했다. 아들의 도움으로 그녀는 기타를 샀다.

"폭식하지는 않지만, 여전히 그것에 대해 너무 많이 생각한다."라고, 루시는 '웨이트 와처스'에 다시 가입했다. "복귀하는 스타"로서, 그녀는 새로운 친구를 한 명 만났고, 그들은 "요리를 같이하기" 시작했다. 폭식은 행동으로서 그리고 나서 생각으로서 서서히 사라지기 시작했다. 그녀는 일주일에 약 900g의 비율로 과체중을 감량했고, 체육관에 가입했고, 걷기 시작했으며, 요가 수업에 들어갔다. 새로운 몸에 대한 영감과 딸의 도움으로, 루시는 멋있는 옷을 샀다. 그녀는 현재 "특별한 한 사람"과 데이트하고 있다.

폭식 문제에 대한 질문을 받았을 때, 루시는 그것에 대해 "철학적인 방식으로, 내 삶을 기쁨으로 채웠기에, 내 몸을 아이스크림과 칩으로 채울 필요가 없는 것 같다."라고 많이 생각하고 있다고 말했다. 루시는 현재 자신이 잘하고 있다고 말한다. 그러나 "내 삶에서 깨어 있기 위해서" 매 4~6주마다 치료를 받고 싶어 한다. 그녀는 여전히 어머니의 우울 삽화에 대한 기억을 두려워하며, "자신의 어머니가 되고 싶어" 하지 않는다.

이 글을 쓸 때, 폭식 행동은 10개월 동안 차도를 보였다. 약물치료는 이 시점에서 필요 없어 보인다. 루시는 6주에 한 번씩 "조정"을 위해 방문할 계획이다. 그녀의 의사는 그녀의 진전에 기뻐하고, 치료사는 항우울제가 장기적인 회복에 역할을 할 수 있음을 염두에 두고 있다.

## 이식증과 되새김장애

### 이식증

이식증(Pica; APA, 2013)은 발달 혹은 지적 지연이 있는 아동에게서 전형적으로 발견되는 섭식장애이다. 보통 2세 이상의 아동에게만 진단된다. 이식증을 보이는 개인은 일반적으로 흙, 찰흙, 모래, 비누, 나무, 페인트, 석탄, 얼음, 분필 같은 비영양성(non-nutritive) 물질에 대한 식욕이 있다(Bryant-Waugh, Markham, Kreipe, &

Walsh, 2010). 장애로 분류되려면 이런 물질들의 섭식이 발달적으로 부적절하고 문화적으로 규정되어 있지 않아야만 한다. 이식증은 신체적·정신적 문제로 이어질 수 있다. 장폐색, 영양 문제 그리고 기생충은 이식증 사례들에서 증명될 수 있다. 이식증이 자폐증, 조현병, 클라인 레빈 증후군(Kleine Levin Syndrome)이 있는 사람에게서 나타날 때, 상태가 심각하지 않으면 이식증이 추가로 진단되지 않는다.

이식증은 미네랄과 철분 결핍으로 야기될 수 있으며, 개인은 부족한 미네랄을 섭취한다. 이식증은 소아 지방변증(celiac disease), 구충 감염(hoodworm infections)과 관련이 있을 수 있다. 유병률은 자활 능력이 결여된 지적지체 및 인지장애 인구의 21.8~25.8%로 보고되었다(Casey, Cook-Cottone, & Beck-Joslyn, 2012). 그리고 개발 도상국에서 이식증 발병률이 임신한 여성의 74%로 보고되었다. 행동치료는 발달 사례에서뿐만 아니라 임신한 여성에게도 효과적이었다(Blinder & Salama, 2008).

## 되새김장애

되새김장애(Rumination Disorder; APA, 2013)는 되씹거나 되삼키거나 뱉어 내는 음식의 반복적인 역류이다. 이 장애는 의학적 장애가 아니다. 다시 말해, 위장장애나 역류장애의 결과가 아니다. 이 장에서 논의된 다른 섭식장애의 일부로 발생하면 진단되지 않는다. 되새김장애는 신경발달장애 그리고/또는 지적장애에서 가장 많이 발생하며, 빈도가 너무 심해서 집중적인 임상적 교정이 필요한 경우에만 진단된다. 유아가 이 장애가 있을 때, 특히 먹은 후에 역류가 즉시 일어날 때 체중 감소와 영양실조가 발생할 수 있다. 이 장애가 있는 청소년·성인은 종종 이 장애의 혐오스러운 특성 때문에 종종 이 장애를 숨기려고 노력하고 사회적 고립을 경험할 수 있다(Chial et al., 2003). 이식증처럼 이 장애는 주로 지적장애가 있는 개인에게서 발견된다. 건강 검진에서 위장장애의 가능성을 철저히 규명하는 것이 중요하다. 되새김장애는 실제로 신경성 식욕부진증, 신경성 폭식증 혹은 범불안장애 증상의 일부일 수 있다는 점을 고려하는 것이 중요하다.

## 이식증과 되새김장애의 치료 고려사항

이식증과 되새김장애 치료의 시작점으로서 의학전문가에 의한 검사가 필요하다.

의학적 원인과 합병증을 배제하고 나서 치료를 제공하는 것이 두 질병을 치료하는 첫 번째 단계이다. 이식증이 유아 및 걸음마기 영아에게 나타날 때, 증상이 심각하지 않으면 이는 정상적인 구강 탐색일 수 있다. 그러나 유아기에 중등도에서 고도 수준의 되새김장애가 나타나면, 발달에 위협이 될 수 있고 치명적인 의학적 상태로도 이어질 수 있다. 의료 팀이 이 장애의 유무를 경계하게 하는 것은 매우 중요하다.

이식증이나 되새김장애 치료에서 두 번째 고려사항은 심리적 개입의 사용에 관한 것이다. 학교 심리학자와 특수교육자 모두 발달장애, 신경발달장애 그리고/또는 지적장애가 있는 아동에게 일선(first line)의 진단을 제공한다. 이식증이나 되새김장애 사례의 치료에서 효과적이었던 심리적 개입은 행동 분석과 행동 개입의 사용을 필요로 한다. 그러나 행동의 목적을 확인하는 것이 종종 좋은 치료 계획을 개발하는 데 핵심이다. 이 장애들은 관심에 대한 욕구이거나 어떤 과제의 회피, 혹은 감각적 피드백에 대한 욕구의 결과일 수 있다. 일단 목적에 대한 가설이 설정되면, 정적 강화, 소거, 차별 강화, 변별 훈련, 부적 연습(negative practice), 과잉 교정(overcorrection) 혹은 더 긍정적인 구강 자극의 대체제를 사용할 수 있다(McAdam et al., 2004).

## 맺는말

이 장은 각각의 섭식장애에 대한 구체적인 치료 고려사항들뿐만 아니라 아들러식 사례 개념화를 제시하면서, 섭식장애의 진단적 특징과 현재 연구를 살펴보았다. 이 장에서 제시된 사례연구 사례들은 양극성장애 및 성격장애와 같은 정신건강 문제의 동반 발생 사례를 제공할 뿐만 아니라, 인지행동치료 그리고/또는 변증법적 행동치료의 틀 내에서 치료의 아들러식 개념화를 보여 준다. 사례연구는 생활양식 평가와 초기 회상의 사용과 같은 아들러리안 실행이 섭식장애의 입원 및 외래 환자를 위한 표준 인지행동치료와 변증법적 행동치료에 얼마나 명쾌하게 접목되는지를 보여 준다.

## 참고문헌

American Psychiatric Association (2013). *Diagnostic and Statistical Manual of Mental Disorder, Fifth Edition.* Arlington, VA: American Psychiatric Publishing.

Blinder, B. J., & Salama, C. (2008). An update on pica: Prevalence, contributin causes, and treatment. *Psychiatric Times, 25*, p. 6.

Brody, M. L., Walsh, B. T., & Devlin, M. J. (1994). Binge eating disorder: Reality and validity of a new diagnostic category. *Journal of Consulting and Clinical Psychology, 62*(2), pp. 381–386.

Bryant-Waugh, R., Markham, L., Kreipe, R. E., & Walsh, B. T. (2010). Feeding and eating disorders in childhood. *International Journal of Eating Disorders, 43*(2), pp. 98–111. doi: 10.1002/eat.20795.

Brzezinski, M., & Smith, D. (2013). *Obsessed: America's Food Addiction–And My Own.* New York, NY: Weinstein Books.

Bulik, C. M., Tozzi, F., Anderson, C., Mazzeo, S. E., Aggen, S., & Sullivan, P. F. (2003). The relation between eating disorders and components of perfectionism. *American Journal of Psychiatry, 160*, pp. 366–368.

Busetto, L., Segato, G., De Luca, M., De Marchi, F., Foletto, M., & Vianello, M. (2005). Weight loss and postoperative complications in morbidly obese patients with binge eating disorder treated by laparoscopic adjustable gastric banding. *Obesity Surgery, 15*(2), pp. 195–201.

Casey, C., Cook-Cottone, C., & Beck-Joslyn, M. (2012). An overview of problematic eating and food-related behavior among foster children: Definitions, etiology, and intervention. *Child & Adolescent Social Work Journal, 29*(4), pp. 307–322. doi: 10.1007/s10560-012-0262-4.

Center for Disease Control and Prevetion. www.cdc.gov/eating disorders.

Chial, H. J., Camilleri, M., Williams, D. E., Litzinger, K., & Perrault, J. (2003). Rumination syndrome in children and adolescents: Diagnosis, treatment, and prognosis. *Pediatrics, 111*(1), pp. 158–162.

Cook, B., Hausenblas, H., Tuccitto, D., & Giacobbi, P. R. (2011). Eating disorders and exercise: A structural equation modelling analysis of a conceptual model. *European Eating Disorders Review, 19*, pp. 216–225.

Courbasso, C., Nishikawa, Y., & Dixon, L. (2012). Outcome of Dialectical Behaviour Therapy for concurrent eating and substance use disorders. *Journal of Clinical Psychology and Psychotherapy, 19,* pp. 434–449. doi: 10.1002/cpp.748.

Dalgliesh, J., & Nutt, K. (2013). Treating men with eating disorders. *Nursing Standard, 27*(35), pp. 42–46.

De Zwaan, M., Mitchell, J. E., Howell, L. M., Monson, N., Swan-Kremeier, L., & Crosby, R. D. (2003). Characteristics of morbidly obese patients before gastric bypass surgery. *Comprehensive Psychiatry, 44,* pp. 428–434.

Fredericks, D. W., Carr, J. E., & Williams, W. L. (1998). Overview of the treatment of rumination disorder for adults in residential setting. *Journal of Behavior Therapy and Experimental Psychiatry, 29*(1), pp. 31–40.

Gadalla, T., & Piran, N. (2007). Co-occurrence of eating disorders and alcohol use disorders in women: A meta-analysis. *Archives of Women's Mental Health, 10*(4), pp. 133–140.

Giorgio, A. T., Maxwell, H., Bone, M., Trinneer, A., Balfour, L., & Bissada, H. (2012). Purging disorder: Psychopathology and treatment outcomes. *International Journal of Eating Disorders, 45,* pp. 36–42.

Johnson, J. G., Cohen, P., Kasen, S., & Brook, J. S. (2002). Childhood adversities associated with risk for eating disorders or weight problems during adolescence or early adulthood. *American Journal of Psychiatry, 159,* pp. 394–400.

Jordan, J., Joyce, P. R., & Carter, F. A. (2008). Specific and nonspecific comorbidity in Anorexia Nervosa. *International Journal of Eating Disorders, 41,* pp. 47–56.

King, B. M. (2013). The modern obesity epidemic, ancestral hunter-gatherers, and the sensory/reward control of food intake. *American Psychologist, 68*(2), pp. 88–96.

Lazaro, L., Font, E., & Moreno, E. (2011). Effectiveness of self-esteem and social skills group therapy in adolescent eating disorder patients attending a day hospital treatment programme. *Journal of European Eating Disorder, 19*(5), pp. 398–406. doi:10.1002/erv/1054.

Lewinsohn, P. M., Striegel-Moore, R. H., & Seeley, J. R. (2000). Epidemiology and the natural course of eating disorders in young women from adolescence to young adulthood. *Journal of the American Academy of Child and Adolescent Psychiatry, 39,* pp. 1284–1292.

Linehan, M. M. (1993a). *Cognitive-Behavioral Treatment of Borderline Personality Disorder.* New York, NY: Guilford Press.

Linehan, M. M. (1993b). *Skills Training Manual for Treating Borderline Personality Disorder*. New York, NY: Guilford Press.

Linehan, M. M., & Chen, E. Y. (2005). Dialectical behavior therapy for eating disorders. In A. Freeman (Ed.), *Encyclopedia of Cognitive Behavior Therapy* (pp. 168-171). New York, NY: Springer.

Manaster, R. J., & Corsini, R. J. (2009). *Individual Psychology: Theory and Practice*. Chicago, IL: Adler School of Professional Psychology.

Masterson, J. (1976). *Psychotherapy of the Borderline Adult: A Developmental Approach*. New York, NY: Brunner/Mazel.

McAdam, D. B., Sherman, J. A., Sheldon, J. B., & Napolitano, D. A. (2004). Behavioral interventions to reduce the pica of persons with developmental disabilities. *Behavior Modification, 28*(1), pp. 45-72. doi: 10.1177/0145445503259219.

Mehler, P. S., & Andersen, A. E. (2010). *Eating Disorders: A Guide to Medical Care and Complications* (2nd edn.). Baltimore, MD: Johns Hopkins University Press.

Mosak, H. (1979). Mosak's typology: An update. *Journal of Individual Psychology, 35*(2), pp. 92-95.

Niego, S. H., Kofman, M. D., Weiss, J. J., & Geliebter, A. (2007). Binge eating in the bariatric surgery population: A review of the literature. *International Journal of Eating disorders, 40*, pp. 349-359.

Pagoto, S., Bodenlos, J. S., Kantor, L., Gitkind, M., Curtin, C., & Ma, Y. (2007). Association of major depression and binge eating disorder with weight loss in a clinical setting. *Obesity, 15*, pp. 2557-2559.

Pompili, M., Mancinefli, I., Girardi, P., Ruberto, A., & Tatarefli, R. (2004). Suicide in Anorexia Nervosa: A meta-analysis. *International Journal of Eating Disorder, 36*(1), pp. 99-103. doi: 10.1002/eat.20011.

Rieger, E., Wilfley, D. E., Stein, R. I., Marino, V., & Crow, S. J. (2005). A comparison of quality of life in obese individuals with and without binge eating disorder. *International Journal of Eating Disorders, 37*(3), pp. 234-240.

Roker, A., & Morton, L. (2013). *Never Goin' Back: Winning the Weight-Loss Battle for Good*. New York, NY: New American Library.

Safer, D. L., Telch, C. F., & Chen, E. Y. (2009). *Dialectical Behavior Therapy for Binge Eating and Bulimia*. New York, NY: Guilford Press.

Schulman, B. (1982). An Adlerian interpretation of the borderline personality. *Modern Psy-*

choanalysis, 7(2), pp. 137-153.

Sperry, L. (1990). Personality disorders: Biopsychosocial descriptions and dynamics. *Individual Psychology, 48*(2), pp. 193-202.

Sperry, L., & Mosak, H. (1996). Personality disorders. In L. Sperry & J. Carlson (Eds.), *Psychopathology and Psychotherapy: From DSM-IV Diagnosis to Treatment* (2nd edn.), pp. 279-335. Washington, DC: Accelerated Development/Taylor & Francis.

Spitzer, R. L., Yanovski, S., Wadden, T., Wing, R., Marcus, M. D., Stunkard, A., et al. (1993). Binge eating disorder: Its further validation in a multisite study. *International Journal of Eating Disorders, 13*(2), pp. 137-153.

Terence, W. G. (2010). Eating disorders, obesity and addiction. *European Eating Disorder Review, 18*(5), pp. 341-351.

Titova, O. E., Hjorth, O. C., Schiöth, H. B., & Brooks, S. J. (2013). Anorexia Nervosa is linked to reduced brain structure in reward and somatosensory regions: A meta-analysis of VBM studies. *BMC Psychiatry, 13*(1), pp. 1-11. doi: 10.1186/1471-244X-13-110.

Weir, K. (2012). Big kids. *Monitor on Psychology, 43*(11), pp. 58-63.

제**8**장
# 조현병 스펙트럼 및 기타 정신병적 장애

Len Sperry · Jon Sperry

1994년 미국의 수학자인 존 내시 박사(John Nash, Ph. D.)는 게임 이론에 기여한 공로로 노벨 경제학상을 받았다. 많은 사람이 놀랐던 것은 35년 전에 내시가 조현병으로 진단받았다는 것이다. 30세에 처음 정신병 발병을 시작으로 그는 이후 여러 번 병원에 입원하였다. 약물치료, 정신분석적 심리치료, 인슐린 충격치료로 그를 치료하려는 시도들이 진행되었다. 그의 평가에 따르면, 이것들 중 어느 것도 성공적이지 않았다. 그러나 상을 받을 당시에 그는 더 이상 정신병적이지 않았다. 존 내시 자신의 설명으로는 노숙자가 된 몇 년 후에 환청듣는 것을 중단했고 자신의 망상을 반박하기 시작했다. 맞다. 그는 환청을 듣는 것을 중단했고 그의 망상을 반박하기 시작했다. 이것이 어떻게 가능했을까? 정신병은 평생 지속되는, 심리적으로 와해시키는 장애(decompensating disorder)가 아닌가? 개인은 전통적인 치료 없이 회복될 수 있는가? 내시가 주장하는 것처럼 환청과 망상을 물리칠 수 있는가? 아들러리안 관점에서 마지막 두 질문에 대한 답은 조건부 "동의"이다. 독자 여러분이 곧 알게 되겠지만, 내시의 망상과 환청 그리고 그 증상들이 어떻게 발달하고 변화하는가에 대한 자기기술(self-description)은 정신병에 대한 아들러식 개념화와 현저하게 유사하다.

그러면 조현병과 정신병적 과정은 정확히 무엇인가? 간단히 말하면, 조현병은 개인이 자신의 삶을 손상시키는 방식으로 반응하는 매우 변조된 내적·외적 현실 감각으로 구성된 증후군으로, 이 변조된 현실 감각은 이 장애의 핵심으로 언어, 지각, 사고, 감정 그리고 신체 활동의 장애로 나타난다. 정신병의 가장 흔한 형태는 조현병이다. 이 용어는 문자 그대로 '정신의 분열'을 의미한다, 이는 통속적인 말로 '분열된 성격' 혹은 다중인격을 의미한다. 그러나 기술적으로 조현병은 서로 다른 정신 기능들, 즉 사고 내용과 느낌 간 혹은 느낌과 행동으로 나타난 활동 간의 불일치를 말한다. 예를 들어, 조현병으로 진단받은 사람은 웃거나 아무런 정서도 보이지 않으면서 슬프거나 특정 사건으로 인해 겁난다고 얘기할 수 있다. 존 내시 사례와 이 장의 다른 사례 예들은 이러한 것들과 기타 임상 양상 및 역동을 보여 준다.

이 장은 다음과 같은 정신병적 장애를 기술하는 절로 구성된다. 조현병과 조현양상장애, 망상장애, 조현정동장애, 단기 정신병적 장애, 그리고 물질/치료약물로 유발된 정신병적 장애이다. 각 절은 이 장애의 임상적 증상과 DSM-5 특징으로 시작한다. 다음으로 이 장애의 생물심리사회적-아들러식 개념화를 제시한다. 이어서 치료 고려사항에 관한 간략한 논의를 한다. 마지막으로, 사례 예시로 이 장애의 논의를 마무리 짓는다. 그러나 특정 정신병적 장애로 넘어가기 전에 정신병과 정신병적 과정에 대한 일반적인 아들러식 개념화로 이 장을 시작한다.

## 정신병에 대한 아들러식 개념화

이 절에서 제시된 정신병 이론은, 특히 버나드 슐만(Bernard Shulman, 1968/1984)이 명확하게 설명하였고 저명한 정신-신체 연구자인 마이클 가자니가(Michael Gazzaniga, 1988)의 연구 기반 이론으로 보완한 아들러리안 관점을 반영한다.

정신병적 과정의 슐만 모델(Sperry & Shulman, 1996)은 다음과 같이 요약할 수 있다.

간단하게, 취약성[즉, 주요 정신병적 장애에 대한 양성(陽性) 가족사, 정신병에 대한 생물학적 소인, 그리고/또는 잘못된 훈련]이 정신병과 비슷한 생활양식 신념, 개인적 결정, 자기 훈련 및 낙담과 결합하여 정신병적 과정을 야기할 수 있다. 개인은 일정 기간에 걸쳐 누적된 삶의 스트레스 요인과 느낌 또는 실패에 대한 반응으로 조현병 환

취약성 + 생활양식 신념 +
결정 + 자기 훈련과 낙담 ───────────→ 정신병적 과정과 증상들

자가 된다. 그 '선택'은 의식적인 것도 아니고 사전에 계획된 것도 아니다. 이것은 일련의 작은 단계들, 즉 한 단계는 다음 단계를 밟는 것을 더 쉽게 하는 자기훈련이다. 그래서 결국에는 그렇게 되게 한 과거를 회상하지 않고 자기 자신의 병에 어떻게든 도달한다.

다른 아들러리안들처럼, 슐만은 성격 발달과 정신병리에 대한 인지 이론을 지지한다. 인지 이론은 개인의 내적 인지 구조에 대한 기술과 설명을 제공한다. 이 설명은 개인의 일관된 지각 스타일을 포함한다. 예를 들면, 조현병 환자들은 다른 사람들과 다르게 정보를 추출하고 처리한다. 이들은 '지나치게 포괄적'이다. 즉, 이들은 사고에 너무 많은 범주를 포함하고 있다. 이들은 관련 없는 정보를 잘 걸러 내지 못한다. 게다가 정확하게 추상화하지 못하고, 그래서 논리적으로 오류를 저지른다. 이들은 언어의 의미적 맥락에서의 차이에 적절한 주의를 기울이지 않아서, 다른 사람이 자신에게 무엇을 말하고 있는지를 정확히 이해하지 못한다. 그러므로 이들은 내적 환상에 의해 촉발되어, 자신이 듣는 것에 의미를 부여한다. 게다가 인지 이론은 내적 도식 통각(apperception), 즉 개인의 자기개념, 세계 디자인, 그리고 세상에 대처하기 위한 계획을 설명한다. 켈리(Kelly, 1955)는 개인이 사건을 해석하는 독특한 방식에 대해 '개인 구성(personal constructs)'이라는 용어를 고안했다. '해석하다(construe)'라는 단어는 사건들이 실제로 개인에 의해 고안된 구성 개념이라는 것을 의미하기 때문에 적절하다. 외견상으로 적절한 활동을 만들어 내는 것은 삶과 자신에 대한 개인적 결론이다. 이러한 개인 구성은 개인의 기억 조직에 들어 있으며, 차후 사건들이 어떻게 기억에 저장되는지에 영향을 미친다.

개인 구성은 조현병 환자의 세계 디자인과 활동 계획, 즉 빈스방거(Binswanger, 1960)가 언급한 엉뚱한 이상들을 담고 있다. 자기개념, 세계 디자인 그리고 활동 계획은 모두 아들러(Adler, 1926)가 생활양식이라고 부른 것의 일부분이다. 엉뚱한 이상은 예측에서 벗어난 정상적인 인간의 동기에서 비롯된다. 마지막으로, 인지 이론은 개인이 고안한 대처(coping) 프로그램을 설명한다. 만약에 우리가 개인의 생활양식을 안다면, 우리는 행동에 대한 개인의 인지 청사진을 알게 될 것이다. 그러면 우리는 정신병적이 되는 사람이 어떻게 정신병을 향한 여정에서 단계적으로 진전했는지 볼 수 있을 것이다. 우리는 어떻게 개인이 삶의 사건들을 자신의 무의식적 청사진과 부합하여 이 여정에 통합하는지 이해할 것이다. 그러므로 자극 지각에 관한 개인의 종합 계획(master plan)을 알면, 우리는 그의 주관적인 경험, 즉 삶의 현상학을 이해할 수 있을 것이다. 그의 현상학을 아는 것으로부터, 우리는 그의 인지 청사진을 역으로 추론할 수도 있을 것이고, 구성할 수도 있다.

아리에티(Arieti, 1974/1980)와 빈스방거(1960)는 인지적 관점에서 정신병적 과정을 이해하는 데 유용한 통찰을 제공하였다. 아리에티(1980)는 아동의 주관적 지각의 중요성에 주목함으로써 연구를 시작한다. 특히 개인이 생애 초기에 경험했던 대인관계 세계를 이해하는 것이 필수적이다. 이것은 아동이 어떻게 이 세상을 경험했고, 어떻게 내재화했으며, 그리고 어떻게 그러한 내재화가 이후 삶의 사건들에 영향을 미쳤는지를 결정하는 것과 관련되며, 이는 결과적으로 피드백 기제로 작용했다.

빈스방거(1960)는 정신병과 조현병에 대한 더 철저한 인지-현상학적 이론을 제시한다. 개인이 자신의 세계 디자인을 구성한다는 전제에서 출발하여, 그는 조현병 환자는 견고하고 빠른, 즉 일련의 경직된 대안을 설정하는 세계 디자인을 구성한다고 주장한다. "이러한 대안들은 피할 수 없는 상황으로부터 탈출하기에는 완전히 부적절하다… 그는 타인 및 자신의 세계로부터 자신을 차단한다. 그리고 특히… 그는 다른 사람들과의 애정 어린 관계로부터… 자신을 차단한다"(Binswanger 1960, p. 160).

반스빙거(1960)는 정신병 환자가 될 사람들은 자기 자신을 위한 불가능한 상황을 만들었다고 말하고 있다. 자신의 세계 디자인의 일부로, 이들은 달성하기 불가능한 왜곡되고 잘못된 목표를 구성했다. 이들은 자신에게 이 목표 추구의 중단을 허락하지 않는다. 그리고 만약 이들이 그것을 성취하지 못하면, 자신은 완전한 실패자가 될 것이라고 믿는다. 조현병 환자가 과도하고 부적절한 목표를 가지고 있다는 이 개념은 아들러(1962)의 개념—즉, 어떻게든 초인적(superhuman)이 되고자 하는 구체적이고, 경직되고, 독단적인 열망, 그리고 연대감이나 삶의 즐거움보다 이 개인적목표에 더 큰 관심—과 유사하다. 열망 수준에 관하여 조현병 환자들과 다른 정신병환자에게 진행된 몇 개의 연구들은, 비정신병적(nonpsychotic) 개인들과는 달리, 이들은 반복적인 실패 후에 높은 열망 수준을 유지하거나 그 수준을 올린다는 것을 확인하였다(Lu, 1962).

# 정신병에 대한 신경생물학적 설명

고위험 상황에서조차도 대부분 사람은 정신병적 과정을 경험하지는 않는다. 구체적으로 가족 중에서 다른 아이들은 그렇지 않은데 왜 한 아이는 정신병적이 되는가? 취약성은 중요한 고려사항이다. 여기에서 기본 가정은 정신질환에 취약성이 있는 사람은 특정한 스트레스 상황에서 장애의 증상들을 나타내거나 표현하는 경향이 있다는 것이다. 이것이 스트레스 취약성 모델(stress-diathesis model)이라고 불리는 것의 기본이다. 노이취터라인과 도슨(Neuchterlein & Dawson, 1984) 그리고 리버먼(Liberman, 1987)은 생물학적·심리적·사회 환경적 변인의 영향을 받아 장애의 과정과 결과가 역동적 변화 속에 있는, 조현병의 취약성 스트레스 모델(vulnerability-stress model)을 설명하였다. 이 취약성은 유전적 소인, 신경전달물질 이상, 그리고 기타 알려지지 않은 신경학적 요인들에 의해 나타나며, 인지·자율성·주의력 이상뿐만 아니라, 잘못된 유아교육, 거창한 목표, 그리고 생활양식 신념과 같은 다수의 병전 심리사회적 요인들을 초래한다.

노이취터라인과 도슨(1984)은 자율 신경 반응성 이상과 함께 오는 정보 처리 결함, 그리고 지속적 취약석 특성이라고 불리는 사회적 역량 및 대처 한계를 강조한다. 이러한 특성들은 환경적 자극(사회적 스트레스 요인들과 비지지적 사회관계망들)과 일시적인 중간 상태(처리 용량 과부하, 자율 신경계의 과각성, 사회적 자극의 불충분한 처리)와 상호작용하여 조현병의 정신병 증상을 야기한다.

어떤 조현병 환자는 아들러가 말한 기관 열등(organ inferiority), 즉 불안정하거나 다소 결함이 있는 중추 신경계로 삶을 시작하는 것처럼 보인다. 가자니가(1988/2006)와 그의 동료들(Gazzaniga, Ivry, & Mangun, 2008)은 중추 신경계 기능장애의 문제를 다루는 정신병리학의 인지 이론을 개발하고 명확히 설명했다. 이것은 신경과학과 인지 이론 양쪽에서 나온 연구결과들을 효과적으로 통합한다. 가자니가는 개인은 자신과 삶에 대하여 내부적으로 구성된 일련의 도식이나 신념을 생성하며, 이는 일상생활을 예측 가능하고 의미 있게 해 준다고 제안한다. 그는 이러한 인지 도식을 '뇌 해석자(brain's interpreter)'라고 부르는데, 이는 아들러리안이 생활양식 신념이라고 부르는 것과 유사하다. 가자니가의 '뇌 해석자'는 커트 골드스타인(Kurt Goldstein, 1939)의 보상 경향성(compensatory tendency)과 아들러의 보상 이론(theory of compensation)을 연상시킨다. 그 해석자는 항상 정확한 정보를 갖고 있지는 않지만, 뇌가 할 수 있는 어떤 방법으로든 이 정보를 해석해야 한다. 더 나아가, 가자니가는 처리되는 정보에 질서를 생성하려는 충동을 가정했는데, 이는 중추 신경계의 기능장애, 또는 아들러가 말하는 기관 열등에 대하여 보상하려는 노력이다. 가자니가 (1988)는 조현병이 일반적으로 언어적이고 좌뇌인 뇌 해석자가, 아마도 내생적인 또는 내부에서 생성되는 뇌의 혼란에서 질서를 창조하려고 시도하는 질병이라고 믿는다. 뇌 혼란으로, 그는 신경전달물질의 급격한 증가 또는 감소와 같은 잘못된 생화학적 뇌 상태에 의해 촉발되는 가짜 신경 활동에 대해서 언급했는데, 이는 거꾸로 전형적으로 상징적이며 이미지를 생성하는 우반구에 영향을 미친다. 해석자는 혼란스러운 사건에 어떤 의미를 부여할지에 대한 결정을 한다.

　일반적으로 정신병적 과정, 특히 조현병은 해석자가 얼마나 강력할 수 있는지, 그리고 기능장애의 뇌 상태에서 발생하는 비합리적인 경험과 사고에 관한 합리적인 생각을 생성하는 데에 얼마나 성공하고 싶은지를 드러낸다. 우뇌가 이상하고, 설명할 수 없는 이미지와 인상을 계속 생성함에 따라, 좌뇌는 아들러리안들이 생활양식이라고 부르는 일관되고, 논리적이고, 규칙 지배적인 체계에 따라 이러한 정신이상을 '해석'하고 통합하려고 필사적으로 시도한다.

　내생적인 뇌 변화, 특히 도파민과 같은 신경전달물질 수준의 변화는 새로운 상황을 생성하며, 이에 대하여 뇌 해석자는 지속적으로 반응해야 한다. 그 반응은 결국 환자의 정신적 관점에 강력한 지침이 될 수 있는 인식을 만들어 낸다. LSD 같은 향정신 작용성 마약으로 인한 뇌 화학 변화로 급속히 유도되는 내생적 상태는 뇌의 생화학이 좀 더 정상적인 상태로 돌아온 후에 유령처럼 아주 쉽게 사라질 수 있다. 그러나 뇌의 변화가 더 오래 지속되면, 변화된 정신 상태에 의해 생성된 해석은 더욱 윤색되고, 해석과 관련된 기억들은 사라지지 않고 존재하며, 개인의 개인사에 강력한 영향을 미칠 수 있다. 가자니가는 '미친 생각'은 어떤 예외적인 맥락의 일부로 발생하기에 정상적인 사람이 감당할 수 있으며, 따라서 쉽게 거부될 수 있다고 언급했다. 반면에, 만성적인 뇌 기능장애로 인해 유발된, 지속적인 미친 생각은 거부하기가 더 어려워진다. 이것은 하나의 '미친 기억'이 다른 '미친 생각'을 환영하는 누적효과 때문에 발생한다.

　가자니가(1988)는 조현병이 오랜 기간 현실 왜곡에 노출된 인간 정신의 운명이라고 생각했다. 뇌 해석자는 생화학적 또는 구조적 뇌 이상으로 인해 유발된 혼란에 질서를 가져오려고 한다. 자신, 사회적 관계, 삶의 상황에 대한 장기간에 걸친 잘못된 자료의 처리 결과, 뇌 해석자는 현실에 대한 기이하고 정신병적인 이론을 구성하는데, 이는 우뇌에 의해 생성되는 기이한 이미지가 된다.

그는 조현병과 같은 만성적인 뇌 기능장애가 단순히 신경전달물질 도파민 과잉 생산의 결과라고 말하는 것이 아니었다. 오히려 그는 도파민 이상이 신경회로에 영향을 미쳐 잘못 발화한다고 믿었다. 결국 뇌 해석자는 환자가 이 현상을 '이해할' 수 있게 하는 특정 망상이나 일련의 환각을 만든다(Gazzaniga, 1988).

가자니가(1988/2006)는 정신병적 상태로 들어가는 개인의 압도적인 취약성 감정에 대한 유용한 현상학적 설명을 제공한다. 비정신병적인 사람의 가치감(sense of worth)은 보통 사회적 접촉, 상호작용, 개인적 관계에서 오는 긍정적 피드백에 의해 유지된다. 개인은 알려져 있거나 알려지지 않은 상황에서 미래에 대해 의구심을 가질 수 있지만, 이들은 그러한 감정에 대처할 수 있다. 왜냐하면 과거에 다른 사람과의 삶이 잘 되었기 때문이다. 하지만 개인이 이러한 자동적 보상에 대한 인식을 잃기 시작하면 어떻게 될까? 정확한 인식이 기능적인 뇌 회로를 반영한다고 가정하면, 개인이 좋은 친구와 접촉할 때 좋은 감정이 자동적으로 촉발된다. 하지만 만약 그 친구를 보고도 반응이 촉발되지 않는다면 어떻게 될까? 가자니가는 이 새로운 부정적 경험이 조현병과 같은 상태로 발전한다고 믿었다. 이들은 그러한 자동적 보상을 생성하는 데에 어려움을 겪었기 때문에, 뭘 해야 할지 모르는 자신의 개인적 참조 체계로 갑자기 불확실하고 취약하다고 느낀다. 이 갈피를 못 잡는 상태에서 이들은 편집증이라는 실안개를 통해 세상을 보기 시작한다. 보상 생성 체계라고도 불리는 변연계에서 신경전달물질 활동의 이러한 변화는 뇌 회로를 변화시켜 즐거운 연상과 보상이 더 이상 생성되지 않도록 한다. 따라서 어떻게 기이한 사고가 이 공허함을 채우는지 쉽게 상상할 수 있다. 정상적인 보상 체계에서 생각을 입력하지 않으면, 조현병 환자는 만성적인 정보 공백 상태에 있다. 이들은 현재 환경에서 정보를 찾지만, 사회적 고립이 심해지기 때문에 정보를 거의 찾을 수 없다. 합의적 확인(consensual validation)이 감소함에 따라, 이들의 해석자는 대체 현실을 생성하며, 이 대체 현실이 환각과 망상을 설명한다.

침투적 사고가 이 만성적 정보 공백에 넘쳐나기 시작할 수 있다. 조현병 환자는 이러한 사고로의 원하지 않는 침투에 대처하면서, 사고 자체가 매우 혼란스럽고 방해받게 된다. 첫 번째 반응은 황량한 당혹감일 수 있고, 조현병 환자는 가능한 한 사회적 접촉에서 철수한다. 그러나 사회적 고립은 도움이 되기보다는 문제를 더욱 복잡하게 만든다. 처음에 뇌 해석자는 상상된 소리와 목소리를 처리해야 했지만, 이제는 친구와 가족과의 접촉이 주는 꾸준한 영향 없이 그것들을 이해해야 한다. 망상에 대해서도 마찬가지이다. 때때로 모든 사람은 약간의 편집증적 사고를 경험한다. 위협적인 자극이 없을 때 발생하는 압도적인 취약성의 삽화는 보통 신경회로에서 일시적인 생화학적인 균형에 기인하며, 뇌 해석자는 이를 쉽게 근거 없는 것으로 묵살한다. 그러나 상태가 일시적인 상태를 넘어 만성적인 상태로 이동하면, 뇌 해석자는 신경 화학적 기능장애를 '설명하려는' 시도에서 두드러진 망상을 일으킬 수 있다.

### 환각

환각, 특히 환청은 방금 설명한 정신병적 과정을 지지하며 심지어 강화하는 역할을 한다. 지난 60년 동안 그러한 환각이 어떻게 생성되고 기능하는지를 설명하기 위해 많은 가설이 제시되어 왔다. 이 가설 중 가장 오래 지속되는 것 중 하나는 상당한 지지를 받고 있는 하위 발성(subvocalization)[1] 가설이다(Green & Kinsbourne, 1990). 내적 발화(inner speech)라고도 불리는 하위 발성은 후두와 성대 내에서 환청을 동반하는 미묘한 운동 활동이다. 정신병이 있는 사람은 실제로 환각을 일으키고 있다고, 즉 자신과 말하지만 자기 목소리를 인식하지 못한다고 가정한다. 아마도 이러한 인식의 부족은 뇌 신경회로의 차단 때문일 것이다. 이 가설은 이러한 환각을 줄이고 제거하기 위한 치료적 개입들, 주로 인지행동치료의 기초가 된다(Ritsher, Lucksted, Otilingam, & Grajales, 2004).

### 기타 유발 요인(소인)

뇌 기능장애 외에도 조현병에 대한 다른 취약성으로는 주요 정신질환에 대한 양성 가족력, 개인을 생물학적 · 심리사회적으로 정신병적 과정의 표현에 취약하게 하는 것, 개인이 체계적 · 지속적으로 삶의 요구에 의해 낙담하게 된 힘겨운 어린 시절 등이 있다. 조현병 환자의 아동기는 부모뿐만 아니라 형제자매 및 또래들과의 불만족스러운 인간관계가 특징이다. 많은 이론가와 연구자가 관계를 맺는 비정상적

---

1) 스스로에게 소리 없이 말하는 것. 하위 발성은 읽기 속도를 제한하지만 세부적이고 복합적인 재료를 재생해 내는 능력을 향상시킨다-네이버 지식백과, 역자 주

인 개인적 방법, 왜곡되고 혼란스러운 의사소통 방법, 부부 문제, 억압적인 부모의 행동, 그리고 기이하고 불만족스러운 상호작용 등의 그러한 불만족스러운 아동기 상황을 설명하였다. 아들러리안은 이러한 불만족스러운 상황들이 정신병을 초래하는 것이 아니라 이러한 아동기 문제에 대한 아이의 개인적인 반응이라고 믿는다.

슐만(1984)은 아이가 조현병을 유발하는 상황을 초래하기 위해 환경 압력과 공모해야만 한다고 언급했다. 그는 조현병에 대한 개인의 취약성을 만들거나 증가시키는 4가지의 일반적인 증후군을 보여 준다. 4가지 증후군은 특별한 아이 증후군, 우두머리 행세를 하는 아이 증후군, 부적절한 아이 증후군, 그리고 다른 사람을 만족시키기 위해 무언가 되어야 하는 아이 증후군이다.

조현병은 서로 다른 사람들이 올 수 있는 마지막 공통의 경로인 것처럼 보인다. 아마도 이러한 개념들은 누가 조현병 환자가 되는지를 아직 설명하지 못할 것이다. 개인의 내적 도식을 살펴봄으로써, 우리는 불가피하게 빈스방거(1960)가 설명한 세계 디자인의 종류와 커트 아들러(Kurt Adler, 1958)가 설명한 생활양식 종류의 증거를 찾는다.

또한 슐만은 정신병에 대한 취약성과 극도의 스트레스 요인이 모두 필요하지만 결정에는 불충분한 조건들이라고 제안했다. 그러므로 그는 정신병에 대한 성향이 있는 아동은 조현병 환자가 될지 혹은 안 될지를 '선택'할 수 있다고 제안했다. 문제는 기본적으로 조현병으로 이어질 가능성이 있는 삶의 과정을 선택하는 점이다. 조현병 환자의 가족 연구에서, 후버와 프란츠(Hoover & Franz, 1972)는 정상인 형제자매들과 정신병이 있는 형제자매들 모두 자신을 부모와의 강렬한 혼란에 관여하게 하거나 또는 그렇게 하기를 거부함으로써 부모의 요구와 삶의 상황이 주는 자극에 대한 자신의 반응을 선택했다는 것을 발견했다. 각각의 경우에 어떤 종류의 결정이나 선택이 내려진다. 따라서 유전적·환경적 결정 요인 외에도, '창조적 자기(creative self)'도 또한 작용한다. 슐만(1984)은 이러한 창조적 자기가 조현병의 병인론에서 결정적인 요인이 된다고 언급했다. 왜냐하면 이는 조현병은 개인적인 선택—아마도 무의식적일 것이지만 그럼에도 불구하고 하나의 선택—이라는 개념으로 우리를 이끌기 때문이다. 가자니가처럼, 슐만은 정신병이 단순히 뇌 기능 결함만의 결과라기보다는 계획의 결과일 가능성이 더 크다고 확신한다.

**정신병적 과정과 증상들**

정신병의 증상 자체도 또한 초현실주의적 창조의 한 형태 및 그 결과로 이해할 수 있다. 정신병 환자는 복합적인 증상을 나타낼 수 있는데, 모든 증상이 정신병적 과정에만 국한된 것은 아니다. 이들은 소위 신경증 환자처럼 걱정하고, 두려워하고, 낙담하고, 자의식이 강하고, 부적절감으로 고통스러워하고, 냉소적이고, 외롭고, 수면과 식욕을 잃고, 강박적 사고를 갖고, 알코올을 탐닉하고, 집중할 수 없게 될 수 있다. 다른 한편으로, 증상 중 일부는 조현병의 특정한 징후이며, 특히 합의 상태(consensuality) 사용을 거부하는 것과 관련된 증상들이다.

이를 염두에 두고, 슐만(1984)은 정신병 증상들을 합의 상태에서 멀어지거나 혹은 합의 상태를 향해 움직이며, 연속체를 따라서 특정 표지자로 분류했다. 증상들은 시간 순서가 아닌 발달 순서로 배열된다. 모든 발달 순서에서와 같이, 단계들은 합쳐지고 겹칠 수 있으며 항상 서로 뚜렷하게 구분할 수 있는 것은 아니다. 게다가 정신병은 때때로 반복적으로 동일한 과정을 진행하기에 단계들은 반복될 수도 있다. 정신질환이 있는 많은 사람이 이 모든 단계들을 거치지는 않을 것이지만, 질병의 과정에서 일부 단계를 건너뛸 것이라는 것을 주목하는 것이 중요하다. 그러므로 모든 환자가 사건들의 이러한 정확한 과정을 따른다고 생각해서는 안 된다. 급성 기질성 뇌증후군(acute organic brain syndromes)과 망상장애와 같은 많은 정신질환이 이 도식에 맞지 않을 것이라는 점을 주목할 필요가 있다.

순서는 관찰자에게 명백한 증상 측면에서 설명되며, 당시 정신병이 있는 개인의 주관적인 경험과 관련이 있다. 조현병 증상 모두가 정신병적 증상 자체는 아니다. 어떤 증상은 신경증적이라고 불리는 것이 더 맞을 수 있다. 정신병적 증상의 순서는 다음과 같다.

1. 사회 통합에서의 철수를 허용하고 촉진하는 목적이 있는 증상: 이것은 은둔, 비밀주의, 무관심, 얕은 정동, 평범한 사건에 대한 관심 부족, 깊은 집중력, 자폐적 사고 실행 그리고 심지어 자살까지 포함한다.
2. 사회적 삶의 매력 및 사회적 요구의 주장을 꺾을 목적이 있는 증상: 이것은 부적절한 정동, 연상 이완(loose association), 사적 언어, 함묵증, 부정주의, 자기무시, 폭력, 역겨운 행동, 그리고 공격성을 포함한다.
3. 자기 견해의 정확성을 보장하려고 사적 논리를 강화하는 목적이 있는 증상: 이

것은 환각, 망상, 다른 사람에 대한 도발, 충동성, 자신이 쓸모없음을 증명해야 할 필요성, 그리고 '미친 짓' 게임을 하는 것을 포함한다.

4. 조건부 사회적 관계의 재확립을 인정하는 목적이 있는 증상: 이것은 때때로 너무 기이해서 우리는 그것을 정신병의 징후로 간주할 수밖에 없다. 이것은 몇몇 기이한 행동 방식을 포함한다. 그러나 강박 증상과 건강염려증 증상은 같은 목적으로 사용될 수 있다. 기이할 수도 있지만, 아마도 이러한 증상들은 우리가 회복적이라고 생각하는 것들에 포함되어야 할 것이다. 왜냐하면 이 증상들은 사회로부터 그 개인을 더 분리하려는 의도가 아니기 때문이다.

## 조현병과 조현양상장애

조현병(Schizophrenia)의 진단에 도달하는 것은 어려울 수 있다. 현재 이해되는 것처럼, 조현병의 증상 패턴은 '양성 정신병적 증상'(망상, 환각, 와해된 사고, 기이한 행동)과 '음성 증상'(정동 둔마, 의욕 감퇴, 제한된 관계)의 조합으로 구성되어 있다. 그러나 이러한 증상들은 반드시 조현병에 특정적인 것은 아니다. 왜냐하면 그 증상들은 다른 정신질환에서 발생할 수 있기 때문이다. 다시 말하면, 조현병을 정의하는 어떤 증상도 조현병에 특징적이지 않다(특정적이고 항상 나타나지는 않는다). 어떤 개인은 이러한 진단적 양상들의 전부 또는 대부분을 보이는 반면, 대부분의 개인은 그 양상들 중 단지 몇 가지만을 보일 것이다. 이는 조현병의 고전적이고 교과서적 사례들은 명백하지만, 증상 발현의 다양성과 다른 장애들과의 중복성을 고려할 때 조현병을 진단하는 것은 종종 어렵다는 것을 의미한다. 조현병 진단을 받은 두 개인은 서로 매우 다르게 보일 수 있다. 또한 어떤 개인에게 조현병은 양극성장애 또는 우울장애, 물질 관련 장애, 또는 의학적 질환같이 정신병적 양상이 있을 수 있는 다른 장애들과 구분하기 어려울 수 있다. 덜 명확한 경우에는 증상이 어떻게 진전해 왔는지에 대한 종단적인 과정을 고려하는 것이 도움이 된다. 좀 더 구체적으로, 정신이상, 와해된 사고와 행동, 음성 증상들의 존재뿐만 아니라 다른 정신병적·신경학적 상태의 부재를 살펴보는 것이 도움이 된다.

## 임상적 증상

진단 표식으로서, 조현병은 다양한 임상적 증상을 포함한다. 증상들은 개인마다 매우 다양할 수 있어서 장애에 대한 고전적인 교과서적 그림을 보여 주는 것은 어렵다. 예를 들어, 진단적 증상은 다른 사람이 자신에 대해 음모를 꾸미고 있다고 의심하는 과민한 회계사의 증상일 수 있거나 죽은 어머니의 목소리에 의해 자신이 조정되고 있다고 믿는 주부의 증상일 수 있다. 또는, 실존의 현실을 끊임없이 곱씹는 철수되고 무관심한 대학생의 증상일 수 있다. 증상들은 또한 시간이 지남에 따라 동일한 개인 안에서 달라질 수 있으므로, 개인은 일주일 동안 아주 심하게 정신병적(floridly psychotic)[2]이고 완전히 기능할 수 없을 수 있으며, 그다음 주에는 직장에서 적절한 현실 검증과 합리적인 성과를 낼 수 있을 것이다.

일반적으로 말해서, 이 장애는 첫 번째로 전구기(prodromal phase)를 보인다. 전형적으로 전구기는 활성기 전에 기능의 현저한 저하로 시작하고 특정한 증상이 있다. 활성기(active phase)는 일, 사랑, 우정과 같은 인생 과제에서 중대한 손상과 결합된 어떤 특징적인 증상들이 존재함으로써 인지된다. 이것들은 주로 '양성' 정신병적 증상을 포함한다. 잔류기(residual phase)는 활성기에서부터 점차적으로 이어진다. 이것은 '음성' 정신병적 증상과 함께, 전구기에서 이미 기술한 것과 같은 증상으로 나타난다. 완전히 회복한 조현병 진단을 받은 개인은 대개 '관해(remission)' 상태인 것으로 여겨진다. 만약에 약물치료 없이 5년이 넘는 기간 동안 재발하지 않으면, 진단은 '정신질환이 없음'으로 바뀐다. 관해 상태에 있는 사람은 증상의 급성적인 악화를 자주 경험하여, 아마도 입원이 필요할 수도 있다. 이 장애에 대한 임상적 구전 지식에는 '1/3의 규칙'이 있다. 이 규칙에 따르면, 조현병 진단 기준을 충족하는 사람 중 약 1/3은 단일 삽화 후에 완전히 회복할 것이며, 다른 1/3은 주기적인 증상 악화와 관해 기간을 겪을 것이며, 나머지 1/3은 이 장애의 지속적인 만성적 형태를 겪을 것이다.

조현양상장애(Schizophreniform Disorder)와 조현병은 증상에서는 정확히 같고, 지속 기간만 다르다. 조현양상장애의 증상은 6개월 이내로 지속된다. 두 장애를 구분하는 주된 이유는 더 빨리 회복할 수 있는 사람들이 더 나은 평생 예후가 있기 때문이다. 좋은 예후의 지표들에는 이전 삽화의 부재, 급성 발병, 기이한 행동의 부재,

---

2) 혼란스러움, 다른 현실 인식, 사고의 와해 등 조현병 증상이 만개한 상태를 말함－역자 주

특정 스트레스 요인의 존재뿐만 아니라 기분 증상의 존재 등이 있다.

## DSM-5 특성

### 조현병

조현병은 DSM-5에서 양성 증상과 음성 증상, 그리고 세 단계—전구기, 활성기, 잔류기—가 있는 장애로 특징지어진다. 이 진단 기준을 충족하는 개인은 활성기 동안 특징적인 증상을 보인다. 양성 증상에는 망상, 환각, 와해된 언어 그리고 극도로 와해된 행동 등이 있다. 음성 증상에는 둔마된 정동과 무의욕증(avolition) 등이 있다. 증상은 최소 6개월의 기간에 걸쳐 지속적으로 경험된다. 이 기간 동안, 약 1개월은 활성기 증상을 포함하는 반면, 전구기와 잔류기 증상은 나머지 시간 동안 경험된다. 음성 증상은 전구기나 잔류기에 나타날 가능성이 더 크다. 이러한 증상을 보이는 것 외에도, 개인의 기능도 크게 영향을 받는다. 이것은 대인관계, 일 그리고/또는 자기관리에서 현저한 기능 손상으로 주목된다. 조현병 진단은 조현정동장애, 정신병적 양상을 동반한 우울 또는 양극성장애가 있다면 내려지지 않는다. 또한 약물이나 남용 약물, 또는 의학적 상태의 직접적인 생리적 영향의 증거가 있다면 이 진단을 내릴 수 없다. 아동기에 시작된 의사소통장애 또는 자폐스펙트럼장애의 병력이 있을 때, 최소 한 달 동안 현저한 망상 또는 환각이 있다면 조현병 진단이 추가될 수 있다. 이전에, DSM은 조현병의 하위 유형—편집형(망상형), 해체형, 긴장형, 미분화형, 잔류형—을 열거했다. 그러나 이 하위 유형들은 제한적인 진단 신뢰성과 낮은 타당도 때문에 DSM-5에서 제거되었다(APA, 2013).

### 조현양상장애

DSM-5에서 조현병과 조현양상장애의 증상은 동일하다. 두 장애는 단지 증상과 손상의 지속 기간으로만 구분된다. 조현양상장애의 진단은 전체 삽화(전구기, 활성기, 잔류기)가 한 달 동안 지속되지만 6개월 이내면 내려질 수 있다(APA, 2013).

## 생물심리사회적-아들러식 개념화

아들러리안 관점에서, 조현병이 있는 개인은 자신의 근본적인 신념에 따라 자신의 존재에 대한 자신의 의미를 창조하는 것으로 이해된다. 이 같은 신념들은 조현병을 유발하는 경향이 있다. 즉, 그것들은 개인을 조현병에 취약하게 한다. 슐만(1984)은 목적론적 요인, 즉 대부분 자기결정적이고 정신병을 불러일으키는 일련의 개인적 가치가 있어야 한다고 가정한다.

그러한 개인적 가치는 가족의 맥락에서 아동기 동안에 발달한다. 개인적 가치는 아동기의 관계로부터 도출된 자신과 삶에 대한 신념, 즉 개인이 자료와 유행 신념들을 선택해야만 하는 원재료를 포함한다. 이 정신병을 유발하는 가치나 신념들은 삶의 요구에 대응하는 잘못된 훈련에서 자라나, 앞서 언급한 행동 증후군을 낳는다. 조현병 환자가 될 개인은 잘못된 훈련을 받은 사람이다. 이는 하나 이상의 다음과 같은 잘못된 신념으로 이어진다.

1. 자신의 결핍 그리고/또는 환경의 적대감 때문에 자신이 세상에서 설 자리가 없다는 신념
2. 만족스러운 삶을 살기 위해 모든 결함으로부터 자신을 자유롭게 하는, 어떤 특별한 상태나 위치에 도달해야 한다는 신념. 이 특별한 상태나 위치는 항상 과장된 목표이다. 예를 들면, 완벽해지기, 신과 같이 되기, 난공불락이 되기, 상처를 주고 굴욕감을 주기, 완전히 남성적인 것, '완벽한' 대인관계를 갖기 등이다. 단지 이 열망하는 상태만이 이들에게 자리를 마련해 줄 수 있다. 이들의 목표는 그래서 상대적으로 융통성이 없고, 모 아니면 도의 특성이 있으며 절대적인 충족을 요구한다. 이들은 대안을 거의 또는 전혀 보지 못한다.
3. 이 목적을 추구하는 데 있어, 아무리 사소할지라도 패배나 예상되는 패배는 자신의 결함을 극복하려는 필사적인 시도에 큰 위협이 되고, 자신의 삶을 '망칠' 것이라는 신념. 여기에서 조현병 환자는 무시나 패배에 비정상적으로 민감한 반면, 정상적인 사람은 어느 정도의 실망을 견딜 수 있다는 생각이 일어난다. 그러므로 조현병 환자는 '좌절에 대한 낮은 내성'과 '약한 자아'를 가지고 있는 것으로 여겨진다. 슐만에 따르면, 실패에 '민감한' 사람은 모든 노력에서 성공의 중요성을 과장한다. 삶은 어떤 패배도 가져와서는 안 된다. 왜냐하면 그것이 전체 구조를 무너뜨릴 것이기 때문이다. 이런 의미에서, 조현병 환자는 자신의 모든 알을 한 바구니에 담는다. 그래서 삶에 대해 불합리한 요구를 한다.

4. 공동체감, 사회적 참여, 그리고 사회가 작동되는 삶의 규칙 수용이 자신이 선택한 목표를 향해 나아가는 자신의 움직임을 방해한다는 신념. 그러므로 목적을 더 잘 추구하기 위해, 그리고/또는 자신의 추구에서 패배를 피하기 위해, 다른 모든 고려사항을 덜 가치 있게 만든다. 따라서 좋은 인간관계, 사회의 관습, 성, 건강과 심지어 삶 자체조차도 자신의 추구가 계속되는 것보다 가치가 더 적다. 요약하면, 조현병 환자는 스스로를 다르도록 훈련시킨다. 왜냐하면 다른 사람들처럼 되는 것은 자신에게 효과가 없기 때문이다.

위기는 자신의 삶의 상황이 사회적으로 수용될 수 있고 유용한 방식으로 '공동체감(common sense)'과 부합하는 목표 성취를 허용하지 않는다는 것을 이들이 인식했을 때 발생한다. 그러므로 '공동체감'과 합의는 목적의 추구를 방해하기 때문에 버려진다. 이들은 합의된 세상에서 사는 것을 그만두기로 결정한다. 이것이 '정신 착란(psychotic break)'의 상태로 만드는 결정이다. 이때 이들은 다른 사람들처럼 기능해야 하는 의무를 버린다.

공동체감을 버렸기 때문에, 이들은 자기 자신의 사적 논리를 자유롭게 발전시킬 수 있고, 이는 이들이 자신의 우월성이란 목표에 도달했다는, 또는 도달할 것이라는 허구를 창조할 수 있게 한다. 예를 들어, 자신의 죄악과 학업의 실패를 확신한 신학생은 3일 밤낮을 기도와 금식으로 보내다가, 결국 자신이 예수께 끌리는 듯이 느끼는 혼란스러운 상태가 된다. 학교 관계자들이 발견했을 때, 그는 자신이 예수라고 주장했고, 그 후 그는 입원하였다. 조현병이 진행 중인 환자는 체계적이고 자폐적으로 자신에게 맞는 환상의 삶을 구축한다. 이들은 다른 사람들이 따라야 하는 의무를 느끼는 규칙에서 독립적이 된다. 이들은 심지어 공개적으로 수치심 없이 배변을 보거나 자위를 할 수도 있다.

세상과 다른 사람들은 바로 그 존재에 의해, 이들의 사생활을 침해하는 경향이 있기 때문에, 이들은 자신의 사적 세계를 보호하기 위해 장벽을 세워야 한다. 이를 위해 이들은 자신을 고립시키고, 자신과 소통하려고 시도하는 다른 사람들의 노력을 무효화하는 조치를 취한다. 이들은 인사불성이 되어 자신을 제거하거나, 위협과 기이한 행동으로 다른 사람을 몰아낸다. 다른 사람이 하는 것은 틀리거나, 해롭거나, 바보 같거나, 또는 미쳤다고 결정하거나, 그렇지 않으면 자신에게 다가오려는 다른 사람들의 노력을 둔화시키거나, 방해하거나, 외면한다. 이들은 한 사람이 다른 사람에게 아마도 영향을 미칠 수 있는 두 가지 합의된 의사소통 방식인 논리와 감정에 자신이 영향을 받지 않게 한다. 이 모든 것은 '공동체감'을 버림으로써 더 쉽게 된다. 만약에 이 세상의 일원이 되는 것을 그만두고 자기 스스로 만드는 세계에 살고 싶다면, 유용한 절차는 '공동체감'을 수용하지 않는 것이다.

일단 조현병을 발생시키는 신념에 도달하고 위기 상황이 발생하면, 사회 참여를 중단하는 결정은 지속적인 사회적 통합을 막는 행동 양식으로 이어진다. 그러한 행동은 보편적이거나 특정 삶의 영역에 한정적일 수도 있다. 왜냐하면 때때로 조현병 환자는 합의 상태의 일부 측면만을 버림으로써 자신의 목표를 달성할 수 있기 때문이다. 이들은 그것들을 모두 버릴 필요는 없고, 항상 모든 것을 버릴 필요도 없다.

사회적 참여로부터 지속적으로 고립함으로써, 개인적 패배나 재앙을 피하기 위한 방책으로 시작한 것 자체가 재앙이 된다. 조현병 환자는 가장(假裝, pretense) 게임을 하는 것으로 시작할 수도 있지만, 종종 자신이 자신의 방법에 갇히게 되는 것을 알게 된다. 셰어(Scher, 1962)는 조현병 환자는 자신의 공상적 생각을 믿기 시작한다고 말했다. 이들은 사회 체계를 버렸고, 이제 표준 작동 방식으로 자신의 조현병 체계만을 가지고 있다. 이들의 유일한 선택은 주립 병원이나 사회 복귀 훈련 시설에 도달할 때까지, 자신의 기반을 강화하고, 자신의 사적 감각을 더 열심히 구체화하는 것이다. 거기에서 이들은 삶의 요구에서 상대적으로 자유롭거나, 조현병으로의 심리적 와해(decompensation)로 자신이 두려워하는 패배에서 벗어날 수 있을 때까지 상대적으로 자유롭다. 그 후에 '급성 정신병'은 완화될 수 있으며 이들은 제한된 사회적 참여를 재개한다. 그렇지 않으면, 단지 강력한 병발성(倂發性)의 사건들만 이들의 체계에 영향을 미친다. 향정신성 약품, 전기충격 요법 또는 숙련된 치료사는 이들을 이 허구의 추구에서 벗어나게 할 수 있다. 그러나 이들이 군인이고 군대 상황이 이들을 사회적 참여에서 철수하지 못하게 하면, 삶의 요구와 일종의 화해를 할 수밖에 없을지 모른다.

합의 상태를 무시하는 '결정'은 그래서 정신 착란의 필수 요건이다. 보이센(Boisen, 1947)은 이 정신병적 과정을 경험하는 사람에 대한 관찰은 '해결되지 않은 개인적 문제'의 증거를 보여 준다고 말하며, 이를 창의적 사고와 비교했다. 해결책에 대한 시도가 이루어지며, 이는 통찰력과 창의적 사고의 발달과 유사한 단계로 진행된다. 보이센은 정신병을 문제에 대한 선택된 '해결책'으로 여겼다.

슐만(1984)은 또한 조현병 환자는 공동체감이 자신의 목적에 도움이 되기보다는 장애물이라고 확신하고 있음에 틀림없다고 언급했다. 공동체감은 대부분 사람이 선택한 개인적 목표의 달성을 위해 충분할 뿐만 아니라 또한 필요하기 때문에, 정신 질환자는 합의의 범위 내에 머물러 있을 때, 불가능하거나 최소한 가능성이 매우 낮은 성취를 갈망한다고 가정하는 것이 논리적이다. 연구에 따르면 조현병 환자는 비조현병 환자보다 더 높은 수준의 열망을 가지고 있으며, 반복된 실패 후에 정상적인 사람이 하는 것처럼 그 수준을 낮추기보다는 오히려 높이는 경향이 있다(Lu, 1962). 이들의 목표는 매우 높을 뿐만 아니라 완벽주의적일 수 있으며, 또한 메시아, 신, 성적 욕구가 매우 높고, 인간이 아니길 원하거나, 자기 방식으로만 관계를 원하거나, 인간관계를 전혀 갖지 않기를 원하거나, 또는 전혀 다른 종류의 세상에서 살기를 원하는 것과 같이 매우 부적절할 수 있다.

조현병 환자는 또한 자신의 사적이고 개인적인 목표들이 다른 모든 고려사항 및 가치보다 더 중대한 책무라는 것을 결정해야만 한다. 이들에게 이 경직된 목표만큼 동등한 호소력이 있는 것은 없다. 이들의 야망에서, 다른 모든 것은 '바람에 나는 왕겨'로 간주된다. 오로지 꿈에서, 독성 상태에서, 마약 환상에서, 인위적인 정신병에서, 감각 상실에 대한 실험에서, 또는 심한 피로 시기에만 합의된 규칙에 의해 살아가는 사람들은 공동체감을 버리고, 완전히 개인적이고 특별히 사회적인 사적 감각에 따라 움직이도록 할 수 있다. 다른 때에, 우리가 수용하는 세계관은 일반적으로 수용되는 행동과 의사소통의 형태들에, 비록 우리가 그것들의 한계를 원망할지라도, 주의를 기울이게 만든다.

'사적 감각'은 허물어지지 않고는 너무 많은 햇빛을 견딜 수 없기 때문에, 조현병 환자는 면밀한 정밀 조사에서 그것을 보호해야만 한다. 이를 위해, 이들은 전혀 말하지 않거나 자신과 얘기하려고 시도하는 사람들을 의도적으로 오도함으로써, 대인관계 의사소통을 심각하게 제한한다. 거래가 이들의 사적 논리를 위협하지 않을 때, 이들은 기꺼이 다른 사람들과 거래할 수 있다. 왜냐하면 거래 영역이 무해하거나, 또는 치료사나 다른 사람이 자신의 게임 규칙을 기꺼이 받아들이기 때문이다. 이 마지막 상황은 '환자의 정신병에 참여하기'라고 불린다.

기본적으로, 조현병 환자는 자기 나름대로 잘 통합되어 있다. 외부 관찰자는 정신병적 해결책의 부적합한 특성에 깊은 인상을 받을 수 있으며, 방어가 해체된 사람을 본다고 생각할 수 있다. 실제로, 정신병적인 개인은 이전에 합의된 자신의 방어를 버렸다. 왜냐하면 그것이 합의된 기능 방식과 관련되어 있었고, 따라서 더 이상 자신에게 유용하지 않기 때문이다. 이것이 정신병적인 개인이 자신에게 공동체감의 규칙을 받아들일 것을 요구하는 통상적인 방어기제를 사용하지 않는 이유이다. 공동체감을 버리기로 한 결정은 여전히 정신병 환자들에게 자신의 사적 감각을 구체화하는 지속적인 문제를 남긴다. 가자니가의 언어에서, 뇌 해석자는 이제 혼란을 이해해야만 한다. 편집증적 개인이 다른 사람들이 자신을 학대하도록 유발할 때, '피해자'라는 데에 정당성을 느낄 수 있듯이, 이들은 그것이 신념이 될 때까지 자신의 관점을 지지하고 정당화하고 방어해야 한다. 이 시점에서, 이들의 행동 중 일부는 본질적으로 탐구적일 것이다. 즉, 이들은 어떤 각종 행동이 거리를 유지하려는 자신의 목적에 가장 합당한지를 경험적으로 결정할 것이다. 이것이 정신병의 후기 단계보다는 초기 단계에 훨씬 더 다양한 행동들을 보이는 이유이다. 결국, 거리를 만드는 효과적인 방법은 진화하고, 시험되고, 다듬어지고, 정교해진다. 그리고 이 행동들은 더 이상 탐구적이지 않게 되고 상대적으로 개방적이 아니라, 경직되고 정형화되고 구체화된다.

다른 사람이 '형편없는 자아 기능' '형편없는 충동 제어' 그리고 '일차 과정들(primany processes)의 출현'이라고 불렀던 것은, 조현병 환자가 걸러 내고 싶은 그러한 자극과 지각에 세심하게 주의를 기울이지 않는 것이며, 그리고 결과적으로 지각의 방식 및 의사소통의 방식으로 비논리, 불합리, 환상, 공상 등을 이용할 수 있게 된 것이다. 미친 행동에 대한 합의적인 거부가 없기 때문에, 이것은 이들이 '미치고' '미치게' 행동하도록 허용한다. 예를 들어, 정신병 환자의 첫 번째 환상은 세상이 양쪽에 걸쳐 있다는 것이다. 그래서 이들은 세상이 존재한다는 어떤 증거도 비현실적이고 거짓이라고 거부하는 것이 정당화된다. 이제 이들은 규칙을 준수해야 할 의무에서 자유로워진다. 이들은 자기 자신 이외의 모든 힘에서 해방되고, 외부 세계를 비난하거나 그것의 존재를 인정하는 것을 거부함으로써 자신의 자존심을 구한다.

그 '결정'은 종종 육체적 탈진이나 아픈 시기에 발생하는 것처럼 보인다. 수반되는 두려움, 우유부단함, 안절부절못함, 탈진, 불면증 그리고 수면 부족이 있는 위기 상황은 정신병적 상태로 좀 더 쉽게 이행하게 한다. 신체적 저항이 낮아질 때, 뇌 해석자가 피로해지면서 중추 신경계의 통합 기능은 저하되고, 비합의적 경험들이 일어날 가능성이 더 크다. 아마도 이들이 반응적으로 정신병적으로 되기 시작한다면, 쉬운 절차는 전사들이 전투에 나가기 전에 자기 자신을 광분한 준비 상태에 몰두시키기 위해 전쟁 춤을 추는 것처럼 아마도 광분, 명확성의 부족, 탈진 그리고 극단적인 주관성의 상태로 되는 것이다.

## 치료 고려사항

1950년대 중반 이후로 항정신병 약물치료는 특히 활성기 단계에 있는 조현병 환자를 위해 선택되는 치료였다. 항정신병 약물치료의 도입은 조현병 관리에 막강한 영향력을 미쳤다. 일부 약물학자는 항정신병 약물치료가 유일하게 검증된 치료방법이고 심리치료적 개입은 거의 소용이 없다고 믿는다. 반면에, 조현병에 대한 심리치료 옹호자들은 약물치료만으로는 충분하지 않으며 약물의 효과는 약물이 주어지는 심리사회적 맥락에 달려 있다고 주장한다. 이들은 또한 약물치료는 단지 정신병적 증상을 감소시킬 뿐이며 환자의 사회적 또는 성격 기능에는 영향을 미치지 않는다고 주장한다. 실제로 조현병은 여러 가지 장애로 구성된 증후군이기에 단 하나의 '올바른' 치료법에 대해 말하는 것은 유용하지 않다. 사용되는 치료법 조합의 범위는 이 장애에 내포된 가변성을 반영한다. 어떤 조현병 환자에게 유용한 것이 다른 사람들에게는 유용하지 않거나 또는 심지어 해로울 수 있다. 가장 효과적인 치료 요법은 정신약리학과 심리사회적 치료를 병행한다(Beitman & Klerman, 1986).

슐만(1984)은 치료에 대한 아들러리안 관점을 설명하였다. 그는 정신병적 과정을 되돌리려는 결정은 개인이 기꺼이 현재 행동에 대한 대안들을 고려하고, 이 대안들을 실험하고, 새로운 방향으로 자기 자신을 기꺼이 훈련시키려는 의향을 필요로 한다고 언급했다. 과제는 '힘을 내고 그런 식으로 생각하지 말라.'라는 단순한 결정이 아니라, 삶에 관한 새로운 참조 틀을 성장시키기 위하여 자신의 지각을 기꺼이 재정리하려는 것이다. 슐만은 변화는 희망의 점화, 합의된 행동 방식의 재정립, 그리고 합의된 삶에서의 만족 경험을 통해 진행되어야만 한다고 언급했다. 치료자 행동의 기본 방침은 따라서 격려이다. 인내, 지속적인 격려가 필수이다. 커트 아들러(Kurt Adler, 1958)는 "환자가 생산적인 협력이 가능하다고 확신하게 될 때까지, 몇몇 목표의 달성에 대해 더 희망적이 될 때까지, 고립감을 덜 느끼고 좀 더 인간이라는 가능성을 느끼는 것을 배울 때까지 이 접근은 계속된다."라고 말했다.

정신병적인 개인에게 변화는 어느 정도의 학습을 수반한다.

이들이 잘못된 거창한 목표를 지니고 있다는 것. 이들이 인간이라는 것이 무엇을 의미하는지를 오해했다는 것. 이들이 인간 공동체에 참여할 때 삶이 더 만족스러울 것이라는 것. 이들이 인간적인 실천으로 성공적으로 인간이 될 수 있다는 것. 이들이 삶을 바라보는 공동체감의 방식에서 벗어나도록 스스로 훈련하고, 고립된 사적 논리 사용을 실행해 왔다는 것. 이들의 정신병적 증상은 자신이 인식한 것보다 더 자신의 통제하에서 의도적인 책략이라는 것(Sperry & Shulman, 1996, p. 46).

슐만(1984)은 조현병 개인의 대다수가 어떤 체계적인 개인 심리치료를 받지 않을 것이고, 치료사와 환자 간의 관계가 효과적일 만큼 충분히 오랜 기간 연장되지도 않을 것이라고 언급했다. 그러나 짧은 만남조차도 광범위한 영향을 미칠 수 있다. 치료사가 비교적 소수의 조현병 환자들과 장기 심리치료를 할 수 있지만, 짧게 그리고 아마도 무심코 더 많은 환자와 접촉할 것이다. 병실을 회진하는 동안, 클리닉에서 접수를 하는 동안, 그리고 환자나 응급 입원을 검토하는 동안, 이러한 만남 중 어떤 것이든 치료사에게 비록 짧지만 치료적으로 개입할 기회를 제공한다. 슐만은 집단치료, 환경치료, 가족 및 레크리에이션 치료, 음악치료, 사이코 드라마, 사교클럽 그리고 심지어 약물치료 집단조차도 유용한 치료 개입이 될 수 있다고 언급했다. 그것들은 자기인식과 자기이해를 격려하고 명확히 하고, 고립을 극복하고, 기술 사용을 촉진하고, 잘못된 지각을 수정하는 것을 목적으로 하는 의사소통의 과정이자 도구이다.

조현병의 두 가지 사례 예가 여기에 제시되어 있다. 첫 번째는 수년에 걸쳐 진전되고, 나아지지 않고 나빠지는 비교적 일반적인 만성 조현병의 발현을 보여 준다. 두 번째 예는 수년에 걸쳐서 진전되지만 해결되는 사례를 보여 준다.

### 사례 • P씨

P씨는 정신병적 반응으로 지난 15년간 5번 입원한 적이 있는 41세 독신 백인 남성이다. 그는 의존성 성격장애를 나타냈고, 결혼한 누나와 함께 살았고, 재향군인 연금의 지원을 받고 있었다. 그는 결혼은 안 했지만 과거에 여자 친구들이 있었고, 그들 중 한 명과 여전히 성적 관계를 유지하고 있었다. 남자 친구들이 있고 함께 술 마시고, 카드놀이를 하고, 야구를 보러 가는 것을 즐겼다. 그의 몰락은 항상 직장에서 일어났다.

그가 기분이 좋을 때면 항상 직업을 구할 수 있었고, 항상 일을 잘한다는 것을 보여주었다. 곧 그에게는 더 많은 책임감이 주어지곤 했다. 그는 두려웠고 저항했으나, 상사에게 감정적으로 당당하게 말할 수는 없었다. 그는 일을 대충 하고 며칠 휴가를 냄으로써 반응하곤 했다. 그 직후에 그는 불안감을 느끼기 시작했고, 자신의 직업과 건강을 걱정하게 되었다. 식욕을 잃고 잠을 이루지 못하곤 했다. 며칠 밤 잠 못 이루는 동안 그는 '생각하기'를 시작하곤 했는데, 그것은 자신이 병에 걸리거나 미칠 것이라는 강박적 사고였다. 결국 그는 기진맥진하고 혼란에 빠졌고, 목소리를 듣곤 했고, 자신이 죽어 가고 있는 것을 상상했고, 자신이 독살당하고 있다고 두려워하곤 했다. 누나가 그를 병원으로 데려가거나, 때로는 입원을 하러 스스로 찾아가곤 했다. 입원 기간은 6개월에서 2년까지 지속되는 경향이 있었다. 몇 달 후에 그는 안정되고 평정을 되찾기 시작했다. 병원을 떠나 다시 일해 볼 수 있다는 자신감을 서서히 되찾곤 했다. 그는 직장에서 해고된 적은 없었으나, 너무 아파서 일을 할 수 없을 때 자발적으로 떠났다. 그의 가장 큰 두려움은 다시 정신병적 삽화를 겪을 것이라는 것이었다.

정신병적 삽화 동안 그는 조현병 진단의 모든 기준을 충족했다. 회복 기간 동안 그는 다른 사람에게 상당히 피상적인 적응을 하는 의존적인 성격이었다. 그는 결혼이나 직장에서의 승진과 같은 많은 책임을 결코 맡을 수 없다고 느꼈다. 그는 너무 벅찼다고 느꼈기 때문에 11학년에 학교를 그만두었다. 그는 가족의 아기였고, 그의 어머니가 죽을 때까지 그를 과보호했다. 그의 누나가 이제 어머니 역할을 대신했다. 그의 삶의 패턴은 흔한 것이지만, 왜 그가 스트레스를 받을 때 자신의 목적에 잘 부합할 수 있는 불안장애를 일으키기보다 정신병적이 되었는가? 그에게 정신병적 삽화는 보통의 불안장애로, 그리고 어려운 상황을 피하거나 그 속에서 체면을 세우기 위한 자기보호 장치로 기능한다. 압도적이라고 인식되는 책임에 직면했을 때, 이 환자는 "자제력을 잃음으로써", "가능성이 있는 모든 것을 내던짐으로써" 삶의 상황의 요구를 물리칠 수 있었다. 그러나 그는 두 가지 방법으로 비정신병적 세계로의 '가교'를 유지할 수 있었다. 첫째, 그는 항상 직업을 찾을 수 있으며, 둘째, 그는 책임과 스트레스가 경감되는 곳인 의존적인 병원 상황으로 기꺼이 돌아간다.

### 사례 • 존 내시 박사

존 내시는 1928년 웨스트 버지니아의 작은 마을에서 태어났다. 내시는 친구들보다는 책과 실험하는 것에 더 관심이 많았던, 혼자 있기를 좋아하는 내성적인 소년으로 묘사된다(Naser, 1998). 15살 때 내시와 그의 친구 두 명이 집에서 만든 폭발물을 실험하고 있었다. 그때 그들이 만든 파이프 폭탄으로 친구 한 명이 죽었다. 살아남은 소년의 부모는 내시의 영향으로부터 아들을 보호하기 위해 기숙학교로 보냈다. 그 결과 내시는 두 친구를 잃었고, 그는 이 외상이 감정적으로 처리되지 않았기 때문에 생존자의 죄책감을 겪은 것으로 보인다. 내시는 6년 만에 학사와 박사 과정을 마쳤다. 그 후 그는 교수가 되었고, 세계에서 최고의 수학자가 되려는 목표를 이루기 위해 노력했다.

#### 가족 구도

그의 여동생은 두 살 어렸고, 그는 전문적 훈련을 받고 신분 상승 열망을 가진 부모의 맏이였다. 그의 전기 작가는 그들이 성공회 신자(Episcopalian)가 되었고 마을의 새로운 컨트리 클럽에 가입했기에, 그 가족을 '입신 출세주의자'로 언급한다(Naser, 1998). 그의 아버지는 엔지니어였고 그의 어머니는 학교 교사였다. 어머니는 조숙한 아들을 집에서 교육하려고 자신의 경력을 포기했다. 가족 가치는 성취와 사회적 인정으로 보였다.

#### 생활양식

약간의 전기적 · 자서전적 보고가 있지만, 초기 회상은 제공되지 않는다. 그럼에도 불구하고 자기 자신, 세상에 대한 그의 신념을 추론하고, 정신병에 대한 그의 취약성, 그의 환각과 망상의 내용, 그리고 정신 착란의 촉발 요인을 추측할 수 있는 정보가 있다. 그의 자기관, 세계관 그리고 삶의 전략은 다음과 같이 추론된다. "나는 특별하고 다르지만 다른 사람보다 더 낫다. 세상과 다른 사람들은 나의 특별함을 인정하고 싶지 않겠지만 인정해야만 한다. 그러므로 나는 다르게 행동할 것이고, 야망을 갖고, 경쟁을 하며, 위대함을 성취할 것이다. 그리고 다른 사람들이 나의 위대함을 인정하게 하기 위해 필요한 것은 무엇이든지 할 것이다." 내시는 수학자로서 그의 학문 경력 초기에 상당한 성공과 위상을 성취했다. 그러나 그가 30살이 되었을 때, 세상에서 가장 위대한 수학자가 되려는 그의 거창한 목표에 도달하지 못할 것이 분명해졌다.

### 정신병적 과정의 촉발

그의 나이 30세에 첫 번째 정신착란을 일으킨 촉발 요인은 3개의 융합적인 주제들과 관련된 것으로 보였다. 첫 번째는 그해 탐나는 수학 필즈상(Fields Prize in Mathematics)[3] 수상에 실패한 것이었다. 그는 그 상을 탈 것으로 기대했고, 그 상이 다른 사람에게 수여된 것에 매우 씁쓸해했다. 두 번째는, 두 가지 관계 상황에서 충분한 대처 기술이 없이 "덫에 걸려" 있다는 느낌이었다(Capps, 2005). 세 번째는 부인 알리시아의 임신이었다. 임신은 그녀의 애정과 관심이 그에게서 유아에게로 대치될 것이었다(Naser, 1998). 아이를 갖는 것은 그의 자기애적 자기관에 큰 위협이었던 것으로 보인다. 특히 내시에 대하여 말해 주는 사진은 그의 전기에도 나오는데, 이 가설을 지지하는 것으로 보인다(Naser, 1998). 이 사진에서 내시는 새해 전야 파티에서 그의 임신한 부인과 같은 의자에 앉아 기저귀만 차고 아기 젖병을 빨고 있다. 아마도 그는 관심의 중심에 남아 있기를 요구하고 있다. 이것은 있을 수 없는 일이었고, 다음 며칠 동안 그는 점점 더 기괴한 행동을 보이기 시작했다. 이는 그의 여러 번의 정신과 입원 중 첫 번째 입원을 초래했다.

### 망상

그 후 몇 년 동안 내시는 정신병적 과정에서 양성과 음성 증상 모두를 보였다. 이는 편집증과 과대망상 둘 다를 포함했다. 2002 PBS 다큐멘터리 〈찬란한 광기(A Brilliant Madness)〉에서 내시는 자신의 정신병적 과정에 대해 상당히 통찰력 있는 설명을 제공한다. "미치는 것은 도피일 수 있다. 상황이 그다지 좋지 않다면, 여러분은 더 나은 것을 상상하고 싶을 것이다. 광기 속에서 나는 내가 세상에서 가장 중요한 사람이고, 교황과 같은 사람은 어떤 방식으로든 나를 깔아뭉개려고 하는 적과 다를 바 없다고 생각했다." 자신의 망상적 사고를 묘사하면서 그는 "망상적 정신 상태는 꿈을 살아가는 것과 같다. 글쎄, 나는 내가 어디에 있는지 알았고, 거기서 관찰당하고 있었지만 나는 음모의 희생자와 같다고 생각할 수 있었다…광기 속에서 나는 나 자신을 일종의 메신저나, 혹은 특별한 기능을 가진 것으로 보았다. 알라의 메신

---

3) 수학 분야에서의 최고상, 4년에 1회씩 국제 수학자 회의에서 선정함─역자 주

저인 모하메드가 있는 무슬림 개념처럼."이라고 말했다. 아들러리안 관점에서 내시는 자신의 정신병의 '마련(arrangement)'과 자신의 삶에서 그것이 발휘하는 '자기보호(safeguarding)' 기능을 설명하고 있다. 본질적으로 그의 정신병적 과정은 이 세계에서가 아니라 그의 상상 속의 세계에서 가장 위대한 수학자가 되는 "거창한 목표"(Adler, 1926)를 성취할 수 있게 해 주었다. 그는 또한 "어느 정도 온전한 정신은 순응의 한 형태이다."라고 언급했다. 이 언급은 아들러리안이 "합의된 현실"과 "사적 논리" 사이를 구분하는 것을 다룬다. 그는 계속해서 "사람들은 정신질환이 있는 사람이 고통받고 있다는 생각을 항상 팔고 있다. 그러나 그것은 정말 그렇게 간단하지 않다. 나는 정신질환이나 미치는 것을 도피일 수 있다고 생각한다."라고 언급한다. 정신병을 도피라고 하는 두 번째 언급은 마련과 자기보호라는 아들러리안 기능을 반영한다.

### 환각

망상뿐만 아니라 환청도 그의 거창한 목표를 뒷받침한다. 그것들은 또한 정신병적 과정을 유지하는 데 필요한 기능을 한다. PBS 다큐멘터리에서 특별히 유익한 것은 내시가 자신이 경험했던 환청을 만드는 데 있어서 자신의 역할에 대하여 상당한 통찰력을 가지고 있는 것으로 보인다는 점이다. 그는 "당신은 정말 혼잣말을 하고 있다. 목소리가 바로 그거다."라고 말했다. 흥미롭게도, 이 설명은 환청에 대한 하위 발성(subvocalization)의 가정과 본질적으로 같다.

### 정신병적 과정을 반전시키기

내시는 정신병적 과정에 대한 욕구에서 벗어날 수 있었다. 그는 자신에게 제공된 전통적인 치료법들, 특히 약물치료와 정신역동 지향의 심리치료는 전혀 도움이 되지 않았다고 주장한다. 대신에 그는 환각과 망상에 대하여 생각하고 반응하는 방식을 바꿨기 때문에 변화가 일어났다고 주장한다. "내가 한 사고 유형에서 다른 유형으로 정확히 언제 이동했는지, 그 시간 순서를 기억하지 못한다. 나는 목소리들의 개념과 논쟁하기 시작했다. 그리고 결국에 나는 그들을 거부하고 듣지 않기로 결정하기 시작했다."

노벨 경제학상을 수상한 뒤 등장한 그의 자서전적 스케치에서 내시는 망상적 사고의 반전에 대하여 더 언급하고 있다. "그러고 나서 점차적으로 나는 내 지향성의 특징이었던 망상적으로 영향받은 사고방침을 지적으로 거부하기 시작했다. 가장 쉽게 알

수 있듯이, 이것은 정치지향적 사고를 본질적으로 지적인 노력의 헛된 낭비라고 거부
하는 것에서 시작했다. 그래서 현재 나는 다시 과학자들의 특징인 스타일로 다시 이
성적으로 생각하고 있는 것 같다"(Le Prix Nobel, 1994).

# 망상장애

## 임상적 증상

망상(Delusion)은 이 장애의 대표적인 양상이다. 이 진단은 조현병의 특징인 와해
된 증상과 음성 증상 없이 지속적인 망상이 있어야 한다. 이는 환각, 이상한 언어,
기괴한 행동, 그리고 감정(정서)의 둔화는 존재하지 않음을 의미한다. 실제로, 이 진
단을 받은 사람은 망상이 자신과의 대화에서 촉발되지 않는 한, 완전히 정상이고 매
력적이고 지적인 것으로 보인다. 그러나 망상이 있는 즉시 이들은 아주 이상한 신념
을 표현하기 시작할 것이다. 이들의 망상적 신념은 확고하고, 사실이 아니며, 설득
력 있는 반대되는 증거와 이성적인 논쟁에 저항한다. 이들의 정신병은 단단히 캡슐
화되어 있기에, 이들은 삶의 다른 영역에서 합리적으로 잘 기능할 수 있다. 이는 자
신의 망상을 논의할 때 찬란하게 정신병적인 의사, 변호사, 교사와 같은 전문가들이
자신의 직업에서는 여전히 기능을 발휘할 수 있다는 것을 의미한다.

## DMS-5 특성

이 진단 기준을 충족하는 개인은 하나 이상의 망상이 있는 것이 특징이다. 그러
한 망상은 최소한 한 달 동안 나타난다. 또한 조현병의 양성 증상, 특히 환각이 없
다. 그러나 환각이 있으면 뚜렷하지 않고 망상 주제와 관련이 있어야 한다. 직장이
나 대인관계에서 기능하는 것은 크게 손상되지 않는다. 개인의 행동이 이상하고 기
괴하고 괴상한 것으로 여겨지지 않는다. 만약 주요우울 삽화나 조증 삽화가 동시에
일어난다면, 이 삽화들은 비교적 짧다. 또한 이 장애는 약물이나 남용 약물의 직접
적인 생리적 효과나 의학적 상태로 인한 것이 아니다. 이전 판과는 달리 DSM-5는
더는 망상이 본질적으로 "기괴하지 않을" 것을 요구하지 않는다. 망상장애의 몇 가

지 유형을 특정할 수 있는데, 각각의 유형은 지배적인 망상 주제를 반영한다. 여기에는 색정형(Erotomanic Type)이 포함되는데, 이는 높은 지위의 사람이 자신과 사랑에 빠져 있다는 주제를 가진다. 과대형(Grandios Type)의 주제는 어떤 거대한 권력, 재능, 통찰력 또는 신이나 유명한 개인과의 특별한 관계를 갖는 망상을 포함한다. 질투형(Jealous Type)에서 주제는 자신의 성적 파트너의 부정함과 관련이 있다. 피해형(Persecutory Type)에서 주제는 학대받거나 악의적으로 대우받는 것을 포함한다. 신체형(Somatic Type)의 주제는 신체적 결함이나 의학적 질환이 있는 것과 관련이 있다.

## 생물심리사회적-아들러식 개념화

슐만(1984)은 조현병 환자의 편집증적 양상을 망상장애와 양극성장애에서 보이는 편집증적 양상과 구별하였다. 망상장애와 양극성장애에서 슐만은 개인이 약간의 합의 상태를 유지하면서 약간의 사적 논리를 발전시킨다고 언급했다. 환자는 매우 혼란에 빠질 수 있지만 급성 혼란 삽화를 겪지는 않는 것으로 보인다. 이들은 '원인'과 '작용하는 사악한 세력'에 대한 자신만의 사적 설명을 가지고 있을 수 있다. 그리고 이 설명을 합의된 논리 규칙에 드러낼 의도는 없을 수 있다. 다른 한편으로 양극성장애는 조현병 환자처럼 자주 기이하게 보일 수 있어서 감별이 어려워진다. 양극성장애의 조증 단계에서 급성 혼란 상태는 조현병 환자의 상태와 유사하다. 두 상태는 모두 지각적 왜곡과 자폐적 사고를 보일 수 있다. 조증 상태는 편집증적 양상이 상당히 있을 수 있다. 그러나 조증이 있는 개인은 자신과 다른 사람들 사이에 거리를 두기를 원하지 않는다. 이들은 '현실 게임(reality game)'의 규칙을 바꾸지만, 계속 사회적 관계를 원한다. 이들의 행동은 지속적으로 긴밀한 관계를 구하는 사람의 행동이다. 양극성장애의 불신 단계에서조차도 이들의 행동은 다른 사람들이 자신과 연관되도록 설계되어 있다. 이것이 양극성장애와 조현병 간의 본질적인 차이이다. 발병 사이에, 양극성장애가 있는 개인은 보통 우리가 하듯이 인간의 역할을 받아들이는 반면, 조현병 환자는 그렇지 않다.

## 치료 고려사항

일반적으로 망상장애 치료는 매우 어렵다. 증상이 오래 지속될수록 심리교육, 심리치료 또는 약물치료와 같은 단순한 치료법으로는 더 다루기 힘들다. 그러나 일부 문화적으로 유발된 증후군은 임상적인 관심을 받기까지 수개월이 걸렸더라도(Reid, 1989), 환자의 출신 나라로 돌아가는 등의 재배치(relocation)에 반응할 수 있다.

이 장애가 있는 개인이 심리치료에 동의할 때, 그것은 선호하는 치료일 수 있지만 그가 치료에서 어떤 이익을 보고 치료사의 지지를 받는 그러한 방식으로 시작되어야 한다. 중립적·수용적인 치료사와의 신뢰 관계를 발전시키는 데에 중점을 두어야 한다. 리츨러(Ritzler, 1981)는 체계적 둔감화는 망상 행동을 감소시키는 데 효과적이라고 언급하였다. 항정신병 약물치료는 몇몇 사례에서 효과적인 것으로 알려져 왔다. 그러나 대부분의 환자는 치료에 대한 의심이나 약물의 부작용에 대한 예민한 민감성 때문에 신경 이완제(neuroleptic)의 복용을 꺼린다. 항정신병 약물은 망상을 완화시켜, 심리사회적 치료를 훨씬 더 가능하게 하는 것으로 나타났다. 최근에 항우울제 사용 또한 효과적이라고 알려졌다(Reid, 1989).

망상이 있는 개인에 대한 아들러식 심리치료에 관한 블라드(Bullard, 1960)의 짧은 논문은 고전(classic)이다. 그는 의심이 많고 불신하는 환자를 끌어들이는 접근법을 설명하였다. 슐만(1984)은 자신은 가능한 한 피해망상 환자의 자존심을 살리려고 노력한다고 언급했다.

우리의 설명과 해석들은 자아동조적(egosyntonic)이다. 우리는 그를 예의와 존중으로 치료한다. 반면에 우리는 그의 망상이 성과를 거두도록 내버려 두지 않는다. 우리는 그와 인생에 대한 그의 감정, 그리고 그가 패배로 인해 위협받는다고 느끼는 영역들에 대해 논의하려고 노력한다. 그리고 그가 가치 있는 사람이라고 느끼도록 도우려고 노력한다. 그가 적대적인 세상에 둘러싸여 있지 않으며, 우월하기 위해서나 옳기 위해 항상 이길 필요는 없다는 것을 납득시키는 데는 더 오래 걸릴 것이다 (p. 156).

### 사례 • D씨

    D씨는 45세의 이혼한 뉴욕시의 중국계 택시운전사이다. 그는 다양한 정부 음모에 대한 전단지를 뿌리다가 발생한 소동으로 체포되었다. 그는 정신과 응급실로 이송되어서, 그곳에서 평가를 받았다. 그는 정부가 불쌍한 노숙자들을 억압하고 빈곤퇴치 프로그램에 대한 예산 삭감을 강요하고 있다고 확신했다. 그는 정부가 철회하게 하기 위해 반정부 자료를 뿌리는 것이 자신의 의무라고 믿었다. 정부에 대한 그의 분노는 그의 아버지의 복리후생이 취소되었을 때로 거슬러 올라간다. 이후 회복되었지만, D씨와 그의 가족은 아파트를 비워 주고 노숙자 쉼터에서 살아야 했다. 그러나 그에게 체계화된 피해망상이 발병하기 시작한 것은 40대가 되어서였다.

    이 망상과 동시에, 그는 또한 순전히 자신의 기도의 힘으로 국가적 재난과 유명한 정치적 인물의 죽음을 야기할 수 있다는 과대망상도 있었다. 그는 이 망상에 대한 뒷받침으로 자기 기도로 인한 어느 정치가의 자살을 인용했다. 그는 환청, 사고장애나 이 망상들을 설명할 수 있는 의학적 상태도 나타내지 않았다. 이러한 정치적 신념 외에 그는 정상이었다. 그의 친구들과 가족은 그의 생각이 비정상적이라고 생각하지 않았고, 그는 혼자서 살면서 택시운전사로서 자신을 부양할 수 있었다. 그는 어떤 치료도 거부했으며, 이 결정은 그의 가족에 의해 강력하게 지지되었다.

# 조현정동장애

## 임상적 증상

    조현정동장애(Schizoaffective Disorder)는 조현병이나 기분장애의 양상이 있으나, 둘 중에 어떤 기준도 충분히 충족하지 못하는 개인에게 주어지는 진단이다. 예를 들어, 주요우울장애나 양극성장애가 있는 사람은 우울 그리고/또는 조중 삽화뿐만 아니라 망상이나 환각도 보일 수 있다. 마찬가지로 조현병에서 개인은 망상 그리고/또는 환각 증상을 보이고, 현저한 기분 증상을 보일 수 있다. 이것이 조현정동장애가 경계 진단으로 언급되는 이유이다.

## DSM-5 특성

이 진단 기준을 충족하는 개인은 정신병의 활성 혹은 잔류 증상을 중단 없이 계속적으로 보이는 것이 특징이다. 이 기간 동안 조증 삽화나 우울 기분이 있는 우울 삽화가 조현병의 양성 증상과 동시에 나타나야 한다. 적어도 2주 동안 망상이나 환각을 포함해야 한다. 또한 조증 혹은 우울 삽화 증상들은 장애의 활성기와 잔류기 단계의 대부분 동안에 나타나야 한다. 게다가, 이 장애는 약물치료, 남용 약물이나 의학적 상태의 직접적인 생리적 효과로 인해 유발될 수 없다. 두 가지 유형이 명시되는데, 양극형에서 이 장애는 조증 삽화, 혼재성 삽화, 혹은 조증이나 혼재성 삽화 및 주요우울 삽화를 포함한다. 우울형에서 이 장애는 주요우울 삽화만을 포함한다.

이전 판과는 대조적으로, DSM-5는 현재 이 장애가 나타나는 대부분의 시간 동안 주요 기분 삽화가 존재해야 한다. 이 변화는 이 장애가 횡단적 진단이라기보다는 종단적 진단이라는 것을 의미한다. 이러한 점에서 이것은 이 상태에 의해 연결되는 조현병, 양극성장애 그리고 주요우울장애와 유사하다(APA, 2013).

## 생물심리사회적-아들러식 개념화

조현정동장애에 대한 구체적인 아들러식 개념화는 없다. 그러나 이것은 조현병의 한 변형이기 때문에, 앞서 설명한 바와 같이 생활양식 신념을 포함하는 기본 개념화를 적용할 수 있다. 개인의 증상 발현이 주로 기분에 기반한다면, 이 책의 다른 장에 기술된 우울 그리고/또는 양극성장애에 대한 생활양식 신념을 참조하라.

## 치료 고려사항

새로운 항정신병 약물치료는 조현정동장애 치료에 상당히 효과적인 것으로 보인다. 개인의 정신병적 증상들이 급성이고 초조가 동반된다면, 오래된 항정신병 약물인 할돌(Haldol)이 행동을 늦추기 위한 주사로 투여될 수 있다. 우울 증상들이 현저하다면 항우울제가 종종 추가된다. 특히 기분 장해와 사고장애를 일으키는 생활양식 신념을 수정하는 데 초점을 둔다면 심리치료가 유용할 수 있다. 변화를 일으키기 위해 약물치료와 심리치료의 병행 치료가 필요한 경우가 많다.

### 사례 • S 부인

S 부인은 세 자녀를 둔 36세 기혼 여성이다. 그녀는 행복한 여성이라고 보고되었으나, 막내 아이가 태어난 11개월 후에 수면의 어려움을 호소하기 시작했다. 그녀의 남편은 그녀가 짜증을 잘 내고, 가끔 행복이 넘치고, 점점 고립되고, 그리고 자녀들을 돌볼 수 없다고 말했다. 어느 날 밤 그녀의 남편은 아내가 구치소에 있다는 전화를 받았다. 그녀는 몰래 집을 나가 술집에 갔는데, 거기에서 그녀가 거칠게 행동하는 것을 지켜보고 약물남용을 의심한 경찰관과 싸우기 시작했다. 그녀를 정신과 클리닉으로 데려갔고, 약물 검사 결과는 알코올과 마약 남용에 대해서 음성이었다. 그때 그녀는 누군가가 자신의 사회보장카드를 쓰고 있고 자신의 혜택을 챙기고 있다고 틀림없이 확신한다고 경찰과 정신과 의사에게 말했다. 그녀는 어떤 남자 목소리가 자신의 사회보장번호를 사용하고 있는 사람이 바에 있다고 말했기 때문에 바에 갔다. 동시에 그녀는 또한 자신이 세계에서 가장 영리한 10명 중 한 사람이라고 그들에게 말했다. 그녀는 항정신병 약물치료를 받았고, 그 약에 빠르게 반응했고, 그리고 퇴원했다. 일 년 후에 그녀는 다시 입원했다. 그녀의 남편은 그녀가 처방된 대로 약을 복용하고 있었고 순응적이었다고 확인해 주었다. 그러나 그녀는 지난 2주 동안 누군가가 다시 자신의 사회보장카드를 훔쳤다고 불평했다. 정신과 평가는 그녀가 자신을 가치 없다고 생각하며 우울한 것으로 나타났다. 그리고 그녀는 그 남자의 목소리가 돌아왔다고 불평했다. 그녀는 항정신병 약물 그리고 항우울제를 복용하기 시작했고, 2주 안에 그녀의 증상은 없어지게 되었다. 조현정동장애 진단이 내려졌다.

# 단기 정신병적 장애

## 임상적 증상

단기 정신병적 장애(Brief Psychotic Disorder)의 진단은 정신병적 장애에 앞서 스트레스 요인을 경험하는 개인에게 내려진다. 이들은 환각, 망상, 해리(멍한 느낌)를 경험하고, 매우 초조해하거나 충동적이 된다. 진단 명칭이 암시하듯이, 이 증상은 잠시 동안 지속한다. 그 후에 개인은 자신의 이전 기능 수준으로 돌아간다. 일반적인 촉발 사건들(스트레스 요인)은 관계의 종결, 대학에 가기 위해 떠나는 것, 외국 여행 또는 외상 경험 등이다.

## DSM-5 특성

이 진단 기준을 충족하는 개인은 양성 정신병적 증상이 갑작스럽게 발병하는 것이 특징이다. '갑작스럽게'는 2주 내에 개인이 비정신병적 상태에서 명백히 정신병적 상태로 바뀌는 것을 의미한다. 양성 정신병적 증상은 망상, 환각, 와해된 언어 그리고 극도로 와해된 혹은 긴장성(catatonic) 행동을 포함할 수 있다. 이 정신병 장애 삽화는 최소한 1일이지만, 한 달 이상은 지속되지 않는다. 이 기간 후에는 개인은 병전 기능 수준으로 완전히 돌아간다. 이 진단은 조현병, 조현정동장애, 우울장애 또는 정신병적 양상을 동반하는 기분장애가 있으면 내려지지 않는다. 또한 이 장애는 약물이나 남용 약물, 또는 의학적 상태로 인한 직접적인 생리적 효과로 인해 야기될 수 없다. 이 장애의 세 가지 유형을 다음과 같이 명시할 수 있다.

현저한 스트레스 요인을 동반하는 단기 정신병적 장애의 명시(또한 단기 반응성 정신병으로도 불린다.)는 개인이 속한 문화와 유사한 환경에서 단일 사건 혹은 중복 사건이 다른 사람들에게 현저하게 스트레스를 주는 상황들 직후에 그리고 상황들에 대한 반응으로 증상들이 발생한다면 내려진다. 현저한 스트레스 요인을 동반하지 않는 단기 정신병적 장애의 명시는 정신병적 증상이 상황 직후 또는 상황들에 대한 반응으로 일어나지 않거나, 개인이 속한 문화의 유사한 환경에서 단일 혹은 중복으로 거의 모든 사람에게 현저하게 스트레스를 주는 사건들에 대한 반응이 분명하지 않으면 주어진다. 산후 발병의 단기 정신병적 장애의 명시는 상태의 발병이 산후 4주 내에 발생하면 내려진다. 마지막으로, 심각도는 나타나는 특정 정신병적 증상에 대한 양적 평가로 매겨질 수 있다. 증상은 0(증상 없음.)부터 4(증상이 있고 심각함.)까지 5점 척도로 평정된다(APA, 2013).

## 생물심리사회적-아들러식 개념화

아들러리안은 정신병적 양상을 보이는 개인은 조현병의 아들러식 개념화와 완전히 들어맞지 않는다는 것을 인식하고 있다. 특히 단기 정신병적 장애가 그 경우이다. 아동기에 약간의 어려움을 겪을 수 있지만, 이들은 분열형 성격 유형이나 편집성 성격 유형은 아니다. 이들은 대인관계적으로 가족 및 또래와 관계할 수 있지만, 때때로 스트레스하에서 정신병적이 될 수 있다. 급성 정신병적 상태가 해소되면, 이들의 기저에 있는 성격장애, 보통 연극성, 수동-공격성 또는 경계성 성격장애가 분명해진다.

이 장애는 인생 과제에 대한 가장 불쾌한 요구에 직면할 때 현실로부터의 부분적인 후퇴로 개념화될 수 있다. 이것은 일시적인 탈출구를 제공하고 삶의 요구가 더 이상 존재하지 않는 즉시 약해지기 시작한다. 이것은 게임에 진 아동의 행동과 비교할 수 있다. 첫 번째 아동은 우아하게 질 것이다. 두 번째 아동은 상처를 숨길 것이다. 세 번째 아동은 그 게임을 평가절하할 것이다. 네 번째 아동은 다른 아동이 속임수를 썼다고 비난할 것이다. 다섯 번째 아동은 결과에 영향을 미치기 위해 속임수를 쓸 것이다. 여섯 번째 아동은 합리화할 것이다. 일곱 번째 아동은 이를 악물고 다음에 이기기로 결정할 것이다. 그러나 여덟 번째 아동은 자연스럽게 끝나도록 놔두기를 거부하면서 부정하고, 왜곡하고, 방해하고, 심지어 그 게임을 파괴할 것이다. 이것이 단기 정신병적 장애 기준에 부합하는 환자의 반응 방식이다(Sperry & Shulman, 1996).

이 경우들과 조현병 간의 주요한 차이점은 이 경우에 정신병은 단지 일시적이며 존재의 방식은 아니라는 것이다. 일반적으로, 이들은 아들러가 거창한 목표라고 부른 것과 빈스방거(1969)가 과장된 사고라고 칭한 것에 휘말리지 않는다. 이 장의 앞부분에서 언급한 4개의 신념 세트 중, 외견상 이들은 네 번째로부터만 고통받고 있다. 이 차이는 조현병과 구별되는 단기 정신병적 장애에 대한 DSM-5의 기준에 맞다.

## 치료 고려사항

가끔 이 정신병적 증상은 치료 없이 자연스럽게 해결되고, 개인은 이전의 기능 수준으로 돌아간다. 더 자주, 해결을 촉진하기 위해 단기 입원 치료 과정이 제공된다.

보통 이것은 정신병을 '중단시키기' 위해 항정신병 약물치료 과정을 포함한다. 그러나 집중 외래 치료도 그만큼 효과적일 수 있다. 심리치료는 정신병에 대한 계기나 촉발 요인과 개인의 생물심리사회적 취약성을 이해하는 데 유용할 수 있다.

### 사례 • B 부인

B 부인은 39세의 기혼 여성이다. B 부인은 네 명의 자녀를 키우고 가정을 유지하는 것과 관련한 대부분의 의무를 책임지고 있다. 과거에 그녀는 산후 정신병 삽화로 치료를 받았었다. 그러나 최근까지 그녀는 적절하게 기능했고, 어떤 정신건강 서비스를 이용하지도 필요로 하지도 않았다. 문제는 남편이 자신이 바람이 났다고 그녀에게 알리고 집을 나간 날부터 시작되었다. 이때까지 그녀는 감정적으로 먼 남편이 사업차 출장 중이어서 집에 없다고 믿었다. 실제로 그는 B 부인도 알고 있는 한 여성과 근처에서 바람을 피우고 있었다. 그 후 4일 동안 그녀는 극도로 초조하고 우울해졌다. 그녀는 좀처럼 술을 먹지 않았는데, 이제 그녀는 초조와 불면증을 없애기 위해 술을 많이 마셨다. 그녀는 거의 먹지 않고 거의 자지 않았고, 자녀들을 더 잘 돌보지 못한 것에 대한 극도의 죄책감을 경험했다. 그녀는 "일탈(transgressions)과 죄"에 대하여 부담을 느꼈다. 그녀는 "영원한 지옥살이"를 하도록 운명 지어질 것이고, "자신의 영혼을 잃어 버리고", 생의 나머지 기간 동안 회개해야 할 것을 두려워한다고 말했다. 그녀가 평가받던 응급실에서 그녀는 자신의 영혼을 훔치려는 가톨릭 교회의 음모를 말했다. 단기 정신병적 장애 진단이 내려졌다.

## 물질/치료약물로 유발된 정신병적 장애

### 임상적 증상

이 정신병적 증상의 발현은 치료약물 또는 기분전환 약물의 사용에 기인한다. 이러한 증상들은 물질중독의 결과로, 또는 덜 자주 물질중독의 금단에서 발생한다. 경험이 있는 임상전문가는 갑자기 정신병적 증상을 보이는 청소년과 초기 성인들을 평가할 때, 특히 환시가 관련되어 있을 때 이 진단을 고려한다. 실험실 검사(약물 검사)는 이 진단을 하는 데에 매우 중요하다.

## DSM-5 특성

물질/치료약물로 유발된 정신병적 장애(Substance/Medication-Induced Psychotic Disorders) 진단 기준을 충족하는 사람은 치료약물, 남용 약물 혹은 독성 물질의 생리적 효과인 현저한 망상과 환각이 특징이다. 이 장애는 발병과 과정을 고려함으로써 다른 정신병적 장애와 구별된다. 이력, 신체검사 혹은 실험실 검사 결과들이 환각이나 망상의 원인이 물질 관련이라는 것을 시사할 때, 물질/치료약물로 유발된 장애 진단의 가능성이 크다. 이 증상들은 물질중독 혹은 물질에 대한 금단 동안이나 한 달 이내에 발병해야 하며, 물질은 이 증상들을 발생시킬 수 있어야 한다. 이 장애가 비물질로 유발된 정신병적 장애로 더 잘 설명되지 않는다고 결정되어야 한다. 마지막으로, 이 진단은 증상이 주로 섬망 과정 동안에 발생했다면 내려질 수 없다.

이 장애와 관련하여 두 가지 명시자가 있다. '중독 중 발병' 명시는 증상들이 중독 기간 동안에 발병할 때 사용된다. 마찬가지로, '금단 중 발병' 명시는 증상이 금단 기간 동안 발병할 때 사용된다. 마지막으로, 심각도는 나타나는 특정한 양성 · 음성 정신병적 증상에 대한 양적 평가로 매겨질 수 있다. 증상은 0(증상 없음.)에서 4(증상이 있고 심각함.)까지 5점 척도로 평정된다.

## 생물심리사회적-아들러식 개념화

이 장애에 대한 구체적인 아들러식 개념화는 없다. 이 장애에 대한 명백한 생물학적 취약성이 있기 때문에 치료는 주로 생물학적이다. 이 장애에 대한 심리사회적 취약성의 정도는 개인의 생활양식 신념에 대한 조사에서 추론할 수 있다.

## 치료 고려사항

이 장애의 치료 방향은 중독성 있는 약물이나 물질 상태의 영향을 완화하는 데 있다. 이를 위해서 금단 증상을 통제하고 지속적인 금단 과정을 의료적으로 관리하기 위해 주의 깊은 의료적 관찰을 해야 한다. 필요한 약물의 효과로 증상이 발생하면, 복용량 감소가 철저한 의료적 감독하에 이루어진다. 개인의 안전과 생명 유지 조치가 최우선이기 때문에, 일반적으로 이것은 입원 의료 환경이나 정신과 환경에서 이루어진다. 치료가 성공적이지 않으면, 진단이 잘못되었고, 더 개연성이 높은 진단은 단기 정신병적 삽화라는 것을 나타낼 수도 있다.

**사례 • M 양**

M 양은 19세의 미혼 여성으로, 남자 친구인 제이슨이 야외 경기장에 있는 응급치료소의 응급 요원에게 데리고 왔다. M 양은 의사소통할 수 없었기에, 제이슨은 자신의 우려를 표명했다. 그는 지난 한 시간 동안 자신이 그녀에게서 주목한 점진적 악화를 설명했다. 처음에 그녀는 한순간에 들뜸과 웃음, 그리고 다음 순간에는 초조와 충동으로 급격한 감정적 변화를 보였다. 제이슨은 그녀가 "미친 소리를 내 뱉고 있었고", 말이 안 되었다고 말했다. 그는 M 양이 몇 초나 몇 분 동안 짧은 공포를 폭발했고, 그동안 자신은 그녀가 도망가는 것을 막아야 했다고 말했다. 그는 그녀가 환각에 반응하고 있다고 믿었다. 그는 또한 M 양이 말하는 것을 멈추었고 그렇게 할 수 있는 능력을 잃은 것처럼 보였다고 보고했다. 그녀는 걷기가 힘들어서, 기어서 그에게서 벗어나려고 했다. 응급 요원이 그녀를 진찰할 수 있었을 무렵 M 양은 경직되고, 움직이지 않고, 말이 없고, 다른 사람과 의사소통할 수 없었다. M 양이 상담하는 정신과 의사에게 말할 수 있을 정도로 논리 정연해졌을 때, 그녀는 환청, 이미지 왜곡, 기억상실 경험을 설명했다. 나중에 제이슨은 자신들이 그날 일찍 펜시클리딘(Phencyclidine)을 사용했다고 시인했다. 이 모든 증상은 펜시클리딘 사용과 일치했다. 이에 따라 '물질/치료약물로 유발된 정신병적 장애-펜시클리딘, 중독 중 발병' 진단이 내려졌다.

## 맺는말

정신병적 장애들에 관한 지식은 임상 실제에서 매우 중요하다. 최소한 임상전문가는 이러한 다양한 장애들에 대한 임상적 설명과 DSM 기준을 알아야 한다. 임상전문가는 또한 이 장애들에 대한 신경과학과 정신역동을 이해해야 한다. 이 장은 독자들에게 이 네 가지 영역 모두에 대한 필수적인 정보를 제공하였다. 아마도 효과적인 치료를 계획하고 실행하기 위해 필요한 정보와 이해의 종류일 것이다. 특별히 중점을 둔 것은 정신병에 대한 일반적인 아들러식 개념화와, 특히 다섯 가지 특정한 정신병적 장애였다. 마침 정신병적 장애, 특히 조현병에 관한 아들러리안 문헌은 다른 어떤 정신질환보다 더 풍부하고 상세하며, 폭넓은 이 문헌을 이 장에서 공유하였다.

## 참고문헌

Adler, A. (1926). *Uber den Nervosen Charakter*. Wiesbaden: J. F. Bergman.

Adler, A. (1958). Life style in schizophrenia. *Journal of Individual Psychology, 14*, pp. 68–72.

American Experience (Producer) (2002). *A Brilliant Madness* (DVD). Boston, MA: WGBH Educational Foundation.

American Psychiatric Association (2000). *Diagnostic and Statistical Manual of Mental Disorders, Fourth Edition (Text Revision)*. Washington, DC: American Psychiatric Publishing.

American Psychiatric Association (2013). *Diagnostic and Statistical Manual of Mental Disorders, Fifth Edition (Text Revision)*. Washington, DC: American Psychiatric Publishing.

Arieti, S. (1974). An overview of schizophrenia from a predominantly psychological approach. *American Journal of Psychiatry, 131*, pp. 241–249.

Arieti, S. (1980). Psychotherapy of schizophrenia: New or revised procedures. *American Journal of Psychotherapy, 34*, pp. 464–476.

Beitman, B., & Klerman, G. (Eds.) (1986). *Combining Psychotherapy and Drug Therapy in Clinical Practice*. New York, NY: S. P. Medical & Scientific Books.

Binswanger, L. (1960). Existential analysis, psychiatry, schizophrenia. *Journal of Existential Psychiatry, 1*, pp. 157–165.

Boisen, A. (1947). Onset in acute schizophrenia. *Psychiatry, 10*, p. 159.

Bullard, D. (1960). Psychotherapy of paranoid patients. *Archives of General Psychiatry, 2*, pp. 137–141.

Capps, D. (2005). John Nash: Three phases in the career of a beautiful mind. *Journal of Religion and Health, 44*, pp. 363–376.

Gazzaniga, M. (1988). *Mind Matters: How Mind and Body Interact to Create our Conscious Lives.* Boston, MA: Houghton-Mifflin.

Gazzaniga, M. (2006). *The Ethical Brain: The Science of our Moral Dilemmas.* New York, NY: Harper Perennial.

Gazzaniga, M., Ivry, R., & Mangun, G. (2008). *Cognitive Neuroscience: The Biology of the Mind* (3rd edn.). New York, NY: Norton.

Goldstein, K. (1939). *The Organism: A Holistic Approach to Biology Derived from Pathological Data in Man.* New York, NY: American Book Co.

Green, M. F., & Kinsbourne, M. (1990). Subvocal activity and auditory hallucinations: Clues for behavioral treatments? *Schizophrenia Bulletin, 16*(4), pp. 617-625.

Hoover, G., & Franz, J. (1972). Siblings in the families of schizophrenia. *Archives of General Psychiatry, 26*, pp. 334-342.

Kelly, G. (1955). *The Psychology of Personal Constructs.* New York, NY: Norton.

Les Prix Nobel (1994). John Nash. Full text available on-line at http://www.nobel.se/economics/laureates/1994/nash-autobio.html.

Liberman, R. (1987). *Psychiatric Rehabilitation of Chronic Mental Patients.* Washington, DC: American Psychiatric Publishing.

Lu, Y. (1962). Contradictory parental expectations in schizophrenia. *Archives of General Psychiatry, 6*, pp. 219-234.

Nasar, S. (1998). *A Beautiful Mind.* New York, NY: Simon & Schuster.

Nash, J. (2001). *The Essential John Nash.* S. Nasar & H. Kuhn (Eds.). Princeton, NJ: Princeton University Press.

Neuchterlein, K., & Dawson, M. (1984). A heuristic vulnerability/stress model of schizophrenic episodes. *Schizophrenia Bulletin, 10*, pp. 300-312.

Reid, W. (1989). *The Treatment of Psychiatric Disorders: Revised for the DSM-III-R.* New York, NY: Brunner/Mazel.

Ritsher, J., Lucksted, A., Otilingam, P., & Grajales, M. (2004). Hearing voices: Explanations and implications. *Psychiatric Rehabilitation Journal, 27*, pp. 219-224.

Ritzler, B. (1981). Paranoia-prognosis and treatment: A review. *Schizophrenia Bulletin, 7*, pp. 710-728.

Scher, J. (1962). *Theories of the Mind.* New York, NY: Free Press of Glencoe.

Shulman, B. (1968). *Essays in Schizophrenia.* Baltimore, MD: Williams & Wilkins.

Shulman, B. (1984). *Essays in Schizophrenia* (2nd edn.). Chicago, IL: Alfred Adler Institute.

Sperry, L., & Shulman, B. (1996). Schizophrenia and delusional disorder. In L. Sperry & J. Carlson (Eds.), *Psychopathology and Psychotherapy: From DSM-IV Diagnosis to Treatment.* (2nd edn.) (pp. 23-50). Washington, DC: Accelerated Development/Taylor & Francis.

Torrey, E. (2014). *Surviving Schizophrenia* (6th edn.). New York, NY: Harper Perennial.

## 제9장
# 해리장애

Jon Sperry · Len Sperry

　2013년 2월, 캘리포니아주 팜 스프링스의 한 모텔에서 한 남자가 의식을 잃은 채 발견되었다. 그는 응급실로 이송되었고, 거기에서 의식을 차렸다. 그 후, 그는 캘리포니아 운전면허증에 있는 자신의 얼굴을 인식하지 못한 후 병원에 입원했다. 그는 세 개의 다른 개인 신분증도 알아보지 못했다. 면허증과 다른 신분증에 적힌 이름은 마이클 토마스 보트라이트였다. 대신에 그 남자는 요한 엑이라고 주장했다. 그는 스웨덴어만 말했기 때문에 통역사가 필요했다. 4개월 후에도 그는 입원하고 있었고, 여전히 자신의 과거를 기억할 수 없다고 주장했다. 이 기간 동안 보트라이트는 플로리다에서 태어났고, 그와 수년간 연락이 없었다고 얘기하는 한 여동생이 미국에 있다는 것을 알게 되었다. 그는 영어를 말했고, 군 복무를 했으며, 한동안 스웨덴에서 살았다는 것도 알게 되었다. 정신과 컨설턴트는 보트라이트가 해리성 기억상실(Dissociative Amnesia)을 겪고 있는 것 같다고 추측했다. 이 기억상실에서 그의 "현실과의 단절은 '자기보호'의 한 형태일 수도 있다." 이 남자가 뇌졸중이나 다른 뇌 질환을 앓고 있지 않고, 어떤 문제를 피하려고 이야기를 꾸며 내고 있지 않다고 하면, 해리장애(Dissociative Disorder) 진단이 가장 합리적이다. 마찬가지로 자기보호의 한 형태로서 해리의 심리학적 기제는 임상전문가들 사이에서 흔한 설명이다.

물론 아들러리안은 해리성 기억상실을 설명하기 위해 자기보호(self-protection) 대신 자기보호 경향성(safeguarding)이라는 용어를 더 선호한다.

이 장은 해리의 정의와 역사를 포함하여 해리에 대한 몇 가지 배경 정보로 시작한다. 다음으로 DSM-IV-TR에서 DSM-5로 가면서 해리장애와 관련된 변화를 기술하는 짧은 절이 이어진다. 해리장애에 대한 아들러식 개념화가 이어지며, 그리고 나서 해리장애에 대한 DSM-5의 임상적 기술을 제공한다. 그다음은 각 장애의 사례 개념화를 알아보고 치료 고려사항들에 대한 간략한 논의가 뒤따른다. 마지막으로, 사례 예시가 그 장애를 보여 준다. 좀 더 구체적으로, 이 장은 다음과 같은 해리장애, 즉 해리성 정체성장애, 해리성 기억상실, 이인성/비현실감 장애, 달리 명시된 해리장애 그리고 명시되지 않은 해리장애를 논의하고 기술한다.

## 해리 현상과 해리장애의 역사

해리는 일반적으로 의식, 정체성 또는 기억의 정상적인 통합 기능의 일시적인 변화로 정의되는 현상이다. 해리는 보통 밀접하게 연결된 사고, 감정 또는 행동의 분리와 관련이 있다. 따라서 사고는 행동이나 감정으로부터 분리될 수 있다. 해리 현상은 정신병리와 반드시 관련이 있는 것은 아니다. 이 현상들은 자발적으로 일어날 수 있고, 치료 목적으로 추구되거나 유도될 수 있다. 그러한 경험을 할 수 있는 능력은 피(被)최면성의 기저를 이루는 동일한 현상과 관련이 있다고 믿어진다. 최면은 자극에 대한 인식의 상대적 감소와 함께 집중된 초점의 변화를 요구한다(Spiegel & Spiegel, 1978).

비어(Beahr, 1982)는 더 경도이고 더 흔한 해리 형태에서 DSM-5의 해리장애 범주에 포함된 병리적 해리 상태에 이르는 '해리 연속체'에 관해 언급한다. 아주 흔한 해리 사건에는 고속도로 출구를 지나쳐서 운전하거나 학급 강사가 부르는 자신의 이름을 듣지 못하는 것처럼 공상이나 몽상에 빠져 있는 것 등이 있다.

세 살짜리 아이가 상상 속의 놀이 친구를 갖는 것은 대학생이 명상의 많은 형태 중 하나를 배우고 연습하는 것과 같이 정상으로 여겨진다. 신앙심이 깊은 개인은 세속적인 관찰자가 자기 최면으로 해석할 수 있는 명상과 같은 영적 수행을 추구할 수 있다. 우리 문화는 암묵적으로 어느 정도 해리를 지지하고 강화한다. 사회화되는 과정에서 미국의 아동은 상황의 요구에 따라서, 동시에 존재하지만 순차적으로 표현되는 다양한 역할을 맡도록 배운다. 성인들 사이에서, 정신의 '부분 자기

(part self)' 본질은 일반 대중에 의해 쉽게 받아들여져 왔으며, 문학이나 예술에서 매우 좋아하는 주제이다. 우리는 우리가 동일적이지 않고, '한 가지에만 골몰하는 (simpleminded)' 유기체가 아니며, 그리고 자기구조 내에서 갈등, 다양성, 불균형이 인간의 주요한 특성이라는 것을 암묵적으로 이해한다.

초기 발달에서, 분리(splitting)는 필요하고 적응적인 대처 기제를 나타낸다. 대상관계 이론에 따르면, 유아는 대상을 좋고 나쁜 면으로 나누고, 분리해 놓음으로써 자신을 보호한다. 유아는 상호 모순되고, 번갈아 생기는 자기 표상과 대상 표상, 그리고 그 결과로 인한 정동(affect)을 분리함으로써 고통스러운 양가감정, 불안 그리고 우울을 감소시키려고 분리를 사용한다(Akhtar & Byrne, 1983). 분리는 유아의 어머니와의 복잡한 관계를 몇 개의 단순한 관계처럼 보이는 관계—사랑하는 대상과 만족스러운 대상, 미워하는 대상과 좌절된 자기 등—로 변화시킴으로써 문제를 단순화한다. 분리는 만족한 자기로부터 위험하고 공격적인 충동과 느낌을 분리함으로써 그 충동과 느낌을 분산시키는 역할을 한다. 대상 항상성(object constancy)이 성취됨에 따라 아이는 분리의 필요성이 줄어들게 된다. 그러나 대상 항상성이 성취되지 못하면, 경계성 및 자기애성 성격장애 등 심한 병리가 나타난다. 거기에서 병리적 분리가 지배적인 대처 기제로 지속된다.

어떤 해리 상태는 자신의 지배적인 의식의 인식 밖에서 복합적인 행동이 일어나는 병리적 형태이다. 이는 가수면 상태, 블랙아웃, 해리성 기억상실, 둔주, 이인성/비현실감 장애와 해리성 정체성장애를 포함한다. 해리 상태는 병인이 원래 기능적ㆍ심리적이라고 여겨지지만, 유기적(organic) 병인을 가질 수 있다. 예거(Yaeger, 1989)는 블랙아웃과 기억상실증 기간이 알코올이나 다른 물질 중독에 의해서뿐만 아니라 두부 외상에 의해서도 유발될 수 있다고 말한다. 게다가 예거는 해리성 정체성장애를 포함하여 해리 상태는 측두엽 간질과 부분 복합 발작이 있는 개인에게서 관찰되었다고 말한다.

### 해리장애의 역사

히스테리는 19세기 후반 유한계급[1] 사이에서 매우 만연했던 것으로 보인다. 엘렌버거(Ellenberger, 1970)는 이를 가식(affectation)과 연극조(과장된 어조)와 같은 문화적

---

1) 생산적 노동에는 참여하지 않고 소유한 자산으로 비생산적 소비활동만 하는 집단—역자 주

요인들뿐만이 아니라 청교도 정신 때문이라고 믿는다. 그는 이 요인들이 방어기제나 신경증적 자기보호로서 억압을 조장했다고 주장한다. 20세기 초중반에 좀 더 강박적이고 노동 윤리 주도의 문화로 변화하는 가운데 히스테리/해리장애의 사실상 소멸은 이 장애의 거의 완전한 소멸을 설명했을 수도 있다. 그러나 '나(me)' 그리고 '지금 (now)' 세대, 그리고 더 나르시시스적 기풍으로의 전환이 있었던 1960년대에 이러한 종류의 장애가 명백하게 재출현한 것이 관찰되었다.

해리 현상은 기록된 역사의 시작 이래로 혼란스러운 철학가, 임상전문가 그리고 일반 대중의 마음을 사로잡았다. 예를 들어, 초기 그리스인들은 그들의 '수면치료'에서 해리를 사용했다. 해리장애에 대한 의학적 관심은 19세기 후반에 히스테리와 최면에 대한 체계적 연구와 함께 시작되었다고 보고되었다. 피에르 자넷(Pierre Janet)은 '해리'라는 용어를 도입한 공이 있다고 여겨진다. 그는 의식 외부에 존재하는 사고 복합체 모델을, 히스테리 증상의 원인이자 최면과 최면 후(post-hypnotic) 현상의 기초로 가정했다. 자넷은 해리라는 용어를 의식에서 분리를 묘사하기 위해 사용했다. 그는 또한 해리가 신경심리학적 취약성의 결과라고 믿었다(Sperry, 1990).

프로이트와 브로이어(Freud & Breuer, 1955)는 고통스러운 정동(affect)을 피하기 위해서 의식적 자각을 하지 않으려는 생각이 히스테리 증상을 일으킬 수 있고, 일으켰다고 주장했다. 프로이트는 의식에서 벗어난 이러한 생각의 현상에 대한 명칭으로 해리보다는 억압이라는 용어를 사용했다. 자넷과 달리, 해리에 대한 프로이트의 이해는 의식에서 분리의 관찰과 방어기제 둘 다를 말한다. 즉 억압이다. 게다가 프로이트는 해리의 유기적(organic) 설명보다는 심리적 설명을 선호했다. 결국, 그의 환자들은 명확한 유기적 원인이 없는 히스테리로 고통받는 것으로 진단되는 경향이 있었다.

프린스(Prince, 1906) 또한 자넷의 이론과 유사한 해리 이론을 발전시켰다. 그 이론에서는 자각이 없는 개인에게 서로 다른 의식 상태들이 존재할 수 있는데, 이는 그의 주의가 의식 상태에 초점을 맞추지 않기 때문이었다. 그는 공재 의식(co-consciousness)2)을 히스테리 증상과 다중인격에서 보이는 현상에 대한 설명으로 묘

---

2) 개인의 인격의식(人格意識) 내에 공재(共在)하고 있으나, 비교적 의식의 변두리에 존재하여 다른 것과 분리되어 있는 심적 상태이다. 그것은 무의식 속에서 동적으로 작용하여 개인 행동의 일부를 지배한다. 따라서 정상적인 심적 현상뿐만 아니라, 예컨대 수정응시(水晶凝視)·환각·이중인격 등 여러 가지 비정상적 심적 현상의 출현에도 커다란 역할을 한다(네이버 지식백과)―역자 주

사했다. 자넷처럼, 프린스는 주로 기억상실증, 둔주, 몽유병 그리고 다중인격 환자들을 연구했다.

프로이트와 프린스는 히스테리와 다중인격에 대한 후속 연구자들과 이론가들에게 상당한 영향을 미쳤다. 그래서 해리 증상들이 유기적 병인이 아닌, 의식에서 분리의 존재에 귀인하는 경향이 있다는 것은 놀랍지 않다. 두 사람이 '해리'를 근본적인 기제로서 가정한 사실은 많은 연구자가 기억상실증, 둔주, 다중인격 그리고 히스테리 현상을 함께 묶어서 '일률적으로 다루도록' 이끌었다. 이러한 근거 없는 가정과 그에 따른 많은 임상 발표는 진단상의 혼란을 초래했다.

이 결과 중 하나는 DSM-III, DSM-III-R, DSM-IV 그리고 DSM-IV-TR이 가정된 심리적 기제보다는 징후와 증상의 유사성, 또는 알려진 유기적 병인에 근거하여 진단에 접근했다는 것이다. 이러한 초점의 변화는 문헌에서 심인성 둔주로 기술된 몇몇 사례들이 실제로 DSM-III와 DSM-III-R의 심인성 기억상실증에 대한 기준을, 또는 DSM-IV와 DSM-IV-TR의 해리성 기억상실의 기준을 충족한다는 것을 의미했다. 예를 들어, 한나 그린(Hannah Green)의 책, 『나는 너에게 결코 장미 정원을 약속하지 않았다(I Never Promised You a Rose Garden)』에서 주인공이 자신의 정신과 의사에 의해 조현병으로 진단받고 치료받았지만, 오늘날 그녀는 해리성 정체성장애로 분류될 것이다.

이러한 이유들, 그리고 아마도 다른 이유들로 인해, 정신건강 업계에서 해리와 해리성 장애에 대한 상당한 회의론이 있다. 1970년대부터 1990년대까지 지금은 해리성 정체성장애로 알려진, 다중인격장애에 대한 관심이 다시 부활했다. 환자에게 억압된 기억을 '주입하는' 임상전문가와 관련한 소송들은 그러한 관심을 상당히 꺾었다. 그럼에도 불구하고 이 장애가 간과되어서 엄청난 수의 환자들이 진단받지 못했거나 다른 진단을 받았다면 적절하게 치료를 받지 못했을 거라고 주장하는 소수의 임상전문가들이 남아 있다. 반면, 임상전문가는 대부분 만약 해리성 정체성장애가 존재한다면, 매우 드물다고 생각한다.

## DSM-5에서의 해리장애

### DSM-IV에서 DSM-5로의 변화

DSM-5의 해리성장애 부분에서 일부 변화가 발생했다. 첫째, 비현실감이 이전에 이인성장애, 지금은 이인성/비현실감 장애라고 불리는 진단에 추가되었다. 둘째, 해리성 둔주는 DSM-IV-TR에서 별도의 진단이었던 것에 비해 해리성 기억상실의 "명시자"로 추가되었다. 마지막으로, 해리성 정체성장애 진단 기준에서 정체성의 붕괴를 초래하는 증상들은 이제 내담자에 의해 보고되거나 다른 사람들에 의해 관찰될 수 있다. 이 장은 이러한 변화들을 각각의 해리장애에 대한 논의와 그에 상응하는 사례에 포함할 것이다.

## 해리장애에 대한 아들러식 개념화

이 절은 아들러식 개념화를 통해 내담자가 증상을 마련하는 데 있어 정신병리의 기능적 요소와 해리의 유용성을 설명한다. 이 장의 처음에 소개한 마이클 토마스 보트라이트 이야기의 아들러식 개념화는 그의 해리성 기억상실을 열등감, 신체적·감정적 위협 또는 최근의 스트레스 요인을 감내하는 그의 전반적인 능력으로부터 그를 보호하려는 자기보호 경향성(safeguarding) 기제로 여긴다. 덧붙여서, 다른 심리치료들의 방향은 자기보호 경향성을 자기보호의 한 형태 또는 방어기제로 간주한다.

아들러는 증상, 변명, 공격성 그리고 거리 모색(distance seeking)과 같은 몇 가지 자기보호 경향성 기제들을 논의했다(Adler, 1956/1968). 해리장애는 증상과 거리 모색을 포함하는 자기보호 경향성의 전형적인 형태들이다. 거리 모색은 개인이 자신의 열등감을 드러낼 수 있는 인생 과제들에 관여하지 않음으로써 자신의 열등감이나 고통을 줄이게 해 주는 자기보호 경향성의 한 형태이다(Carson, Watts, & Maniacci, 2006). 증상들은 왜 개인이 원하는 결과나 인생 과제를 달성하지 못했는지에 대하여 합리화를 제공하는 기능을 한다. 이는 "예, 그렇지만 나는 아프다."라는 사적 논리를 포함할 수 있다. 이 태도는 개인이 인지된 열등한 자기관(self-view)을 드러낼 수 있는 인생 과제들을 향해 나아가는 위험을 감수하지 않고 변명하는 목적에 유용하다. 해리장애가 있는 개인은 자신의 증상으로 인한 상당한 불안정성의 결과로 인생 과제를 거의 성취하지 못했을 수 있다. 증상의 마련은 열등함을 경험하는 개인이 현실을 피할 수 있게 해 준다. 이 과정은 개인의 자각에서 벗어나 비의식적 과정으로 간주된다(Sperry, 1996).

아들러식 개념화는 촉발 사건들, 유지 요인들, 패턴 그리고 생활양식 신념과 가족 구도와 같은 유발 요인(소인)들도 검토할 것이다(Sperry & Sperry, 2012). 촉발 사건들의 탐색은 외상 사건이나 급성 스트레스 요인으로 구성될 수 있다. 이는 내담자의 부적응적 패턴 및 생활양식 신념을 촉발했을 수 있다. 유지 요인은 호소 증상이나 문제를 유지하거나 악화시키는 변수이다. 부적응적 패턴은 내담자의 대인관계적 움직임과 그 움직임의 목적을 포함한다. 마이클 토마스 보트라이트의 움직임은 해리성 기억상실을 통해 자신의 스트레스 경험으로부터 "물러서기(move away)"였다는 가정이다. 그의 해리성 기억상실은 자기보호의 목적에 들어맞는다. 게다가 아들러식 사례 개념화는 그의 생활양식 신념, 가족 구도, 초기 회상에서의 주제들, 그리고 사회적 관심 수준을 검토할 것이다(Sperry & Sperry, 2012). 간단히 말하면, 자기보호 경향성은 해리장애의 아들러식 사례 개념화의 핵심 요소이다.

해리장애는 외상이 전쟁, 테러, 아동기 의료 시술, 또는 성적·정서적·신체적일 수 있는 아동기 학대와 연관이 있든지 간에, 외상과 종종 관련이 있다(APA, 2013). 아들러는 외상(trauma)보다는 오히려 '충격(shock)'에 대해 논했는데, 그는 외상을 입거나 낙담한 개인은 자신을 스스로 보호하기 위해 충격 효과에 매달린다고 믿었다(Adler, 1956). 충격 효과는 그 특정 시점을 결코 지나치지 않는 방식으로 활용되어 개인은 외상 사건이 다시 일어나는 것을 막을 수 있다. 이는 외상 상황에 초점을 맞추고 정지 상태에 머무름으로써 성취될 수 있으며, 그렇게 함으로써 인생 과제들을 피할 수 있다. 분명히, 외상을 입은 개인은 종종 낙담하며, 외상 후 사회적 관심이 부족할 수 있으며, 인생 과제를 성취하는 자신의 능력을 지속적으로 방해하는 열등 콤플렉스를 종종 경험한다. 외상의 희생자로서, 기존의 융통성이 없거나 경직된 생활양식 신념을 가진 개인은 종종 회복탄력이 떨어지고, 정지 상태를 활용할 가능성이 더 크다.

알프레드 아들러는 비교적 해리에 대해서 거의 쓰지 않았고 해리장애에 대해서는 아무것도 쓰지 않았다. 이것에 대한 설명은 무엇인가? 물론 우리는 모르지만, 추측할 수 있다. 우선, DSM-III 이전에는 해리장애는 히스테리성 노이로제의 전환(conversion) 유형과 구분하기 위해 보통 히스테리성 노이로제−해리 유형으로 알려졌다는 점에 유의해야 한다. 그런 점에서, 엘렌버거(1970)는 프로이트가 자신의 시술을 대부분 두 유형의 히스테리성 노이로제를 보이는, 고기능의 중상위층 환자들의 치료에만 한정하는 경향이 있었다고 지적한다. 반면, 아들러는 강박적·논리적인 성격 특징을 가진, 많은 저기능의 노동자 계급 사람을 포함하여 더 광범위한 다양한 환자를 치료했다. 따라서 아들러는 해리성장애 환자들과 거의 또는 전혀 치료적 접촉이 없었을 수도 있다.

그러나 아들러는 '신경증 환자의 명백한 이중생활'의 동의어로 '해리'를 암시적으로 언급했다(Adler, 1925/1968, p. 21). 그는 해리의 한 형태인 백일몽(daydreams)에 관해 논의하는 것을 좋아했다(Adler, 1956/1964). 백일몽과 그리고 아마도 다른 해리 현상에 대한, 그의 기본 관점은 정신병리에 대한 그의 전반적인 이론과 일치했다. "개인심리학의 연구결과는 인간의 모든 행동은 하나의 단위에 들어맞고, 개인의 생활양식의 표현이라는 사실을 시사한다"(Adler, 1956, p. 358). 아들러는 신경증의 퇴행적 움직임을 논의할 때, 심인성 기억상실증을 그러한 발현의 하나로 언급한다(Adler, 1925/1968). 마지막으로, 아들러의 최면에 대한 혐오를 주목하여야 한다(Adler, 1925/1968, pp. 161-162). 최면이 해리장애에 대한 기본적인 진단 그리고 치료 방법이었고 계속되고 있기에, 아들러 또는 그의 제자들과 이후 추종자들은 자신들의 이론적·임상적·연구적 노력의 대부분을 해리장애에 초점을 맞출 가능성이 훨씬 더 적다. 출판된 아들러리안 문헌에 대한 리뷰는 이러한 의견을 뒷받침하는 것으로 보인다(Sperry, 1996).

이러한 흐름이 바뀔 수 있다는 징후가 있다. 해리장애가 있는 개인들이 점점 더 많이 치료에 나타나고, 아들러리안을 포함하여 더 많은 임상전문가가 이 치료적 도전에 대처하기 위해 '준비하고' 있다. 피에르 자넷의 선구적인 노력의 재발견은 프로이트의 개념화(formulation)에 기반한 지배적인 이론이 납득되지 않거나 불편했던 임상전문가들에게 상당히 밝은 전망을 주고 있다(Vander Kolk & Vander Hart, 1989). 해리에 대한 자넷의 개념화는 다른 이론의 요소를 이해하고 통일하기 위한 광범위한 통합적 틀을 제공할 뿐만 아니라, 아들러리안 사고와 상당히 호환된다.

기본적으로, 자넷은 현재 신경과학연구에 의해 검증되고 있는 지각 및 인지 과정과 기억에 관한 광범위한 이론을 준비했다. 자넷은 의식은 특정한 경험과 관련된 모든 심리적 측면의 통합된 기억으로 구성되어 있고, 기억은 사건에 대한 수동적이고 정적인 기록이기보다는 창조적 행위라고 가정했다. 그는 기억은 오늘날 우리가 인지 도식이라고 부르는 것에 후속적 데이터를 분류하고 통합하는 매트릭스를 제공하는 지각 체계로 통합된다고 추측했다. 자넷은 해리가 불완전성의 정서, 혹은 분리된 또는 의식 밖에 존재하는 사고 복합체라고 믿었다. 그는 치료는 이 분리된 사고들을 의식으로 가져오는 과정이고, 자신의 과정이 치유력이 있다고 믿었다. 아들러에게 치료는 마찬가지로 이 잘못된 그리고 "누락된" 사고를 의식으로 가져오는 과정이었다. 물론 '누락된' 요소는 사회적 관심이다(Shulman, 1990).

# 해리성 정체성장애

## 임상적 증상

해리성 정체성장애(Dissociative Identiy Disorder)는 같은 개인 안에 두 개 이상의 별개의 정체성 또는 "또 다른 자아(alter egos)"가 존재하는 것이 특징이다. 각각의 자아는 특정한 시기에 지배적이다. 이 개인들에게 많은 자아가 있을 수 있기 때문에, 특히 이 장애의 초기 과정에 발견과 진단이 어려울 수 있다는 것은 놀라운 일이 아니다. 퍼트넘 등(Putnam et al., 1986)은 해리성 정체성장애의 적절한 진단 이전에 심리치료의 평균 기간이 6년 이상이라고 말한다. 이 장애의 나타났다가 사라지는 특성과 수많은 증상의 변환 때문에 환자는 다른 경우에 다르게 나타날 수 있다. 따라서 이러한 환자들이 보통 몇 가지의 진단을 받은 이력이 있다는 것은 놀라운 일이 아니다. 클러프트(Kluft, 1985)는 이러한 다양한 임상적 모습이 이 장애가 있는 환자 80%의 특징이라고 말한다.

해리성 정체성장애가 있는 개인은 보통 불안에서 수면장애에 이르기까지 많은 걱정으로 심리치료를 받는다. 치료 과정에서 이 개인은 갑작스러운 어지러움증의 시작, 주차한 차를 찾는 데 어려움, 어떤 옷을 입어야 하는지에 대한 지나친 우유부단함, 또는 다른 사람에 의해 명확하게 관찰된 행위의 부정과 같은 새로운 걱정들을 호소할 수 있다. 추가적인 조사 시, 치료 과정에서 다른 성격이 나타나거나 발견된다. 어떤 경우에는 자아들이 계속해서 생성된다. 이는 임상전문가의 간접적 암시나, 최면 유도 또는 아미탈 인터뷰(amytal interview)[3]와 같은 공식 수단을 통해서 나타날 수 있다.

---

3) '아미탈 인터뷰'란 [아미탈(바르비탈계의 수면제)]을 주사하여 정신병 환자와 면접하는 일이다. 거절하거나 말을 하지 않거나 혼미한 상태에 있는 환자, 고통감 때문에 내적인 체험을 말하지 않으려고 하는 신경증 환자 등에 쓴다. 잠들지 않을 정도로 서서히 주사(정맥주사)하여 면접 때 장애가 되는 의식적 또는 무의식적인 저항이나 긴장·불안을 제거하고 소통성을 회복시켜 심리분석을 한다(네이버 지식백과)-역자 주

환청과 사고장애의 몇 가지 특성들이 이 장애에서 흔히 주목되고, 갑작스러운 기분 변화도 그러하다. 실제로, 우울증은 해리성 정체성장애에서 가장 흔히 확인되는 증상이다. 해리장애를 겪으며 사는 더 심각한 역기능적인 개인은 자해를 포함한 준(準)자살(para-suicidal) 행동을 한다. 호레비츠와 브라운(Horevitz & Braun, 1984)은 단순 해리성 정체성장애 사례의 70%가 DSM-III의 경계성 성격장애 기준을 충족함을 발견했다. 마지막으로, 기억상실증은 해리성 정체성장애 특유의 징후로 여겨진다.

병인학적으로, 유발 요인(소인)에는 반복된 아동기 학대와 방임의 이력, 아동기 의료 시술, 전쟁, 아동기 매춘, 성폭행 그리고 테러 등이 있다. 이에 대해 아동은 해리하는 것으로 대응했다. 이 장애를 겪으며 사는 내담자의 약 90%는 어린 시절 반복적이고 극심한 신체적·성적 학대의 이력을 경험했다(APA, 2013).

이러한 내담자에게 해리는 지배적인 또는 유일한 적응적 대처 방식이 된다. 발병은 보통 초기 아동기에 일어나며, 경과는 다른 해리성장애들보다 더 만성적인 경향이 있다. 대부분의 해리성 정체성장애가 있는 환자는 청소년기 후반과 중년 초기의 나이 사이에 진단된다. 50대 후반에 접어들면서 대다수는 다양한 기능을 가진 하나의 회복탄력적(resilient) 성격에서 점점 더 많은 시간을 보내기 시작한다. 어떤 인격들은 동시에 통합될 수도 있다. 미국 성인의 해리성 정체성장애 유병률은 남성이 1.6%, 여성이 1.4%로 나타났다(APA, 2013).

## DSM-5 특성

이 진단 기준을 충족하는 개인은 정체성 붕괴로 특징지어지는데, 이는 두 개 이상의 별개의 정체성이나 성격 상태의 존재를 포함한다. 그 상태에서 개인은 변화된 정동, 행동, 기억, 의식, 감각 운동 기능 또는 전체적인 지각을 경험한다. 또한 DSM-IV-TR 이후, DSM-5는 이 증상들을 개인이 보고하거나 다른 사람이 관찰할 수 있다고 명확히 표현하고 있다. 중요한 개인적 정보, 일상 사건의 회상, 그리고 외상성 사건의 회상과 관련한 기억 손상이 이 장애에서 일어날 수 있다. 그러한 증상을 보이는 것 외에도, 개인의 기능은 또한 직업적, 사회적 또는 다른 심리사회적 영역에서 크게 영향을 받는다. 게다가 이 장애는 약물치료, 약물 사용의 직접적인 생리적 효과나 의학적 상태로 인해 유발되지 않는다. 마지막으로, 장해는 또한 어떤 문화적·

종교적 관행의 일부도 아니다(APA, 2013).

해리성 정체성장애의 감별 진단은 물질 관련 장애, 성격장애, 전환장애(기능적 신경학적 증상장애), 발작장애, 인위성장애, 꾀병 등을 포함한다(APA, 2013).

## 생물심리사회적-아들러식 개념화

아들러리안 관점에서 해리성 정체성장애는 개인이 열등감을 다루도록 돕고 더 이상의 고통을 피하기 위해 활용하는 자기보호 경향성 기제이다. 학대받은 아동으로서 이 개인은 외상을 입는 동안 심리적으로 자신의 몸에서 벗어남으로써 살아남는 법을 배웠다. 이 해리 과정은 성인기 내내 활용되는 대처 기제가 된다. 다른 자아들을 활성화시킴으로써 개인은 불안전하거나 위협감을 느낄 때 현실로부터 분리될 수 있다. 거리 모색과 가만히 서 있기(standing-still) 전략들을 활용함으로써, 개인은 만약 자신이 초기 외상이나 충격을 결코 지나치지 않으면, 외상이 다시 일어나는 것을 방지할 수 있다는 확신을 강화한다. 이 과정은 현실로부터 철수하기와 자기로부터 분리하기를 포함하는데, 이는 낙담의 지표이다. 해리성 정체성장애가 있는 개인은 자아 전환 과정 동안에 일반적으로 낮은 수준의 사회적 관심을 보일 것이다(Sperry, 1996).

사회적 고립은 해리성 정체성장애가 있는 개인들 사이에 자주 발생한다. 왜냐하면 다른 사람들의 전형적인 사회적 반응은 불안정하고 예측할 수 없는 그런 사람을 피하는 것이기 때문이다. 대인관계 움직임은 양가적인 것으로 특징지어질 수 있다. 왜냐하면 어떤 자아는 개인을 보호하려고 다른 사람들로부터 물러서고, 반면에 다른 자아는 다른 사람들을 기쁘게 해 주거나 관심을 구하려고 그들을 향해 다가서기 때문이다. 해리성 정체성장애가 있는 개인은 대처하는 데 필요한 만큼 많은 자아를 발생시킨다. 클러프트(Kluft, 1985)는 이러한 또 다른 자아들이 자신의 기능을 반영하는 이름을 가지고 있다고 말한다. 가장 흔한 것은 보호자, 매춘부, 작은 소녀(아이) 그리고 화난 사람 등이다. 이 장애에 대해 수백 건의 확인된 진단을 검토한 결과 퍼트넘 등(1986)은 중앙값 7, 최빈값 5 미만으로, 평균 10개의 자아를 발견했다. 이 부적응적 과정은 다양한 자아에 접근함으로써 자신의 욕구를 충족시킬 수 있다는 목적에 알맞다.

## 치료 고려사항

다행스럽게도, 해리성 정체성장애에 맞춘 치료에서 최근의 발전은 이 장애가 있는 개인이 치료에 상당히 반응적일 수 있음을 시사한다. 해리성 정체성장애의 치료는 길고 힘들고 고통스러운 경향이 있다. 초기 목표는 신뢰 관계를 구축하는 것이고, 중간 목표는 환자의 기능과 잠재력을 최적화하는 것이다. 물론 궁극적인 목표는 자아들을 하나의 성격으로 완전히 통합하는 것이다. 하지만 성격들 간에 합리적인 정도의 갈등 없는 협력이 어떤 환자에게는 유일한 현실적인 목표일 수 있다. 오늘날, 과거 외상을 검토하는 것을 덜 강조하고, 기능을 향상시키고 내담자가 좀 더 의미 있는 삶을 살도록 돕는 것을 더 많이 강조한다. 과거 학대자를 직면하기 등의 기법은 고소된 학대자가 제기한 소송 및 그 개입의 효능을 지지하는 경험적 자료 부족으로 인해, 치료 계획의 일부로 권장되지 않는다(Kihlstrom, 2001).

일반적으로, 일부 약물은 우울증, 불면증 그리고 공황 증상과 같은 동반하는 증상을 치료하는 데 성공적이었지만, 약물치료는 이 장애에 효과가 없었다. 치료의 성공은 최면치료, 정신분석적 심리치료, 비디오 녹화 촬영이 있는 또는 없는 집단치료 그리고 나트륨 아미탈(sodium amytal)에서 보고되었다. 브라운(1986)은 순차적이지만 중첩되고 치료 내내 계속되는 13단계 시리즈를 설명했는데, 이는 치료 방향과 상관없이 유용한 것으로 밝혀졌다.

### 사례 • E씨

E씨는 45세 백인 여성이다. 그녀는 막내 아들(제이크)의 요청으로 치료에 나타났다. 제이크는 어머니(E씨)에게 그녀의 "상태"를 치료하기 위해 정기적으로 치료를 받지 않으면 자신의 결혼식에 참석할 수 없을 거라고 말했다. E씨는 해리성 정체성장애 증상들을 관리하려고 여러 차례 치료를 받았다. 일관되지 않은 진단과 과거 성공적이지 않았던 치료 삽화들의 긴 이력에 대한 언급이 주목할 만하다. 접수 면접에서 E씨는 자신이 항우울제 약물을 충실히 복용하고 있으며 대부분의 날에 기분이 좋다고 보고했다. 제이크는 E씨와 첫 번째 회기에 같이 왔고, 어머니가 가족과 자기 약혼녀에게 지난 6개월 이상 감정적으로 함부로 대했다고 보고했다. 제이크는 E씨가 세 개의

서로 다른 자아들(조안—착한 작은 소녀 자아, 마이크—분노하고 폭력적인 자아, 줄리—책임감 있는 성인 자아) 간에 순환한다고 언급했다. 제이크는 자신의 가족이 지난 10년 동안 몇 차례 가족상담 치료 에피소드들을 겪었다고 보고했다. 그 결과, 제이크는 어머니의 상태에 관한 임상 용어에 익숙했고, E씨가 상당한 스트레스를 받을 때 종종 보이는 징후들을 알고 있었다. E씨는 4세에서 9세까지 사촌들과 삼촌들 몇 명에게 강간을 당했으며, 학대했던 삼촌 중 한 명이 자신을 돌볼 때 사탄 의식에 참여하도록 강요했다고 보고했다.

# 해리성 기억상실

## 임상적 증상

이전에 심인성 기억상실이라 불렸던 해리성 기억상실(Dissociative Amnesia)은 갑작스럽지만 중요한 개인 정보를 회상할 수 있는 능력의 일시적인 상실로 설명된다. 이러한 기억상실은 특정 주제나 즉각적이거나 먼 과거의 기억들에 대한 정보를 포함할 수 있다. 이 기억상실은 너무 광범위해서 일반적인 건망증으로 설명될 수 없으며, 머리 부상, 알코올에 의한 블랙아웃 후에 오는 기억상실, 또는 발작장애와 연관되거나 전기충격요법(ECT)으로 인해 유발된 기억상실과 같은 유기적 병인(organic etiology) 때문일 수 없다. 이 상태에 대한 유발 요인에는 한 번 또는 반복적인 외상 경험, 성폭행, 전투에의 노출, 그리고 극심한 갈등이나 정서적 스트레스 등이 있다(APA, 2013). TV쇼와 영화에서 흔히 묘사되는 기억상실과 달리 해리성 기억상실은 완전한 기억상실을 수반하는 경우는 매우 드물다.

해리성 기억상실의 특징은 기억상실증의 시작과 종료가 모두 빠르고, 유기적 병인에 부차적인 기억상실은 완전한 회복이 점진적인 경향을 보이며, 거의 완치되지 않는다는 것이다. 기억상실에 대한 적절한 평가를 위해서는 심리사회적 스트레스 요인, 약물 사용의 이력, 외상, 인생 과제 그리고 생활양식 신념 등 완전한 심리사회적 평가가 필요하다. 주요 요인 또는 원인이 되는 요인으로 신체적 외상, 신경질환, 대사 또는 약물 유발 원인들을 배제하기 위해 의학적 평가에 의뢰하는 것을 고려해야 한다. 미국 성인 대상 해리성 기억상실을 조사한 소규모 연구에서 유병률은 남성

1.0%, 여성 2.6%로 나타났다(APA, 2013).

## DSM-5 특성

이 진단 기준을 충족하는 개인은 본질적으로 자전적인 중요한 정보를 회상하지 못하는 것이 특징이다. 이러한 기억상실은 외상 사건이나 스트레스가 많은 사건과 같은 즉각적이거나 먼 과거의 특정 주제나 기억에 관한 정보를 포함할 수 있다. 국소적 또는 선택적 기억상실은 특정 사건이나 부분적 기억상실과 관련된다. 반면, 전반적 기억상실은 자신의 인생사와 관련된 기억의 완전한 상실을 말한다. 이것은 자신의 정체성에 관한 지식의 상실이나 세상에 대한 이전 지식의 상실을 포함할 수 있다. 그러한 증상을 보이는 것 외에도, 개인의 기능은 또한 직업적, 사회적 또는 다른 심리사회적 영역에서 크게 영향을 받는다. 이러한 기억상실은 너무 광범위해서 일반적인 건망증으로 설명될 수 없다. 그리고 머리 부상, 알코올로 인한 블랙아웃 후에 따르는 기억상실, 또는 발작장애와 연관된 기억상실과 같이 유기적 병인 때문이 아니다(APA, 2013).

DSM-5는 해리성 둔주장애를 DSM-IV-TR에서의 독립형에서 해리성 기억상실 기준의 명시자로 진단에 재배치했다. DSM-5에서 이것은 현재 해리성 둔주를 동반하는 해리성 기억상실로 분류된다. 해리성 둔주를 동반하는 해리성 기억상실을 경험하는 개인은 종종 자신의 집이나 일하는 장소에서 여행을 떠나며, 그리고 종종 자신의 과거를 기억하지 못하는 거나, 개인적 정체성에 대한 혼란을 겪으며, 심지어 어떤 경우에는 새로운 정체성을 나타내기도 한다.

해리성 기억상실의 감별 진단은 외상 후 스트레스 장애, 신경인지장애, 물질 관련 장애, 뇌손상으로 인한 외상 후 기억상실, 발작장애, 긴장형 혼미, 인위성장애와 꾀병, 그리고 기억의 정상적인 연령 관련 변화이다(APA, 2013).

## 생물심리사회적-아들러식 개념화

아들러리안 관점에서 해리성 기억상실은 자기보호 경향성 기제로 개념화될 수 있다. 거리 모색과 증상 마련의 활용은 개인이 극심한 열등감을 피하거나 외상성 사건 후에 자신을 보호하도록 도울 수 있다. 이 장애의 독특한 기능은 이 기억상실 유형은 기억상실이 발생했다는 것을 인식하지 못함으로써 개인을 고통이나 부적절함의 감정으로부터 보호할 수 있다는 것이다. 스트레스가 많은 상황이나 외상성 사건들을 기억하지 못하는 것을 보여 주는 것은 정서적 고통이나 스트레스에서 물러서는 목적에 알맞다. 이러한 노력이 항상 완전히 유용하지는 않지만, 개인의 자기(self)를 보호함으로써 자신의 신념을 보호하는 기능적 목적을 진정으로 가지고 있다. 이러한 부적응적 패턴은 열등감과 정서적 고통을 줄이기 위해서 다른 사람과 자기로부터 물러서는 것이 특징이다. 이 집단에서 생활양식 신념은 "예, 그렇지만 나는 아프다."에 소속하거나, 개인이 자신의 욕구를 충족시키지 못했을 때 철수하려는 자기보호의 주제를 포함할 수 있다. 불행하게도, 이러한 개인들은 자기보호 과정의 결과로 종종 인생 과제를 성취할 수 없고 의미 있는 삶을 살 수 없다(Sperry, 1996).

## 치료 고려사항

해리성 기억상실과 해리성 둔주를 동반하는 해리성 기억상실에 대한 치료 목표는 잃어버린 기억과 정체성을 회복하고, 외상성 선행 사건들을 환자의 의식에 통합하는 것이다. 임상전문가의 이론적 방향과는 상관없이 일반적 치료 전략은 지지적 방식으로 이력을 이끌어 내고 공감적으로 듣는 것이다. 지지적 환경은 자발적인 해결이 일어나기에 충분할 수 있고, 경우에 따라 필요한 모든 것일 수도 있다. 잃어버린 기억을 회복하기 위한 좀 더 능동적인 조치에는 최면, 자유연상, 암시, 아미탈 인터뷰, 그리고 해제반응[4] 기술(abreactive techniques) 등이 있다. 이 방법들은 진행 중인 심리치료와 함께 종종 활용된다.

### 사례 • X씨

X씨는 35세의 아시아계 미국 남성으로, 심각한 교통사고로 입은 부상 때문에 입원 두 달만에 퇴원한 후 지역 병원에서 심리 상담을 의뢰하여 치료받으러 왔다. X씨의 친구 두 명이 그 교통사고로 죽었기에, 그 자동차 사고 이야기는 지역 뉴스가 되었다.

---

4) 이야기를 함으로써 외상기억과 연합되어 있는 정동을 방출하는 것(네이버지식백과)−역자 주

X씨는 사고에 대한 어떤 기억도 없었으나, 그와 그의 친구들이 사고 직전에 식료품점으로 차를 운전해서 가고 있었던 것을 기억할 수 있었다. 그는 또한 사고가 난 직후에 병원에 들어간 것도 기억한다. 흥미롭게도, 교통사고 조사관들은 주요 교차로에서 일어났던 자동차 사고의 감시카메라 영상을 살펴보았다. X씨는 사고 후에 완전히 의식이 있었으며, 불타는 차에서 자신의 친구들을 끌어내려고 애쓰고 있었던 것으로 드러났다. 그는 사고에 대해 전혀 기억이 없다고 보고했고, 자신이 차에서 친구들을 꺼내려고 시도했다는 것을 기억하지 못했다. 철저한 의학적·신경학적 평가에서 유기적 병인은 배제되었으며, 그는 약물 사용, 발작, 두부 외상의 이력도 부인했다.

# 이인성/비현실감 장애

## 임상적 증상

이인성/비현실감 장애(Depersonalization/Derealization Disorder)는 실제로 의식이 분할된 적이 없고, 현저한 기억상실이 요인이 아니라는 점에서 다른 DSM-5 해리성 장애와 다르다. 실제로 다른 DSM-5 범주와 거의 유사성이 없다. 이 장애는 아마도 해리의 특징을 포함하고 다른 주요 DSM-5 범주와 덜 '맞기' 때문에 해리장애로 분류되었다. DSM-5에서 비현실감이 이 진단에 추가되었고, 지금은 이인성/비현실감 장애로 불린다.

이인증은 보통 개인의 자기지각에서의 변화로 설명된다. 이 변화된 지각에서, 마치 개인은 자기에 대한 분리된 관찰자인 것처럼 느끼면서, 자기와 전혀 다른 사람이 되는 것을 지각하고 경험한다. 명상가와 환각제 사용자들은 '신체 이탈' 경험을 보고했으며, 이는 이인증의 한 형태이다. 이 상태의 유발 요인에는 정서적 학대 그리고/또는 방임, 가정 폭력 목격, 정신질환이 있는 부모와 함께 성장하기, 위험 회피 기질, 단절과 과잉 연결(over-connection) 도식, 부족한 적응 기술, 결함과 무능력의 주제, 한 번 또는 반복된 외상 경험 그리고 신체적 학대 등이 있다(APA, 2013).

전체 성인의 50%가 약간의 해리 경험이 있는 것으로 추정되며, 이는 이것이 매우 흔한 현상임을 시사한다. 실제로 몇몇 명상(meditation) 체계들은 명상에서 자주 해리 상태를 성취하는 능력이 깨달음을 향한 진전의 표시라고 주장한다. 미국에서 이인성/비현실감을 조사한 한 연구에서 유병률은 약 2%, 성별 비율은 1:1이었다(APA, 2013).

이인증을 개의치 않는 많은 사람이 이인증을 경험하기 때문에, 그래서 장애를 진단할 수 있는 기준은 그 경험이 유발하는 고통의 빈도나 정도에 달려 있다. 진단 기준을 완전히 충족하기 위해서는 개인의 심리사회적 기능에 영향을 미쳐야 한다. 비현실감이라고 불리는 결과로서 생기는 현상은 개인의 환경이나 대상에 대한 지각에서의 변화, 마치 생경하거나 비현실적인 것과 같은 것을 의미한다. 비현실감은 자주 이인증을 동반한다. 이인증은 많은 정신질환 증후군, 특히 공황장애, 복합 부분 발작과 조현병에서 나타나는 증상이다.

이인증의 병인은 확실하지 않다. 자넷을 뒤이어 많은 연구자가 생물학적 근거를 가정했다. 다른 사람들은 이인성/비현실감은 받아들일 수 없는 추동이나 자아 경계의 변경과 관련된 자기 이미지를 거부하려는 시도 후에 나타난다고 시사한 반면, 또 다른 사람들은 대인관계적 영향을 시사했다. 순전히 생물학적이고 심리학적인 설명외에도, 퍼트넘, 거로프, 실버맨 등(Putnam, Guroff, Silberman et al., 1986)은 심한 사회적 스트레스 요인과 생명을 위협하는 상황에 대한 자료는 해리가 사회적 근거가 있음을 보여 준다고 믿는다. 아마도 생물심리사회적 설명이 이 장애를 더 잘 설명하고 예측할 것이다.

이 장애의 진행은 일반적으로 만성적이며, 관해(remission)와 악화가 두드러진다. 손상의 정도는 미미하지만 불안이나 정신이상에 대한 두려움으로 인해 악화될 수 있다. 그런 면에서, 많은 사람이 특정 약물 경험에서 발생하는 플래시백(flashback)의 원인이라고 주장하는 조건화된 불안 반응과 유사하다.

## DSM-5 특성

이 진단 기준을 충족하는 개인은 이인증, 비현실감, 또는 둘 다가 있는 것이 특징이다. 이인증을 경험하는 개인은 분리감, 비현실감, 혹은 자신의 신체, 사고, 감정 또는 행동의 관찰자가 되는 느낌을 경험할 수 있다. 이는 또한 감정적 그리고/또는 신체적 마비를 느낌, 자신이 부재한 느낌, 왜곡된 시간 감각을 경험하는 것을 포함할 수 있다. 비현실감을 경험하는 개인은 현실로부터 분리된 느낌이 들고, 비현실성을 경험하거나, 또는 꿈속에 있거나 죽은 듯이 느낀다고 종종 보고한다. 비현실감은 자주 이인증을 동반한다. 그러한 증상을 보이는 것 외에도 개인의 기능은 직업적, 사회적 또는 다른 심리사회적 영역에서도 크게 영향을 받는다. 더욱이 이 장애는 약물치료, 약물 사용 또는 의학적 상태의 직접적인 생리적 효과로 인해 야기될 수 없다(APA, 2013).

이인성/비현실감 장애의 감별 진단에는 질병불안장애, 주요우울장애, 강박장애, 기타 해리장애, 불안장애, 정신병적 장애, 물질/치료약물로 유발된 정신병적 장애, 그리고 다른 의학적 상태로 인한 정신질환 등이 있다(APA, 2013).

## 생물심리사회적-아들러식 개념화

아들러리안 관점에서 이인증과 비현실감은 자기보호 경향성 기제로 개념화될 수 있다. 거리 모색과 증상 마련의 활용은 개인이 극심한 열등감을 피하고 외상성 사건 후에 자신을 보호하는 데 도움이 될 수 있다. 자신의 몸에서 분리된 느낌, 또는 삶이 비현실적이라는 느낌은 고통이나 잠재적인 열등감 촉발 상황에서 후퇴하는 목적에 알맞다(Sperry, 1996). 이인증 또는 비현실감을 통해 현실에서 철수하고 자기와 단절하는 것은 종종 사회적 관심의 감소와 관련이 있다. 사회적 참여를 중단하고 자신의 증상에 집중하는 선택을 함으로써 이것은 지속적인 사회적 고립을 초래한다. 사회적 관심 외에 생활양식 신념은 특히 이 발현의 개념화에 중요하다. 융통성이 없고 경직된 생활양식 신념은 개인이 외상성 사건 후에 '다시 회복하는' 데, 또는 스트레스가 많은 상황을 대처하는 데 어려움을 겪게 할 수 있다. 이러한 대인관계적, 개인내적 움직임은 '물러서기'로 특징지어질 수 있다. '물러서기'는 상처, 고통, 불편함에서 개인의 자기를 보호하고 자신의 자기를 다른 사람에게서 거리를 두고, 안전감을 높이는 목적에 알맞을 수 있다. 다음은 이인증 또는 비현실감을 경험하는 개인의 잘못된 생활양식 신념의 몇 가지 예이다.

1. "나는 너무 부적절해서 삶의 스트레스 요인을 관리할 수 없다. 그러므로 나는 안전하지 않거나 위협받는다고 느낄 때 철수할 것이다."
2. "삶은 너무 위험해서 모험할 수 없다. 나는 고통을 피함으로써 세상에서 나의 자리를 찾을 수 있다."
3. "현실에서 철수함으로써 나는 위협적인 상황이 다시 일어나는 것을 방지할 수

있다."

4. "나의 몸속에 있는 것은 갈등의 시기에 매우 위협적이다. 나 자신과 단절하고 나의 혼란과 비현실감에 몰두하는 것이 더 쉽다"(Sperry, 1996).

## 치료 고려사항

이인성/비현실감 장애의 아들러식 치료에 관한 문헌은 거의 없고 확정적이지 않다. 이인성/비현실감 장애는 해리 현상만큼이나 정체성 발달장애이기 때문에, 치료 목표는 인격의 더 완전한 통합, 그리고 상관적으로 자기와 외부 현실에 대한 좀 더 정확한 인식이다. 가망성이 있는 치료 접근법에는 최면(특히 높은 피최면성이 있는 사람에게), 심상 기술 그리고 인지행동적 접근법 등이 있다.

일반적으로 약물치료는 증상을 보이는 우울증, 불면증, 공황 증상과 같은 대상에는 일부 사용되었지만, 이 장애에는 효과가 없었다. 치료 성공은 최면치료, 정신분석적 심리치료, 비디오 녹화 촬영이 있는 또는 없는 집단치료 그리고 나트륨 아미탈에서 보고되었다. 브라운(1986)은 순차적이지만 중첩되고 치료 내내 계속되는 13단계 시리즈를 설명했는데, 이는 치료 방향과 상관없이 유용한 것으로 밝혀졌다.

### 사례 • V 양

치료를 받으러 온 V 양은 26세의 라틴계 여성으로, 학생 건강 서비스 클리닉의 접수 신청서에 "내 몸에서 분리된 느낌"으로 인해 치료를 받으려 한다고 밝혔다. 그녀는 진행 중인 삽화를 하늘에서 자신의 몸을 내려다볼 수 있는 느낌, 그리고 자신이 "미쳐 가고" 있는 느낌이라고 묘사했다. 마치 그녀가 영화에서 자신을 보고 있는 것과 같다고 설명했다. 왜냐하면 그녀는 삽화 동안 신체적 · 정서적으로 감각이 없다고 느꼈기 때문이다. 이 삽화들은 1년 이상 지속되었고, 그녀에게 사교 및 친구들을 만나는 것을 매우 어렵게 했다. 게다가 그녀는 "대학 졸업 후 실패"에 대하여 매우 걱정하는 느낌을 보고했고, 이 걱정을 2년 전부터 시작했다. 추가 접수 면접 후에 그녀는 이 삽화들이 주요 시험을 치른 후 며칠 내에 혹은 수업에서 집단 프로젝트가 요구될 때 전형적으로 일어났다는 것을 확인했다. 그녀는 공부하기에 너무 분리된 느낌의 결과로 2개의 기말 시험을 놓쳤고, 지난 학기에 전체 시험 주간을 회피했기 때문에 학사 경고 상태라고 시인했다. 철저한 의학적 및 신경학적 평가에서 유기적 병인은 배제되었고, 그녀는 약물 사용이나 두부 외상의 이력도 부인했다.

# 달리 명시된 해리장애

## 임상적 증상

달리 명시된 해리장애(Other Specified Dissociative Disorder) 범주는 해리가 두드러진 특징이지만, 이 장의 다른 어떤 해리장애의 기준을 완전히 충족하지 않고, 4개의 특정 범주 중 하나의 기준을 충족하는 그런 장애 발현 징후들—만성적이고 반복적인 혼합된 해리 증상, 지속적이고 강력한 강압적인 설득에 의한 정체성장애, 스트레스성 사건에 대한 급성 해리성 반응, 그리고 해리성 황홀경—을 위한 것이다. 몇 가지 예로는 수용소에서의 세뇌, 인질 상황과 관련된 협박, 또는 광신적 종교집단의 세뇌 후에 이어지는 해리 상태 등이다. 발작(ataque)이나 영(spirit)/악마 빙의와 같은 해리성 황홀경 장애도 또 다른 예이다.

## DSM-5 특성

이 진단 기준을 충족하는 개인은 심리사회적 손상을 일으키는 해리장애의 증상과 특징들로 특징지어지지만, 해리장애의 진단 범주 장애 중 어느 것의 기준도 완전히 충족시키지는 않는다. '달리 명시된'을 사용하여 특정될 수 있는 범주의 예는 만성적이고 반복적인 혼합된 해리 증상, 지속적이고 강력한 강압적인 설득에 의한 정체성장애, 스트레스성 사건에 대한 급성 해리성 반응, 해리성 황홀경 등이다.

첫째, 만성적이고 반복적인 혼합된 해리 증상은 정체성 혼란이나 정체성의 변화를 포함하지만 해리성 기억상실은 없다. 둘째, 지속적이고 강력한 강압적인 설득에 의한 정체성장애는 세뇌나 장기간 고문 같은 강력한 강압적 설득에 노출되어 있는 개인이 포함되는데, 이는 의식의 변화 또는 자신의 정체성에 대한 의문을 포함할 수 있다. 셋째, 스트레스성 사건에 대한 급성 해리성 반응은 한 달 이하로 또는 심지어 몇 시간 정도로 짧게 지속되는, 급성적이지만 일시적인 상태가 발생하는 범주이다. 이 범주는 이인증, 비현실감 또는 다른 지각 장해와 같은 의식의 변화를 포함한다. 마지막으로, 해리성 황홀경은 주변 환경에 대한 급성의 인식 상실이다. 이 발현은 상동적 행동, 일시적 마비 또는 의식의 상실까지도 포함할 수 있다.

그러한 증상들을 보이는 것 외에도 개인의 기능은 또한 직업적, 사회적 또는 다른 심리사회적 영역에서 크게 영향을 받는다. 게다가 이 장애는 약물치료나 약물남용의 직접적인 생리적 효과나 의학적 상태로 인해 야기되지 않는다.

## 생물심리사회적−아들러식 개념화

이 장의 다른 해리성장애에서 확인된 개념화와 유사하게, 자기보호 경향성 기제 대처 반응은 달리 명시된 해리성장애를 개념화할 때도 사용될 수 있다. 이 장애의 아들러식 개념화는 또한 생활양식 신념, 낙담과 사회적 관심의 수준, 그리고 개인의 인생 과제 성취를 또한 검토할 것이다(Sperry, 1996).

### 사례 • B씨

B씨는 51세 아프리카계 미국 남성으로, "내가 살아 있지 않다는 느낌" 그리고 "시간이 너무 천천히 가서 어떤 공부에도 집중할 수 없는 것처럼 느껴진다"는 경험 때문에 상담을 받으러 왔다. 그가 나타내는 걱정은 가장 최근에 다른 주에서 인턴십을 제안받았다는 소식으로 인해 촉발되었다. 그의 급성 혼란과 비현실감이 또한 지각왜곡도 동반하였다. 그는 "내 발이 정말로 커지거나 정말로 작아지는 것처럼 보이고, 나는 똑바로 생각할 수 없다."라고 밝혔다. 그는 지난해에 이 삽화를 두 차례 경험했다고 보고했다. 이는 보통 하루에서 사흘 정도 지속되었다. 첫 번째 삽화로 그는 정신병원에 5일 동안 입원하게 되었다. 첫 번째 병원 방문의 문서에는 달리 명시된 해리장애−스트레스성 사건에 대한 급성 해리성 반응 진단이 적혀 있었다. 평가는 B씨가 일부 해리 증상들을 보이긴 하지만, 그가 나타내는 증상들과 급성 스트레스 요인에 대한 그의 보고를 고려해 볼 때 달리 명시된 해리장애−스트레스성 사건에 대한 급성 해리성 반응 진단이 정확하다고 결론을 내렸다.

철저한 의학적 및 신경학적인 평가에서 유기적 병인은 배제되었고, 그는 약물 사용이나 두부 외상의 이력도 부인했다.

# 명시되지 않은 해리장애

## 임상적 증상

명시되지 않은 해리장애(Unspecified Dissociative Disorder)라는 포괄적인 범주는 해리가 주요 특징이지만 앞서 언급한 4가지 중 어떤 해리장애의 기준도 충족하지 않는 그런 장애 발현 징후들을 위한 것이다.

## DSM-5 특성

이 진단 기준을 충족하는 개인은 심리사회적 손상을 일으키지만 해리장애 진단 범주 중 어떤 장애의 기준도 완전히 충족하지 않는 해리장애의 증상과 행동으로 특징지어진다. 임상전문가는 개인이 해리장애를 암시하는 특성을 보이지만, 특정 진단을 내리기 위한 충분한 정보를 갖고 있지 않을 때 이 진단을 내릴 수 있다. 이 잠정적 진단은 해리 유형 증상들이 보고되지만 정보가 명확하지 않고 추가적인 평가가 필요할 때, 응급실 유형 환경에서 내려질 수 있다.

## 맺는말

상대적으로 사소한 변화가 DSM-5의 해리장애 섹션에서 발생했다. 자기보호 경향성에 대한 아들러식 개념화는 임상전문가가 해리장애를 다룰 때 평가와 치료 계획 사이의 간격을 메우는 데 도움을 줄 수 있다. 해리장애에 대한 아들러리안 관점을 DSM-5의 관점과 통합하는 것은 임상적 결과를 증대시킬 것이다.

## 참고문헌

Adler, A. (1956). In H. L. Ansbacher & R. R. Ansbacher (Eds.), *The Individual Psychology of Alfred Adler*. New York, NY: Basic Books.

Adler, A. (1964). In H. L. Ansbacher & R. R. Ansbacher (Eds.), *Superiority and social interest: A Collection of Later Writings*. Evanston, IL: Northwestern University Press.

Adler, A. (1968). *The Practice and Theory of Individual Psychology*. (Trans. P. Radin) Totawa, NJ: Littlefield, Adams, & Co. (Original work published 1925).

Akhtar, S., & Byrne, J. (1983). The concept of splitting and its clinical relevance. *American Journal of Psychiatry, 140*, pp. 3-10.

American Psychiatric Association (1986). *Diagnostic and Statistical Manual of Mental Disorders, Third Edition (Revised)*. Washington DC: American Psychiatric Publishing.

American Psychiatric Association (2013). *Diagnostic and Statistical Manual of Mental Disorders, Fifth Edition*. Arlington, VA: American Psychiatric Publishing.

Beahr, J. (1982). *Unity and Multiplicity: Consciousness of Self in Hypnosis, Psychiatric disorder and Mental Health*. New Yrok, NY: Brunner/Mazel.

Braun, B. (1986). Issues in the psychotherapy of multiple personality disorder. In B. Braun (Ed.), *Treatment of Multiple Personality Disorder*. Washington, DC: American Psychiatric Publishing, pp. 3-28.

Carlson, J., Watts, R. E., & Maniacci, M. (2006). *Adlerian Therapy: Theory and Practice*. Washington, DC: American Psychological Association.

Ellenberger, H. (1970). *The Discovery of the Unconscious*. New York, NY: Basic Books.

Freud, S., & Breuer, J. (1955). Studies on hysteria. In J. Strachey (Ed.), *The Pre-standard Edition of the Complete Psychological Works of Sigmund Freud* (Vol 2), London: Hogarth Press, pp. 3-305.

Horevitz, R., & Braun, B. (1984). Are multiple personalities borderline? *Psychiatric Clinics of North America, 7*, pp. 69-88.

Kihlstrom, J. (2001). Dissociative disorders. In P. B. Sutker & H. E. Adams (Eds.), *Comprehensive Handbook of Psychopathology* (3rd edn.). (pp. 259-276). New York, NY: Plenum.

Kluft, R. (1985). The natural history of Multiple Personality Disorder: A study of thirty-three cases. In R. Kluft (Ed.), *Childhood Antecedents of Multiple Personality*. Washington, DC: American Psychiatric Publishing, pp. 167-196.

Prince, M. (1906). *The Dissociation of Personality*. New York, NY: Green.

Putnam, F. (1985). Dissociation as a response to extreme trauma. In Kluft, R. (Ed.), *Child-hood Antecedents of Multiple Personality*. Washington, DC: American Psychiatric Publishing, pp. 285–293.

Putnam, F. (1989). *Diagnosis and Treatment of Multiple Personality Disorder*. New York, NY: Guilford.

Putnam, F., Guroff, J., Silberman, E., et al. (1986). The clinical phenomenology of multiple personality disorder: Review of 100 recent cases. *Journal of Clinical Psychiatry, 47*, pp. 285–293.

Shulman, B. (1984). *Essays in Schizophrenia* (2nd edn.). Chicago, IL: Alfred Adler Institute.

Sperry, L. (1990). Dissociation, multiple personality and the phenomenon of evil. *Journal of Pastoral Counseling, 25*, pp. 90–100

Sperry, L. (1996). The dissociative disorders. In L. Sperry & J. Carlson (Eds.), *Psychopathology and Psychotherapy: From DSM–IV Diagnosis to Treatment* (2nd edn.) (pp. 245–261). Washington, DC: Accelerated Development/Taylor & Francis.

Sperry, L., & Sperry, J. (2012). *Case Conceptualization: Mastering this Competency with Ease and Confidence*. New York, NY: Routledge.

Spiegel, H., & Spiegel, D. (1978). *Trance and Treatment*. New York, NY: Basic Books.

Van der Kolk, B., & Van der Hart, O. (1989). Pierre Janet and the breakdown of adaptation in psychological trauma. *American Journal of Psychiatry, 146*, pp. 1530–1540.

Wilbur, C., & Kluft, R. (1989). Multiple personality disorders. In *Treatment of Psychiatric Disorders: A Task Force Report of the American Psychiatric Association* (Vol. 3). Washington, DC: American Psychiatric Publishing, pp. 29–60.

Yager, J. (1989). Manifestations of psychiatric disorders. In H. Kaplan & B. Sadockleds (Eds.), *Comprehensive Textbook of Psychiatry* (5th edn.). Baltimore, MD: Williams & Wilkins, pp. 553–582.

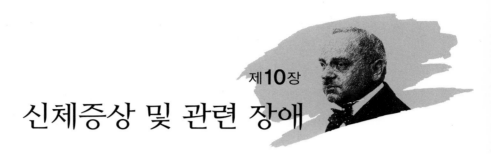

제**10**장
# 신체증상 및 관련 장애

Laurie Sackett-Maniacci · Michael P. Maniacci

"통증은 통증이다." 그리고 "고통은 고통이다." 사람들은 상실이나 기타 중대한 삶의 스트레스 요인을 겪을 때 고통받는다. 사람들은 잦은 두통, 복통 또는 만성 피로를 겪을 때 고통받는다. 고통 속에서 이들은 고통스러운 증상에 대해서 자주 도움을 구한다. 약물치료, 상담 혹은 심리치료를 거쳐서 이 사람들은 자신의 고통스러운 상황과 증상에서 회복하고 벗어난다. 그러나 가끔 고통의 경감은 항상 그렇게 명확한 것은 아니다. 이는 종종 개인들이 신체증상(somatic symptoms)을 보이고 즉각적으로 고통이 경감되지 않을 때 나타난다. 개인들은 흔히 일차 진료 의사나 기타 의료진을 통해 도움을 구한다. 이들은 증상에 반응하기 시작하면서, 삶의 다른 영역을 위한 시간이나 공간이 거의 남지 않게 된다. 이들을 도와 주려는 가족, 친구, 전문가들을 포함한 다른 사람들은 좌절하게 되고 서서히 그들의 지원을 철회할 수도 있다. 이 개인들은 계속 고통받으며, 최악의 경우는 소외된다고 느끼고, 최상의 경우는 오해받는다고 느끼기 시작할 수 있다. 이 시나리오에서 개인들은 실제로 DSM-5에 의해 분류된 여러 가지 신체증상 또는 관련 장애 중 하나로 고통받고 있을 수 있다(APA, 2013).

DSM-5는 DSM-IV-TR에 비해 신체증상장애들 간에 이해와 구분의 명확성을 높히려고 노력했다(APA, 2000). 이 장은 DSM-5에서 이뤄진 변화와 신체증상장애에 대한 일반적인 기준을 제시하며 시작할 것이다. 다음으로는 신체증상장애에 대한 아들러식 개념화를 제시할 것이다. 마지막으로는 신체증상장애, 질병불안장애, 전환장애, 기타 의학적 상태에 영향을 주는 심리적 요인, 그리고 인위성장애에 대한 진단 기준과 임상적 증상, 역동 그리고 치료 고려사항들을 제시할 것이다.

## DSM-5에서의 신체증상 및 관련 장애

### DSM-IV-TR에서 DSM-5로 정의의 변화

신체증상과 관련된 장애의 정의에 상당한 변화가 이루어졌고, 실제로 이 장애들이 지금 DSM-5에서 분류되는 방식에 반영되어 있다. 신체형 장애(somatoform disorder)로 여겨졌던 것이 이제는 신체증상장애로 불리는 새로운 범주의 장애로 언급된다(APA, 2013, p. 309). 이 변화는 하나의 신체형 장애와 다른 신체형 장애에서 발생하는 증상들이 상당히 중복될 뿐만 아니라, 이전 체계에서 이 장애를 진단하기 위해 무엇이 필요한지에 대한 명확성이 부족했기에 발생했다(APA, 2013, p. 309). 이 장애들의 정의에서 중요한 차이는 증상의 개념화에 있다. DSM-IV-TR에서는 의학적 설명이 없는데 신체증상이 있을 때 진단하는 데 중점을 두었다. 이 접근 방식의 문제는 종종 환자가 겪는 불편함이 묵살되고, 환자의 증상들이 진짜가 아니라는 인상을 준다는 것이었다. 이 접근 방식은 또한 의학적 상태가 동반 정신질환을 포함할 수 있다는 가능성을 감안하지 않는다는 점에서 또한 도전을 불러일으켰다.

### 신체증상장애에 대한 DSM-5 특성

의학적 상태의 부재에 근거하여 신체증상장애를 진단하는 것(즉, 존재하지 않는 것에 근거한 진단)이 거부됨에 따라, DSM-5는 양성 증상(즉, 존재하는 증상)에 근거하여 진단해야 한다. 좀 더 구체적으로, 신체증상장애 섹션에 범주화된 모든 장애는 상당한 고통 및 손상과 연관된 신체증상이 존재해야 한다. 고통은 환자가 신체증상 자체에 초점을 맞춤으로써 발생하며, 환자가 경험하거나 보여 주는 비정상적인 사고, 감정, 행동을 포함한다. 환자가 어떻게 자신의 증상을 표현하고 해석하는지에 중점을 둔다. 더욱이, 증상들이 의학적으로 설명될 수 있는지 여부와 상관없이 환자의 고통은 진짜로 여겨진다.

## 신체증상장애에 대한 아들러식 개념화

아들러(1956)는 심신장애(psychosomatic disorders) 문제를 이해하고 논의하는 데 있어 초기 대변자였고, 일반적으로 마음－신체 관계를 그리고 특히 신체증상장애를 이해하는 포괄적인 틀을 제공했다. 초기에 아들러(1956, p. 223)는 "정신적 긴장이 중추 신경계와 자율 신경계 모두에 영향을 미쳐 혈액 순환, 근육 긴장, 그리고 거의 모든 기관을 변화시킬 수 있다."라는 것을 시사하며, 신체적 증상과 심리적 증상 간의 연관성을 보았다. 얼굴이 빨개지는 것 혹은 몸이 떨리는 것은 이 연관성의 간단한 예이다. 아들러식 틀에서 신체증상장애를 이해하려면 이론에 내재된 많은 주요 가정과 개념을 이해하고 통합해야 한다. 아들러 이론은 전체론적이며, 개인을 단지 '부분'(예: 심리적인 측면 또는 생물학적인 측면)이 아니라 그 개인을 보는 것을 선호한다. 또한 우리는 진정으로 신체증상장애를 모든 관점에서 이해하기에, 내담자의 경험에 대한 목적론적·현상학적 측면도 고려한다.

아들러(1917)는 기관 열등(organ inferiority)을 기관 혹은 기관 체계의 유전적 결함으로 설명했으며, 이는 성장의 억제를 초래한다. 이 열등의 예는 호흡 기관, 비뇨 생식기 기관, 순환 기관 혹은 신경계에서 볼 수 있다(Adler, 1956). 어떻게 기관 열등이 문제가 되는가? 아들러가 설명한 한 가지 방법은 기관 열등과 스트레스를 통해 그 기관에 가해지는 요구들 간의 상호작용에 관한 것이다. 이 개념은 현재의 생물심리 사회적 및 스트레스 체질 모델(Stress–diathesis model)의 사고와 유사하다. 스트레스는 개인의 외부(즉, 환경이 그 사람에게 부여하는 요구들) 혹은 개인의 내부에서(즉, 개인이 자신에게 부여하는 요구들) 비롯될 수 있다. 스트레스의 근원에 상관없이 개인이 경험하는 요구들은 일반적으로 그 사람에게, 특히 열등 기관에게 부정적인 영향을 미친다. 개인이 충분한 스트레스를 경험할 때 증상은 흔히 나타날 것이다. 예를 들어, 한 개인이 편두통에 대한 유전적 소인이 있고 그가 상당한 양의 스트레스를 받게 되면, 편두통이 도질 수 있다.

기관 열등이 나타나는 또 다른 방법은 평형을 얻으려는 신체의 시도이다. 이것은 아들러(1917)가 보상이라고 언급했던 것을 통해서 이루어진다. 신체가 열등을 경험할 때, 신체는 균형을 유지하기 위해 그것에 대해 뭔가를 해야 한다. 어떤 의미에서 신체는 전체성(wholeness), 기능성 그리고 지속적인 생존을 위해 계속 노력한다. 신체의 어떤 부분에 문제가 있으면, 신체는 "가장 약한 연결(weakest link)"에 의해 생성된 문제를 극복하려고 반응할 것이다.

신체증상은 현상학적 측면에서도 이해할 수 있으며, 아들러(1956)는 이 방법을 강조했다. 현상학적 접근은 사람들의 참조 틀 및 관점에 대한 인식을 필요로 한다. 이 접근법에는 사람들이 의미를 만드는 사람이라는 개념도 있다. 어릴 때부터 사람들은 자신의 세계를 이해하기 위한 템플릿(원형, template)을 만든다. 더욱이 이 템플릿은 이들이 중요한 것에 주의를 기울이도록 돕는다. 이들은 자신의 경험에 의미를 만들어 부여하며, 신체증상도 예외는 아니다. 사람들이 신체증상을 보일 때, 그 사람이 알든 모르든 간에 종종 의미가 첨부되어 있다. 그리고 그 신체증상 자체가 말하자면 이 의미를 종종 나타낸다. 이것은 기관 방언(organ dialect)(Wolfe, 1934) 혹은 기관 용어(organ jargon)(Griffith, 1984)로 언급되었다. 사람들의 증상을 이해하고 치료하는 관문은 증상의 의미와 증상이 그 개인에 대하여 표현하고 있는 것을 조사하는 것이다. 예를 들어, 어떤 사람이 만성 하부 요통을 호소할 때, 그것은 그 사람이 실제로는 "나는 배신을 당했다."라고 표현하고 있는 것일 수 있다. 또 다른 예는 잦은 두통인데, 이는 "나는 너무 많은 생각을 해서 지쳤다." 혹은 "나는 너무 화가 나서 신물이 난다."를 표현하는 것일 수 있다.

우리는 또한 증상의 '의미 뒤의 의미'에 관심이 있다. 이는 그 사람의 열등감과 흔히 관련이 있다. 슐만(Shulman, 1973, pp. 106-109)은 사람들이 지각하는 '위험'과 관련된 일련의 의미를 제시한다. 이 위험들은 자신이나 세상에 대해 믿는 것에 대한 위협이며, 일반적으로 자존감에 대한 위협으로 경험된다. 이러한 위험에는 '결함의 위험', '노출될 위험', '다른 사람으로부터 비난의 위험' 혹은 '질서에 복종해야 하는 위험' 등이 있다. 다시 말하면, 이 의미들을 그 사람은 종종 쉽게 인식하지 못하지만, 그럼에도 불구하고 자신이 고통받는 증상과 관련하여 중요한 의미를 가질 수 있다.

신체적 증상의 의미를 탐색하는 것이 환자를 이해하고 치료 방향을 제공하는 데에 도움을 줄 수 있는 반면, 이는 종종 단지 그림의 일부분일 뿐이다. 즉, 목적론적 접근은 어떤 증상에 부합하는 목적 또한 그 사람과 치료 방향에 대한 이해를 향상시킨다. 이 접근은 증상을 단지 반응적인 것으로 여기는 현재 추세와 대조적이다. 구토는 우리 몸에서 해로운 것을 제거하는 목적에 알맞다. 그리고 다른 신체증상들은 사람을 위해 뭔가를 하는 역할을 할 수 있다. 알레르기 반응은 뭔가가 잘못되었다고 사람에게 경고하고, 신체는 스스로 보호하려고 한다. 증상은 '획득', '보호'의 역할을 할 수 있고, 생물학적인 수준에서 생존 가치가 있을 수 있다. 그리고 심리적인 성질의 증상도 마찬가지라고 할 수 있다. 신체적 증상은 개인의 자존감을 보호하고, 자신이나 다른 사람들에 대한 통제를 유지하고, 개인이 자신에 대해 믿는 것을 위협하는 상황에서 후퇴할 수 있도록 하는 등의 역할을 할 수 있다.

다음에서는 다양한 신체증상장애를 제시하고, 각 장애에 대한 자세한 기술, 임상적 증상, 치료 고려사항 그리고 사례를 포함할 것이다. 또한 각 장애의 아들러식 개념화를 제시할 것이다. 다음 장애들의 전부는 아니더라도 대부분이 비슷한 역동을 공유한다는 점에 유의하는 것이 중요하다. 일반적으로 신체장애가 있는 사람들은 전형적으로 외적 통제 소재를 갖고 있다. 삶의 도전에 대처할 때 자신의 개인적 힘에 대한 감각이 줄어든다. 이 점을 감안하면, 자신의 밖에서 도움을 구하는 경향이 있다. 문제는 누군가가 자신을 도와주기를 바라면서도, 이들은 도와줄 수 있는 사람이 없다고 믿는다는 것이다. 다른 사람에 대한 이러한 비관적 태도는 도와줄 누군가(즉, 의사나 기타 의료 서비스 제공자)를 탐색하는 과정에서 나타나며, 도울 수 없다는 것을 이상화하거나, 평가절하하거나, 비난하는 경향이 있다. 이들은 결코 증상에 대한 도움을 받지 못하는 것처럼 보이고, 탐색은 계속된다.

다른 역동들은 발달적 관점에서 이해될 수 있다. 어렸을 때 이 사람들은 신체적 감각과 감정을 혼동했다. 이들은 자신의 감정이 중요하지 않다고 가르치는 가정에서 성장했다. 일반적으로는 감각, 특히 좋지 않은 건강이 그 후 과대하게 강조되었고, 종종 의사소통의 장치가 되었다(Sullivan, 1956). 신체장애가 있는 사람은 종종 혼란스럽고, 학대하고, 역기능적이고, 적대적인 가정에서 나온다. 어렸을 때 이들은 다른 사람을 신뢰할 수 없다고 배웠다. 이 가정들은 자주 "네가 하는 것이 곧 너이고, 너는 무언가를 하지 않는 것에 대한 정당한 이유를 갖는 것이 더 좋다."라고 강조했다. 신체적 증상들은 이들이 충분히 '하지' 않는다고 느끼는 상황에서 정당화를 위해 사용하는 주요 도구가 되었다.

## 신체증상장애

### 임상적 증상

신체증상장애(Somatic Symptom Disorder)가 있는 사람들은 일반적으로 자신의 증상으로 인해 고통을 많이 받고, 종종 하나 이상의 증상에 시달린다. 이러한 증상들이 신체적 원인으로 설명될 수 있는지와 상관없이 이들은 상처를 받고 있다. 고통 외에도, 이들의 삶은 증상에의 몰두, 증상에 대한 의학적 도움을 얻으려는 잦은 노력, 그리고 일반적으로 삶의 많은 측면에서 물러남으로써 크게 지장을 받는다. 이것들은 사회적 · 직업적인 활동에 대한 참여를 제한한다. 이들의 고통과 고통 경감의 추구는 종종 삶의 초점이 되며, 기분이 "나아지려는" 노력이 주요 목표가 된다. 사회적 상호작용에서, 증상은 종종 주요 초점이 되고, 다른 사람들과 연결되는 방법이 된다.

## DSM-5 특성

신체증상장애는 이전의 신체화장애보다 덜 한정적이며, 개인의 삶에서 상당한 지장을 초래하는 하나 이상의 신체증상이 있는 것이 특징이다. 개인이 겪는 지장은 개인이 이러한 증상들에 반응하는 방법과 관련이 있다. 의학적 증거가 증상의 심각성을 보증하지 않는다는 사실과 상관없이, 개인이 그 심각성에 대해 과도한 걱정과 불안을 느낀다는 점에서 문제가 된다. 이들은 의료 서비스를 이용하는 데 많은 시간을 보낼 수 있지만, 일반적으로 이들의 증상은 경감되지 않는다. 이 장애의 위험 요인은 더 부정적인 기질과 신체증상에 대한 과민한 경향 등이다.

### 생물심리사회적-아들러식 개념화

신체증상장애가 있는 사람들은 신체에 초점을 맞춘 강력한 참조 틀을 갖고 있다. 이들은 신체 감각을 잘 알고 있는 사람들이다. 이들은 자신이 어떻게 느끼는지에 초점을 맞추는 경향이 있다. 가끔 이것은 내적 자극에 매우 반응적인 특성이 있는 근본적인 기질 유형과 관련이 있다. 이 민감성은 평생 지속된다.

고조된 민감성 그 자체로 문제가 되지는 않는다. 이 기질이 개인의 신념 체계 및 대처양식과 결합될 때 신체증상장애가 나타날 수 있다. 이들은 나쁜 일이 일어나는 세상에서 살아남는 것과 관련하여 열등감이 고조되는 것을 느낀다. 삶을 매우 위협적인 곳으로 경험한다. 이들의 세계관은 종종 "삶이 나에게 고통을 주고, 나는 고통을 겪어야 한다."와 같은 것이다. 가끔 이들은 학대와 같은 위협적인 상황을 많이 겪는 환경에서 성장했다. 이들이 다른 사람들에 의해 그리고 그들의 처분대로 희생된다고 느끼는 것은(그리고 대부분 그랬다.) 드문 일이 아니었다. 이들의 과거 경험은 종종 삶과 다른 사람의 손에 의해 고통받는 느낌이다. 신체 감각에 대한 민감성이 고조된다는 것은 종종 외부 세계뿐만 아니라 '내부'에서 오는 위협감으로 이어진다. 이들이 부정적인 신체 감각을 느끼는 것이 충분히 나쁘지 않고, 그 경험과 싸우기를 또한 원하며, 단지 아픈 것에 좀 더 초점을 맞추는 것에 기여한다는 점에서 이 고조된 민감성은 일종의 '이중고(double whammy)'의 원인이 된다.

이들의 자기개념은 삶이 위협적인 장소일 뿐만 아니라 안전이 자신의 외부에 있으며, 자신을 보호하거나 자신이 원하는 것을 얻기 위해 많은 것을 할 수 없다고 보는 것이다. 이러한 외적 통제 소재는 이들의 고통을 확인하고 영속화하는 데에 기여할 뿐만 아니라, 의료전문가의 도움을 구하는 것에 심하게 의존하게 한다.

## 치료 고려사항

신체증상장애가 있는 많은 사람이 자신의 증상이 신체적 특성이라고 믿는다는 점을 고려하면, 정신건강 전문가에게 도움을 구하려고 시작하지 않을 것이다. 종종 이들은 오로지 의사의 의뢰를 통해서 그러한 서비스를 받으러 온다. 많은 경우, 특히 정신건강 전문가에게 의뢰하는 것이 세심하지 않게 처리될 때, 이들은 상당한 저항을 보인다. 이것을 개선하는 한 가지 방법은 임상전문가가 사전에 그리고 환자의 치료 진행 과정에서 지속적으로 건강 전문가와 강력한 협력 관계를 구축하는 것이다. 팀 접근법을 취하고, 환자에게 환자의 고통을 줄이는 것을 도우려고 임상전문가가 팀의 일원으로 일할 것이라는 것을 알리는 것이 최선이다. 현재의 환경은 1차 진료와 정신건강 서비스를 통합하는 것이다. 이러한 통합이 지속적으로 일어나면서, 환자를 정신건강 전문가에게 의뢰하는 것이 계속해서 점점 덜 저항에 부딪힐 것으로 기대된다.

이들의 치료는 일반적으로는 기능을 향상하고, 특히 증상과 집착에 대한 주안점을 줄이는 것을 강조해야 한다. 신체적인 것에 초점을 맞추는 경향을 고려할 때, 개입 전략은 이완과 기타 스트레스 감소 기술을 가르침으로써 환자의 신체 기능을 목표로 해야 한다. 심호흡, 점진적 근육 이완 그리고 요가 기법으로 훈련시키는 것은 이들이 신체적으로 더 좋게 느끼고, 자기효능감을 증가시키는 데 도움을 줄 수 있다. 명상과 마음챙김 전략은 신체적 증상에 대한 집착을 최소화하는 것을 돕는 기술을 향상시키는 역할을 할 수 있다. 이러한 전략들은 또한 환자가 일반적으로 불편함을 증가시키는 역할만 하는 증상과 싸우기보다는 받아들이도록 도울 수 있다.

　다른 중요한 개입은 안전과 도움이 단지 자신의 밖에 있다는 믿음과 고통의 주관적 경험을 줄이기 위해 이러한 환자들의 자기효능감을 향상시키는 것을 돕는 것이다. 여기에서 유용할 수 있는 전략에는 환자가 감정을 말로 표현하고 적극적 의사소통을 배우도록 돕는 것, 환자에게 걱정을 제한하는 법을 가르치는 것, 그리고 전체적인 활동을 증가시키는 것 등이 있다.

　효과적인 치료는 또한 증상이 가질 수 있는 목적과 의미의 평가를 포함해야 한다. 여기서 '질문(The Question)'을 사용하는 것은 유익하다. 아들러(1956)는 '질문'을 체인성(體因性, somatogenic)장애와 심인성장애를 구분하는 방법으로 제안했다. "만약 당신이 완벽하게 건강하다면 어떻게 하겠습니까?"(Adler, 1956, p. 331)라고 환자에게 질문하는 것은 평가와 치료 계획 모두에 도움이 될 수 있다. 환자들이 이 질문에 어떻게 반응하는지는 병인에서 어떤 증상이 더 유기적(organic)인지 혹은 기능적인지의 정도에 대한 통찰을 제공할 수 있다. "나는 더 나아질 것이다."와 같은 반응은 유기적 병인을 시사한다. 그러나 "만약 나에게 이 두통이 없다면, 나는 나가서 직업을 찾을 수 있을 것이다."와 같은 반응은 기능적 병인을 암시한다. 여기서 우리는 무엇이 환자에게 스트레스가 될 수 있는지, 그리고 열등감 때문에 환자가 무엇을 피하고 있는지에 대해 어느 정도 이해하게 된다. 그리고 이것은 치료 중에 탐색해야 할 중요한 문제를 시사한다. '질문'에 대한 반응이 체인성 병인을 나타내는 한, 치료 개입은 이완 운동과 같이 기분이 나아지도록 돕는 그러한 활동을 포함해야 한다. 그러한 반응이 기능적 병인을 나타내는 한, 치료 개입은 환자들이 자신에게 스트레스를 주는 것을 변화시킬 수 있도록 돕는 것을 포함해야 한다. 이것은 이들이 신념 체계를 수정하고, 새로운 행동을 시도하거나, 이들의 상황을 어떤 식으로든 바꿀 수 있도록 돕는 것을 포함한다. 대개 체인성과 심인성 병인 모두에 대한 치료 개입이 필요하다.

　증상의 잠재적 의미를 파악하는 데 도움이 되는 또 다른 유사한 전략은 환자에게 "만약 당신의 증상이 목소리가 있다면, 그것은 뭐라고 말하고 있겠습니까?"라고 묻는 것이다. 이 질문에 대한 반응은 환자가 간접적으로 표현하고 있는 것에 대한 이해를 제공할 수 있다. 예를 들어, "내 두통은 화를 참을 수 없게 되었다고 말하고 있다."와 같은 반응은 환자가 화가 나 있지만 자신의 분노를 언어적으로 표현하지 않고 있다는 것을 시사한다. 그러한 반응을 고려할 때, 치료는 환자가 무엇에 화가 나 있고 자신의 분노를 더 직접적인 방법으로 표현하지 못하게 하는 것이 무엇인지를 탐색하는 것을 포함할 것이다. 증상의 잠재적 의미와 목적을 이해하기 위한 이 두 가지 전략은 환자의 건강 문제의 현상학적이고 개별 사례적 특성(idiographic nature)에 초점을 맞추도록 돕는다.

### 사례 • 니나

니나는 40세 여성으로, 그녀의 1차 진료 의사가 심리 서비스로 의뢰했다. 그녀는 기혼이며, 외부 활동으로 매우 바쁜 3명의 학령기 자녀들이 있다. 남편은 자주 여행하는 영향력이 큰 임원이다. 남편은 집에 있을 때, 종종 일을 집으로 가져오기 때문에 심리적으로는 집에 있지 않다. 그녀는 수년 동안 씨름해 온 장기간의 건강 문제가 최근에 나빠지고 있다고 보고한다. 그녀는 자주 편두통, 과민 대장 증후군, 요통, 섬유근육통과 같은 증후군에 시달리고 있다. 그녀는 또한 수면을 방해하는 갱년기 증상을 경험하기 시작한다고 믿는다. 그녀는 가정을 꾸려 나가고, 자녀들을 돌보고, 기껏해야 미미했던 자신의 증상을 완화시키려고 의사 진료실을 자주 드나들며 꽤 바쁘다. 니나는 학대 가정에서 자랐다고 보고한다. 그녀의 아버지는 직업을 유지할 수 없었던 알코올 중독자였고, 간호사였던 어머니는 가족을 부양하려고 자주 집을 비웠다. 그녀는 더 많은 신체적 · 감정적 학대를 불러일으키지 않으려고, 풍파를 일으키지 않고 혼자만 알고 숨기기로 일찌감치 결심했다. 그녀의 가정에서 감정은 좌절되었고 나약함의 징후로 여겨졌다. 성인이 된 니나는 일들이 그녀의 뜻대로 될 것이라는 데에 비관적이고, 평화를 유지하려고 자기주장을 하지 않으려 한다.

## 질병불안장애

### 임상적 증상

질병불안장애(Illness Anxiety Disorder)가 있는 사람은 사소한 신체적 증상을 더 심각하거나 치명적인 문제의 징후로 오해하는 경향이 있다. 예를 들어, 두통을 뇌종양의 징후로, 혹은 폐에 가벼운 울혈을 폐암의 징후로 두려워한다. 이러한 우려를 고려할 때, 이들은 자주 의학적 평가에 다니고, 의학적 소견이 없을 때는 종종 수많은 의견을 구하고, 종종 의사가 무능하거나 심각한 문제를 간과했다고 결론을 내린다. 말할 필요도 없이, 이들에게 모든 것이 좋다고 확신시키려고 노력하는 의사와 기타 건강 전문가들은 매우 좌절하게 되거나 이들을 무시하거나 묵살하게 될 수도 있다. 이것은 적대감과 불안 문제의 순환 무대를 마련한다.

## DSM-5 특성

질병불안장애는 일반적으로 건강에 대한 집착과 특히 심각한 질병에 대한 두려움이 특징이다. 이 집착은 아무런 신체적 증상이 없다는 사실에도 불구하고 발생한다. 더욱이 의학적 평가는 누구나 경험할 수 있는 정상적인 증상이나 감각 이외의 질병에 대한 어떤 신체적 증거가 없음을 분명히 말한다. 질병불안장애가 있는 사람은 자신의 건강과 웰빙과 관련하여 불안을 많이 가지고 있고 심각한 병을 앓고 있다고 믿는다. 이 장애가 있는 사람은 병마에 시달리고 있다고 믿을 뿐만 아니라 '아픈 것'은 자기정체성의 중요한 부분이 된다. 강한 불안은 일상 활동을 상당히 회피하는 데 이바지한다.

## 생물심리사회적-아들러식 개념화

질병불안장애가 있는 사람은 '삶은 위험하다', 그리고 자신의 건강에 대해 집중하는 것이 무엇보다 중요하다고 믿는다. 삶을 그렇게 위험하게 만드는 것은 반드시 세상에서 잘못될 수 있는 것들이라고는 할 수 없다. 오히려 이들은 자신 안에서 잘못될 수 있는 것에 깊은 인상을 받는다. 이들은 신체적 건강에 관해 과잉 경계하며 삶을 살아간다. 그리고 아주 작은 고통, 감각 등이 경각심을 일으킨다. 자라면서 이들은 두 가지 경험에 영향을 받는 경향이 있었다. 첫째, 이들은 다른 사람들을 신뢰할 수 없다는 것을 배우면서 성장했다. 어렸을 때 종종 이들은, 특히 신체적 감각이 관련된 곳에서 방임이나 자신의 욕구에 대한 오해를 경험했다. 배고픔이나 다른 신체적 불편함과 같은 경험이 돌보아지지 않았을 수 있다. 그리고 이러한 아동은 신체적 고통을 욕구를 충족시키지 못하는 것과 연관 짓기 시작했다. 이들에게 두 번째 영향은 아픈 것의 이점에 관한 훈련에 있었다. 어린 시절에 이들은 방임을 경험했을 수 있고, 따라서 이들이 좀 더 분명하게 아플 때 관심을 얻을 수 있었을지도 모른다. 어떤 상황에서는 이것이 돌보는 사람을 자신과 연관되게 하는 유일한 길이었을 수도 있다. 이들은 또한 가족 내의 다른 사람이 아플 때 그가 받는 관심을 목격했을 수도 있다. 따라서 보살핌과 양육을 받는 데 있어서 질병의 가치도 이들에게 깊은 인상을 주었을 수도 있다. 더욱이 이들은 모든 혹, 멍 또는 열을 지나치게 중요시하는 양육자로부터 과잉보호를 경험했을 수도 있다. 이것은 아이가 자신의 몸에 이상이 생길 수 있는 것에 지나치게 깊은 인상을 받을 수 있는 무대를 마련했다.

앞에서 열거된 역동들은 신체에 대한 지속적인 집중과 질병불안장애가 있는 개인에게 잘못될 수 있는 것에 대한 경계를 종종 영속화시킨다. 자주 건강에 대해 걱정하거나 집착하는 데 많은 시간을 보낸다. 사회적으로, 이들은 자신으로 인해 다른 사람을 매우 바쁘게 만들고, 그들의 염려와 보살핌을 얻으려고 한다. 비록 이들이 믿는 것처럼 이들의 걱정이 거의 중요하지 않거나 삶에 위협적이지 않더라도, 의사를 특히 자주 찾아간다. 이들은 의사가 무언가를 놓쳤고 무능하다고 주장하면서 종종 의사를 물리친다. 그런 다음에 다음 의사로 옮겨 간다. 이러한 방법으로 이들은 자신의 건강에 대해 걱정하고 집중할 뿐만 아니라, 지금처럼 아픈 상태로 계속 가기 위해 자신의 영웅적 존재를 세상에 보여 준다. 질병불안장애가 있는 일부 사람에게는 흥분 추구의 요소가 있다.

## 치료 고려사항

문헌에 언급된 근거 기반 개입은 질병불안장애 치료에서 인지행동개입의 효과적인 사용을 시사한다. 신체증상장애처럼 질병불안장애가 있는 사람은 종종 의사의 의뢰를 통해 정신건강 전문가에게 온다. 이를 고려해 볼 때, 이러한 환자들이 가져오는 신체 건강에 관한 걱정을 진지하게, 그리고 섬세하게 받아들여야만 한다. 환자에게 누구나 경험하는 방대한 신체적 감각의 무해함에 대해 교육하는 것은 중요하다. 이러한 방식으로 환자는 많은 신체적 감각에 둔감해지고, 그것들에 관해 태연한 자세를 취하는 것을 배우게 된다. 예를 들어, 임상전문가는 머리 통증이 단지 일시적이고 불편한 불쾌한 것이며, 잠재적 뇌종양의 징후가 아니라는 것을 환자가 이해하도록 도와야 한다. 모든 사람이 경험하는 정상적인 신체적 감각에 대한 이러한 둔 감화를, 스트레스 반응 동안에 일어나는 생리적 변화를 환자에게 교육함으로써 도 울 수 있다. 마음챙김(mindfulness)과 수용 기반 전략들 또한 여기서 도움이 될 수 있 다. 환자에게 자신의 증상을 비판단적인 방식으로 받아들이도록 가르치는 것은 증 상의 영향을 최소화하는 데 도움이 된다. 그것은 또한 환자가 종종 자신을 더 나쁘게 만 느끼도록 만드는 증상과 싸우지 않도록 도울 수 있다. 게다가 환자에게 이완 훈련 과 스트레스 관리를 가르치는 것은 신체적 감각을 재구성하도록 도울 뿐만 아니라, 기분이 나아지도록 돕는 데 있어 자기효능감을 주는 데 도움을 줄 수 있다.

　질병불안장애가 돌봄과 연결을 얻으려는 사회적 동기에 의해 영속화되는 한, 이 사회적 부분을 둘러싼 개입들은 중요하다. 건강 문제를 강조하는 것 외에 다른 사람 들과 연결하는 방법들을 찾도록 환자를 돕는 것은 유익할 수 있다. 자기주장 훈련 (assertiveness training)이 여기서도 도움이 될 수 있다. 이들이 자신의 신체적 건강에 대한 엄청난 집중은 이들의 관심을 다른 사람들에게 돌리게 하고 자신들이 다른 사 람들에게 도움이 될 수 있는 방법에 의해 개선될 수 있다. 이들이 상당히 화가 나 있 거나 적대감을 유지하는 것은 드물지 않다. 이러한 감정의 기저를 이루는 신념을 확 인하고 수정하는 것을 다루어야 한다.

### 사례 • 잭

　잭은 59세 남자로, 그의 심장병 전문의에 의해 심리 서비스에 의뢰되었다. 그는 수 년 동안 심계항진증을 겪어 왔으며, "심장마비가 와서 죽을까 두렵다."라고 보고한다. 그의 심장병 전문의는 스트레스 검사, 초음파 심전도, 홀터 모니터(Holter monitor), MRI 등 수많은 검사를 받게 했으며, 그리고 모든 것은 결정적이지 않았다. 그의 심장 병 전문의는 그를 두 번째와 세 번째 소견을 위해 의뢰하였고, 모두 같은 결과로 나타 났다. 그의 심장병 전문의는 잭이 적절하게 진단될 수 없는 다른 신체적 증상을 걱정 하는 경향에도 주목했다. 심장병 전문의는 그가 명확한 진단이 없는 것에 매우 스트 레스를 받고 불안해하는 것이 확실해진 후에, 그를 상담에 의뢰했다. 심장병 전문의 는 이 스트레스가 그의 건강에 부정적인 영향을 미칠 수 있다고 지적하고 그를 심리 평가에 의뢰했다.

잭은 건강에 매우 집착하고 있고, 많은 시간을 자신의 걱정거리에 대해 친구 및 가족과 함께 얘기하는 것으로 보낸다. 그들도 역시 좌절하고 있다. 그는 심계항진증을 고려할 때, 자신을 너무 많이 혹사하는 것을 두려워하기 때문에 일과 운동의 일부를 그만두었다. 그는 자신을 도와주지 않은 많은 의사에게 화가 나 있고, "그들이 무능하다"고 느낀다고 보고한다.

# 전환장애

## 임상적 증상

전환장애(Conversion Disorder)는 남성보다는 여성에게 더 자주 진단된다. 그 이유는 일반적으로 여성이 종종 자기 신체의 변화에 좀 더 민감하기 때문이라고 할 수 있다. 생리가 초래하는 변화와 같은 상황은 신체적 변화를 더 잘 조율하고 인식할 수 있는 기회를 제공할 수 있다. 전환장애가 여성에게 더 자주 진단되는 또 다른 이유는 여성이 신체적 증상을 보고하는 것이 남성보다 사회적으로 좀 더 수용되기 때문이다. 전환장애가 있는 사람들은 자신이 움직이거나 세상을 감지하는 방법에 영향을 미치는 하나 이상의 성가신 증상들에 대해 불평한다. 이들은 자신의 증상에 대해 상세히 설명할 수 있지만, 제한된 우려만을 종종 표현한다. 역사적으로 이것은 증상 무관심(만족스러운 무관심, La Belle Indifference)이라고 불렸다. 그리고 이것은 가끔 이들에게서 보이지만, 이 경향이 전환장애에만 독특한 것이 아님을 유의하는 것이 중요하다(APA, 2013). 증상의 발병이 현저한 변화, 상실, 외상 혹은 다른 스트레스 요인과 함께 일어난다는 것은 드문 일이 아니다. 종종 이들은 심리에 관심이 없으며, 이들의 이력은 종종 학대, 특히 성적 학대 경험을 포함했다. 이들은 보통 해리와 이인증 경향을 보인다. 다시 말하면, 이들은 종종 자신을 보호하는 방법으로 스트레스 상황에서 자신을 심리적으로 제거함으로써 스트레스 요인을 다룬다. 이러한 방식으로 이들은 처음부터 특정 사건에 주의를 기울이지 않으며, 따라서 그것을 기억하지 못한다.

## DSM-5 특성

전환장애로 진단받은 사람은 수의적 운동 기능이나 감각 기능에서 증상을 경험한다(예: 팔다리의 쇠약함이나 마비, 혹은 보거나 듣는 능력의 저하와 같은 증상). 이 증상을 문제시하는 이유는 임상 결과가 이 증상이 왜 일어나는지, 혹은 신경학적인 장애가 있는지를 설명할 수 없기 때문이다. 즉, 그러한 질병으로 증상을 설명할 수 없다. 그러나 이 증상은 이들의 직업적, 사회적 그리고 가정생활에 현저한 손상을 초래한다. 증상의 발병은 종종 심리적 · 육체적 스트레스 요인이나 기타 외상과 동시에 일어난다. DSM-IV에서 DSM-5로의 한 가지 변화는, 특정 스트레스 요인의 식별이 명확하지 않을 수 있으며, 전환장애 진단을 위해 필요하지 않다는 것이다.

## 생물심리사회적-아들러식 개념화

아들러리안 관점에서 전환장애는 감정 회피자(feeling-avoiders)와 획득자(getter)라는 두 가지의 일반적인 스타일을 포함한다(Mosak, 1968). 감정 회피자는 자신의 감정을 최소화하는 경향이 있는 사람이다. 획득 스타일을 좀 더 받아들이는 사람은 삶과 다른 사람들에게서 얻을 수 있는 것에 초점을 맞춘다. 그것은 존경, 관심 혹은 물질적인 것일 수 있다. 이러한 스타일들이 어떻게 발전할 수 있는지와 전환장애와의 관계를 다음과 같이 제시할 것이다.

어떻게 어떤 사람들은 감정 회피자가 될 수 있는가? 감정 회피자를 이해함으로써, 우리는 해리 과정을 이해할 수 있다(Sullivan, 1956). 앞서 언급했듯이, 이들은 신체적 감각을 종종 감정으로 혼동한다. 발달적으로 이러한 경향은 특정한 여러 상황에서 일어날 수 있다. 아들러(Mosak & Maniacci, 1999)가 발달 이론 자체를 제안하지는 않았지만, 애착 이론(Allen, 2013)과 에릭슨(1950)의 발달 단계는 누군가가 어떻게 감정을 무시하는 경향이 있는지에 대한 이해를 높일 수 있다. 애착 이론 관점에서, 제한된 공감 경험이 특징인 초기 경험이 있는 사람은 자신과 타인의 감정을 무시하며 나아간다. 이들은 성장하면서 공감받지 못했다. 이들은 감정보다 논리를 소중히 생각하며, 자신의 감정뿐만 아니라 신체로부터도 자신을 차단할 수 있다. 나이가 들면서 이들은 겉으로는 모든 것이 괜찮은 것처럼 보일 수 있지만, 생리적인 측정은 다른 이야기를 할 것이다. 예를 들어, 이들이 겉으로는 평온해 보일지라도 심장 박동 수가 높아지는 것은 드물지 않다. 에릭슨의 관점에서, 전환장애는 종종 발달 초기 단계의 문제로 인해 발생한다. 여기서 아이들의 소망, 생각과 감정은 종종 낙담되거나 벌을 받았다. 그 후, 이 아이들은 자신의 감정과 소원에 주의를 기울이는 것을 멈추고 행동을 시작하는 것을 삼간다. 이것은 전환장애에서 흔히 볼 수 있는 심리적 마음 자세(psychological mindedness)가 부족한 원인이 된다.

이 두 이론 모두 아들러가 대부분 아이의 발달에 문제가 될 것이라고 생각하고 감정을 피하는 경향의 원인이 될 수 있는 상황들을 설명한다. 이 상황들은 낙담과 소속감 부족을 포함한다. 아이들을 격려하는 것의 핵심적인 부분은 이 아이들이 누군지를 확인하고(validating) 이들의 감정을 공감하는 것이다. 또한 소속감 부족은 정서적 방치의 초기 경험에서 비롯될 수 있다. 더욱이 소속감 부족 그 자체가 개인의 건강에 해로운 영향을 미칠 수 있다. 이는 연구결과가 소속에 대한 위협이 감정적 · 신체적 마비 모두의 원인이 될 수 있다는 것을 보여 주었기 때문이다(Gere & MacDonald, 2010).

획득자는 전환장애에서 보이는 또 다른 일반적인 역동에 대한 이해를 제공한다. 그것은 또한 왜 어떤 사람들은 감정을 피하는지에 대해 추가적인 설명을 제공할 수도 있다. 전환장애를 겪는 사람은 좋게 보이는 것, 특히 다른 사람의 눈에 좋게 보이는 것에 높은 가치를 둔다. 이것은 다른 사람들으로부터 얻고자 하는 이들의 소망과 함께 볼 때 타당하다. 이러한 노력은 장애의 정신역동에서 특별한 의미를 가지며, 몇 가지 중요한 점을 포함한다. 좋게 보이려는 노력은 인간 경험에서 흔한 부정적인 감정을 다루는 데에 항상 적합하지는 않으며, 그 이유는 두 가지이다. 첫째, 부정적인 감정을 인정하고 말하는 것은 사람들이 입장을 취하는 것을 필요로 한다. 그러나 어떤 사람은 그 입장에 동의하지 않고 그래서 반감을 보일 수 있다. 이것은 그 개인들을 화나게 할 것이다. 왜냐하면 이들은 그 개인에게서 무언가를 얻을 수 없기 때문이다. 이 장애가 있는 사람들이 초기 발달에서 학대의 이력이 있는 것은 드물지 않다. 이들은 부정적인 감정을 인정하고 말하는 것이 학대자처럼 되는 결과를 초래할 것을 두려워할 수 있다. 그렇다면 감정, 특히 부정적인 감정에 대해서 어떻게 해야 하는가? 이들에게는 하고 싶은 말을 참거나, 감정을 전혀 인정하지 않는 것이 더 낫다. 그러나 긴장은 여전히 존재하며, 신체적인 증상에 종종 나타나는 것은 바로 이 긴장이다.

획득자가 문제가 될 수 있는 두 번째 방법은 개인이 자신이 준비가 되지 않았다고 느끼는 스트레스 요인에 직면하는 때이다. 이 상황에서 신체적 증상에 대한 집중도가 높아지면 도전에서 후퇴할 수 있지만, 자신이 여전히 '좋게 보일' 수 있는 방식으로 그렇게 한다. 신체적 증상의 스트레스에서 후퇴하는 것을 발견하지 못한 사람들을 찾기는 어려울 수 있지만, 일반적으로 전환장애가 있는 사람들은 그 역동이 일어나고 있다는 것을 알지 못하지만 이것은 이들에게 자주 일어나는 움직임이다.

## 치료 고려사항

전환장애에 대한 근거 기반 개입들을 제안하는 연구는 기껏해야 제한적이다(Seligman & Reichenberg, 2012). 그러나 도움이 될 수 있는 여러 가지 고려사항들과 일반적인 치료 접근법들이 있다. 환자가 일반적으로 의사나 다른 의료 서비스 제공자를 통해 임상전문가에게 의뢰된다는 사실과 함께 제한된 심리적 마음 자세를 지닌 경향을 고려할 때, 증상이 '진짜(real)'가 아니라는 어떠한 암시도 삼가는 것이 중요하다. 임상결과가 부족할지라도, 증상들이 진짜라는 것을 강조해야 한다. 신체적 증상이 스트레스로 유발될 수 있고, 오히려 일반적이라는 것을 환자에게 교육하는 것을 신중하게 강조할 수 있다. 일반적으로 지지치료가 이러한 개인에게 유익하다. 전환장애가 스트레스 요인이나 외상에 의해 촉발될 수 있다는 것은 드문 일이 아니다. 안전하고, 따뜻하고, 치료적인 환경의 맥락에서 환자가 스트레스 요인에 대해 이야기하도록 하는 것은 큰 도움이 될 수 있다. 환자에게 이완 기술과 기타 스트레스 관리 기술을 가르치는 것은 기분이 더 좋아지도록 도울 수 있다. 환자가 잘 받아들인다면 생활양식 평가를 실시할 수 있으며, 그 목적은 두 가지이다. 첫 번째는 자신의 이야기를 하는 과정에서 이 환자들은 명확하게 이해되고 공감을 받는다고 느끼는 기회를 가질 수 있다. 두 번째는 환자들의 생활양식을 확인하는 것은 무엇이 자신들에게 스트레스를 주는지에 관한 이해를 제공할 수 있다.

### 사례 • 페니

페니는 48세 여성으로, 정신과 부분 입원 프로그램에 참여하고 있었다. 어느 날 그녀는 걸을 수 없다고 주장하면서 아프다고 전화했다. "나이 많은" 그녀의 부모는 걱정했고, 종합 신경 정밀검사를 위해 그녀를 병원 응급실로 데리고 갔다. 페니에 따르면, 그녀의 다리는 "마비되었고 완전히 쓸 수가 없었다". 이 일은 아침에 일어났다. 그 전날 밤에 그녀는 완전히 움직일 수 있었다. 그녀의 기능 상실을 뒷받침하는 어떤 신경학적 소견도 없었다. 정신과적 상담이 처방되었고, 병원 부분 프로그램의 치료사도 참여했다. 페니는 지난 3년 동안 부모와 함께 살고 있고, 실직 상태였다. 부분 프로그램의 직원은 페니 및 부모와의 가족치료에서 그녀를 근처의 통제생활시설로 옮기려고 작업하고 있었다. 마비 전날 밤에 페니가 그 아파트로 옮기는 날짜를 확정하기 위해 가족치료 회기가 열렸었다. 그녀의 부모는 열정적이었고 안심했다. 페니는 다음 날 아침까지 이사에 대해 열정적이고 행복하게 느꼈다고 보고했다. 그녀가 '질문'을 받았을 때, 그녀는 "글쎄요, 이것은 우리가 이사를 연기한다는 것을 의미하죠."라고 응답했다. 증상의 의미는 다음과 같다. "나는 혼자서 설 수 없다. 그리고 자립할 수 없다." 목적은 명확해졌다. 직원들이 독립적 삶을 마련하는 데 너무 빨리 움직이고 있었다.

## 기타 의학적 상태에 영향을 주는 심리적 요인

### 임상적 증상

기타 의학적 상태에 영향을 주는 심리적 요인(Psychological Factors affecting other medical condition)의 임상 증상은 개인과 의학적 장애가 존재하는 것만큼 다양할 수 있다. 말하자면, 심리적 요인들이 잠재적으로 기여하거나 악화시키는 요인으로 간주되는 많은 의학적 장애가 있다. 심장병, 당뇨병이나 암과 같은 질병들은 보통 심리적 요인으로 영향을 받는다. 또한 면역 그리고 내분비 이상도 그렇다. 편두통, 과민 대장 증후군, 섬유근육통, 통증장애와 같은 질병도 또한 영향을 받는다. 심리적 요인들이 의학적 장애에 기여하거나 더 악화시킬 수 있는 일반적 방법이 많다. 그 관계의 한 예는 심리적 고통이 어떻게 갑상선 문제를 악화시키면서 시상하부 뇌하수체 부신 체계에서 과다 활동을 유발하는가 하는 것이다. 또 다른 예는 스트레스 반응의 만성적 활성화가 천식이나 알레르기와 같은 면역 문제를 악화시키는 장내 박테리아를 변화시킴으로써 어떻게 면역 체계에 부정적으로 영향을 미치는가이다. 기분장애는 의학적 장애에서 역할을 할 수 있다. 예를 들어, 우울증은 심장병의 위험 요인이자 회복에 부정적 영향을 미치는 요인으로 모두 연루되었다(Langosch, Budde, & Linden, 2007). 만성적 적대감이 있는 사람이 심장병에 걸리거나 회피 전략을 과도하게 사용하는 경향이 있는 사람이 가슴 통증이 악화되는 사실을 부인하는 사례에서처럼 부적응적 대처 전략이 의학적 상태에 영향을 미칠 수 있다. 추가적인 일반적 임상 발현은 혈당을 체크하지 않고, 설탕이 많고 고가공 식품을 너무 많이 먹는 당뇨병 환자에서 볼 수 있듯이 과식이나 치료 불순응과 같은 좋지 않은 건강 행동을 사용하는 것이다.

## DSM-5 특성

DSM-IV-TR로부터 이 장애의 가장 큰 변화는 이 장애가 신체증상장애의 일부가 되었다는 것이다. 이 장애는 임상적 주의의 초점이 될 수 있는 기타의 상태(Other Conditions That May Be a Focus of Clinical Attention)로 더 이상 간주되지 않는다. 그리고 이제 DSM-5의 정신질환으로 등록되어 있다(APA, 2013). 이것은 이러한 장애들이 의료 환경에서 자주 나타난다는 것을 말해 준다. 심리적 요인과 신체적 질병 간의 관계에 대한 강조가 널리 인정받고 있다. 이 장을 쓰고 있을 때, 심리 서비스를 1차 진료에 통합하려는 많은 활동이 진행 중이며, 이는 의료 개혁의 중요한 이니셔티브(initiative)가 되고 있다. 기타 의학적 상태에 영향을 주는 심리적 요인은 실제 의학적 상태가 존재하는 진단들을 포함한다. 그러나 의학적 질병의 진전뿐만 아니라 질병의 악화 혹은 회복의 방해에도 역할을 한다고 판단되는 심리학적 요인들이 있다. 심리적 요인에는 우울증이나 불안과 같은 정신질환들, 스트레스가 많은 삶의 사건들 또는 부적응적 대처와 건강 행동 등이 있다.

## 생물심리사회적-아들러식 개념화

아들러 이론은 이 장애들을 이해하기 위한 타당한 기초를 제공한다. 이 장애들을 진단하는 것은 본질적으로 생물심리사회적 요인들의 통합이 필요하다. 기관 열등과 보상에 대한 아들러(1917)의 개념도 이 장애의 개념화에 실마리를 줄 수 있다. 전체론과 기관 열등에 대한 개념은 이 장의 앞부분에서 논의하였으므로, 여기서 더 이상 많이 언급하지 않을 것이다. 생활양식은 유용한 구성 개념이고 여기에서 자세히 설명될 것이다(Adler, 1956; Mosak & Maniacci, 1999).

사람들의 생활양식을 이해하는 것은 그들이 삶에서 무엇을 추구하는지 또는 무엇을 향해 나아가는지를 밝혀 준다. 그들이 무엇을 추구하는지뿐만 아니라 그들이 어떻게 그것을 추구하는지를 이해하는 것도 중요하다. 각각의 생활양식은 독특하고, 생활양식의 의학적 질병과의 관계를 상세히 논의하는 것은 불가능하겠지만, 개인적 우선순위와 같은 구성 개념은 우리가 생활양식과 의학적 질병의 역할을 어림잡아 이해하는 데 활용될 수 있다. 네 가지 개인적 우선순위(Pew, 1976)가 강조되었으며, 이는 편안함(comfort), 즐거움(pleasing), 통제(control) 그리고 우월성(superiority)을 향한 추구를 포함한다. 개인은 자신의 주요 우선순위가 실현되지 않을 때 일종의 스트레스를 필시 경험할 것이다. 예를 들어, 편안함을 추구하는 경우, 요구가 너무 많거나, 가정이나 직장에 혼란이 있거나, 또는 풀리지 않은 갈등이 있을 때 스트레스를 느낄 것이다. 즐거움 스타일은 자신이 비판받거나 거부당한다고 느낄 때, 관계에서 갈등에 직면할 때, 또는 자신의 환경에서 체계가 거의 없을 때 스트레스를 느낄 것이다. 통제 스타일은 자신의 환경에서 질서가 없거나, 누군가가 자신에게 도전할 때 아마도 스트레스를 받을 것이다. 우월성 스타일은 자신이 과도하게 일을 한다고 느끼거나, 충분한 인정을 받지 못하거나, 성취감이 부족할 때, 또는 자신의 권위가 도전받고 있다고 느낄 때 보통 스트레스를 받을 수 있다. 이러한 특정 스타일들 중 어떤 스타일이든 이러한 영역들에서 만성적인 스트레스를 경험할 때, 신체증상이 발생할 가능성이 있다. 흥미롭게도, 비터(Bitter, 1987)는 각각의 스타일이 특정한 증상이나 건강 문제에 치우치는 경향이 있다고 가정했다. 예를 들어, 편안함 스타일은 종종 두통, 어지러움 또는 기타 신경계 문제를 유발한다. 즐거움 스타일은 종종 위나 소화 문제, 또는 어깨에 만성적인 긴장을 유발한다. 통제 스타일은 종종 목과 등 문제나 진단에 저항하는 불평을 유발한다. 그리고, 우월성 스타일은 종종 요통, 근육 조직 문제 그리고 고혈압을 유발한다.

다른 일반적인 생활양식 주제들이 신체적 질병과 관련하여 확인되었다. 예를 들어, 사케트-마니아치(Sackett-Maniacci, 1999)는 만성 편두통으로 고통받고 있는 사람은 흔히 따라가는 스타일(go along style)을 수용하는 경향을 발견했다(즐거움과 유사한 스타일). 이 스타일은 유연하지만 때로는 수동적이거나 내성적인 경향이 특징이다. 게다가 이러한 두통으로 고통받는 사람은 또한 특권의식(sense of entitlement)이 낮은 경향이 있었다. 종합하면, 이 특성들은 편두통으로 고통받는 사람이 자기효능감과 삶에서 원하는 것을 얻는 능력이 감소한다는 측면에서 스트레스를 유발할 수 있다. 이는 결국 만성 스트레스가 되어, 그 결과 편두통이 증가할 수 있다.

요약하면, 개인의 생활양식을 이해하는 것은 어떤 스트레스 요인이 의학적 질병의 발병의 원인이 되는지를 이해하는 데 도움을 줄 뿐만 아니라, 그 사람이 어떻게 회복을 잘 할 수 있는지에 대한 통찰도 제공할 수 있다. 부적응적인 성격의 노력은 완전한 회복에 부정적으로 영향을 미칠 수 있다.

## 치료 고려사항

이 장애들의 치료는 통합적인, 정신—신체 접근을 포함해야 한다. 이 장의 다른 장애들과 마찬가지로, 임상전문가가 관련 의사나 다른 의료 서비스 제공자들과 협력하는 팀 접근법이 환자의 준수를 향상하고 돌봄의 지속성을 보장하는 데 도움을 주기 위하여 권장된다. 이 장애들에 권장되는 여러 가지 일반적인 치료 개입들이 있지만, 관련된 심리적 요인들의 특성을 고려할 때 좀 더 특정한 개입들도 있다. 예를 들어, 의학적 치료에 영향을 미치는 불안, 기분 또는 물질남용 장애가 있으면, 그러한 장애들에 특정한 개입들이 권고된다. 장애들의 특이성을 고려할 때, 여기에서 이를 언급하지 않을 것이며, 독자들은 이 책의 해당 장들을 참조하기 바란다.

특정한 치료 권장사항을 제공할 때 또 다른 고려사항은 기타 의학적 상태에 영향을 주는 심리적 요인에 중점을 두지만, 고려해야 할 일부 의학적 상태에 특정한 치료 권고사항이 많이 있어 보인다는 사실이다. 예를 들어, 재발성 두통에 열 바이오피드백(thermal biofeedback)이나 만성 통증에 인지행동치료와 같은 특정한 개입들을 검증하는 많은 연구들이 수행되었다(Mercer & Duckworth, 2006). 심장질환을 위한 스트레스 관리, 요가 그리고 집단 지지와 같은 개입들은 또 다른 예이다(Langosch, Budde, & Linden, 2007). 이 장애들에 대해 광범위한 근거 기반 개입들을 제공하는 것은 이 장의 범위를 벗어난다. 그 대신 다음과 같은 일반적인 개입들을 제시할 것이다.

이러한 장애들에서 심리교육은 환자가 자신의 의학적 장애에 대처하는 데 큰 도움을 줄 수 있다. 많은 의학적 장애가 스트레스로 인해 발생하거나 악화되고 의학적 장애가 있다는 경험 그 자체가 스트레스라는 점을 고려하면, 환자가 스트레스 좀 더잘 관리하는 것을 배우도록 돕는 것이 핵심이다. 이완 운동과 마음챙김 명상과 같은 일반적인 스트레스 관리 전략들은 환자가 스트레스의 영향을 줄이도록 돕는 방법으로 가르칠 수 있다. 추가적으로, 처음에 무엇이 환자에게 스트레스를 주는지에 대한 개별 사례적 측면을 확인하는 것을 착수할 수 있다. 여기서 우리는 생활양식 주제나 개인적 우선순위를 이해하는 것에 대하여 이야기하고 있다. 어떤 사람에게 스트레스가 되는 것이 다른 사람에게는 스트레스가 되지 않을 수 있다. 그래서 우리는 최상의 개인화된 치료 목표를 수립하기 위해 환자의 주관적 경험을 이해하기를 원한다. 결국 셰익스피어의 말로 바꾸어 표현하면, "좋은 것도 나쁜 것도 없지만, 생각하는 것이 그렇게 만든다". 우리는 환자가 어떻게 그리고 무엇을 인식하고 생각하는지 이해하기를 원한다.

대처 능력을 향상시키기 위해 다른 행동 변화에 관하여 환자를 교육하고 상담하는 것이 중요하다. 자기주장 훈련과 같은 좀 더 효과적인 의사소통 전략들을 환자들이 배우도록 돕는 것은, 환자가 관계에서 그리고 자신의 건강관리를 다룰 때 자신을 위한 더 좋은 옹호자가 되도록 도울 수 있다. 의사의 권고과 함께 운동을 장려하는 것은 통증을 줄이고 환자의 자기효능감을 높이는 데에 도움을 줄 수 있다. 수면 부족은 많은 건강 또는 심리적 장애를 지속시킬 수 있기에, 환자에게 적절한 수면 위생을 가르치는 것이 중요하다. 우리는 다이어트가 건강에 미치는 영향과 고가공 및 화학 성분이 가득한 음식의 잦은 소비가 신체 건강과 기분에 미치는 문제들을 이해하는 데 크게 발전했다. 따라서 영양에 대해 환자를 교육하고 환자가 영양사와 함께 작업하도록 하는 것이 중요하다. 마지막으로, 환자가 자신의 지지 네트워크와 다른 사람들에 대한 연결감을 늘리도록 돕는 것은 스트레스와 건강 문제에 대한 완충제로서 영향을 주는 다른 중요한 요인이다. 지지 집단, 또는 침술이나 요가치료와 같은 대안적 접근법과 같이 부수적인 서비스에 환자를 연계하는 것도 환자가 의학적 장애를 좀 더 효과적으로 다루고 증상을 경감하는 데 도움을 줄 수 있다.

### 사례 • 글로리아

글로리아는 60세의 이혼한 여성으로, 그녀의 의사가 심리 평가와 스트레스 관리를 위해 의뢰하였다. 글로리아는 혼자 살고 있으며, 다른 주에 사는 2명의 성인 자녀가 있다. 그녀는 지난 25년 동안 해 왔던 관리직에서 최근에 해고되었고 비탄에 빠졌다. 그녀는 알코올 중독 회복자이고 이전에 흡연자였다. 만성 폐쇄성 폐질환(COPD)과 당뇨병으로 지난 3년 동안 치료를 받아 왔다. 그녀는 실직으로 어쩔 줄 몰랐고 고립감을 느끼고 있다. 그녀는 금주하고 있으나 최근에 자신이 스트레스에 대처하는 것을 도우려고 담배를 몇 개비 몰래 피우기 시작했다. 게다가 그녀는 설탕이 많고 가공된 음식을 더 많이 먹어 왔고, 이것은 그녀의 당뇨를 더 악화시키고 있다. 글로리아는 의사에게 "단지 어쩔 줄 모르겠고", 실직에 대처하기 위해 "어떻게 해야 할지 불확실하다."라고 얘기했다. 그녀는 현재의 경제 환경에서 60세의 나이로 일을 찾는 것이 어려울 것이라고 믿고 있다. 자살 충동은 없지만, 그녀는 굉장히 스트레스를 받고 있으며, 그녀의 대처 방법이 부적응적이라는 것은 분명하다.

# 인위성장애

## 임상적 증상

인위성장애(Factitious Disorder)가 있는 사람은 의식적으로 생성되고, 한쪽 끝에는 기존의 의학적 장애로 인해 발생하는 증상의 비현실적 과장에서부터 다른 쪽 끝에는 실제로 증상을 만드는 것까지의 연속체상 어디에서나 나타날 수 있는 증상들에 대하여 의학적 상담을 찾거나 지속한다. 이 장애가 있는 사람은 현기증, 복통, 일시적 기억상실(블랙아웃), 발작 등 실제로 일어나지 않는 증상들을 보고할 수 있다. 이들은 증상을 만들거나 병리를 반영하는 의학적 평가 절차에 영향을 미치려고 샘플을 오염시키거나 물질을 스스로 주입할 수도 있다. 이러한 예로는 갑상선 기능 항진증을 일으키기 위해 갑상선을 자극하는 약물을 복용하는 것, 저혈당을 일으키도록 스스로 인슐린을 주사하는 것, 패혈증을 일으키려고 대변 물질로 카테테르(체내에 삽입하여 소변 등을 뽑아내는 도관)를 조작하는 것 등이 있다. 인위성장애가 있는 사람은 불필요한 수술이나 기타 시술을 많이 받을 수 있다. 많은 사람이 대부분 수술이나 시술을 환영하지 않는 반면, 이들은 그것들에 대해 상당히 개방적이고 받아들이는 것으로 보인다.

인위성장애가 있는 사람은 자신에게서 증상을 생성하거나 위조할 뿐만 아니라, 다른 사람에게서도 증상을 생성하거나 위조할 수 있다. 이는 이들이 자주 접촉하는 자녀, 노인 혹은 애완동물에게서도 종종 보인다. 영화 〈식스 센스(The Sixth Sense)〉는 자신의 딸에게 독약을 먹임으로써 증상을 생성할 뿐만 아니라, 딸을 결국 죽이는 어머니를 뛰어나게 묘사하고 있다. 이런 식으로 이것은 다른 사람을 학대하고 범죄 행동을 수반할 수 있는 장애이다.

인위성장애가 있는 사람들이 어린 시절 잦은 질병이나 수술 혹은 심리적 증상의 이력이 있는 경우가 드물지 않다. 학대와 방임은 이들의 이력에서 종종 보인다. 어렸을 때 거짓말하는 패턴도 있을 수 있다. 성인기에는 헬스케어 산업에 종사하는 사람에게 이 장애가 일어나는 빈도가 높다. 이 장애가 우울증, 불안장애 또는 성격장애와 함께 발생하는 것 또한 드물지 않다.

## DSM-5 특성

인위성장애가 있는 사람은 촉발하는 사건이나 질병이 있든 없든, 신체적 · 심리적 증상들을 보고한다. 그러나 이 증상들은 의도적이고 고의적으로 위조되었다. 이들은 실제 질병이나 증상이 없는데도 있다고 다른 사람을 속이고 있다. 이들은 망상이 아니며, 이 장애의 특징은 의식적인 속임수 중 하나이다. 게다가 이 속임수는 꾀병에서 볼 수 있는 것과 같이, 분명한 외적 보상을 얻으려는 목적이 아니다. 이들은 다른 사람이 자신을 '아픈' 것으로 보도록 하기 위해 노력하고 있다. 이 장애가 있는 사람은 자녀, 애완동물 혹은 다른 성인과 같은 다른 사람의 질병이나 부상을 위조하려고 시도한다.

## 생물심리사회적-아들러식 개념화

인위성장애를 이해하기 위한 아들러리안 접근 방식은 증상의 의식적인 생성, 그리고 이어지는 다른 사람에 대한 속임수를 영속화시키는 근본적인 동기를 확인하는 것을 강조한다. 이러한 동기는 이 개인들의 생활양식과 일치한다고 간주되며, 이들의 행동 목표는 생활양식에 따라 고려된다. 인위성장애에서 볼 수 있는 일반적인 생활양식 주제는 얻기, 흥분 추구하기 그리고 저항하기를 강조하는 그러한 주제들이다. 예를 들어, 의식적으로 만들어진 증상은 다른 사람에게서 무언가를 '얻기' 위한 역할을 할 수 있고, 이 경우에 다른 사람들의 관심과 보호를 얻으려고 생성될 가능성이 크다. 우리 사회에서 병자로 여겨지는 것은 다른 사람이 아픈 사람의 구미에 맞추고 베푸는 어떤 사회적 의례를 보증한다. 이것이 아마도 인위성장애가 있는 사람의 주된 목표일 것이다. 이러한 개인이 실제로 다른 사람의 증상을 조작하고 유도하고 있는 그러한 상황에서, 이 장애는 비록 지금은 아픈 자녀, 친척 혹은 애완동물이 있다는 것에 대하여 관심, 걱정, 보살핌을 얻는 것 중 하나가 되겠지만 같은 목적에 부합할 수 있다. 대부분 사람은 아픈 가족 구성원을 간호하는 사람을 공감하고 도움을 주는 경향이 있으며, 식사를 제공하거나, 의사에게 운전해서 데려다 주거나, 혹은 단지 공감적 경청을 함으로써 도움을 주려고 할 수 있다. 이러한 것들이 바로 인위성장애가 있는 사람이 갈망하는 바로 그것들일 것이다.

또한 신체적인 증상으로 진단되고 치료받는 데에도 '흥분'의 요소가 있다. 실제로 의학적 질병을 발생시키고 보살피기 위해 필요한 에너지, 그리고 사회적 관점에서 대화하고 집중할 수 있는 기회는 흥분되는 경험이 될 수 있으며, 이들의 목표로 작용할 수도 있다. 증상의 발생은 그렇지 않으면 평범한 생활에 구조와 색깔을 더할 수 있다.

비록 단지 증상에 대해 거짓말하는 것일 뿐이지만, 인위성장애에 내재하는 요소는 부정직함과 "다른 사람에게 무언가를 덮어씌우는 것"이다. 이러한 노력은 '저항하기(go against)'라는 더 포괄적인 태도와 목적을 나타낼 수 있다. 이것은 이들이 의사에게 노골적으로 거짓말을 하고, 비밀리에 그들에게 반항하거나 우월감을 가질 수 있기에 일어날 수 있다. 게다가 이것은 또한 우리의 동료 인간에 대한 기여와 참여를 요구하는 우리 사회의 삶의 요구에 대한 전반적인 '저항하기'로 발생할 수 있다. 거짓말에 근거한 질병 드라마에 자신도 모르게 참여자가 되는 친구와 가족은 확실히 이들이 '저항'하는 사회적인 상황일 가능성이 크다.

아들러리안 관점에서 고려해야 할 추가적인 역동은 이들의 자기개념을 이해하는 것에 있다. 이들 중 많은 사람은 자신이 아프거나, 약하거나, 보살핌이 필요하다고 결론을 내렸다. 그리고 이것은 이들이 자신에 대해서 알고 있는 것이 된다. 증상을 만들거나 조작하는 것은 단지 이들이 자신에 대해 진실이라고 믿는 것을 확인하는 데 도움이 될 수 있다. 아마도 이러한 결론은 아프거나 또는 자신이 아플 때만 관심을 받는다는 빈번한 초기 경험에서 비롯되었을 것이지만, 이것은 이들이 믿는 것이다. 이들이 성인기에 접어들고 성인기가 되면 겪는 도전에 직면할 때, 이들은 '아프지' 않다면 달리 어떻게 해야 하는지 모를 수 있고, 아픈 역할 이외에 다른 사람들과 어떻게 연결해야 하는지도 모를 수 있다.

## 치료 고려사항

인위성장애의 치료는 이 장애에서 보이는 내재된 부정직함이 이러한 개인이 치료를 받으러 오는 것을 어렵게 만든다는 점에서 도전적이 된다. 이는 이들이 자신이 문제가 있음을 부정할 개연성이 크기 때문이다. 그런 까닭에, 이들이 도움을 받기로 결정하면 치료에서 확실히 이익을 얻을 수 있다. 치료의 첫 번째 측면은 이들과 이들의 조작 및 증상 생성의 희생자로 간주될 수 있는 다른 개인들의 안전을 보장하는 것이다. 확실히 이들이 다른 사람을 해치고 있다면, 희생자의 안전을 제공하는 조치를 취해야 한다. 법적 개입은 거의 항상 필요하며, 관련 기관에 보고하는 것이 윤리적ㆍ법적으로 요구된다.

다른 치료 고려사항들은 인지행동과 지지적 접근법 등이다. 이들이 다른 구조를 만들도록 도와줌으로써 의료 자원의 사용을 줄이도록 돕는 것이 이들을 위해서뿐만 아니라 사회 전체를 위해서도 중요하다. 그런 일이 일어날 수 있는 가능성을 줄이는 데 도움이 되는 가족을 포함시키는 것은 큰 도움이 될 수 있다. 좀 더 구체적인 개입으로 이들의 자기개념을 둘러싸고 있는 부적응적 신념을 확인하고 수정할 수 있는 것들이 권장된다. 또한 이들이 좀 더 사회적으로 유용하게 연결하고 기여하는 방법들을 탐색하도록 돕는 것이 중요하다.

## 맺는말

신체증상 및 관련 장애는 생물학적인 것과 심리사회적인 것 사이의 진정한 접점 중 하나를 나타낸다. 이 장애가 있는 개인은 입 대신 신체를 사용하여 말하고 있다. 임상전문가는 이러한 심리적 갈등의 상징적인 표현에 민감하고, 온정적이며, 해석할 수 있어야 있다.

## 참고문헌

Adler, A. (1917). *Study of Organ Inferiority and Its Psychical Compensation: A Contribution to Clinical Medicine* (S.E. Jelliffe, Trans.). New York, NY: Nervous and Mental Disease Company. (Original work published 1907.)

Adler, A. (1956). In H. L. Ansbacher & R. R. Ansbacher (Eds.), *The Individual Psychology of Alfred Adler*. New York, NY: Basic Books.

Allen, J. G. (2013). *Restoring Metallization in Attachment Relationships: Training Trauma with Plain Old Therapy*. Washington, DC: American Psychiatric Publishing.

American Psychiatric Association (2000). *Diagnostic and Statistical Manual of Mental Disorders, Fourth Edition (Text Revision)*. Washington, DC: American Psychiatric Publishing.

American Psychiatric Association (2013). *Diagnostic and Statistical Manual of Mental Health Disorders, Fifth Edition*. Arlington, VA: American Psychiatric Publishing.

Bitter, J. R. (1987). Communication and meaning: Satir in Adlerian context. In R. Sherman & D. Dinkmeyer (Eds.), *Systems of Family Therapy: An Adlerian Integration* (pp. 109-142). New York, NY: Brunner/Mazel.

Erikson, E. H. (1950). *Childhood and Society* (2nd edn., revised & enlarged). New York, NY: Norton.

Gere, J., & MacDonald, G. (2010). An update of the empirical case for the need to belong. *The Journal of Individual Psychology, 66*, pp. 93-115.

Griffith, J. (1984). Adler's organ jargon. *Individual Psychology: The Journal of Adlerian Theory, Research & Practice, 40*, pp. 437-444.

Langosch, W., Budde, H-G., Linden, W. (2007). Psychological interventions for coronary heart disease: Stress management, relaxation, and Ornish groups. In J. Jordan, B. Barde, & A. M. Zeiher (Eds.), *Contributions Toward Evidence-Based Psychocardiology: A Systematic Review of the Literature* (pp. 231-254). Washington, DC: American Psychological Association.

Mercer, V. E., & Duckworth, M. P. (2006). Recurrent headache disorders. In J. E. Fisher & W. T. O'Donohue (Eds.), *Practitioner's Guide to Evidence-Based Psychotherapy* (pp. 567-582). New York, NY: Springer.

Mosak, H. H. (1968). The interrelatedness of the neuroses through central themes. *Journal of Individual Psychology, 25*, pp. 56-63.

Mosak, H., & Maniacci, M. (1999). *A Primer of Adlerian Psychology: The Analytic-Behavioral-Cognitive Psychology of Alfred Adler.* Philadelphia, PA: Brunner/Mazel.

Pew, W. L. (1976). The number one priority. *Monograph of the International Association of Individual Psychology.*

Sackett-Maniacci, L. A. (1999). *Lifestyle Factors of Chronic Migraine Headache Sufferers.* Unpublished doctoral dissertation, Adler School of Professional Psychology, Chicago, IL.

Seligman, L., & Reichenberg, L. W. (2012). *Selecting Effective Treatments: A Comprehensive, Systematic Guide to Treating Mental Disorders* (4th edn.). Hoboken, NJ: John Wiley & Sons.

Shulman, B. H. (1973). Psychological disturbances which interfere with the patient's cooperation. In B. H. Shulman (Ed.), *Contributions to Individual Psychology* (pp. 105–121). (Original work published 1964.)

Sullivan, H. S. (1956). *Clinical Studies in Psychiatry.* New York, NY: Norton.

Taylor, S., & Asmundson, G. J. G. (2006). Hypochondriasis. In J. E. Fisher & W. T. O'Donohue (Eds.), *Practitioner's Guide to Evidence-Based Psychotherapy* (pp. 313–323). New York, NY: Springer.

Wolfe, W. B. (1934). *Nervous Breakdown: Its Cause and Cure.* London: George Routledge & sons.

제11장
# 수면-각성장애

Jennifer N. Williamson · Daniel G. Williamson

이 장에서는 DSM-5에 포함된 10개의 장애 중 불면장애, 과다수면장애, 기면증, 폐쇄성 수면 무호흡, 중추성 수면 무호흡증, 악몽장애 등 6개의 장애를 다룬다. 수면과 관련된 수면의 질, 양, 패턴, 시간 등에 대한 내담자 불만족과 이러한 장애에 동반되는 다양한 손상과 고통을 설명한다.

## DSM-Ⅳ-TR 대 DSM-5의 기술

DSM-IV-TR과 DSM-5 사이의 수면-각성장애와 관련된 기술과 정의의 변화는 좀 더 단순한 접근 방식을 보여 준다. 이는 신체적 원인에 관한 연구의 결과로 도출된 특징이나 치료적 고려사항들을 반영하여 장애들을 새롭게 묶거나 분리하였기 때문이다. DSM-5의 저자들은 DSM-5의 목적이 상태의 정확한 진단을 내릴 수 있도록 돕고, 수면전문가에게 의뢰해야 하는 시점을 명료화하는 것임을 시사하고 있다 (APA, 2013).

### DSM-5에서의 수면-각성장애의 기준

DSM-5에서 기술된 수면-각성장애는 동반 질환에 대한 고려사항을 포함하여 통합적 접근을 망라하고 있다. DSM-5의 저자들은 동반 질환을 포함하는 것이 예외가 아니라 진단에 필수적이라고 시사한다. 이러한 동반 질환에는 호흡 관련 수면장애, 심장이나 폐 질환, 신경성 또는 퇴행성장애, 그리고 골격계 질환 등이 있다. 저자들은 이러한 동반하는 많은 상태가 수면을 방해할 수 있지만, 수면 중에 악화될 수도 있다는 점을 지적하고 있다. DSM-5에서의 수면-각성장애의 분류는 국제질병분류(ICD)뿐만 아니라 국제수면장애분류(International Classification of Sleep Disorder: ICSD-2)에서의 표현과 설명을 포함한다(APA, 2013).

## 수면-각성장애에 대한 아들러식 개념화

아들러 심리학은 생물심리사회적 접근법을 수용하는 전체론적인 이론이다(Garrison & Libby, 2010; Sperry, 2008). 스페리(Sperry, 1988)는 치료에 대한 생물심리사회적 접근을 "한 개인은 물론, 한 개인의 질병과 건강에 영향을 미치는 내적·외적 체계의 관계를 모두 이해하려는 통합적이고 체계론적인 관점"(p. 226)으로 설명했다. 이 모델은 치료자가 분명히 구분되지만 상호 연관된 세 단계(평가, 치료 계획의 입안 및 수립, 치료 계획의 실행)(Sperry, 1988)에서의 모든 기능 영역 및 생물학적·심리적·사회적 기능의 모든 영역을 검토할 때만 내담자를 완전히 이해할 수 있다고 주장한다(Sperry, 2008).

아들러는 수면장애가 개인의 깨어 있는 삶과 연관되어 있다고 인식했다. 아들러는 "수면과 깨어 있음, 꿈 사고와 낮 동안의 사고를 모순으로 취급하는 어떤 이론이든 비과학적일 수밖에 없다."라고 주장했다(Ansbacher & Ansbacher, 1956, p. 229).

> 수면 중에도 우리는 여전히 현실과 연결되어 있다. 우리가 침대에서 떨어지지 않으려고 우리 스스로 조절하는 것을 보면 우리가 잠을 자는 동안에도 여전히 현실에 연결되어 있음을 알 수 있다. 엄마는 소음으로 가득 찬 길거리에서도 잠을 잘 수 있지만, 자기 아이의 작은 움직임에도 잠을 깰 수 있다(Adler, 1956; Ansbacher, 1982, p. 230 재인용).

한 개인의 성격이나 생활양식은 깨어 있을 때는 물론 잠잘 때도 드러난다. 수면 장애에 대한 아들러식 접근법은 반드시 개인의 사적 논리 또는 개인이 수면장애에 부여하는 의미를 다루어야 한다. 아들러(1992, p. 15)는 다음과 같이 추론했다.

> 인간은 '의미(meaning)'의 영역에서 살고 있다. 우리는 상황을 추상적으로 경험 하지 않는다. 우리는 그것을 언제나 인간의 관점으로 경험한다. 그 원천에서조차 우리의 경험은 우리 인간의 관점에 의해 검증된다. 의미를 배제하고 상황을 고려 하고자 하는 사람은 누구나 매우 불행할 것이다. 그는 자신을 다른 사람에게서 고 립시킬 것이고, 그의 행동은 자기 자신이나 그 누구에게도 쓸모가 없을 것이다. 한 마디로 그것은 무의미할 것이다. 하지만 어떤 인간도 의미를 벗어날 수 없다. 우 리는 현실에 우리가 부여하는 의미를 통해서만 현실을 경험한다. 즉, 우리는 어떤 것을 그 자체가 아니라, 우리가 해석하는 것으로 경험한다.

치료자가 의미를 구성하는 데 있어 개인을 탐색하고 도울 때, 아들러리안 치료자 는 격려 중심의 접근법을 받아들여야 한다. 수면장애에 대한 치료는 격려 중심적이 어야 한다. 왜냐하면 많은 사람이 자신의 수면 곤란과 종종 수면의 고통을 동반하는 사회적 혼란으로 인해 낙담할 수 있기 때문이다.

> 격려는 내담자가 자기 자신의 가치를 깨닫도록 돕는 데 초점을 맞춘다. 이들을 격려함으로써, 치료자인 당신은 내담자가 자신의 강점과 자산을 인식할 수 있도 록 도울 수 있고, 그럼으로써 내담자는 자신이 선택과 결정을 할 힘이 있음을 알 게 된다. 격려는 신념과 자기지각(self perception)에 초점을 맞춘다. 내담자가 지 닌 자산을 집중적으로 찾고, 이를 피드백함으로써 내담자가 자신의 강점을 알 수 있게 될 것이다. 우리 문화와 같이 실수에 초점을 맞추는 문화에서 이러한 접근법 은 결함을 무시하고 자산을 강조함으로써 규범을 위배한다. 상담자는 내담자의 부정적인 자기개념과 기대를 바꾸는 데 관심이 있다(Dinkmeyer, Dinkmeyer, & Sperry, 1987, p. 124.).

많은 수면 장해는 사회적·교육적·직업적 기능에 영향을 미치는 증상을 일으 키기에 치료에서 격려 중심 접근법은 매우 중요하다. 내담자는 종종 조롱, 업무 지향적 실패(task-oriented failure), 사회적 고립, 수면 염려와 연관된 대인관계 갈등 등으로 낙담하게 된다. 상담은 수면 장해와 관련된 생물학적·심리적·사회적 결과뿐만 아니라 수면 장해 자체에 대한 대처 전략과 스타일을 파악하는 데 도움을 줄수 있다. 슐만(Shulman, 1973)은 개인의 내적 견해가 그의 노력하려는 의지에 얼마나 영향을 미치는지에 대한 아들러의 생각을 논의했다. 그는 "개인의 자기 자신에 대한 견해는 그가 얼마나 열심히 노력할지를 결정하고, 자신이 성장하고 발전할 수있는 최선의 기회가 어디에 있는지에 대한 자신의 견해에 따라 노력의 방향에 영향을 줄 것이다."(p. 93)라고 말했다. 그는 이 상황에서 중요한 것은 '열등에 대한 신념(conviction of inferiority)'이라고 결론지었다(Schulman, 1973, p. 93). 수면장애에 대한 개인의 태도는 아마도 치료 과정에서 아주 중요할 것이다.

불면증에 대한 아들러 접근법은 매우 유용하다. 아들러는 수면에 어려움을 겪는 사람에게 이렇게 질문했다. "만일 당신이 잠을 잘 수 있다면, 무엇을 할 수 있습니까?"(Adler, 1944, p. 60). 개인은 이 질문에 답을 하며, 자신의 걱정과 두려움을 명확히 할 것이다. 상담자는 또한 이렇게 물을 수 있다. "당신이 밤중에 잠을 자지 않으면, 무슨 생각을 하고 있습니까?"(Adler, 1944, p. 62). 아들러는 개인이 밤에 잠을 이루지 못하는 시간을 치료에 활용할 것을 권고했다(Adler, 1944). 왓츠(Watts, 2003/2013)는 이러한 접근을 확장하여 '마치 ~인 것처럼(As if)' 성찰하기라는 기법을 개발했다. 아들러리안은 내담자에게 마치 "당신이 되고 싶은 사람이 이미 된 것처럼" 행동하도록 격려하는 방식으로, '마치 ~인 것처럼 행동하기(act as if)' 기법을 활용하였다(Watts, 2003, p. 73). 왓츠는 새롭거나 불확실한 상황에 접근하는 예비적이고 좀 더 안전한 방법으로 '마치 ~인 것처럼 성찰하기(reflecting as if)'[1] 기법을 개발했다. '마치 ~처럼 성찰하기'는 내담자가 자기 마음이 안전함을 느끼면서 새로운 존재의 방식을 시도해 보는 성찰적인 한 걸음을 앞으로 내딛도록 설득한다. 이 기법을 활용하면서, 상담자는 문제를 해결하고, 계획을 공동으로 수립하기 위한 자원으로서 내담자의 상상력과 창의력을 활용할 수 있다.

---

1) '마치 ~인 것처럼 성찰하기(RAI: reflecting as if)'는 통합적인 3단계 과정으로 기존의 '마치 ~인 것처럼 행동하기(acting as if)'를 확장한 것이다. RAI는 내담자에게 '마치 ~인 것처럼 행동'하여 앞으로 나아가기 전에 한 걸음 물러서 성찰하도록 요청한다. 이 과정은 내담자가 자신이 되고 싶은 사람인 것처럼 행동한다면 어떻게 달라질지를 성찰하도록 격려한다. RAI 과정은 내담자가 지각적 대안을 수립하고 자신이 움직이기 시작할 수 있는 대체 행동을 고려하도록 돕는다―역자 주

수면장애의 치료에서, 아들러리안은 인간 실존의 사회적으로 내재된 본성을 인식한다. 수면장애가 미치는 영향은 개인으로 끝나지 않고, 그와 가장 가깝고 사회적으로 연결되어 있는 사람에게까지 상당히 영향을 미친다. 딩크마이어(Dinkmeyer, 1997)는 다음과 같이 말했다.

> 모든 행동에는 사회적 의미가 있다. 우리 각자는 상호작용하는 사회 체계 안에 사회적으로 내재되어 있다. 우리는 끊임없이 서로 영향을 주고받는다. 개인이나 가족의 모든 움직임은 그 체계의 다른 모든 요소에서 움직임을 불러일으키게 된다(p. 456).

게리슨과 엑스타인(Garrison & Eckstein, 2009)은 수면 행동과 관련하여 이러한 믿음을 되풀이하였다. 그들은 "인간은 삶의 3분의 1을 수면으로 보내므로, 수면 곤란은 개인적 측면과 관계적 측면 모두에서 심각한 영향을 초래한다."(p. 58)라고 주장했다.

의료 과학의 성장과 첨단기술의 발달로, 건강 관련 공동체는 수면질환과 연관된 생리적 영향을 더 잘 이해하고 있다. 다수의 수면장애가 더 복잡하고, 종종 단순히 잠을 자지 못하는 것보다 더 큰 생리적 영향을 미치기에, 치료자가 더 많은 건강 전문가로 구성된 치료 팀의 일원으로 일하는 경우가 빈번하다. DSM-5는 수면장애는 이러한 상태와 함께 존재하는 많은 차원이 있기에 다학제적 팀이 치료할 것을 권장한다(APA, 2013). 이는 아들러식 개념화와 아주 잘 맞는데, 아들러가 인간 본성을 이해하는 데 있어 현상학적이고 목적론적인 접근법을 유지했기 때문이다(Ansbacher & Ansbacher, 1956). 그는 개인이 복수나 야망 같은 목적을 달성하려고 자신의 장애를 활용할 수 있다는 것을 알았다(Adler, 1944). 사적 논리와 생활양식은 의료치료 및 심리치료에 대한 접근이나 회피에 지대한 영향을 미칠 수 있다(Ansbacher & Ansbacher, 1956). 따라서 전체론적 접근 또는 웰니스(wellness, 건강) 접근은 아들러 심리학과 잘 어울린다(Myers, Sweeney, & Witmer, 2000).

# 불면장애

## 임상적 증상

이 수면장애를 겪는 개인은 잠들기의 어려움, 수면 상태를 유지하는 것의 어려움을 겪고, 종종 아침에 일찍 깨고 쉽게 다시 잠들지 못한다. 이러한 걱정에 불안을 느끼는 개인은 잠들기가 어려워 고통을 겪고, 그로 인해 불만족과 좌절을 초래하고, 이는 수면 능력을 더욱 손상시킨다. 이러한 수면장애를 반복적으로 겪으면, 피로의 증가와 에너지 저하, 기분의 급격한 변화가 나타나고, 결국 불규칙적이고 부적응적인 수면 패턴이 생길 수 있다. 수면에서의 이러한 비일관성은 나아가 사회적·직업적·학업적·행동적 기능 영역에서의 어려움으로 발전할 수 있다.

## DSM-5 특성

불면장애(Insomnia Disorder)는 잠들기와 수면 유지의 어려움이 특징이다. 불면장애에는 잠들기의 어려움을 겪는 수면 개시 불면증(Sleep-onset Insomnia), 수면 주기 동안 반복적이고 지속적인 각성 기간이 발생하는 수면 유지 불면증(Sleep-Maintenance Insomnia), 그리고 아침 일찍 잠이 깬 후 다시 잠드는 데 어려움을 겪는 후기 불면증(Late Insomnia)이 있다(APA, 2013).

## 생물심리사회적-아들러식 개념화

다음의 생물심리사회적 개념화가 불면증의 원인이 되는 요인을 이해하는 데 도움이 될 수 있다. 생물학적으로, 불면증과 연관되는 유전 또는 가족력이 있을 수 있다. 그리고 이는 이민 1세대의 가족 구성원 사이에서 더 흔하다. 불면증은 여성에게 더 많이 발생하고, 첫 발병은 자녀의 출산이나 갱년기의 시작과 관련이 있는 경우가 가장 많다. 불면증과 관련된 양상으로는 피로의 증가, 에너지 저하, 사회적·직업적·학업적·행동적 기능 영역에서 어려움을 초래할 수 있는 현저한 기분 변화 등이 있다(APA, 2013).

라스무센과 무어(Rasmussen & Moore, 2012)는 "아들러는 분명히 시대를 앞서갔고, 확실히 불면증의 경우에 우리는 다른 사람들이 따라오기를 여전히 기다리고 있다고 주장할 수 있다."(p. 243)라고 말하였다. DSM-5와 일치하게, 아들러는 불면증이 심리학적 또는 유기체의 상태 때문에 나타날 수 있음을 인식했다. 만일 유기적인 이유를 배제할 수 있다면, 불면증이 개인의 생활양식과 어떻게 부합하는지를 확인하는 것이 중요하다. 아들러는 잠을 활동으로 보았고, 개인이 잠과 씨름하는 이유가 종종 있다고 보았다. 게다가 아들러는 잠 못 이루는 것을 야망의 증상으로 판단했다. 그것은 종종 경쟁의 도구로 사용될 수 있다. 일반적으로, 잠을 자지 않는 개인은 잠을 자지 않는 데 어떤 목적이 있다(Adler, 1944; Ansbacher & Ansbacher, 1956). 아들러는 불면증으로 고통받는 사람은 삶의 곤경과 도전을 관리하려고 시도하고 있을지도 모른다고 보았다. 불면증은 열등감에서 벗어나려는 가장 기본적인 노력과 관련이 있기에, 성공이나 실패의 위험에서 보호해 주는 기능을 한다(Rasmussen & Moore, 2012).

## 치료 고려사항

아들러리안과 DSM-5의 저자들은 모두 불면증에 대한 진단과 치료는 다학제적 접근이 더 효과적이라고 인정한다(Garrison & Libby, 2010; APA, 2013). DSM-5에서 확인된 수면-각성장애는 진단과 의뢰의 목적 둘 다를 위한 기준을 제시한다(APA, 2013). 치료는 반드시 적절한 훈련을 받은 전문가가 실시하는 건강 검진과 수면검사 후에 시작되어야 한다(Garrison & Libby, 2010). 또한 내담자는 동반 질환과 동반 발생하는 심리적 장애에 대해 평가를 받아야 한다(APA, 2013). 게리슨과 리비(Garrison & Libby, 2010)는 불면증이 종종 육체적 고통 및 심리적 고통과 얽혀 있다고 주장했다. DSM-5는 다른 생리적·심리적 장애들과 함께 하는 수면 장해의 양방향성 특성을 확인하고, 독립적 진단과 치료를 허용한다(APA, 2013). 하크, 산체스와 물링턴(Haack, Sanchez, & Mullington, 2007)은 수면 부족이 우울증, 면역 관련 질환 그리고 통증 등의 상태를 더욱 악화시키는 효과가 있음을 밝혀내었다. 미국 국립보건원(National Institute of Health, 2005/2011)과 미국 국립수면재단(National Sleep Foundation, 2011b) 역시 수면 장해가 종종 다른 장애들과 함께 발생한다는 데 동의했다.

아들러는 불면증이 다른 사람에 대한 '공격', 야심의 강화, 우울증의 지지 등 다양한 목적에 도움이 될 수 있다고 주장하였다(Adler, 1944, p. 61). 불면증에 관한 개인의 사적 논리를 이해하는 것이 치료의 핵심적인 측면이다. 아들러는 "당신은 잠을 자지 않는 모든 사람은 잠을 자지 않음으로써 지지되는 특정 목적이 있다는 것을 알게 될 것이다."(1944, p. 61)라고 말하였다. 불면증의 맥락 안에서, 그는 내담자에게 "질문", 즉 "당신이 잠을 잘 수 있다면, 무엇을 할 수 있습니까?"라고 물어볼 것을 권고했다(Adler, 1944, p. 60).

이 질문에 대한 대답을 통해, 내담자는 자신이 무엇을 걱정하는지 또는 무엇을 두려워하는지 나타낼 것이다. 치료자는 또한 "당신은 밤중에 잠을 자지 않으면, 무슨 생각을 하고 있습니까?"라고 물을 수 있다. 이 질문에 대한 대답을 통해, 잠을 이루지 못하는 사람은 자신의 치료를 진전시키기 위해 잠을 잘 수 없는 시간을 활용하는 방법을 확인할 수 있다(Adler, 1944).

라스무센과 무어(2012)는 다음과 같이 주장했다.

> 아들러가 시사했듯이, 불면증인 사람에게 반가운 소식은 개인이 장애를 영구화하는 데 있어서 자신의 역할에 대한 책임을 받아들이면 불면증 치료의 예후가 개선된다는 것이다. 구체적으로, 불면증의 기회를 만들어 내고 있는 개인의 생활양식과 현재의 삶의 환경은 무엇인가?(p. 248)

치료의 성공은 내담자가 생활양식의 조정에서 자신의 역할에 대한 책임을 기꺼이 받아들이느냐에 달려 있다. 더구나, 사람은 사회적 연결이 필요한 사회적으로 내재된 존재이며, 정서적·실질적 지지를 제공할 수 있는 사람에게 기꺼이 다가가려고 해야 한다. 다가가는 데 실패하면 장애가 영속화되거나 악화될 수 있다.

내담자의 우려를 파악할 때, 상담자는 내담자와 협력하여 내담자의 수면 환경을 평가하고 주관적인 수면 습관을 확인할 수 있다. 카페인 섭취뿐만 아니라 기술의 타이밍과 사용 등 수면을 방해하고 잠들고 잠을 유지하는 능력에 영향을 미치는 다른 원인이 되는 요인을 고려하는 것이 생산적일 수 있다. 미국 국립수면재단(2011a)은 일정한 수면 일정 지키기, 아침에는 밝은 빛을 쬐고 밤에는 빛을 피하기, 운동, 규칙적인 취침 시간 설정, 편안한 수면 환경 조성, 침실에서는 스트레스 내려놓기, 카페인·니코틴·알코올·자극적인 약물 피하기, 침대 곁에 걱정 노트를 두기 등의 행동 수정을 권장한다.

### 사례 • I씨

I씨는 "모든 것을 가진" 37세의 직업 여성이다. 그녀는 매년 시행되는 건강 검진에서 불면증을 호소하여 주치의에 의해 의뢰되었다. 그녀는 평생 가벼운 불면증으로 고생해 왔다. 하지만 그녀는 직업을 가지고, 결혼과 가정을 꾸린 후 불면증이 더욱 악화된 것처럼 보인다. 그녀는 대학원 재학 중일 때에도 잠을 자는 데 상당한 어려움이 있었고, 학교 과제를 수행하고 공부를 하는 데 더 많은 시간이 필요했기에 잠을 잘 수 없었다고 말했다. 그녀는 밤이면 침대에 누워 내일 해야 할 일들에 대해 생각한다고 말했다. 그녀는 보통 잠들기 전에 노트북으로 일을 하고, 밤새도록 전화기를 켜 놓고 침대 옆에서 충전한다. 그녀는 잠을 자기 위해 약을 먹기도 하고 숫자를 세어 보기도 하였지만, 결과에 만족하지 못했다. 가끔 잠을 자기 위해 술을 마시기도 했지만, 그녀는 자신이 단지 잠을 많이 자지 않는 사람 중 한 명일 수 있다고 말한다. I씨는 낮 동안에 졸음을 느낀다고 보고하고, 졸음을 이기려고 하루 4~6회 정도 카페인 음료를 마신다.

### 가족 구도

I씨는 3남매 중 맏이였다. 그녀는 세 아이 중 "책임감이 강한 아이"로 여겨졌다고 보고한다. 아동기와 청소년기까지 그녀는 친구가 많았고, 학교에서도 좋은 성적을 받았다. 전형적으로 그녀는 성취를 통해 자신이 소속감을 느낄 수 있는 길을 찾았다. 그녀는 부모와 남편이 자신을 지지하고 자랑스러워했고, 앞으로도 계속 그럴 것이라고 말한다. 그녀의 원가족에서 다룰 가치가 있는 세 가지의 가족 가치는, "훌륭한 사람은 자기 일에 책임을 진다." "너의 가치는 네가 성취한 것에 달려 있다." 그리고 "너는 네가 사랑하는 사람을 위해 그곳에 있어야 한다."이다.

### 초기 회상

I씨의 초기 회상에는 성공감과 함께 남동생과 여동생에 대한 책임감이 나타나 있다. 그녀가 다섯 살 때, 어머니가 아이들과 앞마당에서 놀던 중 손을 베었던 것을 기억하고 있다. 아버지는 어머니를 병원에 데려가려고 달려 나갔다. 아버지는 I씨에게 할머니가 도착할 때까지 동생들을 잘 보고 있으라고 당부했다. 아버지는 그녀가 동생들

을 잘 돌보고 울지 않아서 너무나 자랑스럽다고 말하였다. 또 다른 기억은 남동생이 학교에 허가서와 코트를 놓고 온 것 때문에 아버지가 남동생에게 화를 내는 장면이 었는데, 그녀는 자신이 동생에게 그것을 챙기라고 상기시키지 않았던 것에 대해 무척 속상한 마음이 들었다.

### 아들러식 사례 개념화

I씨의 불면증은 그녀의 강한 의무감과 성취감으로 인해 악화되는 것 같다. 그녀는 오랫동안 불면증에 시달려 왔다고 보고했지만, 그녀의 경력과 가족이 성장하면서 더욱 악화되었던 것 같다. I씨가 나타내는 문제는 그녀의 생활양식 관점에서 보면 이해할 수 있다. 그녀는 성공을 통해, 그리고 의미 있는 다른 사람들에 대해 책임을 짐으로써 그들과 연결된다. 그녀는 성취와 책임감을 통해 연결하는 경향이 있다.

### 치료 계획과 실행

I씨는 건강 검진을 받고 불면증에 대한 신체적인 원인이 발견되지 않아, 다른 심리적 장애에 대한 평가를 받았다. 하지만 불면증 외에 다른 진단은 내려지지 않았다. 치료는 내담자의 생활양식에 대한 검사를 수반할 것이다. 그녀의 완벽주의와 책임을 지려는 욕구는 이런 상태에서 어느 정도 작용하는 것 같다. 치료자는 격려에 초점을 둔 접근법을 채택하였다. 이는 I씨가 자신의 삶을 살펴보았고, 결국 성취하고 성공하려고 부담하는 다른 사람의 짐을 받아들이지 않으면서 불완전할 용기를 찾으려고 시도했기 때문이다. 치료자는 또한 내담자의 불면증을 악화시킬 수 있는 환경적인 요인들을 점검하도록 돕는 것을 고려할 수 있다. 마치 그녀가 모든 일을 마치고, 이제 잠을 잘 수 있는 것처럼 성찰하는 것은 효과적인 기법임이 증명될 수 있고, 그녀가 노력할 수 있는 새로운 목표를 제공할 수 있다(Watts, 2003/2013).

# 과다수면장애

## 임상적 증상

과다수면장애(Hypersomnolence disorder)가 있는 개인은 전날 밤 적절한 시간을 잤는데도 불구하고 불균형적인 졸림을 보고한다. 이들은 주기적으로 낮 동안 의식하지 못하는 사이에 잠에 빠져들어 가는 경험을 할 수 있으며, 장기간의 수면이 활력을 되찾게(원기를 회복하게) 하지 못한다고 보고할 수 있다. 문제는 잠에서 깨어나는 데 어려움을 겪을 때와, 조용하고 자극이 낮은 활동 중에 갑작스럽고 의도하지 않은 수면을 겪을 때 일어날 수 있다. 이처럼 수면의 필요성이 증가하면 일상생활, 사회적 활동, 학교 관련 활동 중 집중력과 기억력에 부정적 영향을 줄 수 있다. 부수적으로, 개인은 직장이나 다른 사회적 약속에 늦고, 일반적인 의무를 다하려고 고심하며, 운전하는 데 어려움이 있다고 보고할 수 있다(APA, 2013).

## DSM-5 특성

과다수면장애는 적절한 수면(최소 7시간)을 취했는지와 상관없이 극도의 졸림이 특징이다. 개인은 낮 동안 반복적으로 잠이 들거나, 개운한 느낌 없이 과도하게 자고, 갑자기 잠에서 깨어난 후 완전히 깨는 데 어려움을 겪는다고 보고한다. 이 장애를 견뎌 내는 개인도 집중력, 다른 사람과의 연결, 일 관련 활동에 어려움을 겪을 수 있다(APA, 2013).

## 생물심리사회적-아들러식 개념화

과다수면장애가 있는 내담자는 낮 시간 동안 집중력과 기억력이 저하되면서 지나친 졸음, 신체적 피곤의 증가, 무기력함을 느낀다고 보고할 수 있다. 또한 이들은 아침에 깨어나기가 어렵다고도 보고할 수 있다. 이러한 특성들은 이들의 일상 업무, 사회적 활동, 학교 관련 활동 중 집중력이나 기억력에 부정적 영향을 미칠 수 있다. 이러한 과도한 수면 욕구의 결과로 깨어 있는 시간에 침습하는 예기치 않은 수면 에피소드를 보고할 수 있다. 이러한 의도하지 않고 침습하는 수면의 순간이 기계, 중장비, 또는 자동차를 운전할 때 발생하면 개인에게 매우 위험할 수 있다(APA, 2013).

아들러리안 문헌에는 과다수면장애에 대한 기록이 거의 없다. 하지만 아들러(1944)는 수면 문제에 유기적 원인이 있다는 것을 인식하였다. 과다수면은 일이나 관계에서의 문제뿐만 아니라 신체적 문제를 초래할 수도 있다는 것은 분명하다. 낮에 과도한 졸림은 학교 성적 부진, 행동 문제, 정서적인 어려움과 관련이 있다. 대학생을 대상으로 한 연구에서, 낮에 졸림의 증가는 좀 더 일반적인 불규칙적 생활 패턴과 관련이 있다는 것도 밝혀졌다(De Volder, Rouckhout, & Cluydts, 2000). 이러한 상태에 대해 거의 이해하지 못하기에 전체론적인 웰니스(wellness) 접근법은 치료를 위한 좋은 출발점을 제공할 수 있다. 브릿츠먼과 헨킨(Britzman & Henkin, 1992)은 웰니스를 다음과 같이 설명하였다.

> 예방적이고, 다차원적인 철학이다. 그것은 사회적 관심의 함양을 포함하여 신체적 활동, 영양에 대한 인식, 스트레스 관리, 영성 그리고 환경적 민감성에 관한 유용하고, 일상적이고, 건강과 관련된 선택을 하기 위해서 자기-책임(self-responsibility)과 자기-돌봄(self-care)을 필요로 한다. 웰니스를 추구하는 것은 일생 동안 변화와 성장의 기회를 발견하고자 하는 용기와 규율을 수반하여, 이는 자기향상에 헌신하는 결과로 이어진다(p. 194).

아들러리안 관점에서 보면, 이러한 장애가 있는 수면 패턴을 만들거나 악화시키는 환경적·상황적 문제들을 확인하면서 개인 전체를 조사하는 것이 중요할 수 있다.

## 치료 고려사항

미국 국립수면재단은 과다수면장애를 "원인이 알려지지 않은 심각하고 쇠약하게 만드는 장애"(2011c, para.1)라고 설명하였다. 과다수면장애의 치료는 수면전문가의 포괄적인 평가로 시작해야 한다. 이는 수면다원검사와 수면잠복기 반복 검사를 포함할 수 있다. 과다수면장애에 대한 대부분의 직접적인 치료는 일반 진료 의사나 수면전문가에 의해 수행되지만, 심리치료는 이 질환의 사회적·심리적 영향을 다룰 수 있다.

개인이 중장비나 자동차를 운전할 때 과도한 졸림이 당황스럽거나 심지어 위험할 수 있기 때문에, 과다수면장애는 여러 측면에서 개인에게 영향을 미칠 수 있다(APA, 2013). 특히 내담자가 졸음이 자신이나 다른 사람을 위험에 빠트릴 수도 있는 직업에 종사할 때, 고객 안전이 주요 관심사이다. 과다수면장애는 단절과 이탈을 초래할 수 있다. 내담자가 가족 및 공동체 사람들과 다시 연결되도록 돕는 것은 중요한 고려사항일 것이다.

사례 • H씨

　　H씨는 52세로, 홀로 전국을 누비는 트럭 운전사이다. 그는 최근 회사의 정기 건강 검진에서 과다수면장애 진단을 받았다. 그는 고혈압과 위산 역류 관련 증상도 있다. 그는 10년 전 이혼했고, 12세 된 아들이 한 명 있다. 그는 아들을 자주 보지 못하는데, 아들이 엄마와 살고 있고, 그녀가 혼자 양육권을 갖고 있기 때문이다. H씨는 수년간 낮에 졸음과 싸우고 있었지만, 이는 불규칙한 일정과 "도로 최면(road hypnosis)" 때문이라고 생각했다.

## 기면증/하이포크레틴 결핍증

### 임상적 증상

　　기면증(Narcolepsy)을 겪고 있는 사람은 수면과 관련되지 않은 낮 활동 중에 통제할 수 없는 수면 순간에 빠져들게 된다. 수면 마비나 갑작스러운 근육의 약화는 종종 갑작스럽고 예상치 못한 사건의 발생을 동반하여, 움직임의 상실, 어눌한 말투, 눈꺼풀의 처짐 등으로 이어진다. 과다수면장애와는 반대로, 기면증을 경험하는 개인은 잠깐의 수면이지만 기력을 회복하였다고 보고했다. 기면증과 관련된 갑작스러운 마비는 통제할 수 없이 넘어지거나 떨어져 부상을 입을 수 있기에 신체적인 상해로 이어질 수 있다. 이러한 유형의 갑작스러운 마비를 경험하는 사람들은 법적으로 혼자서 차량을 운전하거나 기계를 조작할 수 있는 것이 제한될 수 있다. 기분의 변화나 불안의 증가 등 다른 우려와 동시에 기면증이 발생할 수도 있다. 의학계는 기면증과 뇌에서의 하이포크레틴(hypocretin) 결핍 사이에 강력한 관계를 발견하였다. 부수적으로, 이들은 웃음, 슬픔, 극심한 분노 등의 강렬한 정서를 경험할 때, 갑작스러운 마비나 근육 긴장의 소실뿐만 아니라 의도하지 않은 음식 섭취를 경험할 수 있다(APA, 2013).

## DSM-5 특성

기면증이 있는 사람은 종종 의도적인 근육 움직임의 상실을 동반한 갑작스럽고 통제할 수 없는 수면의 순간을 경험한다. 이때 수의적인 근육 운동의 상실이 동반되기도 한다. 내담자는 종종 수면이 짧지만 원기를 회복시킨다고 보고한다. 이 장애와 관련하여 내담자는 수면 관련 환각, 악몽, 생생한 꿈, 몽유병, 이갈이, 과도한 몸짓, 야뇨증 등을 겪을 수 있다. 때때로 내담자는 잠을 자는 동안 의도치 않게 음식을 먹을 수도 있다(APA, 2013).

## 생물심리사회적-아들러식 개념화

기면증이 있는 내담자는 수면 삽화와 관련된 갑작스러운 마비나 극심한 근육의 약화를 경험하거나, 강렬한 감정을 표현할 때 수의적인 움직임의 상실과 쓰러짐을 초래할 수 있다. 연구와 임상 기록에 따르면, 몽유병이나 이갈이, 야뇨증 등이 기면증과 함께 동반되는 질환임이 밝혀졌다. 치료하지 않고 방치하면 개인은 운전면허나 직업을 잃을 수 있을 뿐만 아니라 자신이나 타인에게 상해를 입힐 위험에 처할 수도 있다(APA, 2013).

비록 기면증은 신체적 질환으로 주로 취급되지만, 아들러식 접근법은 개별 내담자의 환경에 대한 보다 전체적인 조사를 수반한다. 기면증은 많은 문화권이나 인종 집단에서 발생한다. 하지만 치료받지 않은 개인은 부상이나 사회적 고립에 직면할 수 있다(APA, 2013). 내담자는 기면증과 함께 낙담과 단절에서 벗어나고자 애를 쓰며, 단순히 약물치료 개입이 아닌 심리적 치료 형태가 필요하게 된다. 브릿츠먼과 헨킨(1992)은 특히 신체적 질병에 대처하는 것과 관련되기에 아들러리안의 전체론적 웰니스 접근법의 일부로 아들러식 격려를 사용할 것을 권장했다. "인식의 전환과 행동 레퍼토리의 확장 노력을 지지하는 아들러 심리학의 철학은 내면의 자원을 깨우고, 중요성과 웰빙의 감정을 불러일으키고, 웰니스 과정을 촉진할 수 있다."(Britzman & Henkin, 1992, p. 201) 칸스와 칸스(Carns & Carns, 2006a/2006b)는 격려가 행동 변화를 촉진하는 데 도움이 되는 것으로 인식된다고 주장하였다.

## 치료 고려사항

많은 수면장애와 마찬가지로, 기면증은 전체론적 생물심리사회적 접근을 통해 가장 효과적으로 치료된다. 하이포크레틴 결핍 검사와 야간 수면다원검사 등의 공식적인 수면조사는 수면전문가에 의해 수행되어야 한다. 브릿츠먼과 헨킨(1992)은 신체적 문제에 대한 치료에 적극적인 웰니스 접근을 제안했다. 그들은 개인을 "신체적 · 심리적 · 지적 · 사회적 · 정서적 · 환경적 과정이 밀접하게 연관되어 있기에"(p. 194) 격려 전략을 강화하고 개인을 전체론적 체계로 취급하는 아들러식 접근법을 주장했다.

기면증의 치료는 대개 증상에 초점을 맞춘다(APA, 2013). 롱스트레스, 쾹셀, 톤, 헨드릭슨과 벨(Longstreth, Koepsell, Ton, Hendrickson, & Belle, 2006)은 "인과관계적 위험 요인에 관한 연구는 아직 중요한 결과를 보여 주지 못하고 있다."(p. 13)라고 밝혔다. 하지만 기술과 연구가 진보함에 따라, DSM-5에서는 기면증을 여러 개의 하위 범주로 구분했다(APA, 2013). 기면증이 있는 사람은 종종 직장이나 학교에서 게으르거나 동기가 없다는 인식으로 인해 고심한다. 많은 사람은 약물치료에 대한 사회적 · 성적 부작용에 직면하고, 불안하거나 짜증스러워하며, 운전을 할 수 없게 되는 것이 두려워서 종종 치료를 전적으로 회피한다(Douglas, 1998). 현재 기면증에 대한 치료법이 없지만, 증상을 거의 정상 기능 범위까지 관리할 수 있다. 음주와 과식을 피하고, 규칙적인 낮잠과 함께 규칙적인 수면 일정을 유지하는 것이 많은 지속적인 기면증에 유익한 것으로 입증되었다(National Sleep Foundation, 2011d). 미국 국립수면재단(2011d)은 증상이 널리 이해되지 않아 개인이 불편함, 우울, 소외감을 느낄 수 있으므로 상담을 권고한다. 부부관계, 가족관계, 사회적 관계에서의 스트레스 역시 흔히 발생한다(APA, 2013).

### 사례 • N 군

N 군은 부모 및 수면전문가에 의해 의뢰되었다. 그는 18세의 고등학생이었고, 학업성적은 평균이었으며, 더는 운전과 축구를 하는 것이 허용되지 않아 매우 낙담하고 있다. 그의 탈력발작(脫力發作, cataplexy)[2]은 놀림을 받을 때나, 자신을 보호하기 위해 어딘가에 가는 것이 제한될 때 촉발되는 것처럼 보인다. 수면전문가는 그 상태에

대해 여러 가지 약을 처방했다. 부모는 상담이 정서 조절을 위한 좀 더 효과적인 전략을 개발하면서, 아들이 낙담감을 극복하는 데 도움이 되기를 바라고 있다. 그들은 이를 통해 N 군이 탈력발작을 통제할 수 있는 능력을 향상하기를 바라고 있다.

### 가족 구도

N 군은 외동이고, 항상 문제를 협상하고 해결할 수 있었다고 보고하고 있다. 그는 논리적 문제를 해결할 수 없는 경우가 거의 없다고 한다. 아동기와 청소년기에 친한 친구가 몇 명 있었고, 학교 성적은 좋았다. 그는 주로 통제를 통해 소속감을 느끼는 방법을 찾았다. 그는 자기 부모가 현재 과잉보호하고 너무 엄격하다고 말했다. 원가족에서 언급할 가치가 있는 세 가지 가족 가치는 "일등이 되지 못하면 집에나 가라." "변명하지 마라." 그리고 "다른 사람이 하는 것을 따라잡을 수 없으면, 시도하지 않는 것이 상책이다."였다.

### 초기 회상

N 군의 초기 회상은 자유로움과 강함이 느껴진다. 그는 어릴 때부터 마당에서 놀곤 했다. 때로 그는 사촌과 함께 놀았는데, 게임을 하면 항상 이겼다. 그가 질 때면, 규칙을 재협상하거나 예외를 찾곤 했다. 어른들은 이런 행동을 대개 비웃곤 했으며, 사촌들은 마지못해 받아들였다.

### 아들러식 사례 개념화

N 군의 현재 상태와의 고투는 생활양식에 의해 악화되고 있는 것으로 보인다. 그는 전통적으로 힘, 재능, 협상 등으로 딜레마를 해결해 왔고, 마치 문제에 대처하는 자신의 전형적인 방법을 빼앗긴 것처럼 느끼는 것 같다. 그가 성취감과 자유 그리고 연결됨을 느끼는 현재의 두 장소는 차와 축구 경기였다. 그는 축구와 운전을 할 수 없었고, 자신이 그 결정에 선택권이 있다고 느끼지 않았다. 더구나 처음으로 성인과 협상하는 대처기제가 성공적이지 못한 것으로 밝혀졌다. 그는 심한 낙담감, 고립감, 무력감을 느끼고 있다.

---

2) 기면증의 한 특징으로 극도의 공포나 정신적 충격 또는 극도의 긴장으로 근육이 마비되며 주저앉는 증상-역자 주

### 치료 계획과 실행

N 군의 치료는 두 가지 측면을 포함할 것 같다. 첫째로, 기면증은 전체론적이고 팀 기반의 치료 접근을 수반할 것이다. 상담자는 생물학적 치료의 모든 측면이 수행될 수 있도록 의료전문가와 협력할 것이다. 또한 상담자는 이 상태의 낙담시키는 측면을 인식하고 내담자가 자신의 인식된 사회적 세계에서 개인들과 다시 연결하도록 도와줌으로써, 기면증의 심리적, 사회적 함의에 초점을 맞출 것이다. 격려에 초점을 둔 치료의 목적은 N 군이 자신의 상태에 효과적으로 대처하는 데 사용할 수 있는 도구를 자신 안에서 확인하도록 도울 것이다. N 군은 이전에 경쟁을 통해 소속감을 찾았다. 소속하거나 성취할 수 있는 다른 방법을 찾는 것은 내담자의 생활양식과 맞을 수 있다.

# 수면 무호흡과 폐쇄성 수면 무호흡 저호흡 증후군

## 임상적 증상

이 호흡 관련 수면장애를 겪고 있는 사람은 정상적인 수면 기간 동안 코골이와 거친 콧숨, 헐떡임, 호흡 정지를 동반하는 비정상적인 얕은 호흡이나 완전한 호흡 정지를 경험한다. 내담자가 자신의 수면에 대한 정확한 설명을 제공하지 못할 수도 있지만, 배우자나 파트너 등이 주는 이차적인 출처들이 수면 패턴의 이력을 파악하는 데 도움이 될 수 있다. 이 수면장애를 겪는 내담자는 종종 주간 졸림과 피로감, 그리고 개운하지 않은 수면을 보고할 것이다(APA, 2013).

## DSM-5 특성

폐쇄성 수면 무호흡 저호흡 증후군(Obstructive Sleep Apnea Hypopnea Syndrome)은 과도한 코골이, 거친 콧숨, 헐떡임, 장시간의 호흡 정지와 관련된 정상적인 호흡 패턴에 과도한 방해를 수반한다. 이 증후군을 겪는 개인이나 이차적 정보 제공자들은 수면을 방해하는 비정상적인 호흡으로 인해 수면에서의 질적·양적 불만족을 보고한다.

# 중추성 수면 무호흡증

## 임상적 증상

중추성 수면 무호흡증(Central Sleep Apnea)은 예정된 수면 중 비정상적인 얕은 호흡과 완전한 호흡 정지가 특징이다. 수면 시간 동안, 개인은 반복적으로 비정상적인 얕은 호흡을 하거나 짧은 시간 동안 호흡 정지를 할 것이다. 이러한 호흡 정지에 이어 개인은 빠른 심호흡으로 회복되는 경우가 많다. 주기적인 호흡 및 호흡 정지와 관련된 불일치에 이어 갑작스러운 회복으로 인해 과호흡과 저호흡이 번갈아 일어난다(APA, 2013).

중추성 수면 무호흡증은 심부전, 뇌졸중, 신부전증이 있는 개인들이 겪으며, 이들은 흔히 체인 스토크스 호흡(Cheyne-Stokes breathing)이라고 불리는 비전형적인 호흡 패턴을 자주 접한다. 이 패턴은 여러 번의 심호흡에 이어 일련의 매우 얕은 호흡, 또는 여러 번의 짧고 얕은 호흡에 이어 크고 깊은 회복 호흡으로 구성될 수 있다. 때때로, 깊은 회복 호흡은 내담자의 수면을 방해할 수 있고, 갑작스럽게 깨어나게 할 수 있다. 두 경우 모두, 이러한 계속적인 호흡 패턴의 변화는 중추성 수면 무호흡증을 유발하고 직접 관련이 있다. 이러한 유형의 불규칙한 호흡을 겪는 내담자는 일관되지 않은 수면 패턴, 호흡 곤란으로 깨어남, 주간에 과도한 졸림을 겪는다고 보고한다(APA, 2013).

## DSM-5 특성

중추성 수면 무호흡증이 있는 개인은 잠자는 동안 비정상적인 얕은 호흡 또는 호흡 정지를 자주 겪는다. 중추성 수면 무호흡증과 연관된 호흡 정지는 일반적으로 10초 이상 지속되며, 갑작스럽고 빠른 흡입이 뒤따른다. 체인 스토크스 호흡과 관련된 호흡 정지와 얕은 호흡의 패턴도 이 장애에서 발생할 수 있다. 중추성 수면 무호흡증이 다른 호흡 관련 수면장애와 구별되는 특징은 코골이, 거친 콧숨, 헐떡임 같은 폐쇄성 수면 현상이 없다는 것이다. 체인 스토크스 호흡 증후군은 심박 수, 혈압, 호흡 곤란, 떨리는 느낌 등의 현저한 변화가 특징이다. 이러한 유형의 장애는 수면검사로 가장 잘 진단을 내릴 수 있다. 이 수면장애의 원인은 알려지지 않고 있다(APA, 2013).

## 생물심리사회적-아들러식 개념화

폐쇄성 수면 무호흡증과 중추성 수면 무호흡증은 둘 다 호흡과 관련된 문제를 수반한다. 이는 수면 기능 이상과 또 다른 건강 문제들과 연관된 함의를 지니고 있다. 폐쇄성 수면 무호흡증은 수면 중 과도한 코골이, 거친 콧숨, 헐떡임과 호흡 정지로 인해 개인의 수면 패턴에 지장이 있음을 나타낸다. 폐쇄성 수면 무호흡증과 연관된 신체적 경험이나 감각은 속쓰림, 밤중의 잦은 소변, 아침에 경험하는 두통, 입마름, 고혈압, 성욕감퇴, 발기부전 등이 있다. 중추성 수면 무호흡증은 수면 중 호흡 정지나 불규칙한 호흡 패턴이 나타나며, 호흡을 회복하는 동안 갑작스럽게 잠에서 깨는 것으로 이어진다. 두 상태 모두 개운치 않은 수면을 초래하고, 과도한 졸림, 피로감 그리고 불면증으로 이어질 수 있다(APA, 2013).

폐쇄성 수면 무호흡증은 1~2%의 아동, 2~15%의 중년 성인 그리고 20% 이상의 노년기 성인에게 영향을 준다. 중추성 수면 무호흡증은 비록 드물게 나타나는 것으로 생각되지만, 유병률은 알려져 있지 않다(APA, 2013). 이 장애는 아들러 심리학에서 자주 다루는 영역이 아니다. 하지만 기술(technology)이 이 상태를 더 잘 이해하고 진단할 수 있게 해 주기에, 더 많은 관심을 끌고 있다.

수면 무호흡증은 인지적 · 행동적 · 생리적 기능에 영향을 미칠 수 있다(APA, 2013; Garrison & Eckstein, 2009; Hansen & Vandenberg, 1997). 미국 국립수면재단(2011e)은 1,800만 명의 미국 성인이 수면 무호흡증을 겪고 있으며, 이것이 생명을 위협하는 질환이 될 수도 있다고 보고했다. 정확한 진단과 치료를 위해 증상과 징후를 알아차리는 것이 필요하다. 한센과 반덴버그(Hansen & Vandenberg, 1997)는 "아동 수면 무호흡의 영향은 다른 아동기 장애, 특히 주의력결핍장애에서 현저하게 드러나는 특성들과 유사해 보인다."(p. 304)라고 말했다.

수면 무호흡증은 만성질환(choric illness)으로 여겨질 수 있고, 아들러 심리학에서 그렇게 취급될 수 있다. 스페리(Sperry, 2006, pp. xi-xii)는 다음과 같이 확인했다.

만성질환(choric illness)은 만성질병(chronic disease)[3]에 대한 주관적인 경험이며, 그러한 질병은 복합적인 원인과 다양한 치료 방법이 있는 경향이 있다. 이는 만성질환의 경험이 생물의학, 성격, 대처, 문화적 요인 등 여러 생물심리사회적 요인에 따라 상당히 가변적이라는 것을 의미한다.

개인의 자기 건강에 대한 접근 방식은 치료와 웰니스(건강)의 여러 측면에 영향을 미친다. 수면 무호흡증은 신체적 손상뿐만 아니라, 개인이 다른 사람과 연결하는 능력에 커다란 장애를 일으킨다(Garrison & Eckstein, 2009).

수면 무호흡증이 주로 생리적 상태이기에, 내담자가 자신의 상태뿐만 아니라, 이 장애가 동반하는 심리적 · 사회적 손상에 대해서도 상담을 받으려 한다는 점을 인식하는 것이 중요하다. 게리슨과 엑스타인(2009)은 커플의 연결 능력에 미치는 영향을 다루었다. 그들은 "누군가와 함께 잠자는 것은 그 사람과 성관계를 하는 것보다 더 친밀한 것일 수 있다"(p. 58)라고 주장했다. 수면 무호흡증은 기분 기억, 관계 능력, 친밀함의 기능 그리고 주간의 능력을 손상할 수 있다. 이것을 염두에 두고, 그것이 모든 인생 과제 영역에서 개인의 수행 능력을 어떻게 손상시키고 있는지 반드시 검토해야 한다(Garrison & Libby, 2010; Myers, Sweeney, & Witmer, 2000).

## 치료 고려사항

드레이커스(Dreikurs, 1967)는 치료 과정을 관계 형성, 심리적 투자, 해석 그리고 재정향의 4단계로 설명했다. 수면 무호흡증의 치료에서 내담자나 상담자는 바로 재정향의 단계로 건너뛰는 것이 유혹적일 수 있지만, 아들러리안 상담자는 적절한 치료적 동맹을 형성하는 것이 첫 번째 과정임을 기억해야만 한다. 또한 수면 무호흡증은 이 장애의 세부사항에 관한 정확하고 믿을 만한 정보를 얻어야 하는 추가적인 도전을 제기한다. 좋은 정보가 도전일 수 있지만, 이차적인 정보도 가치가 있을 수 있다. 슈렉과 리치데일(Schreck & Richdale, 2011)은 건강 전문가들의 아동기 수면에 관한 지식이 제한적이라고 지적했으며, 그들의 연구는 자녀의 수면에 대한 부모의 지

---

3) 만성질병(chronic disease)과 만성질환(chronic illness)은 상호 교환적으로 사용되기도 하지만, 두 용어의 의미에는 차이가 있다. 질병이 병태생리학적 측면에서 내리게 되는 진단명이라면, 질환은 진단받은 질병을 어떻게 인지하고, 병의 진행에 어떻게 반응하며 살아가는지에 대한 환자 경험을 포함한다[차은석 등 (2019). 심혈관 대사질환이 있는 지역사회 거주 환자의 질환 경험과 완화 의료 요구. Korea J Hosp Palliant Care, 22(1), p. 9]- 역자 주

식은 대체로 형편없고, 자녀가 커 갈수록 정보의 질은 더 떨어진다고 결론을 내렸다. 이는 상담자가 자녀의 수면을 보다 일관된 방식으로 관찰할 수 있도록 돕기 위해 부모와 함께 일해야 하는 필요성을 강조한다.

수면 무호흡증 치료는 수면다원검사를 포함하는 전문적인 수면 평가로 시작해야 한다. 내담자에게 수면제, 알코올, 니코틴을 피할 것을 권고한다(APA, 2013). 살을 빼는 것과 잠을 잘 때 머리를 높이는 것은 증상에 도움이 될 수 있다(Garrison & Eckstein, 2009). 이러한 접근 방식들이 초기에 도움을 줄 수 있지만, 내담자의 생활양식을 분석하는 것이 그의 대처양식에 영향을 주는 패턴을 드러낼 수 있다. 문제를 피함으로써 삶에 접근하는 사람들은 수면 무호흡증의 치료를 피하거나 거부할 수 있다.

### 사례 • Q 군

Q 군은 12세 소년으로, 그의 수면전문가와 부모가 상담에 의뢰하였다. 처음에 그는 과도한 졸림과 주의력결핍 및 과잉행동장애(ADHD)와 유사해 보이는 증상으로 인하여 소아과 의사가 수면전문가에게 의뢰하였다. 더구나 그는 학교에서 문제가 있는 것으로 보였다. 주의집중을 유지하지 못했고, 시험을 보거나 새로운 정보를 분석하는 데 어려움을 겪고 있다. 그는 학교에서 ADHD 평가를 받았지만 진단 기준을 충족하지 못했다. 부모는 소아과 의사가 묻는 많은 수면검사 질문에 "모른다."라고 답하였고, 그래서 소아과 의사는 철저를 기하기 위해 의뢰했다. 전문가는 수면 평가 후에 폐쇄성 수면 무호흡증으로 진단하였다.

### 사례 • O씨

O씨는 62세의 공장 노동자로, 아내의 고집으로 상담에 의뢰되었다. 그의 수면 무호흡 증상은 수년 동안 이어지고 있었다. 하지만 지난 9개월 동안 증상이 점점 더 심각해졌다. 더구나 건망증이 심해졌고, 더 많이 졸려 했고, 성격이 나빠졌고, 그래서 공장에서 라인 관리 능력이 저하되었고, 교대근무 시에 직장 동료들의 불평을 받아 왔다. 아내는 남편의 코골이 때문에 자주 잠에서 깨어서, 그의 심한 코골이에 대해 불평했다. 그녀는 또한 이것이 다른 건강 문제를 악화시킬 것이라고 걱정한다. 그는 활기

가 낮고, 성욕도 적고, 그리고 아내가 자주 그에게 소파에서 자라고 요구하기에, 이는 그들의 결혼 만족도 수준에 영향을 미쳤다. O씨는 약간 과체중이고, 하루에 담배를 한 갑 피우며, 적절한 양의 맥주를 마셨다. 그는 수면전문가에게 평가를 받은 적이 없었고, 수면 평가를 받는 것을 꺼리고 있다.

### 가족 구도

O씨는 3남매 중 가운데 아이이다. 그는 형과 여동생이 있다. O씨는 자신이 조용한 아이였고, 어린 시절 대부분을 남들 눈에 띄지 않으려 노력하며 보냈다고 보고한다. 어렸을 때, 그는 친구들 사이에 섞여서 눈에 띄지 않으려고 노력했다. 대개 그는 팀의 일원이 되려고 매우 열심히 노력했다. 부모는 일, 가족, 생활로 바빴다. 주목할 만한 세 가지 가족 가치는 "짐이 되지 않도록 노력하라." "호들갑 떨지 마라." 그리고 "어려움을 극복하기 위해 계속 노력하라."이다.

### 초기 회상

O씨의 초기 회상은 가족과 함께 친지를 방문하려고 여행하는 것과 관련이 있다. 그는 뒷좌석에서 서로 싸우는 형과 여동생 사이에 앉아 있었다. 그는 말썽을 피하기 위해 조용히 있으려 애쓰고 있었다. 또 다른 기억은 아버지와 낚시를 하다가 낚싯바늘에 손가락을 다친 것이었다. 아버지는 웃으며 O씨에게 그런 것이 삶의 일부일 뿐이라고 말했다.

### 아들러식 사례 개념화

O씨는 일생 섞여 살려고 애쓰며 살아왔다. 그는 눈에 띄지 않으려고 애쓰면서 문제들을 무시함으로써 해결한다. 그는 현재 자신의 행동을 변화시키기를 원하지 않는다. 하지만 갈등을 피하고 아내를 행복하게 해 주려고 노력하고 있다. O씨는 대인관계의 혼란뿐 아니라 자신의 상황에 대해 낙담을 느끼고 있다고 보고한다. 이러한 낙담감을 다루고 치료를 받을 용기를 찾도록 그를 돕는 것이 O씨에게 중요한 첫걸음이 될 것이다. 또한 이러한 상태와 치료가 그의 삶의 다른 부분들이나 정서적 웰빙(즉, 불안, 우울, 체중 증가 등)에 영향을 미치는지 평가하는 것도 중요할 것이다. 생물심리사회적 모델은 "개인의 모든 기능 수준을 고려해야만, 개인을 적절하게 이해할 수 있다." (Sperry, 2008, p. 370)라고 시사한다.

**치료 계획과 실행**

O씨와 라포를 형성하는 것은 그 무엇보다 중요한 과정이 될 것이다. 왜냐하면 그는 이미 "성격이 나쁘고", 인내심이 부족하고, 치료를 받는 데 전념하지 않는 것처럼 보이기 때문이다. 그가 관심의 초점이 될 것이기에, 치료적 과정 자체가 불편하게 보일 것 같다. 이전에는 O씨의 생활양식으로 인해 그가 보이지 않는 존재로 유지되었다. 만일 O씨가 아내와 함께 치료를 받기로 하면, 그는 아내가 그 치료 과정을 이끌게 하려고 할지도 모른다. 이 장애는 종종 낙담감을 주고, 그는 자신이 선택이나 힘이 제한되어 있다고 느낄 수도 있기에, 격려가 중요할 것이다. O씨를 수면전문가가 수행하는 수면검사에 의뢰하는 것이 중요할 것이다.

# 악몽장애

## 임상적 증상

악몽장애(Nightmare Disorder)는 종종 위험을 피하려는 노력과 관련된 불안하고 고통스러운 이미지를 포함하며, 불안, 공포, 기타 불편한 정서들을 초래한다. 악몽장애를 겪는 내담자는 종종 반복적인 과거의 불쾌한 사건을 보고하고, 성격에서 좋지 않은 변화를 보인다. 전형적인 수면 일정의 변화와 수면 부족은 이러한 수면장애를 겪을 위험을 증가시키는 원인이 될 수 있다. 불안감을 주는 꿈이 개인적 고통을 낳을 수 있지만, 사회적·직업적 손상의 증거는 적다. 하지만 만일 꿈이 지속하여 수면에 대한 혐오감을 낳는다면, 개인은 깨어 있는 시간 동안 지나친 졸림을 겪고, 이는 집중의 어려움, 불안의 증가, 슬픔, 과민함 등을 동반할 수 있다(APA, 2013).

## DSM-5 특성

이러한 수면장애를 겪는 개인은 꿈에 대한 완전한 기억을 유지하는 반복적이고, 당황스럽고, 무서운 꿈을 꾼다고 보고한다. 불안감을 주는 꿈의 내용은 인지된 위험을 피하거나 대처하려는 노력을 종종 포함한다. 외상성 사건을 겪는 개인은 그 사건의 요소들을 지닌 고통스러운 꿈을 꿀 수 있다. 내담자는 꿈에서 완전히 깨어난 후에도 꿈과 관련된 공포와 불안이 증가하는 것을 느낀다고 보고한다. 고통스러운 꿈에서 깨어난 개인은 빠르게 지남력(orientation)과 각성(alertness)을 회복한다고 보고한다(APA, 2013).

## 생물심리사회적-아들러식 개념화

다음의 생물심리사회적 개념화는 악몽장애를 이해하는 데 도움이 될 수 있다. 악몽은 일반적으로 REM(Rapid Eye Movement) 수면 중에 발생하며, 종종 주요 수면 기간의 후반부에 발생한다. 악몽과 관련해서 개인은 발한, 빠른 심장 박동, 빠른 호흡과 같은 신체적 특성을 보고할 수 있다. 또한 이차적인 정보는 수면 삽화 동안 과도한 움직임과 발성을 보고할 수 있다. 시차로 인한 피로나 수면 교란도 악몽의 발생이나 시기에도 영향을 미칠 수 있다. 악몽은 종종 다양한 의학적 상태, 정신질환, 물질 금단 증상과 함께 발생한다고 보고된다(APA, 2013).

심리학적으로, 아들러는 꿈의 가치를 자신의 세계를 이해하는 열쇠로 인식했다(Ansbacher & Ansbacher, 1956). 상담자는 꿈을 꾸는 사람과 그의 세계를 이해하려 하고, 꿈을 꾸는 사람이 자신을 더 잘 이해할 수 있도록 도우려고 노력한다. 코르시니와 웨딩(Corsini & Wedding, 1995)은 "꿈을 꾸는 사람을 알지 못한 채 꿈을 이해할 수 없다."(p. 71)라고 인식했다. 버드(Bird, 2005)는 꿈 작업은 상담자와 내담자가 평등한 동맹 안에서 꿈이 내담자의 삶에 미치는 영향과 의미를 검토하게 하며, 협력적이라고 묘사했다. 버드(2005)와 얄롬(Yalom, 2001)은 둘 다 꿈을 치료에서 움직임을 촉진하는 실용적인 방법으로 사용한다고 시사했다.

페벤과 슐만(Peven & Shulman, 2002)뿐 아니라 페벤(Peven, 2012)은 사람들은 느끼는 것을 꿈꾸며, 그리고 아들러리안 관점에서 꿈의 목적은 감정을 일으키는 것이라고 밝혔다. 감정이 생겨나면서 행동에 활력을 불어넣고, 움직임을 만들어 낸다. 개인은 열망을 추구하는 데 감정을 활용한다. 아들러(2010)는 "그러므로, 꿈의 목적은 상식의 요구에 대항하여 자신의 생활양식을 지지하는 것이다."(p. 100)라고 주장했다. 그는 "생활양식은 꿈의 주인이다."(p. 101)라고 덧붙였다. 꿈은 현재의 생활양식을 조정하지 않고 현재의 생활양식과 제시하는 문제를 연결하려고 한다. 꿈은 삶의 방식을 수정하지 않고, 지속해야 하는 감정을 만들어 냄으로써 생활양식을 지지한다. 아들러는 "꿈은 그것이 무엇인지를 은유적으로 표현함으로써 문제를 해결하는 길을 닦으려고 노력한다… 당연히 꿈을 꾸는 사람은 그것이 무엇인지에 대한 자신의 은유를 인식하지 못한다."(Adler, 1929; Anscher, 1982 재인용)라고 설명했다.

브링크와 매틀록(Brink & Matlock, 1982)은 출생순위와 악몽 사이에 관계가 있다는 것을 발견하였다. 그들의 연구에서, 막내는 성인기에 악몽을 보고할 가능성이 가장 크지만, 더 나이 든 형제자매들은 악몽을 꿀 가능성이 더 적다는 것을 발견했다. 치료적으로, 아들러리안은 개인의 독특성, 주관적 통각, 꿈에 수반되는 감정적 반응을 완전히 존중하며 꿈 작업에 접근한다(Bird, 2005).

아들러식 꿈 작업의 역사 외에도, DSM-5는 악몽장애와 위험하거나 충격적인 사건 사이의 연관성의 가능성을 인식하고 있다는 점을 유의하는 것이 중요하다. 아들러는 꿈의 중요성은 개인이 꿈에 부여하는 의미에 달려 있다고 인식했다. 아들러는 외상에 대해서도 비슷한 입장을 지녔다. 안스바허와 안스바허(Ansbacher & Ansbacher, 1995, p. 208)에서, 그는 다음과 같이 주장했다.

어떤 경험도 성공과 실패의 원인이 아니다. 우리는 소위 외상이라는 우리 경험의 충격으로 고통받는 것이 아니라, 그것으로 우리의 목적에 꼭 맞는 것을 만들어 낸다. 우리는 우리의 경험에 우리가 부여하는 의미에 의해 스스로 결정된다. 그리고 우리가 특정한 경험을 우리의 미래 삶의 기반으로 삼을 때, 아마도 항상 관련된 무언가 오류가 있을 것이다. 의미는 상황에 의해 결정되는 것이 아니라, 우리는 우리가 상황에 부여하는 의미로 우리 자신을 결정한다.

그러므로 꿈과 외상의 가장 중요한 측면을 개인이 그것들을 이해하는 의미라고 인식한다면, 의미의 구성 또는 재구성이 치료의 주된 측면이 된다.

## 치료 고려사항

악몽장애는 별도의 임상적 주의가 필요할 때, 다른 장애에 동반될 수 있다. 악몽장애의 발병을 주목하는 것이 중요하다. 악몽이 외상 후 스트레스 장애(PTSD)나 급성 스트레스 장애로 발생할 때, 만일 악몽장애가 다른 정신장애에 앞서 발생했거나 또는 다른 증상들이 해결된 후에도 악몽이 계속된다면 독립적인 진단을 고려할 수 있다. 악몽장애는 야경증[수면 중 경악장애(Sleep Terror Disorder)]과 구별되어야 한다. 두 장애 모두 수면에서 각성되는 것을 포함하고 자율 신경계의 활성화가 일어나지만, 악몽장애로 시달리는 사람은 꿈을 분명하고 생생하게 기억할 수 있다. 악몽은 대체로 야경증보다 더 밤 늦게 발생하고, 개인은 악몽을 꾸고 나면 일반적으로 완전히 잠에서 깨어난다. 문화적 의미도 악몽의 의미와 정서적 결과에 영향을 미칠 수 있다. 여성이 남성보다 악몽으로 인한 고통을 더 많이 보고하며, 악몽의 주제는 일반적으로 성별에 따라 다르다(APA, 2013).

상담자는 내담자에게 경험한 꿈을 기록해서 상담 회기에 가져오도록 요청할 수 있다. 꿈이 내담자의 삶과 어떻게 관련되어 있는지를 더 잘 이해하고 통찰을 얻으려는 노력으로, 상담자는 내담자가 안전한 장소에서 자신에게 불안감을 주는 꿈을 검토하도록 도울 수 있다. 또한 상담자는 내담자가 악몽에 부여한 의미를 탐색하도록 내담자를 도울 수도 있다. 꿈을 꾸는 사람은 개인의 창의성과 생활양식이 종종 깨어 있을 때와 자고 있을 때가 같으므로, 꿈의 결말을 구성해 봄으로써 꿈을 결론지을 수 있다. 내담자가 꿈을 이야기한 후, 상담자는 "그다음에 어떻게 되었습니까?"라고 질문할 수 있다. 이를 통해 내담자가 꿈은 물론 꿈과 깨어 있는 삶과의 관계를 검토할 수 있다(Bird, 2005, p. 213). 아들러는 꿈이 자신의 생활양식과 관련이 있다고 믿었으며, 개인의 상상력은 자신의 생활양식이 지시하는 것 외에는 아무것도 창조할 수 없다는 것을 시사했다. 꿈을 꾸는 사람이 꾸며 낸 꿈은 진정으로 기억된 꿈만큼 훌륭하다. 왜냐하면 상상력과 공상도 또한 자신의 생활양식의 표현일 것이기 때문이다(Adler; Ansbacher & Ansbacher, 1956 재인용).

### 사례 • N. M.씨

N. M.씨는 43세 남성으로, 파트너의 권유로 치료를 받으러 왔다. N. M.씨는 매주 4~5번 끔찍한 꿈을 꾼다. 그의 고통스러운 꿈의 전형적인 주제는 추락과 관련된 내용이었다. 그는 자신이나 다른 사람이 추락하는 것을 막으려고 여러 번 애썼지만 번번이 성공하지 못한다. 그는 종종 꿈에서 깨어나고, 대개 꿈을 아주 상세하게 기억할 수 있다. 충격적인 추락 장면을 목격하거나 겪은 적이 있는지 물으면, 그는 "기억나지 않는다."라고 답한다. N. M.씨는 어린 시절부터 악몽에 시달렸다. 그의 파트너가 친절하고 위로할 때 도움이 되지만, 그녀는 악몽에 대한 그의 반응 때문에 깨어날 때 종종

눈에 띄게 겁을 먹는다. 그녀는 그가 악몽을 꾼 다음 날, 피곤하고 기분이 언짢아한다고 보고한다. 그는 물질을 남용한 적이 없고, 많은 양의 약을 복용하고 있지 않다. 그는 자녀가 없다. 초기 회상을 물었을 때, 그는 중학교 이전에 대해 많이 기억하지 못한다고 답했다. N. M.씨는 PTSD의 진단 기준을 충족하지 않았다.

## 맺는말

이 장 전체에 걸쳐, 장애의 배치가 DSM-IV-TR보다 DSM-5가 좀 더 단순한 접근 방식을 보여 주고 있다. 이는 신체적 원인과 치료 고려사항에 관한 연구에서 도출된 특성들을 반영하여, 증상에 따라 장애들을 묶거나 나누었기 때문이다. 독자에게 이 상태를 가장 효과적으로 치료하기 위해 수면전문가에게 의뢰할 것을 권장한다. 마지막으로, 수면-각성장애에 관한 아들러식 사례 개념화와 치료 전략은 아마 임상 결과를 상당히 증진시킬 것이다.

## 참고문헌

Adler, A. (1944). Sleeplessness. *Individual Psychology Bulletin, 3*, pp. 60–64.

Adler, A. (1964). *Problems of Neurosis*. New York, NY: Harper Torchbooks. (Original work published 1929.)

Adler, A. (1992). *What Life Could Mean to You* (C. Brett, Trans.). Oxford: Oneworld Publications. (Original work published 1931.)

Adler, A. (2010). *What Life Should Mean to You*. Mansfield Centre, CT: Martino Publishing. (Original work published 1932.)

American Psychiatric Association (2013). *Diagnostic and Statistical Manual of Mental Disorders, Fifth Edition*. Arlington, VA: American Psychiatric Publishing.

Ansbacher, H. L. (1982). Alfred Adler's views on the unconscious. *The Journal of Individual Psychology, 38*(1), pp. 32–41. Retrieved from http://0-search.ebscohost.com.library.acaweb.org/login.aspx?direct=true&AuthType=ip,url,uid,cookie&db=aph&AN=9096216&site=ehost-live.

Ansbacher, H. L., & Ansbacher, R. R. (Eds.) (1956). *The Individual Psychology of Alfred Adler*. New York, NY: Basic Books.

Bird, B. E. I. (2005). Understanding dreams and dreamers: An Adlerian perspective. *Journal of Individual Psychology, 61*(3), pp. 200-216. Retrieved from http://0-search.ebscohost.com.library.acaweb.org/login.aspx?direct=true&AuthType=ip,url,uid,cookie&db=aph&AN=19542385&site=ehost-live.

Brink, T. L., & Matlock, F. (1982). Nightmares and birth order: An empirical study. *Journal of Individual Psychology, 38*(1), pp. 47-49.

Britzman, M. J., & Henkin, A. L. (1992). Wellness and personality priorities: The utilization of Adlerian encouragement strategies. *Individual Psychology, 48*(2), pp. 194-202. Retrieved from http://0-search.ebscohost.com.library.acaweb.org/login.aspx?direct=true&AuthType=ip,url,uid,cookie&db=aph&AN=9103672&site=ehost-live.

Carns, M. R., & Carns, A. W. (2006a). An overview of the current status of Adlerian encouragement. In S. Slavik & J. Carlson (Eds.), *Readings in the Theory of Individual Psychology* (pp. 267-276). New York, NY: Routledge.

Carns, M. R., & Carns, A. W. (2006b). A review of the professional literature concerning the consistency of the definition and application of Adlerian encouragement. In S. Slavik & J. Carlson (Eds.), *Readings in the Theory of Individual Psychology* (pp. 277-293). New York, NY: Routledge.

Corsini, R. J., & Wedding, D. (Eds.) (1995). *Current Psychotherapies.* Itasca, IL: F. E. Peacock Publishers.

DeVolder, I., Rouckhout, D., & Cluydts, R. (2000). Explaining hypersomnolence in young adults. *Journal of Sleep Research, 9*(1), p. 53.

Dinkmeyer, D. (1997). Adlerian family therapy: An integrative therapy. In J. Carlson & S. Slavik (Eds.), *Techniques in Adlerian Psychology* (pp. 456-465). New York, NY: Routledge.

Dinkmeyer, D. C., Dinkmeyer, D. C., Jr., & Sperry, L. (1987). *Adlerian Counseling and Psychotherapy* (2nd edn.). Columbus, OH: Merrill.

Douglas, N. J. (1998). The psychosocial aspects of narcolepsy. *Neurology, 50*(1), pp. 27-30.

Dreikurs, R. (1967). *Psychodynamics, Psychotherapy, and Counseling: Collected Papers of Rudolf Dreikurs.* Chicago, IL: Alfred Adler Institute.

Garrison, M., & Eckstein, D. (2009). A sleep satisfaction interview for couples: Recommendations for improving your nights together. *The Family Journal, 17*(1), pp. 58-63.

Garrison, R., & Libby, L. (2010). Insomnia treatment: Interdisciplinary collaboration and conceptual integration. *Individual Psychology, 66*(3), pp. 237-252. Retrieved from http://0-search.ebscohost.com.library.acaweb.org/login.aspx?direct=true&Auth-Type=ip,url,uid,cookie&db=aph&AN=58112951&site=ehost-live.

Haack, M., Sanchez, E., & Mullington, J. (2007). Elevated inflammatory markers in response to prolonged sleep restriction are associated with increased pain experience in healthy volunteers. *Sleep, 30*, pp. 1145-1152.

Hansen, D. E., & Vandenberg, B. (1997). Neuropsychological features and differential diagnosis of sleep apnea syndrome in children. *Journal of Clinical Child Psychology, 26*(3), pp. 304-310.

Longstreth, W. T., Koepsell, T. D., Ton, T. G., Hendrickson, A. F., & Belle, G. (2006). The epidemiology of narcolepsy. *Sleep, 30*(1), pp. 13-26. Retrieved from http://www.journalsleep.org/Articles/300102.pdf.

Myers, J. E., Sweeney, T. J., & Witmer, J. M. (2000). The wheel of wellness counseling for wellness: A holistic model for treatment planning. *Journal of Counseling and Development, 78*(3), pp. 251-266. Retrieved from http://0-search.ebscohost.com.library.acaweb.org/login.aspx?direct=true&AuthType=ip,url,uid,cookie&db=aph&AN=3310761&site=ehost-live.

National Institutes of Health (2005). NIH state-of-the-science conference statement on manifestations and management of chronic insomnia in adults. Retrieved from http://consensus.nih.gov/2005/insomniastatement.pdf.

National Institute of Health (2011). Your guide to healthy sleep. Retrieved from http://www.nhlbi.nih.gov/health/public/sleep/healthy_sleep.pdf.

National Sleep Foundation (2011a). Annual sleep in America poll exploring connections with communications and sleep. Retrieved from http://www.sleepfoundation.org/article.pressrelease/annual-sleep-america-poll-exploring-connections-communications-technology-use-.

National Sleep Foundation (2011b). Can't sleep? What to know about insomnia. Retrieved from http://www.sleepfoundation.org/article/sleep-related-problems/insomnia-and-sleep.

National Sleep Foundation (2011c). Extreme sleepiness. Retrieved from http://www.sleepfoundation.org/article/sleep-related-problems/idiopathic-hypersomnia-and-sleep.

National Sleep Foundation (2011d). Narcolepsy and sleep. Retrieved from http://www.sleepfoundation.org/article/sleep-related-problems/narcolepsy-and-sleep.

National Sleep Foundation (2011e). Sleep apnea and sleep. Retrieved from http://www.

sleepfoundation.org/article/sleep-related-problems/obstructive-sleep-apnea-and-sleep.

Peven, D. E. (2012). Dreams and dream-interpretation. In J. Carlson & M. Maniacci (Eds.), *Alfred Adler Revisited* (pp. 155-169). New York, NY: Routledge.

Peven, D., & Shulman, B. (2002). *"Who is Sylvia?" and Other Stories: Case Studies in Psychotherapy.* New York, NY: Taylor & Francis.

Rasmussen, P. R., & Moore, K. P. (2012). Nervous Insomnia. In J. Carlson & M. Maniacci (Eds.), *Alfred Adler Revisited* (pp. 243-249). New York, NY: Routledge.

Schreck, K. A., & Richdale, A. L. (2011). Knowledge of childhood sleep: A possible variable in under or misdiagnosis of childhood sleep problems. *Journal of Sleep Research, 20*(4), pp. 589-597. doi: 10.1111/j.1365-2869.2011.00922.x

Shulman, B. H. (1973). *Contributions to Individual Psychology.* Chicago, IL: Bernard H. Shulman, M. D.

Sperry, L. (1988). Biopsychosocial therapy: An integrative approach for tailoring treatment. *The Journal of Individual Psychology, 44*(2), pp. 225-235. Retrieved from http://0-search.ebscohost.com.library.acaweb.org/login.aspx?direct=true&AuthType=ip,url,uid,cookie&db=aph&AN=9095527&site=ehost-live.

Sperry, L. (2006). *Psychological Treatment of Chronic Illness: The Biopsychosocial Therapy Approach.* Washington, DC: American Psychological Association.

Sperry, L. (2008). The biopsychosocial model and chronic illness: Psychotherapeutic implications. *The Journal of Individual Psychology, 64*(3), pp. 369-376. Retrieved from http://0-search.ebscohost.com.library.acaweb.org/login.aspx?direct=true&AuthType=ip,url,uid,cookie&db=aph&AN=416721458&site=ehost-live.

Watts, R. E. (2013). Reflecting "As If." *Counseling Today, 55*(10), pp. 48-53. Retrieved from http://www.counseling.org/docs/counseling-today-archives/april-2013.pdf?sfvrsn=4.

Watts, R. E. (2003). Reflecting "As If": An integrative process in couples counseling. *The Family Journal: Counseling and Therapy for Couples and Families, 11*(1), pp. 73-75.

Yalom, I. (2001). *The Gift of Therapy.* London: Piatkus.

제12장
성장애

Sharyl M. Trail

　장애가 있는 성적 행동은 철학자, 신학자, 정신과 의사, 심리학자 그리고 기타 보건 의료 서비스 제공자의 관심의 대상이 되어 왔다. 성적 일탈은 사회의 많은 사람에 의해 질환, 비도덕적 행동 그리고 '자연스럽지 못한' 것으로 개념화되어 왔다. 비규범적인 성적 행동이나 성별 표현(gender expression)은 또한 현재 사회의 정책이나 정신에 따라 때로는 불법화되거나 병리적인 것으로 취급되었다가, 그 후에 불법적이거나 병리적으로 여겨지지 않았다. 사회와 종교가 사적 성행위에 두었던 호기심과 역사적 제약의 양은 다음 질문을 하게 한다. "하나의 종(種)으로서 우리는 왜 사람들의 사적인 성 행위에 관심을 갖는가?"(Cohen-Baker, 2006; Hegarty, 2012; Jordan, 1997; Weiss, 2011).

　아들러리안으로서, 앞의 질문에 여러가지 방식으로 답변할 수 있다. 개인심리학은 개별 내담자에게 특정한 성적 행동의 근본적인 의미뿐만 아니라, 이 행동이 다른 사람과 더 큰 공동체에 대해 갖는 의미에도 관심이 있다. 사적인 성적 행위와 성 정체성(gender identity)/성별 표현은 공공 영역에서 광범위한 영향을 미친다. 사생활과 공적생활이 교차하며, 동의, 폭력, 조종, 권력, 착취, 평등, 자유와 같은 문제들에 대한 신념을 공동체로서의 우리에게 알려 준다(Anbacher & Anbacher, 1956; Dreikurs,

2000). 이 장을 통해 성적 정신병리에 대한 DSM-5의 진단과 관련이 있으므로, 우리는 사회적 관심, 사회적 평등, 열등성/우월성, 기관 용어, 남성성 추구(masculine protest)[1] 그리고 생활양식 구성(젠더 가이드라인을 포함하여)과 같은 아들러 심리학의 개념들을 탐구할 것이다.

DSM-5에서 성장애는 성기능부전, 성별 불쾌감, 변태성욕장애의 세 가지의 범주로 나뉘었다. 이 범주들은 DSM-5의 제II편에 각각 자체의 장이 있다(APA, 2013). DSM-IV-TR에서는 위의 세 개의 범주가 모두 '성장애 및 성정체성장애'라는 하나의 제목 아래 두었다는 점에 유의해야 한다(APA, 2000).

## DSM-5에서의 성기능부전, 성별 불쾌감, 변태성욕장애

### DSM-IV-TR에서 DSM-5로의 변화

DSM-5에서 성장애 및 성정체성장애(Sexual and Gender Identity Disorders)를 세 개의 장으로 분리하였기 때문에 우리는 더 이상 성기능부전, 성별 불쾌감, 그리고 변태성욕장애를 한 범주로 묶을 수 없다. 따라서 이 장의 나머지 부분은 DSM-5에 정의된 것처럼 세 개의 별개의 범주로 나뉠 것이다.

성기능부전(Sexual Dysfunction) 범주는 DSM-IV-TR에서 DSM-5로 가면서 많은 변화가 있었다. DSM-5에서는 성기능부전을 "일반적으로 성적인 반응이나 성적 즐거움을 경험하는 개인의 능력에 임상적으로 현저한 장해가 특징인 여러 장애들의 이질적인 집단"(APA, 2013, p. 423)이라고 정의하고 있다. 강조된 변경사항은, ① 성행위의 욕구 단계와 흥분 단계 사이의 구분 삭제, ② 성별 특유의 성기능부전의 추가, 그리고 ③ 물질/치료약물로 유발된 성기능부전을 제외한 모든 성기능부전은 이제 최소한의 지속 시간이 필요하다는 것이다. 모든 변경사항은 가장 최근의 연구결과들을 반영하고, 진단의 정확도를 향상시키기 위해 만들어졌다. 성기능부전 범주에 새로운 한 가지의 진단이 추가되었다. 성기-골반통증/삽입장애가 새로운 진단으로, 이는 DSM-IV의 질경(Vaginismus)과 성교통증(Dyspareunia) 범주가 병합된 것

---

1) masculine protest는 아들러 용어로, 남성적 역할을 선호하여 전통적인 여성적 역할을 거부하는 여성의 행동을 묘사한다. 여자들(남자들 역시)이 이 역할을 거부하는 한 가지 큰 이유는 어떤 상황에서 힘을 얻고 더 지배적이라고 느끼고 싶기 때문이다. 남성성 추구, 남성 지향 등으로 번역되고 있다—역자 주

이다. 마지막으로, 심리학적 요인 대 복합 요인으로 인한 하위 유형이 삭제되었다. 대신에 동반자 요인, 관계 요인, 개인 취약성 요인, 문화적·종교적 요인 등의 의학적·비의학적 상관관계 및 의학적 요인을 진단에 언급할 수 있다(APA, 2013, DSM-IV-TR에서 DSM-5로의 주요 변화사항).

성장애의 세 가지 범주 모두를 통틀어 가장 현저한 변화는 DSM-IV-TR에서의 성정체성장애가 DSM-5에서 성별 불쾌감으로 바뀐 것이다. 미국정신의학회(APA)의 자료에 따르면,

> DSM-5는 자신의 할당된 성별과는 다른 성별로 자신을 보고 느끼는 개인에 대한 낙인을 방지하고 임상적인 돌봄을 보장하는 것을 목표로 한다. 성별 불쾌감을 겪는 사람은 자신의 치료 접근을 보호하고 사회적·직업적·법적 영역에서 자신에게 불리하게 사용되지 않을 진단 용어가 필요하다(APA, 2013).

성별 불쾌감(Gender Dysphoria)도 다른 성장애와 분리된 자체의 장(chapter)이 부여되어 있다. DSM-5에서는 성별 불쾌감 장의 첫머리에 성(sex), 성별(gender), 성별 할당(gender assignment), 비전형적 성별(gender-atypical), 성별 비순응(gender non-conforming), 트랜스젠더(transgender), 성별 재할당(gender reassignment) 등의 많은 용어를 정의하고 있다. 이 장의 목적상 우리는 성별 불쾌감에 대한 DSM-5의 새로운 정의에 초점을 맞출 것이다. "성별 불쾌감이란 개인이 경험된/표현된 성별과 할당된 성별 사이의 불일치로 인한 고통을 말한다"(APA, 2013, p. 451). 성정체성장애에서 성별 불쾌감으로 변화된 이유는 임상전문가와 연구자들이 정체성 자체보다는 임상적 문제로서의 불쾌감에 초점을 맞추고 있기 때문이다(APA, 2013). 명칭의 변경 외에도, DSM-5에서 성별 불쾌감은 아동과 성인 모두에게 진단할 수 있으며, 두 연령 집단에 대한 구체적 기준이 있다.

성장애에 대한 마지막 주요한 변화는 변태성욕장애(Paraphilic Disorder)에 초점을 맞추고 있다. 이 장애는 DSM-IV-TR에서는 성도착증으로 분류되었다. 변태성욕장애는 다양한 비정형적 성적 관심과 행동을 포함한다. DSM-III 이래로 변태성욕장애의 8가지 유형은 변하지 않았다. 중요한 변화는 이러한 장애에 대한 진단 기준이다. 연구와 집단 임상전문가의 지식을 통해, DSM-5의 성장애 및 성정체감장애 작업 그룹은 비정형적 성적 행동이 그것 자체는 정신질환이 아니라고 결정했다. 사

실 그들은 비정형적 성적 관심을 가진 대부분의 사람이 정신질환이 없다고 말한다. DSM-5에서 변태성욕장애 진단을 받으려면 두 가지 기준 중 한 가지를 충족해야 한다. 첫 번째 기준은 개인이 자신의 비정형적 성적 관심에 대해 고통을 느껴야만 하며, 단지 자신의 성적 행동에 대한 사회의 비난으로 인한 고통이 아니라고 명시하고 있다. 두 번째 기준은 비정형적 성적 관심이나 행동이 다른 사람에게 정신적 고통이나 손상을 야기하거나, 합의되거나 합법적이지 않다고 명시하고 있다. 8가지 변태성욕장애 상태 중 오직 한 가지, 즉 복장도착장애만이 기준에 구체적인 변화가 있다. DSM-IV-TR에서 개인이 이성애자인 남성으로 확인되는 경우에만 이 장애의 기준을 충족할 수 있었다. 이제는 여성과 동성애자 남성도 이 진단을 받을 수 있지만, 그 관심이 상당한 고통을 야기할 경우에만 진단받을 수 있다(APA, 2013).

### DSM-5에서의 성기능부전

DSM-5에서 성기능부전에는 사정지연, 발기장애, 여성극치감장애, 여성 성적 관심/흥분 장애, 성기-골반통증/삽입장애, 남성성욕감퇴장애, 조기사정, 물질/치료약물로 유발된 성기능부전, 달리 명시된 성기능부전, 명시되지 않은 성기능부전의 10가지 진단이 있다.

이 진단들은 함께 분류되어, 성적 반응을 하거나 성적 즐거움을 경험하는 내담자의 능력에 장해가 있는 것이 특징이다. 이러한 각각의 기능부전 내에서 특정한 증상이 확인된다. 증상이 첫 성경험 중에 발생했는지, 또는 정상적인 성기능의 시기 이후에 시작됐는지를 식별해야 한다. 또한 어떤 성적 경험이나 파트너를 막론하고 증상이 있는지, 또는 증상이 특정 성행위 중이나 특정 파트너와만 발생하는지 확인해야 한다. 특정한 성기능부전 진단을 내릴 때, 다른 생물심리사회적 요인을 고려해야 한다. 예를 들어, 파트너 문제, 관계 문제, 신체상(body image), 성학대의 이력, 동반 발생하는 정신질환이나 물질남용장애, 외부 스트레스 요인, 문화적·종교적 요인, 그리고 의학적 문제의 가능성 등이다. 마지막으로, 성기능부전이 현저한 고통을 유발하는 경우에만 내담자는 이 진단을 받는다.

배제 과정의 일환으로, 내담자의 증상을 더 잘 설명해 줄 수 있는 심각한 외부 스트레스 요인과 함께 다른 의학적·심리적 장애를 고려하는 것이 중요하다. 예를 들어, 어떤 여성이 파트너에게 폭력을 당하고 있다면, 그녀는 여성 성적 관심/흥분 장애의 기준을 충족하지 못할 것이다. 기분장애나 불안장애와 같은 다른 많은 심리적

장애가 성기능부전의 증상을 나타낼 수 있다. 만일 특정 성기능부전이 다른 정신질환의 증상이라면, 성적 증상이 그 정신질환으로 더 잘 설명되기에 성기능부전으로 진단해서는 안 된다. 만일 성기능부전이 약물남용이나 치료약물로 인한 것이라면, 진단에 이것을 명시해야 한다. 마지막으로 만일 성기능부전이 의학적 원인이라면, 정신과 진단이 명시되지 않는다.

### DSM-5에서의 성별 불쾌감

성별 불쾌감은 아동과 성인 모두에게서 내담자의 경험된 성별과 할당된 성별 사이에서의 현저한 불일치로 설명된다. 이러한 불일치는 심리적인 고통을 유발하고 학교, 직장 또는 다른 사회적 환경에서의 기능에 부정적 영향을 미친다. 아동과 성인 모두에서 임상전문가는 내담자가 성발달장애가 있는지 여부도 명시해야 한다. 또한 내담자가 어떠한 의료적 치료를 시작했거나 마쳤는지, 경험된 성별로 하루 종일 생활하고 있는지를 유의해야 한다.

아동의 경우, 성별 불쾌감의 증상은 자신의 할당된 성별에 대한 고통이나 불쾌감을 나타내는 구체적인 행동에 초점을 맞춘다. 이러한 증상으로는 내담자가 할당된 성별이 아닌 다른 성별이라고 요구하고, 다른 성별의 정형화된 장난감을 갖고 놀기를 원하며, 다른 성별의 정형화된 옷을 입기를 원하고, 자신의 해부학적 성 특징을 경멸하며, 자신의 경험된 성별에 맞는 성 특성을 원한다. 어른들이 자신의 경험된 성별과 맞지 않는 방식으로 옷을 입고 행동하라고 요구하면, 짜증, 거부, 극단적인 울기와 같은 행동 문제를 보일 수 있다. 예를 들어, 할당된 성별이 여자아이지만 자신을 남자아이로 경험하는 아동이 학교 사진 촬영일에 드레스를 입도록 요구받는 경우이다.

성인이나 청소년의 경우, 성별 불쾌감의 증상은 만성적이고 심각한 해부학적 성 특징적 불쾌감(anatomic-sex-characteristic dysphoria)에 초점을 맞춘다. 증상으로는 자신의 할당된 성별의 성 특성을 제거하거나 방지하려고 애쓰고, 자신의 경험된 성별의 성 특성을 갖기를 갈망하며, 사회에서 다른 성별로 대해지기를 원하고, 다른 성별이 경험하듯이 자신이 세상을 경험하고 있다는 강력한 믿음을 갖는 것 등이 있다.

**DSM-5에서의 변태성욕장애**

DSM-5의 변태성욕장애에는 관음장애, 노출장애, 마찰도착장애, 성적 피학장애, 성적 가학장애, 소아성애장애, 물품음란장애, 복장도착장애, 달리 명시된 변태성욕장애, 명시되지 않는 변태성욕장애의 10가지의 진단이 있다.

이러한 장애들은 모두 비정형적인 성적 사고나 행동이 있다는 점에서 공통 분모가 있다. 모든 진단은 아니지만, 일부 진단은 다른 사람에게 잠재적으로 해를 입힐 수 있는 행동과 범죄 행위로 확인되는 행동도 포함한다. 이 범주의 다른 진단들은 내담자에게 현저한 고통을 유발하는 경우에만 장애로 간주되며, 만일 그 행동이 성인 간에 동의한 행동인 경우에는 기준을 충족하지 않는다. DSM-5에서는 이러한 진단을 두 가지 범주로 나누고 있는데, 첫 번째 범주는 비정형적인 성행위인 장애들이고, 두 번째 범주는 비정형적인 성적 선호이다. 첫 번째 범주는 '성적 교제장애'(관계적)와 '고통성애장애'(통증과 고통)로 세분화된다.

모든 변태성욕장애의 증상으로는 특정한 장애에 기반한 만성적이고 극단적인 성적 흥분, 그리고 동의하지 않는 사람에게 성적 욕망에 따라 행동하거나, 사회적 기능에서 심리적 고통이나 손상을 경험하는 것 등이 있다. 또한 각 진단은 그 행동이 교도소나 입소 치료시설과 같은 제도적 환경에서 발생하는지, 그리고 내담자가 통제되지 않는 환경에서 그 행동을 억제할 수 있었는지 여부를 확인해야 한다.

## 성장애에 대한 아들러식 개념화

알프레드 아들러는 현재 DSM-5에 있는 많은 성장애를 약간 다른 명칭으로 식별했다. 아들러는 질경, 여성 불감증, 조루, 성적 관심과 만족의 부족 등에 대해 논하고 있다. DSM-5에서 각 성기능부전에 대한 설명은 위험 및 예후 요인에 대한 정보를 포함하고 있다. 이 요인들은 '기질적', '환경적', '유전적 · 생리적'의 세 가지 범주로 나누어진다(APA, 2013, p. 431). 성기능부전의 원인과 유지에 관한 아들러의 이론 역시 다(多)요인적이고, 자신의 살아온 경험에서 독창적 의미를 만들어 내는 개인의 능력에 초점을 맞추고 있다. 아들러리안의 기질적 요인에는 생활양식의 발달, 잘못된 목표와 신념, 움직임의 정도, 소속감, 열등감이나 우월성, 자기보호 경향 행동, 그리고 다른 정신질환의 발달 등이 있다(Ansbacher & Ansbacher, 1956; Adler, 1979). 아들러의 모든 저술에 걸쳐 성기능부전의 가능한 원인을 설명할 때 위의 기질적 요인에 가장 큰 중점을 두고 있다는 점에 유의해야 한다. 예를 들어, 아들러는 다음과 같이 언급하고 있다.

> 발기부전 또는 어떤 성적 장애가 발생하는 것은 우월성이란 신경증적 목표와 잘못된 생활양식에 의해 좌우된다. 조사에서 항상 주는 것 없이 받기만 하려는 확고한 의도와 사회적 관심, 용기, 낙관적 활동의 부족이 드러난다(Ansbacher & Ansbacher, 1956, p. 313).

하지만 아들러는 성기능부전의 원인이 되는 환경적(사회적) 요인과 생리적 요인을 확인하고 있다. 아들러리안은 성적 경험의 사회적 측면과 남성성 추구, 성평등, 협력, 종교적 신념 그리고 사랑 과제의 숙달 같은 문제가 긍정적으로 또는 부정적으로 성기능부전에 어떻게 영향을 미치는지에 관심이 있다. DSM-5의 대부분 성기능부전은 또한 위험과 예후에 영향을 주는 환경적 요인으로서 성적 학대와 현재의 트라우마를 포함한 트라우마 이력을 다룬다는 점에 유의해야 한다. 아들러는 학대나 트라우마를 성기능부전의 원인이 되는 요인으로 명시적으로 확인하지는 않았지만, 건강한 성관계의 발전을 위해 평등과 안전의 중요성을 강조하였다. 아들러(1979)는 "성, 사랑, 결혼은 평등한 두 사람 사이의 과제이고, 하나의 단위를 형성하는 과제이며, 충분한 사회적 관심을 위해 훈련받은 사람만이 올바르게 해결할 수 있다." (p. 220)라고 말한다.

루돌프 드레이커스(Rudolf Dreikurs)는 사회적 평등에 추가적인 초점을 두고 사회적 관심에 대한 아들러의 이론을 계속해서 발전시켰다. 『사회적 평등-오늘날의 도전(Social Equality: The Challenge of Today)』(2000)이라는 그의 저서에서, 드레이커스는 역사적으로 남성이 정치적·경제적·사회적·성적으로 우위를 점해 왔다고 쓰고 있다. 이러한 현실이 서로 다른 문화에서 서로 다른 속도로 진화해 오면서, 남성과 여성은 성적 관계에서 자신들의 역할을 재평가해야 했다. 이는 때때로 성기능부전을 야기할 수 있다. 사회에서 성과 권력이 뒤얽힌 한 가지 예는 남성성 추구의 개념이다. 아들러는 다음과 같이 말한다.

> 많은 남성, 그리고 특히 많은 여성은 그들의 발달 과정에서의 오류로 인해 자신들의 성적 역할을 거부하거나 좋아하지 않도록 스스로 훈련해 왔다… 이것이 내가

현재 우리 문화에서 남성에 대한 과대평가로 인해 많이 유발되는 남성성 추구라고 부르는 것이다. 남성과 여성 모두 남자다움의 중요성을 지나치게 강조할 것이고, 시험대에 올려지는 것을 피하려고 노력할 것이다. 우리는 남성의 불감증과 발기부전의 모든 사례에서 이러한 태도를 의심할 수 있다(Ansbacher & Ansbacher, 1956, p. 433).

마지막으로, 우리는 아들러리안 관점에서 유전적·생리적 요인을 살펴볼 것이다. DSM-5에서는 성기능부전의 원인이 될 수 있는 많은 약물과 의학적 상태를 열거하고 있다. 아들러는 신체 및 몸과 마음의 상호작용에도 관심이 있었다. 그리고 아들러리안은 내담자의 의학적 상태뿐만 아니라, 내담자가 자신의 의학적 상태를 어떻게 해석하고 이해하는지에도 관심이 있다. 아들러는 이 과정을 기관 용어(Organ Jargon)/기관 방언(Organ Dialect)이라고 설명하였다. 아들러 이론은 몸이 언어를 말하고, "감정과 신체적 표현은 마음이 호의적으로 또는 비호의적으로 해석하는 상황에서 마음이 어떻게 작용하고 반응하는지를 우리에게 말해 준다." (Ansbacher & Ansbacher, 1956, p. 223)라고 설명한다.

## 성기-골반통증/삽입장애

### 임상적 증상

삽입/성교와 관련된 통증은 꽤 흔하며, 북아메리카 여성의 약 15% 정도가 이 증상을 보고하고 있다. 성교나 삽입을 할 때 내담자가 즐거움보다는 고통을 경험하면, 그녀는 불안을 관리하는 방법으로 성행위를 피하게 될 수 있다. 발생하는 것으로 보이는 것은 삽입/성교 중 통증, 공포, 근육 긴장 사이의 연관성이다. 여성은 또한 통증을 피하는 방법으로 성적 흥분이나 관심의 감소와 같은 다른 성기능부전을 일으킬 수 있다(APA, 2013). 많은 공포증과 마찬가지로, 내담자는 신체적 통증에 대한 적절한 혐오감을 발달시키고, 이는 불안과 혐오 행동 패턴으로 발전할 수 있다.

## DSM-5 특성

성기-골반통증/삽입장애(Genito-Pelvic Pain/Penetration Disorder)는 성기능부전 장의 10가지 장애 중 하나로, 여성에게만 진단된다. 이 상태를 겪는 여성은 다음의 모든 증상은 아니지만 일부 증상이 나타난다. 즉, 성교 중 삽입의 어려움, 질 성교나 삽입 시도 중의 통증, 성교나 삽입의 예상과 연관된 공포나 불안, 성교 중 골반 저근의 조임 등이다. 이러한 증상들이 성과 관련 없는 정신질환 또는 극심한 사회적 스트레스 요인의 결과로 더 잘 설명된다면, 진단 기준을 충족하지 않는다. 여성은 위의 증상들을 평생 경험하거나, 또는 시간이 지나면서 생길 수도 있다.

## 생물심리사회적-아들러식 개념화

생물학적·심리적·사회적 요인이 삽입 중 신체적 통증의 초기 원인인지는 분명하지 않지만, 일단 한번 통증을 경험하면, 세 가지 요인이 모두 통증 회피를 계속 강화할 수 있다. 이 장애의 원인이 될 수 있는 요인으로는 동반자 요인, 관계 요인, 보잘것없는 신체상 및 성적/정서적 학대 이력의 가능성과 같은 개인적 요인, 문화적/종교적 요인, 의학적 요인 등이 있다. 이러한 요인들은 임상전문가가 증상의 유지뿐만 아니라 장애의 가능한 원인을 이해하는 데 도움이 된다(APA, 2013).

생활양식 신념과 함께 증상의 목적을 평가할 때, 성기-골반통증/삽입장애의 병인을 밝히는 것이 중요하다. 만약 장애의 병인이 생물학적이고 생식기의 신체적 조건 때문이라면, 임상전문가는 내담자와 함께 이 장애를 치료하는 전문가에게 치료를 청할 것이다. 만일 이 장애의 근원이 본질적으로 좀 더 심리적인 것이라면, 임상전문가는 증상을 영속화시키는 생활양식과 증상의 목적을 탐색하기 시작할 것이다. 예를 들어, 골반통증이 어떻게 성행위와 친밀감의 회피를 강화할 수 있는가? 통증 회피를 강화할 수 있는 성적 친밀감과 성별 가이드라인에 대해 내담자는 어떠한 핵심 신념을 지니고 있는가? 내담자의 자기가치감(self-worth)은 무엇이며, 내담자가 자신을 성적 존재로 이해하는 것과 연관된 열등감이 있는가? 마지막으로, 사회적·외부적 요인도 역시 고려해야 한다. 성학대나 가정 폭력의 이력과 같은 외부 스트레스 요인이 내담자의 이 장애의 표현에 어떻게 영향을 미칠 수 있는가? 내담자가 연결감(sense of connection)을 고심하고 있는가? 안전에 대한 염려가 어떻게 이 장애의 증상을 통해 표현되는가? 궁극적으로, 성기-골반통증/삽입장애의 발병과 지속의 원인이 되는 심리적·사회적 요인이 많다. 아들러리안 임상전문가의 역할은 생활양식 분석을 통해 내담자가 자신의 증상에 의미를 부여할 수 있도록 하여, 근본적인 불안이나 열등감을 치료하도록 돕는 것이다.

## 치료 고려사항

성기-골반통증/삽입장애에 대한 심리적 치료에 앞서, 내담자는 성적 통증의 원인이 되는 유기적·의학적 문제를 배제하기 위해 의료전문가의 검사를 받아야 한다. 이러한 상태를 치료했음에도 내담자가 여전히 통증, 공포, 긴장을 겪고 있다면, 탐색하기 위한 여러 가지 개입이 있다. 통증-공포-긴장의 사이클을 강화하는 정서적·심리적 요인 때문에, 이 장애는 의사, 물리치료사, 정신건강 전문가를 포함하는 팀 접근법으로 가장 잘 치료된다. 로젠바움(Rosenbaum, 2011)은 집에서 전부할 수 있는 운동을 가르칠 뿐만 아니라 심리치료사가 윤리적으로 제공할 수 없는 도수치료를 제공하여 구체적으로 골반저근을 이완시키는 일을 하는 물리치료사를 내담자가 만날 것을 권장한다. 물리치료와 함께 내담자는 둔감화 및 노출치료, 인지행동치료, 트라우마 인식 개입(trauma informed interventions)을 사용하는 전통적인 심리치료로부터 혜택을 볼 것이다.

### 사례 • B씨

B씨는 최근 대학을 졸업한 23세의 라틴계 여성으로, 1년차 수학교사이다. 그녀는 현재의 남자 친구와 사귄 지 일 년 정도 되었고, 지난 6개월 동안 성관계를 가져 왔다. 그녀는 자신의 문화, 가족 그리고 가톨릭 종교가 모두 혼전 성교를 용인하지 않기에 남자 친구와의 성관계에 대해 죄책감을 느끼고 있다. B씨는 같은 학교 교사인 룸메이트와 함께 살고 있다. 그녀는 성교 중 극심한 통증을 호소한 후 1차 진료 제공자에 의해 의뢰되었다. B씨는 질염치료를 받아 완치되었고, 현재 성적 통증을 유발하는 다른 의학적 문제는 없다.

## 가족 구도

그녀는 4남매 중 막내로, 두 살, 네 살, 여덟 살이 많은 오빠가 세 명 있다. 그녀는 자랄 때 남자 형제처럼 취급받았고, 막내이고 외동딸로서 항상 오빠들을 따라잡으려고 애썼다. B씨는 같은 지역사회에 살고 있는 확대 가족을 포함하여 건강하고 사랑스러운 가족이 있다고 보고한다. 그녀는 성당 교구의 학교와 가톨릭 대학을 다녔다. 가톨릭은 그녀의 가족과 사회, 문화적 경험에 융화되었다. 그녀는 가톨릭 신앙이 자신의 정체성에 아주 크게 자리 잡고 있으며, 이를 통해 힘과 평안을 얻는다고 여겼다. 어린 시절, 그녀는 사제에게 성학대를 받았으나, 가족이나 남자 친구가 자신을 비난하거나 자신이 교회에 수치를 가져다줄 것을 두려워한 나머지 이에 대해 가족이나 남자 친구에게도 이야기한 적이 없었다.

## 초기 회상

그녀의 초기 기억은 교회 옆 운동장에서 오빠들, 사촌들과 함께 놀고 있는 장면이었다. 그녀는 제일 어렸지만 교회 마당에서 술래잡기를 할 때 다른 아이들을 따라잡을 수 있었다. 그녀는 자유로움을 느꼈고, 최고의 여름날 중 하루라고 생각하고 있다. 9세 무렵의 또 다른 초기 기억은 학교에서 신부님과 함께 있었고, 둘 사이에 있었던 일을 누구에게도 말하지 말아야 한다는 말을 듣는 것이었다. 신부님은 그렇게 하지 않으면 부모에게 혼이 날 것이고, 복종해야 한다고 설명했다. B씨는 그때 두려움과 혼란스러움을 느꼈다고 말하였다.

## 아들러식 사례 개념화

B씨가 성교 중 골반통증이 증가하는 것은 성학대 이력과 혼전 성관계를 통해 종교와 가족의 도덕적 가치를 깨는 것에 대한 불안과 연관된 것으로 보인다. 그녀는 성과 성행위와 관련된 비밀이 많다. 수치심은 현재의 성적 경험에 대한 불안을 초래하는 것 같다. 이러한 불안으로 근육이 긴장되고, 그로 인해 통증의 경험이 강화된다. B씨가 나타내는 문제는 그녀의 생활양식 관점에서 보면 이해할 수 있다. 어린 시절 그녀는 성인을 안전하고 지지적인 존재로 경험했지만, 성학대를 경험한 후 권위와 도덕과의 연관성이 혼돈스럽고 불분명해졌다. 그녀는 막내로서 강한 자기감과 유능감을 발달시켰다. 그녀는 자신과 경쟁했고, '작은 아이'인 것이 자신의 성취에 결코 방해가 되지 않도록 했다. 또한 그녀는 종교, 민족성, 그리고 가족의 가치가 강력하게 통합되었

기에 강한 공동체감과 신앙심을 발달시켰다. B씨는 어린 시절에 알게 된 자신의 핵심 신념과 가치를 발달시키려고 하고 있지만, 이는 어린 시절과 동일하지는 않다. 그녀와 그녀의 남자 친구는 둘 다 여전히 가톨릭 신자이지만, 모든 도덕적 속박이 옳다고 믿지는 않고, 함께 종교를 바꿀 계획을 하고 있다. 이는 어느 정도의 인지 부조화를 유발하였다. 그녀는 자신을 독립적이고, 열심히 일하고, 공동체에 헌신한다고 생각하고 있다. 성적으로 활발해지기까지 그녀는 불안이나 우울을 겪은 적이 거의 없었다.

주요 목표는 성관계 및 삽입과 연관된 불안과 공포를 해결하는 것이다. 아들러리안에게는 모삭과 마니아치가 『상담과 심리치료의 전술(Tactics in Counseling and Psychotherapy)(1998)』에서 설명한 '악마를 명명하기'와 '해석'과 같은 불안에 대한 개입법이 많다. 또한 심리치료는 노출치료와 대인관계 개입을 사용하여 내담자가 과거 트라우마 경험을 작업하는 것을 도울 수 있다. 마지막으로, 내담자는 불안 증상을 악화시킬 수 있는 자신의 생활양식을 탐색하고 핵심 신념을 확인함으로써 혜택을 받을 수 있을 것이다.

# 성별 불쾌감

아들러의 원래 저서에서 그는 성정체감장애나 성별 불쾌감에 대해 언급하지는 않았지만, 동성애와 자웅동체성(hermaphroditism)에 대해 논했다. 아들러는 자웅동체성을 "한 개인 안에 두 개 성의 결합"(Ansbacher & Ansbacher, 1956, p. 46)으로 정의하였다. 아들러는 성적 지향(개인이 성적으로 매력을 느끼는 성별)의 개념과 성정체성(출생 시 할당된 성별과 일치하지 않더라도 개인이 경험하는 성별)을 혼동하였다. 아들러는 성별 불일치(gender nonconformity)를 신경증의 한 형태로 동성애자에게 나타난다고 이해했다. 아들러는 "그래서 우리는 대체로 다른 장기의 열등과 함께 남성 신경증 환자에게서 여성적인 기질(habitus)을, 여성 신경증 환자에게서 남성적인 기질을 발견한다."(Ansbacher & Ansbacher, 1956, p. 46)라고 말하였다. 아들러는 개인이 자웅동체성을 표현할 때 심리적인 것과 함께 유전적 관계가 있는지에 대해 의문을 제기했지만, 현재로서는 증명할 수 없다고 말했다. 비록 아들러는 성별 불쾌감을 동성애자의 심리적인 신경증으로 이해하는 것처럼 보였지만, 현재 DSM-5는 성별 표현과 성별 불일치가 그 자체로 심리적인 장애가 아님을 분명하게 밝히고 있다. 오히려 장애의 원인이 되는 것은 개인의 생물학적 성별과 경험된 성별 사이의 불일치와 관련된 불쾌감이다.

『개인심리학 저널(Journal of Individual Psychology)』에 게재된 트랜스젠더 개인에 대한 최근 논문은 단 한 편 뿐이다. 셸리(Shelly)의 2009년도 논문으로, 저자는 자웅동체성에 대한 아들러의 이해를 비판하는 것에 초점을 맞추지 않고, 오히려 오늘날 현대사회에서 트랜스젠더 개인이 직면하고 있는 사회적 배제, 소속감의 부족, 열등한 지위에 초점을 맞추고 있다. 셸리(2009)는 개인이 가족, 공동체, 사회로부터 거부를 당하면 사실상 "자신의 사회적으로 관심 있는 연결을 표현할 수 있는 기회를 그에게서 박탈하는 것"(p. 389)이라고 지적하고 있다. 그리고 소속감을 느끼고 못하고 사회적 관심을 표현하지 못하는 것은 우울이나 불안 등의 정신건강 문제와 연결된다. 그렇지만 DSM-5에서 불쾌감이 오직 사회적 거부에서만 발생하는 경우에는 성별 불쾌감 진단을 내릴 수 없으므로, 따라서 사회의 불평등과 차별이 개인에게 병리화될 가능성이 감소한다는 점을 유의해야 한다.

성별 불쾌감의 병인은 여전히 분명하지 않다. 대부분의 연구는 인과적 요인보다는 내담자의 치료와 옹호의 필요성을 다루고 있다. 커크와 벨로빅스(Kirk & Belovics, 2008)는 "성별 불쾌감과 성정체감장애의 원인은 여전히 미스터리로 남아 있다."(p. 30)라고 말한다. 성기능부전에 관한 장과 유사하게, DSM-5는 성발달장애가 없는 성별 불쾌감에 대한 기질적·환경적·유전적·생리적 위험 요인과 예후 인자를 제시하고 있다. 위험 요인은 인과관계 요인이 아니라, 성별 불쾌감의 기준을 충족하는 내담자에게 있을 수도 있고 없을 수도 있는 상관 요인으로 간주된다. DSM-5에 따르면, 기질적 요인은 어린 나이부터 높은 수위의 비정형적인 젠더 행동을 보이는 것을 포함하며, 이는 청소년기와 성인기에 성별 불쾌감의 가능성을 높인다. 환경적 관점에서는, 성별 불쾌감이 있는 남성은 없는 남성보다 형이 있는 경우가 더 흔하다는 증거가 있다. 마지막으로, DSM-5는 성별 불쾌감이 성발달장애와 연관되지 않는 한, 유전적 또는 생리적 요인 대한 현재의 증거가 불충분하다고 말한다.

# 성별 불쾌감: 아동

## 임상적 증상

성별 불쾌감이 있는 아동은 흔히 어린 나이부터 자신의 생물학적/할당된 성별보다 반대의/경험된 성별이라고 주장한다. 이들은 종종 성장하여 자신의 경험된 성별이 될 계획이라고 말한다. 아동은 또한 부모가 자신에게 할당된 성별의 전형적인 옷을 입거나 정형적인 장난감을 가지고 놀라고 격려/강요할 때, 저항하고 거부할 수 있다. 아동이 겪는 고통은 과민성, 우울, 불안, 저항하는 행동으로 표현될 수 있다.

성별에 순응하지 않고 반대 성과 관련된 좀 더 정형적인 장난감을 가지고 놀기를 좋아하는 아동이 자동적으로 이 장애로 간주되지는 않는다는 점을 유의하는 것이 중요하다(Dragowski, Scharron, & Sandigorsky, 2011). 대조적으로, 성별 불쾌감이 있는 아동은 종종 자신이 잘못된 몸에 갇혀 있다고 느끼거나, 잘못된 성기를 갖고 태어났다고 설명한다. 연구에 따르면, 비규범적 성정체성과 정신질환 사이의 상관관계가 나타나지는 않았지만, 아동은 사춘기를 거치면서 고통을 경험하며 우울과 자살 경향성의 증상을 보인다(Gibson & Catlin, 2011).

마지막으로, 성별 불쾌감과 비규범적인 성별 표현을 보이는 아동은 또래의 괴롭힘이나 폭력을 경험할 위험이 더 크다. 한 연구(Goldblum et al., 2012)에 따르면, 학교폭력(School-Based Violence: SBV)과 성별 기반 피해(Gender-Based Victimization: GBV)를 겪은 아동은 이러한 유형의 차별을 겪지 않은 아동보다 자살을 시도할 가능성이 4배가 높았다. 이런 아동에 대해 적대적이고 달갑게 여기지 않는 학교 환경은 잘 문서화되어 있으며, 결과적으로 부정적 자기개념, 자기파괴적 행동, 그리고 낮은 자존감으로 이어질 수 있다. 아동은 환영하지 않는 학교에 노출될 뿐만 아니라, 종종 가족, 교회 그리고 심지어 의료 제공자로부터까지 사회적 거부와 차별을 겪는다. 따라서, 아동은 괴롭힘/배제에서뿐만 아니라 자신의 할당된 성별과 관련된 고통을 겪을 수 있다.

## DSM-5 특성

이 장의 앞부분에서 언급하였듯이, 페이지의 제약 때문에 우리는 각 DSM-5 장별로 한 가지의 사례연구를 살펴볼 것이다. 다음의 사례연구는 성별 불쾌감이 있는 아동에 초점을 맞추지만, 청소년기와 성인기의 성별 불쾌감은 다른 기준에 의해 진단될 수 있다. 성별 불쾌감이 있는 아동은 자신의 할당된 성별과 경험된/표현된 성별 사이의 현저한 불일치를 보여 준다. 이러한 불일치는 자신의 표현된 성별과 연결된 정형적인 복장과 정형적인 아동 게임을 하고 싶은 강한 욕구 등의 증상으로 이어진다. 다른 성별의 아동과 놀고 가장/환상 놀이에서 다른 성별의 역할을 맡는 것에 강한 선호도를 보인다. 마지막으로, 성별 불쾌감이 있는 아동은 자신의 해부학적 구조를 아주 싫어하고, 경험된 성별에 맞는 일차성징 및 이차성징을 갖기를 갈망한다. 아동은 진단 기준을 충족하기 위해 최소 6개월 동안 현저한 고통과 사회적 손상을 경험할 뿐만 아니라 이러한 증상들을 모두 보여야 한다.

## 생물심리사회적-아들러식 개념화

다음의 생물심리사회적 개념화는 성별 불쾌감이 어떻게 발달하는지를 이해하는 데 도움이 될 수 있다. 지금까지 대부분의 연구는 성별 불쾌감의 병인을 다룰 때, 심리적·사회적 요인보다는 생물학적 요인에 초점을 맞추고 있다(APA, 2013). 현재 성별 불쾌감의 진정한 원인은 사실 불명확하다. 비규범적 성별 행동과 함께 종종 발생하는 거부를 아동이 어떻게 다루는지를 설명할 때 심리적·사회적 요인들을 다룰 것이다.

생물학적으로 성발달장애가 없지만 성별 불쾌감이 있는 아동은 유전적 원인이 약하다. 성발달장애가 있는 아동은 성별 불쾌감 증상의 원인이 되는 여러 생물학적 요인이 있으며, 적절한 의료전문가와 자신의 상태를 다루어야 한다. 의료적 개입에는 호르몬 차단제, 호르몬 대체제, 수술, 간호 돌봄 등이 있다(Gibson & Catlin, 2011).

이 장의 앞부분에서 언급하였듯이, 아들러는 자신의 원저에서 성별 불쾌감을 구체적으로 다루지 않았다. 아들러 이론이 성별 불쾌감의 원인을 우리가 이해하는 데 거의 도움이 되지 않지만, 이 이론은 우리가 사회적 배제와 열등의 메시지가 비순응적 성별 표현을 하는 아이에게 영향을 미치는 방법을 확인하는 데 도움을 줄 수 있다(Shelly, 2009).

심리적으로, 성별 불쾌감이 있는 아동은 자신을 할당된 성별과 반대되는 성별로 인식한다. 이는 성별 관심사에 융통성이 있고 때때로 양성(兩性)의 특징이 나타나는 아동과는 다르다. 대신에 이 아동은 자신의 표현된 성별과 관련된 정형적인 행동에 융통성이 없다(Perrin, 2003). 그렇다면 아동은 남성이나 여성이라는 것이 무엇을 의미하는지를 어떻게 알까? 파워스와 그리피스(Powers & Griffith, 1993)는 아들러의 성별 가이드라인 이론에 대한 뛰어난 개념화를 제시한다. 이들은 아동이 자신의 동성 부모를 자신의 할당된 성별이 무엇을 의미하는지를 보여 주는 지침으로 본다고 설명한다. 좀 더 자란 후에, 아동은 부모의 역할모델에서 벗어나고 싶은지, 아니면 부모가 자신의 성별에 심어 준 가치를 받아들이고 싶은지 질문할 수 있다. 성별 불쾌감이 있는 아동이 자신의 가족 내에서 어떻게 성별 가이드라인을 경험하고 이해하는지를 살펴보는 연구나 출판물은 없다. 아동이 반대되는 성(아동의 표현된/경험된 성별)을 가진 부모의 성별 가이드라인을 따르는지, 그리고 비슷한 방식으로 부모의 모델을 기반으로 남성이나 여성이라는 것이 의미하는 바를 이해하는지를 보는 것은 흥미로울 것이다.

사회적으로, 양육 및 환경적 요인은 아동의 자기감과 소속감, 또는 거부되고 수용되지 못한다는 감각적 요인의 원인이 될 수 있다. 비규범적인 성별 표현을 하는 아동은 더 높은 수준의 괴롭힘, 놀림, 트랜스 공포증(성전환자에 대한 공포나 증오로 폭력, 괴롭힘, 차별 등으로 표현됨.) 등에 노출될 가능성이 높으며, 사회에서 성적 소수자로서 아동의 열등한 지위에 대한 미묘한 메시지를 공공연히 전달한다. 아동과 그 가족은 집, 학교, 병원 또는 다른 지역사회나 사회적 환경에서 이러한 유형의 괴롭힘과 차별을 겪을 수 있다(Gerouki, 2010). 이러한 형태의 괴롭힘과 피해는 우울, 삶의 만족감 저하 등 젊은 성인의 심리사회적 부적응과 상관관계가 있어 왔다(Toomey, Ryan, Diaz, Card, & Russell, 2010). 아들러리안에 따르면, 가족 단위뿐 아니라 사회의 계층들이 아동에게 전하는 열등의 메시지는 아동의 생활양식 발달과 자기, 다른 사람들 그리고 세상에 대한 이해에 부정적 영향을 미칠 수 있다. 차별의 형태로 열등한 지위에 대한 이러한 경험은 내담자가 자신이 삶의 문제를 해결할 만큼 강하지 않다고 믿는 아들러의 열등 콤플렉스 개념과는 구별되어야 한다(Ansbacher & Ansbacher, 1956). 아동은 부정적 메시지로부터 자신을 보호해야 할 필요가 생길 수 있으므로, 개인적·정서적 안전에 좀 더 초점을 둘 수 있다. 아동의 에너지와 창의성이 자기보호에 집중될 때, 이는 아동의 재능과 기술을 사회의 선(善)을 위해 전적으로 이바지하게 하는 것이 어렵게 된다.

## 치료 고려사항

성별 불쾌감이 있는 아동도 종종 성발달장애로 진단받을 수 있기 때문에 아동의 성별 불쾌감에 영향을 미치는 생물학적 요인을 확인하기 위해 의학적으로 평가되어야 한다. 성 관련 장애가 있든 없든 간에 아동은 성별 불쾌감의 기준을 충족할 수 있으며, 이는 다루어져야 한다. DSM-5에 따르면, 비정형적인 성별 표현/정체감은 그 자체는 장애가 아니라, 내담자의 할당된 성별에 부착된 불쾌감이다. 따라서 내담자의 성별 표현을 '교정' 또는 '개조'하려는 어떠한 치료도 비윤리적인 것으로 간주되며, 심지어 어떤 주(뉴저지, 캘리포니아)에서는 불법으로 여겨진다.

따라서 치료의 의미는 이 아동이 비정형적인 성별 표현과 관련하여 폭력, 괴롭힘, 차별, 피해를 당하지 않도록 하기 위해 가족, 학교 그리고 기타 지역사회 단체의 요구를 해결하는 쪽으로 전환하고 있다. 아들러와 드레이커스의 이론에 기반한 부모교육과 교사교육은 격려, 긍정적 정체성 발달, 사회적 기여 등에 초점을 맞추고 있으며, 이는 아동에게 큰 도움이 될 수 있다. 정신건강 전문가는 성별 불쾌감이 있는 아동에 대한 전문적 지지, 지식, 자원 그리고 옹호를 제공함으로써 가족과 학교에게 큰 도움이 될 수 있다(Vanderburgh, 2009). 아들러리안 놀이치료는 아동의 불안, 우울, 낮은 자존감 등의 연관된 증상을 다루는 데 사용될 수 있다(Kottman, 1999). 이러한 특정한 형태의 치료법은 괴롭힘/차별을 경험함에도 불구하고, 아동이 어떻게 연결을 구축하고 자신이 사회에서 중요하다고 느낄 수 있는지에 초점을 맞추고 있다.

### 사례 • 사라(남자로 태어나 루카스로 불렸던)

13세인 사라는 태어날 때 남성 성별을 할당받았지만, 자기정체성이 여성이다. 그녀는 교사가 자해 행동을 목격한 후 임상심리학자에게 의뢰되었다. 사라는 교사에게 학교에서 몇몇 학생이 자신의 이름을 부르며 놀리고 페이스북에서 자신을 괴롭힌다고 말했다. 사라의 부모는 아들로 태어난 자신들의 아이가 세 살쯤부터 여자라고 우기는 것을 알아챘다. 사라는 정형적인 여자아이 장난감을 갖고 놀았고, 탁아소에 있는 대부분의 또래는 남자아이보다는 여자아이였다. 사라는 성과 관련된 장애는 없으며, 따라서 생물학적·의료적 치료가 필요하지 않다. 사라와 부모는 최근에 트랜스젠더 아동의 가족을 위한 자조 모임을 만든 소아과 의사와 밀접하게 작업해 왔다. 사라도 자해 사건 이후 우울과 불안 증상을 해결하기 위해 학교 상담사와 만나고 있다.

### 가족 구도

사라는 결혼한 이성애자 부모와 함께 살고 있고, 3명의 자녀 중 맏이였다. 그녀는 아래로 두 명의 남동생이 있다. 사라의 아버지는 연방정부에서 일하며, 그들은 워싱턴 DC 외곽 교외에 살고 있다. 사라의 부모는 아이의 성별 표현에 대해 염려가 많다. 하지만 아이가 학교에 여자아이의 옷을 입고, 여자아이의 이름으로 가는 것을 허락해 왔다. 부부간에 약간의 갈등이 있었는데, 특히 사라의 아버지는 사라가 괴롭힘을 당하거나 심지어 신체적으로 어른이나 아이들에게서 해를 입을까 봐 매우 염려하였다.

### 초기 회상

사라는 네 살 무렵의 초기 기억을 보고하였다. 그때 사라는 유치원에서 사라가 남자아이라고 주장하는 아이를 때렸다. 사라는 왜 또래 아이들이 자신을 자꾸 남자아이라고 하는지에 대해 화가 나고 슬프고 혼란스러웠던 감정을 말하였다. 두 번째 기억은 여덟 살 무렵으로, 사라와 아버지가 식료품점에 갔을 때였다. 계산대에서 줄 서 있던 어떤 어른이 낮은 목소리로 사라의 아버지에게 "아들에게 드레스를 입도록 놔둔 것이 역겹다."라고 말하는 것을 기억한다고 말했다. 사라는 아버지가 화가 나서, 그 사람에게 "상관하지 마시오."라고 말했다고 보고하였다. 사라는 그때 자신의 옷 때문에 아버지를 곤란하게 만들고, 자신의 정체성에 대해 당황해서 기분이 나빴다고 말했다.

### 아들러식 사례 개념화

사라의 임상적 증상과 초기 회상에 근거하여 그녀가 자신의 정체성 발달, 자기가치감, 자존감에 있어 어려움을 겪고 있음이 분명하다. 그녀의 핵가족이 그녀의 성정체성을 지지하지만, 사회로부터 그녀가 타인에게 완전히 수용되지 못하고 있다는 공공연하고 암묵적인 메시지를 여러 번 받았다. 이는 자기보호 경향적 행동, 표현되지 않은 창의성, 열등감으로 이어질 수 있다.

아동을 위한 아들러식 치료는 일반적으로 아동과 그 가족과 함께 작업하는 것을 수반한다. 사라의 주된 문제는 무가치감과 배제의 감정이기에, 치료는 결정적 C들을—연결하기(connect), 유능감을 느끼기(capable), 마치 내가 중요한 것처럼 느끼기(count) 그리고 용기를 내기(courge)—촉진하는 기법을 활용해야 한다(Bettner & Lew, 1989). 이러한 결정적 C들을 강화하는 한 가지 구체적인 기법은 참가자들의 초기 회상을 활용하는 집단 활동이다(Shifron & Bettner, 2003). 아동·청소년에게 자원을 요청하여, 지원자는 집단과 세 개의 초기 회상을 나눈다. 집단의 다른 구성원들은 그 기억을 적고, 강점과 능력을 식별한다. 그런 후 이러한 강점과 능력을 초기 회상을 나눈 아동과 공유한 다음, 그 아동에게 자신의 반응을 공유하도록 요청한다. 회기가 끝나면, 그 아동은 자신의 강점과 능력이 적힌 종이를 가지고 집으로 간다. 사라에게 이 방법은 아주 강력한 개입이 될 수 있다. 특히 집단치료 회기에 성별 불쾌감이 있는 다른 아동들이 함께 있다면 더욱 그렇다.

## 변태성욕장애

안스바흐와 안스바흐(1956)가 편집한 책에는 범죄 및 관련 장애에 대한 장이 있다. 가학증, 피학증, 물품음란장애, 노출증, 자위행위 등의 변태성욕이 이 장의 일부로 다루어지고 있다. 자위행위를 제외한 이러한 모든 장애가 DSM-5에 포함되어 있다. 추가적으로 아들러가 논의한 성도착과 성적 결함에는 동성애, 남색, 시간증(시체성애증), 문란한 성행위, 상습적인 성매매 등이 있다. 동성애, 자위행위, 남색, 문란한 성행위, 상습적인 성매매 등 이러한 장애 중 다수는 더 이상 정신질환으로 여겨지지 않으며, DSM-5에 포함되어 있지 않다.

성기능부전과 성별 불쾌감과 비슷하게, DSM-5는 변태성욕장애(Paraphilic Disorders)와 관련된 몇 가지의 위험 요인과 예후 요인을 제공한다. 이 범주의 8가지의 장애 중 모두는 아니지만 일부는 기질적·환경적·유전적 요인을 제공한다. 기질적 요인의 주제는 알코올 남용과 함께 반사회적 행동 및 특성을 포함한다. 이러한 장애의 대부분에 대한 주요 환경적 요인은 성학대나 아동학대의 이력이다. 성적 가학장애, 성적 피학장애, 물품음란장애, 복장도착장애는 어떠한 가능한 위험이나 예후 요인을 제공하지 않는다는 점에 유의해야 한다.

아들러에 따르면, 변태성욕장애는 잘못된 생활양식, 열등감, 사회적 관심의 부족, 자아중심성, 그리고 성적 자극에 있어 유기적(organic) 차이에서 비롯된다 (Ansbacher & Ansbacher, 1979). 아들러의 원저에는 변태성욕장애를 발생시키는 위험 요인으로 아동기 성학대에 대해 구체적으로 언급하지 않았지만, 어떤 종류의 아동학대도 극단적인 사적 논리와 복잡한 자기보호 경향성 기술 등 생활양식의 발달에 영향을 미친다고 추측할 수 있다.

# 소아성애장애

## 임상적 증상

소아성애장애(Pedophilic Disorder)의 유병률은 여성에 비해 남성에게서 훨씬 높으며, 남성 인구의 약 3~5%가 이 장애 기준을 충족한다. 여성의 유병률은 불확실하지만, 남성에 비해 현저히 낮다(APA, 2013). 소아성애장애가 있는 내담자는 사춘기 무렵에 아동에 대한 성적 관심을 알게 되었을 가능성이 높지만, 내담자의 성인기 후반까지 진단되지 않을 수 있다. 이 장애가 있는 많은 남성은 어린 시절 성학대를 당했다고 보고한다. 또한 소아성애장애가 있는 내담자는 종종 반사회성 성격장애를 나타내며(APA, 2013), 그 결과 아동에게 해를 끼치는 자신의 성적 행동을 인정하지 않을 수도 있다.

많은 문헌에서, 아동 포르노를 보는 범죄자와 성적 접촉 범죄를 하는 범죄자를 구별한다. 지금까지 아동 포르노를 보는 범죄자와 아동에 대한 성적 접촉 범죄 사이의 인과관계를 입증하는 경험적 연구는 없었다. 한 연구에서 성적 접촉 범죄를 저지를 위험이 더 큰 취약한 남성 하위 집단을 발견했다. 아동 포르노를 보면서 성적 접촉 범죄도 저지른 남성은 반사회성이 훨씬 더 높았다. 이 남성들은 아동 포르노만 보는 남성들에 비해 학력 수준이 낮고, 직업적 성취도 보잘것없었다. 아동 포르노를 소지한 혐의로 체포된 남성의 대다수는 아동에 대한 성적 접촉 행위를 하지 않는다. 이 남성들은 온라인 아동 포르노로 인해 촉진되는 성적 환상이 아동에게 집중되어 있기에, 여전히 소아성애장애 기준을 충족한다(Lee, Li, Lamade, Schuler, & Prentky, 2012).

## DSM-5 특성

변태성욕장애 장에서 다루는 10가지 장애 중 우리는 소아성애장애로 진단받은 내담자의 사례연구를 살펴볼 것이다. 소아성애장애는 사춘기 이전의 아동을 상대로 한 강렬하고 반복적인 성적 공상, 충동 또는 행동으로 설명된다. 개인은 이러한 성적 공상, 충동, 행동의 결과로 현저한 고통이나 대인관계의 문제를 겪어야 한다. 진단을 내릴 때, 내담자가 아동에게만 성적 관심이 있는지, 아니면 성인에게도 성적 흥분을 하는지, 내담자가 남성, 여성 또는 둘 다에게 끌리는지를 명확히 해야 한다. 또한 근친강간의 경우에만 성적 흥분을 느끼는지를 진단은 구별해야 한다.

내담자는 자기보고, 법적 이력 또는 객관적 평가에서 아동에 대한 성적 충동에 따라 행동한 것으로 밝혀지는 경우에만 소아성애장애로 진단될 수 있다. 내담자가 수치심이나 죄책감을 표현하지 않고, 자신의 공상에 따라 행동한 적이 없다고 증명될 수 있다면, 내담자는 소아성애 성향이 있지만 소아성애장애는 아니다. 대조적으로, 내담자가 소아성애적 충동이나 성적 행동을 인정하지 않지만, 이러한 행동에 관여했다는 것이 증명되면 진단 기준을 충족한다.

## 생물심리사회적-아들러식 개념화

다음의 생물심리사회적 개념화는 소아성애장애가 어떻게 발달했는지를 이해하는 데 도움이 될 수 있다.

DSM-5는 "태내에서의 신경발달 교란이 소아성애 성향을 발달시킬 가능성을 증가시킨다는 증거가 있다."(p. 699)라고 언급한다. 대부분의 연구는 장애의 원인이 되는 심리적·사회적 요인에 대해 초점을 맞추고 있고, 소아성애장애의 생물학적 근거를 연구하는 논문은 거의 없거나 아예 없다.

앞에서 논의하였듯이, 소아성애장애가 있는 내담자는 반사회성 성격장애와 성적 학대를 받은 이력이 있을 위험성이 더 크다. 아들러리안으로서, 우리는 가족 구성, 학대/방임의 이력, 성행위에 대한 가치와 신념의 발달에 관한 정보를 포함하여 생활양식 신념이 어떻게 발달하였는지를 탐색한다. 소아성애장애와 반사회성 성격 특성이 있는 내담자는 우리가 동료 인간을 존중하고 협력하는 방법에 대해 사회적으로 관심이 있는 핵심 신념을 표현하지 않는 환경과 가족 체계에 노출되었을 거라고 가정할 수 있다. 이는 이후 자신의 가족과 사회에서 연결을 발전시키고 목적을 찾는 방법을 이해하는 데 있어서 아동에 대한 잘못된 믿음으로 바뀔 수 있다. 아동이 안전하지 않거나 적대적인 환경에 있을 때, 아동은 자신이 다치기 전에 다른 사람을 다치게 하는 등의 자기보호 경향적 행동을 발달시킬 가능성이 크다.

소아성애가 있는 남성과 그의 어린 시절 성학대 이력에 대해 논란이 있지만, 이러한 내담자들은 종종 학대를 보고한다(APA, 2013). 한 종단 연구(Salter, McMillan, Richards, Talbot, Hodges, Bentovim, et al., 2003)에서 저자들은 아동 성학대를 겪은 대부분의 남성 피해자가 소아성애자 되지는 않지만, 저자들은 심리적·사회적 위험 요인에 근거하여 취약한 하위 집단을 식별할 수 있다고 주장했다. 피해자/학대자였던 아동은 모성의 방임, 감독의 부재, 여성에 의한 성학대, 신체적 학대, 부모의 정서적 거부를 겪었고, 더 심각한 수준의 가정 폭력을 목격하였다. 이 범죄자들은 또한 사람이나 재산을 대상으로 한 다른 범죄를 저지르는 것뿐 아니라 동물에게도 잔인할 가능성이 더 높았다.

## 치료 고려사항

이 장애가 아동, 가족, 사회(장애가 있는 내담자뿐만 아니라)를 파괴하는 정도 때문에, 이 장애의 치료보다는 예방에 주요 초점을 두어야 한다. 아들러와 드레이커스는 둘 다 부모교육과 교사교육에 영향력 있는 지지자였다. 아동과 가족에서 강력한 연결과 인격을 형성함으로써 정신질환을 예방하려는 이 열정에서, 아들러와 드레이커스는 미국의 많은 현대 부모교육과 교사교육 과정에 영향을 미쳤다. 소아성애장애의 발생을 예방하거나 줄일 수 있는 한 가지 방법은 아들러리안 부모교육 전문가가 자녀들에게 소아성애장애가 발생할 위험이 더 큰 고위험 학대/방임 부모와 함께 작업하는 것이다. 아들러리안 부모교육 전문가는 또한 아동 보호 서비스 종사자, 청소년 보호관찰관 그리고 소년원과 함께 일할 수 있으며, 아동이 어떻게 친사회적 행동을 발전시키는지에 대한 정보를 제공할 수 있다.

치료 측면에서, 한 연구는 소아성애자의 사회적 관심이 증가함에 따라 성적 범죄의 건수가 감소했다는 것을 발견했다. 저자들(Miranda & Fiorello, 2002)은 자신들의 발견의 결과로 사회적 관심 사고를 증가시키는 것을 많은 다양한 개입 중 하나로 포함해야 한다고 결론짓고 있다. 이 장애에 대한 주된 개입 방법은 종종 봉쇄나 감금이지만,

이 개입은 내담자에게 정신건강치료도 제공되고 있을 때만 효과적이다. 치료 수준은 증상의 심각도와 내담자의 경직된 사적 논리나 양심 부족의 수준에 근거해야 한다. 성범죄자를 치료하는 것은 매우 전문화된 분야로, 대부분 임상전문가는 이 사람들과 작업을 하는 동안 추가적인 훈련과 슈퍼비전이 필요하다.

### 사례 • P씨

P씨는 43세의 남성으로, 연방교도소에서 등록된 성범죄자를 위한 사회복귀 훈련 시설로 옮겨진 후 치료를 받으러 왔다. P씨는 30세에 온라인 아동 포르노 집단에서 검거되었다. 평가와 범죄 수사 후에 P씨가 또한 아파트 옆집에 사는 10세 소년을 성적으로 학대했음도 드러났다.

### 가족 구도

P씨는 대도시 근교의 교외에서 성장하였다. 4명의 형제자매 중 중간이었고, 두 명의 누나와 한 명의 남동생이 있다. P씨의 어머니는 그의 성장기 동안 알코올 중독과 약물 중독으로 인해 거의 집에 있지 않았다. 어머니가 집에 있을 때에는 그녀는 많은 낯선 남녀를 집으로 끌어들였고, P씨와 그의 형제자매들은 편안함을 느끼지 못했다.

### 초기 회상

P씨와 형제자매들은 몇 주 동안 어머니를 보지 못했고, 어머니가 먹을 것을 가지고 올 때까지 쓰레기를 뒤져서 먹을 것을 찾아야만 했다. P씨는 학교에서 학업과 행동 둘 다에서 문제가 있었다. 교사는 그가 공격적이고 저항적임을 알았다. 그는 대부분의 교육 기간을 정학으로 보냈고, 다른 아이들을 괴롭히는 것으로 밝혀졌다. 5학년 때, 담임교사는 아동보호국에 학대와 방임의 우려를 신고하였다. 아동보호국은 조사해서 나중에, P씨와 형제자매들을 집에서 이동시켰다. 아동보호국은 건강 검진을 통해 P씨가 성적으로 전염되어 감염되었고, 이는 어머니의 전 남자 친구에 의한 성학대로 인한 것임을 발견했다. P씨도 남동생을 6개월 정도 성학대를 해 오고 있음이 밝혀졌다. P씨는 고등학교를 졸업하지 못했고, 여러 번의 입양 실패 후 결국 소년원에 수용되었다. P씨는 어린 시절의 어떤 특정한 기억도 떠올리지 못했지만, 어린 시절의 학대와 방임을 조사할 때 분노, 슬픔, 두려움의 감정을 느낀다고 보고하였다.

### 아들러식 사례 개념화

성학대를 포함하여 P씨의 광범위한 학대와 방임의 이력 때문에, P씨는 자기 자신, 다른 사람들, 그리고 세상에 대해 심각하게 잘못된 생활양식 신념을 발달시켰다. 어린 시절 생존 노력의 결과, P씨는 친밀감과 경계에 대해 정교하고 경직된 사적 논리를 전개해 왔다. 그는 자신의 소아성애 행동에 대해 죄책감을 느끼지 않고, 그가 미성년자와 성행위를 할 때 자신이 그들에게 해를 끼치고 있다고 믿지 않는다.

P씨는 사회적 관심의 발달이 극도로 미미하였다. P씨는 자신의 문제를 거의 완전히 부인하기 때문에, 그는 통제된 환경에서 전문적인 성범죄자 치료를 받아야 한다. P씨는 사회와 내담자 자신의 안전 필요성을 해결하기 위해 평생 모니터링과 치료가 필요할 것 같다. 치료는 또한 기본적인 생활 기술, 시민권 기술, 보상과 지역사회 봉사를 통해 사회적 관심을 향상시키는 것에 초점을 맞추어야 한다.

## 맺는말

DSM-5에서는 특정 성장애의 기준뿐만 아니라 성장애들이 어떻게 구성되는지를 포함하여 몇 가지 실질적인 변화가 있었다. 주요한 변화는 성기능부전, 성별 불쾌감 그리고 변태성욕장애를 세 개의 별개의 장으로 분리한 것이다. 각각의 장에서 특정 진단 및 기준이 변경되었다. 심리학계와 성적 소수자 공동체의 가장 큰 관심을 끈 것은 DSM-IV-TR의 성정체성장애가 DSM-5에서 성별 불쾌감으로 변경된 것이다. 이 변경은 내담자의 정체성을 병리 측면에서 멀어지게 하고, 그것을 성별 비순응이 유발할 수 있는 불쾌감에 두었다. 임상전문가는 또한 모든 성장애 전반에 걸쳐 성적 행동의 차이가 그 자체로 정신병리가 아니라, 오히려 그 행동이 내담자 자신이나, 동의하지 않은 성인 또는 아동을 해치고 있다는 것을 입증해야 한다는 점을 유의해야 한다. 이러한 장애를 치료하면서 아들러 이론을 활용하면 내담자의 치료뿐만 아니라 옹호, 평등 촉진, 좋은 부모 및 교사교육을 통해 특정 장애의 예방도 해결할 수 있다.

## 참고문헌

American Psychiatric Association (2000). *Diagnostic and Statistical Manual of Mental Disorders, Fourth Edition (Text Revision)*. Washington, DC: American Psychiatric Publishing.

American Psychiatric Association (2013). *Diagnostic and Statistical Manual of Mental Disorders, Fifth Edition*. Arlington, VA: American Psychiatric Publishing.

American Psychiatric Association (2013). *Gender Dysphoria*. Retrieved from http://www.dsm5.org/Documents/Gender%20Dysphoria%20Fact%20Sheet.pdf.

American Psychiatric Association (2013). *Highlights of Changes from DSM–IV–TR to DSM–5*. Retreived on September 15, 2013, from http://www.dsm5.org/Documents/changes%20from%20dms–iv–tr%20to%20dsm–5.pdf.

Ansbacher, H. L., & Ansbacher, R. R. (Eds.). (1956). *The Individual Psychology of Alfred Adler*. New York, NY: Harper & Row.

Ansbacher, H. L., & Ansbacher, R. R. (Eds.). (1979). *Superiority and Social Interest*. New York, NY: W. W. Norton & Co.

Bettner, B. L., & Lew, A. (1989). *Raising Kids Who Can*. Newton Centre, MA: Connexions Press.

Cohen-Baker, N. (2006). Sex from Plato to Paglia: A philsophical encyclopedia. *Library Journal, 131*(6), p. 120.

Dragowski, E. A., Scharron–del Rio, M. R., & Sandigorsky, A. L. (2011). Childhood gender identity … disorder? Developmental, cultural, and diagnostic concerns. *Journal of Counseling & Development, 89*(3), pp. 360–366.

Dreikurs, R. (2000). *Social Equality: The Challenge of Today*. Chicago, IL: Adler School of Professional Psychology.

Gerouki, M. (2010). The boy who was drawing princesses: Primary teachers' accounts of children's non-conforming behaviours. *Sex Education, 10*(4), pp. 335–348.

Gibson, B., & Catlin, A. J. (2011). Care of the child with the desire to change gender–Part I. *Urologic Nursing, 31*(4), pp. 222–229.

Goldblum, P., Testa, R. J., Pflum, S., Hendricks, M. L., Bradford, J., & Bongar, B. (2012). The relationship between gender-based victimization and suicide attempts in transgender people. *Professional Psychology: Research and Practice, 43*(5), pp. 468–475.

Hegarty, P. (2012). Beyond Kinsey: The committee for research on problems of sex and

American psychology. *History of Psychology, 1*(3), pp. 197-200.

Jordan, Mark D. (1997). *The Invention of Sodomy in Christian Theology*. Chicago, IL: University of Chicago.

Kirk, J., & Belovics, R. (2008). Understanding and counseling transgender clients. *Journal of Employment Counseling, 4*(1), p. 29.

Kottman, T. (1999). Integrating the crucial C's into Adlerian play therapy. *Journal of International Psychology, 55*(3), pp. 288-297.

Lee, A., Li, N., Lamade, R., Schuler, A., & Prentky, R. (2012). Predicting hands-on child sexual offenses among possessors of Internet child pornography. *Psychology, Public Policy, And Law* [serial online], *18*(4), pp. 644-672.

Miranda, A. O., & Fiorello, K. J. (2002). The connection between social interest and the characteristics of sexual abuse perpetuated by male pedophiles. *Journal of International Psychology, 58*(1), pp. 2-75.

Mosak, H. H., & Maniacci, M. P. (1988). *Tactics in Counseling and Psychotherapy*. Belmont, CA: Thomas Learning.

Perrin, E. C. (2003). Helping parents and children understand "Gender Identity Disorder." *Brown University Child & Adolescent Behavior Letter, 19*(1), p. 1.

Powers, R. L., & Griffith, J. (1993). Gender guiding lines theory and couples therapy. *Individual Psychology: The Journal of Adlerian Theory, Research, and Practice, 49*(3/4), p. 361.

Rosenbaum, T. (2011). Addressing anxiety in vivo in physiotherapy treatment of women with severe vaginismus: A clinical approach. *Journal of Sex & Marital Therapy, 37*(2), pp. 89-93.

Salter, D., McMillan, D., Richards, M., Talbot, T., Hodges, J., Bentovim, A., & ... Skuse, D. (2003). Development of sexually abusive behaviour in sexually victimised males: A longitudinal study. *Lancet, 361*(9356), p. 471.

Shelley, C. A. (2009). Trans people and social justice. *Journal of Individual Psychology, 65*(4), pp. 386-396.

Shifron, R., & Bettner, B. (2003). Using early memories to emphasize the strengths of teenagers. *The Journal of Individual Psychology, 59*(3), pp. 334-344.

Sperry, L., & Sperry, J. (2012). *Case Conceptualization*. New York, NY: Routledge.

Toomey, R., Ryan, C., Diaz, R., Card, N., & Russell, S. (2010). Gender-nonconforming lesbian, gay, bisexual, and transgendered youth: School victimization and young adult psychosocial adjustment. *Developmental Psychology, 46*(2), pp. 1580-1589.

Vanderburgh, R. (2009). Appropriate therapeutic care for families with pre-pubescent transgender/gender-dissonant children. *Child & Adolescent Social Work Journal, 26*(2), pp. 35-154.

Weiss, M. (2011). Beyond Kinsey: Judith Butler's impact on the feminist and queer studies. *Association for Feminist Anthropology Blog,* doi:10.1037/e583522012-010.

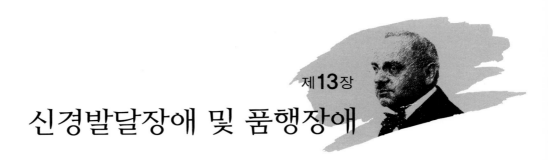

제13장
# 신경발달장애 및 품행장애

Larry Maucieri

이 장에서는 DSM-5(APA, 2013)에서 수정하여 제시한 일부 신경발달장애와 품행장애에 대한 진단의 변화, 이론적 개념화 그리고 치료 옵션을 알아볼 것이다. 이와 함께 현대 아들러리안 관점에서 쓰여진 최근의 관련 문헌을 검토하고 살펴볼 것이다. 지면의 제약과 현존하는 문헌들 사이의 차이 때문에 DSM-5 그룹 내의 모든 상태나 장애가 여기에 포함되는 것은 아니다. 하지만 DSM-5의 이 장과 관련된 많은 주요한 장애를 포함하였다.

하지만 장애로 직접 나아가기 전에 아들러 이론과 방법의 일반적 원칙과 원리 중 일부를 검토하는 것이 도움이 될 수 있다. 그런 다음 DSM-5 진단적 개념의 변화가 발생한 맥락을 논의할 것이다. DSM-IV-TR에서 DSM-5(APA, 2013)로의 전환에 관한 간략한 정보를 독자들에게 제공하는 것이 특히 유용할 수 있다. 이 장은 자폐스펙트럼장애, 특정학습장애, 주의력결핍 과잉행동장애, 투렛 증후군, 품행장애, 적대적 반항장애에 대한 DSM과 아들러식 개념화를 포함할 것이다. 지적장애도 간략하게 다룬다.

## 아들러식 개념화

아들러 이론과 개념은 그 시대에는 저평가되었지만, 오늘날에도 여전히 매우 밀접한 관련을 계속 유지하고 있다(Peluso, 2008). 이 절에서는 아들러 이론의 몇 가지 핵심적인 개념과 맥락을, 특히 이번 장에서 논의될 DSM-5의 장애들과 관련하여 논의할 것이다.

### 기관 열등

어떤 학자들은 아들러 자신의 삶의 경험과 그의 이론적 원리들 사이의 관계에 주목했다. 예를 들어, 몬트(Monte, 1995)는 알프레드 아들러의 어린 시절은 질병, 죽음, 위험으로 점철되었고, 어린 시절 차에 치였으며, 그의 형은 아들러가 겨우 세 살 때 죽었다고 주장한다. 어린 시절의 이러한 발달 트라우마로부터 아들러는 영향을 받았고, 나중에 기관 열등(organ inferiority)과 같은 그의 주된 심리학적 개념의 일부를 개발했을지도 모른다(Monte, 1995).

기관 열등은 처음에는 몸의 기관의 신체적 결함을 시사했지만, 개념적으로 확장되어, 다른 사람들과 세상에 대한 열등감을 좀 더 전반적으로 반영할 수 있다. 신경발달장애가 있는 사람들 사이에서 이러한 아들러 개념은 상당히 관련이 있어 보인다. 이는 학습장애, 자폐증, 틱장애, 주의력결핍 과잉행동장애(ADHD)로 힘겨워하는 개인에게 수치심, 열등 그리고 절망의 문제가 자주 발생하기 때문이다. 열등감은 장애로 인한 실제 증상뿐만이 아니라 개인의 자존감, 기분, 사회적 삶에 미치는 부정적 영향 때문일 가능성이 크다(Maucieri, 2013). 예를 들어, 틱장애의 경우 자기 비하감과 수치심은 당황스러운 음성틱이나 운동틱 그 자체에서뿐만 아니라 이러한 행동의 결과로 발생하는 사회적·정서적 소외로 인해 발생할 수 있다. 특히 아동과 청소년의 경우 아주 다루기 힘든 다르다는 끈질긴 느낌은 강한 열등감으로 이어지기 쉽고, 이 예에서 신경발달 또는 다른 행동 문제에서 비롯된다.

아들러에 따르면, 열등감은 궁극적으로 참을 수 없다. 이 뿌리 깊은 타고난 무가치감을 보상하기 위하여 우리는 우월성과 완벽함을 추구할 수 있다. 이것이 신경발달장애나 품행장애가 있는 개인에게 어떻게 일어날 수 있는지는 주요한 임상적 관심사이지만, 개인에게는 특유할 수 있다. 그러나 아들러 이론은 본질적으로 목적론적이거나 미래 중심적(forward-focused)이기에 목적 추구와 궁극적인 삶의 목표를 향한 방향에 상당한 중요성을 두는 경향이 있다(Monte, 1995). 각 개인의 특정한 투쟁과 고유한 노력을 넘어서, 목적론적 틀은 궁극적으로 개인의 열등감과 열등에 대한 보상 행동을 검토하고, 도전하고, 그리고 성공적으로 수정할 수 있는 효과적인 맥락을 제공할 수 있다.

## 사회적 맥락과 사회적 관심

앞서 언급한 기관 열등에 대한 간략한 논의에서 이미 분명해졌을지 모르지만, 성격과 심리적 기능에 대한 아들러 이론은 프로이트 이론과는 다르다. 아들러 경력의 초기에 아들러와 프로이트는 비엔나에서 9년 정도 정기적인 접촉을 유지했다. 1902년에 아들러는 프로이트의 정신역동 토론 그룹에 초대받았다. 하지만 몬트(1995)는 아들러가 프로이트의 정신분석적 접근을 완전히 수용한 적이 없으며, 1911년 무렵에는 두 사람은 교착 상태에 빠졌다고 주장한다.

1911년 아들러의 프로이트 및 정신역동 그룹과의 결별은 논쟁의 여지가 있었다. 성격과 심리에 대한 두 사람의 생각은 분명히 달랐고, 그룹에서 주요 프로이트 개념에 대해 다른 의견의 여지는 별로 없었다. 따라서 아들러는 사임하고 떠났다. 초기 프로이트 이론가들과는 달리, 아들러는 인간의 경험을 사회적 맥락 안에서 개념화하였다(Mosak, 1995). 이는 성욕 그리고 후에는 아들러가 1920년대에 프로이트 모델에 채택되기 훨씬 전에 우연히 발견한 공격성을 강조하였던 프로이트 이론과는 극명한 대조를 이루었다(Monte, 1995).

아들러는 근본적인 정통 프로이트 학파의 개념을 다양한 관점에서 거부했다. 여기에는 이드(id)와 관련된 에고(ego)의 기능과 오이디푸스적 경쟁의 성적 본성이 포함된다(Monte, 1995). 아들러에게 인간은 일반적으로 선천적으로 선하고 본질적으로 사회적이다. 인간은 단순히 일상생활의 비참함으로 고통받기보다는, 자신의 도전을 이기려고 노력하면서 개인적인 역량을 위해 노력한다(Monte, 1995). 아들러에게 건강한 심리적 적응의 특징은 강한 사회적 관심을 갖고, 동료들에 대한 자선적 관심을 갖는 것이다(Monte, 1995). 고전적인 프로이트 이론에서는 사회적 관심에 대한 유사한 통합과 가치 평가가 비록 존재하더라도 쉽게 찾을 수 없다. 반대로, 프로이트의 학문에서는 인간에 대한 점점 더 부정적이고 불길한 관점을 반영하는 것으로 보인다.

아들러는 심리적 기능에서 사회적 맥락과 사회적 관심의 관련성 측면에서 그의 비엔나 동시대 사람들 사이에서 누구의 지지도 받지 못하였다. 이 가치 있는 개념들은 아들러 이론에서 여전히 매우 중요하다. 아들러 이론의 본질적이고 지속적인 개념은 독일어 '공동체감(Gemeinschaftsgefühl)'이라는 용어에 요약되어 있다. 이 집합명사는 같은 뜻의 영어 의미로 쉽게 번역되지 않는 개념을 나타낸다. 이는 사회적 관심의 개념에 필적하는 것을 의미하거나, 또는 아마도 좀 더 구체적으로 "과거, 현재, 미래의 모든 인류와, 그리고 다른 사람의 복지와 이익에 대한 관심과 연결되어 있는 느낌"(Sonstegard, 1998, p. 243)을 의미한다. 이 개념의 밑바탕에는 소속감, 사회적 연결 그리고 다른 사람에 대한 깊은 관심이 깔려 있다(Sonstegard, 1998).

품행장애와 신경발달장애가 있는 개인이 증상의 일부로 겪는 사회적 관계 및 대인관계에서의 어려움을 고려해 볼 때, 아들러의 사회적 관심과 사회적 맥락의 개념은 상당히 관련이 있다. 사회적 관심과 유대감의 아들러 개념에 부분적으로 바탕을 둔 개입은 유익할 수 있으며, 그러한 프로그램 중 한 가지가 아래의 자폐스펙트럼장애 부분에 설명되어 있다.

요컨대, 아들러가 강조하는 것은 분명히 본질적으로 전체론적이고, 관계적이고, 사회문화적이다. 이는 여러 면에서 고전적 프로이트 이론의 현대적 모델과 독특하게 다르다. 아들러의 모델은 특징상 좀 더 사회적이고 긍정적이다. 모삭(Mosak, 1995)은 아들러식 접근법이 대인관계적이고, 아들러리안에게는 "모든 행동은 사회적 맥락에서 발생한다."(p. 52)라고 언급한다. 본질적으로 이는 현실적이고, 실용적이며, 희망을 주는 이론이다. 또한 행동 모델 및 인지행동 모델과 마찬가지로 활동적이다. 아들러리안 관점에서 학습과 변화는 행동을 취하는 것에서 나온다(Sonstegard, 1998).

### '선택'의 문제

프로이트 이론에서 벗어나는 또 다른 아들러 개념은 결정론에 대해 덜 강조하고, 어떤 경우에는 완전한 거부하는 것이다. 아들러 이론은 의식적이거나 무의식적인 개인적 선택이 그의 행동이나 행동의 결과에서 중요한 역할을 할 수 있다고 가정할 가능성이 더 크다. 아들러식 접근법은 다른 이론적 모델보다 행동과 증상에 대한 좀 더 기능적 해석을 감안한다. 그럼에도 불구하고 이러한 입장은 문제를 야기했으며, 일부 저자들은 아들러 이론이 개인의 투쟁에 대해 '희생자를 비난하기'라고 비판하고, 또 어떤 저자들은 학술적 · 경험적 문헌에서 아주 명백하게 생물학적 근거가 있는 특정 장애(예: 자폐증, 조현병)의 발달에 선택이 어떻게든 관여될 수 있다는 생각에 대해 주저하고 있다.

단순히 아들러 시대에 인식되지 않았던 특정 장애에 대해 알려진 유전적 · 생물학적 근거를 고려하도록 현시대에는 선택의 개념을 조정해야 한다. 예를 들어, 자폐증이나 조현병의 발병에 개인의 선택이 핵심적인 역할을 한다는 주장은 현재의 지식 기반으로는 도저히 지지할 수 없다. 달리 말하면, 자폐증과 조현병의 발달에 유전적 · 기타 생물학적 과정의 역할을 뒷받침하는 증거가 많이 있으며, 이러한 장애의 발달에 개인의 의식적 · 무의식적 선택의 역할을 뒷받침하는 증거는 많지 않다. 특정 정신건강 문제의 생물학적 선행 요인에 대해 현재 알려진 것을 감안할 때, 자폐증 또는 심지어 ADHD와 같은 장애에서 선택의 역할에 대한 좀 더 합리적인 보장은 이러한 장애들이 생물학적 소인과 특정 환경적 스트레스 요인 사이의 복잡한 상호작용의 결과로 나타나지만(체질 스트레스 모델), 개별 증상의 표현이나 아마도 상태에 대한 개인적 반응과 대처 방식은 부분적으로 의식적 · 무의식적 선택에 의해 좌우된다는 것일 수 있다.

이와 유사하게, 모삭(1995)은 주로 심리적 본질 대 주로 신체적(그가 "유기적"이라고 부른 것) 본질의 증상 및 문제 사이를 식별할 수 있는 유용한 도구로 '질문(The Question)'을 사용하는 것에 대해 논의한다. 상담과 치료적 접근에서 질문의 사용은 이미 잘 문서화되어 있다. 하지만 그러한 질문의 타당도와 신뢰도가 알려져 있지 않고, 광범위한 고도의 정밀 뇌영상 기술(예: MRI, PET)과 심리 측정상으로 그러한 질문에 훨씬 더 정확하게 답할 수 있는 건전한 척도와 심리 검사를 이용할 수 있기에, 이 역할에서 그것을 유일한 진단 도구로 현재 권장할 수 없다. 일련의 다른 수단들과 평가 도구 내에서 '질문'과 같은 방법을 사용하는 것은 도움이 될 수 있고, 개인의 현재 투쟁에 대한 추가적인 통찰을 제공할 수 있지만, 증상의 신체적 · 심리적 근거에 대한 유일한 측정 도구는 아니다. 그 점을 넘어서, 이전에는 없었던 정신건강에서 심리적 · 신체적 과정의 상호적이고 공생적인 특성에 대해 지금은 인식이 더 커져, 최근 몇 십 년 동안 신체적 문제와 심리적 문제를 별개의 범주로 분류하는 것이 더 애매해졌다.

논의된 선택의 개념과 유사하게 여기서 '질문'의 진단적 사용에 관한 문제가 제기된다. 두 경우 모두 개인을 이해하고 돕고자 할 때 아들러 이론의 귀중한 개념들이다. 하지만 진단을 명확하게 위해 "질문"을 단독으로 적용하는 것과 같이, 나타나는 장애의 인과적 요소로서 선택에 대한 본래 해석은 현재 우리의 현존하는 임상 및 연구 지식으로 뒷받침되지 않는다. 따라서 이러한 개념들은 묻는 질문과 관련된 전체 임상 문헌 내에서 약간 재구성되어야 한다.

### 삶에 대한 접근 방식

아들러 이론은 우리 모두가 의식적·무의식적으로 희망찬 삶의 추구, 목표, 성취의 길로 우리를 안내하는 생활양식을 개발한다는 것을 나타낸다(Monte, 1995). 모삭(1995)은 생활양식은 "옳고 그른 것이 아니며, 정상적인가 비정상적인가도 아니며, 단지 사람들이 세상을 인식하는 방식과 관련하여 자신을 바라보는 '안경'일 뿐이다." (p. 52)라고 명확히 말하고 있다. 인지행동 이론가들은 이를 자기와 세상을 포함하는 포괄적인 인지 도식(schema)과 동일시할 수 있다.

하지만 생활양식에는 기능적인 요소도 있다. 또한 이것을 삶의 과정에서 발생하는 독특한 도전과 열등감에 대한 '대답'으로 이해할 수 있다. 아들러리안 임상전문가는 공개된 생활양식 척도와 초기 기억 회상의 수집 및 해석 같은 기법으로 생활양식 정보를 얻는다. 내담자의 관심사와 어려움을 이해하는 데 사용하는 다른 도구에는 꿈 분석과 원가족에서의 출생순위에 대한 탐색 등이 있다.

아들러의 개념화에서, 우리는 모두 일, 사랑, 사회적·관계적 추구와 같은 세 가지 주요 인생 과제와 목표에 직면한다. 아들러의 일부 추종자들은 나중에 인생 과제에 영성과 우리 자신과의 관계를 추가하였다(Mosak, 1995). 다른 사람뿐만 아니라 심지어 우리 자신과도, 사회적 연결은 아들러 이론에서 다시 핵심적인 역할을 한다. 아들러는 균형 잡힌 삶의 이러한 중요한 요소들을 가장 먼저 인식한 사람들 중 한 명이었다. 버거와 펠센탈-버거(Berger & Felsenthal-Berger, 2009)는 아들러 이론을 "인간을 주로 타인과 관계를 맺을 필요가 있는 사회적 동물"(p. 351)로 인식한 최초의 이론으로 간결하게 정의한다.

# DSM-5 변경사항

## DSM-5로의 전환

격렬한 논쟁과 논란을 거쳐, DSM-5는 지난 2013년 5월 말 출간되었다(APA, 2013). 새로운 DSM 판은 다양한 우려에 직면했다. 일부 정신건강 전문가들은 불완전한 현장의 실험과 관련된 두려움을 표현한 반면, 다른 사람들은 정상적인 인간 행동이 때로는 병리적이 되고 있는 것이 아닌지 궁금해했다(Wakefield, 2013). 예를 들어, 앨런 프랜시스(Allen Francis)는 "DSM-5는 짜증을 정신질환으로 바꿀 것이다. 정상적인 슬픔도 주요우울장애가 될 것이다."(Francis, 2012; Wakefield, 2013, p.140 재인용)라고 말했다. 이러한 우려가 실제로 나타날 수 있는 정도는 물론 아직 분명하지 않다.

### 스펙트럼 기반 모델

DSM-5에서 한 가지 주요한 변화는 많은 임상적 상태를 보다 신중하게 스펙트럼-기반 또는 차원적 표현으로 재구성한 것이다. 특이성은 공통적이거나 유사한 임상적 상태를 더 크게 그룹화하기 위해 강조되지 않은 것으로 보인다. 이러한 접근 방식은 DSM-IV와 DSM-IV-TR의 중요한 특징이었던 범주적 분류 모델에서 벗어나는 움직임을 나타낸다(APA, 2013).

이러한 변화의 두드러진 예는 몇 가지 관련된 전반적 발달장애들(예: 자폐증, 아스퍼거장애)을 자폐스펙트럼장애라고 하는 단일 개체로 융합한 것이다(APA, 2013). 이전에는 별개로 개념화되었지만 관련이 있었던 이 장애들은 이제 공통 스펙트럼 내에 둥지를 틀었다. 따라서 DSM-IV와 DSM-IV-TR에서 명백한 하위 유형의 특이성 대신에, DSM-5의 저자들은 가능한 범위와 아마도 때로는 공통의 스펙트럼 내에서 다소 다른 임상 증상을 포함하여 좀 더 포괄적인 구성을 받아들였다(APA, 2013). 이러한 변화는, 특히 다음에서 논의하고 고려할 여러 신경발달장애와 관련이 있다.

진단적 개념화에서 이러한 변화의 이유는 전례가 없는 것은 아니다. 예를 들어, 콕힐과 소누가-바케(Coghill & Sonuga-Barke, 2012)는 범주형 진단 개념화는 임상적·과학적인 근거를 반영할 뿐만 아니라 임상 진단의 범위를 벗어난 정치적·경제적·심리적 영향까지 포함한다는 점에서 문제가 있다고 지적했다. DSM의 진단체계에 의존하는 치료자와 상담자에게는 이러한 불필요한 요소들과 영향을 포함하는 것도 어색했다.

### 일반적인 DSM 모델에 대한 비판

DSM-5의 출간까지 이어지는 의견과 비판들의 범위를 감안할 때, DSM-5는 이번 판과 이전 판들의 비평가들을 만족시킬 것 같지 않았다. 예를 들어, 밴히울

(Vanheule, 2012)은 사례 개념화와 진단에 대한 DSM 모델을 전반적으로 비판하였다. 그는 분류가 진단과 반드시 같은 것을 의미하는 것은 아니라고 언급했고, DSM-5에 포함되어 있는 장애에 대한 때로는 불분명하거나 심지어 논쟁의 여지가 있는 과학적 근거를 조사했다. 밴히울(2012)이 DSM의 진단적 접근법에 대한 몇 가지 흥미진진한 문제를 언급했지만, 이 논의에서 몇 가지 중요한 점이 빠진 것처럼 보였다. 첫째, 이 저자는 DSM 모델이 심리치료 실제에 도움이 되지 않을 것이라고 결론지었지만, 실행 가능한 대체 진단 체계를 구체적으로 언급하지 않았다. 둘째, 저자는 DSM-IV, DSM-IV-TR 그리고 DSM-5가 일부 장애의 신경정신학적 근거를 좀 더 명시적으로 참조한 이유 중 한 가지가 이러한 결과를 직간접적으로 뒷받침하는 방대한 최근 문헌들 때문이라는 점을 명확히 하지 않았다. 조현병, 양극성장애, 물질사용장애, ADHD와 자폐증 등의 생물학적 근거(그러나 단일 원인은 아니지만)에 대한 엄청난 양의 경험적 근거들이 축적되었다. 정신질환의 신경생물학적 측면이 최근 DSM 판에서 점점 더 많이 나타나는 가능한 이유를 논의를 할 때 이 점을 고려해야 한다. 반대의 관점에서, 다른 저자들은 DSM-5가 신경발달장애의 이해와 치료에 임상 유전적 연구를 충분히 포함하지 않았다고 비판했다(Addington & Rapoport, 2012).

이런 말이 나온 것과 함께, DSM-5와 그 이전 판에 대한 지속적인 비판은 인간 행동과 정신질환에 대한 '과잉치료(overmedicalization)'에 대한 것이었다. 이 문제는 신판이 나올 때 DSM 진단 기준을 엄밀히 적용하는 사람들에게 어려움을 줄 가능성이 크다. 밴히울(2012)은 이와 관련하여 DSM 모델이 '신－실증주의자(neo-positivist)' 모델을 채택하는 경향이 있다고 언급하였다(p. 130). 신－실증주의자 모델에서 바이러스성 뇌막염이나 천식에 대한 신체적 증상이 있는 것과 거의 같은 방식으로 증상과 행동은 진정한 장애의 명백한 '증거'로 이해된다.

이러한 접근 방식은 아마도 DSM이 그 안에서 발달한 의료 모체(정신의학)에서 크게 발전했겠지만(Vanheule, 2012), 편람의 개정 중에 만들어진 진단 기준 또는 기타 진단 요구사항에서의 이따금 큰 변경을 많은 외부 증거 없이 했을 경우, 이를 방어하는 것은 어렵다. 또한 진단의 제거와 추가라는 문제는 이 모델의 정신건강에의 적용 가능성에 부담을 주는 경향이 있다. DSM-5가 2013년 5월에 출시되었을 때, 이전에 DSM-IV-TR에는 포함되었으나 DSM-5에는 없는 진단들이 실제로 더 이상 존재하지 않는가? DSM-IV-TR에는 없었으나 DSM-5에 포함된 새로운 장애가 이전에는 없었던 곳에 갑자기 존재하는가? 그것들은 항상 존재하였으나 이제 막 발견된 것인가? DSM에 성문화된 것처럼, 정신건강의 의료 모델을 진단에 대한 성가시고 도전적인 접근 방식으로 만드는 것은 이런 종류의 질문이다.

하지만 DSM-5는 시간이 지나면 좀 더 융통성이 있는 것으로 판명될 수 있다. 이 전과는 달리 DSM-5는 로마자가 아닌 아라비아 숫자를 사용한다(V가 아닌 5). 왜냐 하면, 웨이크필드(Wakefield, 2013)에 따르면 이는 관련 학문과 임상적 문헌이 진전 됨에 따라 표적 업데이트가 가능한 유연한 "살아 있는 문서"(p. 140)가 될 예정이었 기 때문이다.

과거에 아들러리안 이론가들은 자신의 핵심적인 가치 및 신념과 일치하지 않는 다고 하여 진단과 정신병리를 강조하지 않는 경향이 있었다(Peluso, 2008). 하지만 DSM-5와 같은 진단 체계는 미국의 행동적 건강 관리에서 현대적인 현실이다. 그러 면 이 두 가지의 다른 관점을 잠재적으로 연결하는 한 가지 방법은 DSM-5의 체계 를 질병 모델에서 강점 기반 접근법으로 다시 맥락화하는 것이다. 질병 모델이 개인 의 투쟁을 본질적으로 병리적·의학적이라고 시사하는 반면에, 강점 기반 접근법 은 상담적 관점에 더 적합하고 아들러리안 원칙과 일치한다(Peluso, 2008).

## 신경발달장애

주로 발달적 요소가 있는 상태들을 함께 묶음으로써 DSM-5의 저자들은 이 장애 들의 발병 시기(아동기, 청소년기)에서 신경발달적 특성으로 초점을 전환하였다. 이 변화는 우리의 관심을 원인론과 발달적 과정으로 전환시켰다(APA, 2013; Wakefield, 2013). DSM-5에 포함된 신경발달장애는 지적장애(이전의 정신지체), 자폐스펙트럼 장애, 특정학습장애 그리고 투렛 증후군 등이 있다. 우리는 이 각각의 주요 장애들 을 잇달아 간략하게 살펴볼 것이다.

## 지적장애

이 분야의 학문적 지식과 일치하게, 정신지체의 진단적 범주는 DSM-5에서는 '지 적장애(Intellectual Disability)'로 재정의되었다(APA, 2013). 정신지체와 마찬가지로 지적장애는 다음의 경우—① 표준화된 개별 지능 검사에서 수준 이하의 점수, ② 적응 기능의 결함, ③ 원인의 일부로 초기(대략 18세 미만) 신경발달 과정의 증거―에 진단된다(APA, 2013). 헤어(Hare, 2012)는 대다수의 개인에게 지적장애가 생물학적 근원이 있을 수 있다고 시사했다. 지적장애의 유병률은 북미에서 약 3%이며, 대부분의 개인이 경도 또는 중등도의 심각도 범위에 속한다(Matson et al., 2012).

이전의 정신지체 진단에서 심각도 수준은 개별 표준화된 지능 검사의 전체 점수에 의해 엄격하게 결정되었다(APA, 2013). 대신에 지적장애에 대한 DSM-5의 정의는 지적장애에 대한 진단 및 심각도 수준을 설정하기 위해 독립적 기술과 적응 결함을 더 크게 강조하고, 복합 지능검사 점수를 덜 강조했다(APA, 2013; Wakefield, 2013). 아마도 이 과정을 보다 균일하게 운용할 수 있게 하기 위하여 DSM-5는 임상전문가들이 지적장애의 심각도 수준(경도, 중등도, 고도, 최고도)을 정의하는 데 도움이 되는 상세한 도표를 제공하였다(APA, 2013, pp. 34-36). 확립된 심각도 수준은 주로 적응, 의사소통, 인지, 독립적인 생활 기술과 행동에 기초한다. 이러한 접근법은 수십 년 전 신경발달장애를 평가할 때 적응 기술의 중요성을 문서화하며 미국정신지체협회(American Association of Mental Retardation: AAMR)가 수행한 작업과 더 일치하고 있는 것으로 보인다(Wilmshurst, 2011).

또한 DSM-5는 임상전문가가 개인의 지적장애 심각도를 결정하는 데 있어서, 여러 지능 검사 점수, 기타 인지 기능, 다양한 적응적 기능 기술을 고려할 때 임상전문가가 증거를 평가하고 자신의 판단을 사용할 수 있도록 하는 데 있어 좀 더 유연해 보인다(APA, 2013). DSM-IV-TR과 같은 DSM의 이전 판들은 정신지체의 진단에서 보다 구체적으로 전체 지능 검사 점수를 핵심으로 포함하였다(APA, 2013).

자폐스펙트럼장애와 마찬가지로, 다수의 행동 수정 기법들이 지적장애를 가진 개인을 돕기 위해 자주 채택되어 왔다. 응용행동분석(Applied Behavioral Analysis: ABA)과 같은 긍정적 행동 지원 방법을 포함한 이러한 방법들은 다음에 간략하게 설명되어 있다(Matson et al., 2012).

# 자폐스펙트럼장애

## 임상적 증상

여러 전반적 발달장애를 현재 자폐스펙트럼장애(Autistic Spectrum Disorder: ASD)라고 불리는 하나의 광범위한 범주로 통합한 것은 DSM-IV-TR에서 DSM-5로 전환하면서 가장 중요하고 논란이 많은 변화 중 하나였다. 이 변경은 자폐증, 아스퍼거장애, 렛트 증후군, 소아기붕괴성장애, 그리고 나머지 상세불명의 전반적 발달장애 집단(PDD-NOS)이란 별도 진단을 없앴다. DSM-5에서 모두 자폐스펙트럼장애로 통합되었다(APA, 2013).

이러한 상태들이 모두 자폐스펙트럼장애라는 새로운 진단으로 함께 분류되었지만, 자폐스펙트럼장애의 기준은 자폐증의 증상을 가장 잘 반영하고 어쩌면 아스퍼거장애를 덜 반영한다. 자폐증은 전형적으로 사회적·대인관계적 상호작용의 손상, 반복적이고 제한적인 관심과 행동, 그리고 언어 발달의 지연으로 정의된다(Lord & Jones, 2012; Moseley et al., 2011).

하지만 많은 비평가의 우려는 아스퍼거장애의 진단을 없애고 이를 자폐증에 통합한 것의 불확실한 이유였다. DSM-IV와 DSM-IV-TR에서 아스퍼거장애는 자폐증과 유사했지만 언어 지체의 이력이 없었다(APA, 1994; 2000). 많은 임상전문가가 아스퍼거장애와 자폐증을 서로 연관되고 심지어 중복되는 것으로 간주했지만, 언어 발달과 기술에 있어서의 차이는 오랫동안 두 장애 간의 차별 요인으로 받아들여져 왔다.

자폐스펙트럼장애에 대한 DSM-5의 두 번째 특징은 많은 명시자와 심각도 수준 지표이다. 이는 아마도 광범위하게 정의된 스펙트럼 진단 내에서 더 많은 정보를 제공하고자 함일 것이다. 예를 들어, 자폐스펙트럼장애는 다양한 명시자(예: 긴장증 동반)를 포함할 수 있다. 또한 임상전문가들이 자폐스펙트럼장애의 심각도를 결정하는 데 도움이 되는 도표도 있다(APA, 2013, pp. 51-52).

자폐증의 유병률은 일반 인구의 1%미만, 또는 110명 중 약 한 명으로 추정되는 반면(Axelrod, McElrath, & Wine, 2012), 자폐증의 진단 비율은 불확실한 이유로 증가하였다. 지적장애와 마찬가지로, 동반하는 질환이 자폐스펙트럼장애에서도 흔하다. 오스트레일리아 연구자들의 최근 조사에 따르면, 자폐증이 있는 청소년이나 초기 성인 표본 중 거의 절반 정도가 불안, 기분장애, 파괴적 행동장애와 같은 정신질환들의 기준을 충족했다고 하였다(Moseley et al., 2011). 다른 연구자들은 자폐증과 신경학적 장애 사이의 연관성을 언급했다(Ryland et al., 2012).

## DSM-5 특성

DSM-IV나 DSM-IV-TR과 마찬가지로, DSM-5는 자폐스펙트럼장애를 사회적 의사소통과 사회적 상호작용을 나타내는 행동 패턴과, 제한적으로 정의된 반복적인 흥미와 행동으로 정의한다(APA, 2013). 이것은 신경발달학적 원인으로 인한 것이어야 하며, 지적장애와 같은 다른 증상으로 인한 것이 아니어야 한다. 앞서 언급하였듯이, 스펙트럼 기준은 이전에 정의된 아스퍼거장애를 포함하기 위해 언어적 손상이 있거나 없는 문제를 포함한다(APA, 2013).

인지적 결함이 자폐증에서 종종 발생하지만, 반드시 그 장애를 진단하는 것은 아니다. 자폐스펙트럼장애가 있는 사람들의 인지적 증상은 매우 다양하다. 이는 개인이 지적으로 심한 장애에서부터 지적으로 재능이 있는 경우까지 다양하기 때문이다. 이전에 지적 재능이 있는 개인은 '고기능 자폐증'이라고 언급되었다. 지적장애는 자폐스펙트럼장애의 진단적 양상이 아니다. 오히려 자폐스펙트럼장애의 핵심 증상 영역은 사회적·대인관계 상호작용, 언어와 의사소통 기술, 그리고 반복적이고 정형화된 행동이다(Axelrod et al., 2012). 또한 자폐증은 행동상의 어려움과 가족 스트레스의 증가와 연관되어 있었다(Lord & Jones 2012). 이 두 가지 모두 다음에 언급되는 여러 치료적 개입으로 개선될 수 있다.

## 생물심리사회적-아들러식 개념화

후버와 지발리치(Huber & Zivalich, 2004)는 로바스(Lovas)의 작업(아래에서 설명되는)을 자폐증 아동을 치료하는 데 있어서 아들러리안 원칙과 기법에 접목하였다. 그렇게 하면서 행동을 보다 사회적 맥락 안에서 개념화하며 행동주의적 개념을 사용한 톨먼(Tolman)의 작업을 저자들은 인용하였다. 이 연구와 관련 연구에서, 후버와 지발리치(2004)는 보다 목적론적 관점에 주목하였다. 저자들은 자기효능감을 높이는 행동주의자의 방법이 열등감을 감소시키려는 아들러리안의 목적과 일치한다고 주장했다. 하트숀과 헤르(Hartshorne & Herr, 1983)도 자폐증이나 관련 장애에 대한 행동주의적 개입이 아들러리안 모델과 일치한다고 유사하게 결론을 내렸다. 이들에 따르면 행동의 해석에서 차이점이 나타날 수 있으며, 아들러리안은 행동을 강화되는 것이라기보다는 목적 지향적인 것으로 이해할 가능성이 더 크다.

후버와 지발리치(2004)는 로바스가 개발한 행동 원리를 바탕으로 한 메레디스 자폐증 프로그램(Meredith Autism Program: MAP)을 개발하였다. 메레디스 자폐증 프로그램은 강력한 행동 접근 방식을 사용하는데, 여전히 치료 모델에 아들러 이론과 원칙들을 포함하고 있다. 여러 형태의 응용행동분석(Applied Behavioral Analysis: ABA)과 마찬가지로, 메레디스 자폐증 프로그램에서는 오랜 기간의 집중적인 행동 훈련이 필요하다. 이는 "행동 개선은 관련된 모든 사람이 참여하는 교육 과정의 일부로 간주된다."(p. 351)라는 아들러리안 훈련의 특정 열망과 일치한다. 이는 또한 학생들에게 자신의 세계에서 대처하도록 도움을 주는 아들러리안의 교육에 대한 접근 방법과도 일치한다. 메레디스 자폐증 프로그램에서 아동은 기본적인 사회적 개념(예: 색, 모양 등)을 배우고, 기본적인 의사소통 기술을 발전시키고, 지시를 따르도록 행동적으로 강화된다(Huber & Zivalich, 2004). 메레디스 자폐증 프로그램 접근법은 불완전함을 용인하고, 처벌은 사용되지 않으며, 프로그램은 아동의 특정한 욕구에 맞추어 개별화된다(Huber & Zivalich, 2004). 이러한 방식 및 그 밖의 방식으로 로바스의 독창적인 작업에 기초한 조작적 조건화는 핵심적인 아들러리안 가치와 융합된다.

## 치료 고려사항

로바스와 다른 사람들의 연구는 우리가 자폐스펙트럼장애와 같은 신경발달적 질환으로 인해 간혹 심각한 결함이 있는 개인과 치료적으로 작업할 때 얼마나 많은 것을 사용할 수 있는지를 인식하는 데 도움이 된다. 로바스의 획기적인 연구 이전에는 지적장애나 자폐증이 있는 아동은 어찌할 수 없다고 여겨졌고, 부모는 종종 자녀의 자폐스펙트럼장애를 발병시킨 것에 대해 비난을 받았다(Hartshorne & Herr, 1983). 행동주의적 또는 다른 방법이 채용되는 경향이 있든 간에, 아들러리안 원리를 반영한 무엇보다 중요한 공동체감과 사회적 관심은 우리가 신경발달의 어려움을 겪고 있는 내담자와 함께 작업할 때 여전히 가장 중요한 것으로 남아 있다.

지적장애와 자폐스펙트럼장애 모두에 대한 현재의 개입은 행동주의 모델을 사용한다. 아들러리안 치료자와 상담자에게 도전은 자신의 지도 이론을 이러한 행동주의적 개입 방법과 융합하는 데에 있다. 일반적으로 말해서, 아들러식 치료나 인지행동치료의 지시적 형태에서 사용될 수 있는 보다 추상적인 방법은 중등도, 고도 또는 최고도 수준의 지적장애가 있는 개인에게 적용되지 않을 수 있다. 스터미(Sturmey, 2012)는 응용행동분석과 행동 수정 방법이 지적장애가 있는 개인에 대해 잘 확립되어 지원되고 있지만, 인지행동치료처럼 더 높은 정도의 인지적 추상화를 가정하는 개입은 학술적인 과학 문헌에서 덜 지지된다는 점을 명확히 했다.

자폐스펙트럼장애가 있는 개인에게, 치료 방법은 행동 훈련뿐만 아니라 적응 기술 훈련, 대체행동교육, 심지어 이완 기술을 포함한다(Wilmshurst, 2011). 지금까지, 지적장애와 자폐스펙트럼장애에 가장 효과적인 치료법은 체계적 행동 훈련이었다. 클린트월 등(Klintwall et al., 2012)은 응용행동분석에 기반한 개입 프로그램을 어린 자폐 아동을 위한 "제일 중요한 치료"(p. 139)로 확인했다. 따라서 이 방법들은 여기서 관심 있는 독자를 위해 좀 더 자세히 설명할 것이다.

### 응용행동분석과 관련 모델들

다른 행동주의적 방법과 마찬가지로, 응용행동분석에서 강조하는 것은 개인 내 심리적 과정의 탐색보다는 개인의 행동을 통제, 변경 또는 달리 수정하는 외부 요인과 영향이다(Sturmey, 2012). 상당히 반복적이고 시간 소모적이지만, 응용행동분석은 신경발달장애가 있는 개인이 개인적 기술과 적응적 행동을 배우고 습득하는 것을 돕는 데 크게 공로가 있었다(Axelrod et al., 2012; Sturmey, 2012).

자폐스펙트럼장애나 지적장애가 있는 개인에게 흔히 발생하는 행동적 어려움은 짜증, 공격성, 자해, 그리고 반복적이고 정형화된 운동 등이다. 이러한 행동들을 종종 응용행동분석이나 이와 비슷한 개입과 같은 행동주의적 방법을 사용하여 변화시키거나 제거할 수 있다(Matson et al., 2012; Sturmey, 2012).

로바스는 초기에 때때로 아동의 자해나 기타 바람직하지 않은 행동을 감소시키기 위해 혐오 훈련(aversive training)을 사용하였다. 이 접근법은 효과적일 수 있지만, 아들러리안 원칙 및 가치와 일치하지 않는다. 이는 또한 당시에도 논란이 많았고, 로바스는 이 방법들 중 일부에 대해 비판을 받았다(Smith & Eikeseth, 2011).

그렇지만 이후에 상당히 효과적이면서 행동 변화에 대해 좀 더 긍정적인 접근법을 채택한 다른 응용행동분석 방법들이 개발되었다(Smith & Eikeseth, 2012). 예를 들어, 응용행동분석과 관련된 보다 새로운 모델인 긍정적 행동 지원(Positive Behavior Support: PBS)은 행동에 영향을 미치는 처벌과 혐오적 방법을 최소화하고, 표적 행동에 긍정적 영향을 줄 수 있는 체계 수준(학급, 가족)의 변화를 강조한다(Wilmshurst, 2011).

또 다른 응용행동분석과 관련된 경험적으로 검증된 접근법은 중심축 반응치료(Pivotal Response Therapy: PRT)라고 불린다(Koegel, 2000). 부족한 자원의 문제를 해결하기 위해 중심축 반응치료는 표준 응용행동분석에서 일반적으로 관찰되는 것보다 더 효율적인 시간 사용과 좀 더 직접적인 부모 참여를 목표로 한다(Koegel, 2000).

마지막으로, 조기집중행동개입(Early Intensive Behavior Intervention: EIBI)이라고 불리는 응용행동분석의 고도로 집중적인 조기 개입 적용법은 아동의 오랜 기간 동안 언어 기술과 지적 기능의 교정에 특히 유용한 것으로 보인다(Axelrod et al., 2012).

행동 훈련 외에도, 자폐스펙트럼장애와 지적장애에 대한 일반적인 개입에는 사회기술치료와 작업치료, 언어치료, 심리교육, 가족치료 등이 있다.

### 사례 • S

S는 8세 소녀로, 공부를 아주 잘했다. S는 언제나 학교 시험이나 과제에서 나이나 학년 수준을 훨씬 웃도는 성적을 받았고, 지적 호기심도 굉장히 강했다. 하지만 그녀의 아버지처럼, S는 사회 기술이 제한적이고, 타인의 감정을 거의 알아차리지 못했다. S는 자신의 감정은 물론 다른 사람의 감정을 알아차리지 못하고, 공감하는 것을 어려워하며, 블록 쌓기처럼 체계적이고 반복적인 놀이를 좋아하고, 혼자 노는 것을 훨씬 더 좋아한다. 다른 사람들과 이야기할 때, S는 대체로 감정이 없는 방식으로 그들을 '훑어보는' 모습을 보여 주며, 그녀가 사용하는 언어는 그녀의 나이에 비해 정교하고, 지나치게 복잡하고, 형식적이고, '교수 같아서' 반 친구들에게 인기가 없다.

# 특정학습장애

## 임상적 증상

특정학습장애(Specific Learning Disorder: SLD)도 (흔히 일반적인 용어로 '학습장애'라고도 함.) 또한 스펙스럼 기반의 구성으로 재정의되었다. 하지만 자폐스펙트럼장애만큼 급격한 변화는 아니었다. 특정학습장애의 하위 유형들을 DSM-5에서 명확한 설명을 위해 여전히 사용할 수 있으며, 이로 인해 특정학습장애에 대한 이러한 변화가 덜 전면적이게 하였다. 이 하위 유형에는 읽기 손상 동반, 수학 손상 동반, 쓰기 손상 동반이 있다.

특정학습장애는 읽기, 수학, 쓰기와 같은 학습 주제를 포함할 수 있다(APA, 2013). DSM-IV-TR에서 DSM-5로 전환하면서, 특정학습장애에 대한 진단은 그 안에 내재된 진단의 '불일치 모델'을 제거하기 위해 업데이트되었다. 이 모델에서 특정한 영역(예: 수학)에서의 학업 성취도 측정에 대한 점수가 개인의 지능 검사 점수에 근거한 기대치보다 현저히 낮아야 했다(APA, 2000/2013; Kaufman & von Aster, 2012). 이는 DSM-5가 출간되던 2013년 당시 미국 「장애인교육법(the Individual with Disabilities Education Act: IDEA)」과 같은 연방법에 의해 구시대적이라고 여겨졌고, 도전을 받았다.

특정학습에 대한 DSM-5의 개념화는 원인론과 개입의 현재 모델을 반영하려고 시도한다. 이것은 성취나 지능 등 정신 능력 측정에 대한 강조를 완화하고, 학습 문제를 규명하고 문서화하는 다른 가능한 방법들을 제공했으며, 학업 수행의 어려움이 나타날 수 있는 시기에 대한 허용 범위를 더 확대하였다(APA, 2013; Kaufman & von Aster, 2012).

### 읽기

특정학습장애 중 가장 흔하고 널리 알려진 하위 유형은 아마도 읽기와 관련된 난독증일 것이다. 난독증은 말-소리 관계를 제대로 이해하지 못하는 해독의 결함으로 묘사되어 왔다(Snowling & Hulme, 2012). 하지만 난독증이 읽기 문제의 유일한 유형은 아니다. 읽기 손상을 동반하는 특정학습장애의 두 번째 주요 유형은 독해력의 저하이다(Snowling & Hulme, 2012). 일부 사람들은 DSM-5가 이러한 유형의 특정학습장애에 대해 최소한의 적용 범위를 제공한다고 주장해 왔다(Snowling & Hulme, 2012). 그들의 우려는 읽기 관련 학습 문제에 대한 DSM-5의 개념화가 너무 단순하고, 이러한 장애들의 이질적인 특성이나 증상을 반영하지 못하며, 이러한 상태들의 동반 증상이나 비정형적인 증상을 적절하게 보여 주지 못한다는 것이었다(Snowling, 2012; Snowling & Hulme, 2012).

### 수학

특정학습장애의 두 번째 주요 영역은 산술 능력과 수학이다. DSM-5에서 학습장애의 읽기 요소와 관련된 스노울링과 흄(Snowling & Hulme, 2012)의 우려와 유사하게, 수학 기술에 대해서도 특이성이 부족하다는 같은 비판이 나올 수 있다. 예를 들어 난독증과 마찬가지로, 계산곤란증도 문헌에서 수학 학습 문제 중 잘 문서화된 한 영역(유일한 것은 아님.)을 나타낸다. 카우프만과 본애스터(Kaufmann & von Aster, 2012)는 계산곤란증을 "낮은 지능이나 부적절한 학교교육으로 설명되지 않는 기본적인 산술 기술을 습득하는 데의 어려움."(p. 767)이라고 설명했다. 난독증과 마찬가지로, 계산곤란증은 특정학습장애의 넓은 스펙트럼에서 "수학 손상 동반"(APA, 2013)이라는 추가적인 명시자를 가진 단지 하나의 유형에 불과하다.

## DSM-5 특성

앞서 언급하였듯이, DSM-5에서 특정학습장애에 대한 기준은 읽기, 수학, 쓰기와 같은 학업 기술의 특정 영역에서 6개월 이상 지속되는 학습에서의 어려움과 학업 성취 패턴이다(APA, 2013). 기준은 철자법, 읽기, 수학의 측면과 같이 부족한 특정한 기술을 포함한다. 지적장애나 신경학적 문제와 같은 이러한 손상을 발생시킬 수 있는 다른 가능한 원인은 구체적으로 배제되며, 이러한 학업과 관련된 문제 중 적어도 일부는 학령기에 발생해야 한다.

## 생물심리사회적-아들러식 개념화

기관 열등에 대한 아들러의 개념이 이 일련의 어려움과 관련하여 다시 한번 나타난다. 문헌에 따르면, 아들러는 그의 동시대의 사람 중 몇몇보다 생물심리사회적 원인에서 비롯되는 내적 투쟁과 어려움의 개념에 더 잘 반응하였다.

아들러가 프로이트와 분리된 이유 중 일부는 인체가 운명이라는 것을 인정하기를 그가 거절했기 때문이다(Rasmussen & Watkins, 2012). 이는 특정학습장애와 다른 신경발달장애가 있는 개인에 대한 개입과 치료 도구의 구현을 고려할 때 밀접한 관련이 있는 관점이다. 유전적 결정론에 대한 아들러의 질문은 여기에 언급된 특정 학습장애와 기타 신경발달 상태의 문제 및 때로는 타고난 측면을 본질적으로 반박하는 것이 아니라, 개인이 이러한 문제를 해결하려 할 때 개인이 존재하는 환경적·맥락적 요소들을 우리가 인식하는 데 도움이 된다.

## 치료 고려사항

특정학습장애에 대한 현대적 개입은 많은 경우 학교를 기반으로 하거나 학습 기술에 대한 외부의 교습이나 지원을 포함하는 경향이 있다. 예를 들어, 난독증의 경우 아동의 음운 체계 기술이나 음운론적 인식을 풍부하게 하는 데 초점을 맞춘 교육 기반 기술 개발이 있을 수 있다(Snowling & Hulme, 2012).

그렇긴 하지만, 특정학습장애의 치료에 아들러리안 치료 방법을 위한 여지가 있다. 학생들의 문제가 있는 학습 기술을 발전시키고 강화하고자 지도할 때, 격려나 타고난 인간 가치와 같은 아들러리안 가치의 통합은 특히 적합하다. 더욱이 바람직하지 않은 결과를 초래하는 자연적 결과에 아들러리안 개입 방법의 사용, 기술이 숙달되는 동안 '마치~인 것처럼 행동'하기, 이러한 도전이 일어나는 사회적 맥락의 인식 등은 모두 특정학습장애에 대한 보다 기술 기반의 학교 개입에 포함할 도움이 되는 접근 방법이다.

특정학습장애에 대한 개입은 일반적으로 특수교육 지원, 교육적 개입, 기술 구축 접근법 등의 맥락에서 일어난다(Kaufman & von Aster, 2012; Snowling & Hulme, 2012). 하지만 아들러리안 관점에서, 약점, 격려의 영역과 공동체감의 함양에서 기술과 개념화 개발을 수반하는 이러한 방법들의 정신은 매우 중요하다. 개인을 보다 전체론적인 방법으로 지원하기 위해, 학교 및 가정환경에서 사회적 관심, 소속감, 격려 등에 초점을 두는 개인심리학은 특정학습장애를 치료받고 있는 개인에게 가장 적합할 것이다(Brigman et al., 2011).

### 사례 • M

    M은 15세 소년으로 세 명의 아이들 중 가운데이다. M은 재능 있는 운동선수이며, 사회적 기술이 뛰어났으며, 친구나 교사에게 상냥하다. 그의 시공간적 기술은 잘 발달되어 있고, 수학에 거의 어려움이 없는 것으로 보인다. M의 읽기 능력은 오랫동안 그의 학년 수준보다 낮았다. 아주 어릴 때부터 그는 음운 또는 단어와 각각의 소리를 일치시키는 데 상당한 문제가 있었다. 그는 천천히 읽고, 쉽게 구절을 놓쳤으며, 또래들처럼 빨리 문자나 숫자와 같은 특정 정보를 자동적으로 읽을 수 없었다. M은 때로는 단어를 인식하기 위해 단어를 소리 내려고 애쓰기보다는 시작 소리로 단어를 추측했다. 그는 자신의 논리를 사용하여, 숙제의 질문에 답하면서 추측을 하거나, 어머니 또는 여자 친구가 자신을 위해 문장을 읽고 요약하게 하려고 했다. 하지만 고등학교에 진학하면서 이러한 전략들은 더 이상 통하지 않았고, 읽기 집약적인 수업의 등급과 학교 성적은 곤두박질쳤다.

## 주의력결핍 과잉행동장애

### 임상적 증상

    주의력결핍 과잉행동장애(Attention Deficit Hyperactivity Disorder: ADHD)는 미국 아동에게 가장 흔히 진단되는 행동질환이다. 빈도 수치는 다소 차이가 있지만, 미국 학교 아동의 3~7% 정도가 어떤 형태의 ADHD로 진단되었다(Wehmeier et al., 2011). ADHD는 학계와 치료 환경에서 여전히 논란의 여지가 있는 진단으로 남아 있다.

    ADHD의 핵심 증상은 산만함, 주의력 부족, 안절부절함, 과잉행동 그리고 혼란스러움 등이다. ADHD 진단을 내리기 위해서는 증상이 아동기에 존재해야 하며, 최근 수십 년 동안 이 장애의 잔재가 성인기까지 지속될 수 있다는 증거가 증가해 왔다(Maucieri, 2003). 하지만 ADHD를 인식하는 것은 임상전문가에게 혼란스러울 수 있다. 한 가지 이유는, 다른 행동장애와 구별하기가 여전히 어렵고, 이러한 장애들 사이에는 동반하여 발생하는 경우가 상당히 많다는 점이다. 이것이 증상의 중복 때문인지, 아니면 같은 개인에게 다른 상태들이 동시에 발생하기 때문인지는 불확실해 보인다. 웹스터–스트라튼 등(Webster-Stratton et al., 2011)은 ADHD가 있는 어린 아동은 적대적 반항장애(Oppositional Defiant Disorder: ODD)와 품행장애(Conduct Disorder: CD)가 이어서 발병할 위험이 아주 높다고 언급했다. 또 다른 사람들은 ADHD, 적대적 반항장애, 품행장애 사이에 동반 발생하는 정도가 높다고 보고했다(Poulton, 2011; Wehmeier et al., 2011). 이러한 결과들은 ADHD, 적대적 반항장애, 품행장애가 있는 개인을 치료하는 데 도움이 될 수 있는 잠재적 치료 개입에 영향을 미친다.

## DSM-5 특성

자폐스펙트럼장애나 특정학습장애와 달리, ADHD는 진단 기준에 있어서 DSM-5의 스펙트럼–지향 모델을 덜 포함하며, 대체로 범주적 진단 기준을 유지했다. ADHD의 주요 증상군은 주의력결핍과 과잉행동–충동성이다(APA, 2000/2012). 이는 DSM의 연이은 버전들에 걸쳐서 상대적으로 변경되지 않은 채 유지되어 왔다. 변경된 것은 개별 증상에 대한 일부 문구와 발병 연령 같은 일부 관련 진단 기준이다. DSM-5에서 ADHD의 주요 변경사항은 증상 발병 최고 연령이 7세에서 12세로 증가한 것, 아동기의 행동이나 경험에 대해 명시적으로 강조를 덜한 증상 표현, 그리고 증상의 수 감소(성인의 경우) 등이다.

ADHD에는 부주의 우세형과 과잉행동/충동 우세형, 그리고 상당수의 부주의, 과잉행동, 충동 증상을 보이는 복합형의 세 가지 유형을 진단할 수 있다. 흥미롭게도, DSM-5에서는 이전에는 사용할 수 없었던 ADHD에 대한 '부분 관해(in partial remission)' 명시자를 제공하고 있다.

공식적으로, '주의력결핍장애(Attention Deficit Disorder: ADD)' 진단은 1994년의 DSM-IV로 중단되었고, 부주의 우세형이란 ADHD의 하위 유형이 되었다(APA, 1994). 하지만 비공식적으로는 '주의력결핍장애(ADD)'라는 용어가 여전히 널리 사용되고 있으며, 대중 언론에서 언급되고 있다(Maucieri, 2013).

DSM-IV와 DSM-IV-TR에서 ADHD 진단 기준에 대한 한 가지 비판은 너무 과도하게 아동의 경험과 행동에 맞추어져 있다는 것이었다(APA, 1994/2000). 이는 ADHD가 원래 아동기의 장애로 개념화되었기 때문이다. 최근에야 성인기까지 지속될 가능성이 있는 것으로 간주되었다(Maucieri, 2013). DSM-5는 성인기 ADHD 증상의 수용이 증가함에 따라 조정하여, ADHD의 증상 기준은 전 생애를 포괄하게 되었다(APA, 2013; Maucieri, 2013).

## 생물심리사회적-아들러식 개념화

아들러식 개념화에서, 특정 특성 및 행동은 아동의 가족 내 출생순위와 부합할 수 있다(Berger & Felsenthal-Berger, 2009; Monte, 1995). 이 이론을 바탕으로 버거와 펠센탈-버거(2009)는 출생순위가 가족 중 어떤 아이가 ADHD가 발병할 가능성이 더 큰지에 영향을 미칠 수 있는지를 연구하였다. 연구자들은 특정한 출생순위와 ADHD의 발병 확률 사이에 통계적으로 유의미한 차이를 발견하지 못하였지만, 그들은 상호작용하며 생애 초기에 ADHD의 발생을 촉발하는 것으로 생각되는 환경적 · 유전적 근거를 합리적으로 조사했다. 이러한 ADHD에 대한 생물심리사회적 사례 개념화에 초점을 맞추어, 다양한 아들러리안 기법과 아이디어들을 ADHD를 포함하여 행동 문제와 신경발달적 문제가 있는 아동에게 적용할 수 있다. 이 중 일부는 ADHD에 대한 치료 고려사항에 언급되어 있다.

## 치료 고려사항

ADHD에 대한 현재의 치료 표준은 종종 자극제 약물치료 및 보조적으로 행동치료, 인지행동치료, 가족치료 그리고 심리교육적 치료 개입 등이다(Maucieri, 2013; Wehmeier et al., 2011). 이 모든 상담 개입은 격려, 역량 강화, 공동체로서의 가족이라는 핵심 아들러리안 가치를 활용할 수 있다. 웹스터-스트라튼 등(2011)은 ADHD가 있는 어린 아동의 부모 훈련을 포함하여 심리사회적 개입의 잠재적 효과를 지지했다.

ADHD 증상의 치료에서 최근 또 다른 현상은 ADHD가 있는 개인에게서 손상될 수 있는 작업기억 기술을 훈련하기 위해 CogMed, Jungle Memory, Cognifit와 같은 컴퓨터 훈련 프로그램을 사용하는 것이다. 멜비-러배그와 흄(Melby-Lervåg & Hulme, 2013)에 의해 수행된 23개 연구에 대한 메타분석 결과는 긍정적 효과가 시간적 제약이 있고, 다른 과제에 일반화하는 경향이 없다고 시사했지만, 이러한 프로그램에 대한 개별적인 연구는 처음에는 낙관적이었다.

　자폐스펙트럼장애나 특정학습장애와는 달리, ADHD의 치료에는 약물치료가 상당히 광범위하게 사용되어 왔다. 약물치료는 ADHD치료의 핵심 구성 요소로 받아들여져 왔으며, 일반적인 정신자극제와 관련이 있다(Maucieri, 2013). 특히 약물치료는 장애의 사회적 또는 조직적 문제보다는 ADHD의 산만함과 집중력 감소를 치료하는 데 효과적이었다(Maucieri, 2013).

　ADHD와 관련된 다른 요소와 문제들에 관해서는, 개입과 지지는 행동치료나 인지행동치료, 심리교육, 부모 훈련, 코칭, 부부치료, 그리고 CHADD(Children & Adults with ADHD)와 ADDA(Atteneion Deficit Disorder Association)와 같은 동료 지지 집단에의 참여에서 비롯된다(Maucieri, 2013). ADHD와 관련된 개인적 투쟁과 실패 의식의 오랜 역사로 인해, 격려와 공동체 내에서의 가치 등 아들러리안 가치는 치료적 과정에서 특히 중요하다.

　최근의 한 논문은 ADHD 아동을 위한 모험 기반 놀이치료와 아들러리안 놀이치료 모델을 조합하여 사용함으로써 임상적 성공을 입증했다(예: Portrie-Bethke et al., 2009). 이 프로그램에서 저자들은 상담 웰니스 모델에 뿌리를 둔 강점 기반 접근법을 채택하고, 이는 병리적인 것을 덜 강조하고, 격려, 예방, 경험적 학습 그리고 능동적 교육에 더 큰 비중을 두는 경향이 있다(Portrie-Bethke et al., 2009). 이 개념은 행동 지향적인 것의 사용, 정신병리를 강조하지 않음, 격려하고 지지적인 환경의 조성, 그리고 실용적으로 뿌리를 내린 치료 프로그램 등을 포함한 아들러리안 가치 및 아이디와와 일치한다.

### 사례 • L씨

　L씨는 35세 여성으로 스트레스가 많은 법률 회사에서 일하고 있다. 그녀는 오랫동안 산만함, 집중력 부족, 혼란스러움, 분노 문제 그리고 심각한 꾸물거림의 이력이 있었다. L씨가 1학년 때, 교사는 L씨의 행동 문제, 안절부절못함, 과잉행동에 주목했다. 10대와 20대 초반, L씨는 집중과 이완을 위해 마리화나를 사용했다. 하지만 이는 그녀에게 또 다른 문제를 야기했고, 25세에 약물 사용을 중단했다. 그녀는 마감일이 빠르게 다가올 때, 11시간 동안 초집중을 하고 각성 및 에너지를 끌어올림으로써 자신

의 업무와 과제를 종종 "해낼" 수 있다. 그녀의 타고난 인지적 기술 외에도, 이러한 방법들은 주로 그녀가 로스쿨을 마쳤던 방법이었다. 하지만 지금 현재 그녀의 직책에서 직무의 구조, 전 직원에 대한 규제가 심한 감독, 지속적인 업무 요구 등이 모두 합쳐져 그녀의 평소 대처 및 업무 능력을 떨어뜨리고 있다. L씨가 상담과 ADHD에 대한 약물 평가를 시작했을 때, 그녀는 수습 기간 중이었고, 자신의 지속적인 투쟁을 감추기 위해 자신의 근무 시간 기록 일부를 위조하기 시작하였다.

# 투렛 증후군

## 임상적 증상

투렛 증후군은 영화와 TV에서의 묘사로 인해 상대적으로 일반 대중에게 잘 알려져 있다. 하지만 이러한 묘사가 항상 정확한 것은 아니다. 예를 들어, 투렛 증후군이 있는 모든 사람이 외설증(Copralalia, 음란한 언어 또는 모욕적인 언어를 자기도 모르게 표하는 것)을 겪는 것은 아니며, 투렛 증후군 자체가 지속되는 동안에도 개별 증상은 일시적이고 변화할 수 있다. DSM-5에서 투렛 증후군의 진단 기준은 이전 판과 거의 변경되지 않았다. 꼭 동시에 나타날 필요는 없지만, 운동틱과 음성틱의 조합은 투렛 증후군의 특징적인 증상이다(APA, 2000/2013; Leclerc et al., 2011). 이 상태는 여성보다 남성에게 압도적으로 영향을 미친다. 또한 투렛 증후군은 강박장애, 주의력결핍 과잉행동장애, 특정학습장애, 불안장애와 같은 신경정신병적 상태들과 자주 동반이환한다(Leclerc et al., 2011).

이 장에서 언급된 일부 다른 신경발달장애와는 달리, 투렛 증후군의 발병은 생애 초기에는 명확하지 않을 수 있다. 이는 부분적으로 반복적인 눈 깜빡임과 같은 초기 틱이 눈에 잘 띄지 않거나 한동안 은폐될 수 있기 때문이다. DSM-5에 따르면 틱의 발병은 보통 4~6세 사이에 시작되지만, 투렛 증후군 증상의 최고 심각도는 10~12세까지 나타나지 않을 수 있다(APA, 2013). 틱은 시간이 흐르면서 변할 수 있고, 피로, 불안, 흥분 등의 요인에 의해 심각도가 증가하거나 감소할 수 있다(APA, 2013).

## DSM-5 특성

투렛 증후군은 초기 판들에 비해 DSM-5에서 사실상 거의 변하지 않았다(APA, 2013). 투렛 증후군의 주요 요소들은 다음과 같다. 18세 이전에 발병한다. 운동틱과 음성틱이 둘 다 질병 경과 중 일부 기간 동안 나타난다(반드시 동시에 나타날 필요는 없음). 틱 증상은 처음 발병 이후 1년 이상 지속된다. 틱은 다른 원인이나 상태로 인한 것이 아니다. 질병의 경과 중에 운동틱과 음성틱 중 하나만 있지만, 둘 다가 나타나지 않는 사람은 투렛 증후군보다는 지속성 운동틱장애나 음성틱장애의 기준을 충족할 가능성이 크다.

## 생물심리사회적-아들러식 개념화

다른 신경발달장애와 마찬가지로, 투렛 증후군의 치료는 아들러의 세 가지 인생 과제인 사랑, 일 그리고 우정을 고려해야 한다(Wolf et al., 2012). 그렇지만 투렛 증후군의 증상 표현과 심각도는 부분적으로 투렛 증후군이 있는 개인의 행동에 대한 다른 사람들의 반응과 잘못된 인식으로 인해 이러한 세 가지 과제에서 특히 문제가 될 수 있다. 다른 장애들보다 더 투렛 증후군은 종종 고의적인 무례한 행동이나 의도적으로 질서를 교환하려는 것으로 먼저 해석된다. 어린 시절에도 투렛 증후군이 있는 아동은 학교 환경에서 도전적이고, 반항적이고, 충동적인 것으로 잘못 낙인 찍히는 경우가 흔하다.

지난 수십 년 동안 투렛 증후군에 대한 인식이 높아졌지만, 여전히 학교나 치료 환경에서 잘 인식되거나 이해되지 못하고 있다. 아들러리안 관점에서 투렛 증후군 및 종종 강박장애, 주의력결핍 과잉행동장애 또는 우울증의 동반 질환이 있는 개인들을 돕기 위해 더 많은 조치를 취해야 한다. 투렛 증후군을 위해 사용하는 일반적인 개입은 투렛 증후군의 틱 증상을 감소시킬 수 있지만, 증상 자체의 후유증과 투렛 증후군이 있는 사람에 대한 다른 사람의 반응으로 인해 자존감과 사회적 효능감에 상당한 손상이 남는다. 투렛 증후군의 영향을 받는 개인에 대한 성공적인 상담 접근법은 틱 증상의 감소뿐만 아니라 개인이 보다 격려받고, 능숙함을 느끼고, 공동체감과 더 많이 연결되어 있다고 느낄 수 있도록 돕는 지원을 포함한다(Brigman et al., 2011). 투렛 증후군과 같은 상태는 종종 그 상태로 직접 영향을 받은 개인에게 대단히 고립된 경험이며, 틱의 감소만으로는 이러한 어려움을 해결하지 못한다.

## 치료 고려사항

투렛 증후군은 약물치료와 인지행동치료를 병행해 치료하는 경우가 많다. 투렛 증후군에 가장 많이 처방되는 약물은 클로니딘, 할로페리돌, 리스페리돈 등이다 (Leclerc et al., 2011). 투렛 증후군에 대한 인지행동치료 개입에서 심리교육, 노출 및 반응 방지, 틱 자체에 대한 습관 반전 등의 영역에 초점을 맞춘다. 앞 절에서 언급하였듯이, 투렛 증후군에 대한 핵심 치료에는 틱의 감소 또는 소멸을 포함하지만, 투렛 증후군에 대한 완전한 치료 접근법에서는 사회 기술의 향상, 자존감의 강화, 심리교육 그리고 지역사회 기반의 지지가 필수적이다.

### 사례 • J

J는 10세 남아로 4학년 성적 때문에 힘들어하고 있다. 약 2년 전에 반복적인 눈 깜빡거림으로 시작된 운동틱이 발병했다. 그 이후 J의 틱의 위치와 심각도가 변해 왔다. 좀 더 최근에는 짖는 소리, 끙 하는 소리 또는 크게 기침하는 것과 같은 음성틱 증상을 보였고, 이로 인해 처음에는 학교에서 문제 행동을 보이는 아동으로 찍히게 되었다. 개입과 특별한 교육 옹호 덕분에 학교 관계자들은 이러한 것들이 무례한 행동을 하려는 의도적인 시도가 아니라, J의 투렛 증후군으로 인한 증상임을 알게 되었다. J의 틱은 스트레스와 피로로 악화된다. J는 증상이 완전히 사라진 것은 아니지만 자신의 투렛 증후군을 관리하기 위해 약물치료와 심리교육, 행동치료로 혜택을 보았다.

## DSM-5에서의 품행장애

품행장애는 행동 통제, 공격성 그리고 사회적 규범의 위반에 어려움을 수반하는 경향이 있다. 이 그룹 내의 두 가지 주요 장애는 품행장애(Conduct Disorder: CD)와 적대적 반항장애(Oppositional Defiant Disorder: ODD)이다. DSM-IV와 DSM-IV-TR에서 이러한 장애들은 아동기나 청소년기에 나타나는 경향이 있는 상태들과 같이 분류되었다(APA, 1994/2000). DSM-5에서 이러한 장애들은 반사회성 성격장애의 진단과 더 명확하게 연관되어 있다.

## 품행장애

### 임상적 증상

품행장애(Conduct Disorder)의 진단은 아동기나 청소년기에 발생하는 행동 문제의 좀 더 심각한 스펙트럼을 나타낸다. 배리 등(Barry et al., 2013)은 품행장애를 개인이 반복적으로 사회 규범과 다른 사람들의 권리를 침해하는 상태로 설명했다. DSM-5에서 품행장애의 유병률은 여러 나라에서 상당히 일관적이며, 여성보다는 남성에게 더 많이 진단되는 것으로 나타난다(APA, 2013). DSM-5는 품행장애가 범죄율이 높은 지역과 같은 특정 상황에서는 과다 진단이 될 수 있다고 간략히 언급하고 있다. 하지만 DSM-5는 품행장애, 적대적 반항장애, 반사회성 성격장애의 진단에서 인종적 편견과 평가자 편견에 대한 과거의 우려를 직접적으로 다루고 있지 않다(APA, 2013). 품행장애와 동반 발생하는 질환으로는 주의력결핍 과잉행동장애와 적대적 반항장애가 있다(APA, 2013).

### DSM-5 특성

DSM-5의 기준에 의한 품행장애의 증상 행동에는 다른 사람을 괴롭힘, 다른 사람과의 싸움, 절도, 재산 파괴 그리고 동물에 대한 신체적 손상 등이 있다(APA, 2013; Barry et al., 2013). 품행장애에 대한 DSM-5의 개념화에서 광범위한 증상의 그룹에는 사람과 동물에 대한 공격성, 절도, 사기 그리고 중대한 규칙 위반 등이 포함될 수 있다(APA, 2000/2013).

품행장애의 기준을 충족하는 모든 사람이 나중에 반드시 반사회성 성격장애의 기준을 충족하는 것은 아니지만, 품행장애 진단은 성인기의 반사회성 성격장애의 전조로 사용되어 왔다. 그럼에도 불구하고 두 장애에 대한 많은 기준이 실제로 중복된다(APA, 2000/2013). 이는 부분적으로 반사회성 성격장애의 진단이 개인이 먼저 미성년자로서 품행장애의 기준을 충족하도록 오랫동안 요구해 왔기 때문이다.

DSM-IV-TR에서 품행장애의 발병 연령에 따른 하위 유형을 제공한 반면(APA, 2000), DSM-5에서는 이러한 하위 유형뿐만 아니라 행동 형(型)과 관련된 명사자(예: 후회나 죄책감의 결여, 공감의 결여, 피상적이거나 결여된 정서 등 생략)와 증상의 심각도 수준도 제공한다(APA, 2013). 품행장애 관련 문헌에서 조기 발병이 성인기의 초라한 결과와 상관관계가 있음을 시사하기에, 이러한 추가적인 부호들은 사례 개념화와 치료 계획에 중요할 수 있다(Barry et al., 2013).

## 생물심리사회적-아들러식 개념화

아들러리안 관점에서 품행장애가 발생하는 개인의 발달에 있어서 제한된 기회, 격려의 부족, 고통스러운 사회 환경이 행동 문제와 증상의 궁극적인 발현에 중요한 역할을 한다. 유전적·생물학적 요인이 개인을 이러한 문제 중 일부에 취약하게 만들 수 있지만, 풍부하고, 지지적이고, 격려하는 환경의 결여가 궁극적으로 이러한 가능성을 열어 주고 품행장애나 관련 장애의 발병을 유도하는 것이다. 따라서 품행장애나 관련 장애의 관리에 있어서 아들러리안 관점의 핵심적인 개입은 예방적이고 건강(wellness)에 기반을 둔다.

사회적 수준에서 부모교육, 학교 기반 개입, 사회적 관심의 증가를 통해 품행장애와 관련 장애들이 발생하지 않도록 환경적 요소를 바꿀 수 있을까? 이것은 아들러리안 이론가가 제기할 것 같은 질문이다. 일단 이러한 상태가 영향을 받은 개인을 장악하게 되면, 그것은 변화에 대해 맹렬하게 저항하고 개인 자신과 주변 사람의 사회적 관심에 심각하게 부정적인 영향을 미친다. 따라서 품행장애와 적대적 반항장애의 발병을 감소시키기 위한 사전적이고 예방적인 방법이 매우 중요하다.

## 치료 고려사항

개입이 늦어질수록 예후는 더욱 안 좋아지기에, 품행장애에 대한 조기 개입은 중요하다. 또한 조기 발병하는 경우, 희망적인 예후에도 덜 긍정적이다. 웹스터-스트라튼 등(2011)은 조기 발병한 품행장애는 모든 정신질환 중 가장 다루기 힘든 질환 중 한 가지라고 언급했다. 품행장애에 대한 조기 개입의 원동력은 앞에서 설명한 아들러식 개념화와 일치한다. 그리고 종종 품행장애의 발병을 초래하는 환경적 요인이 최소화되도록 사회적 관심과 격려를 강화하는 예방적 조치에 보다 분명하게 초점을 맞추어야 할 필요성과도 일치한다.

신경발달장애와 비교하여, 반사회성 성격장애와 더 유사하게, 품행장애의 치료는 임상전문가에게 더 어려울 수 있다. 복잡한 문제에는 치료에 대한 헌신, 매우 다루기 힘든 증상과 행동, 행동에 대한 강력한 환경적 강화, 그리고 아마도 생물학적 기반의 기질 등이 있을 수 있다. 그럼에도 불구하고 품행장애에 대한 몇 가지 치료 접근 방법이 탐구되어 왔고, 개입이 더 어린 나이에 이루어질수록 더 효과적일 수 있다. 인지행동치료 방법은 사회적 모델링과 함께 사용될 수 있지만, 동기 부여와 일상생활로의 일반화의 문제는 여전히 문제가 있다. 적대적 반항장애의 치료를 돕기 위해 다음에 설명된 '놀라운 시간들(Incredible Years)'이라는 프로그램을(Webster-Stratton et al., 2011) 사용하는 방법이 품행장애 치료에도 적용될 수 있다.

### 사례 • R

R은 교외에 사는 상류층의 가정에서 태어났다. 하지만 그의 가정생활은 부모의 물질남용과 비일관적이고 극단적인 훈육 방법과 방임으로 엉망이 되었다. 그의 가족은 예측할 수 없었고 어린아이에게는 정서적으로 안전하지 않았다. R은 영리한 아동이었지만 10살 때 학교를 빠지기 시작했다. 12살 즈음에는 친구들과 다음날 아침까지 밖에서 돌아다녔고, 걸핏하면 가게에서 자질구레한 물건을 훔치고, 담배를 피우고, 재미로 이웃집 헛간을 불태웠다. 14살 때 R은 그 지역 골프장에서 골프 카트를 훔쳤고, 이 때문에 법적으로 고소를 당했다. R은 꽤 매력적이고 교활해서, 보호관찰로 기소를 취소할 수 있었다. 보호관찰을 받는 동안 R은 학급 친구를 성폭행한 혐의로 경찰에 붙잡혔다. R은 술과 마리화나를 자주 사용하기 시작했고, 걸핏하면 학급 친구들과 싸움을 했으며, 대부분의 과목에서 낙제했다.

# 적대적 반항장애

## 임상적 증상

적대적 반항장애(Oppositional Defiant Disorder: ODD)는 품행장애나 반사회성 성격장애에서 볼 수 있는 것보다 덜 심각한 형태의 행동 문제와 반항을 나타낸다. 하지만 어떤 개인은 적대적 반항장애에서 품행장애로, 마침내 성인기에 반사회성 성격장애로 발전할 수 있다. 사회 규범의 위반, 대인관계에서의 공격성, 규칙과 법률의 위반, 파괴적 행동 등이 품행장애나 반사회성 성격장애의 DSM-5 진단 기준의 가장 큰 특징인 경향이 있는 반면, 적대적 반항장애에서 발생하는 문제는 더 경미하다(APA, 2013). 적대적 반항장애와 관련된 행동에는 과민성, 분노 조절의 어려움, 반항, 고의적으로 다른 사람을 괴롭히기, 다른 사람에게 책임을 돌리기 등이 있다.

## DSM-5 특성

적대적 반항장애에 대한 DSM-5의 기준은 적대적이고 부정적인 행동, 과민성, 고의적으로 다른 사람을 귀찮게 함, 자신의 행동에 대한 개인적 책임감의 부족 등이다(APA, 2013). DSM-IV-TR에서 DSM-5로 가며 적대적 반항장애 기준의 변경은 비교적 적었지만, 몇 가지가 있었다. DSM-IV-TR과 DSM-5 모두에서 개별 A 기준에 대해 특정 지속 시간이 명시되어 있다. 하지만 DSM-5는 적대적 반항장애의 행동을 보다 정상적인 표현과 구별하기 위해 증상 빈도에 대한 가이드라인을 제공하고 있다(APA, 2013). 이 빈도 가이드라인은 이전 DSM 판들에서 주요우울장애의 증상 빈도에 대해 사용했던 것과 거의 유사한 것으로 보인다(APA, 2010).

## 생물심리사회적-아들러식 개념화

품행장애에 대한 아들러식 개념화와 유사하게, 적대적 반항장애에도 사회적 관심의 감소, 낙담과 최소한의 지원뿐인 발달적 기반, 행동 결과의 결여 등이 있다. 이들 모두는 생물학적 소인과 상호작용하고, 따라서 적대적 반항장애의 발병을 야기한다. 하지만 적대적 반항장애의 증상과 사회적 영향력은 품행장애에 비하여 덜 심각하고 덜 문제가 있기에, 심리교육, 부모교육, 환경 변경, 격려로 적대적 반항장애 행동을 변화시키고 증상을 없애고자 하는 희망은 품행장애보다 적대적 반항장애와 더 밀접한 관련이 있다. 그렇더라도, 특히 삶의 후반이나 부정적 환경이 확고히 자리 잡은 상황에서 적대적 반항장애의 개선은 여전히 어렵다.

## 치료 고려사항

적대적 반항장애에 이용할 수 있는 경험적으로 유망한 포괄적인 치료 프로그램이 많이 있다. 적대적 반항장애를 위해 개발된 치료 프로그램 중 한 가지가 '놀라운 시간들 부모 훈련(Incredible Years Parent Training)' 프로그램이다. 또한 이 프로그램은 주의력결핍 과잉행동장애가 있는 아동과 함께 작업하는 데도 적용되었다(Webster-Stratton et al., 2011).

웹스터-스트라튼 등(2011)이 운영하는 놀라운 시간 훈련 프로그램은 포괄적이고, 20주 동안 일주일에 한 번, 두 시간씩(그룹 세션으로) 진행되었다. 무엇보다도 집단은 지지에 초점을 맞추고, 아이들이 문제 해결, 감정 조절, 그리고 학교와 집에서 규칙적인 패턴의 확립과 유지 등 다양한 영역에서 기술을 개발하도록 도왔다. 부모와 교사 사이의 문제 해결도 이 프로그램에 포함되었다. 코칭 방법을 사용하고, 감정의 확인과 표현, 분노 조절 방법, 팀워크의 개발과 같은 기타 기술들이 관련 프로그램에 도입되었다.

### 사례 • T

T는 원가족에서 둘째 아이이고, 아들로는 첫째이다. 일찍부터 T는 또래들에서 쉽게 화를 내고, 교사나 다른 권위적 인물들에게 도전하고, 다른 사람들의 신경을 건드리는 것을 즐김으로써 유치원에서 충동적인 행동과 심술궂은 행동의 조짐을 보였다. 다른 아이가 T를 화나게 했을 때, T는 또 다른 아이의 자전거를 망가뜨렸다. T는 자라면서 동생들을 괴롭혔고, 또래들이나 교사에게 적대감을 보였으며, 가정과 학교에서 규칙을 자주 무시했다. T는 자신의 행동에 대해 책임을 지는 데 어려움이 있었고 전

형적으로 다른 사람에게 자신의 잘못에 대한 책임을 형제자매나 학급 친구들에게 돌리도록 강요하려고 했다. 청소년기에 T의 행동 문제는 급증했다. 무엇보다도 T는 갈등을 일으키는 것을 즐겼고, 다른 사람을 화나게 하거나, 의도적으로 갈등을 일으키려고 대화를 바꾸었고, 그리고 계속해서 비난과 부정적인 언급으로 다른 사람들의 신경을 긁었으며, 결국 T의 행동과 발언에 다른 사람들이 좌절과 분노를 표현했을 때 신이 났다.

## 맺는말

DSM-IV-TR에서 DSM-5로 전환하는 과정에서 많은 변경과 조정이 이루어졌다. 처음에 DSM-5는 일부 회의론과 논란에 부딪혔지만, DSM-5에 대한 장기적인 평가는 아직 결정되지 않았다. 신경발달장애와 품행장애 영역의 주요 변화는 자폐 관련 장애와 특정학습장애에 대해 스펙트럼 기반의 접근 방식이 개발된 점이다. 주의력결핍 과잉행동장애, 지적장애, 투렛 증후군, 품행장애 그리고 적대적 반항장애 등의 질환에 대한 기타 진단 및 관련 변경과 조정은 덜 극단적이었지만, 여전히 임상전문가와 연구자를 위해 이러한 장애들에 대한 개념화는 어느 정도 수정되었다.

이들 장애의 대부분에 대한 개입 방법은 본질적으로 지시적이었고, 일반적으로 다양한 형태의 행동주의적 또는 때로는 인지행동치료 접근법에 의존하였다. 이는 신경발달장애나 품행장애의 영향을 받는 개인과 함께 작업할 때 아들러리안 이론이 중요한 역할을 하는 것을 반드시 배제하는 것은 아니다. 격려, 공동체감의 함양, 그리고 내담자가 문제 행동의 자연적 결과를 이해할 수 있도록 돕는 것은 모두 우리가 이용하는 다른 방법과 개입에 상관없이 치료적 작업을 아주 풍성하게 할 것이다. 아들러와 드레이커스는 둘 다 우리가 주어진 상황에서 필요한 것이 무엇인지를 알고 이해하고 있다고 강조했다(Rasmussen & Watkins, 2012). 그리고 이것은 우리가 신경발달장애나 품행장애로 인해 때때로 복잡한 문제를 겪고 있는 내담자를 도울 때 특히 두드러진다.

## 참고문헌

Addington, A. M., & Rapoport, J. L. (2012). Annual research review: Impact of advances in genetics in understanding developmental psychopathology. *Journal of Child Psychology and Psychiatry, 53*, pp. 510-518.

American Psychiatric Association (1994). *Diagnostic and Statistical Manual of Mental Disorders, Fourth Edition.* Washington, DC: American Psychiatric Publishing.

American Psychiatric Association (2000). *Diagnostic and Statistical Manual of Mental Disorders, Fourth Edition (Text Revision).* Washington, DC: American Psychiatric Publishing.

American Psychiatric Association (2013). *Diagnostic and Statistical Manual of Mental Disorders, Fifth Edition.* Arlington, VA: American Psychiatric Publishing.

Axelrod, S., McElrath, K. K., & Wine, B. (2012). Applied behavior analysis: Autism and beyond. *Behavioral Interventions, 27*, pp. 1-15.

Barry, C. T., Golmaryami, F. N., Rivera-Hudson, N., & Frick, P. J. (2013). Evidence-based assessment of conduct disorder: Current considerations and preparation for DSM-5. *Professional Psychology: Research and Practice, 44*, pp. 56-63.

Berger, I., & Felsentahl-Berger, N. (2009). Attention-deficit hyperactivity disorder (ADHD) and birth order. *Journal of Child Neurology, 24*, pp. 692-696.

Brigman, G., Villares, E., & Webb, L. (2011). The efficacy of individual psychology approaches for improving student achievement and behavior. *Journal of Individual Psychology, 67*, pp. 408-419.

Cebula, K. R. (2011). Applied behavior analysis programs for autism: Sibling psychosocial adjustment during and following intervention use. *Journal of Autism and Developmental Disorders, 42*, pp. 847-862.

Coghill, D., & Seth, S. (2011). Do the diagnostic criteria for ADHD need to change? Comments on the preliminary proposals of the DSM-5 ADHD and disruptive behavior disorders committee. *European Child and Adolescent Psychiatry, 20*, pp. 75-81.

Coghill, D., & Sonuga-Barke, E. J. S. (2012). Annual research review: Categories versus dimensions in the classification and conceptualisation of child and adolescent mental disorders-implications of recent empirical study. *Journal of Child Psychology and Psychiatry, 55*, pp. 469-489.

Day, S. X. (2007). *Groups in Practice*. Boston, MA: Lahaska Press.

Hare, D. J. (2012). Letters: Defining learning disability. *The Psychologist, 25*, p. 562

Hartshorne, T. S., & Herr, M. D. (1983). An Adlerian approach to autism. *Individual Psychology: The Journal of Adlerian Theory and Research, and Practice, 39*, pp. 394-401.

Huber, R. J., & Zivalich, D. M. (2004). Loovas's behavioral treatment of autism viewed from an Adlerian perspective. *Journal of Individual Psychology, 60*, pp. 348-354.

Jones, K. D. (2012). Dimensional and cross-cutting assessment in the DSM-5. *Journal of Counseling and Development, 90*, pp. 481-487.

Kaufmann, L., & von Aster, M. (2012). The diagnosis and management of dyscalculia. *Deutsches Aerzteblatt International, 109*, pp. 767-778.

Kehle, T. J., Bray, M. A., Byer-Alcorace, G. F., Theodore, L. A., & Kovac, L. M. (2012). Augmented self-modeling as an intervention for selective autism. *Psychology in the Schools, 49*, pp. 93-103.

Kennan, K. (2012). Mind the gap: Assessing impairment among children affected by proposed revisions to the diagnostic criteria for oppositional defiant disorder. *Journal of Abnormal Psychology, 121*, pp. 352-359.

Klintwall, L., Gillberg, C., Bölte, S., & Fernell, E. (2012). The efficacy of intensive behavioral intervention for children with autism: A matter of allegiance? *Journal of Autism and Developmental Disorders, 42*, pp. 139-140.

Koegel, L. K. (2000). Interventions to facilitate communication in autism. *Journal of Autism and Developmental Disorders, 30*, pp. 383-391.

Leclerc, J., O'Connor, K. P., Forget, J., & Lavoie, M. E. (2011). Behavioral program for managing explosive outbursts in children with Tourette syndrome. *Journal of Developmental and Physical Disabilities, 23*, pp. 33-47.

Lord, C., & Jones, R. M. (2012). Annual research review: Re-thinking the classification of autistic spectrum disorders. *Journal of Child Psychology and Psychiatry, 53*, pp. 490-509.

Matson, J. L., Neal, D., & Kozlowski, A. M. (2012). Treatment for the challenging behaviours of adults with intellectual disabilities. *Canadian Journal of Psychiatry, 57*, pp. 587-592.

Maucieri, L. (2013). ADD, ADHD, and adults: Sorting it all out. In L. Maucieri & J. Carlson (Eds.), *The Distracted Couple: The Impact of ADHD on Adult Relationships*. London: Crown House.

Melby-Lervåg, M., & Hulme, C. (2013). Is working memory training effective? A meta-analytic review. *Developmental Psychology, 49*, pp. 270-291.

Monte, C. F. (1995). *Beneath the Mask: An Introduction to Theories of Personality* (5th edn.). Fort Worth, TX: Harcourt Brace.

Mosak, H. H. (1995). Adlerian psychotherapy. In R. J. Corsini & D. Wedding (Eds.), *Current Psychotherapies* (5th edn.). Itasca, IL: F. E. Peacock.

Moseley, D. S., Tonge, B. J., Brereton, A. V., & Einfeld, S. L. (2011). Psychiatric comorbidity in adolescents and young adults with autism. *Journal of Mental Health Research in Intellectual Disabilities, 4*, pp. 229-243.

Peluso, P. R. (2008). Book review of *Adlerian Therapy: Theory and Practice. Journal of Counseling and Development, 86*, pp. 505-506.

Portrie-Bethke, T. L., Hill, N. R., & Bethke, J. G. (2009). Strength-based mental health counseling for children with ADHD: An integrative model of adventure-based counseling and Adlerian play therapy. *Journal of Mental Health Counseling, 31*, pp. 323-338.

Poulton, A. S. (2011). Time to redefine the diagnosis of oppositional defiant disorder. *Journal of Paediatrics and Child Health, 47*, pp. 332-334.

Rasmussen, P. R., & Watkins, K. L. (2012). Advice from the masters II: A conversation with Robert L. Powers and Jane Griffith. *Journal of Individual Psychology, 68*, pp. 112-135.

Ryland, H. K., Hysing, M., Posserud, M. B., Gilberg, C., & Lundervold, A. J. (2012). Autism spectrum symptoms in children with neurological disorders. *Child and Adolescent Psychiatry and Mental Health, 6*, p. 34.

Smith, T., & Eikeseth, S. (2011). O. Ivar Lovaas: Pioneer of applied behavior analysis and intervention for children with autism. *Journal of Autism and Developmental Disorders, 41*, pp. 375-378.

Snowling, M. J. (2012). (Editorial) Seeking a new characterisation of learning disorders. *Journal of Child Psychology and Psychiatry, 53*, pp. 1-2.

Snowling, M. J., & Hulme, C. (2012). Annual research review: The nature and classification of reading disorders-a commentary on proposals for DSM-5. *Journal of Child Psychology and Psychiatry, 53*, pp. 593-607.

Sonstegard, M. A. (1998). The theory and practice of Adlerian group counseling and psychotherapy. *Journal of Individual Psychology, 54*, pp. 217-250.

Sturmey, P. (2012). Treatment of psychopathology in people with intellectual and other disabilities. *Canadian Journal of Psychiatry, 57*, pp. 593-600.

Sweeney, T. J., Myers, J. E., & Stephan, J. B. (2006). Integrating developmental counseling and therapy assessment with Adlerian early recollections. *Journal of Individual Psychology, 62*, pp. 251-269.

Vanheule, S. (2012). Diagnosis in the field of psychotherapy: A plea for an alternative to the DSM-5.x. *Psychology and Psychotherapy: Theory, Research and Practice, 85*, pp. 128-142.

Wakefield, J. C. (2013). DSM-5: An overview of changes and controversies. *Clinical Social Work Journal, 41*, pp. 139-154.

Webster-Stratton, C. H., Reid, M. J., & Beauchaine, T. (2011). Combining parent and child training for young children with ADHD. *Journal of Child and Adolescent Psychology, 40*, pp. 191-203.

Wehmeier, P. M., Schacht, A., Dittman, R. W., Helsberg, K., Schneider-Fresenius, C., Lehmann, M., … & Ravens-Sieberer, U. (2011). Effect of atomoxetine on quality of life and family burden: Results from a randomized, placebo-controlled, double-bind study in children and adolescents with ADHD and comorbid oppositional defiant or conduct disorder. *Quality of Life Research, 20*, pp. 691-702.

Wilmshurst, L. (2011). *Childhood and Adolescent Psychopathology: A Casebook* (2nd edn.). Los Angeles, CA: Sage.

Wolf, C. P., Thompson, I. A., & Smith-Adcock, S. (2012). Wellness in counselor preparation: Promoting individual well-being. *Journal of Individual Psychology, 68*, pp. 164-181.

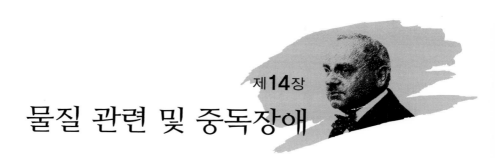

제**14**장
# 물질 관련 및 중독장애

Mark T. Blagen

알코올과 불법 약물 사용을 포함하여 물질 사용과 남용은 미국에서 매년 4천억 달러에 가까운 비용을 발생시키는 것으로 추산된다(NIAAA, 2008). 어마어마한 경제적 비용이지만, 이러한 비용으로 발생하는 인간적인 비극은 개인의 잠재력 상실, 가족의 붕괴, 개인과 가족이 경험하는 스트레스, 그리고 상실과 슬픔의 측면에서 계산될 수 있는 것을 훨씬 뛰어넘는다. 이 장에서는 중독을 보다 잘 이해함으로써 국가적 비극이 된 중독의 일부를 완화하는 데 도움이 될 것이라는 희망을 갖고 중독을 이해하고 치료하는 방법을 제시할 것이다.

수년간, DSM에서는 다른 정신질환과 마찬가지로 중독이 무엇인지에 대한 정의를 발전시켜 왔다. 가장 최신판인 DSM-5는 물론 비평가가 없는 것은 아니지만, 그럼에도 불구하고 중독이 무엇인지에 대한 우리의 이해를 매우 심오하게 발전시켰다.

아마도 가장 현저한 변화는 DSM-IV의 '남용'과 '의존' 범주가 이제 10가지 종류의 약물(알코올, 아편계, 자극제, 대마 등)에 대해 '사용장애(Use Disorders)'라는 단일 연속체로 결합된 방식과 관련이 있다. 또한 사용 정도에 따라 경도, 중등도, 고도의 심각도가 명시된다.

DSM-5의 또 다른 주요한 변화는 도박장애의 포함이다. 이것은 병리적 도박을 달리 분류되지 않은 충동조절장애로 간주했던 DSM-IV와의 근본적인 차이이다. 따라서 도박장애가 충동조절장애라기보다는 물질 관련 및 중독장애라고 결정한 것은 중요한 변화이다. 하지만 강박적인 소비, 운동, 일 그리고 인터넷 사용과 같은 활동들이 중독장애와 실제로 유사하다는 것을 풍부한 신경학적 영상 경험적 데이터가(Amen, Willeumier, & Johnson, 2012; Blum et al., 2012; Karim & Chaudri, 2012; Yin, 2008) 시사함에도 불구하고, 왜 이러한 활동은 DSM-5의 물질 관련 및 중독장애 부분에 포함되지 않았는가? 짧은 답변은 저자들이 그러한 이동을 뒷받침하는 동료들의 검토 데이터가 충분하지 않다고 느낀다는 것이다(APA, 2013). 임상적으로 보아 온 것은 코카인과 알코올 같은 약물에 대한 강박적 사용과 중독 사이의 묘한 유사성이다. 다른 많은 활동과 행동에 대해서도 마찬가지이다. 도박장애가 물질 관련 및 중독장애로 이동하고 인터넷 중독이 부록(추가 연구 조건)에 포함된 것은, 경험적 연구 및 동료─검토 연구들이 이러한 상태들을 중독으로 계속 지지함에 따라 DSM이 이것들도 포함할 것임을 나타내는 것으로 보인다.

따라서 스펙트럼의 양쪽 끝에서의 비판이 DSM-5를 개발한 사람들이 훌륭한 일을 했다는 것을 의미한다면, 그들은 훌륭한 일을 한 것이다. 스펙트럼의 한쪽 끝에서 '정상적인' 행동이 병리화되고 있다고 매도하는 사람이 있는가 하면, 스펙트럼의 다른 끝에서는 극단적이고 정상적인 삶의 과정에서 벗어나 있고, 부정적인 삶의 환경으로 인해 수정되지 않는 행동(즉, 물질장애의 이정표를 충족한다.)은 DSM에 포함되어야 한다고 말하는 사람들이 있다.

이 장에서 다룰 장애는 알코올 사용장애, 대마 사용장애, 아편계 사용장애, 자극제 사용장애, 진정제 · 수면제 또는 항불안제 사용장애, 그리고 도박장애이다.

## 중독에 대한 생물심리사회적 개념화

많은 질병에서 결정적인 증거가 없이 다양한 위험 요인들의 융합이 질병을 일으킨다. 중독 역시 마찬가지이다. 하지만 중독에 대해 최근에 폭넓게 수용되어 왔던 한 가지 모델이 있다. 이 모델은 보통 인과관계의 생물심리사회적 이론으로 불린다.

중독을 유발하기 위해 상호작용하는 생물학적 · 심리적 · 사회적 요인 각각의 구체적 구성 요소를 다음에서 자세히 살펴볼 것이다. 처음에는 각 요인을 개별적으로 살펴보겠지만, 이러한 개별 요인들이 함께 작용하여 중독을 유발한다는 점을 명심해야 한다.

## 생물학적(신경학적) 요인

1960년대 초 미국의학협회(American Medical Association)는 알코올 중독을 질병으로 선언했지만(American Medical Association, 1966), 불행하게도, 1980년대 대법원은 논란이 되는 판결에서 알코올 중독을 '의도적인 위법 행위'로 결론지었다(Miller & Hester, 1995). 하지만 1997년까지, 주로 기술적 발전으로 인해 중독을 '뇌질환'으로 판정하는 증거들이 명확해지고 많아졌다. 레쉬너(Leshner, 1997)는 '중독은 뇌질환이며, 중요하다.'라는 제목의 글에서 이 전제에 대한 증거와 논거를 명확하게 밝혔다. 그리고 1997년 이후 중독에 대한 신경학적 이해가 크게 높아졌고, 이는 설득력이 있고 인상적이었다. 2011년 3월 미국중독의학협회(The American Society of Addiction Medicine: ASAM)의 결정(ASAM, 2011a)과 뒤이은 9월 보도 자료는 이러한 증거 진화의 자연스러운 결과였다. 다음에서 몇몇 연구의 의미를 간략하게 설명할 것이다.

이러한 신경학적 명령이 어떻게 발생하는가? 일반적으로 이에 대한 세 가지 근거가 있는 것 같다. 첫 번째 근거는 뇌의 중간변연 신경전달 체계에서의 조절장애(신경전달물질 기능의 비정상성)이다(Erickson & White, 2009, p. 339). 두 번째 근거는 약물 사용으로 인한 뇌의 장기간 노출과 관련이 있다. 이것은 인지와 기억의 결함으로 이어지는 뇌의 변화를 일으킨다(Gatley et al., 2005). 세 번째 원인은 트라우마와 같은 심리사회적 스트레스 요인과 관련이 있다(Erickson, 2007). 첫 번째 경우에는 이러한 조절장애가 물질 사용 이전부터 존재할 수 있고, 종종 존재한다는 충분한 증거가 있다. 즉, 중독의 유전적 요소가 존재한다(Erickson, 2007). 그리고 에릭슨(Erickson, 2007)에 따르면, 장기간 사용은 조절장애와 인지적 결함 모두를 유발할 수 있다. 많은 개인에게 이러한 신경학적 기반의 통제할 수 없는 사용을 일으키는 것은 여러 요인의 결합이다.

이런 통제 불능의 사용을 경험해 본 사람과의 짧은 대화에서조차도, 갑자기 조정장치가 작동하지 않는 차를 운전하는 느낌이 든다. 운전자가 아무리 조정을 하려고 해도, 차는 절망적으로 통제가 되지 않는다. 그것이 중독의 경험인 것 같다. 중독자가 사용을 통제하려고 아무리 노력해도 중독은 통제되지 않을 것이다. 신경학적으로, 적절한 의사결정과 통제를 하게 하는 필요한 요소들이 제대로 작동하지 않고 있다.

### 심리적 요인

심리적 요인은 일반적으로 세 가지 범주로 나뉜다. 첫 번째 요인은 자존감과 자기 가치감과 같은 문제와 관련이 있다(Regier et al., 1990). 두 번째 요인은 처음에는 알코올이나 다른 약물의 사용에 반응하는 것으로 보이는 우울이나 불안 등의 기존의 심리적 상태에 대한 자가약물치료와 관련이 있다(Regier et al., 1990). 그리고 세 번째 요인은 반사회성 성격장애와 중독 행동의 상관관계와 관련이 있다(Moos, 2007). 일반적으로 심리적 요인은 왜 개인이 처음에 알코올이나 기타 약물을 사용하고, 왜 이러한 사용을 지속할 수 있는지를 설명한다. 심리적 요인은 종종 중독으로 이어진다. 심리적 중독은 어떠한 정신에 작용하는 물질에서도 발생할 수 있다(Fisher & Harrison, 2009).

낮은 자존감과 자기가치감은 종종 개인에게 부정적 감정 상태를 일으키고, 이는 종종 기분이 좋아지고 탈출하는 수단으로 알코올이나 기타 약물을 사용하게 한다(Burrow-Sanchez, 2006). 이것은 학습되며(매우 짧은 기간이라도 이것은 실제로 효과가 있다), 학습으로 더 많이 사용하게 된다. 조기 개입은 종종 효과적이며, 많은 상담전략에서 개인이 보다 현실적·긍정적 방식으로 자신을 경험하도록 도움을 준다(Burrow-Sanchez, 2006). 하지만 이러한 개입이 없으면 개인은 심리적으로 중독될 수 있거나, 빠르게 또는 시간이 지남에 따라 신경 기능을 변화시켜 생리적 중독으로 이어질 수 있다. 발달적으로 성취 동기 또는 개인이 잘 하거나 열정이 있는 것을 인식하는 것은 청소년기와 젊은 성인기에 일어난다는 것을 인식하는 것이 중요하다. 성취 동기는 알코올이나 약물 남용의 강력한 보호 요인 또는 중재자이다. 불행하게도, 어린 나이에 알코올이나 기타 약물을 사용하면 이러한 정상 발달에서 이탈할 수 있다. 또한 청소년기의 뇌는 여전히 발달하고 있으므로 알코올이나 약물에 조기 노출되는 것은 삶에서 나중에 중독이 될 가능성이 더 크다는 것과 관련이 있다는 점을 이해하는 것이 중요하다(ASAM, 2011b).

알코올이나 약물 사용에 대한 설명으로서 기존의 심리적 상태에 대한 자가약물치료는 직관적으로 의미가 있고 종종 존재하지만, 일반적으로 이러한 자가약물치료는 일정 기간 동안만 효과가 있을뿐 사실상 기존의 상태를 더욱 악화시킬 수 있다. 임상적으로, 이것은 한때 효과가 있었지만 더 이상 효과가 없는 전략으로 간주된다. 하지만 지속적인 알코올이나 약물의 사용은 적어도 최소한의 완화를 제공하므로, 그것은 계속된다. 어린 시절의 트라우마와 알코올이나 기타 약물 사용이 있는 외상 후 스트레스 장애 간의 강력한 상관관계는 이러한 자가약물치료가 흔하며 적어도 어느 정도 개인에게 도움이 된다는 것을 시사한다(Brady, Back, & Coffey, 2004). 또한 다양한 형태의 정신질환과 문제성 음주 또는 기타 약물의 사용 간에, 그리고 양극성장애와 알코올이나 기타 약물 사용 간에 상관관계가 있다(Regier et al., 1990). 이러한 장애에서 알코올 및 기타 약물 사용의 동기는 완화에서 특정 증상의 개선에 이르기까지 다양하다.

품행장애나 반사회성 성격장애 진단을 받은 개인은 약물남용이나 중독의 위험성이 증가한다. 위험이 증가하는 경우는 이러한 진단을 받은 사람의 30% 정도로 추정되며, 이는 일반 인구집단에 비해 300% 증가한 것이다(Krueger et al., 2002). 이러한 증가에 대한 설명은 완벽하지 않지만, 뇌의 실행 기능과 열악한 충동 조절과 관련이 있을 가능성이 크다.

### 사회적 · 환경적 요인

심리적 요인과 마찬가지로, 환경적 요인도 알코올 및 기타 약물 사용의 시작과 중독을 초래할 수 있는 지속적 사용에 대해 설명한다. 이러한 요인에는 쉬운 가용성, 문화 또는 하위 문화에서의 정상화, 동료 영향, 부모의 영향, 낮은 사회경제적 계층 및 관련 환경적 스트레스 요인, 희망이 없거나 거의 없는 상태로 살아가는 것 등이 있다(Connors & Tarbox, 1985; McCarty, 1985).

어떻게 쉬운 가용성이 알코올 및 기타 약물 사용과 남용의 요인인지에 대해 더 이상의 설명이 필요하지 않을 수 있지만, 몇 가지를 짚고 넘어가야 한다. 첫째는 알코올 마케터들이 가용성이 제품 판매의 열쇠라는 것을 알고 있다는 것이다. 그 결과, 주류 산업은 가용성을 제한하는 그 어떤 정책도 백지화하는 데 매우 공격적이다. 이 요인의 전제는 만일 약물을 가용한다면, 인구의 더 많은 비율이 약물을 사용하고, 더 많은 비율이 남용하고, 일부 사람은 중독될 것이라는 점이다.

약물이 어떤 인구집단에서 '정상화(normalized)'될 때마다, 그 인구의 일부 비율은 그 약물을 사용할 것이다. 우리는 이것을 미성년 대학생의 음주, 베트남 전쟁 기간에 동남아시아 젊은 군인들의 피울 수 있는 헤로인 사용, 그리고 1980년대 젊은 전문가 집단의 코카인 사용 등에서 본다. 이들 각각의 인구집단에서 사용과 중독은 일반 인구집단보다 더 높은 비율이다.

또래나 부모의 영향은 예방 문헌에서 일관되게 십 대의 흡연이나 기타 약물 사용의 주된 동기로 나타난다(Burrow-Sanchez, 2006). 다른 친사회적 요인이 존재하더라도, 이 두 가지 영향은 알코올 및 기타 약물 사용을 시작하는 핵심 요인으로 여전히 남아 있다.

주거나 음식, 안전 등의 기본적인 생활 필수품의 확보와 같은 환경적 스트레스 요인은 알코올 및 기타 약물 사용의 높은 사용률과 현재 대(對) 미래 지향성과 상관관계가 있었다. 일상생활에서 어려움을 겪는 많은 사람이 알코올 및 기타 약물 사용에 굴복하지 않는 이유에 대한 중재 요인이나 설명에는 희망의 상태가 포함된다.

희망이 존재할 때, 어떠한 행동이나 활동이 중지된다는 인식이 현실의 일부가 되고, 그 활동이나 행동을 중단하는 선택을 할 수 있다. 그 반대도 마찬가지이다. 만약 개인이 희망이 거의 또는 전혀 없이 살아간다면, 알코올 및 기타 약물 사용은 아주 다르게 보인다.

앞에서 보면, 중독의 인과관계에 대한 생물심리사회 이론이 왜 그렇게 매력적인지 분명하다. 실제로 임상적인 관점에서 보면, 대다수 중독된 개인은 이러한 요인들의 결합을 경험한다. 요인이 많을수록 중독이 될 가능성은 더 높을 것이다. 하지만 다른 무엇보다 더 중요한 요인은 신경학적 조절장애로 보인다. 이것은 중독을 일으킬 가능성이 더 높은 위험 요인이다. 그리고 앞에서 언급하였듯이, 이 조절장애는 정신에 작용하는 물질에 노출되기 전에(유전적 소인), 정신에 작용하는 물질의 장기간 사용의 결과로, 또는 트라우마의 결과로 존재할 수 있다.

## 물질사용장애, 비물질 관련 장애에 대한 아들러식 개념화

아들러 심리학은 중독의 병인을 설명하고 임상전문가가 중독된 개인을 치료하는 데 도움이 되는 틀을 제공하는 데 모두 적합하다. 이는 부분적으로 아들러 심리학이 현상학적 · 목적론적 · 전체론적이기 때문이다. 아들러 심리학의 이러한 세 가지 특징은 중독을 이해하고 치료하기 위한 중요한 개입을 낳았다.

아들러 심리학의 가장 중요한 개념 중 하나는 모든 행동(그리고 증상)은 목적적이라는 것이다. 그렇다면 중독 행동의 목적은 무엇일까? 아들러는 외부 세계에 해롭거나 상처를 주거나 도움이 되지 않는 것으로 보이는 행동이 사실은 중독된 개인에게 목적을 제공하고 있다는 것을 우리가 이해하도록 도와주었다. 일반적으로 중독된 개인은 낙담하고, 아들러가 설명했던 원래의 세 가지 인생 과제(사랑, 일, 관계)와 신아들러리안(Neo-Adlerian)들이 설명했던 두 가지 추가 인생 과제(자신과의 관계, 우주와의 관계)를 추구하는 것을 어느 정도 포기했다. 발전의 부족과 증상을 둘 다 설명하려면 정당화가 필요하다. "나는 우울증 때문에 관계가 좋지 않고, 관계가 좋지 않기 때문에 우울하다". 이는 낙담한 개인에게 어느 정도 완벽하게 들어맞는다. 사실 음주 때문에 직업이 그렇게 맞지는 않을 때, "당신도 내 직업을 가졌으면 술을 마실 거야."라고 한다. 그래서 중독된 개인은 자신의 증상(약물 사용)에 완벽하게 맞는 것을 발견한 낙담하고, 두려워하는 냉소적인 사람이다.

약물 및 알코올 상담자로 경력을 시작했을 때 나는 각 개인이 얼마나 비슷한 것 같은지에 대해 놀라움을 금치 못했다. 하지만 몇 주간의 치료 후에 성격이 좀 더 완벽하게 나타나기 시작했다. 나는 이 관찰에서 두 가지 중요한 교훈을 배웠는데, 첫 번째 교훈은 중독이 중독자의 생각, 행동, 감정의 레퍼토리를 엄청나게 제약한다는 것이다. 결과적으로 중독이 한참 진행 중인 중독자는 종종 비슷하게 보인다. 두 번째 교훈은 이들의 성격이 드러나기 시작하면서 중독자 개개인이 모두 독특한 개인이라는 점이 분명해졌다는 것이다. 아들러는 이러한 현상학적 개념을 분명하게 표현한 최초의 사람들 중 한 명이었다. 각각의 중독자는 정말로 독특하고, 자신의 세상을 자신의 관점에서 바라보며, 상담자는 이러한 이해로 반응해야 한다. 이것의 중요성의 예는 다음과 같다. 상담 경력 초기에 나는 스스로 회복하고 있는 내 분야의 사람들이 이 일에 가장 적합하다고 생각하는 편견이 있었다. 하지만 곧 나는 이러한 편견이 정확하지 않다는 것을 깨닫게 되었는데, 그것은 내담자로부터 최고의 반응을 받는 것 같은 상담자는 스스로 회복 중인 사람과 중독의 이력이 없는 상담자 둘 다였다. 그리고 이 일에 적합하지 않아 보이는 상담자도 마찬가지로 회복 중인 상담자와 중독 이력이 없는 상담자로 나타났다. 부분적으로 여기서 내가 내린 결론은 내담자의 독특성, 각 내담자의 독특한 세계관을 이해하는 상담자가 라포와 효과적 상담 관계를 더 잘 발전시키는 데 뛰어나다는 것이다.

전체론(Holism)은 아들러 심리학의 또 하나의 중요한 개념이다. 전체론은 한 개인을 별개의 부분이나 측면으로 나누거나 구성하려는 것이 아니라, 하나의 상호작용하는 체계로서 그 개인의 전체성을 이해하는 것이다. 이것이 중독을 이해하는 데 의미하는 것은 병인을 다중 원인으로 이해하고, 중독을 개인의 모든 독특한 측면에서 이해하고, 그리고 이 모든 측면을 다루는 것이다. 이것의 영향은 많으며, 이 장의 다른 절에서 좀 더 충분히 논의할 것이다.

중독 과정 중에 사실상 모든 중독자는 다른 사람들로부터, 그리고 가능한 한 자기 자신으로부터 자신의 중독을 보호하기 위해 열심히 노력해야 한다. 이를 위해 엄청난 노력이 필요하다. 이 과정에서 중독자는 점점 더 자기중심적이 되고, 그리고 사회적 규범을 위반한다. 아들러(1979)는 개인의 정신건강의 정도는 개인의 사회적 관심과 직접적인 관계가 있다고 말했다. 사회적 관심의 독일어 용어는 Gemeinschafsgefühl이다. 이 단어는 일반적으로 '사회적 관심'으로 번역되지만, '공동체 감정(community feeling)'이란 용어가 아마도 실제 의미에 더 가까울 것이다. 사회적 관심의 중요한 개념은 다른 사람, 자기 자신, 그리고 공동체에 대한 건강하게 균형 잡힌 관심이다(Adler, 1979). 아들러(1956)는 부분적으로 사회적 관심은 사회적으로 유용한 삶의 측면으로 개인을 이동시킨다고 말했다. 중독은 그 반대이다. 중독은 다른 사람과 공동체를 희생시키면서 자기 자신을 보호하는 것이 되고, 어떤 개인의 생산성은 사회적으로 동기 부여가 되는 것이 아니라 스스로 동기 부여가 된다.

## 물질 관련 중독장애의 임상적 증상

임상적으로, 중독의 세 가지 중요한 개념이 제시된다. 첫 번째는 중독의 정도 개념이다. 수년에 걸쳐 이 개념을 설명하기 위해 많은 용어가 사용되었다. 교과서에서 사용의 연속체는 사용(use)의 시작, 오용(misuse), 남용(abuse) 그리고 중독(addiction)으로 진행되는 것으로 설명된다. 그리고 수년 동안 임상전문가들은 남용자와 중독자 사이에 매우 구체적인 경계를 그었고, 따라서 치료는 남용자에게 더 많은 교육 그리고 중독자에게는 좀 더 강력한 심리치료였다. 중독을 바라보는 보다 현대적인 방법은 중독 관련 증상의 수와 심각도를 평가하는 것이다(APA, 2013). 이러한 증상에는 의도한 것 이상을 사용, 사용을 중단하거나 줄이고자 하는 시도, 사용과 관련된 의료적·사회적·개인적 문제에도 불구하고 사용의 지속, 사용하지 않을 때의 갈망, 원하는 효과를 얻기 위해 더 많은 양의 물질의 필요, 물질을 사용하지 않을 때 불안, 우울, 두통 또는 다른 심리적·신체적 증상 등이 있다. 이러한 증상이 더 많아지거나 더 오래 지속될수록, 중독은 더 심각한 것으로 간주된다. 예를 들어, 개인이 세 가지 증상만 말하고 모든 증상이 최근인 경우라면, 모든 증상이 나타나고 한동안 증상이 존재했던 경우보다 치료 강도가 낮을 수 있다.

두 번째는, 여러 가지 증상을 보이고 선호하는 약물이 마리화나인 개인은 선호하는 약물이 알코올이나 코카인인 사람이나 선택 약물이 다양한 처방 약의 조합인 사람과는 다를 수 있는 약물 고유의 문제가 있을 것이다. 이 장의 나머지 부분에서는 대마, 아편계 약물, 진정제, 자극제, 알코올의 다섯 종류의 약물과 도박을 각각 별도로 아들러식 사례 개념화, 치료 고려사항 그리고 사례 측면에서 고려할 것이다.

세 번째는, 중독된 개인은 여러 가지 약물을 동시에 사용하는 것이 매우 흔하다. 임상적으로 우리가 보는 것은 약물에 중독된 대부분의 개인은 선호하는 약물이 있고, 이는 개인이 특정한 약물에 자연히 끌리고 선호하고 그에게 가장 많은 문제를 일으키는 약물이라는 것을 의미한다. 일반적으로 약물에 중독된 개인은 자신이 선호하는 약물이 무엇인지를 분명히 알고 있다. 이것은 그가 다른 약물을 사용하는 것이 문제가 아니라는 것을 시사하는 것은 아니지만, 다른 약물을 사용하는 문제는 선호하는 약물을 사용하는 것과 다를 수 있다.

여기에 여러 치료 개념을 소개할 것이며, 각 종류의 약물에 대한 치료 고려사항을 논의할 때 계속 확장할 것이다. 대부분 중독된 개인은 약물이 자신의 삶에 어떠한 영향을 미쳤는지 거의 이해하지 못하며, 대부분 자신의 현재 기능(자신의 현실)에 대한 왜곡된 견해를 갖고 있다.

최근 30년간 중독된 개인과 함께 일하는 사람들을 크게 돕는 두 가지의 관련된 유용한 전략이 소개되었다. 이러한 전략들은 "변화 단계"(Stages of Change; DiClemente, 2003)와 동기면담(Motivational Interviewing; Miller & Rollnick, 2013)이다.

내담자가 어떤 변화 단계에 있는지를 평가하는 것은 매우 도움이 된다. 다음은 변화 단계에 대한 간략한 설명이다.

- 숙고 전 단계(Precontemplation): 내담자는 자신에게 문제가 있다고 생각하지 않으며 변화에 대해 생각하지 않는다
- 숙고 단계(Contemplation): 내담자는 자신에게 문제가 있다고 생각하기 시작하고, 변화에 대해 생각하고 있다.
- 준비 단계[Preparation, 때때로 결정 단계(determination)라고도 함]: 내담자는 변화를 위해 무언가를 하기로 결정한다.
- 행동 단계(Action): 내담자는 적극적으로 변화를 위한 무언가를 하고 있다.
- 유지 단계(Maintenance): 변화 전략을 계속하고 유지한다.

치료자의 목표는 내담자가 있는 단계에 기반하여 내담자가 한 번에 한 단계씩 나아갈 수 있도록 돕는 치료 전략을 개발하는 것이다.

역시 1980년대에 개발된 동기면담도 중독된 내담자와 함께 작업하는 데 있어 훌륭한 전략이다. 동기면담은 부분적으로 내담자중심치료의 전제에 기초하지만, 분명히 새로운 방식이 있다. 임상적 정의는 "변화에 대한 양면성의 보편적인 문제를 해결하기 위한 인간 중심 상담이다"(Miller & Rollnick, 2013, p. 40). 정의에서 알 수 있듯이, 변화를 지지하며 양면성을 해결하는 것이 중독된 개인과 작업하는 것의 핵심이다. 치료자는 내담자가 양면성을 발견하고 탐색하고 해결해 나갈 수 있도록 자세히 살피고 지도할 것이다. 다음의 몇 가지 사례에서 양면성을 살펴볼 것이다.

# 알코올 사용장애

## 임상적 증상

혈중 알코올 농도의 정도에 따라 알코올의 단기적 영향은 억제력의 저하, 이완, 근육 조절력의 상실, 각성의 저하, 사회적 억제의 감소, 운전 능력 손상, 서투름, 과장된 감정, 불분명한 발음, 도움 없이 혼자 걷지 못함, 생명을 위협하는 의식 불명, 혼수상태, 폐부전이나 심부전으로 인한 사망 등이다. 혈중 알코올 농도 0.05와 같이 적당히 사용하더라도, 과학 연구에 따르면 이 수준에서 대부분 운전자가 반응 속도가 더 느려지고 운전을 하면 자신뿐 아니라 다른 사람에게도 위험이 된다.

알코올의 장기적 영향은 알코올성 간염, 간경변, 위염, 췌장염, 저혈당, 기타 영양 실조 관련 문제 등 소화기계나 간의 질병으로 나타난다. 장기적 영향은 또한 심혈관계 질환과 치매, 베르니케 뇌병증(Wernicke's encephalopathy), 코르사코프 정신병(Korsakoff's Psychosis) 등의 신경계 문제를 유발한다. 이러한 장기적 영향의 일부는 10년 이하의 알코올 사용에서도 발생할 수 있다.

## DSM-5 특성

정상적인 삶의 역할을 수행하는 데 큰 어려움을 초래하는 방식으로 알코올을 사용하며, 심각한 문제가 지속되더라도 사용을 줄이지 않는다. 음주량이나 빈도가 예측 불가능한 것이 일반적인 증상이다. 원하는 효과를 얻기 위해 더 많이 필요로 하는 갈망과 중단했을 때 신체적 악영향이 발생할 수 있다.

## 생물심리사회적-아들러식 개념화

강력한 신경학적 명령 외에도, 다른 원인이 되는 중요한 요인에는 문화적 수용성이나 이용 가능성, 사용과 재미의 연관성 등이 있다. 이 약물의 조기 사용은 충동성과 평생 문제가 되는 사용과 관련이 있다.

아들러리안 관점에서 물질사용장애 및 비물질사용장애는 특정한 목적에 도움이 된다. 일반적으로, 이러한 장애는 인생 과제를 회피하는 데 도움이 된다. 아들러(1954)의 말을 다른 말로 표현하면, 이 개인들은 삶의 요구를 충족시킬 준비가 부족하다. 슬픔과 고립으로 가득 찬 생활양식의 핵심에는 낙담과 실패에 대한 두려움이 있다. 알코올은 다른 방법들이 실패했거나 더 이상 효과가 없을 때 대처하는 방법으로 일반적으로 사용된다. 다음의 사례연구에서, 알코올은 실패와 사랑 없는 것으로 여겨지는 삶에서 살아남는 주요한 방법이 되었다. 멜라니는 삶에 대한 준비가 부족했다.

## 치료 고려사항

중요한 첫 번째 고려사항은 중독의 심각성, 알코올이 개인의 삶에서 차지하는 역할, 그리고 변화하려는 동기 수준에 대한 평가이다. 또한 중요한 임상적 고려사항은 다른 약물의 개입과 관련이 있다.

알코올의 해독은 어려우며, 반드시 훈련된 전문가에 의해 관찰되어야 한다. 심각도가 높으면 알코올을 중단한 후 몇 주 이상 혼란된 사고가 남을 수 있다.

미국중독의학회(ASAM, 2001)는 6차원에 걸쳐 평가된 5가지 수준의 치료 중 하나에 개인을 배치하는 환자 배치 기준을 개발하였다. ASAM 기준은 30개 이상의 주에서 요구되며, 적절한 관리 수준을 결정하기 위한 최적 표준으로 간주된다.

### 사례 • 멜라니

멜라니는 38세로, 12세 아들과 10세 딸을 키우는 싱글맘이다. 멜라니의 아버지는 권위적인 알코올 중독자로, 멜라니가 대학을 다닐 때 음주와 관련된 사고로 사망하였다. 멜라니는 3남매 중 맏이였으며, 자신은 절대 술을 마시지 않겠다고 맹세하였다. 그녀는 8년 동안의 결혼 생활이 끝날 때까지는 전혀 술을 마시지 않았다. 그때 자녀들의 나이는 5세와 7세였다. 비록 바람난 남편 때문에 결혼이 끝났는데도 멜라니는 결혼이 깨진 것에 대해 자신을 비난하고 있다. 술을 마셨던 5년 동안 그녀는 두 번 음주 운전 소환장을 받았고, 음주 때문에 공인 간호사로서의 직업을 잃었다.

#### 가족 구도

멜라니는 3남매중 맏이였고, 책임감 있는 아이였다. 그녀는 집안일을 많이 하면서 어린 동생들을 돌보았으며, 어머니가 아버지의 음주로 인해 깨진 조각들을 줍는 것을 도왔다. 그녀는 어려운 집안 살림을 돕기 위해 어린 나이부터 일을 하기도 했다. 멜라니는 아주 뛰어난 학생이었고, 올 A의 우수한 성적으로 고등학교를 졸업하였다. 아버지가 돌아가신 후에 동생들이 가정생활을 계속할 수 있도록 도우면서 4년 만에 대학을 졸업했다. 그녀는 자라면서 어떠한 즐거운 기억도 없으며, 가정생활을 처리하는 방법으로 성취를 위해 열심히 일했다.

#### 초기 회상

멜라니는 어린 시절 유아원 때와 유치원 첫날의 두 가지 뚜렷한 초기 기억을 보고하였다. 첫 번째 초기 기억은 3세 무렵 일어났다. 그것은 아버지가 방금 집으로 몰고 온, 심하게 파손된 차를 보며 미친 듯이 웃고 서 있는 모습이었다. 어머니는 아버지에게 뭐가 그리 우습냐고 물으며 걷잡을 수 없이 오열하고 있었다. 두 번째 초기 기억은 어머니가 아버지가 술을 너무 늦게 마시지 않도록 집의 자물쇠를 모두 바꾼 후, 아버지가 가족들을 한밤중에 깨웠던 일이다. 몇몇 이웃 사람도 역시 잠에서 깨어 창 밖으로 지켜보고 있었다. 세 번째 기억은 유치원에서의 첫날의 기억으로 그녀는 신이 났지만, 또한 어머니를 돌보기 위해 집에 있기를 원했다.

### 아들러식 사례 개념화

멜라니는 학교에서 뛰어났지만, 그녀는 두려워하는 방식 외에는 사실상 삶을 어떻게 살아야 하는지에 대한 교육을 거의 받지 못했다. 가정생활 때문에 그녀는 가벼운 친구들을 많이 사귀었지만, 자신의 가정생활에 대해 비밀을 털어놓는 것을 피하려고 어느 누구도 가까이 하지 않았다. 친밀감 측면에서 멜라니는 진정한 친밀감이 무엇인지 알지 못했다. 이는 부모 중 누구로부터도 사랑을 느끼지 못했고, 대인관계는 언제나 자신을 실망시킬 것이라고 믿었기 때문이다. 그녀의 결혼은 처음부터 문제가 있었는데, 그녀가 남편이 자신을 실망시키고 배신하기를 항상 기대하며 과각성 상태였기 때문이다. 첫째 아이가 태어났을 때 멜라니는 큰 기쁨의 감정을 느꼈지만, 또한 자신이 아이를 스스로 돌봐야 한다는 두려움에 압도당하기도 했다. 멜라니는 술을 마시기 전까지 뛰어난 직원이었다. 짧은 시간에 멜라니는 근면하고 믿음직한 사람에서 지나친 결근과 빈약한 성과로 해고되는 것으로 변했다.

### 치료 계획과 실행

멜라니의 중독은 중등도로 여겨졌지만, 해독이 필요하지는 않았다. 멜라니는 자신이 도움이 필요하다는 것을 아주 일찍부터 알았고, 변하지 않으면 아이들을 잃을 수도 있다는 것을 알고 기꺼이 참여하는 사람이었다. 그녀는 주로 돌아가신 아버지에 대한 분노가 컸지만, 어머니에 대한 분노도 컸다. 천천히 그녀는 부모가 그들이 가진 것으로 그들이 할 수 있는 최선을 다했다는 것을 이해하기 시작하였고, 또한 술을 마심으로써 분노와 두려움, 불안에 대한 자신의 반응이 상황을 더 악화시킨다는 것을 이해하기 시작했다. 처음으로 멜라니는 한 사람으로서 자신이 누구이고 어떤 사람이 되고 싶은지에 초점을 맞추기 시작하였다. 집단원들 및 치료자와 열심히 작업하면서 우정이 무엇인지, 그리고 진정한 친밀감이 무엇인지 이해하기 시작하였다. 치료가 끝날 때쯤 멜라니는 자신이 다른 사람의 행동에 대해 책임이 없으며, 자신이 책임질 필요 없이 집단의 일원이 될 수 있음을 알게 되었다.

멜라니에게 중독 문제로 치료를 떠나는 대부분 사람의 경우 AA(Alcoholics Anonymous)와 같은 집단과의 제휴는 계속해서 배우고, 나누고, 사회에 공헌하는 무언가의 일부가 될 수 있는 좋은 방법이다. 멜라니는 또한 어린 시절 자신이 접했던 많은 것을 거기에 남겨 둘 수 있고, 지금 자신의 삶을 어떻게 사는지는 그 당시 그녀에게 일어났던 일에 의해 좌우될 필요가 없다는 것을 알게 되었다.

# 대마 사용장애

## 임상적 증상

모든 약물 사용에는 문화적인 요소가 있지만, 대마(cannabis)의 경우 여러 가지 이유로 문화적 요소가 훨씬 더 두드러진다. 대마는 많은 사용자에게 혼란을 일으키는 방식으로 이 약물을 '수용하는' 문화적 요소가 있다. 예를 들어, 합법화 논쟁에서 마리화나(marijuana)는 자주 알코올과 비교되는데, 알코올보다는 마리화나가 더 안전하다는 강력한 증거들이 있다. 알코올이 합법적이므로 많은 젊은 사용자는 마리화나가 안전하거나, 적어도 알코올보다는 더 안전하다고 결론을 내린다. 하지만 이 모든 것에서 놓친 것은 신경계 조절 곤란으로 인해 이 '더 안전한' 약물의 사용 결과는 중독이라는 점이다. 마리화나의 효능으로 인해 대부분 사람이 믿는 것보다 훨씬 더 많은 사고가 발생한다. 그리고 아마도 가장 문제가 되는 것은 마리화나의 사용이 청소년의 뇌와 성격 발달에 미치는 부정적 영향일 것이다(Inaba & Cohen, 2007).

우리 사회에서 약물의 장소, 의식의 변화가 우리 사회에서 갖는 입장, 우리들 각자의 다른 사람에 대한 책임 등에 관한 국가적 대화가 일어나지 않는 한, 마리화나의 합법화는 더 많은 사용과 중독, 그리고 가장 큰 문제는 더 어린 나이에 더 많이 사용하는 결과를 초래할 것이다. 뇌 과학은 이 대화의 필수적인 부분이어야 한다.

대마에 대해 논의할 때, 사회적 맥락을 고려해야 한다. 이러한 맥락은 이 약물의 치료를 더 어렵게 만든다. 예를 들어, 알코올이나 헤로인을 문제로 기꺼이 받아들이는 많은 개인이 심지어 객관적인 자료가 마리아나 사용이 문제임을 분명히 보여 줘도, 마리화나 사용을 같은 방식으로 보기를 거부한다. 그리고 마리화나가 "안전한" 약물이고, 적어도 크랙 코카인은 아니기 때문에, 자녀의 마리화나 사용을 변명하는 부모가 너무 많다.

문제가 있는 마리화나의 사용은 단기적인 신체적 · 정신적 영향을 내포한다. 신체적 영향에는 이완이나 가벼운 진정, 움직이는 물체를 따라가는 능력의 손상, 허기의 증가, 음식의 맛이나 냄새가 더 잘 느껴지거나 음악 소리가 더 잘 들리는 감각적 매력의 향상 등이 있다. 정신적 영향에는 혼란, 졸림, 집중의 어려움, 과장된 기분과 성격, 단기 기억장애, 시간 왜곡, 약효에 의한 소리와 색깔의 왜곡 그리고 환각 등이 있다. 위의 영향들은 개별화되는 경향이 있다. 이는 마리화나를 사용하는 일부 사람은 활력을 얻을 것이지만, 대부분의 사람은 이완되고 진정될 것이라는 것을 의미한다. 어떤 사람은 좀 더 사교적이기 위해서, 음악을 보다 깊이 또는 색다르게 듣기 위해서 등 특정한 맥락에서만 마리화나를 사용한다고 보고한다.

장기적인 영향에는 호흡기 문제, 면역 체계 영향, 급성 정신적 영향 등이 있다. 니코틴 사용과는 다르게 마리화나의 장기적 사용과 암과의 직접적인 관계는 없지만, 다른 호흡기 문제로는 급성 및 만성 기관지염과 폐조직 손상이 있다. 마리화나의 사용과 정신장애의 영향에 대한 문헌은 여전히 혼재되어 있다. 이 시점에서 일반적인 합의는 일부 개인들은 마리화나를 사용하는 동안 상당한 불안과 편집증을 경험하고, 이는 사용 후에도 지속된다. 또한 정신증의 사전 성향이 있는 개인에게 마리화나의 사용이 정신증을 촉발시킨다는 보고(Os et al., 2002; Grinspoon, Bakalar, & Russo, 2005)도 있다. 비록 비율이 낮지만, 임상적으로 이것이 관찰되고, 치료를 복잡하게 한다.

## DSM-5 특성

정상적인 삶의 역할을 수행하는 데 커다란 어려움을 초래하는 방식으로 대마를 사용하며, 심각한 문제가 지속되더라도 사용을 줄이지 않는다. 약물의 사용 빈도나 양이 예측 불가능한 것이 일반적인 증상이다. 원하는 효과를 얻기 위해 더 많이 필요로 하는 갈망과 중단했을 때 우울과 같은 심리적 악영향이 흔하다.

## 생물심리사회적-아들러식 개념화

강력한 신경학적 명령 외에도, 다른 원인이 되는 중요한 요인에는 좌절을 다루는 대처 기술의 저조한 발달, 공동체나 가정과 같은 사회적 관습에 대한 초기 관심 부족, 학교에서의 시원치 않은 결과 등이 있다. 종종 이 약물은 안전한 약물로 여겨진다. 이러한 믿음은 사용 가능성을 높이고, 사용과 관련된 문제 인식의 부족을 증가시킨다. 이 약물의 조기 사용은 평생 문제가 되는 사용과 관련이 있다.

아들러리안 관점에서 물질사용장애 및 비물질사용장애는 특정한 목적에 도움이 된다. 일반적으로, 인생 과제를 회피하는 데 도움이 된다. 아들러(1954)의 말을 다른 말로 표현하면, 이 개인들은 삶의 요구를 충족시킬 준비가 부족하다. 슬픔과 고립으로 가득한 생활양식의 핵심에는 낙담과 실패에 대한 두려움이 있다. 대마의 사용은 낙담로 가득 찬 현실로부터의 탈출구를 제공한다. 다음 사례가 보여 주듯이, 존은 낙담해야 할 이유가 많았으며, 탈출은 그의 낙담을 둔화시키는 완벽한 방법을 제공하였다.

## 치료 고려사항

앞에서 논의한 '변화 단계'와 동기면담 접근을 사용하면, 대부분의 내담자는 마리화나의 사용이 어떻게 자신의 삶에 부정적 영향을 미쳤는지, 그리고 삶에 대한 자신의 반응이 얼마나 제약되었는지를 알기 시작할 것이다. 대부분의 내담자가 자신의 삶이 마리화나 사용에 너무 집중되어 있기에 처음에는 끊는 데 어려움을 겪지만, 일단 사용하지 않는 전략을 개발하면, 대부분은 거의 갈망 없이 잘해 나간다. 하지만 자기만족이 대부분 마리화나 사용자가 과소평가하는 문제이다. 전형적인 예는 마리화나 사용이 자신에게 얼마나 좋았는지, 그리고 나빴는지를 모두 '잊어버리는 것'이다. 그 결과, 재발 에피소드가 흔하고 종종 문제가 된다. 모든 약물치료에서 재발예방은 중요한 측면이지만, 마리화나 사용자에게는 마리화나 기억의 교활하고 유혹적인 특성으로 인해 재발 예방이 더욱 중요하다.

또 다른 중요한 임상적 고려사항은 알코올과 마리화나에 중독되었던 개인이 반드시 마리화나 사용을 경시하지 않도록 하는 것이다. 자신의 마리화나 사용을 적절히 수용하는 것이 핵심이다.

### 사례 • 존

존은 15세의 9학년으로 혼혈아이다. 존은 하루에 몇 번씩 마리화나를 피운다고 보고한다. 크랙 코카인 중독자였던 어머니는 이미 사망하였고, 아버지는 누구인지 전혀 알 수 없는 위탁아동이었다. 존은 학습장애가 있어서 학교생활은 그에게 매우 힘들었다.

### 가족 구도

존은 한부모인 전문직 수양모의 외동아들이었다. 존은 세 살 때부터 수양모와 함께 살았다. 그는 혼혈이고 학교생활에 어려움이 있었기에, 항상 자신은 다르게 느낀다고 보고한다. 존은 아버지와 어머니가 돌아가셨는지 알지 못하기 때문에 "단절되었다"고 느낀다고 보고하였다.

### 초기 회상

존의 가장 초기 기억은 동떨어져 있고 따로 있다고 느끼는 것과 관련이 있다. 하나의 초기 기억은 울고 있었지만 아무도 반응하지 않는 것이었고, 다른 하나는 아주 오랫동안 혼자 버려져 있었던 것이다.

### 아들러식 사례 개념화

비록 존이 세 살 때부터 안정된 환경에서 성장했지만, 그 이전의 삶은 갈등과 혼돈이었다. 학습장애로 인해 존은 정상적인 교육 단계를 충족하는 데 큰 어려움을 겪었다. 존은 항상 소속감을 느끼지 못하고 있었고, 고립감과 자신이 다르다는 것을 느꼈다. 그 결과, 존은 관계("나는 너무 달라서 호감을 받을 수 없다."), 학교("나 같은 사람에겐 학교가 너무 어렵다.") 그리고 사랑("나를 사랑해야 할 한 사람이 나를 버렸다.")이라는 세 가지 인생 과제에서 거의 성공을 거두지 못했다. 존은 극심한 열등감을 키웠고, 본질적으로 자신은 탐탁지 않은 사람이라는 생활양식을 발전시켰다. 존은 단지 그럭저럭 살아나가기에 충분한 노력을 기울였고, 수준 이하의 성과를 받아들임으로써 가능한 한 주의를 끌려고 하지 않았으며, 친구를 사귀려고 하지 않았고, 수양엄마가 주려고 하는 사랑을 거부하였다.

### 치료 계획과 실행

존은 격려가 필요했고, 세상과 관계 맺기 위해 자신이 지닌 힘을 발견해야 했다. 존이 마리화나 사용에 대해 양면성을 많이 갖고 있는 것이 처음부터 분명했다(존은 자기 스스로 치료를 받으러 왔다). 그는 이 양면성이 수양엄마를 실망시키지 않으려는 욕구에 기반을 두고 있다는 것을 금방 알아차렸다. 그는 또한 수양엄마가 자신을 사랑할 뿐만 아니라 자기도 수양엄마를 사랑한다는 것을 곧 깨달았다. 짧은 시간 안에 존은 자신이 활용할 수 있는 자원들을 사용하여 성공할 수 있는 방법을 발견하기 시작했다. 낙담을 덜 하면서, 존은 교회 공동체에 더 많이 참여하고, 수양엄마의 정치 활동에 관심을 가지기 시작하였다. 존이 인생 과제를 완수하기 위해 약진을 시작하면서 마리화나를 사용하고 싶은 욕구는 사라졌다.

# 아편계 사용장애

## 임상적 증상

아편계(Opioid) 중독은 일반적으로 처방 약 사용이나 헤로인 사용으로 인해 발생한다. 개인이 중독되는 처방 약을 몇 가지만 말하면, 옥시코돈, 옥시콘틴, 퍼코셋, 퍼코단, 비코딘 등이 있다. 이 약들은 중간 정도 통증부터 극심한 통증까지를 완화하기 위하여 의사에 의하여 처방된다. 이 약들은 매우 효과가 좋고, 이를 사용하는 대부분의 사람은 중독되지 않는다.

헤로인을 포함한 모든 아편계 약물에 대한 중독률은 미국 성인 인구의 약 1%로 추정된다(APA, 2013)(Inaba & Cohen, 2007). 다른 선진국의 경우, 중독률이 50~75% 정도 적다. 최근 몇 년 동안 아편계 약물에 대한 중독률이 크게 증가했는데, 이는 이러한 약들이 얼마나 광범위하게 처방되는가에 크게 기인한다. 전체 불법 처방 약물 사용자에 대한 헤로인 사용자 비율은 불법 처방 약물 사용자 6명당 1명이 헤로인 사용자로 추정된다(SAMHSA, 2006).

헤로인 사용과 불법 처방 약물 사용 사이에는 유사점과 차이점이 있다. 헤로인은 중독성이 강한 약물이며, 단 한 번이라도 헤로인을 사용한 사람의 23% 정도가 중독이 될 것으로 추정된다(APA, 2013). 처방 약물 사용은 가장 가능성이 높은 퍼센트가 1% 미만이다. 또한 효과가 다르다. 헤로인을 사용하면 처음에 격렬한 흥분이 오고, 이를 경험한 사람은 다시 이 흥분을 느끼려고 평생 시도한다. 이러한 강력한 초기의 흥분에 이어 꿈과 같은 몽환적인 졸음 상태, 자존감의 상승, 삶의 문제와 스트레스 요인에 대한 걱정의 감소가 뒤따른다(National Institute for Drug Abuse, 2010). 초기의 강력한 흥분을 제외하면 처방 약물 사용은 비슷한 감정과 경험을 제공한다. 결과적으로 이러한 약물들은 중독 가능성이 높다.

처방 약물을 만성적으로 사용하면, 활력의 상실, 내성, 신체적 중독, 야망이나 추진력의 부족을 초래한다.

## DSM-5 특성

정상적인 삶의 역할을 수행하는 데 커다란 어려움을 초래하는 방식으로 아편계 약물을 사용하며, 심각한 문제가 지속되더라도 사용을 줄이지 않는다. 약물의 사용 빈도나 양이 예측 불가능한 것이 일반적인 증상이다. 이런 종류의 약물은 원하는 효과를 얻기 위해 더 많이 사용해야 할 필요성이 급속도로 발생하고, 약물 사용을 중단했을 때 상당한 신체적 악영향이 매우 흔하고 예상된다. 생명을 위협하지는 않지만, 신체적 악영향은 강력하고 계속 사용하려는 동기가 된다.

## 생물심리사회적-아들러식 개념화

강력한 신경학적 명령 외에도, 다른 원인이 되는 중요한 요인에는 충동성, 색다른 것의 추구 등이 있다. 이러한 종류의 약물남용은 대개 합법적으로 필요에 의해 처방된 약물에 노출됨으로써 시작된다. 사용자는 바람직한 심리적 느낌을 찾고, 이는 더 많은 약물을 조달하는 것으로 이어진다. 청소년의 경우, 이런 종류의 약물남용은 종종 집에서 발견되는 처방된 약의 미사용분을 실험하면서 시작된다.

아들러리안 관점에서 물질사용장애 및 비물질사용장애는 특정한 목적에 도움이 된다. 일반적으로, 이러한 장애는 인생 과제를 회피하는 데 도움이 된다. 아들러(1954)의 말을 다른 말로 표현하면, 이 개인들은 삶의 요구를 충족시킬 준비가 부족하다. 슬픔과 고립으로 가득한 생활양식의 핵심에는 낙담과 실패에 대한 두려움이 있다. 아편제는 일반적으로 진통제로 불리며, 이는 실제로 적절한 설명이다. 아편은 신체적 통증을 조절할 수 있게 하는 것 외에 심리적 통증도 마비시킨다.

## 치료 고려사항

아편계 약물에 중독된 대부분의 사람은 이 약물이 유발하는 엄청난 손상을 인지하는 데 어려움이 없다. 약물을 구하고, 사용하고, 사용의 결과로 고통받고, 이 약물을 중단하는 순환은 너무나 친숙하다. 일단 치료를 받으면 사람들은 대개 깨끗하게 되고 깨끗하게 유지하고자 하는 동기가 매우 강하다.

아편계 약물의 금단 증상은 극도로 불쾌하며, 매우 지독하고 독한 감기로 묘사되어 왔다. 우울은 급성금단 후 며칠 또는 몇 주 동안 흔하다.

동기면담의 사용은 개인이 사용을 중단하고 싶은 이유를 확인하는 데 매우 도움이 된다. 치료의 초기에는 이러한 이유가 종종 약물의 부정적 효과를 겪고 싶지 않다라는 것처럼 간단하다. 하지만 치료가 진행될수록, 내담자는 보통 자신이 성취하고 싶은 중요한 삶의 목표를 확인해 나가기 시작한다. 일단 더 광범위한 목표가 명확히 표현되면, 내담자는 단기 목표와 중장기 목표를 개발하도록 격려받는다.

이 약물에 대한 중요한 치료 고려사항은 환경적 단서가 강렬한 갈망을 유발할 수 있다는 점이다. 결과적으로, 내담자가 이러한 갈망에 대응하기 위해 현실적이고 의미 있는 전략을 개발하는 것이 종종 매우 도움이 된다.

### 사례 • 마크

마크는 33세 남성으로, 장폐색으로 입원하였다. 그는 거의 목숨을 잃을 뻔한 수술을 받았고, 50일 동안 입원하였다. 입원 기간 동안 그는 극심한 통증을 겪지 않은 날이 없었고, 그 고통에 대항하기 위해 강력한 아편계 약물을 투여받았다. 퇴원할 때 통증은 사라졌으나 그는 필요한 만큼 많은 양의 아편제를 받아 왔다. 마크는 자신이 심리적으로 기분이 좋아지거나, 그 효과를 위해 현재 대부분 이 아편제를 복용하고 있다는 것을 깨달았다.

#### 가족 구도

마크는 아주 어렸을 때 입양되었고, 입양된 집에는 나이가 9살 더 많은 형이 있었다. 그는 본질적으로 외동이었다.

#### 초기 회상

마크는 두 개의 뚜렷한 초기 기억이 있었고, 둘 다 공동체의 일원이 되고자 하는 바람과 관련이 있었다.

### 아들러식 사례 개념화

마크는 어린 나이부터 독립적이었고, 매우 수줍음이 많았으며, 어렸을 때 학교생활에 어려움을 겪기 시작했고, 부모를 두려워하였다. 중학교 시절 마크는 많은 책을 읽기 시작했고, 정치와 시사에 많은 관심을 갖게 되었다. 마크는 열심히 일하는 것을 배웠고, 문제를 일으키지 않았지만, 정치나 종교 같은 것을 놓고 부모와 끊임없이 다투었다. 고등학교를 겨우 졸업하고(대부분 노력 부족 때문에), 미 해군에 입대했다. 처음에는 어느 정도 성공을 거두었지만, 그는 다른 사람들과 친해지는 것이 매우 어렵다는 것을 알게 되었다. 일단 아편계 약물을 접하면서 그는 자신이 느끼고 싶은 대로 정확히 느꼈다는 것을 알게 되었다. 그는 연결되고 소속되고, 무엇이든 가능할 것 같은 느낌이 들었다. 1년가량 자신의 중독을 숨긴 끝에, 그는 도움을 요청하여 치료를 받게 되었다.

아들러리안 관점에서 마크는 사랑, 관계, 일이라는 인생 과제를 성취하는 방향으로 나아간 적이 없었다. 하지만 대신에 그는 피해자 입장을 취하고, 자신을 아주 낮게 평가했으며, 다른 사람과 연결됨을 느끼기를 간절히 바랐지만 다른 사람과 함께 있는 것을 피하는 방법을 찾아 왔다. 치료가 그에게 제공한 것은 목표와 그가 느끼고 싶은 방식으로 느낄 수 있는 방법이었다.

### 치료 계획과 실행

마크에게 치료가 삶을 변화시키고 있었다. 그는 즉시 자신이 모르는 자신의 면모를 발견하기 시작했다. 예를 들어, 그는 자신이 매우 똑똑했지만, 가벼운 학습장애로 인해 학교생활을 잘 하지 못했다는 것을 알게 되었다. 그는 또한 학습장애를 극복하는 방법을 어떻게 찾는지 알게 되었다. 마크는 또한 집단원들과 아주 가까워졌으며, 어떻게 우정을 시작하고 유지하는지를 배우기 시작했다. 그리고 무엇보다 중요한 것은, 그가 삶에서 원하는 모든 것은 다른 사람과 협력하고 사회에 기여함으로써 얻을 수 있다는 것을 배웠다는 점이다.

# 자극제 사용장애

## 임상적 증상

일반적으로 남용되는 자극제(stimulants)는 암페타민류 자극제와 코카인의 범주에 속한다. 이들 각각에 대해 간략히 논의할 것이다.

미국 성인의 약 0.2%가 암페타민류 자극제 중독, 그리고 0.3%의 성인이 코카인에 중독된 것으로 추정된다(APA, 2013).

암페타민은 행복감을 주고, 피로를 덜어 주며, 정신적인 각성 상태를 증가시키고, 기분을 좋게 한다. 불안, 혼란, 편집, 공격성 등의 부정적인 단기 부작용이 있다. 만성적인 사용으로 인한 부작용은 정신병적 행동, 환각, 호흡기 문제, 심혈관계 문제, 그리고 극단적인 체중 감소가 있다. 다른 관련 위험으로는 주사기를 공유함으로 인해 발생되는 감염의 위험, 우울, 강렬한 갈망, 극도로 열악한 구강 위생의 발생 등이 있다.

코카인은 깊은 행복감, 각성의 증가, 강렬한 에너지와 힘, 불안의 감소, 자신감 상승, 성적 욕구 증가, 지배력과 힘의 증가 등을 낳는다. 위험에는 심각한 심혈관계 문제, 과민성, 신경과민, 초조 등이 있다. 장기적인 영향에는 도파민 수용체 수의 감소로 인한 쾌락을 느끼는 능력의 감소, 비강의 자극, 연하 문제, 폐 손상 등이 있다.

## DSM-5 특성

정상적인 삶의 역할을 수행하는 데 커다란 어려움을 초래하는 방식으로 자극제를 사용하며, 심각한 문제가 지속되더라도 사용을 줄이지 않는다. 약물의 사용 빈도와 양이 예측 불가능한 것이 일반적인 증상이다. 이런 종류의 약물은 원하는 효과를 얻기 위해 더 많이 사용해야 할 필요성이 급속도로 발생한다. 이런 종류의 약물을 사용하지 않거나 자제하려고 할 때, 상당한 갈망이 발생한다. 이 갈망은 강렬할 뿐 아니라 아주 오랫동안 지속된다. 금단은 불쾌하고, 강렬한 갈망으로 인해 많은 사람에게 재발할 가능성이 있다.

## 생물심리사회적-아들러식 개념화

강력한 신경학적 명령 외에도, 다른 원인이 되는 요인에는 충동성과 유사한 성격 특성 등이 있다. 양극성장애나 조현병으로 고통받는 사람에게도 이 종류의 약물 사용이 흔하다. 부모에 의해 태아의 코카인 노출과 출생 후 부모의 코카인 사용이 또 다른 위험 요인들이다. 어린 시절 지역사회 폭력이나 가정 폭력도 또한 이런 종류의 약물을 문제 있게 사용할 예측 변수이다.

아들러리안 관점에서 물질사용장애 및 비물질사용장애는 특정한 목적에 도움이 된다. 일반적으로, 이러한 장애는 인생 과제를 회피하는 데 도움이 된다. 아들러 (1954)의 말을 다른 말로 표현하면, 이 개인들은 삶의 요구를 충족시킬 준비가 부족하다. 슬픔과 고립으로 가득한 생활양식의 핵심에는 낙담과 실패에 대한 두려움이 있다. 코카인은 종종 능력을 강화하는 지름길로 사용된다. 또한 다른 물질 사용과 마찬가지로, 코카인은 낙담에서 벗어나게 해 준다.

## 치료 고려사항

종종 자극제 약물에 중독된 개인은 또한 자극제의 효과를 중화하고, 불안을 감소시키고 잠을 자기 위하여 억제제 약물을 사용할 것이다. 개인은 가끔 그런 약물에도 중독될 것이다.

코카인 사용을 중단한 후 오랫동안 즐거움을 느끼지 못하는 것은 문제이며, 이는 종종 즐거움을 느끼기 위해 코카인 사용을 재개하거나, 다른 약물에 의존하는 것으로 이어질 수 있다. 자극제 중독에 대한 치료는 이 약물이 야기하는 우울증으로 인해 더 오랜 시간이 걸린다. 그리고 마리화나나 아편계 약물과는 달리, 자극제에 대한 갈망은 훨씬 더 강렬하고 오래 지속된다.

### 사례 • 빌

빌은 42세의 성공한 부정 폭로 기자이다. 그는 콜로라도 덴버에 있는 코카인 밀매소 밖의 골목에서 발견되기까지 4일 동안 사라진 것처럼 보였다. 그는 20대 초반부터 코카인을 하다 말다 해 왔는데, 최근 들어 하루에도 몇 번씩 사용할 정도로 코카인 사용을 늘렸다. 그가 크랙 코카인을 사용하기 시작하면서부터 다른 어떤 것도 눈에 보이지 않았다. 빌은 통장에서 4천 달러가 넘는 돈을 인출하였다.

### 가족 구도

빌은 다섯 형제 중 막내였다. 부모는 다섯 아이 모두가 최고의 교육을 받도록 하기 위해 열심히 일했다. 부모는 모두 고등학교만 졸업했지만, 자기 자녀들은 더 많이 배우기를 원했다. 다섯 형제는 모두 열심히 일하는 사람이었고, 전문가로 성공했다.

### 초기 회상

빌의 초기 기억은 가족에 대한 것, 주로 형제에 대한 것이다. 야외 활동에 참여하고 삶을 즐기는 것이었다. 한 가지 초기 기억은 빌이 집에 혼자 있었을 때와 그가 얼마나 무서웠는지에 대한 것이다.

### 아들러식 사례 개념화

어렸을 때부터 빌은 형제들로부터 지지받는 느낌을 받았고, 그보다는 적지만 부모님으로부터도 지지받는 느낌을 받았다. 빌은 대부분 모든 것이 자연스럽게 이루어졌다는 점에서 어떤 것을 열심히 일할 필요가 전혀 없었다. 그는 이를 부분적으로 형제들이 자신을 가르치고 도와주려는 의지의 덕분이라고 생각한다. 그는 학교에서 매우 잘 했고, 특히 운동에서 두각을 나타냈기에 형제들의 도움을 활용했다. 프로 운동선수가 되고자 했던 그의 꿈은 대학 다닐 때 끝났다. 그는 이것이 자신에게 일어난 가장 충격적인 일이라는 것을 기억한다. 빌이 코카인을 사용하기 시작한 것이 이때쯤이었다. 몇 년 동안 빌은 자신의 좌절, 상실, 전반적인 어려움을 다루기 위해 코카인을 자신의 주요 지지 체계로 사용했다. 어려운 이혼 후 친절한 동료(형의 모습)가 중단하도록 그를 도울 때까지 코카인 사용은 통제 불능 상태였다. 이때가 그가 현재 폭식하기 3년 전이었다.

### 치료 계획과 실행

고전적인 의미로는 아니지만, 빌은 애지중지함을 받은 아이였다. 빌은 항상 지지를 받았고, 대학 때까지 어떠한 진정한 역경이나 실패를 직면하거나 받아들일 필요가 없었다. 그의 생활양식은 어린 시절에 형성되었고, 그가 해야 할 모든 것은 삶에 최선을 다 하는 것뿐이었고, 그는 정상에 오르곤 했다. 빌은 다른 사람이 자신에게 어떻게 이익을 줄 수 있는가를 제외하고는 결코 다른 사람에게 고마워하지 않았다. 빌은 어려움에 직면하기 시작하자, 다른 사람이 자신을 도와주리라 기대했다. 코카인은 그에게 또 다른 형이 되었다.

치료를 받으면서 그는 완벽하지 않아도 괜찮고, 역경과 실패는 성공만큼이나 삶의 일부분이며, 둘 다 사기꾼이라는 것을 배우기 시작했다. 빌은 다른 사람들이 단지 자신들의 욕구를 충족시키기 위해 거기에 있는 것이 아니라, 공동체를 형성하기 위해 거기에 있다는 것을 배우기 시작했다. 빌은 자신의 위대한 능력이 다른 사람들을 위해 그리고 공동체에서 사용될 수 있다는 것을 배웠다.

---

# 진정제, 수면제 또는 항불안제 사용장애

## 임상적 증상

이 종류의 약물은 바비튜레이트와 벤조디아제핀과 관련이 있다. 이것들은 둘 다 불안을 조절하고 수면을 도와주기 위해 사용되는 처방 약이다. 치사량에 대한 유효량의 비율인 치료 지수가 매우 낮기 때문에, 바비튜레이트는 안전한 것으로 간주되지 않으며 주의해서 사용해야 한다. 벤조디아제핀은 1960년대에 소개되었고, 치료 지수가 훨씬 더 높으며, 바비튜레이트가 처방되는 대부분의 동일한 상태에 사용된다. 벤조디아제핀이 더 안전하기 때문에, 이 약물은 훨씬 더 흔하고, 남용되는 경향이 있다.

이 약물들은 가벼운 진정 작용, 근육 이완, 불안 감소로 이어지며, 남용되지 않더라도 수개월 이상 사용하는 경우 이러한 종류의 약물에 대한 심리적 중독이 흔히 나타난다. 약물의 효과를 높이기 위해 메타돈 같은 다른 약물과 병행하여 사용하거나, 자극제류의 약물의 효과에 대응하기 위해 이 약물을 사용하면 문제가 된다. 개인은 또한 업무 시간 동안 술을 마시면 쉽게 들킬 것이기에 대신에 이 약물을 이용하는 것으로 알려져 있다. 알코올과 마찬가지로, 이 약물의 영향에는 불분명한 발음, 협응의 어려움, 판단력 저하 등이 있다.

## DSM-5 특성

정상적인 삶의 역할을 수행하는 데 커다란 어려움을 초래하는 방식으로, 진정제, 수면제, 또는 항불안제를 사용하며, 심각한 문제들이 지속되더라도 사용을 줄이지 않는다. 약물의 사용 빈도나 양이 예측 불가능한 것이 일반적인 증상이다. 이런 종류의 약물은 원하는 효과를 얻기 위해 더 많이 사용해야 할 필요성이 급속도로 발생하고, 약물 사용이 중단될 때 심각한 신체적인 악영향이 예상된다. 이런 종류의 약물을 갑자기 중단하면 자살 사고를 포함하여 생명을 위협할 수 있다.

## 생물심리사회적-아들러식 개념화

강력한 신경학적 명령 외에도, 다른 원인이 되는 중요한 요인에는 충동성과 색다른 것의 추구 등이 있다. 처방된 아편계 약물의 사용처럼, 이런 종류의 약물남용은 대개 합법적으로 필요에 의해 처방된 약물에 노출되면서 시작된다. 사용자는 바람직한 심리적인 느낌을 찾고, 이는 더 많은 약물을 조달하는 것으로 이어진다. 청소년의 경우, 이런 종류의 약물남용은 종종 집에서 발견되는 처방된 약의 미사용분을 실험하면서 시작된다.

아들러리안 관점에서 물질사용장애 및 비물질사용장애는 특정한 목적에 도움이 된다. 일반적으로, 이러한 장애는 인생 과제를 회피하는 데 도움이 된다. 아들러(1954)의 말을 다른 말로 표현하면, 이 개인들은 삶의 요구를 충족시킬 준비가 부족하다. 슬픔과 고립으로 가득한 생활양식의 핵심에는 낙담과 실패에 대한 두려움이 있다. 이런 종류의 약물은 불안 해소에 효과적이고, 단기간 사용할 때는 종종 효과적이지만, 실망이나 좌절을 느낄 때마다 사용하면 분명히 문제가 된다.

## 치료 고려사항

벤조디아제핀에만 순전히 중독되는 사람은 드물지만 발생한다. 훨씬 더 가능성이 높은 것은 벤조디아제핀 및 알코올 또는 아편계와 같은 다른 중추 신경계 진정제에 대한 중독이다. 이러한 약물들이 다른 약물과 함께 사용되는 경우 중독치료가 복잡해진다.

### 사례 • 제니퍼

제니퍼는 32세의 이혼녀로, 10살 된 아들이 있다. 그녀는 아이 아버지와 양육권을 공유하고 있다. 제니퍼는 최근 음주 운전으로 경찰에 체포되었다. 공동양육권을 유지하기 위하여 제니퍼는 약물이나 알코올 문제에 대한 평가를 받는 것에 동의하였다.

### 가족 구도

제니퍼는 아버지가 45세, 어머니가 41세 때 태어난 외동딸이었다. 제니퍼는 부모가 20대에 결혼한 이후 오랫동안 기다린 아이로 기적으로 여겨졌다. 제니퍼의 부모는 둘 다 알코올 문제를 경험한 적이 있었고, 제니퍼에게도 술과 관련된 문제를 겪을 수 있다고 경고하였다. 제니퍼는 자신도 알코올 문제가 생길까 하는 두려움에 술을 전혀 마시지 않았다. 자신의 아들이 태어난 후 제니퍼는 경미한 공황발작을 포함한 불안과 관련된 문제들이 발생하기 시작하였다. 그녀의 의사는 그녀에게 필요한 안도감을 주기 위해 벤조디아제핀을 처방하였다. 하지만 제니퍼는 일에서 어려움을 겪거나 남편에게 화가 날 때 처방된 것보다 더 많은 양의 약물을 복용하기 시작하였다. 짧은 기간 안에 제니퍼는 여러 명의 의사를 찾아다녔고, 심지어 불법적으로 필요한 약물을 구하고 있었다.

### 초기 회상

제니퍼는 자신의 초기 기억이 또래 아이들과 놀고 싶은 욕망과 관련이 있다고 보고한다. 또한 그녀는 부모에게 남동생이나 여동생을 갖고 싶다고 말하였으나, 부모는 그녀가 얼마나 특별한지를 말했던 것을 기억한다.

### 아들러식 사례 개념화

제니퍼는 부모의 눈에는 기적 같은 아이였기 때문에, 그녀는 어떤 것도 바라지 않았고 성취하기 위해 열심히 일할 필요도 거의 없었다. 제니퍼는 학교와 대학에서 평균을 했다. 대학을 졸업할 때까지 직업을 가진 적이 없었고, 일이 매우 힘들어 아버지가 자신을 도울 수 있도록 아버지에게 전화하고 싶었던 것을 기억한다. 그녀가 자신의 근무 환경에 적응했지만 일할 필요가 없기를 간절히 바랐다. 아들이 태어난 후 그녀는 아이를 돌보기 위해 그냥 집에 머물렀다. 하지만 남편이 사고를 당했고, 그 결과 보수가 좋던 직장을 그만두면서 다시 일을 하게 되었다. 제니퍼는 직장에 돌아가 일하고 아직 학교에 다니지 않는 아동을 돌봐야만 했을 때, 자신의 삶이 무너졌던 것을 기억한다. 제니퍼는 압도된 느낌을 받았고, 벤조디아제핀이 안도감을 주었다.

### 치료 계획과 실행

제니퍼는 처음에 자신은 특별한 사람이고 일반적인 약물 중독자나 알코올 중독자와는 다르다고 믿으며 치료에 저항했다. 점차 제니퍼는 자신이 정말로 집단의 참여자들만큼이나 약물 중독자라는 것을 이해하기 시작하였다. 그리고 제니퍼는 또한 자신의 응석받이 어린 시절이 자신에 대해 책임을 지지 못하게 한다는 것을 이해하기 시작하였다. 짧은 시간 안에 제니퍼는 자신이 한 개인으로 어떤 사람이지, 자신이 강점과 약점을 모두 가지고 있다는 것을 인식하기 시작하였다. 그리고 집단 과정을 통해 제니퍼는 자신의 어린 시절에 크게 놓쳤던 공감을 키우기 시작하였다. 그 결과, 그녀는 다른 사람들과 연결되기 시작하였다.

# 도박장애

## 임상적 증상

대부분의 추정치에 따르면, 미국에는 250만 명 이상의 병적 도박꾼이 있다(Blume & Travares, 2005). 이는 성인 인구의 약 0.9%에 달한다. 도박에의 접근성이 크게 증가함에 따라 병적 도박꾼의 수가 증가했으며, 계속 증가할 것으로 예상된다. 병적 도박꾼 중에 다른 중독의 비율이 높은 것이 물질중독과 도박중독(Gambling Disorders)의 유사성을 강조한다. 이러한 비율은 약 50%로 추정된다(NORC, 1999). 그리고 또 다른 골치 아픈 통계는 개인이 물질중독을 삼가고 있을 때 도박이 종종 문제가 된다는 것이다(Petry, Stinson, & Grant, 2005). 과거에는 남성 대 여성의 병적 도박꾼 비율이 대략 2~3대 1이었다. 이 비율은 급격하게 비슷해지고 있으며, 이제 더 많은 병적 도박꾼은 우울, 트라우마 또는 관계 문제에서 벗어나려고 하는 사람들이다.

## DSM-5 특성

문제성 도박이 정상적인 삶의 역할을 수행하는 데 커다란 어려움을 초래하고, 심각한 문제들이 지속되더라도 도박 행동은 바뀌지 않는다. 도박 행동은 점점 더 증가하고 도박을 중단하거나 줄이는 것은 아주 어렵다. 도박에 사로잡히면 도박을 하지 않을 때 도박을 하고 싶은 욕구가 강렬하다. 스트레스를 받거나 괴로울 때 도박을 이용한다.

## 생물심리사회적-아들러식 개념화

강력한 신경학적 명령 외에도, 다른 원인이 되는 중요한 요인에는 충동성, 경쟁심, 쉽게 지루해짐 등이 있다. 도박은 종종 청소년기에 시작되며, 가족의 도박 패턴에 의해 주로 영향을 받는다. 도박은 반사회성 성격장애, 양극성장애, 우울장애 그리고 다른 물질사용장애, 특히 알코올 사용장애와 관련이 있다.

아들러리안 관점에서 물질사용장애 및 비물질사용장애는 특정한 목적에 도움이 된다. 일반적으로, 이러한 장애는 인생 과제를 회피하는 데 도움이 된다. 아들러(1954)의 말을 다른 말로 표현하면, 이 사람들은 삶의 요구를 충족시킬 준비가 부족하다. 슬픔과 고립으로 가득한 생활양식의 핵심에는 낙담과 실패에 대한 두려움이 있다. 도박은 충족되지 않거나 낙담된 삶으로부터의 기분 전환이며, 이는 그 자체로 인생 과제를 대체하는 존재 방식을 제공한다.

## 치료 고려사항

도박 문제에 대한 공식적인 치료는 비교적 새로운 것이며, 17개의 주에서 일종의 도박치료 프로그램에 재정 지원을 하고 있다. 보통 병적 도박꾼이 치료 프로그램에 치료를 받으러 올 때, 이들은 많은 사람이 결코 이해할 수 없는 밑바닥을 쳤다. 이들은 흔히 우울하고, 백만 달러 이상의 빚을 지고, 의미 있는 종류의 지지를 받지 못한다. 또한 앞서 언급하였듯이, 동반장애가 있을 가능성이 크다.

### 사례 • 에디

에디는 14년간 주요 도시 경찰서에서 근무한 베테랑 경찰이다. 도박 때문에 그는 가족을 잃었고, 도박 빚을 갚기 위해 어정쩡한 은행 강도를 하려다가 체포되었다. 그는 여전히 장기 징역형을 받을지 모르지만, 도박 중독치료 프로그램으로 전환되었다.

#### 가족 구도

에디는 네 아이들 중 셋째로 성장하였다. 그의 아버지는 공장 노동자였고, 어머니는 학교 교사였다. 에디는 대학에 가지 않은 유일한 아이였다. 그는 자신을 아웃사이더이자 반항아로 묘사하였다. 에디는 자신의 신앙을 벗어나 결혼했고, 그가 이혼할 때까지 부모와는 소원하였다.

#### 초기 회상

에디는 아버지가 처음으로 새 차를 샀던 5세 때, 아버지가 얼마나 자랑스러웠는지 기억한다. 또 다른 초기 기억은 그가 나무에서 떨어져 팔이 부러졌고, 병원으로 가는 내내 어머니가 그를 꾸짖었다.

#### 아들러식 사례 개념화

에디는 어린 나이에 아버지와 어머니 모두에게 거부당했다고 느꼈고, 그 결과 그는 가족 밖의 삶을 추구했다. 에디는 학교에서 과잉 활동과 익살 때문에 친구들 사이에서 항상 인기가 있었다. 에디는 받아들여지는 전통적인 방식을 결코 찾지 않았고, 경찰관이었음에도 불구하고 동료들에게 완전히 받아들여지는 것을 느끼지 못했다.

#### 치료 계획과 실행

에디는 처음에는 치료에 잘 반응하지 않았다. 에디는 자신의 책임감 부족에 대해 엄청난 수치심을 느꼈고, 누구와도 가까이 하고 싶어 하지 않았다. 시간이 지나면서 에디는 자신의 이야기를 나누기 시작했고, 곧 이전에는 거의 느껴 본 적 없었던 것을 느꼈으며, 그것은 바로 수용이었다. 에디가 치료를 끝마칠 즈음, 그는 자신의 법적 문제로 어떤 일이 일어나도 다시 시작할 수 있고, 가족과 재결합하고, 지역사회에 어느 정도 봉사할 수 있다고 확신했다.

## 맺는말

DSM-5에서 물질장애 및 비물질사용장애를 진단하는 방법에 관한 변화가 현저하지만, 이전 판들의 두 개의 뚜렷한 연속체가 아니라 한 연속체에서 문제가 있는 사용에 대해 생각한다면, 대부분의 사람은 이러한 변화에 매우 빠르게 익숙해질 것이다. 많은 사람이 이러한 가장 최근의 업데이트에 더 많은 비물질사용장애가 포함되지 않은 것에 실망하고 있지만, 그 방향으로의 분명한 움직임이 있다. 그리고 물론 정상적인 행동과 사용장애 진단을 구별하기 위해서는 임상전문가의 분별력이 필요하다.

## 참고문헌

Adler, A. (1956). In H. L. Ansbacher & R. R. Ansbacher (Eds.), *The Individual Psychology of Alfred Adler* (p. 167). New York, NY: Harper & Row.

Adler, A. (1979). In H. L. Ansbacher & R. R. Ansbacher (Eds.), *Superiority and Social Interest: A Collection of Later Writings* (3rd rev. edn.). New York, NY: Norton.

Amen, D. G., Willeumier, K., & Johnson, R. (2012). The clinical utility of Brain SPECT imaging in process addictions. *Journal of Psychoactive Drugs, 44*, pp. 18-26.

American Medical Association (1966). Drug dependencies as diseases. *Policy Finder.* H-95.983. Chicago, IL: American Medical Association.

American Psychiatric Association (2013). *Diagnostic and Statistical Manual of Mental Disorders, Fifth Edition.* Arlington, VA: American Psychiatric Publishing.

American Society of Addiction Medicine (2001). Patient Placement Criteria. Available at www.asam.org/PatientPlacementCriteria.html.

American Society of Addiction Medicine (2011a). Public policy statement: Definition of addiction. Chevy Chase, MD: American Society of Addiction Medicine.

American Society of Addiction Medicine (2011b). Press Release: ASAM releases new definition of addiction. Chevy Chase, MD: American Society of Addiction Medicine.

Blum, K., Werner, T., Carnes, S., Carnes, P., Bowirrat, A., Giordano, J., Oscar-Berman, M., & Gold, M. (2012). Sex, drugs, and rock 'n' roll: Hypothesizing common mesolimbic activation as a function of reward gene polymorphisms. *Journal of Psychoactive Drugs, 44*, pp. 38-55.

Blume, S. B., & Tavares, H. (2005). Pathological gambling. In J. H. Lowinson, P. Ruiz, R. B. Milman, & J. G. Langrod (Eds.), *Substance Abuse: A Comprehensive Textbook* (4th edn.). (pp. 488-498). Baltimore, MD: Williams & Wilkins.

Brady, K. T., Back, S. E., & Coffey, S. F. (2004). Substance abuse and posttraumatic stress disorder. *Current Directions in Psychological Science, 13*, pp. 206-209.

Burrow-Sanchez, J. J. (2006). Understanding adolescent substance abuse: Prevalence, risk factors, and clinical implications. *The Journal of Counseling and Development, 84*, pp. 283-290.

Connors, G. J., & Tarbox, A. R. (1985). Macroenvironmental factors as determinants of substance use and abuse. In M. Galizio & S. A. Maisto (Eds.), *Determinants of Substance Abuse: Biological, Psychological, and Environmental Factors* (pp. 439-446). New York, NY: Plenum Press.

DiClemente, C. C. (2003). *Addiction and Change: How Addictions Develop and Addicted People Recover.* New York, NY: Guilford.

D'Onofrio, G., & Degutis, L. C. (2004). Screening and brief intervention in the emergency department. *Alcohol Research and Health, 28*, pp. 63-72.

Erickson, C. K. (2007). *The Science of Addiction.* New York, NY: W. W. Norton.

Erickson, C. K., & White, W. L. (2009). The neurobiology of addiction recovery. *Alcoholism Treatment Quarterly, 27*, pp. 338-345.

Fisher, G. L., & Harrison, T. C. (2009). *Substance Abuse: Information for School Counselors, Social Workers, Therapists, and Counselors* (4th edn.). Boston, MA: Pearson.

Gatley, S. J., Volkow, N. D., Wang, G. J., Fowler, J. S., Logan, J., Ding, Y. S., & Gerasimov, M. (2005). PET imaging in clinical drug abuse research. *Current Pharmaceutical Design, 11*, pp. 3203-3219.

Grinspoon, L., Bakalar, J. B., & Russo, E. (2005). Marijuana: Clinical aspects. In J. H. Lowinson, P. Ruiz, R. B. Milman, & J. G. Langrod (Eds.), *Substance Abuse: A Comprehensive Textbook* (4th edn.) (pp. 263-76). Baltimore, MD: Williams & Wilkins.

Hoffman, J., & Froemke, S. (2007). *Addiction: Why Can't They Just Stop? New Knowledge. New Treatment. New Hope.* New York, NY: Rodale Press.

Inaba, D. S., & Cohen, W. E. (2007). *Uppers, Downers, All Arounders.* Medford, OR: CNS Publications.

Karim, R., & Chaudhri, P. (2012). Behavioral addictions: An overview. *Journal of Psychoactive Drugs, 44*, pp. 5-17.

Krueger, R. F., Hicks, B. M., Patrick, C. J., Carlson, S. R., Iacono, W. G., & McGue, M. (2002). Etiologic connections among substance dependence, antisocial behavior, and personality: Modeling the externalizing spectrum. *Journal of Abnormal Psychology, 111*, pp. 411-424.

Leshner, A. L. (1997). Addiction is a brain disease and it matters. *Science, 278*, pp. 45-47.

Miller, W. R., & Hester, R. K. (1995). Treatment for alcohol problems: Toward an informed eclecticism. In R. K. Hester & W. R. Miller (Eds.), *Handbook of Alcoholism Treatment Approaches: Effective Alternatives* (2nd edn.) (pp. 83-137). Boston, MA: Allyn & Bacon.

Miller, W. R., & Rollnick, S. (2013). *Motivational Interviewing: Helping People Change* (3rd edn.). New York, NY: Guilford.

Moos, R. (2008). Conservation with Rudolph Moos. *Addiction, 103*, pp. 13-23.

National Institute on Alcohol Abuse and Alcoholism (2004). National epidemiologic survey on alcohol and related conditions. Bethesda, MD: U.S. Department of Health and Human Services.

National Institute on Drug Abuse (2008). Drug abuse costs the United States economy hundreds of billions of dollars in increased healthcare costs and lost productivity. Retrieved August 14, 2013, from http://www.drugabuse.gov/publications/addiction-science-molecules-to-managed-care/introduction/drug-abuse-costs-united-states-economy-hundreds-billions-dollars-in-increased-health.

National Institute on Drug Abuse (2010). NIDA drug facts: Heroin. Retrieved August 14, 2013, from www.nida.nih.gov/infofacts/heroin.html.

National Opinion and Research Center (1999). Gambling impact and behavior study. Report to the National Gambling Impact Study Commission. Retrieved August 13, 2013, from http://govinfo.library.unit.edu/ngisc/index.htm.

Os, J., Bak, M., Hanseen, R. V., Bijl, R. V., Graff, R., & Verdous, H. (2002). Cannabis use and psychosis: A longitudinal population-based study. *American Journal of Epidemiology, 156*, pp. 39-27.

Petry, N. M., Stinson, F. S., & Grant, B. F. (2005). Comorbidity of DSM-IV pathological gambling and other psychiatric disorders: Results from the National Epidemiologic Survey on Alcohol and Related Conditions. *Journal of Clinical Psychiatry, 66*(5), pp. 564-74.

Regier, D. A., Farmer, M. E., Rae, D. S., Locke, B. Z., Keith, S. J., Judd, L. L., & Goodwin,

L. (1990). Comorbidity of mental disorders with alcohol and other drug abuse: Results from the Epidemiologic Catchment Area (ECA) study. *Journal of the American Medical Association, 264*, pp. 2511-2518.

Substance Abuse and Mental Health Services Administration (2006). Summary of findings from the 2005 National Household Survey on Drug Abuse. Rockville, MD: SAMHSA, Office of Applied Studies.

Yin, H. H. (2008). From actions to habits: Neuroadaptions leading to dependence. *Alcohol Research & Health, 31*(4), pp. 340-344.

# 제15장
# 신경인지장애

Michael P. Maniacci · Len Sperry

〈부정의 리그(League of Denial)〉라는 최근 프런트라인(Frontline, 미국 PBS 방송의 다큐멘터리 프로그램의 이름-역자 주) 다큐멘터리와 그 다큐멘터리의 원작인 책(Fainaru-Wada & Fainaru, 2013)은 스포츠와 관련된, 외상성 뇌손상에 관한 전국적인 대화를 시작했다. NFL(미국 프로 미식축구) 선수들에게 지속되는 뇌진탕보다 우려되는 것이 더 광범위하다는 점이다. 그 우려는 학교와 지역 스포츠 리그에서 미식축구를 하고 축구공을 헤딩하는 어린이들에게까지 확장된다. 우려는 장기간 반복적으로 머리에 가해진 타격의 영향과 궁극적인 신경인지장애(Neurocognitive Disorder: NCD)에 대한 것이다. 이 장은 외상성 뇌손상으로 인한 것을 포함하여 신경인지장애에 관한 것이다. 신경인지장애는 표면상으로는 뇌의 장애이지만, 의문점이 생긴다. 신경인지장애는 심리적 또는 성격적 요인을 가지고 있는가? 특히 이 장애에 대한 DSM-5와 아들러식 사례 개념화는 무엇인가?

이 장에서는 이러한 질문들을 다룬다. 신경인지장애에 대해 알려진 것, DSM에서 이 장애에 대한 묘사, 아들러리안 관점에서 신경인지장애를 어떻게 보는지에 대해 검토한다. 아들러(1956)의 기관 열등과 보상에 관한 초기 연구와 더불어 생활양식 유형 및 가족 구도 역동 이론을 설명한다. 이 장은 섬망, 알츠하이머병으로 인한 신경인지장애, 외상성 뇌손상으로 의한 신경인지장애, 파킨슨병으로 인한 신경인지장애, 명시되지 않은 신경인지장애를 설명하는 절로 구성되어 있다. 또한 일부 다른 신경인지장애도 간략하게 설명한다. 여기에는 전두측두엽 변성, 루이소체병, 혈관질환, 물질/치료약물 사용, HIV 감염, 프리온병, 헌팅턴병 그리고 기타 장애들이 포함된다.

각 절은 각 장애에 대한 임상적 설명과 DSM-5 특성으로 시작할 계획이다. 다음으로 그 장애에 대한 생물심리사회적-아들러식 개념화가 제시된다. 그 다음에는 치료 고려사항에 대한 간략한 논의가 이어진다. 마지막으로, 사례로 그 장애에 대한 논의를 마무리한다. 하지만 이러한 특정 장애에 들어가기에 앞서, 이 장을 신경인지장애에 대한 주의의 말과 일반적인 아들러식 개념화로 시작한다.

## 주의의 말

정의상으로 보면 모든 신경인지장애는 뇌의 장애, 즉 의학적 질환이다. 일반적으로 말하면, 의학적으로 훈련받지 않은 전문가가 이러한 장애를 다룰 때는 의료적 관리, 슈퍼비전과 자문이 필요하다. 심리치료는 이러한 상태를 치료할 수 없다. 하지만 로렌스 밀러(Laurence Miller, 1993)가 자신의 치료 매뉴얼, 『뇌손상 환자에 대한 심리치료: 손상된 자기를 되찾기(Psychotherapy of the Brain-Injured Patient: Reclaiming the Shattered self)』에 기록했듯이, 환자와 가족에 대한 상담과 심리치료는 치료 준수, 관리, 재활, 자존감 그리고 심지어 예후에도 매우 중요할 수 있다. 자신의 상태를 수용하는 환자는 의사와 간호사와 협력하며, 치료와 재활 계획을 준수하는 환자는 훨씬 더 좋은 예후를 보인다. 그리고 가족치료를 포함하는 상담과 심리치료는 준수와 적응을 향상시킬 수 있다.

신경인지장애를 겪는 내담자와 함께 일하는 심리치료사와 비의료인 임상전문가는 신경학적 · 신경심리적 문헌에 익숙해지는 것이 좋다. 관심 있는 임상전문가를 위한 두 가지 훌륭한 자원은 스트럽과 블랙(Strub & Black, 2000)이 저술한 『신경학적 정신상태검사(제4판)[The Mental Status Examination in Neurology(4th edn.)]』와 레작, 호이즌, 비글러와 트라넬(Lezak, Howieson, Bigler, & Tranel, 2012)이 저술한 『신경심리평가(제5판)[Neuropsychological Assessment(5th edn.)]』이다. 이 교재들은 광범위한 연구와 진단 평가의 수행 방법을 위한 가이드를 제공한다. 아들러리안 관점에서 귀중한 자원은 룰(Rule, 1984) 편저의 『장애에 적응하기 위한 생활양식 상담(Lifestyle Counseling for Adjustment to Disability)』이다. 이 책에서 룰과 그의 동료들은 의학적으로 손상을 입은 내담자 및 그 가족과 함께 작업하기 위한 아들러 기반의 전술과 지침을 제시한다.

## 신경인지장애에 대한 아들러식 개념화

아들러리안 관점에서 신경인지장애를 이해하는 데 유용한 5가지의 핵심 요인이 있다. 이는 열등의 본질, 아동기 훈련, 가족 훈련, 충격 효과에 매달리기, 그리고 사적 논리(Maniacci, 1996)이다. 각각에 대해 자세히 살펴보면 다음과 같다.

열등의 본질(nature of the inferiority)은 중요하다. 드레이커스(Dreikurs, 1948/1967b)가 자세하게 기술했듯이, 열등(inferiority)을 열등감(inferiority feeling) 및 열등 콤플렉스(inferiority complex)와 구분하는 것이 도움이 된다. 열등은 객관적이다. 즉, 상황에 따라 결정된 기준에 따라 측정할 수 있다. 열등감은 주관적이며, 실제 열등과는 아무 관련이 없다. 열등 콤플렉스는 공개적인 파탄 선언이다. 즉, 이는 주관적인 열등감의 행동 표현이다(Mosak & Maniacci, 1999). 예를 들어, 메리는 실제 열등인 뇌성마비가 있을 수 있다. 그녀는 이로 인해 열등감을 느끼고, 파탄을 선언하고, 참여를 거부하고, 다른 사람들이 자신을 돌볼 것을 요구할 수 있다. 실제 동일한 열등이 있는 캐롤은 열등감을 느끼지 않을 수 있다. 그녀는 과잉 보상하고, 유난히 도움이 되고 생산적일 수 있다. 열등의 본질은 가능한 것에 어떤 한계를 부과하지만, 채택된 태도는 아니다.

아들러(1917/1956)는 기관 열등(organ inferiority)에 대해 썼다. 기술적으로 기관 열등은 유전된다. 그것이 있을 때는, 보상의 원리가 일어난다(Dreikurs, 1976b). 보상은 세 가지의 영역에서 일어난다.

① 신체적 수준
② 공감적 수준
③ 정신적 수준

기관이 구조나 기능이 열등하면 세 가지 영역 각각에서 보상 노력이 일어난다. 신체적 수준에서 한쪽 신장이 문제가 있을 때 다른 쪽 신장이 이를 보상하기 위해 더 커질 때처럼 영향을 받지 않은 부분이 더 큰 역할을 맡게 될 것이다. 공감적 수준에서, 약한 신장을 보호하기 위해 무의식적으로 영향을 받지 않은 신장 쪽으로 기울어지는 걸음걸이와 자세를 취할 수 있다. 정신적 수준에서, 개인은 더 강하고 더 유능하다고 느끼게 하는 성격 특성을 과잉 발달시킬 수 있다. 아들러는 1907년의 논문에서 수많은 기관 열등에 대한 정신적 보상이라고 믿었던 것을 자세히 설명했다 (Adler, 1917).

아동기 훈련과 관련해 아들러(2012)는 극히 문제가 많고 잠재적으로 정신장애를 유발하는 데 결정적이라고 생각하는 세 가지 상황을 분류하였다. 첫 번째는 앞서 논의한 바와 같이 기관 열등이다.

두 번째 상황은 아들러가 애지중지함(pampering)이라고 불렀다. 애지중지함은 아동이 스스로 할 수 있는 모든 것을 아동을 위해 해 주는 것으로 조작적 정의를 내릴 수 있다(Dreikurs & Soltz, 1964). 애지중지된 아동은 자기 자신을 신뢰하는 것을 배우며 성장하지 않고, 너무 많은 것이 자주 자신을 위해 행해져 왔기 때문에 일반적으로 자신의 도구적 기술을 의심하기 시작한다. 이들은 매우 많은 것이 행해지기를 기대하기 때문에, 그리고 종종 그렇듯이 인생과 다른 사람들이 마침내 이들에게 "안 돼."라고 말하기 시작할 때, 이들은 자신이 희생당한다고 느끼고, 박탈감을 느끼며, 종종 방치된다고 느끼며 성장한다.

세 번째 상황을 아들러는 방임(neglect)이라고 했다. 방임은 아동이 스스로 할 수 없는 것을 양육자가 아동을 위해 해 주지 않을 때 발생한다. 방임은 노골적인 박탈과 같은 다양한 형태를 취할 수 있지만, 아들러는 미움받고, 사랑받지 못하고, 학대받는 아동들도 이 범주에 포함하였다.

가족 훈련(family training)에서는 체계 자체에 중점을 둔다(Barlow, 1984; Rule, 1984; Traver, 1984). 바로우(Barlow, 1984, p. 63)에 따르면, 어떤 가족의 '체계적 생활양식'은 다양한 신체적 질환과 장애의 발병, 적응, 악화 및 유지에 영향을 미칠 수 있다.

아들러(1956, p. 295)는 일부 상황에서 '충격 효과에 매달리기' 경향이 있는 특정 환자에 대해 말했다. 나쁜 일은 누구에게나 일어난다. 어떤 사람들은 이러한 사건에 충격을 받고, 당연히 그렇다. 하지만 많은 사람은 다른 것으로 옮겨가지만, 어떤 사람들은 그렇지 않다. 왜 그럴까? 아들러에 따르면, 일부 사람들은 대가를 위해 충격 효과에 매달리기 때문이다. 이는 관행에 따라 보상감을 제공하는 사회적 대가이다.

마지막으로, 사적 논리는 이 모든 장애의 요인이다. 공동체감(common sence)은 공동체가 공유하는 것이다. 이는 공감, 다른 사람들과의 동일시 그리고 공동체 감정의 표시이다. 사적 논리는 그렇지 않다(Mosak & Maniacci, 1999). 드레이커스(1967a, p. 135)가 말했듯이 인지장애에서 "우리의 공동 세계(common word)에 대한 인식이 사라지거나 해체되면서, 환자의 내면 세계가 지배적이 된다." 더 많은 사람이 현실과의 접촉을 잃을수록, 이들의 사적 논리는 더 분명해질 것이다. 즉, 자신과 세상 그리고 다른 사람들에 대한 이들 특유의 독특한 관점이 드러나게 될 것이다. 이들의 사적 논리가 문제가 많다면, 이들의 행동 역시 그럴 것이다. 따라서 이들의 상태 관리도 마찬가지일 것이다.

사적 논리에서 자기-이상적(self-ideal) 진술이 발견된다. 아들러(1956; Mosak & Maniacci, 1999)가 상세하게 설명했듯이, 인간은 중요성을 위해 노력한다. 자기-이상적 진술은 "소속감을 느끼기 위해서 나는 ~해야 한다."로 요약될 수 있다. 그러한 진술 뒤에 따라오는 것은 아들러가 원래 가상의 최종 목표라고 언급했던 것을 수반할 것이다. 몇 가지 일반적인 자기-이상적 진술의 유형은 다음과 같다.

- 나는 최고가 되어야 한다.(우월성 추구형)
- 나는 옳아야 한다.(옳고자 하는 욕구형)
- 나는 사람들이 나를 좋아해야 한다.(기쁘게 하기형)
- 나는 통제해야 한다.(통제형)
- 나는 돌봄을 받아야 한다.(아기형)

어떤 신념이나 믿음은 이러한 진술들과 일치할 것이며, 그리고 이것들은 인식 가능한 패턴이나 유형으로 군집을 이룬다(Mosak, 1971). 아들러리안은 통제자, 기쁘게 하는 자, 아기, 흥분 추구자, 희생자와 같은 유형을 식별했다. 다양한 신경인지장애에 관한 다음의 절들에서, 인지 영역 내의 관련 표지자(marker)와 함께, 그러한 신경인지장애를 발병시키거나 사회적으로 도움이 되지 않는 방식으로 신경인지장애를 사용하기 쉬운 다양한 아들러리안 유형들을 제공할 것이다. 또한 생활양식 유형이 다른 가족 구성원들이 어떻게 사랑하는 사람에게 내려진 힘든 진단을 다루는지를 논의할 것이다.

하지만 모든 사적 논리가 심리적 이유로 '노출'되는 것은 아니다. 신경인지장애에서 사적 논리는 신경학적 이유로 인해 드러날 수도 있다. 어떻게 차이를 알 수 있는가?

커밍스(Cummings, 1988)는 감별 진단을 위한 유용한 일련의 가이드라인을 상세히 설명했다. 그는 임상전문가가 내담자의 사적 논리가 드러나고 있다고 믿는 경우 명백한 유기적 손상을 나타내는 7가지의 특성을 열거했다.

1. 늦은 발병: 일반적으로 45세 이후
2. 비정형적 양상: 즉, 조현병이나 조증에서 일반적으로 발생하지 않는 양상
3. 공존하는 결핍 증후군: 섬망이나 실어증 등
4. 정상적인 병전 성격
5. 정신장애 병력이 없음
6. 가족의 정신장애 병력이 없음
7. 공존하는 신경장애

이에 더해, 임상전문가가 알아야 하는 다른 두 가지 징후는 환시(visual hallucinations)와 낯선 사람을 친숙하게 대하는 것이다(Maniacci, 1996). 첫 번째 경우, 환시는 일반적으로 (전적으로는 아니지만) 환자의 혈액에서의 독성 과정을 나타낸다. 두 번째 경우, 낯선 사람을 안다고 주장하거나 처음 만난 사람을 마치 아는 것처럼(예: 간호사와 친척을 혼동하는 것) 대하는 환자는 이야기를 만들어 내고 있다. 즉, 지각이나 기억 체계가 손상되었다는 징후이다. DSM-5에 열거된 표지자 외에도 신경인지장애의 가능한 징후를 찾는 임상전문가는 이러한 요인들을 알아야 한다.

요약하면, 신경인지장애가 있는 환자는 이력, 성격 그리고 심리 작용을 가진 사람들이다. 이러한 많은 장애의 진행 과정에서 후반부를 제외하고는, 이들은 장애를 관리하는 방법에 영향을 미칠 수 있는 생활양식을 갖고 있다. 가족 구성원 역시 신경인지장애가 있는 사랑하는 사람의 치료, 재활, 관리에 결정적인 역할을 할 수 있는 생활양식을 갖고 있다.

신경인지장애와 생활양식 간의 관계는 네 가지이며, 다음과 같이 요약할 수 있다.

1. 신경인지장애는 생활양식의 직접적인 파생물 또는 결과물일 수 있다.
2. 신경인지장애는 생활양식과는 완전히 독립적으로 발병할 수 있으며, 어떠한

방법으로도 사용되지 않는다.

3. 신경인지장애는 생활양식과 독립적일 수 있지만, 긍정적 · 부정적으로 사용될 수 있다.

4. 신경인지장애는 생활양식과는 독립적으로 발병할 수 있으며, 더 좋게든 또는 더 나쁘게든 생활양식을 변화시킬 수 있다.

## DSM-5에서의 신경인지장애

DSM-5(APA, 2013)에서는 신경인지장애를 어떻게 보고 있는가? 우선 DSM은 "신경인지장애는 근원적인 병리와 흔히 병인도 잠재적으로 결정될 수 있는 증후군이란 점에서 DSM-5의 범주들 사이에서 독특하다."(APA, 2013, p. 591)라고 말한다. DSM-5는 이 모든 장애는 독특한 방식으로 인지에 악영향을 미친다고 말한다. "신경인지장애는 태어날 때부터 또는 생애 초기부터 인지 능력의 손상이 나타나지 않았기에, 이전에 획득한 기능 수준에서 감소하는 것을 나타낸다"(APA, 2013, p. 591).

DSM의 이전 판들에서는 '기질성 정신장애(organic mental disorders)'나 '섬망, 치매 그리고 기타 인지장애'와 같은 용어들이 사용되었다(Maniacci, 1993/1996). '섬망'이라는 명칭은 유지되고 있지만, DSM-5에서는 '치매'라는 용어의 공식적인 사용은 삭제되었다. 이러한 변화의 이유 중 한 가지는 치매는 일반적으로 노인에게 발생하는 인지장애와 관련되어 있고, "신경인지장애라는 용어는, 외상성 뇌손상이나 HIV 감염으로 인한 2차적인 손상과 같이 젊은 개인에서 영향을 미치는 상태에 대해 널리 사용되고 흔히 오히려 선호되기 때문이다"(APA, 2013, p. 561). 치매라는 용어가 여전히 이 장에 걸쳐 언급되고 있으며, 다양한 분야의 전문가들이 계속 사용할 것이라는 점을 알고 있지만, DSM-5에서는 '신경인지장애'라는 용어를 선호한다.

### 주요 및 경도 신경인지장애

주요 신경인지장애와 경도 신경인지장애는 DSM-5의 새로운 진단 범주로, '주요'와 '경도'는 인지적 · 기능적 손상의 스펙트럼에 존재한다. 주요 신경인지장애와 경도 신경인지장애의 임계점은 다소 임의적으로 보일 수 있다. 하지만 DSM에서는 각각 다른 수준의 손상을 나타내며, '경도'라는 명칭이 필요한 진단이라고 주장한다. 이는 정상적인 노화를 넘어서는 인지적 문제들에 대해 돌봄이 필요한 개인들을 인식할 필요성을 지적한다. 이러한 문제들의 영향은 눈에 띄며, 가능한 한 일찍 경도 수준을 파악하면 개입이 더 효과적일 가능성을 높일 수 있다. '주요'와 '경도' 신경인 지장애는 기능 손상의 정도뿐 아니라 인지 저하의 기저를 이루는 것으로 알려진 또 는 추정된 원인에 의해 하위 유형으로 분류된다.

### 주요 신경인지장애

주요 신경인지장애의 경우, '인지 기능'과 '인지 수행'에서 현저한 저하가 있다. 이 하위 유형 또는 범주에는 치매나 기억상실장애 등 DSM-IV의 일련의 기존 정신질환 진단들이 포함된다. 또한 이러한 결손은 일상생활의 독립성을 방해한다(예: 최소한 치료약물 관리나 계산서 지불 등의 일상생활의 복잡한 도구적 활동에서 도움을 필요로 함) (APA, 2013, p. 602).

### 경도 신경인지장애

경도 신경인지장애는 정상적인 노화와 주요 신경인지장애 사이의 기능 상실을 나타낸다. 경도 신경인지장애는 독립성을 유지하고 일상생활의 활동을 수행하기 위해 개인이 보상 전략과 조정이 필요한 인지 저하의 수준을 설명한다. 경도 신경인 지장애의 경우, 인지 저하가 나타나지만 그 정도가 덜하다. 기능과 수행에서 '경미 한 저하의 증거'가 보이지만 이러한 저하는 '독립적 능력을 방해하지 않는다'(APA, 2013, p. 605). 경도 신경인지장애의 기준을 충족하기 위해서는 인지적 기능에 영향 을 미치는 변화가 필요하다. 이러한 증상들은 대개 자기 자신이나 가까운 가족, 임 상전문가에 의해 관찰되거나 또는 객관적인 검사로 평가된다.

### 인지 영역

이번 매뉴얼에 추가된 환영할 만한 부분은 각 장애를 진단하기 위한 구체적인 신 경심리학적 가이드라인이 포함된 것이다. 이러한 "인지 영역"(APA, 2013, p. 592- 595)은 구체적인 예와 함께 자세히 설명되어 있다. 6개의 주요 영역은 다음과 같다.

1. 복합적 주의(지속적 주의, 분할 주의, 선택적 주의, 처리 속도)
2. 집행 기능(계획, 의사결정하기, 작업기억, 피드백에 대한 반응/오류 수정, 우선적인 습관, 억제, 정신적 유연성)

3. 학습과 기억(즉각기억, 최신 기억, 초장기 기억)
4. 언어(표현성 언어, 수용성 언어)
5. 지각-운동(시각적 지각, 시각구조적, 지각-운동, 실행, 인식)
6. 사회 인지(감정의 인식, 마음 이론)

아마도 생물심리사회적 관점의 중요성이 신경인지장애에서보다 더 분명한 데는 없을 것이다. 아들러 이론은 오랫동안 전체론적 이론이었다(Adler, 1956; Maniacci, Sackett-Mainacci, & Mosak, 2014; Mosak & Maniacci, 1999). 아들러리안은 전체의 개인과, 그 개인이 살고 있는 체계를 다룬다. 이 장애들의 경우, 그것은 매우 중요하다.

# 섬망

## 임상적 증상

섬망(Delirium)은 기본적으로 주의(attention)의 장애이다. 섬망은 빠르게 발전하고, 하루 경과 중 변동을 거듭하는 경향이 있다. 대부분의 경우, 주의의 장해로 인해 언어나 지각 등의 일부 다른 영역에 악영향을 미친다. 섬망은 종종 즉각적인 진단이나 치료가 필요한 의료 응급 상황을 나타낸다. 일주일 이상 지속되는 경우는 드물며, 일반적으로 환자가 젊을수록 과활동성을 더 보이고, 나이들수록 저활동성 하위 유형이 나타난다. 일몰 증후군(sundown syndrome)이 상당히 흔하며, 저녁이 되면 증상이 더욱 심해진다(해가 지고 외부 자극이 감소하면서, 피로로 인해 환자의 내부 자원이 감소한다). 섬망 환자의 대부분은 치료를 받든 받지 않든 회복되지만, 조기 개입은 그 기간을 상당히 단축하는 데 도움이 된다. 누구에게나 섬망이 발생할 수 있다. 고열을 치료하지 않으면 섬망은 쉽게 발생할 수 있다. 다양한 약물 역시 섬망을 유발할 수 있다.

정신상태검사에서 전형적인 표지자는 순서대로 보여 주는 숫자를 반복하는 데 문제가 있을 것이다. 새로운 정보를 기억해 내지 못할 것이다(예: 네 개의 관련 없는 단어를 반복하기). 정신적 계산이 매우 어려울 것이다(예: 54를 9로 나누기). 환자는 자신의 과제에서 느리고 부정확할 것이다(예: 퍼즐이나 블록 맞추기).

## DSM-5 특성

DSM-5에서 섬망은 주의와 의식의 장해가 특징인 장애이다. 이는 집중력과 주의 전환 및 환경에 대한 지남력이 감소한 것으로 나타난다. 섬망은 몇 시간에서 며칠 내에 발병하며, 다른 신경인지장애에만 기인한 것이 아니라 갑작스러운 변화를 나타낸다. 또한 섬망은 하루 경과 중 심각도에서 변동을 거듭하는 경향이 있다. 다른 변화들로는 기억 결손, 지남력 장애, 언어장애 또는 기존 신경인지장애로 인한 것이 아닌 지각장애 등이 있다. 또한 혼수상태에서 일어나는 것도 아니다. 마지막으로 섬망은 의학적 상태, 약물 중독 또는 금단, 또는 독소 노출과 같은 생리적 원인의 증거가 있다.

## 생물심리사회적-아들러식 개념화

생활양식 요인이 섬망에 관련될 수 있는가? 아들러리안 관점에서, 흥분 추구자, 우월 추구자, 통제자는 상당히 그런 경향이 있다. 왜 그럴까? 자세한 설명이 필요하다. 흥분 추구자는 새로움과 자극을 얻으려는 감각 추구자이다. 이들 모두가 약물이나 남용 물질을 찾는 것은 아니지만, 많은 사람이 찾는다. 이는 이들을 더 높은 위험으로 이끈다. 우월 추구자와 통제자 역시 섬망에 더 취약한데, 이는 한 가지 공통된 이유 때문이다. 즉, 의사의 진찰을 받지도 않고 빨리 병을 인정하지도 않는다. 둘 다 약물치료가 뭔가 맞지 않거나, 미열이 더 악화되고 있다는 징후들을 무시하기 쉽다. 왜 그럴까? 이는 두 가지 유형 모두 의욕이 넘치기 때문이다. 이들은 지쳐 나가떨어질 때까지, 심지어 아플 때까지 외부 목표에 집중할 것이지만, 자신의 과제를 완수해야 한다. 이들은 너무 주저해서 '약함'을 인정할 수 없다. 이들은 자신이 약한 것이 아니라 아프다는 것을 깨닫지 못한다. 이러한 구별을 일반적으로 귀담아듣지 않는다. 이들은 의지의 우월성을 믿고, 설령 그것이 자신을 죽이더라도 '끝까지 해낼' 것이라고 믿는다. 치료하지 않으면, 그럴 수도 있다. 섬망의 발병과 유지에 있어 가족역동은 대개 한 가지 기본적인 이유로 그다지 중요하지 않다. 이는 섬망의 지속 기간이 아주 짧기 때문이다.

## 치료 고려사항

대다수 섬망 환자는 간단한 처치나 휴식으로 몇 시간 내에 치료된다. 물질과 약물로 인한 다양한 경우에는 신속한 의료적 개입, 보통 해독을 위한 단기 입원, 특정한 처방 약물이나 물질에 대한 심리교육이 필요하다.

### 사례 • 빌

빌은 움직임을 제한하는 안전장치에 묶인 채로 응급실에 왔다. 그는 계속 엎치락뒤치락하면서 욕설을 하였고, 온통 머리가 헝클어져 있었다. 독성검사 결과, 그는 암페타민 성분이 높게 나타났다. 그는 치료를 받았고, 정신과 및 심리 상담이 요청되었다. 그는 27살이고, 과부인 어머니와 여동생과 함께 살고 있었다. 그는 고등학교를 간신히 졸업하였고, 이따금씩 일을 하곤 하였다. 약물남용에 대한 상담이 권유되었고, 가족치료 역시 권유되었다. 그는 상담과 가족치료를 모두 거부하며, 자신은 그저 좀 과하게 즐기려했고, 그게 정도를 넘었을 뿐이라고 항변하였다. 그의 어머니는 그가 주기적으로 약물을 남용했다고 보고했다. 그녀는 자신이 아들을 돌보는 것이 가장 좋으며, 자신이 아들을 통제할 수 있기 때문에 걱정할 필요가 없다고 느꼈다. 그들은 해독 후 24시간 만에 의학적 조언을 무시하고 병원을 떠났다.

빌은 흥분 추구자였다. 그는 과속을 즐겼고, 위험을 감수하기를 좋아했고, 재미있게 사는 걸 좋아했다. 그는 지루함은 죽는 것과 같다고 믿었고, 스릴이 없는 삶은 살 가치가 없었다. 섬망이라는 진단은 분명히 생물학적인 것이다. 그의 약물 복용은 그의 생활양식과 관련이 있다. 그는 자신이 선호하는 약물로 자극제를 찾았다. 그러므로 그는 앞에서 언급한 신경인지장애와 생활양식의 관계에 대한 범주 중 첫 번째에 해당했다(이 책의 p. 476-477 참조). 그의 신경인지장애는 그의 생활양식의 결과물이었다.

# 알츠하이머병으로 인한 주요 또는 경도 신경인지장애

## 임상적 증상

알츠하이머병(Alzheimer's disease)에서 유전자 검사와 유전자 표지자의 증거가 매우 중요하다. 하지만 정신상태검사는 또한 기억과 학습 저하의 증거를 보여 줄 것이다. 주요 신경인지장애 또는 경도 인지장애에서 인지 저하는 장기간의 안정기가 없이 점차적으로 진행될 것이다. 이것은 불치병이다. 기억의 저하는 감각 중추의 장해로 나타날 것이다. 명확한 감각 중추는 사람이 4가지 지남력을 갖게 할 것이며, 이는 환자가 사람, 장소, 시간 그리고 상황을 정확하게 식별할 수 있을 것임을 의미한다. 병이 진행됨에 따라, 저하는 일반적으로 다음과 같은 진행을 따를 것이다. 첫째, 환자는 자신이 있는 곳에 왜 있는지를 분명히 말하는 데 어려움을 겪는 것이다('상황'). 그런 다음 자신이 어디에 있는지 식별하는 데 어려움을 겪을 것이다('장소'). 병이 진행됨에 따라, 검사자와 얼마나 오랫동안 함께 있었는지, 심지어는 지금이 몇 년도인지 며칠인지 식별하는 데 어려움을 겪을 것이다('시간'). 마지막으로, 많이 진행된 경우 자신이 누구인지에 대한 감각을 잃게 될 것이다('사람'). 이야기를 듣고 그것을 반복하는 능력과 같은 새로운 것에 대한 학습 능력이 저하될 것이다.

## DSM-5 특성

알츠하이머병으로 인한 신경인지장애는 DSM-5에서 모르는 사이에 시작하고 서서히 꾸준하게 진행되는 기억, 학습, 언어, 지각, 또는 기타 인지 영역에서의 손상이 특징인 장애이다. 주요 신경인지장애로 진단하기 위해서는 가족력이나 유전자 검사에서 알츠하이머병의 증거가 있어야 한다. 또한 학습과 기억의 저하에 대한 명백한 증거가 있어야 하며, 이러한 저하가 점진적이어야 한다. 더욱이 다른 신경변성 또는 다른 신경학적 질환이 없어야 한다. 이와는 대조적으로, 경도 주요 신경인지장애의 진단을 위해서는 가족력이나 유전자 검사에서 알츠하이머병의 증거가 필요하지 않다. 하지만 학습과 기억의 저하, 꾸준한 점진적인 인지의 저하 그리고 다른 신경변성 또는 신경학적 질환이 없다는 명백한 증거가 있어야 한다(APA, 2013).

## 생물심리사회적-아들러식 개념화

이 장애에 대한 구체적인 아들러식 개념화는 없다. 이 장애에는 명백한 생물학적 취약성이 있기 때문에, 치료는 대체로 생물학적이다. 이 장애에 대한 심리사회적 취약성의 정도는 개인의 생활양식에 대한 탐색에서 추론할 수 있다.

## 치료 고려사항

일반적으로, 이 장애를 겪는 사람들에게 유용한 치료는 개별 환자의 고유한 특정 고려사항에 가장 잘 맞춰진다. 일반적으로 여기에는 증상의 유형, 심각도와 손상의 수준, 성격과 체계 역동, 삶의 질에 관한 고려 등이 포함된다. 치료에는 약물치료, 정신과 상담, 가족 구성원이 점차 악화되어 가는 환자의 상태를 이해하고, 수용하고, 적응해 갈 수 있도록 돕는 데 초점을 맞춘 가족치료 등이 포함될 수 있다.

신경학적 결정론은 점진적으로 악화되어 가는 신경학적 상태에서는 개선이 불가능하다는 믿음이다. 이러한 확고한 결정론의 유형은 아들러 심리학에서 이질적이다. 대신에 아들러리안은 개인은 장애가 있는 상태에 직면해서도 의미를 찾을 수 있고, 지속할 수 있는 용기를 키울 수 있다고 믿는다.

알츠하이머병을 겪는 개인이 의미, 용기, 삶의 질을 높이는 데 유용한 것으로 밝혀진 두 가지의 유망한 아들러리안 치료 개입법이 있으며, 특히 장애의 초기에 유용하다. 그중 한 가지는 모래상자를 이용하는 아들러리안 놀이치료 형태의 사용이다. 파슨스(Parsons, 2013)는 알츠하이머 초기 단계에 있는 개인들이 이러한 행동 중심의 개입에 긍정적으로 반응하였고, 이는 인지적·정서적 반응성을 모두 향상시켰으며, 이 개입 과정 동안 병의 진행을 늦추는 것처럼 보이는 것을 발견하였다. 핀케(Pinke, 2009)는 치매를 겪고 있는 개인들과 함께 작업하는 데 있어 아들러리안 치매 저항성(Adlerian Dementia resistance)을 설명한다. 그녀는 치매에 걸린 사람들의 회복탄력성을 장려하기 위한 몇 가지의 전략을 설명한다. 또한 치매 환자를 돌보는 사람들의 회복탄력성을 장려하기 위한 전략도 설명한다.

### 사례 • 헤스터

헤스터는 81세의 여성으로, 딸이 기억장애 클리닉에 데리고 왔다. 그녀는 자신에게 어떤 문제가 있다고 믿고 않았지만, 딸은 헤스터의 사고와 기억이 지난 5년 동안 서서히 악화되어 왔다고 보고했다. 그녀는 청구서 지불을 잊어버려서 전화가 끊겨 있었다. 가게에 갈 때마다 똑같은 통조림 음식을 계속 샀고, 냉장고는 상한 음식으로 가득 찼다. 헤스터가 평가를 받을 때, 그녀의 말에 멈춤이 있었고, 딸이 종종 그녀의 말에서 빠진 단어들을 채워 주었다. 간이정신상태검사에서 헤스터는 날짜, 연월일을 제대로 답변하지 못하였다. 그녀는 기억하라고 한 세 가지 항목 중 어떤 것도 기억할 수 없었다. 또한 흔한 물건들의 이름도 댈 수 없었다. 뇌 CT 검사에서 해마, 측두엽, 두정엽 부분의 위축이 나타났다. 전화가 끊기고, 같은 음식을 반복적으로 사고, 냉장고에 상한 음식을 쌓아 두고 있는 등 기능을 방해하는 사전 인지 능력 저하의 명백한 증거가 있었다. 인지 손상은 언어와 기억 모두에서 나타나고 있었다. 지난 5년간 그녀의 기억이 서서히 악화되었다는 것은 점진적인 발병을 시사한다. 또한 뇌 CT 검사 결과는 혈관성 치매를 배제하였다. 따라서 그녀는 알츠하이머병으로 인한 주요 신경인지장애의 DSM-5 기준을 충족하였다.

## 외상성 뇌손상으로 인한 주요 또는 경도 신경인지장애

### 임상적 증상

신경인지장애의 또 다른 종류는 외상성 뇌손상(Traumatic Brain Injury: TBI)을 수반하는 신경인지장애이다. 명칭에서 알 수 있듯이, 이 장애는 외상성 뇌손상의 증거가 명확해야 한다. 보통, 이 장애는 인지 기능에 변화를 가져온 머리 부상을 수반한다. 가장 흔한 변화는 뇌진탕 후 증후군일 것이다. 주요 진단 징후는 의식상실, 기억상실(즉, 환자가 부상을 기억하지 못함), 혼돈과 지남력 장애, 그리고 다양한 구조 검사(예: 병변, 손상, 부상을 보여 주는 뇌스캔)에서의 신경학적 징후 등이다.

## DSM-5 특성

외상성 뇌손상으로 인한 신경인지장애는 DSM-5에서 외상성 뇌손상으로 특징지어진다. 이 손상은 지남력 장애와 혼돈, 신경학적 징후, 외상 후 기억상실 또는 의식 상실을 수반해야 한다. 또한 이 진단은 뇌손상이 발생한 직후 또는 의식이 회복된 직후에 이러한 증상과 증후가 나타나야 한다. 또한 주요 또는 경도 신경인지장애의 기준을 충족해야 한다. 이 신경인지장애는 행동장애의 동반 여부를 부호화할 수 있다. DSM-5에서 재현된, 외상성 뇌손상의 심각도를 평가하는 3점 척도가 있다(APA, 2013, p. 626).

## 생물심리사회적-아들러식 개념화

아들러리안 관점에서 이 장애는 잠재적으로 범주 1(신경인지장애는 생활양식의 직접적인 결과물일 수 있다.)과 관련이 있다. 많은 외상성 뇌손상이 우발적이지만, 일부는 생활양식 선택의 부산물이다. 우월 추구자와 주도자(Mosak, 1971)는 지나치게 밀어붙이고, 지나치게 많이 하고, 한계를 초월하기 쉽다. 풋볼 선수, 카레이서, 익스트림 스포츠 매니아(예: 스케이트보드)는 외상성 뇌손상을 경험할 수 있고, 종종 경험한다.

## 치료 고려사항

일반적으로, 이 장애를 겪는 사람들에게 유용한 치료는 개별 환자의 고유한 특정 고려사항에 가장 잘 맞춰진다. 일반적으로 여기에는 증상의 유형, 심각도와 손상의 수준, 성격과 체계 역동, 그리고 삶의 질에 관한 고려 등이 포함된다. 치료에는 약물치료, 정신과 상담, 가족 구성원이 점차 악화되어 가는 환자의 상태를 이해하고, 수용하고, 적응해 갈 수 있도록 돕는 데 초점을 맞춘 가족치료 등이 포함될 수 있다.

### 사례 • 도리스

도리스는 16세로 다섯 형제자매의 막내이며, 가족치료에 끌려왔다. 그녀는 짜증을 잘 내고, 심술궂으며 논쟁적이었다. 또한 그녀는 12세 때부터 전국적인 일류 학교에 스카우트된 엘리트 축구 선수였다. 그녀는 전국 챔피언 팀에서 뛰고 있었고, 1년 내내 축구를 하였으며, 자기 주변에 축구공이 없는 경우가 거의 없었다. 그녀는 회기에서 추적하는 데 어려움을 겪었다. 그녀는 어머니에게서 주기적으로 도움을 받지 않고는 말한 것을 되풀이할 수 없었다. 성적이 떨어졌고, 잠도 잘 자지 못했으며, 자극이 거의 없어도 울음을 터뜨리곤 했다. 가족치료 외에 정신상태검사가 시행되었다. 그녀는 주의, 집중력, 즉각적인 기억에 어려움을 겪었다. 그녀는 네 가지의 지남력이 있었지만 조급했다. 그녀는 고등 인지 기능에 문제가 있었고, 특히 스토리텔링 검사에서 타인의 동기를 해독하는 데 어려움이 있었다. 그녀는 신경과 전문의에게 의뢰되었고, 여러 외상성 뇌손상의 증거가 발견되었는데, 이는 아마도 여러 번의 뇌진탕으로 발생했을 가능성이 크다. 도리스는 축구 경기 중 헤딩을 하며 여러 번의 '벨링(bell rung)[1]'을 경험하였고, 적어도 세 번은 헤딩을 시도하면서 다른 선수들과 머리를 부딪쳤다고 인정했다.

그녀의 초기 기억(Mosak & Di Pietro, 2006; Mosak & Maniacci, 1999)은 다음과 같다. "세 살 때 나는 언니, 오빠를 따라가려 애쓰고 있었다. 그들은 달려가고 있었고, 나는 따라잡을 수가 없었다. 나는 균형을 잃었고, 얼굴을 부딪치며 넘어졌다. 코피가 터졌고, 나는 비명을 질렀다. 나는 일어나서 계속 달렸다. 나는 그들에게 지지 않으려고 했다. 엄마가 나를 보고, 달려와서 나를 데려갔다. 엄마는 나를 안고 소매로 나의 코를 막아 주었다. 그러면서 나의 형제자매들에게 나를 포함시키라고 소리를 질렀다. 초기 회상에서 가장 생생한 부분은 내가 따라가려 애쓴 것과, 엄마가 안아 준 것이었다. 느낌은 사랑받지만 좌절했다였다. 나는 왜 그렇게 작았을까?"

모삭(1971)이 쓴 것처럼, 도리스는 주도자와 아기라는 두 가지 유형의 조합이었다. 그녀의 아버지는 인생의 대부분 세미프로 운동선수였고, 자신의 형제자매들을 능가하겠다고 맹세했던 막내였으며, 실제로 그렇게 하였다. 그는 한 번도 "빅 리그"에 진출하지 못했고 성취감을 느끼지 못했다. 어머니는 장녀로 자라는 동안 병든 어머니

---

1) 축구 경기에서 머리에 충격을 받을 경우 머릿속에서 울리는 소리가 날 정도의 상태를 말함-역자 주

와 세 명의 힘든 형제자매들을 돌보고 보살폈다. 도리스는 두 부모의 스타일을 모두 활용했다. 아버지는 계속해서 그녀가 뛰어나도록 몰아붙였고, 그녀와 지나치게 동일시했고, 그녀를 "아빠의 슈퍼스타"라고 불렀다. 어머니는 그녀가 부딪치고 멍이 들면 항상 "치료해" 줄 수 있었다. 도리스는 성공이 자신을 죽이더라도 성공할 것이었다.

신경과 전문의는 몇 달 동안 축구를 쉬라고 권했다. 외상성 뇌손상으로 인한 경도 신경인지장애의 진단에도 불구하고 가족들은 권고를 듣지 않았다. 가족치료는 어려웠다. 그들은 그녀가 더 침착하고 상냥하지만 경쟁적이기를 원했다. 그녀의 증상 중 얼마만큼이 경쟁적이고 주도적인 양식 때문인지, 아니면 반복적인 외상성 뇌손상 때문인지는 분명하지 않다. 둘 다 중요하고 서로 상호작용하는 것으로 여겨졌다.

# 파킨슨병으로 인한 주요 또는 경도 신경인지장애

## 임상적 증상

파킨슨병(Parkinson's Disease)으로 인한 신경인지장애에서 주목할 만한 점은 인지기능의 저하로, 서서히 시작하고 점진적으로 진행한다. 하지만 정신상태검사 표지자는 감정 둔마, 불안과 우울한 기분, 환각, 성격 변화, 과도한 주간 졸림 등을 포함할 것이다. 파킨슨병이 진행됨에 따라, 환자는 몸을 흔들고 떨며 심각한 운동장애를 겪을 것이다.

## DSM-5 특성

파킨슨병으로 인한 신경인지장애는 DSM-5에서 파킨슨병이 있는 것이 특징인 장애이다. 또한 서서히 시작하고 천천히, 그리고 지속적으로 손상이 진행되어야 한다. 이 장애는 다른 의학적 상태 질환에 의해 야기될 수 없으며, 혼합성 병인의 증거도 있을 수 없다. 그리고 파킨슨병은 신경인지장애가 시작되기 전에 반드시 선행되어야 한다. 주요 또는 경도 신경인지장애의 기준을 충족해야 한다. 이 신경인지장애는 행동장애의 동반 여부를 부호화할 수 있다(APA, 2013).

## 생물심리사회적-아들러식 개념화

이 장애에 대한 구체적인 아들러식 개념화는 없다. 이 장애에는 명백한 생물학적 취약성이 있기 때문에, 치료는 대체로 생물학적이다. 이 장애에 대한 심리사회적 취약성의 정도는 개인의 생활양식에 대한 탐색에서 추론할 수 있다.

## 치료 고려사항

일반적으로, 이 장애를 겪는 사람들에게 유용한 치료는 개별 환자의 고유한 특정 고려사항에 가장 잘 맞춰진다. 일반적으로 여기에는 증상의 유형, 심각도와 손상의 수준, 성격과 체계 역동, 그리고 삶의 질에 관한 고려 등이 포함된다. 치료에는 약물치료, 정신과 상담, 가족 구성원이 점차 악화되어 가는 환자의 상태를 이해하고, 수용하고 적응해 갈 수 있도록 돕는 데 초점을 맞춘 가족치료 등이 포함된다.

### 사례 • 페드로

페드로는 마지못해서 치료를 받았다. 그는 67세의 남성으로, 환각, 자주 주간에 잠에 빠지기, 누군가가 자신의 돈을 훔치고 있다는 망상, 극도의 긴장과 공포 등과 같은 기이한 행동을 보였다. 4년 전에 그는 파킨슨병 진단을 받았고, 계속 진행 중이었다. 그는 일관성 없게 약물을 복용하였고, 정기적으로 의사를 만나지 않았다. 아내와 딸, 조카는 그를 납득시키기 위해 가족 개입을 요청했다. 몸의 떨림이 너무 확연해서 페드로는 균형을 유지하는 데 어려움을 겪었고, 잔으로 물을 마시기 위해서 도움이 필요했다.

조심스럽게 정신상태검사가 실시되었다. 그는 많은 항목에서 빠르게 실패했다. 그는 주의를 기울일 수 없었다. 그는 자신의 실수를 교정하려고 하는 어떠한 피드백에도 적대적이었다. 그는 특정한 문제를 해결할 수 없다는 것이 명백해지자, 완강하게 버텼고, 계속해서 같은 전략을 시도했다. 평가의 'FAS' 부분, 즉 처음에는 'F' 그다음에는 'A' 그리고 마지막으로 'S'라는 글자로 시작하는 단어들을 60초 안에 가능한 한 많은 단어를 나열하는 과제에서, 그는 영어를 모국어로 하는 사람임에도 불구하고 정해진 시간 안에 겨우 대여섯 개의 단어만을 제시할 수 있었다. 같은 검사의 '동물 이름 부르기' 부분이 더 나빴다. 그의 지남력은 장소와 사람에서는 괜찮았지만, 시간과 상황에서는 정말 문제가 있었다. 복잡한 '그림 그리기' 과제에서는 5~7세 정도의 나이에 해당하는 점수를 보여서, 이는 그에게 급격한 악화였다. 페드로는 심각하게 손상을 입었고 점점 더 나빠졌다. 그는 아내와 자녀들을 공감할 수 없었고, 종종 그들이 자신을 잡으러 나왔고 자신을 불필요하게 밀친다고 주장했다. 몇 번인가 집 밖을 혼자 헤매다 길을 잃은 적이 있다.

방에 있는 모든 사람에 따르면, 페드로는 몇 년 전까지만 해도 똑똑하고 다정한 사람이었다. 아내는 그가 조현병이 되어 가고 있다고 생각했고, 자녀들과 조카는 그가 약물이나 알코올을 남용하고 있다고 생각하였다. 불행히도, 그 어느 것도 사실이 아니었다. 상당한 압박과 두 번의 확대 가족치료 회기 후에 페드로는 파킨슨병으로 인한 주요 신경인지장애 진단을 확인한 신경과 전문의를 만나기로 합의했다. 가족들은 가정 의료 선택사항, 가정 간호사와 보조기구 사용에 대해 논의하고, 궁극적으로 요양원이나 생활 지원 시설의 준비를 계획하려고 정기적으로 만났다.

페드로의 사례는 범주 4(신경인지장애는 생활양식과는 별개이지만, 생활양식을 더 좋게 또는 더 나쁘게 변화시킬 수도 있다.)의 명확한 예이다. 페드로의 생활양식은 그의 병으로 인해 변화되고 있었다. 그는 더 이상 이전의 그가 아니었다. 가족들은 이를 받아들이는 데 힘든 시간을 보냈고, 그들이 해야 할 일로 알고 있는 것을 미루었다. 그들은 가족치료가 그를 납득시킬 것이라는 희망을 계속 품었다. 그것은 그럴 수 없었다. 환경 조종이 문제였다. 페드로의 환경은 그를 보호하고 그의 삶을 연장하기 위해 변화되어야 했다. 그는 더 이상 자기 자신을 변화시킬 수 있는 능력이 없었다.

# 명시되지 않은 신경인지장애

## 임상적 증상

명시되지 않은 신경인지장애는 배제 진단을 나타낸다. "명시되지 않은 신경인지장애는 인지 결손이 섬망으로 인한 것인지, 치매로 인한 것인지, 아니면 두 가지의 복합적인 작용에 의한 것인지가 불확실한 드물지 않은 상황에서 유용한 명칭이다"

(Frances, 2013, p. 129).

## DSM-5 특성

명시되지 않은 신경인지장애는 DSM-5에서 특정한 신경인지장애의 증상이 있지만 다른 신경인지장애의 기준을 충족하지 못하는 장애로 특징지어진다. 하지만 그러한 장애는 사회적 · 직업적 · 관계적 기능에 현저한 고통과 손상을 초래해야 한다. 또한 이 진단 범주는 정확한 원인을 충분히 확실하게 파악할 수 없는 상황에서 사용된다(APA, 2013).

## 생물심리사회적-아들러식 개념화

이러한 신경인지장애의 대부분은 범주 2번, 3번 그리고 4번에 속할 것이다(이 책의 p. 476-477 참조). 이 장애들은 생활양식과 독립적으로 발병하지만, 생활양식에 의해 사용되거나 생활양식을 현저하게 변화시킬 수 있다. 어떤 경우에는 질병이 진행되기 전까지는 생활양식에 어떠한 영향도 미치지 않고, 인지적 악화(기본적으로)가 모든 성격 기능을 파괴한다. 병이 성격을 압도한다.

## 치료 고려사항

이 범주의 장애에 대한 일반적인 치료 권고 사항은 없다. 대신, 치료는 고유한 증상에 가장 잘 맞춰지며, 이는 일반적으로 증상, 손상 정도, 삶의 질에 대한 고려사항에 초점을 둔다.

### 사례 • 조지

조지는 13세 때 심장병 전문의에 의해 의뢰되었다. 그는 임상적 우울을 보이고, 가족과 싸우고, 학교생활도 잘 하지 못했으며, 자주 자살 사고를 했다. 그는 말을 할 때 가다듬지 않고, 종종 상스러운 말과 모욕적인 말을 사용하였다. 그는 성적으로 흥분되거나 화가 났을 때 사람들을 부적절하게 붙잡았다. 그는 약 4년 전에 심장이식을 받았고, 건강검사 결과에서 기능해야 하는 만큼 잘 기능하지 않았다. 그는 3자녀 중 맏이였다. 그는 심장이식을 받기 위해 2년 넘게 기다렸으며, 병세가 너무 악화되어 두 차례나 카톨릭 신부로부터 종부성사(last rites)를 받았으며, 거의 3년간 학교를 가지 못했고, 심각한 상태로 인해 집이나 병원에서 교육을 받아야만 했다. 모든 신경심리학적 정밀검사가 이루어졌다.

조지는 IQ가 120으로 우수한 편이었으나, 극단적으로 불균형적인 수행을 보였다. 어떤 영역에서는 평균을 훨씬 상회하는 반면, 다른 영역에서는 평균보다 훨씬 못 미쳤다. 처리 속도는 극히 저조했고(백분위 5), 단기 기억도 저조했고(백분위 26), 계산 능력은 손상되었다(백분위 23). 이러한 점수에도 불구하고, 이해, 시각적 기억, 추론 능력(백분위 90 이상) 등 다른 점수들은 매우 높게 나왔다. 그는 학교에서, 일단 "알았다"면 "알았다"였다는 것을 인정했다. 하지만 "알았다"라는 것은 악몽이었다. 특히 주의집중을 방해하는 것이 있으면, 그는 수업을 따라갈 수 없었다. 읽기는 매우 느렸다. 그는 자신이 똑똑하다는 것을 알았지만, 그것을 보여 주는 데 어려움을 겪었다. 그의 심장이식 팀, 소아신경과 전문의 그리고 가족치료사(심리학자)가 함께 검사 결과를 논의했다. 진단은 심장이식과 관련된 행동장애가 있는 혈관성 경도 인지장애였다.

그의 초기 기억은 다음과 같다. "4세 때 나는 약했고, 나는 내가 약하다는 것을 알았다. 결코 다른 아이들을 따라갈 수 없었고 아무도 이유를 몰랐다. 어느 날 나는 운동장에서 아빠가 던진 공을 쫓아갈 수 없었다. 다른 아이가 그 공을 잡아서, 아빠에게 가져다주었다. 가장 생생한 부분은 '나는 또 실패했다'였다. 느낌은 '난 실패자이다.'였다.

조지는 실패자처럼 느꼈다. 모삭(1971)에 따르면, 조지는 희생자 유형과 부적절한 유형의 조합이다. 그의 심장 상태는 거의 6살이 될 때까지 진단되지 않았다. 그가 심각한 감염으로 인해 병원에 입원한 후에야, 우연히 이미 제대로 기능하지 못하는 심장이 걷잡을 수 없는 열과 감염으로 약해진 것을 발견했다. 조지의 두 살 아래 동생이 자기 나이에 비해 크고, 조숙하고, 더 적극적이고, 형보다 "더 낫다"는 것을 증명하기 위해 할 수 있는 모든 것을 이용하는 것이 도움이 되지 않았다. 이는 장애와 생활양식의 관계에서 3번 범주의 상황이었다. 의학적 상태는 생활양식과 별개로 발생하였지만, 그 후 이미 거기에 있는 것을 강화했다. 이제 허약한 체질과 작은 체구 위에 더 큰 동생까지 있는 조지는 심장병이 있고, 이는 정말로 그를 침울하게 했다. 그는 자신의 분노와 주의집중의 문제를 통제할 수 없었지만, 개인치료와 가족치료를 통해 집중력을 키우고, 가족이 그의 스타일에 자극받지 않고 그의 심장 상태를 너무 두려워하지 않도록 교육했다(Jordan, Barde, & Zeiher, 2007). 또한 가족은 조지를 자극하지 않는 방법을 배워야 했다. 이것은 지속적인 투쟁임이 판명되었다. 5년간의 인지재활, 개인 치료 및 가족치료를 받은 후 많은 긍정적 변화가 일어났지만, 특히 가족의 근본적인 역동은 변화하지 않았다. 아버지는 "사람들이 나를 좋아해야 한다."와 "옳아야 한다." 의 조합이었다(Mosak, 1971). 종교와 "다정함"을 통해 그는 아들을 구하기를 희망한 다. 어머니는 허둥되는 통제자인데, 몇 차례 조지를 거의 잃을 뻔했고, 이것은 그녀의 기존 통제 경향을 악화시킬 뿐이다. 이제 그녀는 자신이 웃으며 언급하는 "슈퍼 통제 자"이다. 그녀는 만일 자신이 그렇게 하지 않았다면 조지는 죽었을지도 모른다고 어 느 정도 정확하게 보고한다. 그녀는 부분적으로 옳다.

# 기타 신경인지장애

## 전두측두엽 신경인지장애

이 장애는 계획, 충동 억제, 이성을 사용하는 능력과 관련된, 머리의 앞과 옆에 위 치한 뇌엽의 장애이다. 서서히 시작하고 점진적으로 진행한다. 이 장애에는 구순 고착성과 식습관의 현저한 변화뿐 아니라 행동 탈억제(예: 부적절한 시간이나 장소에 서 옷을 벗는 것), 강박적/의례적 행동 등이 나타난다. 주요 저하는 사회적 인지, 집행 기능 그리고 때로는 언어 기능에서이다. 매우 흥미롭게도, 그리고 진단적으로 유의 미하게 학습, 기억, 지각—운동 기능에는 거의 장애가 없다. 정신상태검사에서 숫자 를 반복하고, 계산을 하고, 복잡한 그림과 퍼즐을 재현할 수 있다. 이들은 타인의 감 정을 파악하지 못하고 사회적 상황을 해독하는 데 어려움을 겪으며(예: 왜 이 사람이 이것을 할 거라고 생각하는가?), 그리고 별로 신경쓰지 않는 것처럼 보인다. 이들은 자 신이 느끼는 것을 하는 것을 스스로 멈추지 않을 것이다(예: 과식, 다른 사람을 부적절 하게 만지기, 어떤 일을 확인하고 재확인하는 것 등).

## 루이소체병으로 인한 주요 또는 경도 신경인지장애

루이소체(Lewy bodies)는 뇌 병변으로, 대부분 본질적으로 피질이지만 때로는 기저핵에 있다. 이 장애는 서서히 시작하고 점진적으로 진행한다. 이 환자들은 인지 능력의 변동 폭이 커서 검사자가 꽤 혼란스러울 수 있다. 가장 눈에 띄는 장애는 주의와 각성에 있을 것이지만, 두 가지 주요 요인이 존재한다. 즉, 환시와 갑작스러운 파킨슨병 같은 증상의 시작이다. 이들은 거동이 어렵고, 자주 넘어지며, 또한 요실금과 기립성 저혈압(일어설 때의 저혈압), 잦은 우울감, 망상, 사람의 오인 등을 겪을 것이다.

## 혈관성 주요 또는 경도 신경인지장애

이 장애는 인지 저하가 혈관 사건(즉, 뇌로 혈액이 흘러가는 것과 관련된 것)과 연관되어 있을 때 진단된다. 복합적 주의와 전두-집행 기능에서 저하가 가장 두드러진다. 정신상태검사에서 환자는 처리 속도, 복합적 자극에 대한 집중, 그리고 일반적인 주의에서 어려움을 겪을 것이다. 이들은 강한 감정에 대한 반응을 억제하지 못할 수 있고, 종종 어떤 강한 충동에 굴복할 것이다.

## 물질/치료약물로 유발된 주요 또는 경도 신경인지장애

이 장애는 물질을 섭취한 직후나 장기간 노출된 후 손상을 일으킨다. 정신상태검사가 보여 주는 것은 섭취한 물질의 종류와 양, 그리고 물질에 의해 악화될 수 있는 기존 상태에 달려 있다.

## HIV 감염으로 인한 주요 또는 경도 신경인지장애

이 장애의 증상은 인간면역결핍바이러스(HIV)의 진행에 매우 좌우된다. 물질로 인한 변화처럼 이 장애는 정신상태검사에서 변동하는 양상을 보일 것이다.

## 프라이온병으로 인한 주요 또는 경도 신경인지장애

이 장애는 서서히 발병하고 급격한 진행이 흔하다. 장애는 운동 영역에 있으며, 운동실조가 눈에 띌 것이다. 이 장애의 가장 흔한 두 가지 원인은 크로이츠펠트 야콥병(Creutzfeldt-Jakob disease)과 광우병이다. 정신상태검사에서 모든 신경인지장애에서 공통적으로 주목되는 저하가 나타나지만, 운동 부분도 또한 나타난다. 이들은 협응에 어려움을 겪을 것이고(따라서 그림을 재현하는 것이 어려울 수 있다), 걸을 때 걸음걸이가 불안할 것이다(예: 한쪽으로 기울거나 걸을 때 발을 땅에 부딪힐 것이다).

## 헌팅턴병으로 인한 주요 또는 경도 신경인지장애

이 장애는 파킨슨병으로 인한 신경인지장애의 일부 측면과 유사하다. 하지만 눈에 띄는 차이점도 있다. 과민성, 강박, 무감동이 인지 기능과 수행에서 분명하고 문서화된 변화에 추가되는 좀 더 일반적인 양상이다.

# 기타 장애들

신경인지장애처럼 보일 수 있지만 신경인지장애가 아닌 몇몇 장애들이 있다. 여기에는 양극성장애, 기분장애, 불안장애, 강박장애, 정신증, 다른 의학적 상태로 인한 성격 변화 등이 있다. 이 6가지 진단은 이전에 DSM의 '기질성 정신장애' 부분의 일부로 간주되었다(Maniacci, 1993/1996). 이 진단들은 좀 더 심리적인 근거가 있는 진단들과 함께 각각의 범주로 이동하였다. 그럼에도 불구하고, 임상전문가들은 여전히 이 장애들의 양상을 알아야 한다. 이 장애들이 있는 환자는 우울하고 불안하고 심지어 정신병적인 것처럼 보인다. 하지만 근본적인 기제는 심리적으로 결정되는 것이 아니라 생물학적 기반이다. 커밍스(1988)가 제시한 가이드라인이 도움이 되며, 테일러(Taylor, 1989)는 임상전문가가 알아야 할 두 가지의 추가적인 범주(경계 단서, 추정 단서)에 대해 상세히 설명하였다.

'경계 단서(alerting clues)'는 가능한 한 생물학적 원인에 대해 의심을 불러일으켜야 하는 그러한 증상들이다. 5가지의 경계 단서들은 다음과 같다.

1. 유사한 증상의 병력이 없음
2. 쉽게 확인할 수 있는 원인이 없음
3. 55세 이상
4. 만성 신체질환
5. 약물 사용

'추정 단서(presumptive clues)'는 생물학적인 원인에 대한 '강력한 가능성'을 나타 낸다(Taylor, 1989, p. 586). 7가지의 추정 단서는 다음과 같다.

1. 뇌 증후군의 증상(즉, 인지장애)
2. 두부 손상
3. 두통 패턴의 변화
4. 시각적 장애
5. 언어 결손(speech deficits)
6. 비정상적인 신체 움직임
7. 의식의 변화

아들러리안들은 두 가지의 다른 기준을 사용한다. 아들러(1956), 아들러(1989), 브 라운(1995), 그리고 모삭과 마니아치(1998)는 이들의 사용 방법을 논의했다. 하나의 전술은 '질문'이라고 불린다. 아들러리안은 환자에게 "당신에게 이러한 증상들이 없 다면, 당신의 삶에서 무엇이 달라지겠습니까?"라고 묻는다. 이에 대한 반응은 세 가 지의 범주로 나뉜다(Brown, 1995).

첫 번째 반응은 "나는 일하고, 사랑하고, 사람들과 사귈 수 있을 것이다."이다. '질 문'에 대한 반응이 환자가 어떤 종류의 사회 활동을 할 수 있을 것이라는 것일 때, 불 안, 우울, 강박, 정신증(또는 특정한 증상이 무엇이든 간에)은 아마 기능적일 것이다. 즉, 주로 심리적인 것이다.

두 번째 반응은 "이렇게 많이 아프거나 불편하지는 않을 것이다."이다. 절박할 때 조차도 특정한 사회적 목적이 없다면, 증상은 주로 신체적일 것이다. 이러한 유형의 반응을 보이는 사람은 심리적으로가 아니라 의학적으로 아플 가능성이 크다.

세 번째 반응은 "난 그렇게 많이 아프지 않을 것이고, 그러면 나는 사람을 사귀고 일하고 사랑할 것이다."이다. 이는 결합 반응이다. 첫 번째 반응에서 나타난 사회적 목적이 있고, 두 번째 반응에서 나타난 의학적 기반을 강조하는 것도 있다. 이런 경우, 이들의 증상은 아마 주로 의학적이지만, 심리적으로도 이용될 가능성이 있다.

또 다른 전술은 '목적별 진단'을 사용하는 것이다. 대부분의 진단은 '포함 (inclusion)'을 기반으로 한다. 체크리스트가 제시되고, 환자가 얼마나 많은 항목을 동의했는지에 따라, 임상전문가는 "네, 당신은 _____의 기준을 충족합니다."라고 말할 수 있다. 만일 체크리스트에 있는 항목들이 충분한 정도로 동의되지 않을 때, 임상전문가는 '배제'를 사용한다. 모든 것이 배제되면, 남은 "이것"이 틀림없다. 아주 최근까지, 알츠하이머병은 이런 방식으로 진단되었다. 다른 모든 치매가 배제되었을 때, 남은 범주는 알츠하이머병이었다.

아들러리안들이 진단을 내리는 세 번째 방법이 있다. 목적에 따라 하는 것이다. '목적별 진단'은 증상이 심리적 목적에 부합해야 한다는 것을 의미한다. K. 아들러 (1989, p. 63)는 다음과 같이 썼다.

> (a) 증상은 환자가 목표를 추구하는 데 유용하고 필요해야 한다. (b) 이 특정 증상의 사용은 어린 시절부터의 개인 이력을 통해 추적할 수 있어야 한다. (c) 따라서 그의 생활양식의 일부인 증상은 개인의 모든 태도, 모든 움직임, 꿈, 기억 그리고 모든 감정 생활, 관계에 스며들어야 한다. 만일 이 기준을 충족하지 못하면, 그의 상태는 유기적인 근거를 가지고 있을 가능성이 있다.

사람들은 생활양식이 있다. 모삭(1971)이 식별했듯이 임상전문가는 사적 논리, 특히 자기−이상적 진술을 살펴봄으로써 유형을 평가할 수 있다. 그가 식별한 몇몇 유형에는 희생자, 순교자, 통제자, 아기, 주도자, 우월 추구자, 기쁘게 하는 자, 획득자 등이 있다. 증상 발현이 생활양식과 일치하지 않으면, 증상은 극도의 스트레스에 대한 반응이거나 생물학적인 근거일 가능성이 있다.

예를 들어, 어떤 여성이 '기쁘게 하기/옳고자 하는 욕구'의 유형을 복합적으로 보여 준다면, 그녀는 아마 결코 폭력적이거나 공격적이거나 잔인하지 않을 것이다. 만일 그녀가 그렇다면, 임상전문가는 그녀가 심각한 학대나 어떤 중대한 위기와 같은 극심한 스트레스를 받고 있는지를 확인해야 한다. 만일 그러한 원인을 발견할 수 없다면, K. 아들러(1989)가 언급했듯이 아마 그녀를 폭발하게 하는 어떤 유기적인 근거가 있을 것이다.

### 사례 • 게리

게리는 30세 생일이 막 지난 직후 불안, 발한, 입안 건조 그리고 수면의 어려움으로 상담을 받았다. 그는 일반의가 효과가 없는 항불안제를 처방했기에 혼란스러워하고 있었다. 35회기의 정신분석적 개인 심리치료도 도움이 되지 않았다. 그의 아내는 그에게 한 번 더 시도해 보라고 주장했다. 그에게 "당신이 그렇게 불안하지 않다면 당신의 삶에서 무엇이 달라질까요?"라는 '질문'을 했다. 그의 대답은 신속했고 확실했다. "나는 잠을 잘 수 있을 겁니다. 내 손이 떨리지도 않고, 셔츠가 젖도록 땀을 흘리지 않을 겁니다." 절박함에도 불구하고 어떠한 사회적 목적도 언급되지 않았다. 질문을 받았을 때, 그는 자신에게 두 가지 다른 증상—모발이 가늘어짐과 체온 조절의 문제(예: 종종 너무 덥거나, 너무 춥다.)—도 있음을 확인했지만, 실제로 많은 관심을 기울이지 않았다. 그는 내분비 전문의에게 보내졌고, 세 가지 혈액검사를 받았다(TSH, T3, T4). 그 결과 갑상선이 극도로 과민한 것으로 나타났다. 진단은 갑상선기능항진증으로 인한 불안장애였다.

게리는 통제 문제와 관련된 이력이 없었다. 사람들은 생활양식에서 통제의 문제가 없이 불안장애가 발생하지는 않는다(Mosak, 1973). 그의 초기 회상, 꿈 그리고 가족 구도 면접은 모두 감정 회피자의 생활양식을 나타냈다(Mosak, 1971). 그는 감정을 중시하지 않았지만, 그는 통제하지도 못했다. 그는 다소 지저분하고 심지어 체계적이지 못하고, 자신을 "딴 데 정신이 팔린 교수"라고 여겼다. 그는 대학에서 철학을 가르쳤고, 논리와 수사학을 전문으로 가르쳤다. 유머가 매우 건조했다. 불안은 공포의 강렬한 유형이며, 게리는 감정에 거의 관심을 기울이지 않았다. 상황이 단지 앞뒤가 맞지 않았다. 그의 증상은 그의 생활양식 밖에서 기인해야 했다.

## 맺는말

신경인지장애는 도전적이다. 모든 임상전문가는, 특히 의사가 아닌 사람들은 정신역동과 생활양식 문제보다 더 많은 일이 언제 일어날지 알아야 한다. 생물심리사회적 관점이 유지되려면, 임상전문가는 스펙트럼의 '심리사회적'인 측면보다 더 많은 것에 주의를 기울여야 하며, "생물심리사회적" 연속체의 "생물학적" 측면에 좀 더 관심을 기울여야 한다. 섬망이든, 주요 신경인지장애이든, 또는 다른 의학적 상태로 인한 강박장애와 같은 가장하는 장애의 한 가지이든, 전체론적·목적론적·현상학적·사회적 관점은 환자를 도울 가능성을 크게 높인다. 아들러 이론은 이러한 환자와 함께 작업하는 데 아주 적합하다. 신경심리학에 대한 철저한 기초와 의사 및 다른 의료전문가들과의 좋은 협력 관계도 역시 필요하다.

## 참고문헌

Adler, A. (1917). *Study of Organ Inferiority and Its Psychical Compensation: A Contribution to Clinical Medicine* (S. E. Jelliffe, Trans.). New York, NY: Nervous and Mental Disease Company. (Original work published 1907.)

Adler, A. (1956). In H. L. Ansbacher & R. R. Ansbacher (Eds.), *The Individual Psychology of Alfred Adler: A Systematic Presentation of his Writings*. New York, NY: Basic Books.

Adler, A. (2012). The structure of neurosis. In J. Carlson & M. P. Maniacci (Eds.), *Alfred Adler Revisited* (pp. 218–228). New York, NY: Routledge. (Original work published 1935.)

Adler, K. (1989). Techniques that shorten psychotherapy: Illustrated with five cases. *Individual Psychology: The Journal of Adlerian Theory, Research & Practice, 45*, pp. 62–74. (Original work published 1972.)

American Psychiatric Association (2013). *Diagnostic and Statistical Manual of mental Disorders, Fifth Edition*. Arlington, VA: American Psychiatric Publishing.

Barlow, M. S. (1984). Lifestyle and the family of the disabled. In W. R. Rule (Ed.), *Lifestyle Counseling for Adjustment to Disability* (pp. 61–80). Rockville, MD: Aspen Publications.

Brown, P. R. (1995). The reliability and validity of "The Question" in the differential diagnosis of somatic and psychogenic disorders. Unpublished doctoral dissertation, Adler School of Professional Psychology, Chicago, IL.

Cummings, J. L. (1988). Organic psychosis. *Psychosomatics, 29*, pp. 16–26.

Dreikurs, R. (1967a). Psychological differentiation of psychopathological disorders. In R.

Dreikurs, *Psychodynamics, Psychotherapy and Counseling* (pp. 5-24). Chicago, IL: Alfred Adler Institute (Original work published in 1945.)

Dreikurs, R. (1967b). The socio-psychological dynamics of physical disability. In R. Dreikurs, *Psychodynamics, Psychotherapy, and Counseling* (pp. 167-188). Chicago, IL: Alfred Adler Institute. (Original work published 1948.)

Dreikurs, R., & Soltz, V. (1964). *Children: The Challenge*. New York, NY: Dell, Sloan, & Pearce.

Fainaru-Wada, M., & Fainaru, S. (2013). *League of Denial: The NFL, Concussions, and the Battle for Truth*. New York, NY: Crown Archetype.

Frances, A. (2013). *Essentials of Psychiatric Diagnosis: Responding to the Challenges of DSM-5*. New York, NY: Guilford.

Jordan, J., Barde, B., & Zeiher, A. M. (Eds.) (2007). *Contributions toward Evidence-Based Psychocardiology: A Systemic Review of the Literature*. Washington, DC: American Psychological Association.

Lezak, M. D., Howieson, D. B., Bigler, E. D., & Tranel, D. (2012). *Neuropsychological Assessment* (5th edn.). New York, NY: Oxford University Press.

Maniacci, M. P. (1993). Organic mental disorders. In L. Sperry & J. Carlson (Eds.), *Psychopathology and Psychotherapy: From Diagnosis to Treatment* (pp. 57-79). Muncie, IN: Accelerated Development.

Maniacci, M. P. (1996). Mental disorders due to a general medical condition and other cognitive disorders. In L. Sperry & J. Carlson (Eds.), *Psychopathology and Psychotherapy: From DSM-IV Diagnosis to Treatment* (2nd edn.) (pp. 51-75). Washington, DC: Accelerated Development.

Maniacci, M. P., Sackett-Maniacci, L., & Mosak, H. H. (2014). Adlerain psychotherapy. In D. Wedding & R. J. Corisini (Eds.), *Current Psychotherapies* (10th edn.) (pp. 55-94). United States: Cengage Learning.

Miller, L. (1993). *Psychotherapy of the Brain-Injured Patient: Reclaiming the Shattered Self*. New York, NY: Norton Books.

Mosak, H. H. (1971). Lifestyle. In A. G. Nikelly (Ed.), *Techniques for Behavior Change: Applications of Adlerian Theory* (pp. 77-81). Springfield, IL: Charles C. Thomas.

Mosak, H. H. (1973). The controller: A social interpretation of the anal character. In H. H. Mosak (Ed.), *Alfred Adler: His Influence upon Psychology Today* (pp. 43-52). Park Ridge, NJ: Noyes Press.

Mosak, H. H., & Di Pietro, R. (2006). *Early Recollections: Interpretative Method and Application*. New York, NY: Routledge.

Mosak, H. H., & Maniacci, M. P. (1998). *Tactics in Counseling and Psychotherapy*. Itasca, IL: F. E. Peacock.

Mosak, H. H., & Maniacci, M. (1999). *A Primer of Adlerian Psychology: The Analytic-Behavioral Cognitive Psychology of Alfred Adler*. Philadelphia, PA: Brunner/Mazel.

Parsons, M. (2013). Using the symbolic expression of sand tray to kinesthetically connect to the inner cognitions of individuals diagnosed with a neurocognitive disorder. (Unpublished doctoral dissertation.) Florida Atlantic University, Boca Raton, FL.

Pinke, J. (2009). *An Adlerian Framework for Encouraging Dementia Resilience* (Master's thesis). Retrieved from http://www.alfredadler.edu/sites/default/files/Pinke%20MP%20 2010.pdf.

Rule, W. R. (Ed.) (1984). *Lifestyle Counseling for Adjustment to Disability*. Rockville, MD: Aspen Publications.

Strub, R. L., & Black, F. W. (2000). *The Mental Status Examination in Neurology* (4th edn.). Philadelphia, PA: F. A. Davis.

Taylor, R. L. (1989). Screening for medical referral. In R. J. Corsini & D. Wedding (Eds.), *Current Psychotherapies* (4th edn.) (pp. 585–588). Itasca, IL: F. E. Peacock.

Traver, M. D. (1984). Using selected lifestyle information in understanding multigenerational patterns. In W. R. Rule (Ed.), *Lifestyle Counseling for Adjustment to Disability* (pp. 81–103). Rockville, MD: Aspen Publications.

찾아보기

## 내용

## 편저자 소개

**Len Sperry, M. D., Ph. D.**

플로리다 애틀랜틱 대학(Florida Atlantic University)의 정신건강상담학과 교수이자, 위스콘신 의과 대학(Medical College of Wisconsin)의 정신 및 행동의학과 임상교수이다. 그는 시카고 아들러 인스 티튜트(Adler Institute)의 심리치료 박사 후 자격증을 취득하였다. 미국 심리학회 및 미국 예방의학 대학의 종신 석학회원이며, 미국정신의학협회의 석좌 종신 석학회원(Distinguished Life Fellow)이 다. 그의 750편의 출판물 중 70개는 책이고, 그중 9권은 정신병리와 치료에 관한 것이다.

**Jon Carlson, Psy. D., Ed. D.**

일리노이주 소재 가버너스 주립대학(Governors State University) 심리학 및 상담학과의 석좌교수이 자 위스콘신주 레이크 지네바(Lake Geneva) 소재의 웰니스 클리닉(Wellness Clinic)의 심리학자이 다. 개인심리학 저널과 가족 저널을 포함하여, 여러 정기간행물의 편집장을 역임했다. 그는 175편의 저널 논문, 60권의 책 그리고 선도적인 전문 치료사 및 교육자와 함께 300개가 넘는 전문 비디오 및 DVD를 만들었다.

**Jill Duba Sauerheber, Ph. D.**

공인 EMDR 및 공인 현실 치료자이자, 웨스턴 켄터키 대학(Western Kentucky University)의 상 담 및 학생처 부교수이며 개인 상담을 하고 있다. 그녀는 하버드 교육대학원의 경영 개발 프로그램 (Harvard Graduate School of Education's Management Development Program)에 참여했으며, 아 들러심리학의 자격증을 취득하였고, 현재 북미 아들러심리학협회(NASAP, North America Society of Adlerian Psychology)의 회장이다. 그녀는 또한 35편 이상의 저널 논문을 단독 또는 공동 저술하였으 며, 1권의 책을 편집 및 15권의 책을 공동 편집하였다.

**Jon Sperry, Ph. D.**

플로리다 아틀란틱 대학교(Florida Atlantic University)의 정신건강상담 방문 조교수이자 동 대학의 상담 및 심리 서비스 센터의 상담 전문가이다. 그는 아들러 심리치료 자격증을 취득하였고, 공인 중 독 전문가이다. 그는 북미 아들러심리학협회의 이론 연구 및 훈련 부문의 공동의장을 맡고 있다.

# 집필자 소개

**Dinko Alexandrov, B. A.**
시카고주 소재 아들러 전문 심리학 학교(Adler School of Professional Psychology)의 임상심리학과 박사과정 학생이다.

**James Robert Bitter, Ed. D.**
이스트 테네시 주립대학교(East Tennessee State University)의 상담 및 휴먼 서비스학과(Department of Counseling and Human Services)의 상담 교수이다. 아들러 심리학의 자격 취득자이며, 4권의 책과 60편이 넘는 논문의 저자 및 공동 저자이다. 개인심리학 저널의 전 편집자였으며, 아들러 교육기관(Adlerian Training Institute)의 창립 교수진이다.

**Mark T. Blagen, Ph. D.**
일리노이주 소재 가버너스 주립대학교(Governors State University)의 조교수이다. 공인 중독 상담사이자 중독 관련 주제에 대해 널리 발표해 왔다. 우수 교수 상, 가장 영감을 주는 교수 상, 교육, 학습 및 기술에서의 혁신적 창의 상을 수상하였다.

**Michael P. Maniacci, Psy. D.**
개업 임상심리사이며, 뉴욕 스토니브룩 주립대학(State University of New York at Stony Brook)과 시카고 알프레드 아들러 인스티튜트(Alfred Adler Institute)의 졸업생이다. 그는 50편이 넘는 출간물이 있으며, 미국과 캐나다에서 강의를 하고 있다.

**Larry Maucieri, Ph. D.**
일리노이주 소재 가버너스 주립대학의 심리학 및 상담학과 부교수이자, 노스웨스턴 대학(Notrhwestern University)의 패밀리 인스티튜트(Family Institute)의 협약 임상 신경심리학자이다. 그의 전문 연구 및 임상 영역은 성인 ADHD, 외상성 뇌 부상, 치매, 그리고 정신력 측정 평가이다.

**Bret A. Moore, Psy. D.**
샌안토니오주 소재 텍사스 건강과학센터 대학(University of Texas Health Sciences Center)의 겸임 부교수이다. 뉴멕시코 심리학자 심사위원회의 처방 심리학자 자격이 있다. 그는 미국심리학회 회원이며, 12권 책의 저자 및 공동저자이다. 대부분 책은 군 심리를 다루고 있다.

John F. Newbauer, Ed. D.

북미아들러협회(NASAP)와 ICASSI(International Conference for Adlierian Summer School and Institutes)의 관리자이자 컨설팅 심리학자이다. 전직 인디애나주 포트 웨인, 앨런 카운티 상급 법원(Allen County Superior Court)의 치료 및 진단 서비스 부서의 이사였으며, 피닉스 어소시에트사(Phoenix Associates, Inc.)의 창립자이자 선임 심리학자였다. 시카고 소재 전문 심리학 아들러 스쿨(Adler School of Professional Psychology)의 주요 교수진의 일원이었다.

Paul R. Rasmussen, Ph. D.

사우스 캐롤라이나주 콜롬비아 소재 돈 바 메디컬 센터(Dorn VA Medical Center)의 직원 심리학자이다. 그는 아들러심리학의 자격 취득자이며, ICASSI의 교수이자 이사진이다. 개인심리학 저널의 임상 전략 컬럼의 공동 편집자이며, 전임 북미아들러협회의 대표자 위원회의 위원이었다.

Laurie Sackett-Maniacci, Psy. D.

일리노이주 나퍼빌에서 개업 중이며, drlauriemaniacci.com을 운영하고 있다. 그녀는 러쉬-코플리 심장협회의 심장 재활센터의 컨설턴트이며, 여러 지역 조직에 교육을 제공하고 있다. 그녀는 정신의료 및 의료 환경 모두에서 일했다.

Mary Frances Schneider, Ph. D.

국립 루이스 대학(National-Louis University)의 학교 및 임상 심리학과의 명예교수이다. 그녀는 동행이 없고 억류된 어린이와 청소년들의 정신적, 심리적 욕구를 연구하는 보조금을 받았다. 그녀는 전문 심리학 출판물 이외에, Dear Cookie와 Molly McCumber I've Got Your Number라는 두 권의 젊은 성인 소설을 썼다.

Sharyl M. Trail, Psy. D.

미국 공중보건국 위임 부대(U.S. Health Service Commissioned Corp.)의 소령이다. 그녀의 전문 분야는 고지된 트라우마 치료, LGBT 정신건강, 문화, 인종 및 사회경제적 지위에 근거한 건강 격차, 예방 모델, 건강관리 행정 및 정책, 사회적 관심과 사회적 평등 등의 아들러 주제들이다.

Daniel G. Williamson, Ph. D. 및 Jennifer N. Williamson, Ph. D.

켄터키주 콜롬비아 소재 린드시 월슨 대학(Lindsey Wilson College)의 상담 및 휴먼 서비스학과 부교수들이다. 이들은 전국 공인 전문 상담사이자 정신건강 분야에서 풀브라이트(Fulbright) 전문가로 인정받고 있다.

# 역자 소개

**박예진(Park, Yejin)**

한국아들러협회 회장, ㈜아들러코리아 대표

국제아들러학회에서 인증된 유일한 한국 내 한국아들러협회 회장으로 해외 개인심리학의 한국 보급, 한국 내 임상 연구 및 전문가 양성에 전념하고 있다. 역저로는 『초기회상 이론 및 실제』 『초기회상의 의미와 해석』 『긍정훈육법』 『긍정훈육 실천 편』 『중독가정을 위한 긍정훈육』 등이 있다.

**서보경(Seo, Bo-Kyung)**

을지대학교 중독상담학과 교수

한국정보화진흥원 디지털문화본부 스마트쉼센터 책임연구원을 역임하였고, 한국중독심리학회 대회협력이사직을 수행하고 있다. 저서로는 『인터넷중독의 특성과 쟁점』(공저) 등이 있다.

**강향숙(Kang, Hyangsook)**

남서울대학교 중독재활상담학과 교수

정신보건사회복지사이자 청소년상담사, 중독전문가로서 알코올 클리닉, 치료공동체 및 중독관리통합지원센터에서 중독자와 중독자 가족치료에 오랜 현장 경력이 있다. 현재는 남서울대학교 대학원에서 연구와 임상을 병행하면서 중독가정, 중독자녀들에 대한 임상적 연구를 하고 있다. 역저로는 『중독가정을 위한 자녀교육』 등이 있다.

**김영진(Kim, Youngjin)**

서울대학교 경제학과 졸업 및 한국상담대학원대학교 상담학 석사, 한국상담심리학회 상담심리사이자 청소년상담사, 임상심리사로 현재 다양한 상담 현장에서 심리상담을 하고 있다. 아들러심리학의 연구와 보급에 지속적인 관심과 노력을 기울이고 있다. 역저로는 『아들러심리학에 기반을 둔 초기회상의 의미와 해석』(공역) 등이 있다.

DSM-5와 사례 개념화 관점의

# 아들러 정신병리와 심리치료

Psychopathology and Psychotherapy:
DSM-5 Diagnosis, Case Conceptualization, and Treatment (3rd Edition)

2021년 2월 5일 1판 1쇄 인쇄
2021년 2월 10일 1판 1쇄 발행

엮은이 • Len Sperry · Jon Carlson · Jill Duba Sauerheber · Jon Sperry
옮긴이 • 박예진 · 서보경 · 강향숙 · 김영진
펴낸이 • 김진환
펴낸곳 • ㈜ 학지사

04031 서울특별시 마포구 양화로 15길 20 마인드월드빌딩
대표전화 • 02-330-5114    팩스 • 02-324-2345
등록번호 • 제313-2006-000265호

홈페이지 • http://www.hakjisa.co.kr
페이스북 • https://www.facebook.com/hakjisa

ISBN 978-89-997-2289-9  93180

정가 25,000원

출판 · 교육 · 미디어기업 **학지사**
간호보건의학출판 **학지사메디컬** www.hakjisamd.co.kr
심리검사연구소 **인싸이트** www.inpsyt.co.kr
학술논문서비스 **뉴논문** www.newnonmun.com
원격교육연수원 **카운피아** www.counpia.com